All in one®

Recommended by **Teachers** Trusted by **Toppers**

AF819684

इतिहास

कक्षा 11

EVERYTHING YOU NEED TO SCORE

- NCERT के प्रत्येक अध्याय के चित्र, मानचित्र व तालिकाओं सहित सरल व सम्पूर्ण व्याख्या
- वस्तुनिष्ठ प्रश्नों का कवरेज
- NCERT व अन्य महत्त्वपूर्ण प्रश्न
- दक्षता (Competency) आधारित प्रश्न
- सैंपल पेपर्स

CBSE परीक्षा 2026

लेखक
अंकुर कुमार

arihant
SUCCESS AND NOTHING LESS

arihant
SUCCESS AND NOTHING LESS

अरिहन्त प्रकाशन

(स्कूल डिवीज़न सीरीज़)

卐 रजि. कार्यालय

'रामछाया' 4577/15, अग्रवाल रोड, दरिया गंज, नई दिल्ली-110002
फोन: 011-47630600, 43518550; फैक्स: 011-23280316

मुख्य कार्यालय

कालिन्दी, टी०पी० नगर, मेरठ (यूपी)-250002 फोन: 0121-7156203, 7156204

卐 शाखा कार्यालय

आगरा, अहमदाबाद, बरेली, बंगलुरु, चेन्नई, दिल्ली, गुवाहाटी, हैदराबाद, जयपुर, झाँसी, कोलकाता, लखनऊ, नागपुर तथा पुणे

卐 PO No : TXT-XX-XXXXXXX-X-XX

Published by Arihant Publications (India) Ltd.

'अरिहन्त' की पुस्तकों के बारे में अधिक जानकारी के लिए हमारी वेबसाइट
www.arihantbooks.com पर लॉग इन करें या info@arihantbooks.com पर सम्पर्क करें।

Follow us on

卐 मूल्य ₹ 250.00

प्रोडक्शन टीम

पब्लिशिंग मैनेजर	*कवर डिज़ाइनर*	*इनर डिज़ाइनर*
महेन्द्र सिंह रावत, केशव मोहन	राकेश रावत	अंकित त्यागी
प्रोजेक्ट हैड	*पेज लेआउट*	*प्रूफ रीडर*
पारूल काम्बोज	संजय सागर	शशि रानी

विषय-सूची

One Book- Endless Features
to Help you Succeed

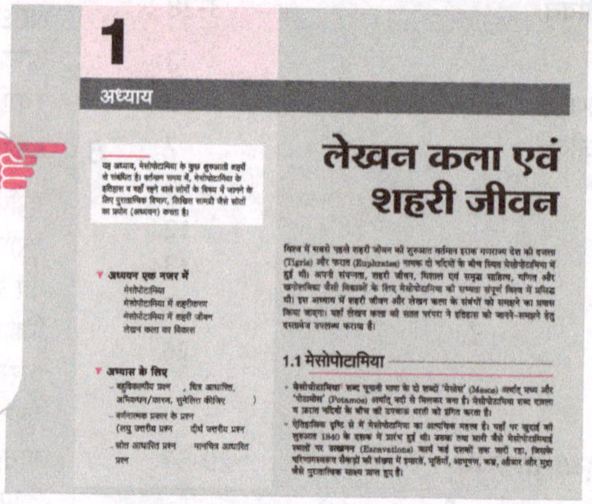

संपूर्ण अध्ययन

प्रत्येक अध्याय के प्रारंभ में Theory को Easy to Read/Understand रूप में दिया गया है। Theory के बीच में चित्र, फ्लोचार्ट्स, सारणी आदि दिए गए हैं, जिनकी सहायता से विद्यार्थी विषय संकल्पनाओं को आसानी से समझ पाएँगे।

NCERT फोल्डर

पाठ्यपुस्तक के प्रत्येक अध्याय में NCERT पाठ्यपुस्तक के अभ्यास प्रश्नों का उत्तर सरल भाषा में दिया गया है तथा उतना ही उत्तर दिया गया है जितना कि प्रश्न में अनिवार्य रूप से पूछा गया है। NCERT फोल्डर को यहाँ देने का मुख्य उद्देश्य यह है कि छात्र NCERT का पूर्ण अभ्यास एक ही पुस्तक में कर सकें।

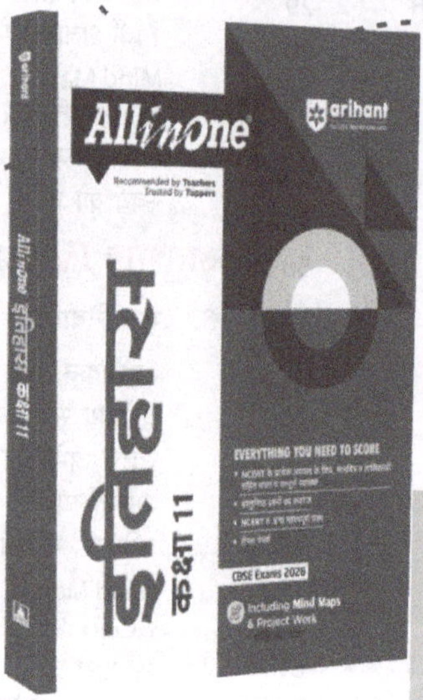

अभ्यास प्रश्न

पाठ्यपुस्तक के प्रत्येक अध्याय के NCERT प्रश्नोत्तर के पश्चात् 'परीक्षा अभ्यास' दिया गया है, जिसमें वस्तुनिष्ठ प्रश्न, अतिलघु उत्तरीय, लघु उत्तरीय और दीर्घ उत्तरीय आदि प्रश्न दिए गए हैं। परीक्षा अभ्यास देने का मुख्य उद्देश्य यह है कि छात्र अपने द्वारा अध्याय में पढ़ी हुई पाठ्य सामग्री से संबंधित प्रश्नोत्तर का अध्ययन यहाँ कर सकते हैं।

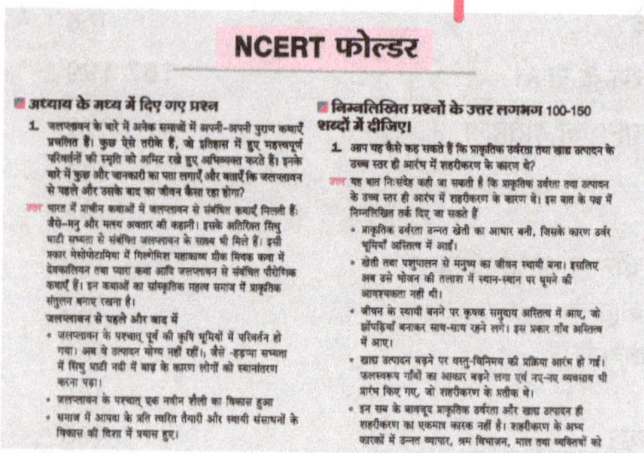

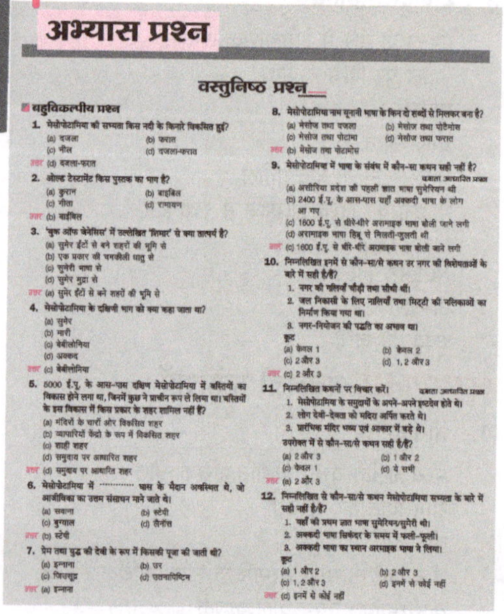

One Book- Endless Features

to Help you Succeed

स्वयं को जाँचें

परीक्षा अभ्यास के पश्चात् अध्याय के इस चरण में छात्र अध्याय से संबंधित अपने ज्ञान का मूल्यांकन कर सकते हैं।

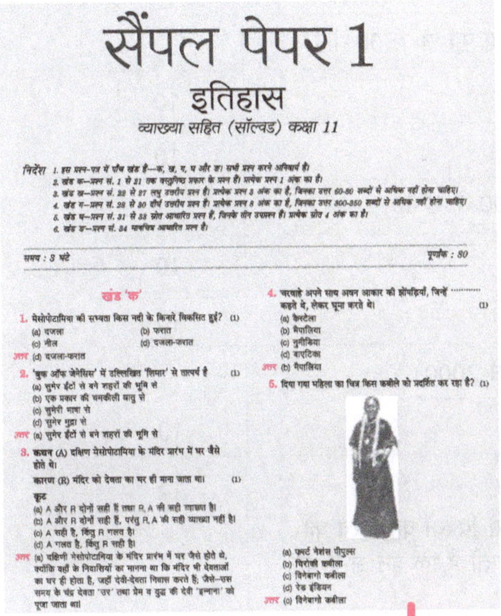

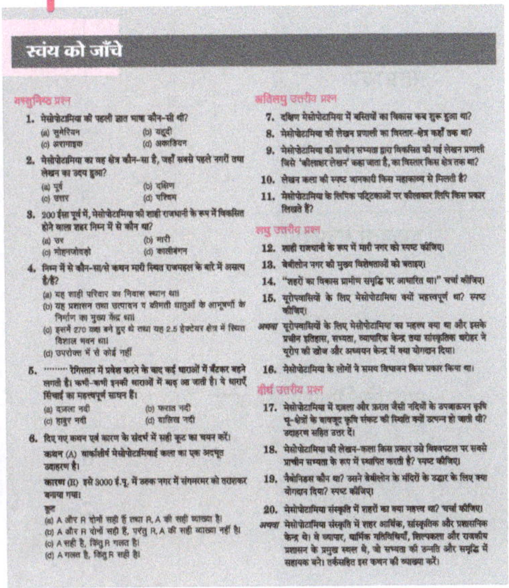

सैंपल पेपर्स

पुस्तक के अंत में CBSE के नवीनतम पाठ्यक्रम व नवीनतम सैंपल पेपर पर आधारित 3 सैंपल पेपर्स दिए गए हैं। सभी सैंपल पेपर्स को परीक्षा पैटर्न व समय सीमा को ध्यान में रखकर तैयार किया गया है। इन सैंपल पेपर्स की प्रैक्टिस कर छात्र परीक्षा की सटीक तैयारी कर सकते हैं।

नवीनतम पाठ्यक्रम

समय 3 घण्टे

अनुभाग शीर्षक	विषय शीर्षक सं.	विषय	अंक
विश्व इतिहास का अध्ययन		विश्व इतिहास का परिचय 6 मिलियन वर्ष पूर्व से 1 ईसा पूर्व	
		प्रारंभिक समाज	
		परिचय–समयरेखा I (6 मिलियन वर्ष पूर्व से 1 ईसा पूर्व)	
	1	लेखन कला और शहरी जीवन	10
साम्राज्य		परिचय–समयरेखा II (सी। 100 ईसा पूर्व से 1300 सीई)	
	2	तीन महाद्वीपों में फैला हुआ साम्राज्य	10
	3	यायावर साम्राज्य	10
बदलती परंपराएँ		परिचय–समयरेखा III 05 (सी. 1300 से 1700)	
	4	तीन वर्ग	10
	5	बदलती हुई सांस्कृतिक परंपराएँ	10
आधुनिकीकरण की ओर		परिचय–समयरेखा IV (सी. 1700 से 2000)	
	6	मूल निवासियों का विस्थापन	10
	7	आधुनिकीकरण के रास्ते **नोट :** जापान, चीन और कोरिया जैसे विषयों के महत्व को ध्यान में रखते हुए, यह सलाह दी जाती है कि इन सभी को स्कूलों में पढाया जाना चाहिए।	15
		संबंधित विषयों का मानचित्र कार्य	5
		कुल	**80**
		परियोजना कार्य	**20**
		योग	100

अनुभाग I : प्रारंभिक समाज

अध्याय 1 लेखन कला एवं शहरी जीवन

कालक्रम एक (6 लाख वर्ष पूर्व से 1 ई. पू.)

इस कालक्रम में मानव के अंतर्गत उदय, पौधों और पशुओं के बसने की प्रक्रिया (Domestication) के विषय में बताया गया है। यहाँ पर कुछ प्रमुख प्रौद्योगिक विकासों; जैसे-आग का आविष्कार, धातुओं के प्रयोग, हल द्वारा खेती तथा पहिए या चाक के प्रयोग के बारे में जानकारी मिलती है। इस प्रक्रिया में नगरों का आविर्भाव और लेखन के प्रयोग के बारे में भी बताया गया है। इस कालक्रम में कुछ प्राचीनतम साम्राज्यों का भी विवरण मिलता है।

1

अध्याय

लेखन कला एवं शहरी जीवन

यह अध्याय, मेसोपोटामिया के कुछ शुरुआती शहरों से संबंधित है। वर्तमान समय में, मेसोपोटामिया के इतिहास व वहाँ रहने वाले लोगों के विषय में जानने के लिए पुरातात्विक विभाग, लिखित सामग्री जैसे स्रोतों का प्रयोग (अध्ययन) करता है।

▼ अध्ययन एक नजर में

1.1 मेसोपोटामिया
1.2 मेसोपोटामिया में शहरीकरण
1.3 मेसोपोटामिया में शहरी जीवन
1.4 लेखन कला का विकास

▼ अभ्यास के लिए

- बहुविकल्पीय प्रश्न 27, चित्र आधारित, अभिकथन/कारण, सुमेलित कीजिए
- वर्णनात्मक प्रकार के प्रश्न (लघु उत्तरीय प्रश्न 13, दीर्घ उत्तरीय प्रश्न 6)
- स्रोत आधारित प्रश्न 4, मानचित्र आधारित प्रश्न 2

विश्व में सबसे पहले शहरी जीवन की शुरुआत वर्तमान इराक गणराज्य देश की दजला (Tigris) और फरात (Euphrates) नामक दो नदियों के बीच स्थित मेसोपोटामिया में हुई थी। अपनी संपन्नता, शहरी जीवन, विशाल एवं समृद्ध साहित्य, गणित और खगोलविद्या जैसी विद्याओं के लिए मेसोपोटामिया की सभ्यता संपूर्ण विश्व में प्रसिद्ध थी। इस अध्याय में शहरी जीवन और लेखन कला के संबंधों को समझने का प्रयास किया जाएगा। यहाँ लेखन कला की सतत परंपरा ने इतिहास को जानने-समझने हेतु दस्तावेज उपलब्ध कराया है।

1.1 मेसोपोटामिया

- **मेसोपोटामिया**[1] शब्द यूनानी भाषा के दो शब्दों 'मेसोस' (Mesos) अर्थात् मध्य और 'पोटामोस' (Potamos) अर्थात् नदी से मिलकर बना है। मेसोपोटामिया शब्द दज़ला व फ़रात नदियों के बीच की उपजाऊ धरती को इंगित करता है।
- ऐतिहासिक दृष्टि से में मेसोपोटामिया का अत्यधिक महत्त्व है। यहाँ पर खुदाई की शुरुआत 1840 के दशक में प्रारंभ हुई थी। **उरुक** तथा **मारी** जैसे मेसोपोटामियाई स्थलों पर **उत्खनन** (Excavations) कार्य कई दशकों तक जारी रहा, जिसके परिणामस्वरूप सैकड़ों की संख्या में इमारतें, मूर्तियाँ, आभूषण, कब्र, औजार और मुद्रा जैसे पुरातात्विक साक्ष्य प्राप्त हुए हैं।
- लगभग 2000 ई.पू. के पश्चात् पूर्वी भू-मध्यसागरीय, उत्तरी सीरिया तथा तुर्की जैसे क्षेत्रों ने एक-दूसरे से, तत्पश्चात् मिस्र के फिशैन से (मेसोपोटामिया लिपि में) लिखित रूप में बात करना आरंभ किया।

---

1 **मेसोपोटामिया** यह हड़प्पा सभ्यता के समकालीन सभ्यता स्थल है, जो इराक में स्थित है।

- बाईबिल के ओल्ड टेस्टामेंट का '**बुक ऑफ जेनेसिस**' में शिमार का उल्लेख है, जिसका तात्पर्य सुमेर अर्थात् ईंटों से बने शहरों की भूमि से है। यूरोप के यात्री और विद्वान मेसोपोटामिया को अपने पूर्वजों की भूमि मानते थे और जब इस क्षेत्र में पुरातत्त्वीय खोज की शुरुआत हुई, तो ओल्ड टेस्टामेंट में लिखे, तथ्यों को सिद्ध करने का प्रयास किया गया।
- मेसोपोटामिया के दक्षिणी भागों को मुख्यत: **शहरीकृत** (Urbanised) होने के कारण अभिलिखित इतिहास के आरंभिक काल में 'सुमेर' और 'अक्कद' कहा जाता था। 2000 ई. पू. के बाद यहाँ **बेबीलोन** नामक शहर ने अपना एक महत्त्वपूर्ण स्थान बना लिया था।
- इस प्रदेश की प्रथम ज्ञात भाषा सुमेरियन अर्थात् सुमेरी थी। धीरे-धीरे इस भाषा का स्थान अक्कदी ने ले लिया।
- 1400 ई.पू. से धीरे-धीरे अरामाइक भाषा का भी उपयोग किया जाने लगा। यह भाषा हिब्रू के समान थी, जिसका व्यापक रूप से प्रसार हुआ। वर्तमान समय में यह भाषा इराक के कुछ क्षेत्रों में बोली जाती है।
- बेबीलोन के महत्त्वपूर्ण होने के कारण मेसोपोटामिया के दक्षिणी भाग को **बेबीलोनिया** कहा जाने लगा। 1100 ई. पू. से असीरियाइयों द्वारा उत्तर में अपना राज्य स्थापित कर लेने पर इस क्षेत्र को **असीरिया** कहा जाने लगा। इस प्रदेश की भाषा **सुमेरी** (सुमेरियन) थी।

मेसोपोटामिया में पुरातत्त्वीय खोजों का प्रारंभ

- मेसोपोटामिया में पुरातत्त्व खोज की शुरुआत 1840 के दशक में उरुक और मारी जैसे स्थलों पर हुई।
- पुरातात्विक स्रोतों में इमारतें, मूर्तियाँ, आभूषण, कब्र औजार, मुहरें और हजारों लिखित दस्तावेज शामिल थे।
- 1873 ई. में ब्रिटिश म्यूजियम द्वारा प्रारंभ की गई खोज अभियान का उद्देश्य मेसोपोटामिया में एक ऐसी **पट्टिका**[2] (Tablet) की खोज करना था, जिस पर बाईबिल में वर्णित जलप्लावन (Flood) की कहानी का अंकन था। इस कहानी के मुख्य पात्र को **जिउसूद्र**[3] या **उतनापिष्टिम** कहा जाता था।
- 1960 के दशक तक की खोज में, ओल्ड टेस्टामेंट की कहानियाँ इतिहास में हुए महत्त्वपूर्ण परिवर्तनों को अपने ढंग से अभिव्यक्त करने के कारण सही साबित नहीं हुईं।
- कुछ समय पश्चात् पुरातात्विक तकनीकें अत्यधिक विकसित हो गईं, जिससे सामान्य लोगों के जीवन की भी परिकल्पना की जाने लगी। फलत: बाइबिल की कहानियों की सच्चाई को साबित करने का कार्य प्रमुख हो गया।

मेसोपोटामिया का भूगोल

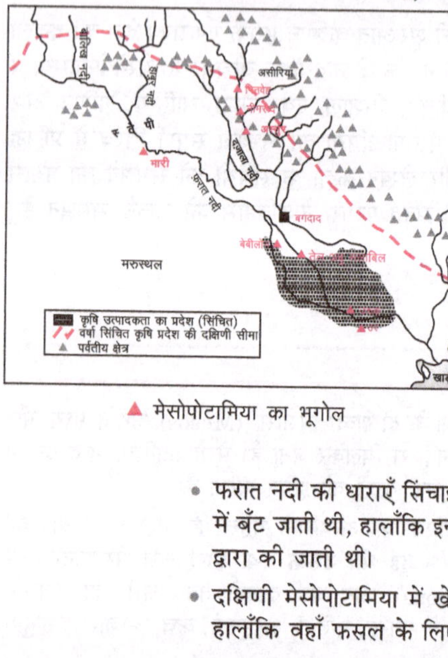

▲ मेसोपोटामिया का भूगोल

- मेसोपोटामिया (वर्तमान इराक) भौगोलिक विविधताओं से संपन्न देश है। इराक का पूर्वोत्तर भाग हरे-भरे, ऊँचे-नीचे मैदानों तथा वृक्षाच्छादित पर्वत शृंखला के रूप में फैला हुआ है।
- इस क्षेत्र में खेती की शुरुआत लगभग 7000 से 6000 ई. पू. के मध्य हुई थी।
- वहीं उत्तरी भाग में पशुपालन, खेती की तुलना में आजीविका के लिए अच्छा साधन था, क्योंकि यहाँ **स्टेपी घास** के मैदान पाए जाते हैं।
- पूर्व में स्थित दजला नदी (टिगरिस की सहायक) तथा इसकी सहायक नदियाँ पहाड़ी क्षेत्रों में जाने के लिए परिवहन का कार्य करती हैं और मिट्टी को उपजाऊ एवं कृषि के लिए उपयुक्त बनाती हैं।
- दक्षिण के रेगिस्तानी भाग में ही सर्वप्रथम नगरों एवं लेखन-प्रणाली का प्रादुर्भाव हुआ।

मेसोपोटामिया में कृषि और अन्य गतिविधियाँ

- दजला और फरात नदियों के द्वारा लाई गई **उपजाऊ मिट्टी** (Fertile Soil) शहरों के लिए लाभदायक होती थी, क्योंकि जब इन नदियों में बाढ़ आती थी, तब इसके पानी को सिंचाई के लिए उपयोग किया जाता था, जिससे उपजाऊ मिट्टी खेतों तक आसानी से पहुँच जाती थी।
- फरात नदी की धाराएँ सिंचाई के लिए नहरों का कार्य करती थीं, क्योंकि फरात नदी रेगिस्तान में प्रवेश करने के बाद विभिन्न धाराओं में बँट जाती थी, हालाँकि इन धाराओं में कभी-कभी बाढ़ भी आ जाती थी। गेहूँ, जौ, मटर तथा मसूर की फसल की सिंचाई इन नहरों द्वारा की जाती थी।
- दक्षिणी मेसोपोटामिया में खेती से ज्यादा उपज होने के कारण इसकी चर्चा रोम सहित सभी पुरानी सभ्यताओं में हुआ करती थी, हालाँकि वहाँ फसल के लिए आवश्यक वर्षा का अभाव था।

---

2 **पट्टिका** यह लेखन सामग्री थी। इसमें चिकनी मिट्टी को गीला कर, उसे गूँथकर, थापकर हाथ से पकड़ने योग्य बनाया जाता था। मेसोपोटामिया के लोग इसी पट्टिका पर लिखा करते थे।

3 **जिउसूद्र** ये मेसोपोटामिया के परंपरागत साहित्य के मुख्य पात्र हैं। बाईबिल में पृथ्वी के संपूर्ण जीवन के जलप्लावन से नष्ट होने तथा पुन: पुनर्जीवित होने का उल्लेख है। मेसोपोटामिया के साहित्य में भी इस तरह की कहानी का वर्णन है।

- **प्राकृतिक कारण** दजला और फरात नदियों में अत्यधिक बाढ़ आ जाने के कारण दक्षिणी मेसोपोटामिया फसलें डूब जाती थीं तथा कभी-कभी धाराओं का रास्ता बदल जाने से खेत सूख भी जाते थे।
- स्टेपी घास के मैदानों, पूर्वोत्तरी मैदानों और पहाड़ों के ढालों पर खेती के साथ-साथ भेड़-बकरियाँ भी पाली जाती थीं, क्योंकि ये स्थान बाढ़ की नदियों से अत्यधिक ऊँचाई पर स्थित थे और खेती के लिए उपजाऊ थे।
- पशुओं से दूध, मांस, ऊन तथा वृक्षों से खजूर (पिंड खजूर) आदि प्राप्त होते थे, लेकिन इससे यह बात सिद्ध नहीं होती है कि शहरों का विकास पूर्ण रूप से ग्रामीण समृद्धि पर निर्भर था, इसके विकास में अन्य कारकों ने भी सकारात्मक भूमिका निभाई है।

चेक प्वॉइंट 1

1. 2000 ईसा पूर्व के बाद, किन क्षेत्रों में मेसोपोटामिया की लेखन प्रणाली को अपनाया गया?
2. 1100 ई. पू के आसपास (मेसोपोटामिया के) उत्तर में किस साम्राज्य की स्थापना हुई?
3. कौन-सी दो नदियाँ मेसोपोटामिया की भूमि को परिभाषित करती हैं?
4. उत्तरी इराक के ऊपरी मैदानी क्षेत्र में प्राथमिक आजीविका का साधन क्या था?
5. 1840 के दशक में मेसोपोटामिया के किन में कौन-सा महत्त्वपूर्ण स्थालों पर पुरातात्विक कार्य प्रारंभ हुआ?

1.2 मेसोपोटामिया में शहरीकरण

- लगभग 3000 ई.पू. (कांस्य युग) के आस-पास मेसोपोटामिया में नगर निर्माण प्रारंभ हो गया था। इतिहासकारों का मानना है कि मेसोपोटामिया में सत्ता, व्यापारिक मार्गों तथा जमीन के लिए संघर्ष करने वाले नगर-राज्यों की संख्या बढ़ गई थी। हालाँकि यहाँ जनसंख्या अधिक नहीं थी, किंतु भी बड़े शहरी केंद्रों में अपवाद रूप से आबादी एक ही स्थान पर केंद्रित थी।
- व्यापार विनिर्माण और खाद्य उत्पादन जैसी विभिन्न आर्थिक गतिविधियाँ कस्बों में रहने वाले लोगों द्वारा की जाती थीं।
- श्रम विभाजन मेसोपोटामिया शहर की एक विशेषता थी, जहाँ लोग अपने कार्यक्षेत्र में विशिष्ट थे, किंतु आत्मनिर्भर होने के विपरित एक-दूसरे पर निर्भर हो गए थे।
- इसके अतिरिक्त, शहरी अर्थव्यवस्था में एक सामाजिक संगठन और लिखित अभिलेखों के भण्डारण की आवश्यकता थी।
- इस अर्थव्यवस्था में कुछ लोग शामिल थे, जो आदेश देते थे और अन्य लोग उसका पालन करते थे।
- **उर, सुमेर, बेबीलोन** आदि मेसोपोटामिया के प्रमुख नगर थे। काँसा, ताँबे और राँगे का मिश्रण प्रमुख धातुएँ थीं। इनका प्रयोग बढ़ई के काम करने, मनकों में छेद करने, पत्थर की मुद्राएँ उकेरने, फर्नीचर में जड़ने तथा **सीपियाँ**[4] (Shells) काटने के लिए औजारों के निर्माण में होता था। अधिकांश मेसोपोटामियाई हथियार; जैसे—भाले की नोंक इत्यादि काँसे से ही निर्मित होते थे।

मेसोपोटामिया में शहरीकरण का महत्त्व

- मेसोपोटामिया में शहरीकरण के परिणामस्वरूप शहर न केवल बड़ी संख्या में लोगों के रहने का स्थान बन गया, बल्कि अर्थव्यवस्था के अतिरिक्त अन्य गतिविधियाँ सहायक स्थल की भूमिका निभाने लगीं।
- अर्थव्यवस्था में खाद्य उत्पादन के अतिरिक्त अन्य आर्थिक गतिविधियों का विकास होने से जनसंख्या का घनत्व बढ़ने लगा तथा धीरे-धीरे कस्बों का निर्माण होने लगा।
- कस्बों में इकट्ठा होने से लोगों को खाद्य उत्पादन के अतिरिक्त व्यापार एवं अन्य क्रिया-कलापों का अवसर मिलने लगा।
- शहरी अर्थव्यवस्था के अंतर्गत विनिर्माताओं के लिए ईंधन, धातु, विभिन्न प्रकार के पत्थर एवं लकड़ी जैसी आवश्यक वस्तुएँ, विभिन्न स्थानों से आती थीं, जिनके लिए संगठित व्यापार और भण्डारण की भी जरूरत होती है। वही अनाज और अन्य खाद्य-पदार्थ गावों से आते थे। जिनके संग्रह एवं वितरण की व्यवस्था करनी होती थी, यह सब शहरीकरण के कारण ही संभव हुआ।
- शहरीकरण के पश्चात् संपूर्ण हिसाब-किताब को लिखित रूप में रखा जाने लगा।

मेसोपोटामिया के शहरों में माल का आवागमन

- मेसोपोटामिया में सबसे पुराने शहर 3000 ई. पू. के हैं, जो कांस्य युग से भी संबंधित हैं।
- काँसे को लंबी दूरी से आयात किया जाता था, जिससे बढ़ई गिरी, ड्रिलिंग और उत्खनन आदि गतिविधियाँ चलती रहीं। काँसा, ताँबे और टिन की एक मिश्र धातु है।
- पशुओं द्वारा माल का आवागमन करना अत्यधिक कठिन एवं खर्चीला होता था तथा इसमें समय भी अधिक लगता था, इसलिए मेसोपोटामिया के लोगों ने परिवहन के लिए **जलमार्ग** का चुनाव किया।

---

4 सीपियाँ एक जानवर द्वारा बनाई गई एक कठिन, सुरक्षात्मक बाहरी परत है, जो समुद्र में रहती है।

- यह सस्ता एवं सर्वत्र उपलब्ध संसाधन था। नावें (बजरे) अनाज के बोरों से लदी होती थीं, जो नदी की जलधारा में हवा के वेग के समान चलती थीं।
- पुराने मेसोपोटामिया की नहरें और प्राकृतिक जलधाराएँ छोटी-बड़ी बस्तियों तक आसानी से पहुँच जाती थीं। जलमार्ग की महत्ता को देखते हुए फरात नदी को विश्व मार्ग का दर्जा प्राप्त था।
- मेसोपोटामिया में खाद्य-संसाधन की प्रचुरता थी, लेकिन खनिज संसाधनों के मामलों में वह दुलर्भ था। दक्षिण के अधिकांश भागों में औजार, मोहरें (मुद्राएँ) और आभूषण बनाने के लिए पत्थरों का अभाव था एवं गाड़ियाँ, पहिए तथा नाव के निर्माण के लिए आवश्यक उत्तम किस्म की लकड़ी का भी अभाव था। अधिकांशत: इराकी खजूर व पोपलर की लकड़ियाँ यहाँ पाई जाती थीं।
- औजार, पात्र और गहने बनाने के लिए कोई धातु उपलब्ध नहीं थी। इन सभी वस्तुओं का आयात संभवत: पड़ोसी देशों से किया जाता था।
- मेसोपोटामिया के लोग तुर्की और ईरान (खाड़ी पार के देश) से लकड़ी, ताँबा, राँगा, सोना, चाँदी, सीपी और विभिन्न प्रकार के पत्थरों का आयात तथा कपड़े एवं कृषि-संबंधित उत्पादों (Agricultural Products) का उन्हें निर्यात करते थे। इस कार्य के लिए सामाजिक संगठनों (Social Organisations) की शुरुआत हुई। ये संगठन दक्षिणी मेसोपोटामियाई लोगों की देन थे।

दक्षिणी मेसोपोटामिया का शहरीकरण

- मेसोपोटामिया के दक्षिणी भागों में 5000 ई. पू. के आस-पास बस्तियों का विकास होने लगा। कुछ समय पश्चात् इन बस्तियों ने प्राचीन शहरों का रूप ले लिया। ये शहर तीन रूपों में विकसित हुए थे

1. मंदिरों के चारों ओर विकसित
2. व्यापारिक केंद्र के रूप में विकसित
3. शाही शहर के रूप में विकसित।

मंदिरों का विकास

- अन्य स्थानों से आकर बसने वाले लोगों ने गाँव के कुछ चुने हुए स्थानों पर मंदिर के पुनर्निर्माण का कार्य शुरू किया। यहाँ पहले देवालय कच्ची ईंटों के होते थे, जिनमें विभिन्न देवी-देवताओं के निवास स्थल विद्यमान थे। साथ ही इनमें **चंद्र देवता** अर्थात् 'उर', **प्रेम एवं युद्ध की देवी** 'इन्नाना' आदि की पूजा होती थी।

▲ 3000 ई.पू. का मंदिर

- इन मंदिरों के आँगन के चारों ओर कमरे बनाए जाते थे, जो साधारण घरों के समान ही प्रतीत होते थे, क्योंकि मंदिर भी किसी देवता का घर ही माना जाता था।
- साधारण घरों की अपेक्षा मंदिर की दीवारें कुछ विशेष अंतरालों के बाद भीतर और बाहर की ओर मुड़ी हुई थीं।
- मंदिरों में देवी-देवताओं को अन्न, दही, यहाँ तक कि मछली चढ़ाए जाने के साक्ष्य भी मिले हैं। इन आराध्य देवताओं को सैद्धांतिक स्तर पर खेतों, मत्स्य क्षेत्रों एवं पशुधन का स्वामी माना जाता था तथा यहाँ पर आवश्यकता होने पर तेल निकालना, अनाज पीसना, कातना और ऊनी कपड़ों को बुनने जैसे कार्य भी किए जाते थे। धीरे-धीरे मंदिरों ने नए स्तर के व्यापारियों की मदद से शहरी संस्था का रूप ले लिया था।
- मंदिर उत्पादन के केंद्र, व्यापारियों के **नियोक्ता**[5], अनाज, हल चलाने वाले पशु, रोटी, बीयर (पेय पदार्थ), मछली आदि के वितरण और आवण्टन के लिखित रिकॉर्ड के रक्षक भी बन गए।

मंदिरों के विकास में राजा की भूमिका

- मेसोपोटामिया के विभिन्न क्षेत्रों में जब लंबे समय तक लड़ाइयाँ (Warfare) चलती थीं, तो **मुखिया** (Chiefs) इसका नेतृत्व करते थे तथा जीतने के पश्चात् वह लूट का माल अपने सैनिकों में बाँटते तथा हारे हुए लोगों को बंदी (Captive) बनाकर अपने साथ ले जाते थे, जिन्हें बाद में ये अपना चौकीदार या नौकर बना लेते थे।
- ऐसे में युद्धबंदियों और स्थानीय लोगों को मंदिर के लिए या सीधे शासक के लिए कार्य करना पड़ता था। बदले में लोगों को अनाज तेल और कपड़ा जैसे राशन का भुगतान किया जाता था। इस प्रकार मुखिया का प्रभाव क्षेत्र बढ़ने लगा था।
- कुछ समय पश्चात् इन मुखियाओं ने समुदाय के कल्याण पर ध्यान देना प्रारंभ कर दिया, जिससे इनकी लोकप्रियता बढ़ने लगी। अब विजेता मुखियाओं ने कीमती भेंटों को देवी-देवताओं को अर्पित करना प्रारंभ कर दिया था, जिससे मंदिरों की भव्यता बढ़ने लगी।

5 नियोक्ता एक आधिकारिक व्यक्ति, जो व्यक्तियों को उनके श्रम के लिए नियुक्त करता है और उन्हें भुगतान करता है।

- इस प्रकार एनमर्कर की कविताओं के अनुसार, मुखियाओं की स्थिति सुदृढ़ होने के साथ-साथ समुदाय पर भी उनका नियंत्रण स्थापित हो गया। आवश्यकता पड़ने पर अपनी सेना बनाने तथा उनकी सुरक्षा के लिए मुखियाओं ने ग्रामीणों को अपने पास रहने के लिए प्रोत्साहित किया।

शहरी अर्थव्यवस्था का विकास

- प्राचीन नगर **उरुका** का 3000 ई. पू. के आस-पास किए गए **पुरातत्त्वीय सर्वेक्षणों** (Archaeological Surveys) से स्पष्ट है कि उरुक नगर का 250 हेक्टेयर भूमि में विस्तार हुआ है। इसका यह विस्तार शताब्दियों पश्चात् फले-फूले मोहनजोदड़ो नगर की अपेक्षा दो गुना था।
- उरुक नगर की रक्षा के लिए चारों ओर एक सुदृढ़ दीवार (Defensive Wall) बनी हुई थी। यह नगर लगभग 4200 ई. पू. से 400 ई. के मध्य तक अपने पुराने अस्तित्व में बना रहा और इसी बीच 2800 ई. पू. के आस-पास वह बढ़कर 400 हेक्टेयर तक विस्तृत हो गया।
- 3000 ई. पू. के आस-पास उरुक नगर में तकनीक (Technology) का अत्यधिक विकास हुआ। बड़े-बड़े कमरों की छतों के बोझ को सँभालने के लिए वास्तुविदों (Architects) ने ईंटों के स्तंभों को बनाना सीख लिया था।
- अनेक लोग मिट्‌टी के शंकु (Cone) बनाने का कार्य करते थे। इन शंकुओं का प्रयोग मंदिरों की दीवारों में होता था। मूर्तिकला के क्षेत्र में भी प्रगति हुई व इसमें सरलता से उपलब्ध चिकनी मिट्‌टी की जगह आयातित पत्थरों का प्रयोग किया जाने लगा।
- प्रौद्योगिकी के क्षेत्र में युगांतकारी घटना उस समय घटी, जब कुम्हार के चाक का निर्माण हुआ। इसके पश्चात् बड़े पैमाने पर बर्तनों को आसानी से बनाने में सफलता मिली।

मुहर : एक शहरी शिल्प-कृति

- भारत में प्राचीनकाल में पत्थर की मुहरें होती थीं, जिन पर चिह्न अंकित किए गए थे। मेसोपोटामिया में पहली सहस्राब्दि ई. पू. के अंत तक पत्थर की बेलनाकार मुहरें बीच में से आर-पार छिदी होती थीं, इस छेद में एक तीली लगाकर मुहरें गीली मिट्‌टी के ऊपर घुमाई जाती थीं और इस प्रकार उनसे लगातार चित्र बनता जाता था।
- मुहरों पर कुशल कारीगरों द्वारा नक्काशी की जाती थी। कभी-कभी उन पर मालिक का नाम, उसके देवता, उसका आधिकारिक पद आदि लिखा होता था। मिट्‌टी की पट्‌टिका पर लिखे गए पत्र पर मुहर प्रमाणिकता का प्रतीक बन गई।

▲ पाँच प्रारंभिक सिलेंडर (बेलनाकार सील व छापे)

चेक प्वॉइंट 2

1. मेसोपोटामिया में (कस्वो में) रहने वाले लोगों द्वारा कौन-सी आर्थिक गतिविधियाँ की जाती थीं?
2. 5000 ईसा पूर्व मेसोपोटामिया में किस प्रकार के शहर विकसित हुए थे?
3. प्रेम व युद्ध की देवी को किस नाम से जाना जाता था?
4. मेसोपोटामिया में लड़ाई का नेतृत्व कौन करता था?
5. मेसोपोटामिया के किस नगर का विस्तार माहनजोदडो नगर से दोगुना था?

1.3 मेसोपोटामिया में शहरी जीवन

- नगरों में उच्च या संभ्रांत (Elite) वर्ग का उदय हो चुका था। उर और मारी मेसोपोटामिया के सबसे महत्त्वपूर्ण शाही शहर थे।
- उर के राजाओं एवं रानियों की कब्रों से मिले बहुमूल्य रत्न; जैसे—आभूषण, सोने के पात्र, सफेद सीपियाँ, लाजवर्द, जड़े हुए लकड़ी के वाद्य यंत्र, सोने के सजावटी खंजर (Daggers) आदि इस बात के प्रमाण हैं।

मेसोपोटामिया के उर एवं मारी नगरों के जीवन का वर्णन अग्रलिखित है

उर नगर

- उर नगर में सर्वप्रथम खुदाई का कार्य प्रारंभ हुआ। मेसोपोटामिया का यह एक ऐसा शहर था, जिसमें साधारण घरों की खुदाई 1930 के दशक में सुव्यवस्थित ढंग से की गई
- यहाँ टेढ़ी-मेढ़ी व संकरी गलियों (Narrow Streets) के कारण पहिए वाली गाड़ियाँ वहाँ के मकानों तक नहीं पहुँच पाती थीं। अनाजों एवं ईंधन को घर तक ले जाने के लिए गधों का प्रयोग किया जाता था। पतली व घुमावदार गलियों तथा घरों के अनियमित आकार से यह कहाँ जा सकता है। कि नगर नियोजन पद्धति का यहाँ अभाव था।

- समकालीन **मोहनजोदड़ो**[6] के विपरीत सड़कों के किनारे जल निकासी के लिए नालियों का अभाव था तथा छतों का ढलान भीतर की ओर था। वर्षा का पानी नालियों के माध्यम से भीतरी आँगनों में बने हुए हौज में ले जाया जाता था।
- दहलीजों (Threshold) को ऊँचा उठाकर बनाया जाता था, जिससे वर्षा के बाद कीचड़ बहकर अंदर न आ जाए।
- परिवार में गोपनीयता (Privacy) बनाए रखने के लिए रोशनी, खिड़की से ना होकर दरवाजे से होकर आँगन में आती थी।
- उर में नगरवासियों के लिए कब्रिस्तान (Cemetery) के अंतर्गत शासकों व जनसाधारण की समाधियों के साक्ष्य भी मिले हैं, परंतु कुछ लोग साधारण घरों के फर्शों के नीचे भी दफनाए हुए प्राप्त हुए हैं।
- इसके अतिरिक्त घरों के विषय में कई प्रकार के अंधविश्वास प्रचलित थे, जिनके विषय में उर में पाई गई शकुन अपशकुन संबंधी बातें पट्टिकाओं पर लिखी प्राप्त हुई हैं; जैसे–
  - घर की देहली ऊँची उठी हुई हो, तो वह धन दौलत लाती है। सामाने का दरवाजा अगर किसी दूसरे घर की ओर न खुले, तो वह सौभाग्य प्रदान करता है।
  - लेकिन अगर घर का लकड़ी का मुख्य दरवाजा (भीतर की ओर न खुलकर)बाहर की और खुले, तो पत्नी अपने पति के लिए तकलीफ का कारण बनेगी।

मारी नगर : पशुचारण क्षेत्र और एक व्यापारिक नगर

- मारी, फरात नदी की ऊर्ध्वधारा (Upstream) पर स्थित मेसोपोटामिया का एक महत्त्वपूर्ण **व्यापारिक नगर** था। 2000 ई. पू. के बाद इसका विकास शाही राजधानी के रूप में हुआ।
- इस नगर में किसान तथा पशुचारक (Pastoralists) दोनों साथ-साथ रहते थे, लेकिन उस प्रदेश के अधिकांश लोग भेड़-बकरी चराने का कार्य करते थे। पशुचारक समाज के लोग पशुओं तथा चमड़ा, मांस आदि के बदले अनाज, धातु के औजार आदि प्राप्त करते थे।
- कभी-कभी, जब पशु फसल नष्ट कर देते थे, तो चरवाहे/पशुचारक और किसानों के मध्य संघर्ष होता था।
- कभी-कभी ऐसा भी होता था कि बस्तियों में रहने वाले लोग इन पशुचारकों का रास्ता रोक देते थे और इन्हें नदी पार नहीं करने देते थे।

महत्त्वपूर्ण व्यापार केंद्र के रूप में मारी नगर की भूमिका

- फरात नदी की सहायता से लकड़ी, ताँबा, राँगा, तेल, मदिरा तथा अन्य सामान गाड़ी से होकर तुर्की, सीरिया एवं लेबनान तक पहुँचाया जाता था, जौ लाने के लिए एक विशेष प्रकार की नौका का प्रयोग किया जाता था।
- घिसाई-पिसाई के पत्थर, चक्कियाँ, लकड़ी एवं शराब तथा तेल के डिब्बे ले जाने वाले जहाज मारी में रुकते थे तथा वहाँ से दक्षिणी नगरों की ओर प्रस्थान करते थे।
- विदेश व्यापार के लिए मारी के अधिकारी अन्य देशों में भी जाते थे। वे कार्गो पर लादे गए सामान की जाँच करते और नौका पर लदे माल के मूल्य का लगभग 10% प्रभार (फीस) वसूल करके ही इसे आगे बढ़ने की अनुमति देते थे। मारी का ताँबा और टिन, साइप्रस के द्वीप अलाशिया (Alashiya) से उन्नत था, जो उस समय ताँबे और टिन के लिए प्रसिद्ध था।
- काँसा (Bronze) औजार एवं हथियार बनाने की प्रमुख धातु थी। यह राजा एवं पदाधिकारियों के मध्य पत्र व्यवहार के संकेत भी प्राप्त हुए हैं। इन पत्रों में पदाधिकारी संदेहास्पद गतिविधियों के विषय में राजा को बताते थे।

जिमरीलिम का मारी स्थित राजमहल 1810-1760 ई. पू.

- जिमरीलिम का मारी स्थित राजमहल, वहाँ के शाही परिवार का निवास स्थान था। साथ ही यह प्रशासन और उत्पादन, विशेष रूप से कीमती धातुओं के आभूषणों के निर्माण का मुख्य केंद्र था।
- यह अपने समय में बहुत प्रसिद्ध था। राजमहल के विशाल और खुले प्रांगण सुंदर पत्थरों से जड़े हुए थे।
- राजमहल 2.4 हेक्टेयर क्षेत्र में स्थित एक अत्यंत विशाल भवन था, जिसमें 260 कक्ष बने हुए थे। राजा को प्रतिदिन भोजन की मेज पर विभिन्न प्रकार की खाद्य सामग्री; जैसे—आटा, रोटी, मांस, मछली, फल, मदिरा आदि परोसी जाती थी।

---

6 मोहनजोदड़ो (Mohenjodaro) यह हड़प्पा सभ्यता का एक महत्त्वपूर्ण स्थल है। यह अपने उन्नत नगर विन्यास, अन्नागार और वृहत स्नानागार के लिए विश्व प्रसिद्ध है। इसकी खोज राखालदास बनर्जी ने की थी।

मेसोपोटामिया संस्कृति में शहरों का महत्त्व

- मेसोपोटामिया निवासियों के जीवन में शहरों का अधिक महत्त्व था। यहाँ अनेक समुदायों और संस्कृतियों के लोग आपस में मिल-जुलकर एकसाथ रहते थे।
- युद्ध में किसी शहर का विनाश हो जाने पर इन्हें काव्यों द्वारा याद रखा जाता था। इसका प्रमाण **गिल्गेमिश** (Gilgamesh) महाकाव्य के अंत में मिलता है।
- यह महाकाव्य 12 पट्टिकाओं पर लिखा गया था। 'गिल्गेमिश' एनमर्कर के कुछ समय बाद उरुक नगर राज्य का शासक बना।
- वह एक महान नायक था, जिसने दूर देशों के लागों पर विजय प्राप्त की, लेकिन अपने करीबी दोस्त की मृत्यु से स्तब्ध रह गया।

मेसोपोटामिया की सांस्कृतिक परंपराएँ

- मेसोपोटामिया के समाज में **एकल परिवार** (Nuclear Family) को ही आदर्श माना जाता था, परंतु एक शादीशुदा बेटा और उसका परिवार सदैव अपने माता-पिता के साथ ही रहता था।
- **पिता,** परिवार का मुखिया होता था। विवाह करने की इच्छा व्यक्त करने पर कन्या के परिवार की ओर से घोषणा की जाती थी।
- शादी के पश्चात् वधू को अपने पिता की विरासत का एक भाग मिलता था, जबकि वर को पिता का घर, पशुधन और खेत विरासत में मिलते थे।
- मेसोपोटामिया की संस्कृति बहुसंस्कृतिवादी थी। यहाँ के उपजाऊ क्षेत्र में **यायावर (घुमंतू) समूह** (Nomadic Communities) के लोग अनेक रूपों में पश्चिमी मरुस्थल से आते थे और समृद्ध होकर यहीं बस जाते थे।
- ये घुमंतू समूह **अक्कदी**, **एमोराइट**, **असीरियाई** और **आर्मीनियन** जाति के थे।
- मारी के राजा एमोराइट समुदाय से संबंधित थे, जिनकी पोशाक वहाँ के मूल निवासियों से अलग थी।
- ये मेसोपोटामिया के देवी-देवताओं को मानने की जगह स्टेपी क्षेत्र के देवता **डैगन** (Dagan) को पूजने लगे तथा मारी नगर में भी इनके मंदिर का निर्माण करवाया गया।
- इस प्रकार मेसोपोटामिया का समाज और वहाँ की संस्कृति भिन्न-भिन्न समुदायों के लोगों और संस्कृतियों के लिए खुली थी। यही कारण है कि वहाँ मिश्रित समाज का विकास हुआ।

चेक प्वॉइंट 3

1. उर नगर में घर के भूखंडों का अनियमित आकार क्या दर्शाता है?
2. उर नगार की सुव्यवस्थित खुदाई किस दशक में की गई?
3. उर के घरों के कमरों में रोशनी कैस प्रवेश करती थी।
4. युद्ध में नष्ट हो जाने के बाद मेसोपोटामिया के लोगों को अपने शहर कैसे याद रहे?
5. एनमर्कर के बाद उरुक शहर पर किसने शासन किया?

1.4 लेखन कला का विकास

- सभी समाजों के लिए भाषा एक ऐसा माध्यम है, जिसके द्वारा उच्चारित ध्वनियाँ अपना अर्थ प्रकट करती हैं। हम इसे **मौखिक या शाब्दिक भावाभिव्यक्ति** (Verbal Communication) भी कह सकते हैं।
- लेखन कला तथा मौखिक भावाभिव्यक्ति में अंतर नहीं है। जब हम लेखन या लिपि की बात करते हैं, तो इसका अर्थ उच्चारित ध्वनियाँ होता है, जो दृश्य संकेतों अथवा चिह्नों के रूप में प्रकट होती हैं।
- मेसोपोटामिया में लगभग 3200 ई. पू. की ऐसी पट्टिकाएँ प्राप्त हुई हैं, जिन पर बैलों, मछलियों तथा कुछ संख्याओं आदि की लगभग 5000 सूचियाँ थीं। इन पर चित्र जैसे चिह्न और संख्याएँ भी अंकित हैं।
- ये चित्र एवं सूचियाँ दक्षिणी शहर उरुक के मंदिर में आने वाली और वहाँ से बाहर जाने वाली वस्तुओं की मानी जाती हैं।
- स्पष्टत: यह कहा जा सकता है कि व्यापार में लेन-देन का स्थायी हिसाब रखने के लिए ही लेखन कला की शुरुआत हुई थी।

▲ दानों ओर क्यूनिर्फाम में लिखी हुई मिट्टी की पटि्टका

- मेसोपोटामिया के लोग लिखने के लिए चिकनी मिट्टी की पट्टिकाओं का प्रयोग करते थे। इस पट्टिका को बनाने के लिए पहले चिकनी मिट्टी को गूँथकर एक पट्टी का आकार दिया जाता था, फिर उसकी सतह को चिकना कर सरकंडे (Reed) की तीली की तीखी नोंक बनाकर **कीलाकार चिह्न** (Cuneiform) में लिखा जाता था, फिर इन्हें धूप में सुखा दिया जाता था।
- कीलाकार चिह्न लातिनी शब्द क्यूनियस, से मिलकर बना है, जिसका अर्थ-खूँटी तथा फोर्मा है।
- इस पट्टिका पर पुनः नहीं लिखा जा सकता था, इसलिए प्रत्येक लेन-देन के लिए एक अलग पट्टिका की आवश्यकता होती थी। यही कारण है कि मेसोपोटामिया की **खुदाई** (Excavation) में बड़ी संख्या में पट्टिकाएँ प्राप्त हुई हैं।
- प्रत्येक छोटे-छोटे लेन-देन को एक नई पट्टिका पर दर्ज किया जाता था, जिसके परिणामस्वरूप मेसोपोटामिया के स्थलों पर सैकड़ों पट्टिकाएँ खोजी गईं। इन पट्टिकाओं ने मेसोपोटामिया से संबंधित समाज और इतिहास के बारे में बहुमूल्य जानकारी प्रदान की है, जो भारत के विषय में उपलब्ध ज्ञान से कहीं अधिक है।

लेखन प्रणाली

- जिस ध्वनि के लिए कीलाक्षर या कीलाकार चिह्न का प्रयोग किया जाता था, वह एक अकेला व्यंजन या स्वर नहीं था; जैसे—अंग्रेजी वर्णमाला में m या a। इस भाषा में स्वर या व्यंजन के स्थान पर **अक्षर** (Syllables) होते थे; जैसे—अंग्रेजी में Put- या-la या-in।

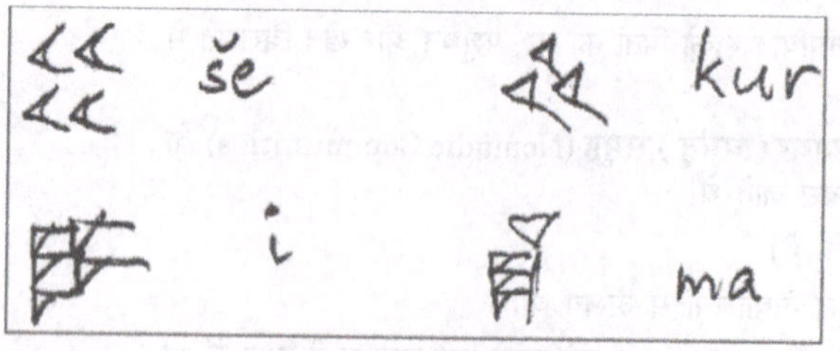

▲ लेखन प्रणाली के कीलाकार चिह्न

- इससे यह स्पष्ट होता है कि मेसोपोटामिया के लिपिक को सैकड़ों चिह्न सीखने पड़ते थे और उसे पट्टी के सूखने से पहले ही लिखना पड़ता था।
- यही कारण है कि लेखन कला के लिए बड़ी कुशलता की आवश्यकता होती थी तथा इसे अत्यंत महत्त्वपूर्ण कार्य समझा जाता था।

मेसोपोटामिया में साक्षरता

- सैकड़ों क्यूनिफार्म संकेतों की उपलब्धता के बाद भी, अधिकांश मेसोपोटामियावासी (प्रणाली की जटिलता के कारण) पढ़ने या लिखने में असमर्थ थे।
- जो राजा पढ़ सकते थे, उन्हें अपने कौशल पर गर्व था और सामान्यतः वे अपने शिलालेखों में इसके विषय में लिखते थे।

मेसोपोटामिया में लेखन के उपयोग

- एनमेरकर के विषय में एक सुमेरियन महाकाव्य, शहरी जीवन, व्यापार और लेखन के मध्य संबंध को दर्शाता है।
- एनमेरकर उरुक के प्रारंभिक शासकों में से एक थे। मेसोपोटामिया की परंपरा में उरुक को शहर के नाम से जाना जाता था।
- एनमेरकर सुमेर के प्रथम व्यापार संगठन से संबंधित थे।
- भूमि लेन-देन को कानूनी वैधता प्रदान करने और शब्दकोष निर्माण हेतु लेखन का उपयोग किया जाता था।
- राजाओं ने पारम्परिक कानूनों मे किए गए परिवर्तनों की घोषणा करने के लिए लेखन का उपयोग किया।
- लेखन ने सूचनाओं को संग्रहित करने और विस्तारित दूरी तक सन्देश भेजने के साधन के रूप में कार्य किया।
- लेखन को मेसोपोटामिया की शहरी संस्कृति की श्रेष्ठता का प्रतीक माना जाता था।

लेखन कला की देन

लेखन कला ने विज्ञान के क्षेत्र में अभूतपूर्व योगदान दिया। लेखन कला की देन को निम्नलिखित रूप से देखा जा सकता है

- मेसोपोटामिया अपनी कालगणना और गणित की विद्वतापूर्ण परंपरा के कारण दुनिया में प्रसिद्ध है।
- 1800 ई. पू. के आस-पास कुछ पट्टिकाएँ प्राप्त हुई हैं, जिनमें गुणा और **भाग की तालिकाएँ**, **वर्ग** तथा **वर्गमूल** और **चक्रवृद्धि ब्याज** की **सारणियाँ** दी गई हैं।
- पृथ्वी के चारों ओर चंद्रमा की परिक्रमा (Revolution) के अनुसार, एक पूरे वर्ष का 12 महीनों में विभाजन, एक महीने का 4 सप्ताह में विभाजन, एक दिन का 24 घंटों में विभाजन और एक घंटे का 60 मिनट में विभाजन, लेखन कला की एक महत्त्वपूर्ण देन है।
- समय के इस विभाजन को पहले सिकंदर के उत्तराधिकारियों ने अपनाया, बाद में यह रोम और इस्लामी दुनिया को प्राप्त हुआ।
- इसने **सूर्यग्रहण** और **चंद्रग्रहण** (Solar and Lunar Eclipses) के दिन-रात पर पड़ने वाले प्रभाव से परिचित कराया।

- मेसोपोटामिया वासियों की इन महत्त्वपूर्ण उपलब्धियों में से एक भी उपलब्धि संभव नहीं होती, यदि लेखन की कला और विद्यालयों जैसी उन संस्थाओं का अभाव होता, जहाँ विद्यार्थीगण पुरानी लिखित पट्टिकाओं को पढ़ते और उनकी नकल करते थे।
- कुछ छात्रों को साधारण प्रशासन का हिसाब-किताब रखने वाला लेखाकार न बनाकर, ऐसा प्रतिभा संपन्न व्यक्ति बनाया गया था, जो अपने पूर्वजों की बौद्धिक उपलब्धियों को आगे बढ़ा सके।

वार्का शीर्ष

यह मेसोपोटामियाई कला का एक अद्‌भुत उदाहरण है। यह मूलरूप से एक स्त्री का सिर है, जिसे 3000 ई. पू. में उरुक नगर में संगमरमर को तराशकर बनाया गया था। इस शीर्ष की विशेषता यह है कि इसकी आँखों और भौंहों में क्रमश: **नीले लाजवर्द** (Lapis Lazuli) तथा **सफेद सीपी** और **काले डामर** (Bitumen) की जड़ाई की गई है।

सिर के ऊपर एक खाँचा बना है, जो गहना पहनने के लिए बनाया गया था। यह मूर्तिकला का एक विश्वप्रसिद्ध नमूना है, जो मुख, ठोड़ी व गालों की सुंदर-सुकोमल बनावट के कारण प्रशंसनीय है। इसे अधिक दूरी से मँगाए गए कठोर पत्थर में तराशा गया है।

चेक प्वॉइंट 4

1. किसके द्वारा उच्चारित ध्वनियाँ अपना अर्थ प्रकट करती है
2. मेसोपोटामिया से प्राप्त पष्टिकाओं पर क्या अंकित है?
3. किसे मेसोपोटामिया की शहरी संस्कृति की श्रेष्ठता का प्रतीक माना जा था?
4. मेसोपोटामिया के लोग लिखने के लिए किस प्रकार की पट्टिकाओं का प्रयोग करते थे?

टाइमलाइन

7000-6000 ई. पू.	उत्तरी मेसोपोटामिया के मैदानों में खेती की शुरुआत।
5000 ई. पू.	दक्षिणी मेसोपोटामिया में सबसे पुराने मंदिरों का बनना।
3200 ई. पू.	मेसोपोटामिया में लेखन-कार्य की शुरुआत।
3000 ई. पू.	उरुक का एक विशाल नगर के रूप में विकास तथा काँसे के औजारों के प्रयोग में बढ़ोतरी।
2700-2500 ई. पू.	आरंभिक राजाओं का शासनकाल, जिनमें गिल्गेमिश जैसे पौराणिक राजा भी शामिल हैं।
2600 ई. पू.	कीलाकार लिपि का विकास।
2400 ई. पू.	सुमेरियन के स्थान पर अक्कदी भाषा का प्रयोग
2370 ई. पू.	सारगोन, अक्कद सम्राट।
2000 ई. पू.	सीरिया, तुर्की और मिस्र तक कीलाकार लिपि का प्रसार, महत्त्वपूर्ण शहरी केंद्रों के रूप में मारी और बेबीलोन का उद्‌भव।
1800 ई. पू.	गणितीय मूलपाठों की रचना, अब सुमेरियन बोलचाल की भाषा नहीं रही।
1100 ई. पू.	असीरियाई राज्य की स्थापना।
1000 ई. पू.	लोहे का प्रयोग।
720-610 ई. पू.	असीरियाई साम्राज्य।
668-627 ई. पू.	असुरबनिपाल का शासन।
331 ई. पू.	सिकंदर ने बेबीलोन को जीत लिया।
पहली शताब्दी (ईसवी)	अक्कदी भाषा और कीलाकार लिपि प्रयोग में रही।
1850 ई.	कीलाकार लिपि के अक्षरों को पहचाना व पढ़ा गया।

Mind Map

लेखन कला और शहरी जीवन

1 मेसोपोटामिया और इसका भूगोल

दजला और फरात नदियाँ उत्तरी पहाड़ों से निकलकर अपने साथ उपजाऊ बारीक मिट्टी लाती हैं, जो दक्षिण मेसोपोटामिया में कृषि के लिए बहुत उपयोगी है।

2 शहरीकरण का महत्त्व

- लोगों ने अपना जीवनयापन खाद्य उत्पादन से बदलकर आर्थिक गतिविधियों में लगाया।
- शहरी क्षेत्रों में लोग अपनी आवश्यकताओं के लिए आत्मनिर्भर नहीं रहे।

3 शहरों में वस्तुओं का आवागमन

- मेसोपोटामिया ने अपने कच्चे माल की आवश्यकता के लिए ईरान और तुर्की के साथ बार्टर प्रणाली का पालन किया।
- नदियाँ परिवहन का एक प्रमुख साधन थीं। फरात नदी उन दिनों 'विश्व मार्ग' के रूप में प्रसिद्ध थी।

4 दक्षिणी मेसोपोटामिया में शहरीकरण- मन्दिर और राजा

प्राकृतिक आपदाएँ और कृषि

मेसोपोटामिया शहर के गाँव बाढ़, सूखा और नदी की धारा में बदलाव के प्रति संवेदनशील थे।

शहरीकरण में मंदिर की भूमिका

- कुछ शुरुआती शहर धीरे-धीरे मंदिरों के आस-पास विकसित हुए। ऊरुक प्रसिद्ध मंदिर नगर था।
- मंदिरों को उर के चाँद देवता और इनन्ना जैसे देवताओं को समर्पित किया गया था।
- मंदिरों में अनाज पीसने, बुनाई और तेल निचोड़ने का काम भी होता था।

5 शहर में जीवन

सामाजिक संरचना और विश्वास

- परिवार संरचना में 'एकल परिवार और पितृसत्ता व्यवस्था' सामाजिक मानक था।
- शासक वर्ग के पास महत्त्वपूर्ण संपत्ति थी, जिसे 'उर' के शाही कब्रों में देखा गया है।
- विवाह में घोषणा, सहमति, उपहार और मंदिर आदि शामिल थे।

उर में खुदाई

- उर में संकरी गलियाँ थीं, जो पहिये वाली गाड़ियों के लिए पहुँच से बाहर थीं।
- घरों की संरचना में खराब नगर योजना दिखाई देती है।
- द्रते आंतरिक आँगन की ओर ढलान दीवार थी और नदी का पानी नालियों और मिट्टी की पाइपों की सहायता से आंतरिक आँगन में भेजा जाता था।

6 माटी- एक पशुपालन क्षेत्र में व्यापारिक नगर

- माटी की शाही राजधानी 2000 ईसा पूर्व के बाद समृद्ध हुई।
- कुछ घुमंतू चरवाहे संपन्न हो गए और इन्होंने अपने शासन की स्थापना की ; जैसे -अक्कादियान, अमोराइट, असीरियाई और अरामकान आदि।

7 लेखन कला का विकास

- पहली मेसोपोटामियाई मिट्टी की पट्टी लगभग 3200 ईसा पूर्व में लिखी गई थी, जिसमें चित्रात्मक संकेत और संख्याएँ थीं।
- 2600 ईसा पूर्व में लेखन क्यूनिफॉर्म लिपि में बदल गया, जो सुमेरियन भाषा में थी।
- सुमेरियन भाषा को 2400 ईसा पूर्व में अक्कादी भाषा ने बदल दिया।

8 लेखन प्रणाली

- लेखकों को सैकड़ों संकेतों से सीखना पड़ता था।
- क्यूनिफॉर्म एक महत्त्वपूर्ण बौद्धिक उपलब्धि थी, जो किसी विशेष भाषा की ध्वनियों को दृश्य रूप में प्रस्तुत करती थी।
- लेखन को राजसी सत्ता और शहरी जीवन के प्रतीक के रूप में देखा जाता था।
- एनेरकर (ऊरक के शासक) ने पहली मिट्टी की पट्टी बनाई, जिस पर लेखन कार्य किया गया।

9 मेसोपोटामिया में साक्षरता और मौखिक परंपरा

- संकेतों और लेखन की जटिलता के कारण, केवल कुछ ही लोग पढ़ और लिख सकते थे।
- राजाओं की समझ के लिए आधिकारिक पत्रों को जोर से पढ़कर सुनाया जाता था।

10 लेखन कला की देन

- मेसोपोटामियन्स ने विज्ञान और गणित में प्रगति की, क्योंकि इन्होंने समय और वर्ष के विभाजन के बारे में मिट्टी की पट्टिकाओं पर लिखा
- रिकॉर्ड रखने के उद्देश्य से बौद्धिक व्यक्तियों को नियुक्त किया था।

NCERT फोल्डर

अध्याय के मध्य में दिए गए प्रश्न

1. जलप्लावन के बारे में अनेक समाजों में अपनी-अपनी पुराण कथाएँ प्रचलित हैं। कुछ ऐसे तरीके हैं, जो इतिहास में हुए महत्त्वपूर्ण परिवर्तनों की स्मृति को अमिट रखे हुए अभिव्यक्त करते हैं। इनके बारे में कुछ और जानकारी का पता लगाएँ और बताएँ कि जलप्लावन से पहले और उसके बाद का जीवन कैसा रहा होगा?

उत्तर भारत में प्राचीन कथाओं में जलप्लावन से संबंधित कथाएँ मिलती हैंः जैसे–मनु और मत्स्य अवतार की कहानी। इसके अतिरिक्त सिंधु घाटी सभ्यता से संबंधित जलप्लावन के साक्ष्य भी मिले हैं। इसी प्रकार मेसोपोटामिया में गिल्गेमिश महाकाव्य ग्रीक मिथक कथा में देवकालियन तथा प्यारा कथा आदि जलप्लावन से संबंधित पौरोणिक कथाएँ हैं। इन कथाओं का सांस्कृतिक महत्त्व समाज में प्राकृतिक संतुलन बनाए रखना है।

जलप्लावन से पहले और बाद में

- जलप्लावन के पश्चात् पूर्व की कृषि भूमियों में परिवर्तन हो गया। अब वे उत्पादन योग्य नहीं रहीं।; जैसे -हड़प्पा सभ्यता में सिंधु घाटी नदी में बाढ़ के कारण लोगों को स्थानांतरण करना पड़ा।
- जलप्लावन के पश्चात् एक नवीन शैली का विकास हुआ
- समाज में आपदा के प्रति त्वरित तैयारी और स्थायी संसाधनों के विकास की दिशा में प्रयास हुए।

2. क्या शहरी जीवन धातुओं के इस्तेमाल के बिना संभव होता? इस विषय पर चर्चा कीजिए।

उत्तर शहरी जीवन धातुओं के बिना असंभव है, क्योंकि धातुएँ बुनियादी संरचनाओं, उपकरणों और तकनीकी प्रगति का आधार हैं। भवन निर्माण, परिवहन, ऊर्जा उत्पादन और इलेक्ट्रॉनिक्स सभी में धातुओं की भूमिका महत्त्वपूर्ण है। उनके बिना आधुनिक शहरों के निर्माण में बाधा उत्पन्न होगी और उनका विस्तार रुक जाएगा। हालाँकि सतत विकास के लिए धातुओं के पुनर्चक्रण और वैकल्पिक सामग्रियों का उपयोग बढ़ाना आवश्यक है।

3. आप ऐसा क्यों सोचते हैं कि असुरबनिपाल और नैबोनिडस ने मेसोपोटामिया की प्राचीन परंपराओं की कद्र की?

उत्तर असुरबनिपाल और नैबोनिडस ने मोसोपोटामिया की प्राचीन परंपराओं की कद्र की, क्योंकि वे अपनी सभ्यता कि सांस्कृतिक और धार्मिक विरासत को संरक्षित करना चाहते थे। असुरबनिपाल ने निनवे में एक विशाल पुस्तकालय बनवाया, जिसमें प्राचीन ग्रंथों और मिथकों का संग्रह था। नैबोनिडस ने प्राचीन मंदिरों का भी पुनीर्निर्माण करवाया और चंद्र देवता की पूजा को पुनः आरंभ किया।

निम्नलिखित प्रश्नों के उत्तर लगभग 100-150 शब्दों में दीजिए।

1. आप यह कैसे कह सकते हैं कि प्राकृतिक उर्वरता तथा खाद्य उत्पादन के उच्च स्तर ही आरंभ में शहरीकरण के कारण थे?

उत्तर यह बात निःसंदेह कही जा सकती है कि प्राकृतिक उर्वरता तथा उत्पादन के उच्च स्तर ही आरंभ में शहरीकरण के कारण थे। इस बात के पक्ष में निम्नलिखित तर्क दिए जा सकते हैं

- प्राकृतिक उर्वरता उन्नत खेती का आधार बनी, जिसके कारण उर्वर भूमियाँ अस्तित्व में आईं।
- खेती तथा पशुपालन से मनुष्य का जीवन स्थायी बना। इसलिए अब उसे भोजन की तलाश में स्थान-स्थान पर घूमने की आवश्यकता नहीं थी।
- जीवन के स्थायी बनने पर कृषक समुदाय अस्तित्व में आए, जो झोंपड़ियाँ बनाकर साथ-साथ रहने लगे। इस प्रकार गाँव अस्तित्व में आए।
- खाद्य उत्पादन बढ़ने पर वस्तु-विनिमय की प्रक्रिया आरंभ हो गई। फलस्वरूप गाँवों का आकार बढ़ने लगा एवं नए-नए व्यवसाय भी प्रारंभ किए गए, जो शहरीकरण के प्रतीक थे।
- इन सब के बावजूद प्राकृतिक उर्वरता और खाद्य उत्पादन ही शहरीकरण का एकमात्र कारक नहीं है। शहरीकरण के अभ्य कारकों में उन्नत व्यापार, श्रम विभाजन, माल तथा व्यक्तियों को आवाजाही के लिए परिवहन आदि की भी महत्त्वपूर्ण भूमिका होती है। मूलतः शहरीकरण आर्थिक गतिविधियों के इर्द-गिर्द विकसित होते हैं, इसलिए आर्थिक गतिविधियों में शामिल सभी पक्षों की भूमिका महत्त्वपूर्ण होती है। इसमें लेखन का विकास भी शामिल है, क्योंकि लेखा-जोखा व्यापार का एक महत्त्वपूर्ण कारक होता है।

2. आपके विचार से निम्नलिखित में से कौन-सी आवश्यक दशाएँ थीं जिनकी वजह से प्रारंभ में शहरीकरण हुआ था और निम्नलिखित में से कौन-कौन-सी बातें शहरों के विकास के फलस्वरूप उत्पन्न हुईं ?

(a) अत्यंत उत्पादक खेती (b) जल परिवहन
(c) धातु और पत्थर की कमी (d) श्रम विभाजन
(e) मुद्राओं का प्रयोग
(f) राजाओं की सैन्य-शक्ति जिसने श्रम को अनिवार्य बना दिया।

उत्तर उपरोक्त दी गई शहरीकरण की आवश्यक दशाओं में सबसे महत्त्वपूर्ण अत्यंत उत्पादक खेती, जल परिवहन तथा धातु और पत्थर की कमी हैं। शेष दशाएँ शहरीकरण के बाद की दशाएँ प्रतीत होती हैं। दी गई सभी दशाओं का विस्तार से विवरण निम्न अग्रलिखित है

(i) **प्रारंभिक शहरीकरण की आवश्यक दशाएँ**

- वास्तव में अत्यंत उत्पादक खेती प्रारंभिक शहरीकरण की एक आवश्यक एवं मुख्य दशा थी, क्योंकि शहरीकरण की संभावना भी इस बात पर निर्भर थी कि खेतों में इतनी उपज होती हो कि वह शहरों में रहने वाले लोगों के लिए भी पर्याप्त हो सके। शहरों में लोगों का निवास घनी बस्तियों के रूप में होता है।

  अतः जहाँ शहर का विकास होता था, वहाँ की जमीन का प्राकृतिक रूप से उपजाऊ होना अत्यंत आवश्यक था।
- जल परिवहन भी शहरीकरण की प्रारंभिक विकास की एक प्रमुख दशा थी। पशुओं की पीठ पर सामान लादकर तथा बैलगाड़ियों में सामान भरकर शहरों तक जाना सरल नहीं था। इसमें खर्च भी अधिक होता था तथा समय भी अधिक लगता था। इस स्थिति में जल परिवहन सस्ता एवं सुरक्षित साधन था।

  नौकाओं के माध्यम से खाद्यान्न एवं अन्य सामानों को जलमार्ग (नदियों, नहरों) द्वारा एक शहर से दूसरे शहर या बस्तियों तक आसानी से पहुँचाया जाता था। इस प्रकार इन पर कोई व्यय नहीं होता था और न ही मार्ग बनाने की आवश्यकता होती थी। यही कारण था कि जल परिवहन मेसोपोटामिया में प्रारंभिक शहरीकरण के विकास का एक महत्त्वपूर्ण कारण बना।
- धातु और पत्थर की कमी मेसोपोटामिया सभ्यता में धातु एवं पत्थर की कमी थी। ये वस्तुएँ व्यापार द्वारा दूसरे देशों से आयात होने लगी थीं। चूँकि उन्नत व्यापार शहरीकरण का एक महत्त्वपूर्ण कारण है। अतः व्यापार के रूप में ताँबा, राँगा, सोना, चाँदी तथा सीपी आदि का आयात हुआ।

(ii) **शहरों के विकास के फलस्वरूप उत्पन्न दशाएँ**

- श्रम विभाजन तभी संभव है, जब वहाँ के शहरों में बसावट हो और अनेक लोगों को विविध प्रकार के रोजगार प्राप्त होते हों; जैसे—नक्काशी, प्रशासन, धातुकर्म आदि। श्रम विभाजन से विनिर्माताओं को एक ही स्थान पर वस्तुएँ प्राप्त होने लगती हैं।
- मुद्राओं का प्रयोग शहरीकरण के विकास के परिणामस्वरूप मुद्राओं के प्रयोग को प्रोत्साहन मिला। मुद्राओं के प्रचलन ने दुकानदारों, विभिन्न व्यावसायियों, व्यापार तथा सरकार के काम को सरल बनाने में महत्त्वपूर्ण भूमिका निभाई।
- शहरों में व्यापार के विकास के लिए आवश्यक शांति और सुरक्षा की स्थापना शक्तिशाली केंद्रीय शक्ति द्वारा ही की जा सकती थी। परिणामस्वरूप शहरों में राजाओं की सैन्य-शक्ति के विस्तार पर बल दिया जाने लगा। उदाहरण के लिए, मेसोपोटामिया में जब शहरीकरण प्रारंभ हुआ, तो इसके साथ ही वहाँ एक कुशल और शक्तिशाली केंद्रीय शासक वर्ग का भी उदय हुआ।

3. यह कहना क्यों सही होगा कि खानाबदोश पशुचारक निश्चित रूप से शहरी जीवन के लिए खतरा थे?

उत्तर 'खानाबदोश पशुचारक निश्चित रूप से शहरी जीवन के लिए खतरा थे' यह कहना एक सीमा तक सही है, क्योंकि मेसोपोटामिया के इतिहास का अध्ययन करने से ज्ञात होता है कि वहाँ की कृषि से समृद्ध हुए मुख्य भूमि प्रदेश में यायावर (घुमंतू समूह) समुदायों के झुंड पश्चिमी मरुस्थल से आते रहते थे। ये गर्मियों में अपने साथ (इस उपजाऊ क्षेत्र के बोए हुए खेतों में अपनी भेड़-बकरियाँ ले आते थे। कभी-कभी ये समूह फसल काटने वाले मजदूरों अथवा किराए के सैनिकों के रूप में कार्य करते थे तथा समृद्ध होकर यहीं बस जाते थे। ये घुमंतू लोग अक्कदी, एमोराइट, असीरियाई और आर्मीनियन जाति के पशुचारक थे।

इन पशुचारकों को जब अनाज, धातु के औजारों आदि की आवश्यकता पड़ती थी, तब वे अपने पशुओं तथा उनके चमड़े एवं मांस आदि के बदले ये वस्तुएँ प्राप्त करते थे।

ये समुदाय अनेक बार अपनी भेड़-बकरियों को पानी पिलाने के लिए बोए हुए खेतों से गुजारकर ले जाते थे, जिससे किसान की फसल को नुकसान पहुँचता था। कभी-कभी ये किसानों के गाँवों पर हमला बोलकर उनका इकट्ठा किया हुआ माल लूट लेते थे। इस प्रकार ये पशुचारक समूह प्रायः शहरी जीवन के लिए खतरा बन जाते थे।

4. आप ऐसा क्यों सोचते हैं कि पुराने मंदिर बहुत कुछ हद तक घर जैसे ही रहे होंगे?

उत्तर सुमेरियन सभ्यता के अध्ययन के आधार पर कहा जा सकता है कि सुमेरियाई सभ्यता के पुराने मंदिर बहुत हद तक घर जैसे ही होंगे। सुमेरियाई समाज एक बहु देववादी समाज था। जिसके फलस्वरूप प्रत्येक गाँव, शहर, कस्बे का अपना-अपना एक देवी या देवता होता था। इनमें से अधिकांश देवी-देवता प्रकृति की शक्तियों का प्रतिनिधित्व करते थे; जैसे—इन्नाना (प्रेम और युद्ध की देवी) उर (चंद्र देवता) आदि सुमेरियन समाज के प्रमुख एवं प्रसिद्ध देवी-देवता थे।

सुमेरियन लोगों ने अपने देवी-देवताओं के लिए घरों के आकार के मंदिरों का निर्माण किया था। सुमेरियन समाज के प्रारंभिक दौर में मंदिरों का निर्माण त्रिपक्षीय योजना के आधार पर किया गया था, जिसमें एक बड़े देव कक्ष एवं दोनों ओर गलियारों का निर्माण किया जाता था, लेकिन आगे चलकर मंदिर संबंधी गतिविधियों एवं कार्यों के बढ़ने के फलस्वरूप मंदिरों को घर के आकार में निर्मित किया जाने लगा। इसके तहत मध्य में आँगन के चारों ओर कक्ष निर्माण किया जाता था, इन्हें देवताओं के निवास स्थान के रूप में स्थापित किया जाता था।

इस प्रकार के मंदिरों में प्रवेश करने के साथ ही आराध्य देवी या देवता की मूर्ति के दर्शन नहीं होते थे। उनके दर्शन के लिए आँगन, बाहरी कक्षों, तिरछे अक्षों से होकर जाना पड़ता था। इन मंदिरों में घरों के समान ही एक बाहरी दीवार का निर्माण अवश्य किया जाता था, जिसमें उन्नत किस्म की लकड़ी, स्थानीय पत्थरों के साथ-साथ ईंटों का प्रयोग किया गया था, लेकिन मंदिर की बाहरी दीवारें कुछ विशेष अंतरालों के बाद बाहर एवं अंदर की तरफ झुकी हुई होती थीं।

इन्हीं मंदिरों से राज कार्य एवं सार्वजनिक कार्यों का संचालन किया जाता था। मंदिरों में देवी-देवताओं के निवास के साथ-साथ गोदाम, कारीगरों के निवास स्थान भी शामिल थे। मंदिर का प्रयोग सामान्य निवासियों के अतिरिक्त व्यवस्थापकों, व्यापारियों, नियोक्ताओं, लिखित वितरण अभिलेखों के पालक इत्यादि कार्य के लिए भी किया जाता था।

इन सबके परिणामस्वरूप कहा जा सकता है कि जिस प्रकार एक घर की व्यवस्था का संचालन होता था ठीक उसी प्रकार का भवन निर्माण, व्यवस्था संचालन, शासन इत्यादि का कार्य मंदिर द्वारा किया जाता था। इस आधार पर कह सकते हैं कि सुमेरियन समाज के पुराने मंदिर बहुत हद तक घरों से मिलते-जुलते थे।

5. शहरी जीवन शुरू होने के बाद कौन-कौन-सी नई संस्थाएँ अस्तित्व में आईं? आपके विचार से उनमें से कौन-सी संस्थाएँ राजा की पहल पर निर्भर थीं?

उत्तर मेसोपोटामिया की सभ्यता में शहरों का विशेष महत्त्व था। दक्षिणी मेसोपोटामिया में 5000 ई. पू. के आस-पास आर्थिक गतिविधियों के फलस्वरूप नई-नई बस्तियों का निर्माण आरंभ हुआ, जो कालांतर में प्राचीन शहरों के रूप में स्थापित हुईं। शहरीकरण के परिणामस्वरूप अनेक संस्थाएँ; जैसे—उद्योग, वस्तुओं का लेन-देन, श्रम विभाजन, प्रशासनिक व्यवस्था, सैनिक संगठन, लेखन कला, साहित्य एवं विज्ञान की प्रगति आदि संस्थाओं का जन्म हुआ।

इन सभी संस्थाओं के निर्माण में राजा की पहल होना आवश्यक माना गया, परंतु इनमें से केवल सैन्य संगठन, सुव्यवस्थित प्रशासनिक व्यवस्था की स्थापना, मंदिरों एवं महलों का निर्माण जैसी संस्थाओं में ही राजा की पहल को अधिक प्रभावशाली माना गया। शहरीकरण के परिणामस्वरूप अस्तित्व में आने वाली कुछ संस्थाएँ इस प्रकार हैं

(i) **मंदिर और महल** शहरी जीवन की शुरुआत होने के बाद मंदिर और महल अस्तित्व में आए। इन्हें शहरी संस्थाओं के रूप में जाना गया। महलों के निर्माण में लोगों को व्यापक स्तर पर आजीविका के साधन उपलब्ध कराए गए। उदाहरण के लिए, मारी का शाही राजमहल। यह जिमरीलियन नामक राजा का महल था, जिसे देखने के लिए दूर-दूर से लोग वहाँ आते थे। इसी प्रकार उरुक के शासक गिल्गेमिश ने भी निर्माण कार्य को प्रश्रय दिया।

(ii) **सैन्य संगठन** शहरी जीवन के प्रारंभ ने सैन्य संगठन को बढ़ावा दिया। शहरों में विभिन्न समुदायों के लोग रहते थे, जिनमें परस्पर कृषि एवं सिंचाई को लेकर संघर्ष अथवा तनाव उत्पन्न होने की संभावनाएँ बनी रहती थीं। ऐसे में सेना के अभाव में शांति तथा सुरक्षा को बनाए रखना अत्यधिक कठिन था।

- विदेशी आक्रमणकारियों से रक्षा हेतु सेना की भी आवश्यकता होती थी। अतः नगर के राजाओं द्वारा सैन्य संगठन की ओर विशेष ध्यान दिया गया। मेसोपोटामिया के शासकों ने कुशल शासन व्यवस्था की स्थापना की, जिससे व्यापार और उद्योग धंधों को विकसित किया जा सके।

(iii) **शोषित समाज का उदय**

- शहरी जीवन ने नगरों तथा संभ्रांतों द्वारा शासित समाजों के उदय को प्रोत्साहन दिया। यहाँ के निवासी एक-दूसरे पर आश्रित थे तथा कुछ नियंत्रणों और समन्वयों के आधार पर एक-दूसरे के साथ होकर कार्य करते थे। इसके परिणामस्वरूप एक राज्य और राज्य के संगठन का होना अनिवार्य किया गया।

6. किन पुरानी कहानियों में हमें मेसोपोटामिया सभ्यता की झलक मिलती है?

उत्तर ईसाई ग्रंथ बाईबिल के प्रथम भाग 'ओल्ड टेस्टामेंट' में मेसोपोटामिया का उल्लेख है। ओल्ड टेस्टामेंट की 'बुक ऑफ जेनेसिस' में 'शिमार' का उल्लेख मिलता है, जिसका संबंध सुमेर अर्थात् ईंटों से बने शहरों की भूमि से है। इस प्रकार 'ओल्ड टेस्टामेंट' में मेसोपोटामिया का उल्लेख होने के कारण यह यूरोपवासियों के लिए अत्यधिक महत्त्वपूर्ण बन गया था।

वे इसे अपने पूर्वजों की भूमि मानते थे। अतः जब इस क्षेत्र की पुरातात्विक खोज प्रारंभ हुई, तब ओल्ड टेस्टामेंट के एक-एक शब्द को सत्य सिद्ध करने का प्रयास किया गया।

बाईबिल में वर्णित जलप्लावन की कहानी मेसोपोटामिया के परंपरागत साहित्य में भी मिलती है। बाईबिल में इस कहानी के मुख्य पात्र को 'नोआ' कहा गया है, किंतु मेसोपोटामिया के परंपरागत साहित्य में इसे 'जिउसूद्र' अथवा 'उतनापिष्टिम' कहा गया है।

बाईबिल के अनुसार, यह जलप्लावन पृथ्वी पर संपूर्ण जीवन को नष्ट करने वाला था, किंतु ईश्वर ने जलप्लावन के बाद भी पृथ्वी पर जीवन को सुरक्षित रखने के उद्देश्य से नोआ नामक एक मनुष्य को चुना, जिसने एक अत्यधिक विशाल नाव का निर्माण किया और उसमें सभी जीव-जंतुओं का एक-एक जोड़ा रख लिया।

जब जलप्लावन हुआ, तो बाकी सब कुछ नष्ट हो गया, किंतु नाव में रखे सभी जोड़े सुरक्षित बच गए। इस प्रकार धरती पर नए जीवन का प्रारंभ हुआ।

उल्लेखनीय है कि 1873 ई. में जब ब्रिटिश म्यूजियम ने मेसोपोटामिया में उस पट्टिका की खोज प्रारंभ की, जिस पर बाइबिल में उल्लिखित जलप्लावन की कहानी अंकित की गई थी, तब उस खोज अभियान का संपूर्ण खर्च एक ब्रिटिश समाचार-पत्र द्वारा उठाया गया।

अभ्यास प्रश्न

वस्तुनिष्ठ प्रश्न

बहुविकल्पीय प्रश्न

1. मेसोपोटामिया की सभ्यता किस नदी के किनारे विकसित हुई?

(a) दजला (b) फरात
(c) नील (d) दजला-फरात

उत्तर (d) दजला-फरात

2. ओल्ड टेस्टामेंट किस पुस्तक का भाग है?

(a) कुरान (b) बाइबिल
(c) गीता (d) रामायण

उत्तर (b) बाईबिल

3. 'बुक ऑफ जेनेसिस' में उल्लेखित 'शिमार' से क्या तात्पर्य है?

(a) सुमेर ईंटों से बने शहरों की भूमि से
(b) एक प्रकार की चमकीली धातु से
(c) सुमेरी भाषा से
(d) सुमेर मुद्रा से

उत्तर (a) सुमेर ईंटों से बने शहरों की भूमि से

4. मेसोपोटामिया के दक्षिणी भाग को क्या कहा जाता था?

(a) सुमेर
(b) मारी
(c) बेबीलोनिया
(d) अक्कद

उत्तर (c) बेबीलोनिया

5. 5000 ई.पू. के आस-पास दक्षिण मेसोपोटामिया में बस्तियों का विकास होने लगा था, जिनमें कुछ ने प्राचीन रूप ले लिया था। बस्तियों के इस विकास में किस प्रकार के शहर शामिल नहीं हैं?

(a) मंदिरों के चारों ओर विकसित शहर
(b) व्यापारियों केंद्रो के रूप में विकसित शहर
(c) शाही शहर
(d) समुदाय पर आधारित शहर

उत्तर (d) समुदाय पर आधारित शहर

6. मेसोपोटामिया में .... घास के मैदान अवस्थित थे, जो आजीविका का उत्तम संसाधन माने जाते थे।

(a) सवाना (b) स्टेपी
(c) बुग्याल (d) लैनॉस

उत्तर (b) स्टेपी

7. प्रेम तथा युद्ध की देवी के रूप में किसकी पूजा की जाती थी?

(a) इन्नाना (b) उर
(c) जिउसूद्र (d) उतनापिष्टिम

उत्तर (a) इन्नाना

8. मेसोपोटामिया नाम यूनानी भाषा के किन दो शब्दों से मिलकर बना है?

(a) मेसोज तथा दजला (b) मेसोज तथा पोटैमोस
(c) मेसोज तथा पोटामा (d) मेसोज तथा फरात

उत्तर (b) मेसोज तथा पोटामोस

9. मेसोपोटामिया में भाषा के संबंध में कौन-सा कथन सही नहीं है?
दक्षता आधारित प्रश्न

(a) असीरिया प्रदेश की पहली ज्ञात भाषा सुमेरियन थी
(b) 2400 ई.पू. के आस-पास यहाँ अक्कदी भाषा के लोग आ गए
(c) 1600 ई.पू. से धीरे-धीरे अरामाइक भाषा बोली जाने लगी
(d) अरामाइक भाषा हिब्रू से मिलती-जुलती थी

उत्तर (c) 1600 ई.पू. से धीरे-धीरे अरामाइक भाषा बोली जाने लगी

10. निम्नलिखित इनमें से कौन-सा/से कथन उर नगर की विशेषताओं के बारे में सही है/हैं?

1. नगर की गलियाँ चौड़ी तथा सीधी थीं।
2. जल निकासी के लिए नालियाँ तथा मिट्टी की नलिकाओं का निर्माण किया गया था।
3. नगर-नियोजन की पद्धति का अभाव था।

कूट
(a) केवल 1 (b) केवल 2
(c) 2 और 3 (d) 1, 2 और 3

उत्तर (c) 2 और 3

11. निम्नलिखित कथनों पर विचार करें। दक्षता आधारित प्रश्न

1. मेसोपोटामिया के समुदायों के अपने-अपने इष्टदेव होते थे।
2. लोग देवी-देवता को मदिरा अर्पित करते थे।
3. प्रारंभिक मंदिर भव्य एवं आकार में बड़े थे।

उपरोक्त में से कौन-सा/से कथन सही है/हैं?
(a) 2 और 3 (b) 1 और 2
(c) केवल 1 (d) ये सभी

उत्तर (a) 2 और 3

12. निम्नलिखित से कौन-सा/से कथन मेसोपोटामिया सभ्यता के बारे में सही नहीं है/हैं?

1. यहाँ की प्रथम ज्ञात भाषा सुमेरियन/सुमेरी थी।
2. अक्कदी भाषा सिकंदर के समय में फली-फूली।
3. अक्कदी भाषा का स्थान अरमाइक भाषा ने लिया।

कूट
(a) 1 और 2 (b) 2 और 3
(c) 1, 2 और 3 (d) इनमें से कोई नहीं

उत्तर (d) इनमें से कोई नहीं

13. निम्न लिखित में से कौन-सा युग्म सही सुमेलित है?

(a) उर – चंद्र देवता
(b) सुमेरियन – मुखिया
(c) अरमाइक – मंदिर
(d) जिगुरत – बैंक

उत्तर (a) उर — चंद्र देवता

14. निम्नलिखित में से कौन-सा युग्म सही सुमेलित नहीं है? *दक्षता आधारित प्रश्न*

(a) 1830 ई. पू. – गणितीय मूल पाठों की रचना
(b) 1100 ई. पू. – असीरियाई राज्य की स्थापना
(c) 2400 ई. पू. – सुमेरियन के स्थान पर अरमाइक भाषा का प्रयोग
(d) 2000 ई. पू. – बेबीलोन का उद्भव

उत्तर (c) 2400 ई. पू. — सुमेरियन के स्थान पर अरमाइक भाषा का प्रयोग।

15. निम्नलिखित कथन किस पुरातात्विक स्थान की प्रमुख विशेषताएँ हैं?

- यहाँ उन्नत नगर विन्यास उपस्थित था।
- यहाँ उत्खनन में प्राप्त वृहत स्नानागार विश्वप्रसिद्ध था।
- इस नगर में नालियों का निर्माण नियोजित तरीके से किया गया था।
- इस नगर में चबूतरों का निर्माण भी किया गया था।

(a) कालीबंगन (b) मोहनजोदड़ो
(c) मेसोपोटामिया (d) लोथल

उत्तर (b) मोहनजोदड़ो

16. निम्नलिखित विशेषताएँ किस मेसोपोटामियाई कला से संबंधित हैं?

- स्त्री का एक सिर जिसे सफेद संगमरमर को तराशकर बनाया गया था।
- इसकी आँखों तथा भौंहों पर नीले लाजवर्द तथा सफेद सीपी की जड़ाई की गई होगी।
- सिर के ऊपर एक खाँचा बना है, जो आभूषण पहनने के लिए बनाया गया था।
- यह मुख, ठोड़ी व गालों की सुंदर-सुकोमल बनावट के कारण विश्वप्रसिद्ध है। *दक्षता आधारित प्रश्न*

(a) आल्टामीरा (b) क्यूनिफॉर्म
(c) स्टेल (d) वार्काशीर्ष

उत्तर (d) वार्काशीर्ष

17. निम्नलिखित घटनाओं को उनके कालखंड के अनुसार सही क्रम में लगाएँ। *दक्षता आधारित प्रश्न*

1. सिकंदर ने बेबीलोन को जीत लिया
2. असुरबनिपाल का शासन
3. लोहे का प्रयोग
4. असीरियाई राज्य की स्थापना

कूट

(a) 1, 2, 3, 4 (b) 4, 3, 2, 1
(c) 3, 4, 1, 2 (d) 4, 3, 1, 2

उत्तर (b) 4, 3, 2, 1

18. नीचे दिए गए विकल्पों में से उस विकल्प का चयन कीजिए, जो मेसोपोटामिया के प्रमुख नगरों को इंगित करता है।

(a) सुमेर, बेबीलोन और निनवेह
(b) बेबीलोन, सुमेर और असूर
(c) उर, सुमेर और बेबीलोन
(d) उर, बेबीलोन और निप्पुर

उत्तर (c) उर, सुमेर और बेबीलोन

19. दी गई विशेषताओं के संबंध में सही शहर का चयन करें।

नगर नियोजन पद्धति का अभाव : उर :: विकास शाही राजधानी : ? *दक्षता आधारित प्रश्न*

(a) मारी (b) निप्पुर
(c) सुमेर (d) बेबीलोन

उत्तर (a) मारी

20. सुमेलित कीजिए *दक्षता आधारित प्रश्न*

सूची I (नगर)	सूची II (विशेषता)
A. उरुक	1. यहाँ के झूलते हुए बगीचे प्रसिद्ध थे।
B. मारी	2. यहाँ सर्वप्रथम उत्खनन कार्य आरंभ हुआ।
C. बेबीलोन	3. व्यापारिक नगर था।
D. उर	4. इकलौता शहर, जिसे 'शहर' कहकर बुलाया गया था।

कूट

	A	B	C	D
(a)	1	2	3	4
(b)	3	2	1	4
(c)	4	3	1	2
(d)	3	4	2	1

उत्तर (c) 4 3 1 2

21. सुमेलित कीजिए

सूची I (कालक्रम)	सूची II (विशेषता)
A. 7000-600 ई. पू.	1. कीलाकार लिपि के अक्षरों को पहचाना तथा पढ़ा गया।
B. 5000 ई. पू.	2. लोहे का प्रयोग आरंभ।
C. 1000 ई. पू.	3. दक्षिणी मेसोपोटामिया में प्राचीन मंदिरों का निर्माण प्रारंभ।
D. 1850 ई. पू.	4. उत्तरी मेसोपोटामिया के मैदानों में खेती का आरंभ।

कूट

	A	B	C	D
(a)	1	2	3	4
(b)	4	2	1	3
(c)	4	1	3	2
(d)	4	3	2	1

उत्तर (d) 4 3 2 1

22. **निम्नलिखित चित्र में किस अक्षर के संकेतों को दर्शाया गया है?**
दक्षता आधारित प्रश्न

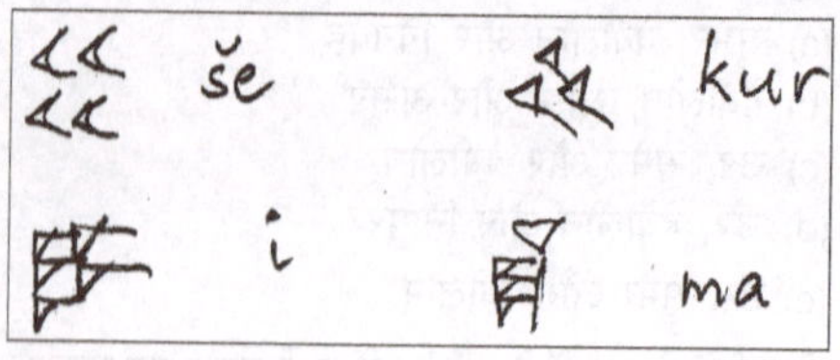

(a) दाँतेदार
(b) कीलाकार
(c) कलमकार
(d) इनमें से कोई नहीं

उत्तर (b) कीलाकार

23. **दिए गए चित्र को ध्यानपूर्वक देखें तथा बताएँ कि यह चित्र किसका है?**

(a) बेलनाकार मुहरें
(b) चौकोर मुहरें
(c) आयताकार मुहरें
(d) वर्गाकार मुहरें

उत्तर (a) बेलनाकार मुहरें

निर्देश (प्र. सं. 24-27) नीचे दो कथन दिए गए हैं, जिनमें एक को कथन (A) तथा दूसरे को कारण (R) कहा गया है। नीचे दिए गए कूट की सहायता से सही उत्तर का चयन कीजिए। दक्षता आधारित प्रश्न

कूट
(a) A और R दोनों सही हैं तथा R, A की सही व्याख्या है
(b) A और R दोनों सही हैं, परंतु R, A की सही व्याख्या नहीं है
(c) A सही है, किंतु R गलत है
(d) A गलत है, किंतु R सही है

24. **कथन (A) दक्षिणी मेसोपोटामिया के मंदिर प्रारंभ में घर जैसे होते थे।**

कारण (R) मंदिर को देवता का घर ही माना जाता था, इसमें चंद्रदेव (उर) भगवान सूर्य देव और प्रेम व युद्ध की देवी 'इन्नाना' की मूर्तियाँ होती थीं।

उत्तर (a) दक्षिणी मेसोपोटामिया के मंदिर प्रारंभ में घर जैसे होते थे, क्योंकि वहाँ के निवासियों का मानना था कि मंदिर भी देवताओं का घर ही होता है, जहाँ देवी-देवता निवास करते हैं; जैसे-उस समय के चंद्र देवता 'उर' तथा प्रेम व युद्ध की देवी 'इन्नाना' को पूजा जाता था।

25. **कथन (A) मेसोपोटामिया निवासियों ने परिवहन के लिए जलमार्ग का चुनाव किया।**

कारण (R) यह सस्ता तथा सर्वत्र उपलब्ध संसाधन था।

उत्तर (a) मेसोपोटामिया वासियों ने परिवहन के लिए जलमार्ग का चुनाव किया, क्योंकि पशुओं की पीठ पर सामान लादकर ले जाना अत्यधिक कठिन था तथा इसमें खर्च तथा समय दोनों की अधिकता थी, जबकि जल परिवहन सस्ता, सुरक्षित एवं सर्वत्र उपलब्ध संसाधन था।

26. **कथन (A) मेसोपोटामिया की साक्षरता दर बहुत कम थी।**
कारण (R) उस समय साक्षर होना इतना प्रशंसनीय नहीं माना जाता था और यहाँ की भाषा सरल थी।

उत्तर (c) मेसोपोटामिया की साक्षरता दर बहुत कम थी, क्योंकि प्रतीक तथा चिह्न न केवल संख्या में अधिक थे, बल्कि पढ़ने में भी पेचीदा थे। इस समय साक्षर होना बहुत अधिक प्रशंसनीय कार्य माना जाता था। यहाँ की भाषा जटिल थी। इसे समझे के लिए 2000 से अधिक प्रतीक चिह्नों का उपयोग किया जाता था। यहाँ तक कि वहाँ का राजा भी अभिलेखों में यह उत्कीर्ण करवाता था कि वह साक्षर है।

27. **अभिकथन (A) मुखिया/नेताओं ने ग्रामीणों को अपने आस-पास बसने के लिए प्रेरित किया।**
कारण (R) ऐसा कुशल व्यापारिक गतिविधियों के सुसंचालन के लिए किया जाता था।

उत्तर (c) मुखिया/नेताओं ने ग्रामीणों को अपने आस-पास बसने के लिए इसलिए प्रेरित किया, जिससे आवश्यकता पड़ने पर तुरंत अपनी सेना को एकत्रित किया जा सके तथा साथ ही लोग आस-पास रहने से स्वयं को अधिक सुरक्षित महसूस कर सकें।

लघु उत्तरीय प्रश्न

1. **मेसोपोटामिया को भौगोलिक विविधता का देश क्यों माना जाता है? बताइए।**

अथवा **मेसोपोटामिया को भौगोलिक विविधता का देश माना जाता है, क्योंकि यह क्षेत्र विभिन्न प्रकार की भौगोलिक विशेषताओं से युक्त है। उदाहरण सहित कथन की व्याख्या करें।**

उत्तर मेसोपोटामिया को भौगोलिक विविधता का देश माना जाता है, क्योंकि यहाँ विभिन्न विविधता वाले प्राकृतिक प्रदेशों का सम्मिश्रण देखने को मिलता है। इसके पूर्वोत्तर भाग में हरे भरे ऊँचे-नीचे मैदान हैं, जो वृक्षाच्छादित पर्वत श्रृंखला के रूप में अवस्थित हैं। वहीं दूसरी ओर स्वच्छ झरने तथा जंगली फूलों से घिरी उत्तर में ऊँची भूमि है, जहाँ स्टेपी घास के मैदान हैं, जो पशुपालन व कृषि की अपेक्षा आजीविका का अधिक अच्छा साधन वाला स्थान माना जाता है। पूर्व में 'दज़ला' की सहायक नदियाँ ईरान के पहाड़ी प्रदेशों में जाने के लिए परिवहन के अच्छे साधन के रूप में स्थापित थीं।

दक्षिणी भाग में एक रेगिस्तान भी है, जहाँ से शहरीकरण और लेखन प्रणाली का जन्म हुआ। यह देश यहाँ की दज़ला और फ़रात जैसी नदियों की उपस्थिति के कारण शहरी लोगों के भरण-पोषण में सक्षम था। फ़रात नदी इस रेगिस्तान में प्रवेश करने के साथ ही कई धाराओं में विभाजित हो जाती थी, जिससे कृषि हेतु सिंचाई करने में अत्यधिक सहायता मिली और इसी के परिणामस्वरूप गेहूँ, जौ, मटर और मसूर की खेती संभव हो सकी।

कृषि के अतिरिक्त मेसोपोटामियाई लोग पशुपालन स्टेपी घास के मैदानों, पूर्वोत्तर मैदानों और पहाड़ों के ढालों पर करते थे। पशुपालन से लोगों को मांस, दूध, ऊन आदि वस्तुओं की आपूर्ति हो जाती थी और साथ ही इनका वस्तु-विनिमय भी किया जाता था, जिससे लोग जीवन-निर्वाह में आत्मनिर्भर व सशक्त बने।

2. श्रम विभाजन क्या है? शहरी जीवन में श्रम विभाजन की भूमिका महत्त्वपूर्ण क्यों है?

अथवा **श्रम विभाजन एक ऐसी प्रक्रिया है, जिसमें कार्यों को विभिन्न व्यक्तियों या समूहों के बीच बाँटा जाता है, ताकि दक्षता व उत्पादकता बढ़ाई जा सके। कथन की न्यायसंगत पुष्टि करें।**

उत्तर श्रम विभाजन का अर्थ उस क्रियाविधि से है, जब किसी बड़े कार्य को छोटे-छोटे तर्कसंगत टुकड़ों में बाँटकर प्रत्येक भाग को करने के लिए अलग-अलग लोग निर्धारित किए जाते हैं अर्थात् अपनी आवश्यकताओं की पूर्ति एक-दूसरे के सहयोग, उत्पादन अथवा सेवाओं द्वारा पूर्ण करने से है।

शहरी जीवन में श्रम विभाजन की भूमिका निम्नलिखित प्रकार से महत्त्वपूर्ण है

- श्रम विभाजन का मुख्य कारण यह है कि शहरी अर्थव्यवस्था में खाद्यान्न उत्पादन के अतिरिक्त व्यापार तथा सेवाओं को एक महत्त्वपूर्ण स्थान दिया गया, परंतु शहर के लोग आत्मनिर्भर नहीं होते। ये लोग ग्रामीण लोगों द्वारा उत्पादित वस्तुओं पर ही आश्रित होते हैं।
- नगर एवं ग्रामों में आपसी लेन-देन का ही व्यापार होता रहता है। उदाहरण के लिए, मेसोपोटामिया सभ्यता में एक पत्थर की मुहर बनाने वाले को पत्थर उकेरने के लिए काँसे के औजारों की आवश्यकता है, परंतु वह व्यक्ति उस काँसे के औजार को स्वयं नहीं बना सकता।
  इसी प्रकार काँसे से औजार बनाने वाला व्यक्ति भी ताँबा या राँगा धातु को स्वयं नहीं निकाल सकता। अतः शहरी जीवन में श्रम विभाजन एक महत्त्वपूर्ण कड़ी है।

3. मेसोपोटामिया में माल की आवाजाही के लिए जलमार्ग महत्त्वपूर्ण आधार थे। इस कथन का मूल्यांकन करते हुए चर्चा कीजिए।
दक्षता आधारित प्रश्न

उत्तर हाँ, मेसोपोटामिया में माल की आवाजाही के लिए जलमार्ग महत्त्वपूर्ण थे, क्योंकि यहाँ पशुओं द्वारा माल का आवागमन करना काफी कठिन एवं खर्चीला होता था तथा इसमें समय भी अधिक लगता था, इसलिए मेसोपोटामिया के लोगों ने परिवहन के लिए जलमार्ग का चुनाव किया।

यह सस्ता एवं सर्वत्र उपलब्ध संसाधन था। पुराने मेसोपोटामिया की नहरें और प्राकृतिक जलधाराएँ छोटी-बड़ी बस्तियों तक सरलता से पहुँच जाती थीं। जलमार्ग की महत्ता को देखते हुए फ़रात नदी को विश्व मार्ग का दर्जा प्राप्त था।

मेसोपोटामिया में खाद्य संसाधन की प्रचुरता थी, लेकिन खनिज संसाधनों के मामलों में वह कमजोर था। दक्षिण के अधिकांश भागों में औजार, मुहरें (मुद्राएँ) और आभूषण बनाने के लिए पत्थरों का अभाव था एवं गाड़ियाँ, पहिए तथा नाव के निर्माण के लिए आवश्यक उत्तम किस्म की लकड़ी का भी अभाव था। अधिकांशतः इराकी खजूर व पोपलर की लकड़ियाँ यहाँ पाई जाती थीं।

4. मेसोपोटामिया में किन तीन प्रकार के नगरों का निर्माण हुआ? बताइए।

अथवा **मेसोपोटामिया मे निर्मित तीन प्रकार के नगरो का विश्लेषण करते हुए यह स्पष्ट करें कि प्रत्येक प्रकार के नगर की विशेषताएँ, कार्य और महत्त्व क्या थे?**
दक्षता आधारित प्रश्न

उत्तर मेसोपोटामिया में निम्न तीन प्रकार के नगरों का निर्माण हुआ

(i) **पहला** इनका उत्थान मंदिर नगरों के रूप में हुआ। पहले मंदिर की स्थापना हुई और फिर उसके आस-पास लोग बसने लगे। उर या उरुक सबसे पुराना मंदिर नगर था।

(ii) **दूसरा** कुछ नगरों का विकास व्यापारिक नगरों के रूप में हुआ। व्यापारिक गतिविधियों के कारण लोग व्यापारिक केंद्रों के निकट बसते चले गए और देखते-ही-देखते वे बड़े नगरों में परिवर्तित हो गए।

(iii) **तीसरा** कुछ नगरों का विकास सत्ता के केंद्रीकृत होने से हुआ। राजधानी होने के कारण लोग वहाँ आकर बसते चले गए और नगर बढ़ते-बढ़ते शहर बन गया।

5. दक्षिण मेसोपोटामिया में मंदिरों का विकास किस प्रकार हुआ? उदाहरण सहित व्याख्या कीजिए।

उत्तर दक्षिण मेसोपोटामिया में मंदिरों का विकास निम्न प्रकार हुआ

- दूसरे स्थानों से आकर बसने वाले लोगों ने गाँव के कुछ चुने हुए स्थानों पर मंदिर के पुनर्निर्माण का कार्य शुरू किया। यहाँ पहले देवालय कच्ची ईंटों के होते थे, जिनमें विभिन्न देवी-देवताओं के निवास स्थल विद्यमान थे। साथ ही इनमें चंद्र देवता अर्थात् 'उर', प्रेम एवं युद्ध की देवी 'इन्नाना' आदि की पूजा होती थी।
- इन मंदिरों के आँगन के चारों ओर कमरे बनाए जाते थे, जो साधारण घरों के समान ही प्रतीत होते थे, क्योंकि मंदिर भी किसी देवता का घर ही माना जाता था।
- साधारण घरों की अपेक्षा मंदिर की दीवारें कुछ खास अंतरालों के बाद भीतर और बाहर की ओर मुड़ी हुई थीं।
- मंदिरों में देवी-देवताओं को अन्न, दही, यहाँ तक कि मछली चढ़ाए जाने के साक्ष्य भी मिले हैं। इन आराध्य देवताओं को सैद्धांतिक स्तर पर खेतों, मत्स्य क्षेत्रों एवं पशुधन का स्वामी माना जाता था तथा यहाँ पर आवश्यकता होने पर तेल निकालना, अनाज पीसना, सूत कातना और ऊनी कपड़ों को बुनने जैसे कार्य भी किए जाते थे। धीरे-धीरे मंदिरों ने नए स्तर के व्यापारियों की मदद से शहरी संस्था का रूप ले लिया था।

6. दक्षिण मेसोपोटामिया के विकास में मुखियाओं की भूमिका को स्पष्ट करें।

अथवा **दक्षिण मेसोपोटामिया के विकास में मुखियाओं ने कृषि और सिंचाई व्यवस्था को कैसे प्रबंधित किया, और इसका शहरों के विकास पर क्या प्रभाव पड़ा? व्याख्या कीजिए।**
दक्षता आधारित प्रश्न

उत्तर दक्षिण मेसोपोटामिया के विभिन्न क्षेत्रों में जब लंबे समय तक लड़ाइयाँ चलती थीं, तो मुखिया इसका नेतृत्व करते थे। जीतने के पश्चात् वह लूट का माल अपने सैनिकों में बाँटते थे एवं हारे हुए लोगों को बंदी बनाकर अपने साथ ले जाते थे, जिन्हें ये अपना चौकीदार या नौकर बना लेते थे। इस प्रकार मुखिया का प्रभाव क्षेत्रों में बढ़ने लगा था। कुछ समय पश्चात् इन मुखियाओं ने समुदाय के कल्याण पर ध्यान देना प्रारंभ कर दिया, जिससे इनकी लोकप्रियता बढ़ने लगी। अब

विजेता मुखियाओं ने कीमती भेंटों को देवी-देवताओं को अर्पित करना प्रारंभ कर दिया था, जिससे मंदिरों की भव्यता बढ़ने लगी। इस प्रकार एनमर्कर की कविताओं के अनुसार, मुखियाओं की स्थिति सुदृढ़ होने के साथ-साथ समुदाय पर भी उनका नियंत्रण स्थापित हो गया। आवश्यकता पड़ने पर अपनी सेना बनाने तथा उनकी सुरक्षा के लिए मुखियाओं ने ग्रामीणों को अपने पास रहने के लिए प्रोत्साहित किया।

7. उर नगर की नगर व्यवस्था को स्पष्ट कीजिए।

उत्तर उर नगर की नगर व्यवस्था का वर्णन इस प्रकार है

- नगर नियोजन की पद्धति का अभाव था। गलियाँ टेढ़ी-मेढ़ी और छोटी थीं, जिससे पहिए वाली गाड़ियाँ घरों तक नहीं जा सकती थीं।
- जल निकासी घरों के भीतर आँगन में होती थी, ताकि बाहर गलियों में पानी से कीचड़ न हो।
- घरों के दरवाजे आँगन में खुलते थे, जिससे परिवारों की गोपनीयता बनी रहे।
- घरों के निर्माण के विषय में कई प्रकार के अंधविश्वासों को माना जाता था; जैसे—घर की दहलीज उठी हो तो धन-दौलत आती है।

8. जिमरीलिम के मारी स्थित राजमहल की कोई चार विशेषताएँ बताइए।

उत्तर जिमरीलिम के मारी स्थित राजमहल की चार विशेषताएँ इस प्रकार हैं

- मारी का विशाल राजमहल वहाँ के शाही परिवार का निवास स्थान था। वह प्रशासन और उत्पादन, विशेष रूप से कीमती धातुओं के आभूषणों के निर्माण का मुख्य केंद्र था।
- यह राजमहल विश्व में बहुत अधिक प्रसिद्ध था, जिसे देखने के लिए दूर-दूर से लोग आते थे तथा 2.4 हेक्टेयर में फैला हुआ था और इसमें 260 कमरे थे।
- राजमहल में राजा या उसके साथ के लोगों को विविध प्रकार का भोजन परोसा जाता था।
- राजमहल में मात्र एक प्रवेशद्वार था, जो उत्तर की ओर बना होता था। उसके विशाल खुले हुए महल सुंदर पत्थरों से जड़े होते थे।

9. मेसोपोटामिया के गिल्गेमिश महाकाव्य पर संक्षिप्त टिप्पणी लिखिए।

अथवा **गिल्गेमिश महाकाव्य के प्रमुख पात्र कौन हैं और उनके बीच का सम्बन्ध क्या है? महाकाव्य में गिल्गेमिश के व्यक्तित्व के विकास को किस प्रकार दर्शाया गया है?**

उत्तर गिल्गेमिश महाकाव्य को मेसोपोटामिया समाज के दर्पण के रूप में माना जाता है। इस महाकाव्य के अनुसार यह पता चला है कि यहाँ के लोगों को अपने नगरों पर बहुत गर्व था। गिल्गेमिश 12 पट्टिकाओं पर लिखा गया महाकाव्य है। इस महाकाव्य से यह जानकारी प्राप्त होती है कि गिल्गेमिश असीरिया का एक महान योद्धा था, जिसने एनमर्कर के पश्चात् उरुक नगर पर शासन किया था। गिल्गेमिश ने अपने शासनकाल में बहुत से प्रदेशों को जीता, परंतु वह अत्यंत कोमल ह्रदय वाला व्यक्ति था। उसके प्रिय मित्र की अचानक हुई मृत्यु के पश्चात् उसका ह्रदय द्रवित हो गया।

इसके पश्चात् वह अमरत्व की खोज में निकल पड़ा। कुछ समय तक विश्व भ्रमण कर उरुक नगर लौट आया। कुछ समय के पश्चात् अपने मन को सांत्वना देने के लिए वह अपने महल में चहलकदमी कर रहा था। इसी समय उसकी नज़र उन पक्की ईंटों पर गई, जिनसे दीवारों की नींव डाली गई थी। उरुक नगर की विशाल प्राचीर को देखने के पश्चात् गिल्गेमिश की आत्मा भावविभोर हो गई और इसी के साथ महाकाव्य का अंत भी हो जाता है।

10. मेसोपोटामिया संस्कृति में किस प्रकार के परिवार को आदर्श माना जाता था तथा यहाँ की अन्य सांस्कृतिक परंपराओं की व्याख्या कीजिए। *दक्षता आधारित प्रश्न*

उत्तर मेसोपोटामिया के समाज में एकल परिवार को ही आदर्श माना जाता था, परंतु एक शादीशुदा बेटा और उसका परिवार हमेशा अपने माता-पिता के साथ ही रहता था। पिता परिवार का मुखिया होता था। विवाह करने की इच्छा व्यक्त करने पर कन्या के परिवार की ओर से घोषणा की जाती थी।

मेसोपोटामिया की संस्कृति बहुसंस्कृतिवादी थी। यहाँ के उपजाऊ क्षेत्र में यायावर (घुमंतू) समूह के लोग अनेक रूपों में पश्चिमी मरुस्थल से आते थे और समृद्ध होकर यहीं बस जाते थे। ये घुमंतू समूह अक्कदी, एमोराइट, असीरियाई और आर्मीनियन जाति के थे। मारी के राजा एमोराइट समुदाय से संबंधित थे, जिनकी पोशाक वहाँ के मूल निवासियों से अलग थी। ये मेसोपोटामिया के देवी-देवताओं को मानने की जगह स्टेपी क्षेत्र के देवता 'डैगन' को पूजने लगे तथा मारी नगर में भी इनके मंदिर का निर्माण कराया। इस प्रकार मेसोपोटामिया का समाज और वहाँ की संस्कृति भिन्न-भिन्न समुदायों के लोगों और संस्कृतियों के लिए खुली थी। यही कारण है कि यहाँ मिश्रित समाज का विकास हुआ।

11. लेखन कला से संबंधित प्राप्त साक्ष्यों पर संक्षिप्त टिप्पणी करें।

उत्तर मेसोपोटामिया में लगभग 3200 ई. पू. में ऐसी पट्टिकाएँ प्राप्त हुई हैं, जिन पर बैलों, मछलियों तथा कुछ संख्याओं आदि की लगभग 5000 सूचियाँ थीं, इन पर चित्र जैसे चिह्न और संख्याएँ भी अंकित थीं। ये चित्र एवं सूचियाँ दक्षिणी शहर उरुक के मंदिर में आने वाली और वहाँ से बाहर जाने वाली वस्तुओं की मानी जाती थीं। स्पष्टतः यह कहा जा सकता है कि व्यापार में लेन-देन का स्थायी हिसाब रखने के लिए ही लेखन कला की शुरुआत हुई थी।

मेसोपोटामिया के लोग लिखने के लिए चिकनी मिट्टी की पट्टिकाओं का प्रयोग करते थे। इस पट्टिका को बनाने के लिए पहले चिकनी मिट्टी को गूँथकर एक पट्टी का आकार दिया जाता था, फिर उसकी सतह को चिकना कर सरकंडे की तीली की तीखी नोंक बनाकर कीलाकार चिह्न में लिखा जाता था, फिर इन्हें धूप में सुखा दिया जाता था। कीलाकार चिह्न लातिनी शब्द 'क्यूनियस', जिसका अर्थ-खूँटी तथा 'फोर्मा' है, से मिलकर बना है।

इस पट्टिका पर पुनः नहीं लिखा जा सकता था, इसलिए प्रत्येक लेन-देन के लिए एक अलग पट्टिका की आवश्यकता होती थी। यही कारण है कि मेसोपोटामिया की खुदाई में बड़ी संख्या में पट्टिकाएँ प्राप्त हुई हैं।

12. प्रथम शताब्दी ई. पू. में निर्मित मुहरें किस प्रकार सार्वजनिक जीवन में नगरवासियों की भूमिका को प्रदर्शित करती थीं?

उत्तर प्रथम शताब्दी ई. पू. में मेसोपोटामिया में निर्मित होने वाली मुहरें बेलनाकार पत्थरों की बनी होती थीं। इनके बीच में एक छिद्र होता था, जिससे आर-पार देखा जा सकता था। कुशल कारीगरों द्वारा इस छिद्रित बेलनाकार पत्थर पर गीली मिट्टी का लेप लगाकर तीली के माध्यम से चित्र, मालिकों के नाम, इष्ट देवों के नाम एवं उनकी पदीय स्थिति इत्यादि को चिह्नित किया जाता था।

इसके पश्चात् किसी कपड़े की गठरी या बर्तन के मुँह पर चिकनी मिट्टी लगाकर मुहर पर अंकित लेख उस पर चिह्नित किया जाता था। किसी भी वस्तु पर इस चिह्न का लगा होना उसे सुरक्षित दर्शाता था। इसी प्रकार जब मुहर को मिट्टी से निर्मित पट्टिका पर लिखे पत्र पर घुमाया जाता था, तो वह पत्र की प्रामाणिकता को सिद्ध करती थी। इस प्रकार कहा जा सकता है कि विशेष प्रकार से निर्मित मुहर सार्वजनिक जीवन में नगरवासियों की महत्त्वपूर्ण भूमिका को प्रदर्शित करती थी।

13. "मेसोपोटामिया सभ्यता की लेखन प्रणाली अत्यंत कठिन थी।" उक्त कथन की पुष्टि कीजिए।

उत्तर मेसोपोटामिया सभ्यता की लेखन प्रणाली अत्यंत कठिन थी, क्योंकि जिस ध्वनि के लिए कीलाक्षर या कीलाकार चिह्न का प्रयोग किया जाता था, वह एक अकेला व्यंजन या स्वर नहीं था; जैसे—अंग्रेजी वर्णमाला में m या a । इस भाषा में स्वर या व्यंजन के स्थान पर अक्षर होते थे ; जैसे—अंग्रेजी में Put- या- la या-in-)।

इससे यह स्पष्ट होता है कि मेसोपोटामिया की लिपि में सैकड़ों चिह्नों को सीखना पड़ता था और उसे पट्टी के सूखने से पहले ही लिखना पड़ता था। यही कारण है कि लेखन कला के लिए बड़ी कुशलता की आवश्यकता होती थी तथा इसे अत्यंत महत्त्वपूर्ण कार्य समझा जाता था।

दीर्घ उत्तरीय प्रश्न

1. मेसोपोटामिया में शहरीकरण के महत्त्व को बताइए।

अथवा मेसोपोटामिया के शहरों में शहरीकरण के कौन-कौन से तथ्य प्रकाश में आए? इस संदर्भ में मेसोपोटामिया में शहरीकरण के महत्त्व को स्पष्ट कीजिए। *दक्षता आधारित प्रश्न*

अथवा मेसोपोटामिया में शहरीकरण का महत्त्व समझते हुए यह स्पष्ट करें कि यह प्रक्रिया कृषि, व्यापार सामाजिक संगठन के विकास में कैसे योगदान देती है। उदाहरण सहित व्याख्या करें।

उत्तर मेसोपोटामिया का क्षेत्र, जो आधुनिक इराक के अधिकांश हिस्से में स्थित है, प्राचीन सभ्यता के प्रमुख केंद्रों में से एक था। यहाँ की प्रमुख नदियाँ दजला और फरात, कृषि के लिए उपयुक्त वातावरण प्रदान करती थीं, जिससे शहरीकरण की गति में तीव्रता आई।

मेसोपोटामिया के शहरों में शहरीकरण के कुछ महत्त्वपूर्ण तथ्य निम्नलिखित हैं

(i) **कृषि व जलस्रोतों की भूमिका**
मेसोपोटामिया में कृषि गतिविधियाँ प्रमुख थीं और नदियों का उपयोग जलस्रोतों के रूप मे किया जाता था। यहाँ के नागरिकों द्वारा सिंचाई के उन्नत तरीकों (पद्धतियों)व व्यापार में वृद्धि हुई।

(ii) **नगरों की स्थापना**
मेसोपोटामिया मे प्रमुख नगरों की स्थापना हुई, जैसे उर,बेबीलोन, निनवे, जो व्यापार, संस्कृति और प्रशासनिक केंदों के रूप में कार्य करते थे।
यहाँ भी कड़ी प्रशासनिक व्यवस्था और शासन के रूप में नगरों का विकास हुआ।

(iii) **धर्म और संस्कृति की प्रमुखता**
मेसोपोटामिया के शहरों में धार्मिक संरचाएँ; जैसे–जिगुरत (पिरामिड के आकार के मंदिर) प्रमुख थी। इन धार्मिक स्थलों ने न केवल धार्मिक गतिविधियों को बढ़ावा दिया, बल्कि सामाजिक और सांस्कृतिक आयोजनों का केंद्र भी बने।

(iv) **वाणिज्य और व्यापार की भूमिका में वृद्धि**
शहरी विनिर्माताओं के लिए ईंधन धातु, विभिन्न प्रकार के पत्थर, लकड़ी आदि आवश्यक वस्तुओं का आयात भिन्न-भिन्न स्थानों से होता था। यहाँ से विभिन्न प्रकार के उत्पाद; जैसे–वस्त्र, धातु, मसाले और अनाज अन्य क्षेत्रों में व्यापार के माध्यम से भेजे जाते थे।

मेसोपोटामिया के शहरीकरण का महत्त्व

मेसोपोटामिया में शहरीकरण के महत्त्व निम्नलिखित हैं

- मेसोपोटामिया में शहरीकरण के परिणामस्वरूप शहर न केवल बड़ी संख्या में लोगों के रहने का स्थान बन गया है, बल्कि अर्थव्यवस्था के अतिरिक्त अन्य गतिविधियाँ सहायक स्थल की भूमिका निभाने लगीं थीं।
- अर्थव्यवस्था में खाद्य उत्पादन के अतिरिक्त अन्य आर्थिक गतिविधियों का विकास होने से जनसंख्या का घनत्व बढ़ने लगा था तथा धीरे-धीरे कस्बों का निर्माण होने लगा है।
- कस्बों में इकट्ठा होने से लोगों को खाद्य उत्पादन के अतिरिक्त व्यापार एवं अन्य क्रियाकलापों का अवसर मिलने लगा था।

मेसोपोटामिया सभ्यता के लोगों की विशेषता पत्थर पर नक्काशी उकेरने तक सीमित थी। वे व्यापार करना नहीं जानते थे, परंतु शहरीकरण के पश्चात् उन्हें श्रम विभाजन का लाभ मिला। श्रम विभाजन वर्तमान में भी शहरी जीवन की एक महत्त्वपूर्ण कार्य-प्रणाली है।

शहरीकरण ने यहाँ के सामाजिक आर्थिक और राजनीतिक ढाँचे को सुदृढ़ किया। यह क्षेत्र प्राचीन सभ्यता का केंद्र बना। शिल्प, व्यापार और सेवाओं के अतिरिक्त, कुशल परिवहन का सबसे सस्ता तरीका सर्वत्र जलमार्ग ही था। मेसोपोटामिया का शहरीकरण न केवल क्षेत्रीय विकास का प्रतीक था, बल्कि मानव सभ्यता के इतिहास में महत्त्वपूर्ण स्थान रखता था।

2. 'मेसोपोटामिया की संस्कृति में मंदिर का विकास' विषय पर टिप्पणी लिखिए।

अथवा मेसोपोटामिया मे मन्दिरों का निर्माण समाज की धार्मिक और सांस्कृतिक जीवनशैली को किस प्रकार प्रभावित करता था। मंदिरों की भूमिका को विश्लेषित करते हुए यह बताइए कि केवल पूजा स्थल ही क्यों सत्ता और प्रशासन के केंद्र थे? *दक्षता आधारित प्रश्न*

उत्तर लगभग 5000 ई.पू. से दक्षिणी मेसोपोटामिया में बस्तियों का विकास होने लगा था। इस बस्तियों में से कुछ ने प्राचीन शहरों का रूप ले लिया ये शहर एक-दूसरे से भिन्न थे। पहले वे, जो मंदिरों के चारों और विकसित हुए।

दूसरे वे, जो व्यापार के केंद्रों के रूप में विकसित हुए।

मेसोपोटामिया की सभ्यता में धर्म और ईश्वर का अत्यधिक सम्मान था, इसे जीवन के विभिन्न पहलुओं से जोड़ा गया था।

(i) **धार्मिक महत्त्व** मेसोपोटामिया में मंदिरों को ईश्वर के निवास स्थान के रूप में माना जाता था। यहाँ पर विभिन्न देवताओं की पूजा की जाती थी; जैसे-'उर' जो 'चन्द्र' देवता या 'इन्नाना' जो प्रेम व युद्ध की देवी थी।

(ii) **मंदिर सत्ता और प्रशासन के केंद्र**
मंदिर राजनीतिक केंद्र भी थे, क्योंकि उनका लोगों पर महत्त्वपूर्ण प्रभाव था। महानायक शहर का सबसे शक्तिशाली व्यक्ति था और मंदिर तथा उसके संसाधनों पर उसका नियन्त्रण था। मंदिर के कर्मचारियों के पास प्रशासनिक कर्त्तव्य भी थे; जैसे-रिकॉर्ड रखना, कर एकत्र करना और विवाद का निपटारा करना। ये अन्य शहरों और राज्यों के साथ संबंध बनाए रखते थे।

मंदिरों का आर्थिक महत्त्व

मंदिर आर्थिक केंद्र भी थे, क्योंकि उनके पास विशाल भूमि व संसाधन थे, जिनका उपयोग वे अन्य शहरों के साथ व्यापार करने के लिए करते थे। वे लोगों से कर चढ़ावे के रूप में एकत्र करते थे और उसका उपयोग मंदिर के कर्मचारियों की सहायता करने, मंदिर के रख-रखाव तथा गरीबों और जरूरतमंदों की सहायता करने के लिए करते थे।

मंदिर, विनिर्माण व व्यापार में भी शामिल थे और उनके पास वस्त्र, मिट्टी के बर्तन तथा धातु की वस्तुएँ बनाने की कार्यशालाएँ थीं।

अंततः हम कह सकते हैं कि मंदिर मेसोपोटामिया की संस्कृतिक का एक अनिवार्य हिस्सा थे, क्योंकि वे धार्मिक, आर्थिक व राजनीतिक केंद्रों के रूप में कार्य करते थे।

3. 2600 ई. पू. से ईसवी सन् की पहली शताब्दी तक मेसोपोटामिया के लेखन और भाषा में क्या-क्या परिवर्तन आए?

अथवा **मेसोपोटामिया के लेखन के विकास में किस प्रकार की लिपियाँ उपयोग में लाई गई। इस काल के दौरान लेखन प्रणाली में हुए परिवर्तनों को और उनकी सांस्कृतिक महत्त्व को समझाइए।**

उत्तर इस प्रश्न के उत्तर के लिए पृष्ठ संख्या 9 पर शीर्षक 'लेखन कला का विकास' का अध्ययन करें।

4. "असीरियाई शासक असुरबनिपाल ने एक पुस्तकालय की स्थापना की थी, जो प्रथम पुस्तकालय था।" इस कथन की विवेचना कीजिए।

उत्तर मेसोपोटामिया के उत्तरी प्रदेशों के असीरियाई लोगों ने एक विशाल साम्राज्य स्थापित किया, जो मिस्र तक विस्तृत था। इस साम्राज्य का अंतिम शासक असुरबनिपाल (668-627 ई. पू.) था, जिसने अपनी राजधानी निनवै में एक पुस्तकालय स्थापित किया था। असुरबनिपाल के इस पुस्तकालय में इतिहास महाकाव्य, शकुन साहित्य, ज्योतिष विद्या, स्तुतियों एवं कविताओं की अनेक पुरानी पट्टिकाओं को इकट्ठा किया जाता था।

इतना ही नहीं, असुरबनिपाल ने पुरानी पट्टिकाओं की खोज में लोगों को दक्षिण बेबीलोन तक भेजा था। दक्षिण में लोग लिपिक विद्यालयों में पढ़ना-लिखना सीखते थे, जिसके लिए विशाल संख्या में पट्टिकाओं को तैयार किया जाता था।

हालाँकि लगभग 1800 ई. पू. के बाद सुमेरियन भाषा बोली जानी बंद हो गई थी, लेकिन विद्यालयों में वह शब्दावलियों, संकेत-सूचियों, द्विभाषी (सुमेरी और अक्कदी) पट्टिकाओं आदि के माध्यम से अब भी पढ़ाई जाती थी। इसलिए 650 ई. पू. में भी, 2000 ई. पू. तक पुरानी कीलाकार अक्षरों में लिखी पट्टिकाएँ पढ़ी और समझी जा सकती थीं और असुरबनिपाल के लोग यह जानते थे कि पुरानी पट्टिकाओं और प्रतिकृतियों को कहाँ खोजा और प्राप्त किया जा सकता है।

गिल्गेमिश के महाकाव्य जैसी महत्त्वपूर्ण पट्टिकाओं की प्रतियाँ तैयार की गईं। प्रतियाँ तैयार करने वाले उनमें अपना नाम और तिथि लिखते थे। कुछ पट्टिकाओं के अंत में असुरबनिपाल का उल्लेख भी मिलता है। असुरबनिपाल के पुस्तकालय में कुल मिलाकर 1000 मूल ग्रंथ थे और लगभग 30,000 पट्टिकाएँ थीं, जिन्हें विषयानुसार वर्गीकृत किया गया था।

5. मेसोपोटामिया के प्रमुख नगरों उर तथा मारी के नगरीय जीवन का वर्णन कीजिए।

अथवा **आपके अनुसार, उर और मारी के नगरीय जीवन में कौन-से प्रमुख भिन्नताएँ थीं? क्या इन दोनों नगरों की सामाजिक और आर्थिक संरचनाओं में कोई स्पष्ट अंतर था?**

उत्तर इस प्रश्न के उत्तर के लिए पृष्ठ संख्या 7 एवं 8 पर शीर्षक 'मेसोपोटामिया में शहरी जीवन' का अध्ययन करें।

6. "मेसोपोटामिया के दक्षिणी भागों में 5000 ई. पू. के आस-पास बस्तियों का विकास होने लगा। कुछ समय पश्चात् इन बस्तियों ने प्राचीन शहरों का रूप ले लिया।" इस कथन की पुष्टि कीजिए।

दक्षता आधारित प्रश्न

उत्तर इस प्रश्न के उत्तर के लिए पृष्ठ संख्या 6 पर शीर्षक 'दक्षिणी मेसोपोटामिया का शहरीकरण का अध्ययन करें।

स्रोत आधारित प्रश्न

1. **दक्षिणी कछार के एक शूरवीर नैबोपोलास्सर ने बेबीलोनिया को 625 ई. पू. में असीरियाई आधिपत्य से मुक्त कराया। उसके उत्तराधिकारियों ने अपने राज्यक्षेत्र का विस्तार किया और बेबीलोन में भवन-निर्माण की परियोजनाएँ पूरी कीं।**

उस समय से लेकर 539 ई. पू. में ईरान के एकेमेनिड लोगों द्वारा विजित होने के बाद और 331 ई. पू. में सिकंदर से पराजित होने तक बेबीलोन दुनिया का एक प्रमुख नगर बना रहा। इसका क्षेत्रफल 850 हेक्टेयर से अधिक था, इसकी चहारदीवारी तिहरी थी, इसमें बड़े-बड़े राजमहल और मंदिर मौजूद थे, एक जिगुरत यानी सीढ़ीदार मीनार थी और नगर के मुख्य अनुष्ठान केंद्र तक शोभायात्रा के लिए एक विस्तृत मार्ग बना हुआ था। इसके व्यापारिक घराने दूर-दूर तक अपना कारोबार करते थे और इसके गणितज्ञों तथा खगोलविदों ने अनेक नई खोजें की थीं।

नैबोनिडस स्वतंत्र बेबीलोन का अंतिम शासक था। उसने लिखा है कि उर के नगर-देवता ने उसे सपने में दर्शन दिए और उसे सुदूर दक्षिण के उस पुरातन नगर का कार्यभार सँभालने के लिए एक महिला पुरोहित को नियुक्त करने का आदेश दिया। उसने लिखा, "चूँकि बहुत लंबे समय से उच्च महिला पुरोहित का प्रतिष्ठान भुला दिया गया था, उसके विशिष्ट लक्षणों को कहीं नहीं बताया गया है, मैंने दिन-पर-दिन उसके बारे में सोचा.." वह आगे कहता है कि उसे एक पुराने राजा (जिसका

शासनकाल हम आज 1150 ई. पू. के आस-पास मानते हैं) का पट्टलेख मिला और उस पर उसने महिला पुरोहित की आकृति अंकित देखी। उसने उसके आभूषणों और वेशभूषा को ध्यानपूर्वक देखा।

(i) **बेबीलोन को असीरियाई आधिपत्य से कब और किसके द्वारा मुक्त कराया गया? संक्षिप्त उत्तर दीजिए।**

उत्तर दक्षिणी कछार का नैबोपोलास्सर एक महान शूरवीर था, जिसने 625 ई. पू. में बेबीलोन को असीरियाई आधिपत्य से मुक्त कराया था। 625 ई.पू. से लेकर 539 ई.पू. में ईरान के एकेमेनिड लोगों द्वारा विजित होने के बाद और 331 ई.पू. में सिकंर से पराजित होन तक बेबीलोन दुनिया का एक प्रमुख नगर बना रहा।

(ii) **नैबोनिडस कौन था? उसकी उपलब्धियों एवं कार्यों का विश्लेषण कीजिए।**

उत्तर नैबोनिडस स्वतंत्र बेबीलोन का अंतिम शासक था। नैबोनिडस के विषय में कहा जाता है कि वह शूरवीर और धार्मिक प्रवृत्ति का शासक था। अनुश्रुतियों के अनुसार, उर के नगर देवता ने उसे सपने में दर्शन दिए और उसे सुदूर दक्षिण में स्थित उस प्राचीन नगर का कार्यभार सँभालने तथा एक महिला पुरोहित की नियुक्ति का आदेश दिया। उदाहरण के रूप में, एक बार एक साधारण व्यक्ति शासक के पास एक टूटी हुई मूर्ति लेकर आया, जिस पर अक्कद के राजा सारगोन का नाम अंकित था (सरगोन का कार्यकाल लगभग 2370 ई. पू. के आस-पास माना जाता है)। मूर्ति की प्राचीनता एवं महत्त्व को जानकर नैबोनिडस ने उस खंडित मूर्ति के सिर को बदलकर उसे पुनर्निर्मित करवाया।

(iii) **नगर संरचना के अंतर्गत जिगुरत क्या था?**

उत्तर बेबीलोन की नगर संरचना के अंतर्गत जिगुरत एक सीढ़ीदार मीनार थी। नगर के मुख्य अनुष्ठान केंद्र तक शोभायात्रा के लिए एक विस्तृत मार्ग बना हुआ था।

2. **भारत में प्राचीनकाल में पत्थर की मुहरें होती थीं, जिन पर चिह्न अंकित किए गए होते थे, लेकिन मेसोपोटामिया में पहली सहस्राब्दी ई. पू. के अंत तक पत्थर की बेलनाकार मुहरें, जो बीच में आर-पार छिदी होती थीं, एक तीली लगाकर गीली मिट्टी के ऊपर घुमाई जाती थीं और इस प्रकार उनसे लगातार चित्र बनता जाता था।**

वे अत्यंत कुशल कारीगरों द्वारा उकेरी जाती थीं और कभी-कभी उनमें ऐसे लेख होते थे; जैसे-मालिक का नाम, उसके इष्ट देव का नाम और उसकी अपनी पदीय स्थिति आदि। किसी कपड़े की गठरी या बर्तन के मुँह को चिकनी मिट्टी से लीप-पोतकर उस पर वह मुहर घुमाई जाती थी, जिससे उसमें अंकित लिखावट मिट्टी की सतह पर छप जाती थी।

इससे उस गठरी या बर्तन में रखी वस्तुओं को मुहर लगाकर सुरक्षित किया जा सकता था। जब इस मुहर को मिट्टी की बनी पट्टिका पर लिखे पत्र पर घुमाया जाता था, तो वह मुहर उस पत्र की प्रामाणिकता की प्रतीक बन जाती थी। इस प्रकार, मुद्रा सार्वजनिक जीवन में नगरवासी की भूमिका को दर्शाती थी।

(i) **पहली सहस्राब्दी ई. पू. के अंत तक मेसोपोटामिया में किस प्रकार की मुहरें प्रचलित थीं?**

उत्तर पहली सहस्राब्दी ई. पू. के अंत तक मेसोपोटामिया में पत्थर की बेलनाकार मुहरें प्रचलित थीं, बीच से आर-पार छिदी होती थीं।

(ii) **मुहरों में किस प्रकार के लेख अंकित किए जाते थे?**

उत्तर मेसोपोटामियाई मुहरों में कुशल कारीगरों द्वारा लेखों का अंकन किया जाता था, जिसमें मालिक का नाम, उसके इष्ट देव का नाम और मालिक की पदीय स्थिति का विवरण होता था। इस प्रकार मुहर सार्वजनिक जीवन में नगरवासी की भूमिका को दर्शाती थी।

(iii) **मुहरों में चिह्नों या लिखावटों का अंकन किस प्रकार किया जाता था?**

उत्तर मुहरों में चिह्न या लिखावटों के अंकन हेतु किसी कपड़े की गठरी या बर्तन के मुँह को चिकनी मिट्टी से लीप-पोतकर उस पर वह मुहर घुमाई जाती थी, जिससे उसमें अंकित लिखावट मिट्टी की सतह पर छप जाती थी। इससे उस गठरी या बर्तन में रखी वस्तुओं को मोहर लगाकर सुरक्षित किया जा सकता था।

3. **शहरी जीवन, व्यापार और लेखन कला के बीच के संबंधों को उरुक के एक प्राचीन शासक एनमर्कर के बारे में लिखे गए एक सुमेरियन महाकाव्य में स्पष्ट किया गया है। मेसोपोटामिया की परंपरागत कथाओं के अनुसार, उरुक एक अत्यंत सुंदर शहर था, जिसे केवल 'शहर' कहकर ही पुकारा जाता था। सुमेर के व्यापार की पहली घटना को एनमर्कर के साथ जोड़ा जाता है। उस महाकाव्य में कहा गया है कि उन दिनों व्यापार क्या होता है, यह कोई नहीं जानता था। एनमर्कर अपने शहर के एक सुंदर मंदिर को सजाने के लिए लाजवर्द और अन्य बहुमूल्य रत्न तथा धातुएँ मँगाना चाहता था। इस काम के लिए उसने अपना एक दूत अरट्टा नाम के एक सुदूर देश के शासक के पास भेजा। "दूत ने राजा के आदेश का पालन किया। रात में वह चाँद-तारों की रोशनी और उनसे सूचित दिशा के अनुसार और दिन में सूरज के बताए मार्ग पर आगे बढ़ता गया। वह रास्ते में आने वाले ऊँचे-ऊँचे पहाड़ों को लाँघने के लिए ऊपर चढ़ता और उतरता रहा। जब वह पहाड़ पर था, तो पहाड़ की तलहटी में रहने वाले 'सूसा' नगर के लोगों ने उसे छोटे चूहों की तरह नमस्कार किया। उसने पाँच पर्वतमालाएँ, छः पर्वतमालाएँ और फिर सात पर्वतमालाएँ पार कीं ....।"**

दूत अरट्टा के मुखिया से लाजवर्द या चाँदी नहीं ला पाया और उसे बारंबार लंबी यात्राओं के उपरांत खाली हाथ ही लौटना पड़ा। इसके बावजूद भी वह दूत अरट्टा के मुखिया से चाँदी प्राप्त करने के लिए उसको उरुक के राजा की ओर से तरह-तरह की धमकियाँ और आश्वासन देता रहा। अंत में दूत इतना चकरा गया कि अपनी बात को सही तरह से व्यक्त ही नहीं कर पाया और उसने एनमर्कर के संदेशों को घालमेल कर दिया। तब, "राजा एनमर्कर ने अपने हाथ से चिकनी मिट्टी की पट्टिका बनाई और उस पर शब्द लिख दिए। उन दिनों, मिट्टी पर शब्द लिखने का रिवाज नहीं था।"

(i) **सुमेरियन महाकाव्य में निम्न में से किसके बारे में वर्णन किया गया है?**

उत्तर सुमेरियन महाकाव्य मे शहरी जीवन, व्यापार और लेखन कला के बीच के संबंधो का, उरुक के एक प्राचीन शासक एनमेरकर, एक अत्यंत सुंदर शहर उरुक तथा सुमेरियन राजा के साहसिक कारनामों का वर्णन किया गया है।

(ii) **एनमर्कर ने अपने दूत को दूसरे राजा के यहाँ क्यों भेजा?**

उत्तर एनमेरकर ने अपने दूत को दूसरे राजा के पास इसलिए भेजा क्योंकि वह अपने राज्य के लिए संसाधनों और सहायता की माँग करना चाहता था। यह संदेश शान्ति और सहयोग स्थापित करने के उद्देश्य से और साथ ही अपने प्रभाव व शक्ति को दिखाने के लिए था। इसके पीछे राजनीतिक और आर्थिक उद्देश्य भी शामिल थे।

(iii) **सूसा नगर के लोगों ने दूत को चूहों की तरह नमस्कार किया। इस कथन का क्या आशय है?**

उत्तर सूसा नगर के लोगों द्वारा दूत को चूहों की तरह नमस्कार करने से आशय है कि जब दूत ऊँची पहाड़ी पर चढ़ जाता है और पहाड़ी से नीचे की ओर देखता है, तो नीचे की सभी वस्तुएँ उसे छोटी लगती हैं जिस कारण वहाँ के लोग उसे चूहे के समान प्रतीत होते हैं।

4. **पुरातत्त्वविदों ने पौधों और पशुओं के अवशेषों को प्राप्त करने के लिए टनों मिट्टी की छानबीन की। इसके चलते उन्होंने पौधों और पशुओं की अनेक प्रजातियों का पता लगाया। उन्हें बड़ी मात्रा में जली हुई मछलियों की हड्डियाँ भी मिलीं, जो बुहारकर बाहर गलियों में डाल दी गई थीं। वहाँ गोबर के उपलों के जले हुए ईंधन में से निकले हुए पौधों के बीज और रेशे मिले थे। वहाँ की गलियों में सुअरों के छोटे बच्चों के दाँत पाए गए हैं, जिन्हें देखकर पुरातत्त्वविदों ने यह निष्कर्ष निकाला कि अन्य किसी भी मेसोपोटामियाई नगर की तरह यहाँ भी सुअर छुट्टे (स्वतन्त्र) घूमा करते थे। वस्तुतः एक घर में तो आँगन के नीचे, जहाँ किसी मृतक को दफनाया गया था, सुअर की कुछ हड्डियों के अवशेष मिले हैं, जिससे प्रतीत होता है कि व्यक्ति के मरणोपरांत जीवन में खाने के लिए सुअर का कुछ मांस रखा गया था। पुरातत्त्वविदों ने कमरों के फर्श का बारीकी से अध्ययन यह जानने के लिए किया कि घर के कौन-से कमरों पर पोपलर के एक लंबे पतले पेड़ के लट्ठों, खजूर की पत्तियों और घासफूस की छतें थीं और कौन-से कमरे बिना किसी छत के खुले आकाश के नीचे थे।**

(i) **पुरातत्त्वविदों ने जली हुई मछलियों की हड्डियों और गलियों मे मिले पौधों के अवशेषों से कौन-सी महत्त्वपूर्ण जानकारी प्राप्त की?**

उत्तर पुरातत्त्वविदों ने गलियों में पाई गई जली हुई मछलियों की हड्डियों और गोबर के उपलों से निकले पौधों के अवशेषों का अध्ययन कर यह समझा कि नगरवासी भोजन के लिए मछलियों का व्यापक उपयोग करते थे। गलियों मे इन अवशेषों का पाया जाना नगर की सफाई व्यवस्था और ईंधन के उपयोग की पद्धतियों पर भी प्रकाश डालता है।

(ii) **सुअरों के अवशेषों से पुरातत्त्वविदों ने क्या निष्कर्ष निकाले और ये निष्कर्ष नगर की सामाजिक व्यवस्था को कैसे दर्शाते हैं?**

उत्तर सुअरों के दाँत व हड्डियाँ गलियों और घरों में मिलने से पता चलता है कि सुअर, नगर में स्वंतत्र घूमा करते थे। एक घर में मृतक के साथ सुअर का मांस प्राप्त होने से यह संकेत मिलता है कि सुअर का मांस धार्मिक या सांस्कृतिक महत्त्व रखता था। यह तथ्य मृत्यु के बाद के जीवन में विश्वास को दर्शाता है।

(iii) **पुरातत्त्वविदों ने घरों की छतों और फर्श का अध्ययन क्यों किया? इससे उन्हें क्या जानकारी प्राप्त हुई?**

उत्तर पुरातत्त्वविदों ने घरों के फर्श और छतों की संरचना का अध्ययन यह जानने के लिए किया कि कौन-से कमरे ढके हुए थे और कौन-से आकाश के नीचे खुले थे। इससे घरों के निर्माण की तकनीक और सामग्री के विषय में भी जानकारी मिली; जैसे कि पोपलर के लट्ठे, खजूर की पत्तियाँ और घास-फूस। यह अध्ययन यह भी बताता है कि उस समय भवन निर्माण में पर्यावरण के अनुकूल संसाधनों का उपयोग होता था।

मानचित्र आधारित प्रश्न

1. नीचे दिए गए पश्चिम एशिया के मानचित्र में संकेत 1, 2, 3, 4 व 5 के नाम लिखें।

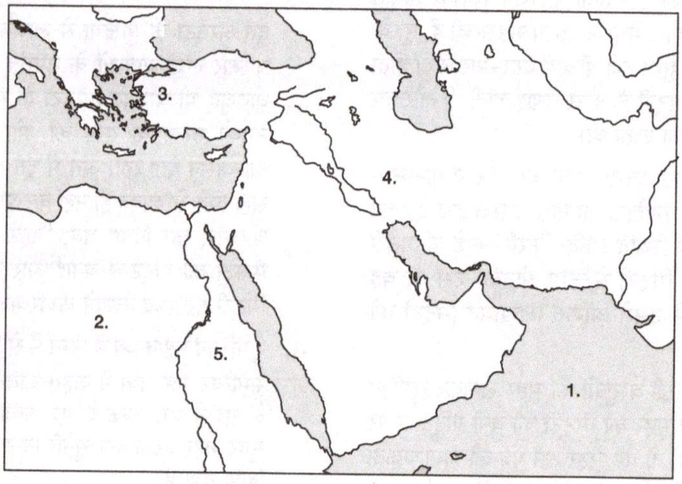

उत्तर 1. अरब सागर 2. मिस्र 3. तुर्की 4. ईरान 5. नील नदी

2. दिए गए पश्चिम एशिया के मानचित्र पर निम्नलिखित नदियों को चिह्नित कीजिए।

1. बालिख नदी 2. हाबुर नदी 3. दजला नदी 4. फरात नदी 5. सिंधु नदी

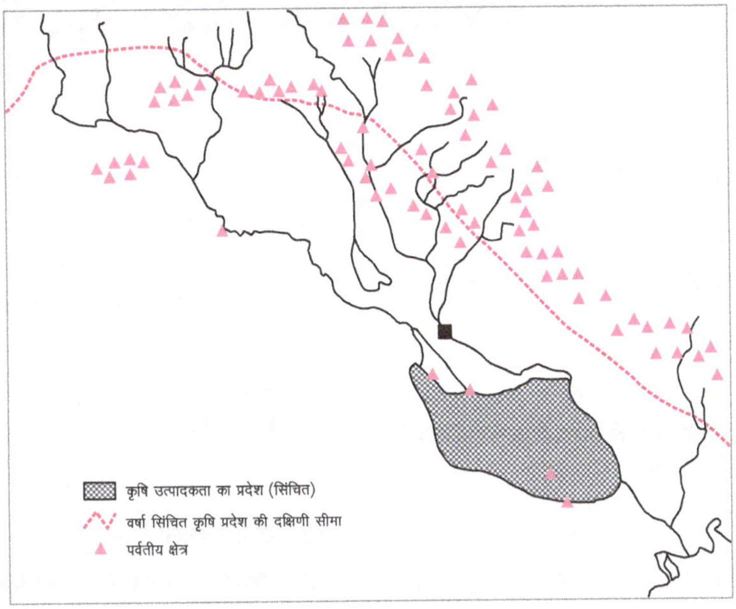

उत्तर 1. बालिख नदी 2. हाबुर नदी 3. दजला नदी 4. फरात नदी 5. सिंधु नदी

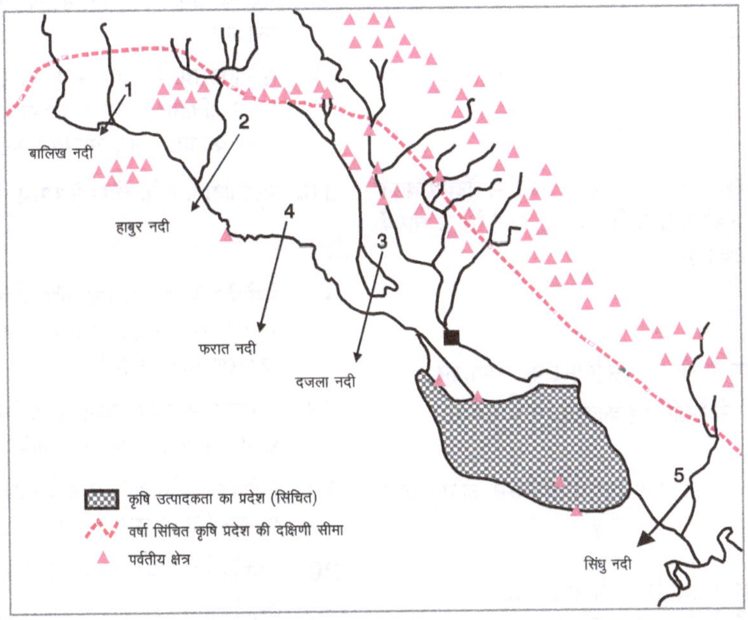

स्वयं को जाँचें

वस्तुनिष्ठ प्रश्न

1. मेसोपोटामिया की पहली ज्ञात भाषा कौन-सी थी?

(a) सुमेरियन (b) यहूदी
(c) अरामाइक (d) अकाडियन

2. मेसोपोटामिया का वह क्षेत्र कौन-सा है, जहाँ सबसे पहले नगरों तथा लेखन का उदय हुआ?

(a) पूर्व (b) दक्षिण
(c) उत्तर (d) पश्चिम

3. 200 ईसा पूर्व में, मेसोपोटामिया की शाही राजधानी के रूप में विकसित होने वाला शहर निम्न में से कौन था?

(a) उर (b) मारी
(c) मोहनजोदड़ो (d) कालीबंगन

4. निम्न में से कौन-सा/से कथन मारी स्थित राजमहल के बारे में असत्य है/हैं?

(a) यह शाही परिवार का निवास स्थान था।
(b) यह प्रशासन तथा उत्पादन व कीमती धातुओं के आभूषणों के निर्माण का मुख्य केंद्र था।
(c) इसमें 270 कक्ष बने हुए थे तथा यह 2.5 हेक्टेयर क्षेत्र में स्थित विशाल भवन था।
(d) उपरोक्त में से कोई नहीं

5. ……… रेगिस्तान में प्रवेश करने के बाद कई धाराओं में बँटकर बहने लगती है। कभी-कभी इनकी धाराओं में बाढ़ आ जाती है। ये धाराएँ सिंचाई का महत्त्वपूर्ण साधन हैं।

(a) दज़ला नदी (b) फरात नदी
(c) हाबुर नदी (d) बालिख नदी

6. दिए गए कथन एवं कारण के संदर्भ में सही कूट का चयन करें।

कथन (A) वार्काशीर्ष मेसोपोटामियाई कला का एक अदभूत उदाहरण है।

कारण (R) इसे 3000 ई.पू. में उरुक नगर में संगमरमर को तराशकर बनाया गया।

कूट

(a) A और R दोनों सही हैं तथा R, A की सही व्याख्या है।
(b) A और R दोनों सही हैं, परंतु R, A की सही व्याख्या नहीं है।
(c) A सही है, किंतु R गलत है।
(d) A गलत है, किंतु R सही है।

अतिलघु उत्तरीय प्रश्न

7. दक्षिण मेसोपोटामिया में बस्तियों का विकास कब शुरू हुआ था?

8. मेसोपोटामिया की लेखन प्रणाली का विस्तार-क्षेत्र कहाँ तक था?

9. मेसोपोटामिया की प्राचीन सभ्यता द्वारा विकसित की गई लेखन प्रणाली जिसे 'कीलाक्षर लेखन' कहा जाता है, का विस्तार किस क्षेत्र तक था?

10. लेखन कला की स्पष्ट जानकारी किस महाकाव्य से मिलती है?

11. मेसोपोटामिया के लिपिक पट्टिकाओं पर कीलाकार लिपि किस प्रकार लिखते हैं?

लघु उत्तरीय प्रश्न

12. शाही राजधानी के रूप में मारी नगर को स्पष्ट कीजिए।

13. बेबीलोन नगर की मुख्य विशेषताओं को बताइए।

14. "शहरों का विकास ग्रामीण समृद्धि पर आधारित था।" चर्चा कीजिए।

15. यूरोपवासियों के लिए मेसोपोटामिया क्यों महत्त्वपूर्ण था? स्पष्ट कीजिए।

अथवा यूरोपवासियों के लिए मेसोपोटामिया का महत्त्व क्या था और इसके प्रचीन इतिहास, सभ्यता, व्यापारिक केन्द्र तथा सांस्कृतिक धरोहर ने यूरोप की खोज और अध्ययन केन्द्र में क्या योगदान दिया।

16. मेसोपोटामिया के लोगों ने समय विभाजन किस प्रकार किया था।

दीर्घ उत्तरीय प्रश्न

17. मेसोपोटामिया में दज़ला और फ़रात जैसी नदियों के उपजाऊपन कृषि भू-क्षेत्रों के बावजूद कृषि संकट की स्थिति क्यों उत्पन्न हो जाती थी? उदाहरण सहित उत्तर दें।

18. मेसोपोटामिया की लेखन-कला किस प्रकार उसे विश्वपटल पर सबसे प्राचीन सभ्यता के रूप में स्थापित करती है? स्पष्ट कीजिए।

19. नैबोनिडस कौन था? उसने बेबीलोन के मंदिरों के उद्धार के लिए क्या योगदान दिया? स्पष्ट कीजिए।

20. मेसोपोटामिया संस्कृति में शहरों का क्या महत्त्व था? चर्चा कीजिए।

अथवा मेसोपोटामिया संस्कृति में शहर आर्थिक, सांस्कृतिक और प्रशासनिक केन्द्र थे। वे व्यापार, धार्मिक गतिविधियाँ, शिल्पकला और राजकीय प्रशासन के प्रमुख स्थल थे, जो सभ्यता की उन्नति और समृद्धि में सहायक बने। तर्कसहित इस कथन की व्याख्या करें।

अनुभाग II : साम्राज्य

अध्याय 2 तीन महाद्वीपों में फैला हुआ साम्राज्य

अध्याय 3 यायावर साम्राज्य

कालक्रम दो (लगभग 100 ई. पू. से 1300 ई.)

इस कालक्रम में मानव के अंतर्गत केंद्र बिंदु राज्य और साम्राज्य हैं। इनमें से कुछ साम्राज्य; जैसे-रोमन साम्राज्य, बहुत बड़े थे और तीन महाद्वीपों में फैले हुए थे। इस समय प्रमुख धार्मिक और सांस्कृतिक परंपराएँ विकसित हुईं और बौद्धिक गतिविधियों से जुड़ी संस्थाओं का उदय हुआ। इस कालक्रम में अनेक पुस्तकें लिखी गईं और विचारों का आदान-प्रदान महाद्वीपों के आर-पार होने लगा। ऐसी अनेक वस्तुएँ, जो वर्तमान में हमारे दैनिक जीवन का हिस्सा हैं, इस काल में पहली बार प्रयोग में आईं।

2

अध्याय

तीन महाद्वीपों में फैला हुआ साम्राज्य

इस अध्याय, में रोम (रोमन) साम्राज्य के संगठन, उसकी राजनीतिक शक्तियों और सामाजिक समूहों का वर्णन किया गया है। रोमन साम्राज्य के विशाल राज्य क्षेत्र में वर्तमान का अधिकांश यूरोप, उर्वर अर्द्ध चंद्राकार क्षेत्र (पश्चिमी एशिया) और उत्तरी अफ्रीका का एक बड़ा भाग शामिल था। 5वीं शताब्दी के पश्चात् पश्चिम में इस साम्राज्य का पतन हो गया, लेकिन पूर्व में यह अत्यंत समृद्ध बना रहा।

▼ अध्ययन एक नजर में

▼ अभ्यास के लिए

- बहुविकल्पीय प्रश्न 29, चित्र आधारित, अभिकथन/कारण, सुमेलित कीजिए
- वर्णनात्मक प्रकार के प्रश्न (लघु उत्तरीय प्रश्न 16, दीर्घ उत्तरीय प्रश्न 7)
- स्रोत आधारित प्रश्न 4, मानचित्र आधारित प्रश्न 2

- रोमन साम्राज्य एक अत्यधिक विस्तृत साम्राज्य था। इस साम्राज्य का कालक्रम लगभग 100 ई.पू. से 1300 ई.पू. था। यह साम्राज्य तीन महाद्वीपों (यूरोप, एशिया और अफ्रीका) में फैला हुआ था।
- इस साम्राज्य में प्रमुख धार्मिक और सांस्कृतिक परंपराएँ विकसित हुईं तथा बौद्धिक गतिविधियों से जुड़ी संस्थाओं का भी उदय हुआ।

2.1 यूरोप पर शासन करने वाले शक्तिशाली साम्राज्य

- दो प्रमुख साम्राज्यों रोम और ईरान ने ईसा मसीह के जन्म से 7वीं शताब्दी के बीच यूरोप, उत्तरी अफ्रीका और मध्य पूर्व पर अपना प्रभुत्व स्थापित किया था।
- ये दोनों महाशक्तियाँ एक-दूसरे की प्रतिद्वंदी थीं। फरात नदी के किनारे जमीन की एक संकरी पट्टी इन्हें अलग करती थी।
- ईरान की तुलना में रोमन साम्राज्य अत्यधिक विविधतापूर्ण था।
- ईरान, कैस्पियन सागर के दक्षिण से लेकर पूर्वी अरब और अफगानिस्तान के कुछ क्षेत्रों पर नियंत्रण रखता था।
- इन महाशक्तियों ने दुनिया के अधिकांश हिस्से को आपस में विभाजित कर लिया था। चीनी लोग इन्हें 'ता चिन' (वृहतर चीन या मुख्य रूप से पश्चिम) कहते थे।

2.2 रोमन साम्राज्य के इतिहास को जानने के स्रोत

किसी भी इतिहास को जानने के लिए दो प्रकार के स्रोत जैसे— साहित्यिक स्रोत एवं पुरातात्विक स्रोत लाभदायक हैं। रोम का इतिहास जानने के लिए इतिहासकारों ने स्रोतों को तीन भागों में विभाजित किया है

1. पाठ्यसाम्रगी

- इस प्रकार के स्रोत में मुख्य रूप से समकालीन व्यक्तियों द्वारा लिखे गए इतिहास या **वर्ष-वृत्तांत**[1] (Annals) को सम्मिलित किया जाता है।

▲ पैपाइरस पत्र

- इसके अतिरिक्त इसमें व्याख्यान, प्रवचन, कानून आदि को भी शामिल किया जाता है।
- ये सामग्रियाँ रोमन साम्राज्य के राजनैतिक संगठन, धार्मिक, आर्थिक एवं सामाजिक स्थिति को जानने में सहायता करती हैं।

2. प्रलेख अथवा दस्तावेज

- इस प्रकार के स्रोत मुख्य रूप से उत्कीर्ण लेखों या **पैपाइरस**[2] (सरकंडा जैसा पौधा जो नील नदी के किनारे उगता था) के पत्रों पर लिखी गई पांडुलिपियों के रूप में मिलते थे।

3. भौतिक स्रोत/अवशेष

- इसके अंतर्गत पुरातत्त्वविदों द्वारा खोजी गईं इमारतें, स्मारक, मिट्टी के बर्तन, सिक्के, पच्चीकारी की सामग्री आदि का अध्ययन किया जाता है।

2.3 रोमन साम्राज्य का भूगोल

- रोमन साम्राज्य एक अत्यधिक विस्तृत साम्राज्य था। यह साम्राज्य यूरोप, एशिया और अफ्रीका महाद्वीप में फैला हुआ था।
- **भूमध्य सागर** रोम साम्राज्य का हृदय था। यह यूरोप और अफ्रीका के महाद्वीप को अलग करता है तथा पश्चिम में स्पेन से लेकर पूर्व में सीरिया तक फैला हुआ है।
- रोमन साम्राज्य के उत्तर में राइन और डेन्यूब नदियाँ हैं।
- रोम का भूमध्य सागर और उत्तर एवं दक्षिण की दोनों दिशाओं में सागर के आसपास स्थित सभी प्रदेशों पर प्रभुत्व था।
- साम्राज्य की दक्षिणी सीमाएँ उत्तरी अफ्रीका के विशाल सहारा रेगिस्तान तक फैली हुई थीं।

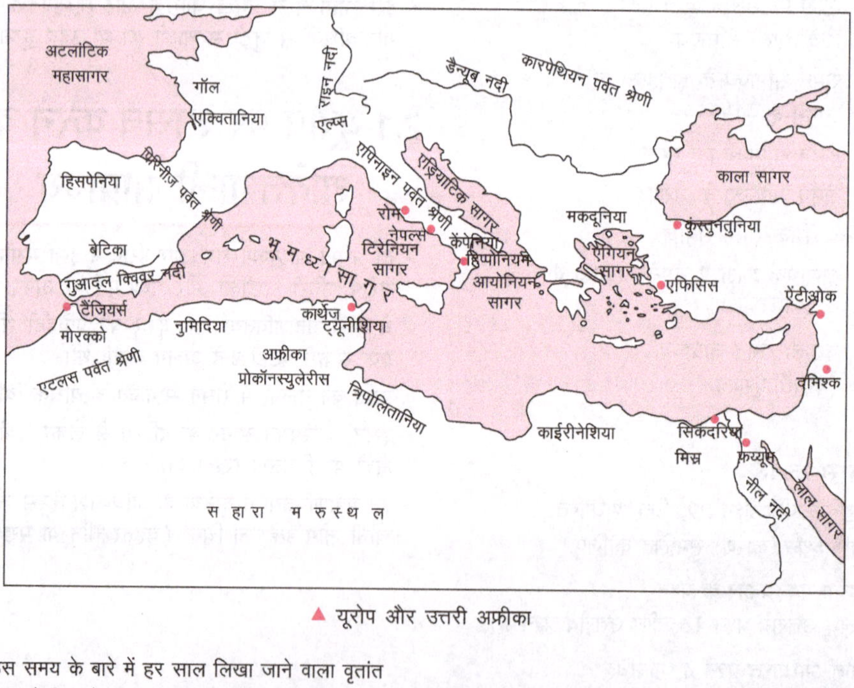

▲ यूरोप और उत्तरी अफ्रीका

1 **वर्ष वृतांत** समकालीन लोगों द्वारा उस समय के बारे में हर साल लिखा जाने वाला वृतांत
2 **पैपाइरस** एक सरकंडा जैसे पौधा था, जो मिस्र में नील नदी के किनारे उगता था और इसे लेखन सामग्री तैयार करने के लिए संसाधित किया जाता था।

2.4 रोमन साम्राज्य के चरण

रोमन साम्राज्य के दो चरण थे

1. **पूर्ववर्ती या प्रारंभिक साम्राज्य** तीसरी शताब्दी के मुख्य भाग तक की संपूर्ण अवधि।
2. **परवर्ती साम्राज्य** तीसरी शताब्दी से साम्राज्य के अंत तक।

प्रारंभिक रोमन साम्राज्य

- 27 ई. पू. में जूलियस सीजर के दत्तक पुत्र तथा उत्तराधिकारी ऑक्टेवियन ने रोम में अपनी सत्ता को स्थापित किया।
- ऑक्टेवियन, **ऑगस्टस** नाम से रोमन साम्राज्य का राजा बना।
- ऑगस्टस एकछत्र शासक और सत्ता का वास्तविक स्रोत था, परंतु फिर भी वह निरंकुश शासक (Absolute Ruler) नहीं था। उसे **प्रिंसिपेट** कहा जाता था, जिसका अर्थ लातिनी भाषा में प्रमुख नागरिक होता है।
- जब रोम एक गणतंत्र[3] (Republic) साम्राज्य था तब उसकी सत्ता पर **'सैनेट'**[4] नाम संस्था का नियंत्रण था।

साम्राज्य का संगठन

- रोमन साम्राज्य के तीन मुख्य निकाय थे– सम्राट और सैनेट सबसे ऊपर थे और उनके बाद सेना थी। सम्राट सैनेट के साथ मिलकर काम करता था।

सैनेट और अभिजात वर्ग

- सैनेट **अभिजात वर्ग**[5] का प्रतिनिधित्व करती थी, जिसमें रोम के धनी परिवारों और बाद में मुख्य रूप से इतालवी मूल के जमींदार शामिल थे।
- रोम के इतिहास की अधिकतर पुस्तकों की रचना सैनेट वर्ग के लोगों के द्वारा की गई थी।
- जब सम्राट सैनेट के प्रति शत्रुतापूर्ण व्यवहार करते थे, तब उनकी आलोचना की जाती थी।

रोमन साम्राज्य की सैनिक पद्धति

- जिस प्रकार रोमन साम्राज्य में सम्राट तथा सैनेट दो प्रमुख संस्थाएँ थीं, उसी प्रकार सेना भी एक अन्य महत्त्वपूर्ण संस्था थी।
- रोमन साम्राज्य सैनिकों को नियमित वेतन दिया जाता था तथा उन्हें 25 वर्षों तक सेना में कार्य करना पड़ता था।
- सेना साम्राज्य की सबसे बड़ी निकाय थी, जिसमें चौथी शताब्दी तक 6,00,000 सैनिक थे।
- 69 ई. में एक गृहयुद्ध हुआ, जिसमें चार सम्राटों ने एक के बाद एक गद्दी संभाली।
- सेना के पास इतना अधिकार था कि वह उचित वेतन और सेवा शर्तों के लिए आंदोलन कर सकती थी।
- सैनेट का सेना के साथ अच्छा संबंध नहीं था, क्योंकि सेना, सैनेट को अप्रत्याशित हिंसा का स्रोत मानती थी।
- रोमन साम्राज्य में सम्राटों की सफलता इस बात पर निर्भर करती थी कि उनका सेना पर कितना नियंत्रण है।
- सैनिकों के विभाजित होने पर **गृहयुद्ध**[6] की स्थिति उत्पन्न हो जाती थी।

रोमन साम्राज्य में उत्तराधिकार

- राज्य वंशक्रम (Descent) पर आधारित था। उत्तराधिकारी यदि दत्तक पुत्र भी होता था, तो वही सिंहासन पर बैठता था।
- सेना भी इस सिद्धांत को पूरी तरह मानती थी। उदाहरण के लिए, टिबेरियस (14-37 ई.) रोमन साम्राज्य की गद्दी पर आसीन हुआ, परंतु वह ऑगस्टस का स्वपुत्र नहीं, बल्कि गोद लिया हुआ पुत्र था।

---

3 **गणतंत्र** यह इस शासन का नाम था, जिसमें वास्तविक शक्ति सैनेट के पास थी, जो धनी परिवारों का एक छोटा-सा समूह था, तथा कुलीन वर्ग का गठन करता था।

4 **सैनेट** यह बुजुर्गों या महत्त्वपूर्ण नागरिकों की एक परिषद् थी, जो शासक को सलाह देती थी और निर्णय लेने में मदद करती थी।

5 **अभिजात वर्ग** कुछ देशों में उच्चतम सामाजिक वर्ग, जो आमतौर पर भूमि का मालिक होता है और पारंपरिक रूप से दूसरों की तुलना में अधिक धन और शक्ति रखता है।

6 **गृहयुद्ध** (Civil War) दूसरे देशों से संघर्ष के ठीक विपरीत अपने ही देश में सत्ता हासिल करने के लिए किया गया सशस्त्र संघर्ष 'गृहयुद्ध' कहलाता है।

युद्ध और विस्तार

- रोमन साम्राज्य की पहली दो शताब्दियों के दौरान अन्य देशों के साथ युद्ध बहुत कम हुए थे, क्योंकि टिबेरियस को ऑगस्टस के विरासत में मिला साम्राज्य पहले से बहुत विशाल था, जिसमें अधिक विस्तार करना अनावश्यक प्रतीत होता था।
- "ऑगस्टन युग शांति का काल था, जो युद्धों और विजयों की एक लंबी अवधि के बाद आया था।
- शुरुआती समय में रोमन साम्राज्य के विस्तार का एकमात्र बड़ा प्रयास सम्राट त्राजान द्वारा किया गया था, उन्होंने 173-117 ई. तक फरात नदी के पार की भूमि पर विजय प्राप्त की। हालाँकि बाद में उनके उत्तराधिकारियों ने इन क्षेत्रों को छोड़ दिया।

रोमन साम्राज्य में प्रत्यक्ष शासन

- रोमन साम्राज्य में प्रत्यक्ष शासन का **क्रमिक विकास** (Gradual Extension) इस काल की एक प्रमुख उपलब्धि थी। इस काल में अनेक आश्रित राज्यों को रोम के प्रांतीय राज्य क्षेत्रों में मिला लिया गया था।
- दूसरी शताब्दी के प्रारंभिक वर्षों तक जो राज्य फरात नदी के पश्चिम (रोम राज्य की ओर) की ओर थे, उन पर भी रोम साम्राज्य द्वारा अधिकार कर लिया गया था।
- ये राज्य अत्यंत समृद्ध थे; जैसे–हेरॉड। इस राज्य से प्रतिवर्ष 54 लाख **दीनारियस** (रोम का एक चाँदी का सिक्का, जिसमें लगभग 4.5 ग्राम विशुद्ध चाँदी होती थी) के बराबर आमदनी होती थी।
- उस समय इटली को छोड़कर सभी प्रांतों से कर वसूल किया जाता था।
- रोमन साम्राज्य जब अपने उत्कर्ष पर था, तब इसकी सीमा स्कॉटलैंड से आर्मेनिया सीमाओं तक तथा सहारा से फरात नदी के आगे तक फैली हुई थी।

प्रातों का उदय और सत्ता हस्तांतरण

- साम्राज्य के सबसे बड़े शहर अर्थात् भूमध्य सागर के तटों पर स्थित नगर; जैसे-काथैज सिकंदरिया तथा एंटीऑक साम्राज्यिक प्रणाली के वास्तविक आधार बन गए।
- ये नगर साम्राज्यिक प्रणाली के मूल आधार थे। इन्हीं शहरों के माध्यम से सरकार प्रांतीय ग्रामीण क्षेत्रों पर कर लगाने में सफल होती थी।
- स्थानीय उच्च वर्ग का कर देने तथा प्रशासन में महत्त्वपूर्ण योगदान था।
- कुछ समय बाद यही उच्च वर्ग प्रशासनिक एवं सैन्य अफसर बनने लगे, जिसके परिणामस्वरूप एक नया संभ्रात वर्ग उभरा, जो सैनेट से अधिक शक्तिशाली था।
- इस वर्ग को सम्राटों का समर्थन प्राप्त था। सम्राट गैलीनस (253-68 ई. पू.) के समय इस वर्ग की स्थिति और सुदृढ़ हुई।
- सम्राट गैलीनस ने सैनेटों को सेना में सेवा करने पर पाबंदी लगा दी, ताकि वे साम्राज्य पर नियंत्रण स्थापित न कर ले।
- तीसरी शताब्दी तक सैनेट में इतालवी मूल के लोगों की संख्या अधिक थी, लेकिन बाद में प्रांतों से आए सैनेट बहुसंख्यक हो गए।

▲ गार्ड नाइक्स के पास पान दु गार्ड फ्रांस पहला शताब्दी ईसा पूर्व

रोमन साम्राज्य के शहर

- रोम एक ऐसा शहरी केंद्र था, जिसके अपने दंडनायक (मजिस्ट्रेड) नगर परिषद् और अपना एक निश्चित राज्य क्षेत्र था, जिसमें उसके अधिकार क्षेत्र में आने वाले अनेक गाँव शामिल थे।
- इस प्रकार किसी भी शहर के अधिकारी क्षेत्र में कोई दूसरा शहर नहीं हो सकता था।
- आमतौर पर शाही अनुकंपा के तहत गाँवों का दर्जा बढ़ाकर उन्हें शहरों का दर्जा और शहरों को गाँवों का दर्जा दिया जा सकता था।
- शहरों में रहने वाले लोगों के आमतौर पर ग्रामीण क्षेत्रों में रहने वालों की तुलना में अकाल और खाद्य पदार्थों की कमी जैसी परिस्थितियों के समय की पर्याप्त भोजन और सुविधाएँ उपलब्ध होती थीं।
- शहरी लोगों को उच्च स्तर के मनोरंजन उपलब्ध थे और सार्वजनिक स्नान-गृह शहरी जीवन की एक प्रमुख विशेषता थी।

रोमन साम्राज्य पर तीसरी शताब्दी का संकट

- रोमन साम्राज्य के इतिहास में पहली और दूसरी शताब्दी जहाँ शांति, समृद्धि और आर्थिक विस्तार की रही, वहीं तीसरी शताब्दी आंतरिक तनाव से परिपूर्ण रही।
- तीसरी शताब्दी में लगभग 225 ई. के आसपास रोमन साम्राज्य के सामने अनेक संकट उत्पन्न हुए। इन संकटों का प्रमुख कारण ईरान में ससानी नामक **आक्रामक वंश** (Aggressive Dynasty) का उदय था।
- 15 वर्ष की कम अवधि में ही इस वंश ने अपनी शक्ति में पर्याप्त वृद्धि करते हुए अपना विस्तार फरात की दिशा तक कर लिया।
- एक प्रसिद्ध **शिलालेख** (Rock Inscription) में रोमन साम्राज्य के 60,000 सैनिकों के मारे जाने तथा रोम की राजधानी एंटीऑक पर कब्जा करने की सूचना मिलती है।
- 233-280 ई. के काल में काले सागर से लेकर आल्पस और दक्षिणी जर्मनी तक फैले हुए प्रांतों की सीमाओं पर बार-बार आक्रमण होते रहे।
- इस दौरान एलमन्नाई फ्रैंक और गोंथ जैसी जर्मन मूल की जनजातियों ने राइन तथा डेन्यूब नदी की सीमा की ओर अग्रसर होना शुरू कर दिया।
- रोमवासियों को डेन्यूब से आगे का क्षेत्र छोड़ने के लिए विवश किया गया। इस काल के सम्राट उन लोगों से लगातार युद्ध करते रहे, जिन्हें रोमवासी **विदेशी बर्बर** (Barbarian) कहते थे।
- रोमन साम्राज्य के 47 वर्षों की अवधि में 25 सम्राटों का सत्तासीन होना यह दर्शाता है कि तीसरी शताब्दी रोम के लिए संकट का समय था।

चेक प्वॉइंट 1

1. रोमन साम्राज्य के उत्तर में कौन-सी दो नदियाँ हैं?
2. रोमन साम्राज्य के तीन बड़े शहरी केंद्रों के नाम बताइए।
3. रोमन साम्राज्य की दक्षिणी सीमा किस मरुस्थल से लगती थी?
4. तीन महाद्वीपों के नाम बताए, जिनमें रोमन साम्राज्य विस्तृत था।
5. अभिजात वर्ग का प्रतिनिधित्व कौन करता था?

2.5 प्रारंभिक रोमन समाज

- रोमन साम्राज्य में विविध क्षेत्र और संस्कृतियाँ शामिल थीं, जो एक आम सरकार द्वारा एकीकृत थीं।
- ग्रीक (यूनानी) और लैटिन प्रशासनिक भाषाएँ थीं। उच्च वर्ग को लोग ग्रीक भाषा और पश्चिम के लोग लैटिन भाषा को प्राथमिकता देते थे।
- साम्राज्य के भीतर सभी विषय सम्राट के अधीन थे, चाहे उनकी भाषा या स्थान कुछ भी हो।

परिवार और विवाह

- रोमन साम्राज्य की प्रमुख विशेषता **एकल परिवार** (Nuclear Family) का प्रचलन था।
- वयस्क पुत्र पिता के साथ नहीं रहता था और वयस्क भाई भी साझे परिवार में बहुत कम रहते थे।
- विवाह का आयोजन माता-पिता के द्वारा किया जाता था।
- विवाह के लिए पुरुषों की आयु 28-29 वर्ष, 30-32 वर्ष तथा महिलाओं की आयु 16-18 वर्ष, 22-23 वर्ष निर्धारित की गई थी।
- पति-पत्नी के बीच आयु के अंतराल को अच्छा माना जाता था। दहेज प्रथा का प्रचलन था।
- पति-पत्नी द्वारा विवाह-भंग (Divorce) सूचना देने मात्र से ही तलाक हो जाता था। इस प्रकार तलाक की प्रक्रिया जटिल नहीं थी।
- पिता का अपने बच्चों पर कानूनी नियंत्रण होता था। भ्रूण हत्या का अधिकार पिता को प्राप्त था।

महिलाओं की स्थिति

- पिता की संपत्ति में पुत्री का भी अधिकार होता था। विवाह के पश्चात् वह संपत्ति का हस्तांतरण अपने पति को नहीं करती थी।
- पिता की मृत्यु के बाद उसकी संपत्ति पर पुत्री का अधिकार हो जाता था।
- कानून के अनुसार, पति-पत्नी को संयुक्त रूप से एक वित्तीय हस्ती नहीं, बल्कि अलग-अलग दो वित्तीय हस्तियाँ मानी जाती थीं और पत्नी को पूर्ण विधिक स्वतंत्रता थी।

- इस प्रकार स्त्री को संपत्ति के स्वामित्व एवं संचालन संबंधी व्यापक कानूनी अधिकार दिए गए थे।
- महिलाओं की स्थिति सम्मानजनक थी फिर भी महान कैथोलिक बिशप ऑगस्टीन के विवरण से पता चलता है कि महिलाओं को पति के द्वारा क्रूरता का शिकार होना पड़ता था।

साक्षरता

- रोमन साम्राज्य में साक्षरता की दृष्टि से व्यापक विविधता थी। दैनिक जीवन में भी पर्याप्त भिन्नता थी।
- 79 ई. में **पोंपेई**[7] नगर में दैनिक जीवन के कार्यों से संबंधित साक्षरता व्यापक रूप से विद्यमान थी।
- पोंपेई की मुख्य गलियों की दीवारों पर अंकित विज्ञापन तथा पूरे शहर में **अभिरेखण**[8] (Graffiti) इस बात के उदाहरण हैं।
- वहीं मिस्र में विभिन्न स्थानों से उपलब्ध पैपाइरसों से वहाँ की साक्षरता दर का पता चलता है।
- संविदा-पत्र जैसे औपचारिक दस्तावेज पैपाइरसों पर लिखने का कार्य **लिपिक** (Scribes) वर्ग करता था।
- साक्षरता कुछ वर्ग के लोगों में अपेक्षाकृत अधिक थी; जैसे—सैनिकों, फौजी अफसरों और सम्पत्ति प्रबंधकों आदि।

सांस्कृतिक विविधता

- रोमन साम्राज्य की सांस्कृतिक विविधता कई स्तरों पर देखने को मिलती है; जैसे— धार्मिक संप्रदायों तथा स्थानीय देवी-देवताओं में विविधता, बोलचाल के लिए अनेक भाषा का प्रयोग, वेशभूषा की अनेक शैलियाँ, भोजन में विविधता, सामाजिक संगठनों में विविधता, बस्तियों में विविधता आदि।

भाषा

- रोमन साम्राज्य में भाषा की विविधता भी विद्यमान थी; जैसे—फरात के पश्चिम में अरामाइक, मिस्र में कॉप्टिक, उत्तरी अफ्रीका में प्यूनिक तथा बरबर और स्पेन में कैल्टिक भाषा का प्रयोग किया जाता था।
- इनमें से अधिकांश भाषाएँ मौखिक थीं और ये लिपि का आविष्कार होने तक मौखिक बनी रहीं।
- पाँचवीं सदी में आर्मिनियाई भाषा को लिपिबद्ध किया गया।
- तीसरी शताब्दी के मध्य तक बाईबिल का कॉप्टिक भाषा में अनुवाद हो चुका था।
- कई स्थानों पर लातिनी भाषा के प्रसार इने भाषाओं के लिखित रूप का स्थान ग्रहण किया, जो पहले से ही व्यापक प्रसार में थी। जैसे कल्टिक भाषा, जिसका प्रथम शताब्दी के बाद लिखा जाना बंद हो गया।

प्रारंभिक रोमन साम्राज्य में सामाजिक पदानुक्रम

प्रारंभिक रोमन साम्राज्य में सामाजिक पदानुक्रम को निम्न तीन भागों में वर्णित किया गया है

उच्च वर्ग

- रोमन साम्राज्य में साम्राज्य का समृद्ध वर्ग उच्च वर्ग के नाम से जाना जाता था। **सैनेटर** और **अश्वारोही**[9] वर्ग के प्रमुख सदस्य इसमें प्रमुख रूप से सम्मिलित थे।
- तीसरी शताब्दी के प्रारंभिक वर्षों में सैनेट की कुल सदस्य संख्या लगभग 1000 थी तथा कुल सैनेटरों में 50% इतालवी थे।
- सैनेटर और अश्वारोही साम्राज्य के परवर्ती काल में मिलकर अभिजात वर्ग (Aristocracy) का रूप धारण कर चुके थे।
- इनके कुछ परिवार अफ्रीकी अथवा पूर्वी मूल के थे।
- धन संपदा की दृष्टि से परवर्ती रोमन अभिजात वर्ग अत्यधिक धनवान था।

मध्यम वर्ग

- मध्यम वर्गों में **नौकरशाही** और **प्रशासनिक सेवा** से जुड़े आम लोग शामिल थे, लेकिन इसमें समृद्ध व्यापारी और किसान भी शामिल थे, जिनमें से अनेक लोग पूर्वी प्रांतों के निवासी थे।
- **टैसिटस** (Tacitus) ने इस सम्माननीय मध्यम वर्ग का सीनेट गृहों के आश्रितों के रूप में उल्लेख किया है।
- यह मध्यम वर्गीय परिवार मुख्य रूप से सरकारी सेवा और राज्य पर निर्भर थे।

निम्नतर वर्ग

- निम्नतर वर्ग के समूह को **ह्यूमिलिओरिस** कहा जाता था। इनमें ग्रामीण श्रमिक बल सम्मिलित था, जिनमें बहुत-से लोग स्थायी रूप से बड़ी संपदाओं में काम करते थे।

7 **पोंपेई** एक शराब व्यापारी का भोजन कक्ष था, जिसकी दीवारों पर मिथक पशु बनाए गए है

8 **अभिरेखण** दीवारों, सार्वजनिक स्थानों या सतहों पर लिखे गए लेख

9 **अश्वारोही** (Equites) यह परंपरागत रूप से दूसरा सबसे अधिक शक्तिशाली और धनवान समूह था। मूल रूप से वे ऐसे परिवार थे, जिनकी संपत्ति उन्हें घुड़सेना में भर्ती होने की औपचारिक योग्यता प्रदान करती थी, इसीलिए इन्हें 'इक्वाइट्स' कहा जाता था।

- उदाहरण के लिए, औद्योगिक और खनन प्रतिष्ठानों के कामगार प्रवासी अनाज तथा जैतून की फसल कटाई और निर्माण उद्योग के लिए अधिकांश श्रम की पूर्ति करते थे।
- स्वनियोजित कारीगरों को मजदूरी पाने वाले श्रमिकों से अच्छी सुविधाएँ मिलती थीं।

उच्च वर्ग की आय और भ्रष्टाचार

- रोमन साम्राज्य के परवर्ती काल में नौकरशाही के उच्च तथा मध्य वर्ग के लोगों के पास उचित धन-संपदा थी। उन्हें अपना वेतन सोने के रूप में मिलता था और वे अपनी आय का एक बड़ा हिस्सा जमीन खरीदने में लगा देते थे।
- उच्च अधिकारी तथा गवर्नर रिश्वत के लिए बदनाम थे। इस प्रकार के भ्रष्टाचार को रोकने के लिए सरकार ने बार-बार हस्तक्षेप किया।
- 5वीं शताब्दी के इतिहासकार ओलिंपिओडोरस ने कहा कि रोमन अभिजात वर्ग के पास वार्षिक आय 4000 पाउंड सोने के बराबर होती थी। इसमें वह उपज शामिल नहीं थी, जिसका उपभोग वे प्रत्यक्ष रूप से करते थे।

राज्य और नागरिक अधिकार

- इस संबंध में अनेक कानून भी बनाए गए। रोमन राज्य **तानाशाही**[10] (Dictatorship) पर आधारित था। सामान्यतः सरकार विरोध का जवाब सैनिक कार्यवाही के माध्यम से देती थी।
- चौथी शताब्दी तक धीरे-धीरे रोमन कानून की एक प्रबल परंपरा अस्तित्व में आ चुकी थी और उसने अत्यधिक शक्तिशाली सम्राटों पर भी प्रतिबंध लगाया।
- नागरिक के अधिकारों की रक्षा के लिए कानून का सक्रिय रूप से प्रयोग किया जाता था।
- चौथी शताब्दी के अंतिम दशकों में एम्ब्रोस जैसे शक्तिशाली बिशप भी सम्राट की जनविरोधी एवं दमनकारी नीतियों (Repressive Policy) का विरोध करने लगे।

चेक प्वॉइंट 2

1. रोमन साम्राज्य के प्रशासनिक कार्यों के लिए कौन-सी भाषाओं का प्रयोग किया जाता था?
2. साम्राज्य के किस क्षेत्र में कैल्टिक भाषा का प्रयोग किया जाता था?
3. आर्मिनियाई भाषा को कब लिपिबद्ध किया गया।
4. उस बिशप का नाम बताइए, जिसने शक्तिशाली सम्राटों का सामना किया?
5. किस इतिहासकार ने कहा था कि रोमन अभिजात वर्ग के पास 4000 पाउंड वार्षिक सोने की आय थी?

2.6 आरंभिक काल में रोमन साम्राज्य की अर्थव्यवस्था

- भूमध्य सागर के निकटवर्ती क्षेत्रों में पानी की शक्ति का प्रयोग विभिन्न प्रकार से किया जाता था। जलशक्ति के प्रयोग से प्रौद्योगिकी में व्यापक उन्नति हुई।
- यहाँ की मिलें जलशक्ति से ही संचालित होती थीं।
- स्पेन की सोने और चाँदी की खानों की खुदाई करने के लिए जलशक्ति का प्रयोग किया जाता था और भारी औद्योगिक पैमाने पर इन खानों से खनिज पदार्थ निकाले जाते थे।

आर्थिक अवसंरचना

- आधुनिक काल के समान वाणिज्यिक तथा बैंकिंग व्यवस्था विद्यमान थी।
- रोमन साम्राज्य आर्थिक रूप से काफी सुदृढ़ था। इसका मुख्य कारण साम्राज्य में खानों, **खदानों** (Mines), ईंट-भट्टों, जैतून के तेल की फैक्ट्रियों, बंदरगाहों का पर्याप्त संख्या में उपलब्ध होना था।
- रोमन साम्राज्य में व्यापारिक गतिविधियों के अनुसार गेहूँ, अंगूरी शराब, जैतून का तेल आदि का उपयोग अत्यधिक मात्रा में किया जाता था।
- स्पेन, गैलिक प्रांत, उत्तरी अफ्रीका, मिस्र और इटली जैसे स्थान इन वस्तुओं के मुख्य स्रोत थे, जहाँ इन फसलों के लिए सर्वोत्तम स्थितियाँ उपलब्ध थीं।

10 तानाशाही एक ऐसी शासन व्यवस्था है, जिसमें संपूर्ण शक्ति एक व्यक्ति या छोटे समूह के हाथों में केंद्रित होती हैं।

- शराब, जैतून का तेल आदि पदार्थों की ढुलाई (Transportation) **एम्फोरा** (Amphora) नामक कंटेनर में की जाती थी।
- इससे संबंधित अवशेष मोंटी टेस्टैकियो नामक स्थल पर मिले हैं, जिनसे पुरातत्त्वविदों (Archaeologists) को अनेक महत्त्वपूर्ण सूचनाएँ प्राप्त हुई हैं।
- विद्वानों का मत है कि रोमन साम्राज्य में उत्पादकता का स्तर उन्नीसवीं शताब्दी (लगभग 1700 वर्षों तक) से भी उच्च था।

जैतून के तेल की अर्थव्यवस्था

- स्पेन में जैतून का तेल निकालने का कार्य 140-160 ई. तक अपने चरम बिंदु पर था। **स्पेन जैतून के तेल का प्रमुख उत्पादक क्षेत्र** था। **ड्रेसल-20** नामक कंटेनर में तेल को लाया जाता था। इसका यह नाम हेनरिक ड्रेसल नामक पुरातत्त्वविद् के नाम पर पड़ा था।
- इन कंटेनरों के अवशेष भूमध्य सागरीय क्षेत्र में अनेक उत्खनन स्थलों से मिले हैं। इससे स्पष्ट होता है कि स्पेन के जैतून के तेल का व्यापक प्रसार था।
- तीसरी और चौथी शताब्दी में उत्तरी अफ्रीका के उत्पादकों ने प्रतिस्पर्द्धा के पश्चात् स्पेन का स्थान ले लिया, लेकिन 425 ई. के बाद पूर्वी अफ्रीका ने उत्तरी अफ्रीका के प्रभुत्व को कम कर दिया।
- पाँचवीं और छठी शताब्दी में एगियन, दक्षिण एशिया माइनर, सीरिया और फिलिस्तीनी व्यापारी अंगूरी शराब तथा जैतून तेल के प्रमुख निर्यातक बन गए, जबकि अफ्रीका का प्रभाव कम हो गया।
- इस प्रकार किसी प्रदेश की समृद्धि उसके माल की गुणवत्ता, परिवहन तथा उत्पादन आदि पर निर्भर होने लगी।

▲ फ्रांस के दक्षिणी तट पर जहाज की तबाही (पहली शताब्दी ईसा पूर्व)

उर्वरता और धन के क्षेत्र

- कैंपैनिया, सिसिली (इटली), फैयूम, गैलिली (मिस्र), बाइजैकियम (ट्यूनीशिया), दक्षिणी गॉल (इसे गैलिया नार्बोनेसिस भी कहते थे), बाएटिका (दक्षिणी स्पेन) ये सभी प्रदेश साम्राज्य की घनी आबादी वाले और सबसे धनी क्षेत्रों में शामिल थे।
- **कैंपैनिया से** उन्नत किस्म की अंगूरी शराब, सिसिली और **बाइजैकियम से गेहूँ** और **स्पेन का जैतून तेल** स्पेन के दक्षिण में गुआडलक्विविर नदी के किनारे बसी जमींदारियों से आता था।

रोमन साम्राज्य के अविकसित क्षेत्र

- रोमन साम्राज्य के कुछ क्षेत्र बहुत उत्पादक थे, वहीं दूसरी ओर कुछ ऐसे भी क्षेत्र थे, जो कम उन्नत थे। उदाहरण के लिए, 'नुमीडिया' के देहाती क्षेत्रों में **ऋतु-प्रवास**[11] (Transhumance) अधिक होता था।
- चरवाहे अपने साथ अवन (Oven) आकार की झोंपड़ियाँ, जिन्हें **मैपालिया** कहते थे, लेकर घूमते रहते थे, लेकिन जब उत्तरी अफ्रीका में रोमन जागीरों का विस्तार हुआ, तब वहाँ चरागाहों की संख्या में कमी आई और चरवाहों की आवाजाही पहले से ज्यादा नियंत्रित हो गई।
- एक अन्य क्षेत्र, जिसमें स्पेन का उत्तरी भाग शामिल था, पिछड़े क्षेत्रों में आता था। यहाँ अधिकतर कैल्टिक-भाषी किसानों की आबादी थी, जो पहाड़ों पर बसे ग्रामीण क्षेत्रों में रहती थी। इन गाँवों को **कैस्टेला** (Castella) कहा जाता था।

दासता और मजूदरी

- प्राचीन रोम में **दासता** (Slavery) का गहरा प्रभाव था। यह प्रभाव भूमध्य सागर और **निकटवर्ती पूर्व**[12] (पश्चिमी एशिया) दोनों ही क्षेत्रों में पूर्ण रूप से देखा जा सकता था।
- ईसाई धर्म ने चौथी शताब्दी में **राज्य धर्म** (State Religion) बनने के बाद भी इस गुलामी प्रथा को कोई चुनौती नहीं दी।
- ऑगस्टस के शासनकाल में इटली की कुल 75 लाख की आबादी में 30 लाख दास थे।
- उन दिनों दासों को पूँजी निवेश की दृष्टि से देखा जाता था। उच्च वर्ग के लोग दासों के प्रति प्रायः क्रूरतापूर्ण व्यवहार करते थे, वहीं साधारण लोग उनके प्रति अधिक सहानुभूति रखते थे।

---

11 ऋतु-प्रवास (Transhumance) ऐसे क्षेत्र, जहाँ ग्वाले चरागाहों के लिए भेड़-बकरियों तथा अन्य जानवरों को चराने के लिए ऊँचे पहाड़ी क्षेत्रों तथा नीचे के मैदानी इलाकों में घूमते रहते थे। मौसम के अनुसार होने वाला यह वार्षिक आवागमन 'ऋतु-प्रवास' कहलाता है।

12 निकटवर्ती पूर्व (The Near East) रोमन साम्राज्य के भूमध्यसागरीय क्षेत्र में रहने वाले लोगों की दृष्टि से निकटवर्ती पूर्व का अर्थ था– भूमध्यसागर के बिल्कुल पूर्व का क्षेत्र, मुख्य रूप से सीरिया, फिलिस्तीन और मेसोपोटामिया के प्रांत, जो रोमन साम्राज्य के हिस्से थे; जैसे–अरब।

दासता में गिरावट

- रोमन साम्राज्य में प्रथम शताब्दी ईसवी में दासों की आपूर्ति में गिरावट आने लगी और दास श्रम का प्रयोग करने वालों को **दास प्रजनन**[13] (Slave Breeding) अथवा वेतनभोगी मजदूरों का सहारा लेना पड़ा।
- दास श्रम वेतनभोगी मजदूरों की अपेक्षा अधिक महँगा था। गुलाम श्रमिकों को किराये के मजदूरों के विपरीत वर्षभर रखने के लिए न केवल भोजन देना पड़ता था, बल्कि अन्य खर्चे भी उठाने पड़ते थे, जिससे उन्हें रखने की लागत में वृद्धि होने लगी। संभवत: यही कारण था कि बाद में पूर्वी प्रदेशों में कृषि कार्य में दास-मजदूरों की संख्या कम होने लगी।

श्रम का प्रबंधन

- रोमन कृषि-विषयक लेखकों ने श्रम प्रबंधन की ओर अधिक ध्यान केंद्रित किया।
- दक्षिणी स्पेन से आए लेखक **कोलूमेल्ला** (Columella) ने इस बात पर बल दिया कि जमींदारों को अपनी जरूरत से दोगुनी संख्या में उपकरणों तथा औजारों का सुरक्षित भंडार रखना चाहिए, जिससे उत्पादन में किसी प्रकार की बाधा न आए। कोलूमेल्ला के अनुसार, दस-दस श्रमिकों का समूह बनाया जाना चाहिए, जिससे उन्हें यह आसानी से बताया जा सके कि कौन क्या कार्य करेगा।
- प्रसिद्ध प्रकृति विज्ञान के लेखक **प्लिनी** (Pliny) ने दास-समूहों के प्रयोग की कटु आलोचना की थी और इसे उत्पादन आयोजित करने का सबसे खराब तरीका बताया था, क्योंकि इस प्रकार अलग-अलग समूह में काम करने वाले दासों को सामान्यत: पैरों में जंजीर डालकर एकसाथ रखा जाता था।

श्रम की शर्तें

- रोमन साम्राज्य में कुछ औद्योगिक प्रतिष्ठानों ने तो इससे भी अधिक कड़े नियंत्रण लागू किए हुए थे।
- प्लिनी के विवरण से पता चलता है कि सिकंदरिया की **फ्रैंकिन्सेंस**[14] (Frankincence) अर्थात् सुगंधित राल (Resin) की फैक्ट्रियों में काम करने वालों पर कठोर नियंत्रण रखा जाता था।
- उनके अनुसार, कामगारों के ऐप्रेनों पर एक सील लगा दी जाती थी तथा उन्हें अपने सिर पर एक गहरी जाली वाला मास्क या नेट पहनना पड़ता था।
- उन्हें फैक्ट्री से बाहर जाने के लिए अपने सभी कपड़े उतारने पड़ते थे।
- उस समय कृषि मजदूरों से इतना काम लिया जाता था कि वे खेती के काम को नापसंद करने लगे थे।
- 398 ई. के एक कानून से पता चलता है कि कामगारों को इसलिए दागा अर्थात् उन पर कोई विशेष प्रकार का चिह्न बनाया जाता था, जिससे उनके भागने या छिपने पर उन्हें पहचाना जा सके।
- कामगारों पर कड़ा नियंत्रण करने के लिए कामगारों के साथ ऋण संविदा के रूप में करार अर्थात् समझौता (Agreement) कर लेने का भी प्रचलन था।
- बहुत-से गरीब परिवारों ने जीवित रहने के लिए ऋणबद्धता (Debt Bondage) को स्वीकार कर लिया था।
- ऑगस्टीन के एक पत्र द्वारा यह जानकारी मिलती है कि माता-पिता द्वारा कभी-कभी बच्चों को 25 वर्ष के लिए बँधुआ मजदूरों के रूप में बेच दिया जाता था।
- ग्रामीण ऋणग्रस्तता की समस्या व्यापक थी। 66 ई. के यहूदी विद्रोह में क्रांतिकारियों ने साहूकारों के ऋण-पत्र को नष्ट करके जनसामान्य का समर्थन प्राप्त करने का प्रयत्न किया था, लेकिन इससे हमें इस निष्कर्ष पर नहीं पहुँचना चाहिए कि रोम के सभी भागों में अधिकतर श्रमिकों पर इस तरह से दबाव डाला जाता था।
- पाँचवीं शताब्दी के अंतिम वर्षों में सम्राट ऐनस्टैसियस ने अधिक मजदूरी देकर पूर्वी क्षेत्र के श्रमिकों को आकर्षित किया और तीन महीने से भी कम समय में दारा शहर (पूर्वी सीमांत क्षेत्र) का निर्माण करवाया।
- समकालीन कुछ दस्तावेजों से यह भी जानकारी मिलती है कि छठी शताब्दी तक भूमध्य सागरीय क्षेत्र में विशेषकर पूर्वी भाग में वेतनभोगी श्रमिकों की संख्या में पर्याप्त वृद्धि हो गई थी।

चेक प्वॉइंट 3

1. साम्राज्य के अविकसित क्षेत्रों में चरवाहे अपने साथ अवन प्रकार की झोपड़ियाँ लेकर घूमते थे, इन्हें किस नाम से जाना जाता था?
2. प्राचीन रोम में दासता का सर्वाधिक प्रभाव कहाँ देखने को मिला था?
3. ड्रेसेल-20 क्या है?
4. किस सम्राट ने पूर्वी सीमांत शहर 'दारा' का निर्माण कराया था?
5. शराब और जैतून के तेल लेकर जाने वाले कंटेनरों को क्या कहा जाता था?

---

13 दास प्रजनन (Slave Breeding) दास प्रजनन गुलामों की संख्या बढ़ाने की एक ऐसी प्रथा थी, जिसके अंतर्गत दासियों और उनके साथ मर्दों को अधिकाधिक बच्चे पैदा करने के लिए प्रोत्साहित किया जाता था, उनके बच्चे भी आगे चलकर दास ही बनते थे।

14 फ्रैंकिन्सेंस (Frankincence) यह एक यूरोपीय नाम है, जो वास्तव में सुगंधित राल है। इसका प्रयोग धूप-अगरबत्ती और इत्र बनाने के लिए किया जाता था।

2.7 परवर्ती रोमन साम्राज्य (परवर्ती पुराकाल)

▲ सम्राट कॉन्स्टैनटाइन, 313 ई. की एक विशाल मूर्ति का हिस्सा

- परवर्ती पुराकाल (Late Antiquity) शब्द का प्रयोग रोमन साम्राज्य के उद्भव, विकास और पतन के इतिहास की उस अवधि का वर्णन करने के लिए किया जाता है, जो चौथी से सातवीं शताब्दी तक फैली हुई थी।
- लोगों के धार्मिक जीवन में इस अवधि के दौरान अनेक महत्त्वपूर्ण परिवर्तन हुए, जिनमें पहला महत्त्वपूर्ण परिवर्तन सम्राट कॉन्स्टैनटाइन द्वारा ईसाई धर्म को राज्यधर्म घोषित करने का निर्णय तथा दूसरा सातवीं शताब्दी में इस्लाम का उदय था।

राज्य के ढाँचे एवं अर्थव्यवस्था में परिवर्तन

डायोक्लीशियन के समय में

- 284 ई. में डायोक्लीशियन ने सत्ता सँभालने के पश्चात् देखा कि उसके विस्तृत साम्राज्य में सम्मिलित अनेक प्रदेशों का सामरिक (Strategic) या आर्थिक दृष्टि से कोई महत्त्व नहीं है। इसलिए उसने ऐसे प्रदेशों से अपना आधिपत्य समाप्त कर दिया।
- उसने प्रशासन को सुव्यवस्थित रूप देने के लिए सीमाओं पर किलों का निर्माण कराया, सेनापतियों (Duces) को स्वायत्तता प्रदान की, जिससे सैन्य अधिकारी अधिक शक्तिशाली हो गए।
- इसके साथ ही उसने असैनिक कार्यों को सैनिक कार्यों से अलग कर दिया।

कॉन्स्टैनटाइन के समय में

- कॉन्स्टैनटाइन डायोक्लीशियन के बाद सम्राट बना। इसने डायोक्लीशियन द्वारा किए गए परिवर्तनों को सुदृढ़ बनाया और उसमें कुछ नए परिवर्तन भी किए।
- प्रथम तीन शताब्दियों से प्रचलन में रही चाँदी आधारित मौद्रिक प्रणाली (Monetary System) परवर्ती साम्राज्य में समाप्त हो गई, क्योंकि स्पेन की खानों से चाँदी मिलनी बंद हो गई थी और सरकार के पास चाँदी की मुद्रा के प्रचलन के लिए पर्याप्त चाँदी भी नहीं थी।
- नई मौद्रिक प्रणाली (सोने पर आधारित) की स्थापना **कॉन्स्टैनटाइन** ने की।
- 4.5 ग्राम शुद्ध सोने से बना हुआ सिक्का भी उसने प्रचलित किया, जिसे **सॉलिडस** के नाम से जाना जाता था।
- रोम साम्राज्य के समाप्त होने के बाद भी यह सिक्का प्रचलन में रहा। ये सिक्के व्यापक स्तर पर ढाले जाते थे, क्योंकि साम्राज्य में इनका व्यापक चलन था।
- कॉन्स्टैनटाइन का एक उल्लेखनीय कार्य कुंस्तुनतुनिया के निर्माण (जहाँ तुर्की का वर्तमान इस्तांबुल नगर बसा हुआ है, पहले इसे बाइजेंटाइन कहा जाता था) के लिए जाना जाता है।
- नई राजधानी तीनों ओर से समुद्र से घिरी हुई थी। नई राजधानी के लिए नई सैनेट की आवश्यकता थी, परिणामस्वरूप चौथी शताब्दी में शासक वर्गों का बड़ी तेजी से विस्तार हुआ।
- बढ़ती हुई जनसंख्या तथा मौद्रिक स्थिरता ने आर्थिक विकास को गति प्रदान की, जिससे साम्राज्य की संपन्नता में वृद्धि होने लगी।
- **पुरातत्त्वीय अभिलेखों** (Archaeological Records) द्वारा यह जानकारी प्राप्त होती है कि आर्थिक क्षेत्र में उत्पादन के लिए नए-नए तरीके प्रयोग में लाए गए। इनमें शीशे के कारखाने, पेंच की प्रेसें, तेल की मिलें और तरह-तरह की पानी की मिलें जैसी प्रौद्योगिकियाँ महत्त्वपूर्ण हैं। पूर्व के देशों के साथ लंबी दूरी के व्यापार में धन का भारी मात्रा में निवेश किया गया, जिससे व्यापार में वृद्धि हुई।

परिवर्तनों के परिणाम

- इस काल में शहरी संपदा व समृद्धि में तेजी से वृद्धि हुई, जिससे भोग-विलास के साधन बढ़े और **स्थापत्य कला**[15] (Architecture) के नए रूप सामने आए।
- शासन करने वाले कुलीन वर्गों का शासन में प्रभाव था और वह पहले से कहीं अधिक धन-संपन्न और शक्तिशाली हो गए।
- धन-दौलत का बड़े पैमाने पर प्रयोग होता था तथा ग्रामीण संपदाएँ अत्यधिक मात्रा में सोने के रूप में लाभ कमाती थीं; जैसे—छठी शताब्दी के समय जस्टीनियन के शासनकाल में मिस्र प्रतिवर्ष 25 लाख सॉलिडस (लगभग 35,000 पाउंड सोना) से अधिक धनराशि करों के रूप में देता था।
- बीसवीं शताब्दी की तुलना में उस समय के पश्चिमी एशिया के बड़े-बड़े ग्रामीण क्षेत्र अधिक विकसित और घने बसे हुए थे।

15 स्थापनकला (Arehitecture) किसी भी संरचना के निमार्ण और उसे सजाने की कला और विज्ञान

सांस्कृतिक विकास

- पारंपरिक दृष्टि से यूनानियों और रोमवासियों की धार्मिक संस्कृति **बहुदेववादी** (Polytheism) थी।
- जनता अनेक पंथों तथा उपासना पद्धतियों में विश्वास करती थी; जैसे—जूपिटर, जूनो, मिनर्वा तथा मॉर्स जैसे अनेक रोमन, इतालवी देवों तथा यूनानी और पूर्वी देवी-देवताओं की उपासना की जाती थी।
- साम्राज्य में हजारों मंदिर, मठ तथा देवालय बनाए गए थे।
- **यहूदी धर्म** (Judaism) रोम साम्राज्य का एक अन्य बड़ा धर्म था। यहूदी धर्म **एकाश्म**[16] (Monolith) था।
- परवर्ती पुराकाल के यहूदी धर्म में अनेक विविधताएँ विद्यमान थीं।
- चौथी अथवा पाँचवीं शताब्दी में साम्राज्य का **ईसाईकरण**[17] एक क्रमिक एवं जटिल प्रक्रिया के रूप में हुआ।
- ईसाई धर्म-प्रचारक पश्चिमी प्रांतों में प्रचलित बहुदेववादी मत-मतांतरों तथा धार्मिक रीति-रिवाजों का लगातार विरोध करते रहे, परंतु इसके पश्चात् भी बहुदेववाद आसानी से समाप्त नहीं हुआ।
- भिन्न-भिन्न धार्मिक समुदायों के बीच की सीमाएँ चौथी शताब्दी में इतनी कठोर एवं गहरी नहीं थीं जितनी कि आगे चलकर हो गईं। ऐसा बिशपों के प्रयास के कारण संभव हुआ।
- बिशपों ने धार्मिक विश्वासों तथा रीति-रिवाजों का पालन करने का पाठ अपने अनुयायियों को कठोरता से पढ़ाया।

साम्राज्य का विभाजन : पूर्व और पश्चिम

पूर्वी साम्राज्य

- साम्राज्य के पूर्वी भागों में जनता में अधिक **खुशहाली** (Prosperity) थी। हालाँकि प्लेग की महामारी के कारण 540 के दशक में संपूर्ण भूमध्य सागरीय प्रदेश प्रभावित हो गया था।
- पूर्वी भाग, जहाँ साम्राज्य संयुक्त बना रहा, में जस्टीनियन का शासनकाल समृद्धि और शाही महत्त्वाकांक्षा के उच्च स्तर का द्योतक था।
- 533 ई. में जस्टीनियन ने अफ्रीका को वैंडलों (Vandals) के अधिकार से मुक्त कराया।
- उसने इटली को ऑस्ट्रोगोथों से जीतकर साम्राज्य को एक बार फिर वापस लाने और एकीकृत करने का प्रयास किया, किंतु यह प्रयास अस्थायी सिद्ध हुआ और इसमें अधिक सफलता नहीं मिली।
- सातवीं शताब्दी के प्रारंभिक दशकों में रोम और ईरान के मध्य लड़ाई शुरू हो गई।
- ससानी शासक तीसरी सदी से ईरान पर शासन कर रहे थे। इन्होंने मिस्र सहित सभी पूर्वी प्रांतों पर हमला कर दिया, लेकिन बाइजेंटियम (अब रोमन साम्राज्य को इसी नाम से जाना गया) द्वारा 620 के दशक में इन प्रांतों पर दोबारा कब्जा कर लिया गया।
- प्राचीन विश्व इतिहास की सर्वाधिक महत्त्वपूर्ण घटना अरब प्रदेश में इस्लाम का विस्तार रही है।

पश्चिमी साम्राज्य

- पश्चिम में साम्राज्य राजनीतिक दृष्टि से विखंडित हो गया। उत्तर से आने वाले जर्मनिक समूहों; जैसे—गोथ, वैंडल तथा लोंबार्ड आदि ने सभी बड़े प्रांतों पर कब्जा करके **रोमोत्तर राज्य** (Post Roman Empire) स्थापित कर लिया था।
- इनमें से प्रमुख राज्य स्पेन में विसिगोथों का राज्य (इसे अरबों ने 711 से 720 ई. के बीच नष्ट कर दिया), गॉल में फ्रैंकों का राज्य (लगभग 511-687 ई.) और इटली में लोंबार्डों का राज्य (568-774 ई.) था। ये राज्य **मध्ययुगीन** (Medieval) दुनिया के संकेत थे।

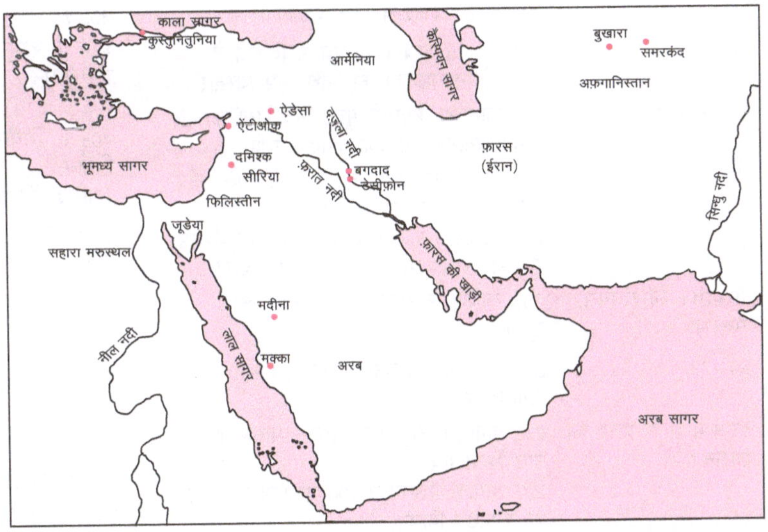

▲ पश्चिम एशिया

---

16 **एकाश्म** (Monolith) यह एक बड़ी चट्टान का टुकड़ा होता है, परंतु इसका प्रयोग यहाँ पर मानव इकाइयों के लिए किया गया है। जब हम कहते हैं कि समाज अथवा संस्कृति एकाश्म है, तो उसका अर्थ है कि उसमें विविधता की कमी है और उसमें आंतरिक एकरूपता है।

17 **ईसाईकरण** (Christianisation) वह प्रक्रिया, जिसके द्वारा ईसाई धर्म भिन्न-भिन्न जनसमूहों के बीच फैलाया गया और वहाँ का प्रमुख धर्म बना दिया गया, ईसाईकरण कहलाता है।

इस्लाम की उदय

- अरब प्रदेश से शुरू होने वाले इस्लाम के विस्तार को **प्राचीन विश्व इतिहास की सबसे बड़ी राजनीतिक क्रांति** कहा जाता है।
- 642 ई. तक (पैगंबर मुहम्मद की मृत्यु के लगभग दस वर्ष बाद) पूर्वी रोमन और ससानी दोनों राज्यों के बड़े-बड़े भाग भीषण युद्ध के बाद अरबों के कब्जे में आ गए।
- अरब प्रायद्वीप और वहाँ रहने वाली अनेक जनजातियों के एकीकरण के कारण ही इस्लाम धर्म का क्षेत्रीय विस्तार हुआ।

चेक प्वॉइंट 4

1. रोमन साम्राज्य में नई मौद्रिक प्रणाली की स्थापना किसने की थी?
2. प्लेग की महामारी के कारण 540 के दशक में कौन-सा क्षेत्र सबसे अधिक प्रभावित हुआ था?
3. जस्टिनियन के शासनकाल में मिस्र प्रतिवर्ष कितना कर देता था?
4. किन्हीं दो रोमन/इतालवी देवी-देवताओं के नाम बताए।
5. इस्लाम धर्म के क्षेत्रीय विस्तार का क्या कारण था?

टाइमलाइन

शासक	घटनाएँ
27 ई. पू.–14 ई.	27 ई. पू. ऑक्टेवियन द्वारा स्थापित 'प्रिंसिपेट', वह अब अपने आपको ऑगस्टस कहने लगा था।
ऑगस्टस, प्रथम रोम सम्राट	लगभग 24-79 वरिष्ठ प्लिनी का जीवन; विसूवियस नामक ज्वालामुखी के फटने से उसकी मृत्यु; विसूवियस ने रोमन नगर पोंपेई को भी अपने लावे में दफन कर लिया था।
14-37 टिबेरियस	66-70 विशाल यहूदी विद्रोह और रोमन सेनाओं का जेरूसलम पर कब्जा।
98-117	लगभग 115 त्राजान की पूर्व में विजयों के बाद, रोमन साम्राज्य का अधिकतम विस्तार
त्राजान 117-38	212 साम्राज्य के सभी मुक्त निवासियों को रोमन नागरिक का दर्जा दे दिया गया।
हैड्रियन	224 ईरान में नया वंश स्थापित, जिसे उनके पूर्वज ससान के नाम पर ससानी कहा गया 250 का दशक फारसवासियों ने फरात के पश्चिम में स्थित रोमन प्रदेशों पर आक्रमण किया।
193-211 सेप्टिमियस सेवेरस	258 कार्थेज के साइप्रसवासी बिशप को मृत्युदंड
241-72	260 का दशक गैलीनस ने फिर से सेना संगठित की।
ईरान में शापुर प्रथम का शासन	273 पामाएरा का कारवाँ नगर रोमवासियों द्वारा नष्ट किया गया 297 डायोक्लीशियन ने 100 प्रांतों में साम्राज्य का पुनर्गठन किया।
253-68 गैलीनस	लगभग 310 कॉन्स्टैनटाइन ने सोने का नया सिक्का (सॉलिडस) चलाया 312 कॉन्स्टैनटाइन ने ईसाई धर्म स्वीकार कर लिया।

शासक	घटनाएँ
284-305 टेट्रार्की (चतुस्तंत्र) डायोक्लीशियन मुख्य शासक	324 कॉन्स्टैनटाइन अब साम्राज्य का एकमात्र शासक बन गया। उसने कुंस्तुनतुनिया नगर की स्थापना की 354-430 हिप्पो के बिशप ऑगस्टीन का जीवनकाल 378 गोथ लोगों ने एड्रियोनोपोल में रोमन सेनाओं को करारी मात दी।
312-37 कॉन्स्टैनटाइन 309-79 ईरान में शापुर द्वितीय का शासन	391 सिकंदरिया में सेरपियम (सेरापिस के मंदिर) नष्ट किए गए 410 विसिगोथों ने रोम का विध्वंस कर दिया 428 वैंडल लोगों ने अफ्रीका के प्रदेश पर कब्जा कर लिया।
408-50 थियोडोसियस द्वितीय (प्रसिद्ध 'थियोडोसियस कोड' का संकलनकर्ता)	434-53 अट्टिला नामक हूण का साम्राज्य 493 ऑस्ट्रोगोथों ने इटली में राज्य स्थापित किया 533-50 जस्टीनियन द्वारा अफ्रीका और इटली को मुक्त करा लेना 541-70 ब्यूबोनिक प्लेग का प्रकोप 568 लौंबार्ड लोगों ने इटली पर आक्रमण किया।
490-518 अनैस्टैसियस	लगभग 570 पैगंबर मुहम्मद का जन्म 614-19 फारस के शासक खुसरो द्वितीय ने पूर्वी रोम प्रदेशों पर आक्रमण करके उन पर कब्जा कर लिया।
527-65 जस्टीनियन 531-79 ईरान में खुसरो प्रथम का शासन	622 पैगंबर मुहम्मद और उनके साथी मक्का छोड़कर मदीना चले गए 633-42 अरब विजयों का पहला और महत्त्वपूर्ण चरण; मुस्लिम सेनाओं ने सीरिया, फिलिस्तीन, मिस्र, इराक और ईरान के कुछ हिस्सों पर कब्जा कर लिया।
610-41 हेराक्लियस	661-750 सीरिया में उमय्या वंश 698 अरबों ने कार्थेज को जीत लिया 711 स्पेन पर अरबों का आक्रमण।

Mind Map

तीन महाद्वीप में फैला हुआ साम्राज्य

1 प्रारंभिक रोमन साम्राज्य

साम्राज्य का आरंभिक काल

- ऑगस्टस रोमन साम्राज्य का पहला सम्राट था, जिसे 'प्रिंसिपेट' के नाम से भी जाना जाता था।
- रोमन साम्राज्य की सीमाएँ स्कॉटलैंड से आर्मेनिया और सहारा से फरात या कभी-कभी उससे आगे तक फैली थीं।
- प्रशासन में लैटिन और ग्रीक भाषाओं का उपयोग किया जाता था।

सीनेट और सेना

- सीनेट एक गणराज्यीय संस्था थी, जो 'ऑगस्टस' के शासन से पहले अस्तित्व में थी।
- रोमनों के पास एक बड़ी स्थायी सेना थी, जहाँ सैनिकों के लिए 25 वर्ष की सेवा अनिवार्य थी।

2 तीसरी-शताब्दी का संकट

नए साम्राज्य का उदय

- ससानी वंश लगभग 225 ई. में ईरान में उभरा।
- शापुर प्रथम (ईरानी शासक) ने रोमनों को हराया और एंटिऑक पर कब्जा कर लिया।

3 प्रारंभिक रोमन समाज

परिवार और विवाह

- परिवार की संरचना एकल थी और समाज पितृ सत्तात्मक था।
- महिलाओं को अपने जन्म से परिवार में कानूनी अधिकार प्राप्त थे।
- दहेज प्रथा प्रचलित थी।
- विवाह का विघटन तलाक के माध्यम से किया जाता था।

भाषा और लिपि में विकास

- साम्राज्य के विभिन्न भागों में अरामाईक, कॉप्टिक और केल्टिक भाषाएँ बोली जाती थीं।
- आर्मेनियाई भाषा को 5वीं शताब्दी में लिखना शुरू किया गया।
- लैटिन भाषा ने अन्य लिखित भाषाओं की जगह ले ली।
- केल्टिक भाषा को प्रथम शताब्दी के बाद लिखना बन्द कर दिया गया।
- बाइबिल का अनुवाद 3वीं शताब्दी के मध्य में कॉप्टिक भाषा में किया गया।

4 प्रारंभिक रोमन साम्राज्य की अर्थव्यवस्था

- रोमन क्षेत्र में विस्तार के कारण पशुपालन समुदायों ने चरागाह भूमि पर अपना नियन्त्रण खो दिया।
- गेहूँ, शराब और जैतून के तेल आदि का विभिन्न क्षेत्रों के बीच व्यापार किया जाता था।
- नए क्षेत्रों के विकास से व्यापारिक एकाधिकार वाले क्षेत्रों में चुनौती उत्पन्न हुई।
- तरल पदार्थों के परिवहन के लिए 'एम्फोरा' और 'ड्रेसल-20' जैसे कंटेनरों का उपयोग किया जाता था।

5 श्रमिकों पर नियंत्रण

मजदूरी श्रम का उभार

- उच्च मजदूरी ने बड़ी परियोजनाओं के लिए श्रमिकों को आकर्षित किया।
- मजदूरी श्रम 6वीं शताब्दी तक विशेष रूप से पूर्व में अधिक प्रचलित हो गया।

दासता और श्रम परिवर्तन

- जो दास अपने मालिक द्वारा स्वतंत्र किए गए थे, उन्हें व्यापारों के विस्तार के लिए 'व्यवसाय प्रबंधक' के रूप में नियुक्त किया गया।
- स्वतंत्र श्रमिकों और दासों दोनों की निगरानी की जाती थी ताकि व्यापारों का विकास हो सके।

6 सामाजिक श्रेणियाँ

- पहली शताब्दी से चाँदी की मुद्रा को सोने की मुद्रा से परिवर्तित कर दिया गया।
- रोमन साम्राज्य में सामाजिक वर्गों में सैनेटर, एक्विट्स, मध्यम वर्ग, निम्न वर्ग और दास शामिल थें।
- मध्यम वर्ग में अधिकारी, व्यापारी और किसान शामिल थे।
- निम्न वर्ग में श्रमिक, कारीगर और दास शामिल थे।
- रोमन कानून ने नागरिक अधिकारों की रक्षा की और सम्राटों की शक्तियों को सीमित किया।

7 उत्तरकालीन रोमन साम्राज्य (प्राचीन उत्तरकाल)

राज्य की संरचना और अर्थव्यवस्था में परिवर्तन

- ईरान में ईसाई धर्म 4वीं शताब्दी में और इस्लाम 7वीं शताब्दी में आधिकारिक धर्म बना थां
- इस्लामी शासकों ने 7वीं शताब्दी के मध्य में रोमन साम्राज्य के बड़े हिस्से पर कब्जा कर लिया।
- ईरान के राजा शापुर द्वितीय ने नया स्वर्ण सिक्का 'सॉलिडस' जारी किया।

सांस्कृतिक विकास

- यूनान और रोमवासियों की धार्मिक परंपराएँ बहुदेववादी (बहु-ईश्वरीय) थीं।
- प्राचीन उत्तरकाल में यहूदी समुदायों के मध्य अधिक विविधताएँ थीं।
- 4वीं और 5वीं शताब्दी में साम्राज्य का ईसाईकरण एक धीमी और जटिल प्रक्रिया थी।

NCERT फोल्डर

अध्याय के मध्य में दिए गए प्रश्न

1. ऐसी पाँच घटनाएँ, प्रकियाएँ बताइए, जिनमें लोगों का विभिन्न क्षेत्रों/महाद्वीपों के आर-पार आवागमन रहा/ इन घटनाओं/ प्रक्रियाओं का अपने समय में क्या महत्त्व था?

उत्तर ऐसी कई घटनाएँ और प्रक्रियाएँ हुईं, जिनमें लोगों का विभिन्न क्षेत्रों और महाद्वीपों के बीच आवागमन हुआ। इन घटनाओं ने न केवल व्यापार, संस्कृति और धर्म के आदान-प्रदान को प्रभावित किया, बल्कि समग्र रूप से वैश्विक इतिहास में महत्त्वपूर्ण परिवर्तन भी किए।

यहाँ पाँच प्रमुख घटनाएँ/प्रक्रियाएँ दी जा रही हैं, जो निम्न हैं

(i) **सिल्क रोड का मार्ग और व्यापार**

घटना सिल्क रोड प्राचीन व्यापार मार्गों का एक समूह था, जो एशिया यूरोप और अफ्रीका को जोड़ता था। इस मार्ग पर वस्त्र, मसाले, रत्न और अन्य वस्त्रों का व्यापार हुआ। चीन से यूरोप तक रेशमी कपड़े, मांस, चाय और अन्य वस्तुओं का आदान-प्रदान हुआ।

महत्त्व सिल्क रोड ने विभिन्न संस्कृतियों, भाषाओं और धर्मों का आदान-प्रदान संभव बनाया। इससे व्यापार और सांस्कृतिक संपर्क के साथ-साथ बौद्ध और इस्लाम आदि धर्मों का विस्तार भी हुआ। यह मानवता के इतिहास में एक महत्त्वपूर्ण कड़ी थी, जिसने दुनिया को एकजुट करने का कार्य किया।

(ii) **कोलंबस का अमेरिका आगमन** (1492)

घटना क्रिस्टोफर कोलंबस के द्वारा 1492 ई. में अमेरिका की खोज ने यूरोपीय औपनिवेशीकरण और दुनियाभर के संपर्क को एक नया मोड़ दिया। कोलंबस ने स्पेन की ओर से पश्चिमी गोलार्द्ध में यात्रा की, जिससे यूरोप और अमेरिका के बीच निरंतर संपर्क शुरू हुआ।

महत्त्व कोलंबस का अमेरिका आगमन औपनिवेशीकरण, व्यापार और संस्कृति के आदान-प्रदान की शुरुआत का कारण बना। परिणामस्वरूप स्वर्ण, चाँदी, कृषि उत्पादों का व्यापार हुआ और यूरोप, अफ्रीका और अमेरिका के बीच एक नया वैश्विक नेटवर्क बना, जिसे 'ट्रांसअटलांटिक' व्यापार कहा गया।

(iii) **मुगल साम्राज्य का विकास और भारत में व्यापार**

घटना मुगल साम्राज्य ने भारत में व्यापार, कला और संस्कृति के आदान-प्रदान में महत्त्वूपूर्ण भूमिका निभाई, मुगलों ने भारत में फारसी संस्कृति, कला और प्रशासनिक प्रणाली को विस्तृत किया, जबकि भारत के साथ व्यापारिक संबंधों ने यूरोपीय शक्तियों को आकर्षित किया।

महत्त्व मुगल साम्राज्य ने भारत को एक वैश्विक व्यापार केन्द्र बना दिया, जहाँ यूरोपीय, अफ्रीका और एशियाई व्यापारियों का आना-जाना था। इससे भारतीय वस्त्र, मसाले और अन्य उत्पाद यूरोप में निर्यात होने लगे। साथ ही वह वैश्विक संपर्कों का एक बड़ा केंद्र बन गया।

(iv) **अरब व्यापार और इस्लामी साम्राज्य का विस्तार**

घटना 7वीं से 13वीं शताब्दी तक अरब व्यापारी और मुसलमान सैनिक विभिन्न क्षेत्रों में यात्रा करते रहें। उन्होंने अफ्रीका, यूरोप और एशिया के बीच व्यापारिक और सांस्कृतिक संपर्क बढ़ाया। अरब व्यापारियों ने अफ्रीका, भारत और चीन से मसाले, रत्न तथा वस्त्रों का व्यापार किया।

महत्त्व इस्लामी साम्राज्य के फैलाव ने अरबों को विभिन्न देशों के बीच एक मध्यस्थ के रूप में स्थापित किया। इसने व्यापार विज्ञान, गणित और चिकित्सा में महत्त्वपूर्ण योगदान दिया साथ ही इस्लाम के धर्म और संस्कृति को भी कई देशों मे विस्तृत किया।

(v) **अफ्रीकी दास व्यापार**

घटना 16वीं से 19वीं शताब्दी तक अफ्रीकी दास व्यापार ने अफ्रीका से लाखों अफ्रीकी लोगों को अमेरिका और यूरोप में भेजने का कार्य किया। यह व्यापार मुख्य रूप से यूरोपीय औपनिवेशीकरण के अंतर्गत हुआ, जिसमें अफ्रीकी दासों को कृषि कार्यों और खनन उद्योगों के काम के लिए भेजा गया।

महत्त्व अफ्रीकी दास व्यापार ने अफ्रीका, यूरोप और अमेरिका के बीच एक क्रूर संपर्क स्थापित किया। परिणामस्वरूप अफ्रीका में जनसंख्या और समाज पर गंभीर प्रभाव पड़ा, जबकि अमेरिका और यूरोप में सस्ते श्रमिकों की आपूर्ति हुई। इसने वैश्विक व्यापार नेटवर्क को एक नया रूप दिया और यह मानवाधिकारों तथा यह गुलामी के विरूद्ध संघर्ष का कारण बना।

निष्कर्ष इन घटनाओं ने दुनिया के विभिन्न हिस्सों को जोड़ने में महत्त्वपूर्ण भूमिका निभाई। इन घटनाओं ने न केवल व्यापार और समृद्धि को बढ़ाया, बल्कि संस्कृति, धर्म और विचारों का आदान-प्रदान भी किया, जो वैश्विक इतिहास में महत्त्वपूर्ण बदलावों का कारण बने।

2. रोमन साम्राज्य के राजनीतिक इतिहास में कौन तीन मुख्य 'खिलाड़ी' थे? प्रत्येक के बारे में एक पंक्ति लिखिए। रोमन सम्राट इतने बड़े साम्राज्य पर शासन कैसे कर लेता था तथा इसके लिए किसका सहयोग महत्त्वपूर्ण था?

उत्तर रोमन साम्राज्य के राजनीतिक इतिहास में तीन मुख्य खिलाड़ी निम्नलिखित थे

(i) **ऑक्टेवियन** (ऑगस्टस) ऑक्टेवियन, जिन्होंने बाद में 'ऑगस्टस' का उपनाम प्राप्त किया, रोम के पहले सम्राट थे। इन्होंने रोम की लोकतांत्रिक व्यवस्था को सम्राटी शासन में बदलने के बाद सम्राट के रूप में रोम साम्राज्य की नींव रखी। उनका शासन स्थिरता और विकास का प्रतीक था।

(ii) **जूलियस सीजर** जूलियस सीज़र, रोम के एक महान सैन्य नेता और राजनेता थे, जिन्होंने गॉल युद्धों में महत्त्वपूर्ण विजय प्राप्त की। उनकी राजनीतिक महत्त्वाकांक्षाओं ने रोम में सत्ता संघर्ष की स्थिति उत्पन्न की और वे अंततः रोम का तानाशाह बनें, हालाँकि उनकी हत्या ने रोम के इतिहास में एक नया मोड़ ला दिया।

(iii) **कॉन्स्टैनटाइन** सम्राट के कॉन्स्टैनटाइन ने 4वीं शताब्दी में रोमन साम्राज्य को एकजुट किया और ईसाई धर्म को राज्य धर्म के रूप में अपनाया। उनका सबसे प्रसिद्ध योगदान 'बाइजेंटाइन साम्राज्य' की नींव रखना और ईसाई धर्म का संरक्षण करना था।

रोमन सम्राट का शासन कैसे चलता था रोमन सम्राट अपने विशाल साम्राज्य पर शासन करने के लिए कई संस्थाओं और सहयोगियों का सहारा लेते थे। इनमें मुख्य रूप से सैनेट और सैन्य का सहयोग महत्त्वपूर्ण था। सम्राट ने सेना की शक्ति को बढ़ाया और सेना की वफादारी सुनिश्चित करने के लिए उन्हें पर्याप्त संसाधन दिए। सैन्य जनरल और प्रमुख अधिकारियों की सहायता से सम्राट ने विभिन्न प्रांतों में शासन और व्यवस्था बनाई रखी। इसके अतिरिक्त, स्थानीय गवर्नरों और सामाजिक व्यवस्थाओं का सहयोग भी राज्य की प्रशासनिक दक्षता सुनिश्चित करता था।

3. रोमन साम्राज्य में स्त्रियाँ कहाँ तक आत्मनिर्भर थीं? रोमन परिवार की स्थिति की तुलना आज के भारतीय परिवार की स्थिति से करें।

उत्तर रोमन साम्राज्य में महिलाओं की स्थिति कई मामलों में आज के भारतीय परिवार की स्थिति से बेहतर थी।

- रोमन महिलाओं को सम्पत्ति के स्वामित्व और संचालन में कानूनी अधिकार प्राप्त थे, वे अपनी सम्पत्ति अपने पति को नही देती थीं और पैतृक सम्पत्ति पर उनका अधिकार बना रहता था।
- महिलाएँ अपने पिता की मुख्य उत्तराधिकारी होती थीं और अपने पिता की मृत्यु के बाद उनकी सम्पत्ति की स्वतंत्र मालिक बन जाती थीं।
- रोमन महिलाओं को पढ़ने, साहित्य, दर्शन और गणित की बुनियादी बातें सिखाई जाती थीं।
- धनी विधवाएँ किसी पुरुष के अधिकार के अधीन नहीं थीं बल्कि स्वतंत्र थीं।
- कुछ महिलाएँ स्वयं का व्यवसाय चलाती थीं, जैसे कि लैपमेकर, दाई, हेयरड्रेसर या डॉक्टर।
- हालाँकि रोमन साम्राज्य में भी महिलाओं की स्थिति में कुछ खामियाँ थी, जैसे रोमन पारिवारिक संरचना में कानूनी वयस्कता की अवधारणा नहीं थी।

4. मिट्टी के बर्तनों के अवशेषों पर काम करने वाले पुरातत्त्वविद् बहुत-से जासूसों की तरह होते हैं, क्यों? स्पष्ट करें। एम्फोरा हमें रोमकाल के भूमध्य सागरीय क्षेत्र के आर्थिक जनजीवन के बारे में क्या बताते हैं।

उत्तर मिट्टी के बर्तनों के अवशेषों पर काम करने वाले पुरातत्त्वविद् बहुत-से जासूसों की तरह होते हैं, क्योंकि ये अवशेष उस समय के आर्थिक जनजीवन, संस्कृति और तकनीक के बारे में जानकारी देते हैं, जो निम्न हैं

- मिट्टी के बर्तनों के अवशेषों से पता चलता है कि उस समय के लोग किस तरह के बर्तन बनाते थे।
- मिट्टी के बर्तनों के अवशेषों से पता चलता है कि उस समय के लोग तरह की चीजें खाते थे।
- मिट्टी के बर्तनों के अवशेषों से पता चलता है कि उस समय के लोग किस तरह की तकनीक का इस्तेमाल करते थे।
- मिट्टी के बर्तनों के अवशेषों से पता चलता है कि उस समय के लोग किस तरह के वातावरण में रहते थे।
- एम्फोरा, रोम काल के भूमध्य सागरीय क्षेत्र के आर्थिक जनजीवन के बारे में निम्न बातें बताते हैं
- रोम काल में भूमध्य सागर परिसर व्यापारियों द्वारा संचालित समुद्री व्यापार मार्गों पर निर्भर था।
- इस क्षेत्र में अनाज, जैतून और अँगूर जैसी फसलें उगाई जाती थीं।
- रोम साम्राज्य के बाजारों में अनाज, जैतून, दास और मिट्टी के बर्तन जैसे कई प्रकार के सामान आते थे।
- रोमन साम्राज्य के सबसे बड़े शाही शहर समुद्र तट के किनारे स्थित थे।
- जैतून का तेल और शराब इटली के निर्यात का प्रमुख स्रोत था।

5. इस अध्याय में तीन ऐसे लेखकों का उल्लेख किया गया है, जिनकी रचनाओं का प्रयोग यह बताने के लिए किया गया है कि रोम के लोग अपने कामकारों के साथ कैसा बर्ताव करते थे। क्या आप उनके नाम बता सकते हैं। सहायती उस अनुभाग को स्वयं फिर से पढ़िए और उन दो तरीकों का वर्णन कीजिए, जिनकी सहायता से रोम के लोग अपने श्रमिकों पर नियंत्रण रखते थे।

उत्तर इस अध्याय में जिन तीन लेखकों का उल्लेख किया गया है, उनकी रचनाओं का उपयोग यह बताने के लिए किया गया है कि रोम के लोग अपने कामगारों के साथ कैसा बर्ताव करते थे, वे निम्न हैं

(i) पेट्रोनियस (ii) जुवेनेल (iii) सीसरो

इन लेखकों के काम से रोम के समाज में श्रमिकों के साथ बर्ताव और उनके शोषण के बारे में जानकारी मिलती है। रोम के लोग दो तरीकों से श्रमिकों पर नियंत्रण रखते थे, जो निम्न हैं

(i) **शारीरिक दंड और शोषण** रोम के समाज में श्रमिकों को शारीरिक दंड और शोषण के माध्यम से नियंत्रित किया जाता था। उन कामगारों को अकसर कड़ी शारीरिक सजा दी जाती थी, जो काम में धीमे होते थे या मालिकों के आदेशों का उल्लंघन करते थे। गुलामों को काम में लाने के लिए भय का वातावरण बनाना एक सामान्य तरीका था।

(ii) **आर्थिक निर्भरता** श्रमिकों पर नियंत्रण रखने का एक और तरीका आर्थिक निर्भरता था। रोम में गुलामों और अन्य श्रमिकों को उनके मालिकों से आर्थिक रूप से पूरी तरह निर्भर रखा जाता था। इस निर्भरता के कारण श्रमिकों के पास कोई विकल्प नहीं होता था और वे किसी भी हाल में अपने मालिक के आदेशों का पालन करने के लिए मजबूर होते थे। इसके अतिरिक्त श्रमिकों को संपत्ति या स्वतंत्रता का कोई अधिकार नहीं था, जिससे उनकी स्थिति और भी कठिन हो जाती थी।

इन दोनों तरीकों के माध्यम से रोम के लोग अपने श्रमिकों पर गहरा नियंत्रण रखते थे, जिससे वे अपना काम करवाने में सक्षम होते थे।

निचे दिए गए निम्न प्रश्नों के उत्तर संक्षेप में दीजिए।

1. यदि आप रोम साम्राज्य में रहे होते, तो कहाँ रहना पसंद करते, नगरों में या ग्रामीण क्षेत्रों में? कारण बताइए।

उत्तर यदि मैं रोम साम्राज्य में रहा होता, तो नगरों में रहना अधिक पसंद करता, क्योंकि यहाँ के प्रमुख नगरों—रोम, सिकंदरिया और एंटिऑक रोमन साम्राज्य के सबसे सुरक्षित नगर थे। इन नगरों की प्रमुख विशेषताएँ निम्नलिखित थीं

- नगरों में विभिन्न प्रकार के उद्योग थे, जो आजीविका के साधन के रूप में नगरों में ही उपलब्ध थे। यहाँ लोगों की सुख-सुविधाओं पर ज्यादा ध्यान दिया जाता था।
- नगर प्रशासनिक गतिविधियों के केंद्र थे। व्यापार एवं आवागमन के साधन सुलभ होते थे। नगरों का जीवन ग्रामों के जीवन की तुलना में अधिक सुख-सुविधायुक्त एवं विलासितापूर्ण होता था। अकाल में भी शहरों में खाद्य पदार्थों की कमी नहीं थी।
- यहाँ उच्च स्तर के मंनोरजन भी उपलब्ध थे तथा वर्ष में कम-से-कम 176 दिन लोगों के मनोरंजन के लिए कोई-न-कोई कार्यक्रम चलता रहता था।

2. इस अध्याय में उल्लिखित कुछ छोटे शहरों, बड़े नगरों, समुद्रों और प्रांतों की सूची बनाइए और उन्हें नक्शों पर खोजने की कोशिश कीजिए। क्या आप अपने द्वारा बनाई गई सूची में संकलित किन्हीं तीन विषयों के बारे में कुछ कह सकते हैं?

उत्तर प्रश्न के अनुसार विषयों की सूची इस प्रकार है

(i) **छोटे एवं बड़े शहर** रोम, सिकंदरिया, कार्थेज, दमिश्क एंटिऑक, कुस्तुनतुनिया, बगदाद।

(ii) **समुद्र** भूमध्य सागर, काला सागर, अटलांटिक सागर, लाल सागर, टिरेनियन सागर, आयोनियन सागर तथा कैस्पियन एवं एगियन सागर।

(iii) **प्रांत** गॉल, बेटिका (बाएटिका), मकदूनिया, हिसपेनिया, ट्यूनीशिया, केंपेनिया आदि।

(iv) **मानचित्र कार्य** विद्यार्थी स्वयं इनको पाठ्य-पुस्तक में दिए गए यूरोप और उत्तरी अफ्रीका एवं पश्चिमी एशिया के मानचित्र में ढूँढने का प्रयास करें।

उपरोक्त विषयों के आधार पर तीन विषयों का विवरण इस प्रकार है

(i) **संपूर्ण साम्राज्य** पर नगरों के माध्यम से नियंत्रण की स्थापना की जाती थी। रोम, सिकंदरिया और एंटिऑक रोम साम्राज्य के तीन सबसे बड़े शहर थे। सरकार शहरी केंद्रों के माध्यम से प्रांतीय ग्राम क्षेत्रों पर कर लगाती थी।

(ii) **दक्षिणी स्पेन** प्रांत जैतून के तेल का सबसे अधिक उत्पादक प्रांत था।

(iii) **भूमध्य सागर** को रोम साम्राज्य का हृदय कहा जाता था। रोम का भूमध्य सागर और उत्तर एवं दक्षिण की दोनों दिशाओं में सागर के आस-पास स्थित प्रदेशों पर अधिकार था।

3. कल्पना कीजिए कि आप रोम की एक गृहिणी हैं, जो घर की जरूरत की वस्तुओं की खरीदारी की सूची बना रही हैं। अपनी सूची में आप कौन-सी वस्तुएँ शामिल करेंगी?

उत्तर यदि मैं रोम की गृहिणी होती, तो मेरी घरेलू जरूरत की वस्तुओं की खरीदारी में निम्नलिखित वस्तुएँ शामिल होंगी

(i) **खाद्य सामग्री** आटा, दाल, जैतून का तेल, अँगूरी शराब, सूखे मेवे।

(ii) **पहनने योग्य वस्त्र** सूती व ऊनी वस्त्र, आभूषण।

(iii) **बच्चों की सामग्री** खिलौने, दवाइयाँ, ज्ञानवर्द्धक पाठ्य-सामग्री।

(iv) **अन्य सामग्री** सजावट की वस्तुएँ, बर्तन इत्यादि।

4. आपको क्या लगता है कि रोमन सरकार ने चाँदी में मुद्रा को ढालना क्यों बंद किया होगा और वह सिक्कों के उत्पादन के लिए कौन-सी धातु का उपयोग करने लगी?

उत्तर रोम सरकार द्वारा चाँदी में मुद्रा ढालना बंद करना, इस धातु की कमी तथा इसके मूल्यवान होने के कारण किया गया होगा। दीनारियस रोम का एक प्रसिद्ध सिक्का था। तत्कालीन शासन में स्पेन में चाँदी की खानें समाप्त हो गई थीं तथा सरकार के पास चाँदी के भंडार खाली हो गए थे।

सम्राट कॉन्स्टैनटाइन ने सोने पर आधारित नई मौद्रिक प्रणाली स्थापित की; जैसे– 'सॉलिडस' नामक शुद्ध सोने का सिक्का जिसका वजन 4.5 ग्राम था। परवर्ती पुराकाल में अन्य देशों के व्यापारियों को स्वर्ण मुद्रा में भुगतान करने के लिए इसका प्रचलन बढ़ गया। हालाँकि रोमन साम्राज्य में सोना बहुतायात में था। अकेले हेरॉड राज्य से 1,25,000 किग्रा प्रति वर्ष सोना प्राप्त होता था। रोम साम्राज्य के अंत के बाद भी इन मुद्राओं का प्रलचन रहा।

वर्तमान समय में नई प्रौद्योगिकी तथा धातु विज्ञान के विकास के कारण एल्युमीनियम, ताँबे तथा मिश्र धातुओं के सिक्के बनाए जा रहे हैं।

संक्षेप में निबंध लिखिए।

5. यदि सम्राट त्राजान भारत पर विजय प्राप्त करने में वास्तव में सफल रहे होते और रोमवासियों का इस देश पर अनेक सदियों तक कब्जा रहा होता, तो क्या आप सोचते कि भारत वर्तमान समय के देश से किस प्रकार भिन्न होता?

उत्तर यदि सम्राट त्राजान भारत पर विजय प्राप्त करने में सफल हो जाते, तो भारत में वर्तमान सामाजिक, आर्थिक, राजनीतिक परिदृश्य में परिवर्तन दृष्टि गोचर होता। जब एक संस्कृति द्वारा दूसरी संस्कृति पर वर्चस्व या अधिग्रहण किया जाता है, तो दोनों संस्कृतियों के मूल्यों का मिश्रण भी होता है। जिसमें कुछ मूल्य पूर्णतया समाप्त हो जाते हैं तथा कुछ में आंशिक परिवर्तन हो जाता है। सामान्यतया बाह्य आक्रमण का उद्देश्य आर्थिक क्षति के साथ-साथ सभ्यतागत पहचान को भी समाप्त करने का होता है तथा आक्रमण करने वाले समूह के धार्मिक सामाजिक वर्चस्व को स्थापित करना होता है। जैसे भारत के मुगल आक्रमण तथा उसके पश्चात् ब्रिटिश काल के दौरान ऐसा देखा गया।

इसी प्रकार यदि भारत अनेक सदियों तक रोमवासियों के अधीन रहा होता, तो भारत वर्तमान के समय के देश से निम्नलिखित दृष्टियों से भिन्न होता

- भारत में लोकतंत्र के स्थान पर राजतंत्र होता।
- भारत में सोने के सिक्के प्रचलित होते।
- ग्रामीण क्षेत्र नगरों द्वारा शासित होता।
- ग्रामीण क्षेत्र राज्य के राजस्व का सबसे बड़ा स्रोत होता।
- ईसाई धर्म देश का राजधर्म होता।
- मनोरंजन के मुख्य साधन सर्कस, थिएटर के तमाशे तथा जानवरों एवं तलवारबाजों की लड़ाइयाँ होतीं।
- देश में दास प्रथा प्रचलित होती।
- सांस्कृतिक क्षेत्र में कला, भवन निर्माण का प्रभाव होता।

6. अध्याय को ध्यानपूर्वक पढ़कर उसमें से रोमन समाज और अर्थव्यवस्था को आपकी दृष्टि में आधुनिक दर्शाने वाले आधारभूत अभिलक्षण चुनिए।

उत्तर रोमन समाज और अर्थव्यवस्था में उन्हें आधुनिक दर्शाने वाले निम्नलिखित आधारभूत अभिलक्षण दृष्टिगत होते हैं, जो निम्नलिखित हैं

रोमन समाज को आधुनिक दर्शाने वाले अभिलक्षण

- रोमन समाज में एकल परिवार का प्रचलन था और इस व्यवस्था को आदर्श व्यवस्था माना जाता था। वयस्क पुत्र पिता के परिवार में नहीं रहते थे। इसी प्रकार दो वयस्क भाई भी एकसाथ एक ही घर में रहना पसंद नहीं करते थे।
- रोमन समाज में आधुनिक समाज की तरह ही वर्ग विभाजन था। इसके अतिरिक्त अभिजात और मध्यम वर्ग के पास अत्यधिक धन संपदा थी। निम्नतर वर्ग के अधिकांश लोगों का जीवन कठिनाइयों से भरा था।
- विवाह के लिए आयु निर्धारित थी। विवाह के समय महिला तथा पुरुष की आयु में 5 से 8 वर्ष का अंतर होता था।
- रोमन समाज में आधुनिकता का एक अन्य अभिलक्षण यह भी था कि समाज में महिलाओं की स्थिति संतोषजनक थी। इन महिलाओं को संचालन एवं स्वामित्व संबंधी कानूनी अधिकार प्राप्त थे। पिता की संपत्ति पर पुत्री का भी अधिकार होता था।

रोमन अर्थव्यवस्था को आधुनिक दर्शाने वाले अभिलक्षण

- रोम साम्राज्य में उत्पादकता का स्तर पर्याप्त ऊँचा था। विद्वानों के विचार से यह उत्पादकता दर इतनी थी कि लगभग 1700 वर्ष बाद 19वीं शताब्दी में इतना उच्च स्तर दिखाई नहीं देता।
- जलशक्ति का प्रयोग कई रूपों में हुआ। भूमध्य सागर के निकटवर्ती क्षेत्रों में जल की अधिकता के कारण यह प्रयोग संभव हुआ।
- जलशक्ति के प्रयोग का ही परिणाम था कि रोम में प्रौद्योगिकी की पर्याप्त उन्नति हुई। इससे मिलें चलाई जाती थीं। इतना ही नहीं स्पेन में चाँदी एवं सोने की खानों में खुदाई के लिए भी जलशक्ति का प्रयोग किया जाता रहा।
- पहली तथा दूसरी शताब्दी में बड़े पैमाने पर खानों से खनिज निकालने में भी जलशक्ति का उपयोग किया जाता था। वर्तमान समय में भी जलशक्ति उतनी ही प्रासंगिक है, जितनी रोमन काल में थी। वर्तमान में भी जलशक्ति ऊर्जा प्राप्त करने का मुख्य स्रोत है और इससे अनेक उद्योग-धंधे चलाए जाते हैं।
- आधुनिक काल के समान ही सुगठित वाणिज्यिक तथा बैंकिंग व्यवस्था विद्यमान थी।
- साम्राज्य में नगर ही व्यापार एवं औद्योगिक गतिविधियों के केंद्र थे। यह व्यवस्था आधुनिक युग की भी है।

अभ्यास प्रश्न

वस्तुनिष्ठ प्रश्न

बहुविकल्पीय प्रश्न

1. निम्न में से कौन-सी नदी रोमन साम्राज्य की सीमा बनाती है?

(a) राइन नदी (b) अमूर नदी
(c) यांग्तसी नदी (d) मेकांग नदी

उत्तर (a) राइन नदी

2. पहले रोमन सम्राट 'ऑगस्टस' को 'प्रमुख नागरिक' कहा जाता था, उसका लैटिन शब्द है

(a) रेस गेस्टे (b) डोमिनस
(c) प्रिंसप्स (d) बेसिलियस

उत्तर (c) प्रिंसप्स

3. रोमन चाँदी के सिक्के, जिन्हें दीनारियस के नाम से जाना जाता था, का वजन ………… था।

(a) 2.5 ग्राम (b) 3.5 ग्राम
(c) 4.5 ग्राम (d) 5.5 ग्राम

उत्तर (c) 4.5 ग्राम

4. तीसरी शताब्दी के मध्य तक बाइबिल किस भाषा में अनुवादित हो चुकी थी?

(a) कैल्टिक भाषा (b) कॉप्टिक भाषा
(c) लातिनी भाषा (d) इतालवी भाषा

उत्तर (b) कॉप्टिक भाषा

5. रोम में सबसे अच्छी किस्म की शराब कहाँ से प्राप्त हुई थी?

(a) कैम्पैनिया (b) फ्यूम
(c) गलील (d) बाइजेकियम

उत्तर (a) कैम्पैनिया

6. चरवाहे अपने साथ अवन आकार की झोपड़ियाँ, जिन्हें ………… कहते थे, लेकर घूमा करते थे।

(a) कैस्टेला
(b) मैपालिया
(c) नुमीडिया
(d) बाएटिका

उत्तर (b) मैपालिया

7. रोमन साम्राज्य में ईसाई धर्म को अधिकारिक धर्म बनाने वाला सम्राट कौन था?

(a) नीरो (b) ऑगस्टस
(c) सिकंदर (d) कॉन्स्टैनटाइन

उत्तर (d) कॉन्स्टैनटाइन

8. रोमन साम्राज्य के इतिहास के बारे में दिए गए कथनों में से कौन-सा कथन सही है?

(a) पाठ्य सामग्री में मुख्य रूप से समकालीन व्यक्तियों द्वारा लिखे गए वर्ष वृत्तात को सम्मिलित किया जाता है
(b) इसके अतिरिक्त इसमें व्याख्यान, प्रवचन, कानून आदि को भी शामिल किया जाता है
(c) ये सामग्रियाँ रोमन साम्राज्य के राजनैतिक संगठन, धार्मिक, आर्थिक एवं सामाजिक स्थिति को जानने में सहायता करती हैं।
(d) उपरोक्त सभी

उत्तर (d) उपरोक्त सभी

9. रोमन साम्राज्य के संबंध में कौन-सा कथन सही नहीं है?

(a) 47 ई.पू. में ऑक्टेवियन ने रोम में अपनी सत्ता को स्थापित किया।
(b) ऑक्टेवियन, जूलियस सीजर के दत्तक पुत्र तथा उत्तराधिकारी थे।
(c) ऑक्टेवियन, ऑगस्टस नाम से रोमन साम्राज्य का राजा बना।
(d) ऑक्टेवियन को प्रिंसिपेट कहा जाता था।

उत्तर (a) 47 ई.पू. में ऑक्टेवियन ने रोम में अपनी सत्ता को स्थापित किया।

10. मान लिजिए आप प्राचीन रोमन साम्राज्य के ऐतिहासिक स्रोत का अध्ययन कर रहे हैं, जिसमें आपने कॉन्स्टैनटाइन को सम्राट बनने तथा कुस्तुनतुनिया नगर की स्थापना के बारे में पढ़ा, तो बताइए आप किस कालखंड का अध्ययन कर रहे हैं? *दक्षता आधारित प्रश्न*

(a) 150-200 ई.पू. (b) 200-250 ई.पू.
(c) 250-300 ई.पू. (d) 300-350 ई.पू.

उत्तर (d) 300-350 ई.पू.

11. रोम का भूमध्य सागर और उत्तर एवं दक्षिण दोनों दिशाओं में सागर के आस-पास स्थित सभी प्रदेशों पर प्रभुत्व था। रोम साम्राज्य के उत्तर में राइन और डेन्यूब नदी तथा दक्षिण में क्या अवस्थित था? *दक्षता आधारित प्रश्न*

(a) कैस्पियन सागर (b) सहारा सागर
(c) लाल सागर (d) काला सागर

उत्तर (b) सहारा सागर

12. रोमन साम्राज्य के बारे में निम्नलिखित में से कौन-से कथन सही हैं? *दक्षता आधारित प्रश्न*

1. रोम साम्राज्य का हृदय भूमध्य सागर को कहा जाता था।
2. रोम साम्राज्य के दक्षिण में सहारा रेगिस्तान स्थित है।
3. रोम साम्राज्य की सीमा का निर्धारण दजला तथा फरात नदियों द्वारा किया जाता था।

कूट
(a) 1 और 3 (b) 1 और 2
(c) 2 और 3 (d) 1, 2 और 3

उत्तर (b) 1 और 2

13. रोम सम्राट ऑगस्टस के बारे में निम्नलिखित में से कौन-सा/से कथन सही है/हैं?

1. प्रथम रोमन सम्राट ऑगस्टस द्वारा स्थापित राज्य को 'प्रिंसिपेट' कहा जाता था।
2. ऑगस्टस के समय रोमन साम्राज्य में सेना का शासन स्थापित था।
3. ऑगस्टस के शासनकाल को रोमन साम्राज्य का 'अंधकार युग' कहा जाता था।

कूट
(a) केवल 1 (b) 1 और 2 (c) केवल 3 (d) ये सभी

उत्तर (a) केवल 1

14. निम्नलिखित कथनों में से कौन-सा/से कथन रोमन समाज को आधुनिक दर्शाने वाले अभिलक्षण है/हैं?

1. रोमन समाज में एकल परिवार का प्रचलन था।
2. रोमन साम्राज्य में पिता की संपत्ति पर पुत्री का भी अधिकार होता था।
3. रोमन साम्राज्य में बैंकिंग व्यवस्था विद्यमान थी।

कूट
(a) केवल 1 (b) 1 और 2 (c) केवल 3 (d) ये सभी

उत्तर (d) ये सभी

15. निम्न में से कौन-सा युग्म सही सुमेलित है?

	नाम		सिक्के
(a)	दीनारियस	—	ताँबे का सिक्का
(b)	सॉलिडस	—	सोने का सिक्का
(c)	मॉर्गन डॉलर	—	काँसे का सिक्का
(d)	ऑरियस	—	चाँदी का सिक्का

उत्तर (b) सॉलिडस—सोने का सिक्का

16. निम्न में से कौन-सा युग्म सही सुमेलित नहीं है? *दक्षता आधारित प्रश्न*

(a) पैपाइरस — सरकंडे जैसा पौधा
(b) कैस्टेला — पहाड़ी की चोटी पर बसा गाँव
(c) नाइट — अश्वारोही वर्ग के प्रमुख
(d) एम्फोरा — सोने का सिक्का

उत्तर (d) एम्फोरा—सोने का सिक्का

17. नीचे दी गई जानकारी के आधार पर साम्राज्य की पहचान करें

- विवाह के लिए पुरुषों का आयु वर्ग 28-29 वर्ष तथा 30-32 वर्ष निर्धारित था।
- यहाँ दैनिक जीवन से संबंधित साक्षरता व्यापक रूप से उपस्थित थी।

(a) मौर्य साम्राज्य (b) रोमन साम्राज्य
(c) यायावर साम्राज्य (d) गुप्त साम्राज्य

उत्तर (b) रोमन साम्राज्य

18. नीचे दी गई जानकारी के आधार पर रोमन साम्राज्य के शासक की पहचान करें *दक्षता आधारित प्रश्न*

- इसने सॉलिडस नामक सोने के सिक्के चलाए।
- इसने कुस्तुनतुनिया नामक महत्त्वपूर्ण शहर का निर्माण कराया।
- नई सैनेट का निर्माण किया गया।

(a) ऑगस्टस (b) डायोक्लीशियन
(c) कॉन्स्टैनटाइन (d) ओलिंपिओडोरस

उत्तर (c) कॉन्स्टैनटाइन

19. विभिन्न शासकों से संबंधित घटनाओं को उनके कालखंड के अनुसार पहले से बाद के क्रम में व्यवस्थित करें।
1. ईरान में ससानी नामक नया वंश स्थापित हुआ।
2. साम्राज्य के सभी मुक्त निवासियों को रोमन नागरिक का दर्जा दे दिया गया।
3. कार्थेज के साइप्रसवासी विशप को मृत्युदंड मिला।
4. फारसवासियों ने फरात नदी के पश्चिम में स्थिर रोमन प्रदेशों पर आक्रमण किया।

कूट
(a) 1, 2, 3, 4 (b) 4, 3, 2, 1
(c) 3, 4, 1, 2 (d) 2, 1, 4, 3

उत्तर *(d)* 2, 1, 4, 3

20. रोम साम्राज्य के उत्तर तथा दक्षिण दिशा की अवस्थिति के संदर्भ में सही विकल्प का चयन करें
(a) राइन नदी, डेन्यूब नदी, काला सागर
(b) काला सागर, डेन्यूब नदी, सहारा मरुस्थल
(c) राइन नदी, डेन्यूब नदी, सहारा मरुस्थल
(d) राइन नदी, दमिश्क, लाल सागर

उत्तर (c) राइन नदी, डेन्यूब नदी, सहारा मरुस्थल

21. दिए गए क्षेत्र तथा उससे संबंधित भाषा के संदर्भ में सही विकल्प चुनिए
फरात : अरामाइक :: मिस्र: ?
(a) कॉप्टिक (b) प्यूनिक
(c) कैलिटक (d) ज्यूरिख

उत्तर *(a)* कॉप्टिक

22. सुमेलित कीजिए

सूची I (नगर)	सूची II (उत्पाद)
A. स्पेन	1. अंगूरी शराब के उत्पादन के लिए
B. कैम्पैनिया	2. जैतून के तेल के उत्पादन के लिए
C. सिसिली	3. गेहूँ के निर्यात के लिए
D. गैलिली	4. गहन खेती के लिए प्रसिद्ध था

कूट

	A	B	C	D
(a)	3	2	1	4
(b)	2	1	3	4
(c)	2	3	4	1
(d)	1	2	3	4

उत्तर *(b)* 2 1 3 4

23. सुमेलित कीजिए

सूची I	सूची II
A. एम्फोरा	1. रोमन साम्राज्य की सत्ता पर नियंत्रणकर्ता इकाई
B. दंडनायक	2. एक बर्तन, जिसका उपयोग संग्रहण कंटेनर के रूप में किया जाता था।
C. पोंपेई	3. रोमन साम्राज्य में शहरी केंद्र का मजिस्ट्रेट
D. सैनेट	4. रोमन साम्राज्य का एक शहर, जो ज्वालामुखी विस्फोट में दफन हो गया।

कूट

	A	B	C	D
(a)	2	3	4	1
(b)	1	2	3	4
(c)	4	3	2	1
(d)	2	1	3	4

उत्तर *(a)* 2 3 4 1

24. दिए गए चित्र को ध्यानपूर्वक देखें और इस अभिलेख का नाम बताएँ।
दक्षता आधारित प्रश्न

(a) मिस्र के शिलालेख (b) एडेसा में पच्चीकारी
(c) उत्तरी अफ्रीका के प्रस्तर (d) इनमें से कोई नहीं

उत्तर *(b)* एडेसा में पच्चीकारी

25. दिए गए चित्र को ध्यानपूर्वक देखें और इस चित्र में उपस्थित रोमन सम्राट का नाम बताइए।

(a) नीरो (b) सिकंदर
(c) कॉन्स्टैनटाइन (d) ऑगस्टस

उत्तर (c) कॉन्स्टैनटाइन

निर्देश (प्र. सं. 26-29) दिए गए कथनों में एक कथन (A) तथा दूसरा कारण (R) है। नीचे दिए गए कूट की सहायता से सही उत्तर का चयन कीजिए
दक्षता आधारित प्रश्न

कूट
(a) A और R दोनों सही हैं तथा R, A की सही व्याख्या है
(b) A और R दोनों सही हैं, परंतु R, A की सही व्याख्या नहीं है
(c) A सही है, किंतु R गलत है
(d) A गलत है, किंतु R सही है

26. कथन (A) **सैनेट का सेना के साथ अच्छा संबंध नहीं था।**

कारण (R) **रोमन सैनिकों को नियमित वेतन भी नहीं दिया जाता था।**

उत्तर (c) सैनेट का सेना के साथ अच्छा संबंध नहीं था, क्योंकि सेना, सैनेट को अप्रत्याशित हिंसा का स्रोत मानती थी। सेना रोमन साम्राज्य का प्रमुख हिस्सा थी। सेना साम्राज्य की सबसे बड़ी निकाय थी। रोमन सैनिकों को नियमित वेतन दिया जाता था।

27. कथन (A) **ऑगस्टस का युग रोमन साम्राज्य का स्वर्ण युग कहलाया।**

कारण (R) **यहाँ गणतंत्रात्मक राजव्यवस्था थी।**

उत्तर (b) ऑगस्टस का युग रोमन साम्राज्य का स्वर्ण युग कहलाया, क्योंकि इसके काल में रोमन साम्राज्य का चहुँमुखी विकास हुआ। ऑगस्टस के समय रोमन साम्राज्य गणतंत्र था। वहाँ राजा सर्वोपरि न होकर प्रमुख नागरिक था तथा, वहा सैनेट व्यवस्था लागू थी।

28. कथन (A) **रोम की सेना एक व्यावसायिक सेना थी।**

कारण (R) **रोमन सैनिकों को न्यूनतम 25 वर्षों तक सेवा करनी होती थी।**

उत्तर (a) रोम की सेना एक व्यावसायिक सेना थी, क्योंकि उसे नियमित तौर पर वेतन दिया जाता था तथा उसे न्यूनतम 25 वर्षों तक सेवा करनी पड़ती थी। एक वेतनभोगी सेना का होना निस्संदेह रोमन साम्राज्य की एक प्रमुख विशेषता थी।

29. कथन (A) **सार्वजनिक स्नान-गृह रोम के शहरी जीवन की एक महत्त्वपूर्ण विशेषता थी।**

कारण (R) **यह यहाँ की विशिष्ट नगर-नियोजन व्यवस्था का उदाहरण थी।**

उत्तर (a) सार्वजनिक स्नान-गृह रोम के शहरी जीवन की एक महत्त्वपूर्ण विशेषता थी। यह नगर-नियोजन का प्रमुख उदाहरण है। यह दर्शाता है कि रोमन साम्राज्य आधुनिक युग से काफी समानता रखता था।

लघु उत्तरीय प्रश्न

1. रोमन साम्राज्य की भौगोलिक स्थिति का वर्णन कीजिए।

उत्तर रोमन साम्राज्य एक अत्यधिक विस्तृत साम्राज्य था। यह साम्राज्य यूरोप, एशिया और अफ्रीका महाद्वीप में फैला हुआ था। भूमध्य सागर रोम साम्राज्य का हृदय था।

यह यूरोप और अफ्रीका के महाद्वीप को अलग करता है तथा पश्चिम में स्पेन से लेकर पूर्व में सीरिया तक फैला हुआ है। रोम का भूमध्य सागर और उत्तर तथा दक्षिण दोनों दिशाओं में सागर के आस-पास स्थित सभी प्रदेशों पर प्रभुत्व था। रोम साम्राज्य के उत्तर में राइन और डैन्यूब नदी तथा दक्षिण में सहारा रेगिस्तान स्थित है। ईरान के हिस्से में कैस्पियन सागर के दक्षिण से पूर्वी अरब तक का संपूर्ण क्षेत्र तथा अफगानिस्तान के कुछ भाग थे। इस प्रकार इन दोनों साम्राज्यों ने दुनिया के उस अधिकांश भाग को आपस में बाँट लिया था, जिसे चीनी लोग 'ता-चिन' कहते थे।

2. रोमन इतिहास को जानने के ऐतिहासिक स्रोत कौन-कौन से हैं?

अथवा इतिहासकारों द्वारों रोमन साम्राज्य के इतिहास को जानने के लिए प्राप्त ऐतिहासिक स्रोतों को कितने भागों में वर्गीकृत किया? चर्चा कीजिए।

उत्तर रोमन साम्राज्य के इतिहास को जानने के ऐतिहासिक स्रोत निम्नलिखित हैं

(i) **पाठ्य सामग्री** इसमें मुख्य रूप से समकालीन व्यक्तियों द्वारा लिखा गया इतिहास शामिल है, जिसे 'वर्ष-वृत्तांत' कहा जाता था। व्याख्यान, प्रवचन, कानून आदि भी इसी श्रेणी में आते थे। वर्ष-वृत्तांत प्रतिवर्ष लिखे जाते थे।

(ii) **प्रलेख या दस्तावेज** प्रलेख या दस्तावेज मूलरूप से उत्कीर्ण लेख अथवा पैपाइरस के पत्रों पर लिखी गई पांडुलिपियाँ हैं। पैपाइरस मिस्र में नील नदी के किनारे पर उगने वाला सरकंडा जैसा एक पौधा था। इससे लेखन सामग्री तैयार की जाती थी।

(iii) **भौतिक अवशेष** इमारतें, स्मारक तथा अन्य संरचनाएँ, मिट्टी के बर्तन, सिक्के, पच्चीकारी का सामान आदि भौतिक अवशेष मिले हैं, जो इस साम्राज्य के विषय में महत्त्वपूर्ण जानकारी देते हैं।

3. रोम साम्राज्य के आरंभिक काल को विभाजित करें तथा विश्व की दो महाशक्तियों के रूप में रोम व ईरान के मध्य अंतर को स्पष्ट करें?

दक्षता आधारित प्रश्न

उत्तर रोम साम्राज्य के आरंभिक काल को मुख्यतः पूर्ववर्ती और परवर्ती दो चरणों में बाँटा गया है। इन दोनों चरणों के बीच तीसरी शताब्दी का समय आता हैं, जिसे दो भागों में बाँटा जाता है

(i) **पूर्ववर्ती साम्राज्य** (तीसरी शताब्दी के मुख्य भाग की सम्पूर्ण अवधि)

(ii) **परवर्ती साम्राज्य** (तीसरी शताब्दी के पश्चात् की अवधि)

रोम व ईरान में एक प्रमुख अंतर यह था कि रोम साम्राज्य सांस्कृतिक दृष्टि से ईरान की अपेक्षा विविधापूर्ण था। इस अवधि में पर्थियाई तथा बाद में ससानी राजवंशों ने ईरान पर अपना शासन स्थापित कर ईरानियों पर शासन किया। वहीं इसके विपरीत रोमन साम्राज्य मुख्यतः सरकार की एक साझी प्रणाली द्वारा आपस में जुड़े क्षेत्रों एवं संस्कृतियों का सम्मिलित रूप था। साम्राज्य में अनेक भाषाओं का प्रचलन था, परंतु प्रशासनिक कार्यों में लैटिन तथा यूनानी भाषाओं का प्रयोग होता था। पूर्वी साम्राज्य के उच्चतर वर्गों द्वारा यूनानी भाषा और पश्चिमी साम्राज्य के लोगों द्वारा भाषण व लेखन लैटिन भाषा में होते थे।

4. राज्य के संदर्भ में 'प्रिंसिपेट' से क्या अभिप्राय है? इसमें 'सम्राट' तथा 'सैनेट' की क्या स्थिति थी?

दक्षता आधारित प्रश्न

उत्तर 27 ई. पू. जूलियस सीजर के दत्तक पुत्र तथा उत्तराधिकारी ऑक्टेवियन ने रोम में अपनी सत्ता को स्थापित किया। ऑक्टेवियन, ऑगस्टस नाम से रोमन साम्राज्य का राजा बना। ऑगस्टस एकछत्र शासक और सत्ता का वास्तविक स्रोत था, परंतु फिर भी वह निरंकुश शासक नहीं था। उसे प्रिंसिपेट कहा जाता था, जिसका अर्थ लातिनी भाषा में प्रमुख नागरिक होता है। ऑगस्टस के समय रोमन साम्राज्य में एक अन्य संस्था सैनेट कार्य कर रही थी। सैनेट नामक संस्था का अस्तित्व रोम में कई शताब्दियों तक बना रहा।

सैनेट को सम्मान देने के लिए ही ऑगस्टस को 'प्रिंसिपेट' कहा जाता था। सैनेट में रोम के कुलीन तथा अभिजात वर्गों का प्रतिनिधित्व था। यह संस्था उस समय से कार्य कर रही थी, जब रोम गणतंत्र था, लेकिन शासन व्यवस्था की वास्तविक सत्ता सैनेट के पास थी। बाद में इस संस्था में इतालवी मूल के जमींदारों को भी शामिल कर लिया गया था।

5. रोम साम्राज्य के राजनीतिक इतिहास में कौन-से तीन मुख्य खिलाड़ी थे? उनमें से प्रत्येक के बारे में एक-दो पंक्तियाँ लिखिए।

उत्तर रोम साम्राज्य के राजनीतिक इतिहास में निम्नलिखित तीन मुख्य खिलाड़ी थे

(i) **सम्राट** यह वास्तव में साम्राज्यिक शासन की एक सर्वाधिक महत्त्वपूर्ण कड़ी थी। यह सत्ता का वास्तविक स्रोत था। सम्राट की सेना की सफलता उसके नियंत्रण पर निर्भर करती थी।

(ii) **सैनेट** इस में धनवान परिवारों के छोटे से समूह का वर्चस्व था। ये कुलीन वर्गीय लोग होते थे। सैनेट की सदस्यता जीवनभर चलती थी। इसकी सदस्यता में जन्म के मुकाबले पद-प्रतिष्ठा को अधिक महत्त्व दिया जाता था।

(iii) **सेना** रोम की सेना व्यावसायिक तथा वेतनभोगी थी। यह साम्राज्य का सबसे बड़ा एकल संगठित निकाय था। सैनिक अच्छे वेतन तथा सेवा-शर्तों के लिए प्रायः आंदोलन करते रहते थे।

एक प्रकार से सेना को सम्राट का भाग्य निर्माता माना जाता था, क्योंकि गृहयुद्ध या अन्य विपरीत परिस्थितियों में सेना द्वारा ही मोर्चा सम्भाला जाता था।

6. रोम साम्राज्य में प्रथम शताब्दियाँ शांति, समृद्धि और आर्थिक विस्तार की प्रतीक थीं, तो तीसरी शताब्दी में आंतरिक संकट क्यों उत्पन्न हो गए? *दक्षता आधारित प्रश्न*

उत्तर रोमन साम्राज्य के इतिहास में पहली और दूसरी शताब्दी जहाँ शांति, समृद्धि और आर्थिक विस्तार की रहीं, वहीं दूसरी और तीसरी शताब्दी आंतरिक तनाव से परिपूर्ण रही। तीसरी शताब्दी में लगभग 225 ई. के आस-पास रोमन साम्राज्य के सामने अनेक संकट खड़े हो गए। इन संकटों का प्रमुख कारण ईरान में ससानी नामक आक्रामक वंश का उदय था। 15 वर्ष की कम अवधि में ही इस वंश ने अपनी शक्ति में पर्याप्त वृद्धि करते हुए अपना विस्तार फरात की दिशा तक कर लिया। एक प्रसिद्ध शिलालेख में रोमन साम्राज्य की क्षति की सूचना मिलती है। 233-280 ई. पू. के काल में काले सागर से लेकर आल्पस और दक्षिणी जर्मनी तक फैले हुए प्रांतों की सीमाओं पर बार-बार आक्रमण होते रहे। रोमन साम्राज्य के 47 वर्षों की अवधि में 25 सम्राटों का सत्तासीन होना यह दर्शाता है कि तीसरी शताब्दी रोम के लिए संकट का समय था।

7. रोमन साम्राज्य के शहरी जीवन की विशेषताएँ बताइए, साथ ही इस बात की भी चर्चा करें कि ये क्यों लोगों को आकर्षित करती थीं? *दक्षता आधारित प्रश्न*

उत्तर रोमन शहरों की अनेक महत्त्वपूर्ण विशेषताएँ निम्नलिखित थीं, जो लोगों को अपनी ओर आकर्षित करती थीं

- यहाँ के नगरों/में अकाल के समय भी भोजन सामग्री की कमी नहीं होती थी।
- नगर विभिन्न उद्योगों के केंद्र थे। अतः यहाँ जीविकोपार्जन के सभी साधन उपलब्ध थे।
- शहरों में ग्रामों की अपेक्षा जीवन अधिक सुरक्षित था। प्रमुख नगरों; जैसे—कार्थेज, सिकंदरिया और एंटिऑक आदि नगरों में सुरक्षा के विशेष प्रबंध थे।
- नगर व्यापारिक गतिविधियों के केंद्र थे। व्यापारी मुख्य रूप से नगरों में रहना पसंद करते थे।
- नगरों में सार्वजनिक स्नान-गृह थे, जो रोम के शहरी जीवन की एक प्रमुख विशेषता रही, क्योंकि अन्य किसी साम्राज्य में ऐसी व्यवस्था नहीं थी।
- नगर प्रशासनिक गतिविधियों के केंद्र थे। अतः यहाँ अनेक लोगों को प्रशासनिक सेवा के अवसर उपलब्ध होते थे। शहरों में उच्च स्तरीय मनोरंजन के साधन उपलब्ध थे। तत्कालीन एक कैलेंडर से पता चलता है कि रोमनवासी वर्ष में कम-से-कम 176 दिन किसी-न-किसी मनोरंजक कार्यक्रम का आयोजन करते थे।

उपरोक्त नगरीय विशेषताओं के कारण ही रोमनवासियों को शहरी जीवन आकर्षित करता था। इसका मुख्य कारण इन सुविधाओं का ग्रामीण क्षेत्रों में न होना था।

8. डॉक्टर गैलेन के अनुसार रोम के शहर ग्रामीण क्षेत्र के साथ कैसा व्यवहार करते थे?

अथवा **रोम के शहरी क्षेत्र का ग्रामीण क्षेत्र के साथ किया गया बर्ताव कैसे ग्रामीण क्षेत्र के कुपोषण का कारण बना बताइए।** *दक्षता आधारित प्रश्न*

उत्तर ग्रामीण क्षेत्रों में अनेक वर्षों से अकाल के कारण कुपोषण जैसी बीमारियाँ बढ़ रही थीं, क्योंकि शहरी लोग फसल कटाई के तुरंत बाद अगले वर्ष के लिए अन्न भंडारों में भर लेते थे। सभी प्रकार की फसल; जैसे—गेहूँ, सेम, मसूर एवं दाल का अधिकतर हिस्सा शहरों में भेज दिया जाता था, जिसके परिणामस्वरूप किसानों के पास बहुत कम दालें बचती थीं। ग्रामीण लोग जिस खाद्य पदार्थ का भंडार करके रखते थे, उसे सर्दियों में समाप्त कर देते थे, जिसके पश्चात् ये अस्वास्थ्यकर खाद्य पदार्थों; जैसे—पेड़ों की टहनियाँ, छालें, जड़ें, झाड़ियाँ, पेड़-पौधों को खाकर अपना जीवन बचाते थे।

9. क्या रोमन समाज में साक्षरता का स्वरूप संतोषजनक था? संक्षेप में समझाइए। *दक्षता आधारित प्रश्न*

उत्तर रोम में साक्षरता की स्थिति संतोषजनक मानी जाती रही है। साम्राज्य के प्रत्येक हिस्से में साक्षरता का उचित औसत था। रोम के एक शहर पोंपेई (जोकि ज्वालामुखी फटने से दफन हो गया था) की गलियों की दीवारों पर अंकित विज्ञापनों के अभिरेखण से पता चलता है कि वहाँ शिक्षा विद्यमान थी।

पैपाइरस पर लिखे अवशेष भी साक्षरता का प्रमाण देते हैं।

इसके विपरीत मिस्र में आज भी सैकड़ों 'पैपाइरस' बचे हुए हैं, जिन पर अत्यधिक औपचारिक दस्तावेज, जैसे कि संविदापत्र आदि लिखे हुए हैं। ये दस्तावेज आमतौर पर व्यावसायिक लिपिकों द्वारा लिखे जाते थे। ये दस्तावेज अकसर हमें यह बताते हैं कि अमुक व्यक्ति 'क' अथवा 'ख' पढ़ या लिख नहीं सकता, किंतु यहाँ भी साक्षरता निश्चित रूप से कुछ वर्गों के लोगों में अपेक्षाकृत अधिक व्यापक थी, जैसे कि सैनिकों, फौजी अफसरों और संपदा प्रबंधकों में।

10. रोमन साम्राज्य के ऐसे क्षेत्रों पर प्रकाश डालिए, जो अपनी असाधारण उर्वरता के लिए जाने जाते रहे और क्यों? *दक्षता आधारित प्रश्न*

उत्तर रोमन साम्राज्य के अंतर्गत ऐसे बहुत से क्षेत्र आते थे, जो अपनी असाधारण उर्वरता के कारण बहुत प्रसिद्ध थे; जैसे— इटली में कैंपैनिया, सिसिली, मिस्र में फैयूम, गैलिली, बाइजैकियम (ट्यूनीशिया), दक्षिणी गॉल (जिसे गैलिया नार्बोनेंसिस कहते थे) तथा बाएटिका (दक्षिणी स्पेन)।

स्ट्रैबो तथा प्लिनी जैसे लेखकों के अनुसार ये सभी प्रदेश साम्राज्य के घनी आबादी वाले और सबसे धनी भागों में से एक थे तथा सबसे बढ़िया किस्म की अंगूरी शराब कैंपैनिया से आती थी।

सिसिली और बाइजैकियम रोम को भारी मात्रा में गेहूँ का निर्यात करते थे। गैलिली में गहन खेती की जाती थी तथा स्पेन का जैतून का तेल स्पेन के दक्षिण में गुआडलक्विविर नदी के किनारों के साथ-साथ बसी अनेक जमींदारियों (फंडी) से आता था। यह भी सत्य है कि रोमन साम्राज्य के अन्य कई हिस्से बहुत ही कम उर्वरता वाले थे, परंतु उपरोक्त स्थल अपनी असाधारण उर्वरता के लिए जाने जाते थे।

11. "एक ओर रोमन साम्राज्य के कुछ हिस्से बहुत कम उन्नत अवस्था में थे, जहाँ चरवाहे अपनी जीविका के संसाधन एकत्र करते थे।" इस वाक्य की पुष्टि करते हुए बताइए कि ये हिस्से कौन-कौन से थे?

दक्षता आधारित प्रश्न

उत्तर रोम क्षेत्र के अनेक बड़े-बड़े हिस्से बहुत कम उन्नत अवस्था में थे। रोमन साम्राज्य के कुछ क्षेत्र बहुत उत्पादक थे, वहीं दूसरी ओर कुछ ऐसे भी क्षेत्र थे, जो कम उन्नत थे। उदाहरण के रूप में, 'नुमीडिया' के देहाती क्षेत्रों में ऋतु-प्रवास अधिक होता था। चरवाहे अपने साथ अवन आकार की झोंपड़ियाँ, जिन्हें मैपालिया कहते थे, लेकर घूमते रहते थे, लेकिन जब उत्तरी अफ्रीका में रोमन जागीरों का विस्तार हुआ, तब वहाँ चरागाहों की संख्या में कमी आई और चरवाहों की आवाजाही पहले से ज्यादा नियंत्रित हो गई।

एक अन्य क्षेत्र, जिसमें स्पेन का उत्तरी भाग शामिल था, पिछड़े क्षेत्रों में आता था। यहाँ अधिकतर कैल्टिक भाषी किसानों की आबादी थी, जो पहाड़ों पर बसे ग्रामीण इलाकों में रहती थी। इन गाँवों को कैस्टेला कहा जाता था।

12. प्रथम शताब्दी में शांति स्थापना के पश्चात् रोमन समाज में दास प्रजनन की आवश्यकता पर क्यों जोर दिया गया? कारण स्पष्ट करें।

उत्तर प्रथम शताब्दी में शांति की स्थापना के पश्चात् जब युद्ध कम हुए तो दासों की आपूर्ति भी कम होने लगी। ऐसे में श्रम का प्रयोग करने वालों को 'दास प्रजनन' का भी सहारा लेना पड़ा। दास प्रजनन गुलामों की संख्या बढ़ाने की प्रथा थी, जिसके अंतर्गत दास महिला-पुरुषों को अत्यधिक बच्चे पैदा करने के लिए प्रोत्साहित किया जाता था।

इस प्रोत्साहन के पीछे यह उद्देश्य था कि उनके बच्चे ही आगे चलकर दास बनें और अपने अधीनस्थ स्वामी की सेवा करें। कालांतर में परिस्थितियाँ बदलने लगीं, दास श्रमिक का स्थान वेतनभोगी मजदूरों ने ले लिया। ये मजदूर वही दास थे, जिन्हें उनके मालिकों ने मुक्त कर दिया था। रोम के सरकारी निर्माण कार्यों में भी इन्हीं श्रमिकों का व्यापक प्रयोग किया गया। इन श्रमिकों पर कठोर नियंत्रण लगाए जाते थे तथा इनके लिए अलग कानूनी व्यवस्था थी। कामगारों को उनकी पहचान बनाए रखने के लिए उन्हें दागने की भी प्रथा थी, जिससे वह किसी अन्य स्थान पर छिप न सकें।

उपरोक्त सभी कारणों से दास प्रजनन की आवश्यकता पर जोर दिया जाता था।

13. रोमन साम्राज्य की मौद्रिक प्रणाली पर संक्षिप्त टिप्पणी लिखिए।

उत्तर इतिहासकार ओलिंपिओडोरस ने पाँचवीं शताब्दी के प्रारंभिक काल में यह लिखा था कि रोम में रहने वाले कुलीन परिवारों को अपनी संपदाओं से 4000 पाउंड सोने के बराबर वार्षिक आय होती थी, जिसमें वे उपज शामिल नहीं थीं, जिनका उपयोग वे सीधे कर लेते थे।

प्रथम तीन शताब्दियों से प्रचलन में रही चाँदी आधारित मौद्रिक प्रणाली परवर्ती साम्राज्य में समाप्त हो गई, क्योंकि स्पेन की खानों से चाँदी मिलनी बंद हो गई थी और सरकार के पास चाँदी की मुद्रा के प्रचलन के लिए पर्याप्त चाँदी भी नहीं रह गई थी। नई मौद्रिक प्रणाली (सोने पर आधारित) की स्थापना कॉन्स्टैनटाइन ने की। रोमन साम्राज्य के परवर्ती काल में इन मुद्राओं का भारी मात्रा में प्रचलन रहा।

14. परवर्ती काल में रोमन साम्राज्य की नौकरशाही के उच्च तथा मध्य वर्गों की आर्थिक दशा कैसी थी?

उत्तर रोमन साम्राज्य के परवर्ती काल में नौकरशाही के उच्च तथा मध्य वर्ग के लोगों के पास उचित धन-संपदा थी। उन्हें अपना वेतन सोने के रूप में मिलता था और वे अपनी आय का एक बड़ा हिस्सा जमीन खरीदने में लगा देते थे। उच्च अधिकारी तथा गवर्नर रिश्वत के लिए बदनाम थे। इस प्रकार के भ्रष्टाचार को रोकने के लिए सरकार ने बार-बार हस्तक्षेप किया। इस संबंध में अनेक कानून भी बनाए गए। रोमन राज्य तानाशाही पर आधारित था। सामान्यतः सरकार विरोध का जवाब सैनिक कार्यवाही के माध्यम से देती थी। चौथी शताब्दी तक धीरे-धीरे रोमन कानून की एक प्रबल परंपरा अस्तित्व में आ चुकी थी। चौथी शताब्दी के अंतिम दशकों में एम्ब्रोस जैसे शक्तिशाली बिशप भी सम्राट की जनविरोधी एवं दमनकारी नीतियों का विरोध करने लगे।

15. रोम सम्राट डायोक्लीशियन तथा कॉन्स्टैनटाइन ने तीसरी शताब्दी में रोमन साम्राज्य का पतन रोकने के लिए क्या-क्या नीतियाँ अपनाईं? स्पष्ट कीजिए।

उत्तर रोम सम्राट डायोक्लीशियन तथा कॉन्स्टैनटाइन ने तीसरी शताब्दी में रोमन साम्राज्य का पतन रोकने के लिए निम्न नीतियाँ अपनाईं

(i) **डायोक्लीशियन की नीतियाँ** 284 ई. में डायोक्लीशियन ने सत्ता सँभालने के पश्चात् महसूस किया कि उसके विस्तृत साम्राज्य में सम्मिलित अनेक प्रदेशों का सामरिक या आर्थिक दृष्टि से कोई महत्त्व नहीं है, इसलिए उसने ऐसे प्रदेशों से अपना आधिपत्य समाप्त कर दिया। इसने प्रशासन को सुव्यवस्थित रूप देने के लिए सीमाओं पर किलों का निर्माण कराया, सेनापतियों को स्वायत्तता प्रदान की, जिससे सैन्य अधिकारी अधिक शक्तिशाली हो गए तथा इसके साथ ही असैनिक कार्यों को सैनिक कार्यों से अलग कर दिया।

(ii) **कॉन्स्टैनटाइन की नीतियाँ** कॉन्स्टैनटाइन, डायोक्लीशियन के बाद सम्राट बना। इसने डायोक्लीशियन द्वारा किए गए परिवर्तनों को सुदृढ़ बनाया और उसमें कुछ नए परिवर्तन भी किए। 4.5 ग्राम शुद्ध सोने से बना हुआ सिक्का भी इसने प्रचलित किया, जिसे सॉलिडस के नाम से जाना जाता था। रोम साम्राज्य के समाप्त होने के बाद भी यह सिक्का प्रचलन में रहा। ये सिक्के व्यापक स्तर पर ढाले जाते थे, क्योंकि साम्राज्य में इनका व्यापक चलन था।

16. परवर्ती पुराकाल में यूनान और रोमन साम्राज्य में धार्मिक संस्कृति की स्थिति पर चर्चा कीजिए।

उत्तर पारंपरिक दृष्टि से यूनानियों और रोमवासियों की धार्मिक संस्कृति बहुदेववादी थी। जनता अनेक पंथों तथा उपासना पद्धतियों में विश्वास करती थी; जैसे—जूपिटर, जूनो, मिनर्वा एवं मॉर्स जैसे अनेक रोम, इतालवी देवों तथा यूनानी और पूर्वी देवी-देवताओं की उपासना की जाती थी। साम्राज्य में हजारों मंदिर, मठ तथा देवालय बनाए गए थे। यहूदी धर्म रोम साम्राज्य का एक अन्य बड़ा धर्म था, जो एकाश्म था।

परवर्ती पुराकाल के यहूदी धर्म में अनेक विविधताएँ विद्यमान थीं। चौथी अथवा पाँचवीं शताब्दी में साम्राज्य का ईसाईकरण एक क्रमिक एवं जटिल प्रक्रिया के रूप में हुआ। ईसाई धर्म-प्रचारक पश्चिमी प्रांतों में प्रचलित बहुदेववादी मत-मतांतरों तथा धार्मिक रीति-रिवाजों का लगातार विरोध करते रहे, परंतु इसके पश्चात् भी बहुदेववाद आसानी से समाप्त नहीं हुआ। भिन्न-भिन्न धार्मिक समुदायों के बीच की सीमाएँ चौथी शताब्दी में इतनी कठोर एवं गहरी नहीं थीं, जितनी कि आगे चलकर हो गईं। ऐसा बिशपों के प्रयास के कारण संभव हुआ। बिशपों ने धार्मिक विश्वासों तथा रीति-रिवाजों का पालन करने का पाठ अपने अनुयायियों को सख्ती से पढ़ाया।

दीर्घ उत्तरीय प्रश्न

1. रोमन साम्राज्य के आरंभिक काल को विस्तार से समझाइए।

उत्तर रोमन साम्राज्य के प्रारंभिक काल का इतिहास रोम के विकास से जुड़ा हुआ है, जो एक छोटे-से गाँव से विशाल साम्राज्य में परिवर्तित हुआ। इस काल में रोम की राजनीति समाज और सेना में कई महत्त्वपूर्ण घटनाएँ घटीं, जिन्होंने साम्राज्य की नींव रखी।

रोम की स्थापना (8वीं सदी ई.पू.) रोम की स्थापना की परंपरागत कथा के अनुसार, रोम का निर्माण 753 ई.पू. में रोमुलस और रेमस नामक जुड़वाँ भाइयों ने किया था। इन दोनों भाइयों का जन्म एक देवी से हुआ था और इनका पालन-पोषण एक भेडिए ने किया था। रोम की स्थापना के पश्चात्, यह धीरे-धीरे अन्य छोटे-छोटे गाँवों और नगरों को अपने अधीन करता गया।

गणराज्य का उदय (509 ई.पू.) रोम पहले एक राजतंत्र था, लेकिन 509 ई.पू. में रोम के अंतिम राजा, तारक्विनियस सुपरवस के विरुद्ध विद्रोह हुआ और गणराज्य की स्थापना हुई। इस परिवर्तन ने रोम में एक नया राजनीतिक ढाँचा स्थापित किया। गणराज्य के दौरान रोम में दो प्रमुख राजनीतिक संस्थाएँ थीं।

(i) **कांसुल** ये चुनावी अधिकारी होते थे, जो सेना का नेतृत्व करते थे और शासन चलाते थे।

(ii) **सैनेट** यह एक महत्त्वपूर्ण संलाहकार निकाय था, जिसमें प्रमुख नागरिक और पूर्व कांसुल सदस्य होते थे।

युद्ध और विस्तार (4-2वीं सदी ई.पू.) रोमन गणराज्य ने बीच युद्धों में भाग लिया और धीरे-धीरे भूमध्य सागर के लगभग सभी क्षेत्रों पर अपना नियंत्रण स्थापित किया। इनमें प्रमुख युद्ध इस प्रकार थे।

(i) **पूनिक युद्ध** (264-146 ई.पू.) रोम और कार्थेज के बीच तीन युद्ध हुए, जिनमें रोम ने विजय प्राप्त की तथा भूमध्य सागर के पश्चिमी हिस्से में अपना प्रभुत्व स्थापित किया।

(ii) **गॉल की विजय (58-50 ई.पू.)** गॉल (वर्तमान फ्रांस) के विरुद्ध जूलियस सीजर की सैन्य सफलताओं ने रोम को पश्चिमी यूरोप में एक महत्त्वपूर्ण शक्ति बना दिया।

जूलियस सीजर और साम्राज्य का अंत (प्रथम सदी ई.पू.) जूलियस सीजर ने रोम की राजनीति और सेना में महत्त्वपूर्ण बदलाव किए। उनके नेतृत्व में रोम का विस्तार और अधिक हुआ, लेकिन उन्होंने स्वयं को निरंकुश शासक बनाने की कोशिश की, जिसके कारण 44 ई.पू. में उनकी हत्या कर दी गई।

सम्राट ऑगस्टस का उदय (27 ई.पू.) सीजर की हत्या के बाद, उनके उत्तराधिकारी ऑगस्टस ने रोम के शासन पर नियन्त्रण किया। 27 ई.पू. में उन्होंने रोम की राजनीति में शांति की स्थापना की और स्वयं को सम्राट घोषित किया। जिससे रोम का साम्राज्य स्थापित हुआ। यह घटना रोम के इतिहास में 'प्रिंसिपेट (प्रारंभिक साम्राज्य)' काल के रूप में जानी जाती है। जब सम्राट सत्ता में थे, तब गणराज्य के रूप की कुछ बुनियादी संरचनाएँ बनी रहीं।

रोमन साम्राज्य का प्रारंभिक काल एक महत्त्वपूर्ण ऐतिहासिक परिवर्तन था, जिसमें रोम ने एक छोटे-से-शहर से लेकर विशाल साम्राज्य तक का सफर तय किया। इस समय के दौरान रोम ने अपनी सैन्य राजनीतिक और सांस्कृतिक शक्ति का विस्तार किया, जिसने आने वाली सदियों तक दुनिया पर गहरा प्रभाव डाला।

2. रोमन साम्राज्य की लिंग व्यवस्था, साक्षरता और संस्कृति को विस्तार से समझाइए।

उत्तर रोमन साम्राज्य की लिंग व्यवस्था, साक्षरता और संस्कृति को समझने के लिए हमें इस साम्राज्य के सामाजिक, शैक्षिक और सांस्कृतिक पहलुओं को विस्तार से देखना होगा। यह साम्राज्य एक जटिल समाज था, जिसमें लिंग आधारित भूमिकाएँ, सामाजिक वर्ग और सांस्कृतिक प्रथाएँ महत्त्वपूर्ण थीं, जो निम्न प्रकार हैं

लिंग व्यवस्था पितृसत्तात्मक समाज

- रोमन समाज पितृसत्तात्मक था, जिसमें परिवार का मुखिया पुरुष (पेटर फेमिलियास) होता था। वह परिवार के सभी सदस्यों को कानूनी और आर्थिक रूप से नियंत्रित करता था।
- पुरुषों को सार्वजनिक जीवन, राजनीतिक, सेना और कानूनी मामलों में भाग लेने की अनुमति थी।

महिलाओं की भूमिका

- महिलाओं की भूमिका मुख्य रूप से घरेलू कार्यों और बच्चों के पालन-पोषण तक सीमित थी।
- उच्च वर्ग की महिलाएँ कुछ हद तक शिक्षा प्राप्त कर सकती थीं, लेकिन उनका सार्वजनिक जीवन सीमित था।
- महिलाओं को संपत्ति का अधिकार तो था, लेकिन वे स्वतंत्र निर्णय लेने में अकसर पुरुषों पर निर्भर होती थीं।

गुलाम और दासों की भूमिका

- गुलामों और दासों की लिंग व्यवस्था में विशेष अंतर था, लेकिन अधिकांश गुलामों के लिए उनका लिंग चाहे पुरुष हो या महिला, कार्य के प्रति समान अपेक्षाएँ होती थीं।
- महिलाओं को घरेलू कामकाज या यौन सेवाओं के लिए अधिक लिया जाता था, जबकि पुरुष सैन्य या अन्य बाहर कार्यों में लगे रहते थे।

रोमन साम्राज्य की साक्षरता

रोमन साम्राज्य में साक्षरता का स्तर समाज की श्रेणी पर निर्भर करता था, जो इस प्रकार है

(i) **उच्च वर्ग** इस वर्ग के लोग, विशेष रूप से पुरुष शिक्षा में रुचि रखते थे और वे साक्षर होते थे। वे ग्रीक और लैटिन दानों भाषाओं मे दक्ष होते थे तथा काव्य दर्शन, विज्ञान और राजनीति पर गहरी पकड़ रखते थे। रोमन शिक्षा में परिवार और निजी शिक्षक महत्त्वपूर्ण भूमिका निभाते थे।

(ii) **मध्यम वर्ग और श्रमिक वर्ग** आम आदमी और श्रमिक वर्ग के लोग अधिकतर असाक्षर होते थे, क्योंकि उनके पास शिक्षा प्राप्त करने का समय या साधन नहीं होता था, हालाँकि कुछ व्यापारी और कारीगर व्यावसायिक कार्यो में दक्ष होते थे और बुनियादी साक्षरता जैसे कि संख्या या व्यापारिक लेखन, उनके लिए आवश्यक हो सकता था।

(iii) **महिलाओं की साक्षरता** महिलाओं की साक्षरता बहुत सीमित थी, विशेष रूप से निम्न वर्ग में, हालाँकि उच्च वर्ग की कुछ महिलाओं को शिक्षा प्राप्त होती थी और वे साहित्य, संगीत और कला में रुचि रखती थीं। कुछ महिलाओं ने प्रसिद्ध काव्य या साहित्यिक रचनाएँ लिखीं थीं, जैसे कि लिविया डुसिला, जो सम्राट ऑगस्टस की पत्नी थी और एक उच्च श्रेणी की महिला थी।

रोमन साम्राज्य की संस्कृति

- रोमन साम्राज्य की संस्कृति ग्रीक सभ्यताओं से प्रभावित थी और इसमें कई अद्वितीय पहलू थे, जो निम्न प्रकार हैं

(i) **धर्म और विश्वास** रोम साम्राज्य का धर्म मुख्य रूप से बहुदेववादी था। रोमन देवता, जैसे कि जुपिटर, मार्श और वीणस, समाज के विभिन्न पहलुओं से जुड़े थे। इसके अतिरिक्त ग्रीक और अन्य संस्कृतियों से आयातित देवताओं की पूजा भी की जाती थी। रोमन साम्राज्य में मिथक, पूजा विधियाँ और धार्मिक अनुष्ठान महत्त्वपूर्ण थे।

(ii) **कला और वास्तुकला** रोमन कला और वास्तुकला ने ग्रीक कला को अपनाया और उसमें परिवर्तन किया। रोमन स्थापत्य में आर्क, गुबंद और कॉलम का उपयोग किया गया और उन्होंने सार्वजनिक भवनों, मर्दिरों और मनोरंजन स्थल जैसे कोलोसियम और पैंथियन का निर्माण किया। रोमन चित्रकला तथा मूर्तिकला भी प्रसिद्ध थी और उन्होंने शाही व्यक्ति की आदमकद मूर्तियाँ बनाईं।

(iii) **साहित्य और नाटक** रोमन साहित्य में ग्रीक साहित्य से भारी प्रभाव था। प्रसिद्ध रोमन लेखक; जैसे- हॉस, वर्जिल और औविड ने काव्य और गद्य में महत्त्वपूर्ण योगदान दिया। रोमन नाटककार प्लॉटस और ऐरेंस ने भी नाटकों में गहरी छाप छोड़ी। हालाँकि रोमन समाज में नाटक का उद्देश्य अकसर मनोरंजन और सामाजिक आलोचना था।

रोमन साम्राज्य की लिंग व्यवस्था, साक्षरता और संस्कृति ने पश्चिमी सभ्यता के कई पहलुओं को आकार दिया। जहाँ एक ओर लिंग भेदभाव तथा साक्षरता की सीमा थी, वहीं दूसरी ओर रोमन संस्कृति ने कली, साहित्य और धर्म के क्षेत्र में अमूल्य योगदान दिया।

इस सभ्यता की गहरी छाप आज भी हमारे सामाजिक और सांस्कृतिक जीवन में मौजूद है।

3. रोम के उत्पादक क्षेत्र पर टिप्पणी लिखिए।

अथवा आरंभिक काल में रोम साम्राज्य की अर्थव्यवस्था पर विचार करें तथा साम्राज्य के उत्पादक क्षेत्रों का वर्णन करें? दक्षता आधारित प्रश्न

उत्तर रोमन साम्राज्य की अर्थव्यवस्था के बारे में कुछ बातें इस प्रकार हैं

- रोमन साम्राज्य की अर्थव्यवस्था कृषि और व्यापार पर आधारित थी।
- रोमन साम्राज्य का व्यापार काफी विकसित था, रोम में कई प्रकार की वस्तुओं का आयात होता था; जैसे- गौमांस, अनाज, काँच के बने पदार्थ, लोहा, सीसा, चमड़ा, संगमरमर, जैतून का तेल, इत्र, रेशम, चाँदी, मसाले, लकड़ी और शराब।
- रोमन साम्राज्य में बंदरगाहों, खदनों, ईंट के भट्टों आदि की संख्या बहुत अधिक थी।
- रोमन साम्राज्य में वाणिज्यिक और बैंकिंग व्यवस्था थी।
- रोमन साम्राज्य में जल शक्ति से मिलने वाली चलाने की प्रौद्योगिक उन्नत थी।
- रोमन साम्राज्य में गैलिली में गहन खेती की जाती है।

साम्राज्य के उत्पादक क्षेत्र रोमन साम्राज्य में कई प्रमुख उत्पादक क्षेत्र थे, जिनमें कृषि, खनिज, निर्माण और शिल्प शामिल थे। इनमें से कुछ क्षेत्रों का विवरण निम्नलिखित है

कृषि क्षेत्र

(i) **गेहूँ और जौ** कृषि का सबसे महत्त्वपूर्ण उत्पाद गेहूँ था, जिसे रोम और अन्य क्षेत्रों में बड़े पैमाने पर उगाया जाता था। गेहूँ का उपयोग खाद्य आपूर्ति के रूप में किया जाता था, जबकि जौ का उपयोग पशुओं के चारे और बीयर बनाने में होता था।

(ii) **जैतून और अँगूर** इटली और ग्रीस में जैतून के तेल और शराब का उत्पादन बड़े पैमाने पर किया जाता था। इन उत्पादों का व्यापार भी काफी लाभकारी था और यह साम्राज्य के अन्य हिस्सों में भेजे जाते थे।

खनिज संसाधन

(i) **सोना और चाँदी** रोम और उसके अन्य क्षेत्रों में सोने और चाँदी की खदानें थी। इन खनिजों का उपयोग मुद्राएँ बनाने के लिए और व्यापार में किया जाता था।

(ii) **लोहा ताँबा और सीसा** लोहे का उपयोग निर्माण कार्यों हथियार बनाने और कृषि उपकरणों में किया जाता था। ताँबा और सीसा का उपयोग धातु निर्माण और अन्य औद्योगिक कार्यों के लिए किया जाता था।

निर्माण और शिल्प

(i) **मकान और भवन निर्माण** रोमन साम्राज्य में शानदार भवन, स्नानगृह सड़कें और पुल बनाए गए। इसके लिए बड़ी मात्रा में पत्थर, ईंट और अन्य निर्माण सामग्री की आवश्यकता थी।

(ii) **काँच और मिट्टी के बर्तन** रोमन समाज में काँच और मिट्टी के बर्तन बनाने का एक प्रमुख उद्योग था, जिसका उपयोग घरेलू और व्यापारिक कार्यों के लिए किया जाता था।

आरंभिक रोमन साम्राज्य की अर्थव्यवस्था कृषि, खनन, शिल्पकारी और व्यापार पर आधारित थी। उत्पादक क्षेत्र की विविधता ने रोमन

साम्राज्य को आर्थिक रूप से मजबूत बनाया। हालाँकि यह अर्थव्यवस्था गुलामों पर निर्भर थी और जैसे-जैसे साम्राज्य का विस्तार हुआ, आर्थिक जटिलताएँ बढ़ीं। इसके बावजूद रोमन साम्राज्य की अर्थव्यवस्था ने उस युग के अन्य समानों पर गहरा प्रभाव डाला।

4. रोम परिवार की स्थिति की तुलना आज के भारतीय परिवारों की स्थिति से करें? *दक्षता आधारित प्रश्न*

उत्तर रोम परिवार की विशेषता एकल परिवार थे। इन परिवारों में वयस्क पुत्र अपने पिता के साथ नहीं रहते थे। परिवार में महिलाओं की स्थिति अधिक संतोषजनक नहीं थी, लेकिन पत्नी को विधिक स्वतंत्रता प्राप्त थी। महिला को मिलने वाले दहेज वैवाहिक अवधि के दौरान उसके पति के पास चला जाता था।

दूसरी तरफ दासों को परिवार में सम्मिलित किया जाता था। रोमवासियों के लिए परिवार की यही अवधारणा थी।

सामान्यत: गणतंत्र के परवर्ती काल तक विवाह का ऐसा ही रूप चलन में था कि पत्नी अपनी संपत्ति पति को हस्तांतरित नहीं करती थी, लेकिन अपने पैतृक परिवार में अपना अधिकार बनाए रखती थी तथा अपने पिता की मुख्य उत्तराधिकारी बनी रहती थी और अपने पिता की मृत्यु के बाद उसकी संपत्ति की स्वतंत्र मालिक बन जाती थी। रोम के कानून के अनुसार पति-पत्नी को संयुक्त रूप से एक वित्तीय हस्ती नहीं बल्कि दो अलग-अलग वित्तीय हस्तियाँ माना जाता था और पत्नी को पूर्ण वैधानिक स्वतंत्रता प्राप्त थी। तत्कालीन समाज में तलाक देना आसान था और तलाक के लिए पति-पत्नी द्वारा केवल विवाह-भंग करने के इरादे की सूचना ही पर्याप्त थी।

रोम समाज में पुरुष अपना विवाह 28,29, 30-32 वर्ष की आयु में करते थे, जबकि लड़कियों की शादी 16-18, 22-23 वर्ष की आयु में की जाती थी। पति और पत्नी के मध्य आयु का अंतर मौजूद था। इससे दोनों के मध्य असमानता को कुछ बढ़ोतरी मिली होगी। विवाह आमतौर पर परिवार के माध्यम से होते थे। महिलाओं पर उनके पति कभी-कभी अपना नियंत्रण रखते थे और वे किसी प्रकार की छूट उन्हें देना नहीं चाहते थे। इस संबंध में महान कैथोलिक बिशप ऑगस्टीन ने कहा कि उनकी माता को उनके पिता द्वारा रोजाना पीटा जाता था। जिस नगर में वे बड़े हुए वहाँ पत्नियों की पिटाई इसी प्रकार हुआ करती थी। बच्चों पर भी कानूनी रूप से पिता का ही नियंत्रण अधिक रहता था।

5. रोमन साम्राज्य के अधीन दासों की स्थिति तथा उन पर नियंत्रण की अवधारणा पर टिप्पणी लिखिए।

उत्तर रोमन साम्राज्य में दासों की स्थिति और उन पर नियंत्रण के संबंध में प्रमुख बिंदु दिए गए हैं, जो इस प्रकार से हैं

- रोमन कानून के अनुसार, दासों को संपत्ति माना जाता था और उनका कोई कानूनी व्यक्तित्व नही था।
- रोमन नागरिकों के मुकाबले दासों को शारीरिक दंड, यौन शोषण, यातना और सारांश निष्पादन का सामना करना पड़ता था।
- दासों को अकसर उनके मालिकों की आज्ञा का पालन करना होता था।
- दासों को कभी-कभी उनके मालिकों द्वारा आजाद कर दिया जाता था या वे अपनी आजादी स्वयं खरीद सकते थे।
- रोमन साम्राज्य में दासों की भूमिका महत्त्वपूर्ण थी। वे शारीरिक श्रम के अलावा कई घरेलू काम भी करते थे।
- अकुशल दास या सजा के रूप में गुलामी की सजा पाने वाले दास खेतों, खदानों और मिलों में काम करते थे।
- लेखाकार और चिकित्सक अकसर दास ही होते थे।
- रोमन साम्राज्य में दास प्रथा की शुरुआत साम्राज्य के विस्तार और नए प्रदेशों के जीतने की वजह से हुई थी।
- रोमन समाज में श्रमिकों को अकसर निम्न दर्जे का माना जाता था।

6. रोमन साम्राज्य के पतन के लिए कौन-कौन से कारण उत्तरदायी थे? समीक्षा कीजिए।

उत्तर चौथी-पाँचवीं शताब्दी तक रोमन साम्राज्य एक शक्तिशाली साम्राज्य बन चुका था, जो बाइजेंटाइन के नाम से जाना जाता था, परंतु धीरे-धीरे साम्राज्य के संचालन में अनेक कठिनाइयाँ आनी आरंभ हो गईं और इस विशाल व समृद्धशाली साम्राज्य का पतन आरंभ हुआ, जिसके निम्नलिखित कारण उत्तरदायी थे

- रोमन साम्राज्य का विशाल होना एक प्रमुख समस्या थी। साम्राज्य विस्तृत होने से इस पर पूर्ण नियंत्रण रख पाना असंभव होने लगा था। लगभग दूसरी शताब्दी ई. के पश्चात् साम्राज्य पर अयोग्य एवं दुर्बल सम्राटों का शासन था, जो इस विस्तृत साम्राज्य को सँभाल न सके।
- रोमन सम्राट साम्राज्यवादी नीति का अनुसरण करते थे और इस नीति को पूर्ण करने के लिए इन्होंने विशाल सैन्य संगठन किया था, किंतु कालांतर में इस सेवा में दुर्बलता आ गई और यह शक्ति क्षीण होने लगी, जो साम्राज्य के पतन का एक प्रमुख कारण बना।
- आर्थिक दुर्दशा भी इस साम्राज्य के पतन का प्रमुख कारण रही। राज्य के नौकरशाही पर अपार धनराशि खर्च की जाती थी। खर्च बढ़ने के परिणामस्वरूप करारोपण अत्यावश्यक हो गया। इस करारोपण की दर अधिक थी, जिससे विद्रोह होने लगा, जो पतन का एक अन्य कारण बना।
- रोमन सम्राट कॉन्स्टैनटाइन ने 330 ई. के लगभग राजधानी का परिवर्तन कर दिया। नई राजधानी कुंस्तुनतुनिया नगर को बनाया गया, जिससे सम्राट का सारा ध्यान इस नगर पर केंद्रित रहा। साम्राज्य के अन्य क्षेत्रों पर वह समान रूप से ध्यान न दे सका और साम्राज्य के अन्य क्षेत्रों पर बर्बर जातियों ने अपना आधिपत्य स्थापित कर लिया।

7. पूर्व और पश्चिम की सामाजिक दशाओं का विस्तार से वर्णन कीजिए।

अथवा **रोम साम्राज्य के पूर्वी भागों में जनता की अधिक खुशहाली तथा पश्चिमी भागों में व्याप्त राजनैतिक विखंडिता का कारण बताइए?** *दक्षता आधारित प्रश्न*

उत्तर रोमन साम्राज्य का विभाजन और उसके विभिन्न हिस्सों में जो विभिन्नताएँ थीं, उनके कारण अलग-अलग सामाजिक और राजनीतिक परिदृश्य उत्पन्न हुए।

पूर्वी भाग की खुशहाली के कारण

- पूर्वी साम्राज्य का मुख्यालय कंसटेंटिनोपल था, जो एक अत्यंत रणनीतिक स्थान पर स्थित था, जो यूरोप और एशिया के बीच व्यापार और सैन्य संपर्क का एक प्रमुख केंद्र था। इसका स्थान व्यापार और संस्कृति के लिए अनुकूल था, जो क्षेत्र की समृद्धि में योगदान करता था। पूर्वी साम्राज्य की सीमाएँ अपेक्षाकृत अधिक सुरिक्षत थीं।

- पूर्वी साम्राज्य के पास प्राचीन व्यापार मार्ग थे, जो एशिया, अफ्रीका और यूरोप के साथ जुड़े थे। इसका लाभ यह हुआ कि यहाँ के नागरिक समृद्ध व्यापारिक नेटवर्क से जुड़े थे, जिससे वे आर्थिक रूप से समृद्ध रहें।
- पूर्वी साम्राज्य में कला, विज्ञान और शिक्षा का विकास हुआ था। यह क्षेत्र शहरीकरण और औद्योगिकीकरण की दिशा में प्रगति कर रहा था।

पश्चिमी भाग की राजनीतिक विखंडता के कारण

- पश्चिमी साम्राज्य में विभिन्न सम्राटों का शासन बहुत समय तक अस्थिर और अप्रत्याशित था। राजनीतिक संघर्ष, नागरिक युद्ध और सम्राटों के बीच विवादों ने शासन की स्थिरता को प्रभावित किया।
- पश्चिमी साम्राज्य में कृषि उत्पादन और आर्थिक संरचना उतनी विकसित नहीं थी। यहाँ के अधिकांश क्षेत्रों में कृषि संसाधनों का असंतुलित उपयोग और भूमि का उपेक्षित होना एक बड़ा कारण था।
- कर प्रणाली का अत्यधिक बोझ पश्चिमी साम्राज्य के नागरिकों पर पड़ता था, जिससे जनता में असंतोष और संघर्ष बढ़ें।
- पश्चिमी साम्राज्य को विदेशी जनजातियों के आक्रमणों का सामना करना पड़ा। जिससे साम्राज्य की सैन्य शक्ति कमजोर होती रही। इस आक्रमणों से क्षेत्रीय विद्रोह और विखंडन की स्थिति पैदा हुई।
- पश्चिमी साम्राज्य में प्रशासन में भ्रष्टाचार और सरकारी तंत्र की विफलता ने सम्राटों के शासन को कमजोर किया। इससे राजनीतिक स्थिरता का संकट बढ़ा और सामान्य जनता को प्रशासन का विश्वास नहीं रहा।
- रोमन साम्राज्य के पूर्वी भाग में खुशहाली का कारण था, उसकी भौगोलिक स्थिति, मजबूत प्रशासन, समृद्ध व्यापार और आर्थिक स्थिरता। वहीं पश्चिमी भाग में राजनीतिक विखंडता, सैन्य संकट, आंतरिक संघर्ष, आर्थिक असंतुलन और प्रशासनिक असफलता ने उसे कमजोर कर दिया, जो अंततः उसके पतन का कारण बने।

स्रोत आधारित प्रश्न

निम्नलिखित स्रोतों को ध्यानपूर्वक पढ़कर उन पर आधारित प्रश्नों के उत्तर दीजिए।

1. **कई प्रांतों में लगातार कई वर्षों से पड़ रहे अकाल ने साधारण-से-साधारण बुद्धि वाले आदमी को भी यह बता दिया कि लोगों में कुपोषण के कारण बीमारियाँ हो रही हैं। शहर में रहने वाले लोगों की फसल कटाई के शीघ्र बाद अगले पूरे वर्ष के लिए पर्याप्त मात्रा में खाद्यान्न अपने भंडारों में भर लेना एक रिवाज था। सारा गेहूँ, जौ, सेम तथा मसूर और दालों का बहुत बड़ा हिस्सा शहरियों द्वारा ले जाने के बाद भी कई प्रकार की दालें किसानों के लिए बचीं रह गई थीं। सर्दियों के लिए जो कुछ भी बचा था, उसे खा-पीकर खत्म कर देने के पश्चात् देहाती लोगों को बसंत ऋतु में अस्वास्थ्यकर खाद्यों पर निर्भर रहना पड़ा, उन्होंने पेड़ों की टहनियाँ, छालें, जड़ें, झाड़ियाँ, अखाद्य पेड़-पौधे और पत्ते खाकर किसी तरह अपने प्राणों को बचाए रखा।**

(i) **रोम के ग्रामीण क्षेत्रों में बीमारियों के मुख्य कारण क्या थे?**

उत्तर रोमन साम्राज्य में लगातार कई वर्षों तक पड़े अकाल ने ग्रामीण क्षेत्रों के निवासियों को कुपोषित बना दिया, जिसके कारण ग्रामीण क्षेत्रों में तरह-तरह की बीमारी फैलने लगी।

(ii) **रोम के ग्रामीण क्षेत्रों में कुपोषण की समस्या का मुख्य कारण क्या था?**

उत्तर रोम के शहरों में रहने वाले लोगों में यह प्रथा थी कि वह फसल की कटाई होते ही शीघ्र ही एक वर्ष के लिए पर्याप्त खाद्यान्न अपने भंडारों में एकत्र कर लेते थे। गेहूँ, जौ, सेम, दालें आदि अधिक मात्रा में शहरवासियों द्वारा एकत्र कर लिए जाते थे। परिणामस्वरूप ग्रामीण किसानों के पास केवल कुछ मात्रा में अनाज व दालें रह जाती थीं। इन बचे हुए खाद्यान्नों पर ग्रामीणों का जीवन निर्भर था। बसंत ऋतु में ये खाद्यान्न भी समाप्त हो जाते और किसानों एवं अन्य ग्रामीण लोगों को अस्वास्थ्यकर भोजन; जैसे—पेड़ों की टहनियाँ, छालें, जड़ें, पेड़ों के पत्ते तथा झाड़ियों को खाकर रहना पड़ता था। इन अखाद्य पदार्थों से वह सभी लोग कुपोषण का शिकार होकर बीमार पड़ जाते थे।

(iii) **अनुच्छेद के अनुसार रोमन शहर के लोगों की क्या प्रथा थी?**

उत्तर रोमन शहर के लोगों की प्रथा थी कि वे फसल कटाई के बाद अगले पूरे वर्ष के लिए पर्याप्त मात्रा में खाद्यान्न अपने भंडारों में भर लेते थे।

2. **कुछ ही समय बाद शहर के शासक ल्यूसियस पेडेनियस सेकंडस का उसके एक दास ने कत्ल कर दिया। कत्ल के पश्चात् पुरानी परंपरा के अनुसार यह आवश्यक था कि एक ही छत के नीचे रहने वाले प्रत्येक दास को फाँसी दे दी जाए, परंतु बहुत से निर्दोष लोगों को बचाने के लिए भीड़ एकत्र हो गई और दंगे शुरू हो गए।**

सैनेट भवन को घेर लिया गया। हालाँकि सैनेट भवन में अत्यधिक कठोरता का विरोध किया जा रहा था, परंतु अधिकांश सदस्यों ने परिवर्तन किए जाने का विरोध किया, जो सैनेटर फाँसी देने के पक्ष में थे, उनकी बात मानी गई, परंतु पत्थर और जलती हुई मशालें लिए भारी भीड़ ने इस आदेश को कार्यान्वित किए जाने से रोका। नीरो ने अभिलेख द्वारा इन लोगों को फटकार लगाई। उन सारे मार्गों पर सेना लगा दी गई, जहाँ सैनिकों के साथ दोषियों को फाँसी पर चढ़ाने के लिए ले जाया जा रहा था।

(i) **रोमन साम्राज्य में जनसाधारण का दासों के प्रति कैसा व्यवहार था?**

उत्तर रोमन साम्राज्य की साधारण जनता के हृदय में दासों के प्रति दया की भावना थी। इसका प्रभाव रोमन सम्राट ल्यूसियस पेडेनियस सेकंडस की हत्या के समय दिखाई दिया, जब सम्राट की हत्या एक दास ने कर दी। इस घटना के पश्चात् रोम में एक ही छत के नीचे रहने वाले दासों को फाँसी देने का फैसला लिया गया। इस फैसले से वहाँ के निवासी खुश नहीं थे और उन्होंने दासों को बचाने के लिए दंगे किए। हाथों में जलती मशाल लेकर फाँसी के आदेश को रोकने के प्रयास किए। अतः हम यह कह सकते कि रोम की साधारण जनता में दासों के प्रति सहानुभूति थी।

(ii) **नीरो कौन था?**

उत्तर नीरो रोम का सम्राट था। यह रोम के प्रथम सम्राट ऑगस्टस का वंशज था तथा इसकी माता का नाम एग्रिप्पिना था। जो सम्राट ऑगस्टस की प्रपौत्री थी।

(iii) **अभिलेख के माध्यम से नीरो ने कौन-सा संदेश दिया?**

उत्तर ल्यूसियस पेडेनियस सेकंडस की हत्या के पश्चात् जब साधारण लोगों का विद्रोह बढ़ गया, तब नीरो ने एक अभिलेख के माध्यम से रोम की जनता को फटकार लगाई थी। नीरो गंभीर मामलों के संबंध में पुराने रिवाजों को बदलने का पक्षधर नहीं था। वह एक कठोर शासक था। उसके अनुसार, जो परंपरा प्राचीन समय से चली आ रही हैं, लोगों को उसे मानना ही चाहिए।

3. **सैनेट पर कम-से-कम तीसरी शताब्दी तक इतालवी मूल के लोगों का प्रभुत्व बना रहा, लेकिन बाद में प्रांतों से लिए गए सैनेटर बहुसंख्यक हो गए। इन प्रवृत्तियों से यह पता चलता है कि साम्राज्य में, राजनीतिक तथा आर्थिक दोनों ही दृष्टियों से, इटली का पतन हो चला था और भूमध्य सागर के अपेक्षाकृत अधिक समृद्ध और शहरीकृत भागों; जैसे—स्पेन के दक्षिणी हिस्सों, अफ्रीकी और पूर्वी भागों में नए संभ्रांत वर्गों का उदय हो रहा था। रोम के संदर्भ में नगर एक ऐसा शहरी केंद्र था, जिसके अपने दंडनायक (मजिस्ट्रेट), नगर परिषद् (सिटी काउंसिल) और अपना एक सुनिश्चित राज्य-क्षेत्र था, जिसमें उसके अधिकार-क्षेत्र में आने वाले कई ग्राम शामिल थे। इस प्रकार किसी भी शहर के अधिकार-क्षेत्र में कोई दूसरा शहर नहीं हो सकता था, किंतु उसके तहत कई गाँव लगभग हमेशा ही होते थे। आमतौर पर शाही अनुकंपा (अथवा नाराजगी) के कारण गाँवों का दर्जा बढ़ाकर उन्हें शहरों का दर्जा और शहरों को गाँवों का दर्जा दिया जा सकता था। किसी शहर में रहने का लाभ यही था कि खाने की कमी और अकाल के दिनों में भी इसमें ग्रामीण क्षेत्रों की तुलना में बेहतर सुविधाएँ प्राप्त होने की संभावना रहती थी।**

(i) **रोमन साम्राज्य में किसी शहर में रहने का क्या लाभ था?**

उत्तर रोमन साम्राज्य में किसी शहर में रहने का लाभ यही था कि खाने की कमी और अकाल के दिनों में भी इसमें ग्रामीण क्षेत्रों की तुलना में बेहतर सुविधाएँ प्राप्त होने की सम्भावना रहती थी।

(ii) **रोम के संदर्भ में नगर की व्याख्या कीजिए।**

उत्तर रोम के संदर्भ में नगर एक ऐसा शहरी केंद्र था, जिसके अपने दंडनायक (मजिस्ट्रेट), नगर परिषद् (सिटी काउंसिल) और अपना एक सुनिश्चित राज्य-क्षेत्र था, जिसमें उसके अधिकार-क्षेत्र में आने वाले कई गाँव शामिल थे, इस प्रकार किसी भी शहर के अधिकार-क्षेत्र में कोई दूसरा शहर नही हो सकता था, किंतु उसके अंतर्गत कई गाँव हमेशा ही होते थे।

(iii) **किस आधार पर कह सकते हैं कि तीसरी शताब्दी के बाद इटली का पतन हो चला था?**

उत्तर पहली शताब्दी के बाद वाले वर्षों में और दूसरी शताब्दी के दौरान तथा तीसरी शताब्दी के प्रारंभिक वर्षों में सेना एवं प्रशासन में अधिकाधिक लोग प्रांतों से लिए जाने लगे, क्योंकि इन क्षेत्रों के लोगों को भी नागरिकता मिल चुकी थी, जो पहले इटली तक ही सीमित थी। सैनेट पर कम-से-कम तीसरी शताब्दी तक इतालवी मूल के लोगों का प्रभुत्व बना रहा, लेकिन बाद में प्रांतों से लिए गए सैनेटर बहुसंख्यक हो गए। इन प्रवत्तियों से यह पता चलता हैं, कि साम्राज्य में राजनीतिक तथा आर्थिक दोनों ही दृष्टियों से, इटली का पतन हो चला था।

4. **यह 'परवर्ती रोमन' अभिजात वर्ग अत्यधिक धनवान था, किंतु कई तरीकों से यह विशुद्ध सैनिक संभ्रांत वर्ग से कम शक्तिशाली था, जिनकी पृष्ठभूमि अधिकतर अभिजात वर्गीय नहीं थी। 'मध्यम' वर्गों में अब नौकरशाही और सेना की सेवा से जुड़े आम लोग शामिल थे, किंतु इसमें अपेक्षाकृत अधिक समृद्ध सौदागर और किसान भी शामिल थे, जिनमें बहुत-से लोग पूर्वी प्रांतों के निवासी थे। टैसिटस ने इस सम्माननीय मध्यम वर्ग का महान सीनेट गृहों के आश्रितों के रूप में वर्णन किया है। मुख्य रूप से सरकारी सेवा और राज्य पर निर्भरता ही इन मध्यम वर्गीय परिवारों का भरण-पोषण करती थी। उनसे नीचे भारी संख्या में निम्नतर वर्गों का एक विशाल समूह था, जिन्हें सामूहिक रूप से ह्यूमिलिओरिस यानी 'निम्नतर वर्ग' कहा जाता था। इनमें ग्रामीण श्रमिक शामिल थे, जिनमें बहुत से लोग स्थायी रूप से बड़ी जागीर में नियोजित थे; औद्योगिक और खनन प्रतिष्ठानों के कामगार; प्रवासी कामगार, जो अनाज तथा जैतून की फ़सल कटाई और निर्माण उद्योग के लिए अधिकांश श्रम की पूर्ति करते थे; स्व-नियोजित शिल्पकार, जो ऐसा बताया जाता था कि मज़दूरी पाने वाले श्रमिकों की तुलना में बेहतर खाते-पीते थे; बहुत बड़ी संख्या में कभी-कभी काम करने वाले श्रमिक, विशेषकर बड़े शहरों में और वस्तुतः हजारों गुलाम, जो विशेष रूप से पूरे पश्चिमी साम्राज्य में पाए जाते थे।**

पाँचवीं शताब्दी के प्रारंभिक काल के एक इतिहासकार ओलिंपिओडोरस ने, जो एक राजदूत भी था, लिखा है कि रोम नगर में रहने वाले कुलीन परिवारों को उनकी संपदाओं से वार्षिक आय 4000 पाउंड सोने के बराबर होती थी। इसमें वह उपज शामिल नहीं थी, जिसका उपभोग वे सीधे कर लेते थे।

(i) **ह्यूमिलिओरिस किसे कहा जाता था?**

उत्तर मध्यम वर्गीय परिवारों से नीचे भारी संख्या में निम्नतर वर्गों का एक विशाल समूह था, जिन्हें सामूहिक रूप से ह्यूमिलिओरिस अर्थात् 'निम्नतर वर्ग' कहा जाता था। इनमें ग्रामीण श्रमिक शामिल थे, जिनमें बहुत-से लोग स्थायी रूप से बड़ी जागीर में नियोजित थे।

(ii) **कॉन्स्टैनटाइन ने सोने पर आधारित नई मौद्रिक प्रणाली क्यों स्थापित की?**

उत्तर परवर्ती साम्राज्य में प्रथम तीन शताब्दियों से प्रचलित चाँदी आधारित मौद्रिक प्रणाली समाप्त हो गई, क्योंकि स्पेन को खानों से चाँदी प्राप्त होनी बंद हो गई थी और सरकार के पास चाँदी की मुद्रा के प्रचलन के लिए पर्याप्त चाँदी नहीं थी। कॉन्स्टैनटाइन ने सोने पर आधारित नई मौद्रिक प्रणाली स्थापित की परवर्ती पूर्ण पुराकाल में इन मुद्राओं का भारी मात्रा में प्रचलन रहा।

(iii) **'परवर्ती रोमन' साम्राज्य में अभिजात वर्ग से क्या तात्पर्य है?**

उत्तर परवर्ती रोमन साम्राज्य में अभिजात वर्ग अत्यधिक धनवान था, किंतु कई तरीकों से यह विशुद्ध सैनिक सभ्रांत वर्ग से कम शक्तिशाली था, जिनकी पृष्ठभूमि अधिकतर अभिजात वर्गीय नहीं थी।

मानचित्र आधारित प्रश्न

1. दिए गए पश्चिम एशिया के मानचित्र में कुछ बिंदु 1, 2, 3, 4 और 5 को दर्शाया गया है, जो रोमन साम्राज्य के पूर्वी सीमाओं के स्थानों को प्रदर्शित करते हैं। इन स्थानों को पहचानकर उनके नाम लिखिए।

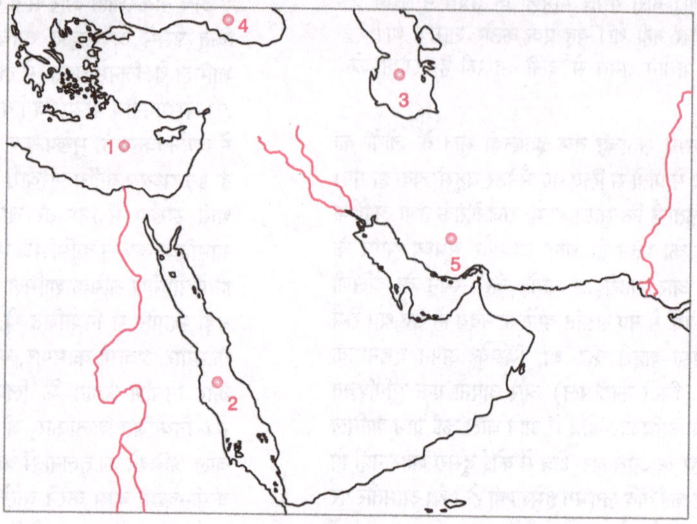

उत्तर 1. भूमध्य सागर 2. लाल सागर 3. कैस्पियन सागर
4. काला सागर 5. अरब की खाड़ी

2. इसी मानचित्र पर निम्नलिखित बिंदुओं को भी दर्शाइए

(a) मदीना (b) मक्का
(c) बुखारा (d) समरकंद और बगदाद

उत्तर

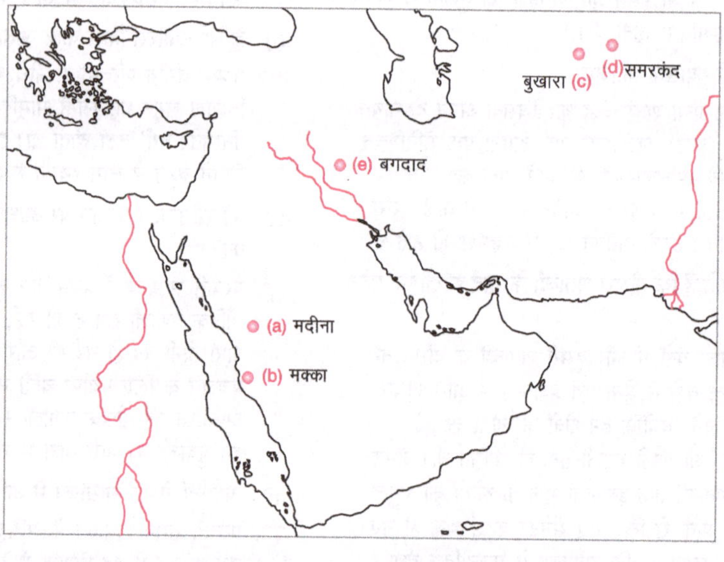

स्वयं को जाँचें

वस्तुनिष्ठ प्रश्न

1. वह रोमन सम्राट कौन था, जिसने सैनेटरों को सैन्य कमान से बाहर रखने के लिए प्रांतीय उच्च वर्गों के उदय को मजबूत किया?

(a) टिबेरियस (b) गैलीनस
(c) ऑगस्टस (d) कॉन्स्टैनटाइन

2. सेंट ऑगस्टीन उत्तरी अफ्रीकी शहर .... के बिशप थे।

(a) हिप्पो (b) अन्नाबा
(c) न्यूमिडिया (d) अल्जीरिया

3. रोमन साम्राज्य और जनजातियों में संघर्ष का प्रमुख कारण क्या था?

(a) व्यापार (b) बसना
(c) सैन्य-भर्ती (d) ये सभी

4. रोमन साम्राज्य की कौन-सी प्रणाली सरकार की प्रणाली थी, जिसमें वास्तविक शक्ति सीनेट में निहित थी?

(a) मार्क्सवादी (b) रिपब्लिकन
(c) डेमोक्रेट (d) माओवादी

5. नीचे दी गई जानकारी के आधार पर बताइए कि यह रोमन साम्राज्य के किस वर्ग को दर्शाती है?

- इस समूह को ह्यूमिलिओरिस कहा जाता था।
- इसमें औद्योगिक एवं खनन प्रतिष्ठानों के कामगार सम्मिलित थे।

(a) अभिजात वर्ग
(b) मध्यम वर्ग
(c) निम्नतर वर्ग
(d) दास

6. दिए गए कथन एवं कारण के संदर्भ में सही कूट का चयन करें

अभिकथन (A) भौतिक अवशेष मुख्यतः पुरातात्विक स्रोतों की श्रेणी में आते हैं।

कारण (R) इसमें इमारतें, स्मारक, मिट्टी के बर्तन, सिक्के आदि का अध्ययन किया जाता है।

कूट

(a) A और R दोनों सही हैं तथा R, A की सही व्याख्या है
(b) A और R दोनों सही हैं, परंतु R, A की सही व्याख्या नहीं है
(c) A सही है, किंतु R गलत है
(d) A गलत है, किंतु R सही है

7. नीचे दी गई जानकारी के आधार पर लेखक की पहचान करें?

- जमींदारों को अपनी जरूरत से दुगनी संख्या में उपकरण का भंडार रखना चाहिए।
- दस-दस श्रमिकों को समूह बनाना चाहिए।
- समूह को बताना चाहिए कि कौन-सा कार्य करेगा?

(a) प्लिनी/प्लनी (b) कोलूमेल्ला
(c) मैपालिया (d) स्ट्रैबो

अतिलघु उत्तरीय प्रश्न

8. रोम साम्राज्य के सिंकदरिया की फ्रैंकिन्सेंस की फक्ट्रियों में काम करने वाले श्रमिकों को कठोरता से नियंत्रित किया जाता था वर्णन करें।

9. परवर्ती रोमन साम्राज्य को इतिहासकारों ने किल कालखंड के बीच माना है?

10. चीनी लोगों द्वारा रोमन साम्राज्य के किन क्षेत्रों को 'ता-चिन' कहा गया था?

11. रोमन साम्राज्य का वर्गीकरण कितने चरणों में किया गया है?

12. रोमन राजनीति में 'तीन मुख्य खिलाड़ी' से क्या तात्पर्य है?

13. रोम के शहरी जीवन की एक मुख्य विशेषता क्या थी?

लघु उत्तरीय प्रश्न

14. रोम के लोग अपने कामगारों के साथ कैसा बर्ताव करते थे? स्पष्ट करें।

15. रोमन साम्राज्य के उन भू-भागों के बारे में बताएँ, जो असाधारण उर्वरता के लिए जाने जाते थे।

16. रोम साम्राज्य और फारस साम्राज्य के मध्य अंतर स्पष्ट कीजिए।

17. रोमन साम्राज्य में डायोक्लीशियम के समय में राज्य के ढाँचे एवं अर्थव्यवस्था में परिवर्तन पर चर्चा करें।

18. ह्यूमिलिओरिस पर एक संक्षिप्त लेख लिखिए।

दीर्घ उत्तरीय प्रश्न

19. रोम साम्राज्य में दास प्रजनन की आवश्यकता क्यों महसूस की गई? वर्णन करें।

20. एम्फोरा हमें रोम काल के भूमध्य सागरीय क्षेत्र के आर्थिक जनजीवन के बारे में क्या बताते हैं?

21. सम्राट डायोक्लीशियन के समय में रोम साम्राज्य में क्या-क्या परिवर्तन हुए?

22. कॉन्स्टैनटाइन किस प्रकार का शासक था। उसके सयम की प्रमुख घटनाओं पर संक्षिप्त टिप्पणी लिखिए।

3

अध्याय

इस अध्याय में उस विवेचना को शामिल किया गया है कि कैसे चंगेज खान के नेतृत्व में मंगोलों द्वारा पारंपरिक रीति-रिवाजों को अपनाकर एक शक्तिशाली सैन्य और प्रभावी शासन का निर्माण किया गया।

▼ अध्ययन एक नजर में

▼ अभ्यास के लिए

- बहुविकल्पीय प्रश्न 33, चित्र आधारित, अभिकथन/कारण, सुमेलित कीजिए
- वर्णनात्मक प्रकार के प्रश्न (लघु उत्तरीय प्रश्न 16, दीर्घ उत्तरीय प्रश्न 5)
- स्रोत आधारित प्रश्न 3, मानचित्र आधारित प्रश्न 2

यायावर साम्राज्य

इस साम्राज्य ने यूरोपीय इतिहास को महत्त्वपूर्ण आकार दिया और अपने स्वयं के समाज में एक परिवर्तन को शामिल किया। विविध लोगों और प्रणालियों वाले विशाल साम्राज्य पर शासन करने के लिए (मंगोलो को) नवाचार और समझौता करने की आवश्यकता थी, जिससे एक खानाबदोश साम्राज्य का निर्माण हो सका।

3.1 मंगोल के बारे में ऐतिहासिक स्रोत

- इन मैदानी (स्टेपी) इलाकों के खानाबदोशों का अपना कोई साहित्य नहीं था। इसलिए यायावर समाजों के अध्ययन के लिए मुख्य ऐतिहासिक स्रोत **इतिवृत्त**[1], यात्रा वृत्तांत एवं नगरीय साहित्यकारों के दस्तावेज हैं, लेकिन इन स्रोतों पर पूरी तरह विश्वास नहीं किया जा सकता, क्योंकि ये अज्ञात सूचना एवं पूर्वाग्रह से लिखे गए हैं।
- मंगोलों की साम्राज्य संबंधी सफलताओं से आकर्षित होकर राज्याश्रय प्राप्त अनेक विद्वानों ने सहानुभूतिपरक विवरण दिया है।
- इन विद्वानों में मुख्य रूप से बौद्ध, कंफ्यूशियसवादी, ईसाई, तुर्क तथा मुसलमान विद्वान सम्मिलित थे। इन विद्वानों द्वारा मंगोलों की प्रशंसा में अनेक **प्रशस्तियाँ**[2] (Eulogies) लिखी गई हैं।
- अभ्रमशील समाजों के इन यायावरों (खानाबदोशों) को इतिहासकारों द्वारा 'आदिम बर्बर' (जंगली) के रूप में प्रस्तुत किया गया।

3.2 मंगोलों पर विभिन्न शोध

मंगोलों पर रूसी विद्वानों का शोध

- मंगोलों पर सर्वाधिक महत्त्वपूर्ण शोधकार्य रूसी विद्वानों द्वारा 18वीं और 19वीं शताब्दियों में किया गया। इस समय रशियन जार (Russian Tsarist) मध्य एशियायी क्षेत्रों में अपनी शक्ति को सुदृढ़ बनाने के लिए तैयार थे।

1 इतिवृत्त (Chronicles) यह आत्मकथात्मक शैली की गद्य विधा है। इसके द्वारा कोई लेखक अपने जीवन को आधार बनाकर इतिहास की जानकारी प्रस्तुत करता है।

2 प्रशस्ति (Eyoloyg) किसी व्यक्ति या वस्तु की प्रशंसा में लिखा गया भाषण या ग्रंथ

- ये शोधकार्य यात्रियों, सैनिकों, व्यापारियों और पुराविदों द्वारा औपनिवेशिक वातावरण में सर्वेक्षण टिप्पणियों के रूप में तैयार किए गए।

मंगोलों के विषय में मार्क्सवादी इतिहास लेखन

- 20वीं सदी में मार्क्सवादी इतिहासकारों ने तर्क दिया कि मंगोल साम्राज्य आदिवासी से संघीय समाज में परिवर्तित हो रहा था।
- एक आदिवासी समाज में, सभी समान होते हैं, चाहे उसकी संपत्ति कुछ भी हो। हालाँकि एक सामंती समाज में, जमीन के मालिक और उस पर काम करने वाले किसानों के बीच बड़ा अंतर होता था।

अन्य विद्वानों के द्वारा शोधकार्य

- **बोरिस याकोवालेविच ब्लादिमीरस्टॉव** (Boris Yakovlevich Vladimirtsov) के शोध से भी मंगोल भाषाओं, समाज एवं संस्कृति के विषय में महत्त्वपूर्ण जानकारी उपलब्ध होती है।
- **वैसिली व्लैदिमिरोविच बारटोल्ड** (Vasily Vladimirovich Bartold) की रचनाएँ चंगेज खान की उपलब्धियों पर प्रकाश डालती हैं। बारटोल्ड द्वारा मंगोलों के जीवन और उनकी उपलब्धियों के सकारात्मक एवं सहानुभूतिपरक (Sympathetic) विवरण दिए जाने के कारण अभिवेचकों अर्थात् सेंसर बोर्ड के सदस्यों ने उनकी रचनाओं पर प्रतिबंध लगा दिया।
- 1960 के दशक में ख्रुश्चेव युग में उनकी रचनाओं को नौ खंडों में प्रकाशित किया गया।

अधिक स्रोतों के साथ समस्या

- मंगोल साम्राज्य के पार-महाद्वीपीय (Trans Continental) विस्तार की सामग्री अनेक भाषाओं में प्राप्त होती है। इनमें महत्त्वपूर्ण स्रोत चीनी, मंगोली, फारसी और अरबी भाषा से प्राप्त हैं तथा महत्त्वपूर्ण सामग्रियाँ इतालवी, लातिनी, फ्रांसीसी और रूसी भाषा में प्राप्त होती हैं।
- इन सभी स्रोतों एवं सामग्रियों में एक ही मूलग्रंथ को अलग-अलग भाषाओं में प्रस्तुत किया गया है तथा ये इतिहासकारों को चुनौतियाँ प्रस्तुत करते हैं। उदाहरण के लिए, चंगेज खान के विषय में सबसे प्राचीन विवरण **मंगकोल-उन-न्यूतोबिअन** (मंगोलों के गोपनीय इतिहास), जो मंगोल और चीनी दोनों भाषाओं में उपलब्ध हैं, एक-दूसरे से अलग विवरण प्रस्तुत करते हैं।
- मंगोलों ने अपने बारे में स्वयं बहुत कम साहित्यों की रचना की है।
- इगोर दे रखेविल्ट्स (Igor de Rachewiltz) की रचना 'मंगोलों का गोपनीय इतिहास' तथा **गरेहार्ड डोरफर** (Gerhard Doerrfer) की रचना **मंगोल एंड टरकिश टर्मिनोलॉजीज** (Mongol and Turkish Terminologies) इत्यादि ग्रंथों में प्रयुक्त अनेक तकनीकी शब्द फारसी भाषा में प्रविष्ट कर गए, जिनके कारण मध्य एशिया के यायावरों के इतिहास को जानने में कठिनाई उत्पन्न होती है।

3.3 मंगोल

- मंगोल विभिन्न जनसमुदाय का एक निकाय अर्थात् संस्था थी। मंगोल पूर्व में स्थित तातार, खितान और मंचू तथा पश्चिम में स्थित तुर्की कबीलों से भाषा की दृष्टि से समानता रखते थे।
- मंगोल समुदाय को दो वर्गों में विभाजित किया जा सकता है— पशुपालक एवं शिकारी संग्राहक।

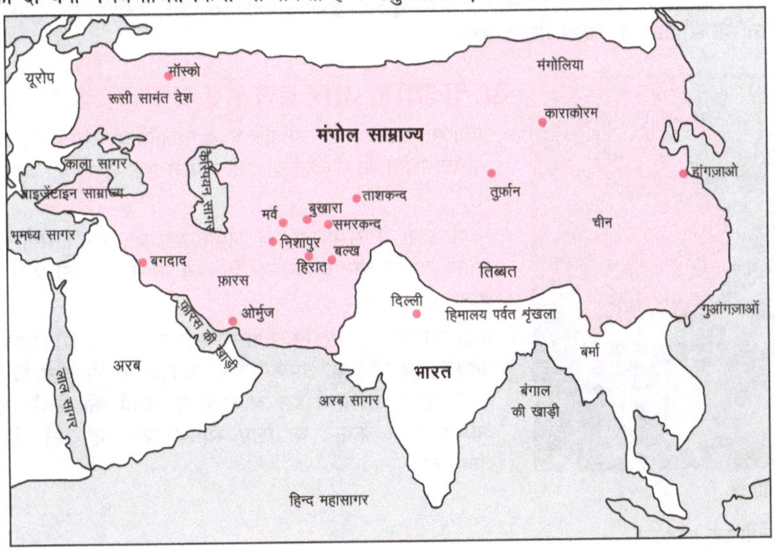

चरवाहे मंगोल

- पशुपालक समुदाय (Postoralists) के लोग घोड़ों, भेड़ों, बकरियों तथा ऊँटों को पालते थे। इस समुदाय के लोगों का उद्‌भव मध्य एशिया की चारण भूमि (स्टेपीज) के कारण हुआ।
- वर्तमान समय में स्टेपीज, मंगोलिया राज्य का भू-भाग है। यह भू-भाग हरे घास के मैदानों से घिरा हुआ है।
- स्टेपीज के पश्चिमी भाग में अल्ताई पहाड़ों की बर्फीली चोटियाँ एवं दक्षिणी भाग में शुष्क **गोबी का मरुस्थल** स्थित था। इसके उत्तरी और पश्चिमी क्षेत्र में ओनोन और सेलेंगा जैसी नदियाँ थीं, जिनसे अनेक झरने सिंचित हो रहे थे।

शिकारी-संग्राहक मंगोल

- शिकारी-संग्राहक लोग साइबेरियाई वनों के पास रहते थे, जो पशुपालक कबीलों के आवास क्षेत्र के उत्तर में स्थित था। शिकारी-संग्राहक लोगों की आर्थिक स्थिति पशुपालक समुदाय की अपेक्षा निम्न थी।
- ये समुदाय ग्रीष्मकाल में जानवरों की खाल के व्यापार से अपना जीविकोपार्जन करते थे।
- इस क्षेत्र में वर्ष की सीमित अवधियों में कृषि करना संभव था, क्योंकि इस पूरे क्षेत्र के अधिकतम एवं न्यूनतम तापमान में बहुत अंतर पाया जाता था; जैसे—शीत ऋतु काफी लंबी एवं कठोर होती थी, जबकि ग्रीष्म ऋतु अल्पकालीन अवधि के लिए आती थी।
- यह क्षेत्र पशुपालकों एवं शिकारी-संग्राहकों के भरण-पोषण के लिए समर्थ नहीं था। यही कारण था कि मंगोलों ने कृषि कार्य को नहीं अपनाया।
- ये लोग तंबुओं एवं जरों (Gers) में रहते थे तथा आवश्यकता अनुसार अपने पशुधन के साथ शीतकालीन निवास स्थल से ग्रीष्मकालीन चारण भूमि की ओर चले जाते थे। इन्हीं कारणों से इन क्षेत्रों में नगर का कोई विकास नहीं हो पाया।

मंगोलों की सामाजिक व्यवस्था

- मंगोल समाज के लोगों के परस्पर जुड़ाव का मुख्य कारण नृजातीय (Ethnic) एवं भाषा का होना था। इस समाज के लोग एकसाथ रहते थे, लेकिन आर्थिक संसाधनों की कमी के कारण उनका समाज पितृपक्षीय वंशों में विभाजित हो गया।
- इन वंशों में कुछ लोग काफी धनी थे। इनका परिवार विशाल था। इनके पास अधिक संख्या में पशु और चारण भूमि होती थी। इस कारण धनी परिवारों के अनेक अनुयायी बन जाते थे तथा स्थानीय राजनीति में इन परिवारों का प्रभुत्व होता था।
- समय-समय पर आने वाली प्राकृतिक आपदाएँ; जैसे—भीषण शीत ऋतु के समय एकत्रित की गई शिकार सामग्रियाँ और अन्न भंडार में रखी हुई सामग्रियाँ समाप्त हो जाने की स्थिति में अथवा वर्षा न होने पर घास के मैदानों के सूख जाने पर उन्हें चरागाहों की खोज में भटकना पड़ता था, जिसके परिणामस्वरूप उनमें संघर्ष उत्पन्न होता था।
- मंगोलीय समाज के लोग पशुधन को प्राप्त करने के लिए लूटपाट और निर्बल परिवारों पर आक्रमण करते थे। ये अपनी रक्षा के लिए शक्तिशाली और संपन्न कुलों से मित्रता करते थे, जिसके परिणामस्वरूप **परिसंघ**[3] का निर्माण होता था। ये परिसंघ कुछ अपवादों को छोड़कर प्राय: बहुत छोटे और अल्पकालिक होते थे।
- चंगेज खान की राजनीतिक व्यवस्था पहले के संघों के विपरीत अत्तिला (Attila's) समूह के समान मजबूत और स्थिर थी। वह चीन, ईरान और पूर्वी यूरोप में बेहतर हथियारों के साथ बड़ी सेनाओं से लड़ सकता था।
- मध्य एशिया में खानाबदोशों के अन्य बड़े समूह भी थें; जैसे- जुआन-जुआन, इफ्थालाइट हंस, खितान, तू-चे, उइगुर आदि। इन समूहों का खानाबदोश लोगों के इतिहास पर गहरा प्रभाव पड़ा।

▲ चीन की महान दीवार

खानाबदोश और बसे हुए समाजों के बीच संबंध

- यायावर साम्राज्य के सामाजिक व राजनैतिक संगठन कृषि अर्थव्यवस्थाओं से अधिक भिन्न थे, लेकिन ये दोनों समाज एक-दूसरे की व्यवस्था से अनभिज्ञ नहीं थे।
- स्टेपी क्षेत्रों में संसाधनों की अपर्याप्तता के कारण मंगोल एवं अन्य यायावरी समाज को व्यापार एवं वस्तु-विनिमय के लिए अपने पड़ोसी देश चीन के पास जाना पड़ता था।
- वस्तु विनिमय के अंतर्गत यायावरी लोग घोड़े, फर और शिकार को खेती से प्राप्त उत्पादों एवं लोहे के उपकरणों से अदला-बदली चीन के स्थायी निवासियों से करते थे। कभी-कभी इस व्यवस्था में संघर्ष की स्थिति उत्पन्न हो जाती थी। अधिक लाभ कमाने के लिए सैनिक कार्यवाही को भी शामिल कर लिया जाता था।

3 **परिसंघ** आपसी सहयोग तथा समन्वय से बना एक गठबंधन।

- मंगोल कबीले चीन के व्यापारियों के साथ व्यापार करते थे, तो वे अपने चीनी पड़ोसियों को व्यापार में बेहतर शर्तें रखने के लिए विवश कर देते थे।
- मंगोलों का जीवन अस्त-व्यस्त होने पर ही इन संबंधों में बदलाव आता था। ऐसी स्थिति में चीनी लोग अपने प्रभाव का प्रयोग, स्टेपी-क्षेत्र में बड़े आत्मविश्वास के साथ करते थे।
- इन सीमावर्ती झड़पों से स्थायी समाज कमजोर पड़ने लगा। उन्होंने कृषि को अव्यवस्थित कर दिया और नगरों को लूटा।
- 8वीं शताब्दी में चीनी शासकों ने यायावर समूहों के हमले से अपनी प्रजा को बचाने के लिए किलेबंदी (Fortification) प्रारंभ कर दी।
- तीसरी शताब्दी ई. पू. से इन किलेबंदियों का एकीकरण सामान्य रक्षात्मक ढाँचे के रूप में किया गया, जिसे वर्तमान में **चीन की महान दीवार** (Great Wall of China) के रूप में जाना जाता है।

चेक प्वॉइंट 1

1. दो प्रसिद्ध विद्वानों के नाम बताइए, जिन्होंने मंगोलों के इतिहास पर कार्य किया है।
2. मंगोलों द्वारा अमीरों और शक्तिशाली लोगों के साथ बनाए गए संघों के लिए किस शब्द का प्रयोग किया जाता है?
3. मंगोलिया के बारे में कोई एक विशेषता बताइए।
4. शिकारी-संग्राहक लोग किस स्थान पर रहते थे?
5. चीनियों ने स्वयं को बचाने के लिए किस रक्षात्मक संरचना का निर्माण किया था?

3.4 चंगेज खान

- चंगेज खान महान मंगोल शासक था, जिसका जन्म आधुनिक मंगोलिया के उत्तरी भाग में ओनोन (Onon) नदी के निकट 1162 ई. के आस-पास हुआ।
- इनके बचपन का नाम **तेमुजिन** था।
- इसके पिता **येसूजेई** (Yesugei) कियात कबीले के प्रमुख थे। कियात कबीले का संबंध **बोरजिगिद कुल** (Borjigid Dynasty) से था, जो परिवारों का एक समूह था।
- येसूजेई की अल्पायु में ही मृत्यु हो गई थी। पिता की असामयिक मृत्यु के कारण चंगेज खान तथा उसके सगे एवं सौतेले भाइयों का लालन-पालन उसकी माता **ओलुन-इके** (Oelun-Eke) ने किया था।
- चंगेज खान ने 1170 ई. में अनेक कठिनाइयों का सामना किया। इसी वर्ष चंगेज खान और उनकी पत्नी **बोरटे** (Borte) का अपहरण कर लिया गया, जिसे छुड़ाने के लिए चंगेज खान ने युद्ध किया। इस युद्ध में **बोघूरचू** उनका प्रथम मित्र बना और आजीवन उसके साथ विश्वस्त साथी के रूप में बना रहा। उसका सगा भाई जमूका (आंडा) भी उसका एक और विश्वसनीय मित्र था।
- उसने कैराईट (Kereyete) लोगों के शासक व अपने वृद्ध सगे भाई तुगरिल उर्फ ओंग खान के साथ पुराने रिश्तों की पुनर्स्थापना की।

तुमेजिन से चंगेज खान

- जमूका चंगेज खान का सगा भाई एवं विश्वसनीय मित्र था, जो बाद में उसका शत्रु बन गया। 1180 और 1190 के दशकों में चंगेज खान ने ओंग खान की सहायता से जमूका को परास्त किया।
- जमूका को पराजित करने से चंगेज खान का आत्मविश्वास बढ़ गया और वह आगे के अभियानों में जुट गया, जिसके परिणामस्वरूप उसने अपने पिता के हत्यारे, तातार, कैराइट और ओंग खान को 1203 ई. में पराजित किया।
- 1206 ई में शक्तिशाली जमूका और नेमन लोगों को निर्णायक रूप से पराजित करने के बाद चंगेज खान स्टेपी क्षेत्र की राजनीति में सबसे प्रभावशाली व्यक्ति के रूप में सामने आया।

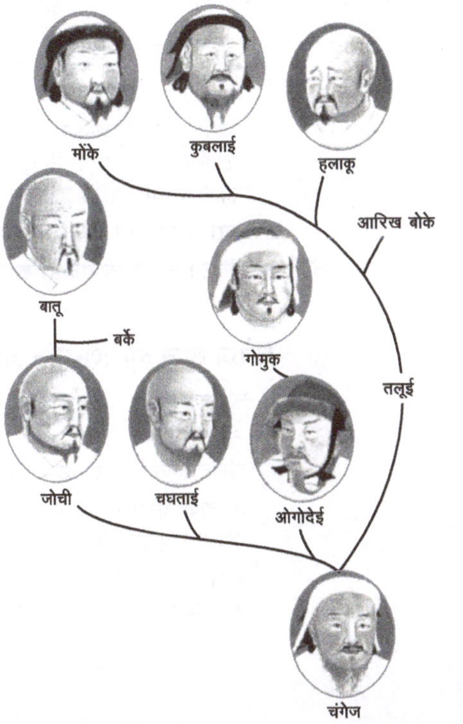

▲ मंगोल वंश

- 1206 ई. में कुरिलताई से मान्यता मिलने से पूर्व चंगेज खान ने मंगोल लोगों को एक सशक्त अनुशासित सैन्य शक्ति के रूप में पुनर्गठित कर लिया था।
- चंगेज खान की इस उपलब्धि से खुश होकर **कुरिलताई** (मंगोल कबीले के सरदारों की एक सभा) ने **चंगेज खान को समुद्री खान** (Oceanic Khan) या **सार्वभौम शासक** (Universal Ruler) **की उपाधि** के साथ मंगोलों का **महानायक** (Great Khan) घोषित कर दिया।

चंगेज खान के अभियान

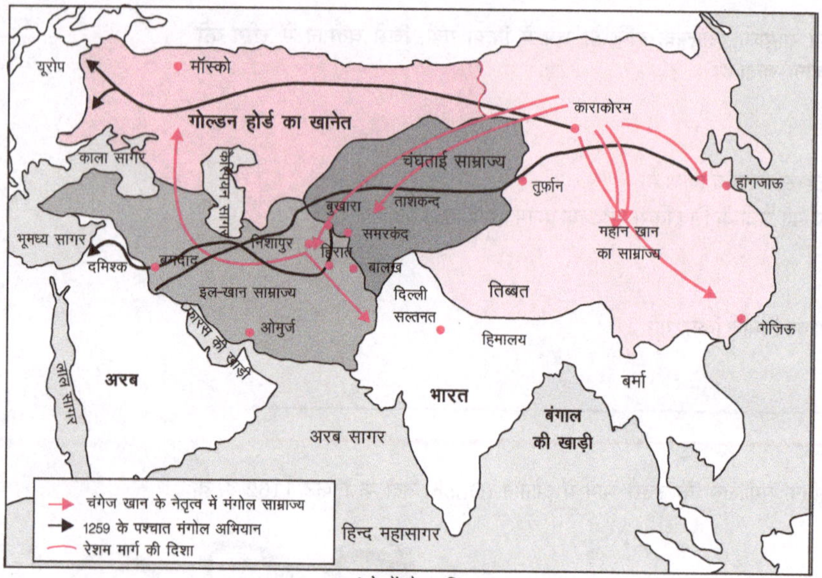

▲ मंगोलों के अभियान

- तत्कालीन समय में चीन उत्तर-पश्चिमी, उत्तरी एवं दक्षिणी तीन क्षेत्रों में विभक्त था।
  (i) **सी-सिआलोग** (Hsi Hasia) लोग, उत्तर-पश्चिम प्रांतों के तिब्बत मूल के निवासी
  (ii) **जरनेज** लोगों के चिन राजवंश जो पेकिंग से उत्तरी चीन क्षेत्र का शासन चला रहे थे।
  (iii) **शुंग राजवंश** जिनके अधिपत्य में दक्षिणी चीन था।
- दक्षिणी चीन में शुंग राजवंश का शासन था। चंगेज खान ने 1209 ई. में सी-सिआ लोगों को पराजित किया। 1213 ई. में चीन की महान दीवार पर आक्रमण कर 1215 ई. में पेकिंग नगर में लूटपाट की।
- 1218 ई. में मंगोलों ने **करा खिता**[4] (Qara Khita) को पराजित किया। करा खिता सेना चीन के उत्तर-पश्चिम में स्थित तियेन-शान की पहाड़ियों को नियंत्रित करती थी।
- करा खिता को पराजित करने के बाद मंगोलों का साम्राज्य अमू दरिया, तुरान और ख्वारिज्म राज्यों तक विस्तृत हो गया था।
- ख्वारिज्म के सुल्तान मुहम्मद द्वारा मंगोल दूतों की हत्या कर दी गई, जिससे चंगेज खान क्रोधित हुआ और 1219-21 ई. के मध्य ख्वारिज्म साम्राज्य के विरुद्ध अभियान आयोजित कर ओट्रार, बुखारा, समरकंद, बल्ख, गुरगंज, मर्व, निशापुर और हेरात जैसे नगरों को आत्मसमर्पण के लिए विवश कर दिया।
- करा खिता मध्य एशिया में स्थित खितानी लोगों का साम्राज्य था, इसे पश्चिमी लियाओ साम्राज्य भी कहा जाता था।
- मंगोलों ने अजरबैजान में, ख्वारिज्म के सुल्तान मुहम्मद की तलाश की और क्रीमिया में रूसी सेना को हरा दिया, मंगोल सेना की एक अन्य शाखा ने सुल्तान के बेटे जलालुद्दीन को अफगानिस्तान और सिंध प्रांत से भगा दिया।

चंगेज खान की रणनीति और कौशल

- चंगेज खान का अधिकांश जीवन युद्धों में व्यतीत हुआ। वह एक सफल सैनिक शासक था। उसकी सैनिक उपलब्धियाँ विस्मित कर देने वाली थीं।
- चंगेज खान ने बड़ी चतुराई से मंगोल एवं तुर्क के कुशल घुड़सवारों को सम्मिलित कर सेना को गतिवान बना दिया।
- तीरंदाजी कला में निपुण व्यक्तियों को घुड़सवारी सेना में शामिल किया। स्टेपी प्रदेश की भौगोलिक परिस्थितियों के कारण घुड़सवार तेज एवं फुर्तीले थे।
- सैन्य अभियान से पहले घुड़सवारों को समीपवर्ती भू-भागों तथा मौसम की जानकारी दी जाती थी। मंगोल अपने अभियान संभवत: शीत ऋतु में आरंभ करते थे।

---

4 **करा खिता** (Qara Khita) यह यूरेशिया का एक स्थल था। इसकी राजधानी बालासागन थी। 1218 ई. में इसकी पराजय के बाद मंगोलों की सीमा में विस्तार हुआ।

- वे शत्रु के शिविरों तक पहुँचने के लिए बर्फ से जमी नदी का प्रयोग राजमार्गों की तरह करते थे।
- चंगेज खान ने **घेराबंदी यंत्र**[5] (Siege Engine) और **नेफ्था बमबारी** के महत्त्व को समझते हुए, उसे अपनी सेना में शामिल किया।
- चंगेज ने अपने शत्रुओं के विरुद्ध **हल्के उपकरणों** का प्रयोग किया, जो काफी प्रभावी रहे।

चंगेज खान के अधीन सैन्य संगठन

- विभिन्न मंगोल जनजातियों के एकीकरण एवं विभिन्न सफल अभियानों के परिणामस्वरूप चंगेज खान की सेना में अनेक नए सदस्य सम्मिलित हो गए थे। इससे सेना अधिक विविधता से युक्त हो गई।
- तुर्कीमूल के उइगुर समुदाय के लोग और कैराइटों जैसे पराजित लोग सेना में प्रमुख रूप से शामिल थे।
- चंगेज खान ने सेना के संगठन के लिए स्टेपी क्षेत्रों की पुरानी दशमलव पद्धति को अपनाया। इस पद्धति में सैनिकों को दस, सौ, हजार और दस हजार सैनिकों की इकाई में विभाजित किया गया था।
- उसने स्टेपी क्षेत्र की पुरानी सामाजिक व्यवस्था को परिवर्तित किया और विभिन्न वंशों और कुलों को एकीकृत करके इन सभी को एक नवीन पहचान प्रदान की।
- नई सैनिक टुकड़ियाँ, विशेष रूप से चयनित कप्तानों के अधीन कार्य करती थीं, जिन्हें **नोयान** कहा जाता था।
- इस प्रकार चंगेज खान ने प्राचीन जनजातीय समूहों को विभाजित कर उनके सदस्यों को नवीन सैनिक इकाइयों में विभक्त कर दिया। इस पद्धति में अनुशासन को वरीयता दी गई थी। जो व्यक्ति इसका पालन नहीं करता, उसको कठोर दंड दिया जाता था।

अनुयायियों को पुरस्कार

- चंगेज खान ने सार्वजनिक रूप से अनेक ऐसे व्यक्तियों को आंडा (सगा भाई) कहकर सम्मानित किया। ऐसे अन्य और भी कई आंडा से निम्न श्रेणी के स्वतंत्र व्यक्ति भी थे, इन्हें चंगेज खान ने नौकर के पद पर रखा। नौकर का पद इन लोगों का अपने स्वामी के साथ गहरा संबंध दर्शाता है।
- इस प्रकार से नए वर्गीकरण ने पूर्व से चले आ रहे सरदारों के अधिकार को सुरक्षित नहीं रखा, जबकि नए प्रकार से उभरे अभिजात्य वर्ग ने अपनी प्रतिष्ठा मंगोलों के महानायक के साथ अपने करीबी रिश्ते से प्राप्त की।

चंगेज खान के पुत्रों के तहत राजनीतिक संगठन

- चंगेज खान ने **उलुस**[6] (Ulus) नामक क्षेत्र का गठन करके नवविजित क्षेत्रों के शासन का भार अपने चारों पुत्रों (जोची, ओगोदेई, चघताई तोलोए) को सौंप दिया। मौलिक रूप से उलुस शब्द किसी निश्चित भू-भाग का प्रतीक नहीं था।
- चंगेज खान ने अपने सबसे बड़े पुत्र जोची को रूसी स्टेपी प्रदेश दिया, जिसका विस्तार सुदूर पश्चिम तक था, किंतु उसकी दूरस्थ सीमा का निर्धारण नहीं हुआ था।
- चंगेज खान ने अपने दूसरे पुत्र चघताई को तुरान का स्टेपी क्षेत्र तथा पामीर के पहाड़ का उत्तरी क्षेत्र दिया।
- चंगेज खान ने अपने सरदारों को संकेत दे दिया कि उसका तीसरा पुत्र ओगोदेई महान खान की उपाधि के साथ उसका उत्तराधिकारी बनेगा।
- ओगोदेई ने सिंहासनारोहण के बाद अपनी राजधानी कराकोरम में स्थापित की तथा 1227 से 1241 ई. तक शासन किया। चंगेज खान के सबसे छोटे पुत्र तोलोए को मंगोलिया की पैतृक भूमि प्राप्त हुई।
- चंगेज खान का यह विचार था कि उनके पुत्र साथ में साम्राज्य का शासन करेंगे और इसी का ध्यान रखते हुए विभिन्न राजकुमारों के लिए अलग-अलग सैन्य टुकड़ियाँ (तामा) निर्धारित कर दीं।
- परिवार के सदस्यों में राज्य की भागीदारी का बोध सरदारों की परिषद् (करिलताई) में होता था, जिसमें परिवार या राज्य के भविष्य के निर्णय, अभियानों, लूट के माल का बँटवारा, चरागाह भूमि और उत्तराधिकार आदि के समस्त निर्णय सामूहिक रूप से लिए जाते थे।

चंगेज खान के अधीन व्यापार और संचार प्रणाली

- **हरकारा पद्धति** (Courier System) मध्य काल की एक प्रमुख संचार पद्धति थी। चंगेज खान ने राज्य के दूरवर्ती क्षेत्रों में परस्पर संपर्क बनाए रखने के लिए इस संचार पद्धति को अपनाया हुआ था। इस पद्धति के अंतर्गत निश्चित दूरी पर बनाई गई चौकियों में शक्तिशाली घोड़ों तथा घुड़सवार संदेशवाहकों को रखा जाता था।

---

5 **घेराबंदी यंत्र** (Siege Engine) यह एक युद्ध तकनीकी है, जिसके द्वारा युद्ध में नगर दीवार को भेदने का काम किया जाता था। चंगेज खान ने इस युद्ध तकनीकी का व्यापक प्रयोग किया था।

6 **उलुस** (Ulus) चंगेज खान ने सामाजिक पदानुक्रम में परिवर्तन करते हुए नवविजित लोगों का शासन अपने चार पुत्रों के अंतर्गत उलुस में कर दिया।

- इन घुड़सवार संदेशवाहकों के द्वारा कोई भी सूचना तीव्र गति से महान खानों तक पहुँचाई जाती थी। इस संचार पद्धति की व्यवस्था करने के लिए मंगोल यायावर अपने पशु समूहों से अपने घोड़े अथवा अन्य पशुओं का दसवाँ हिस्सा प्रदान करते थे, जिसे **कुबकुर कर** (Qubcur Tax) कहा जाता था।
- इस कर को यायावर लोग अपनी स्वेच्छा से प्रदान करते थे, जिससे उन्हें अनेक लाभ प्राप्त होते थे।
- हरकारा पद्धति को 'याम' भी कहा जाता था।
- चंगेज की मृत्यु के बाद इस संचार पद्धति में और भी सुधार हुआ।
- मंगोलों के समय में **रेशम[7] मार्ग** (Silk Route) पर व्यापारिक एवं भ्रमणकारी गतिविधियों में वृद्धि हुई, किंतु पहले की तरह अब व्यापारिक मार्ग चीन में खत्म न होकर मंगोलिया तथा नवीन साम्राज्य के केंद्र कराकोरम तक पहुँच गए थे।
- मंगोल शासन में सामंजस्य स्थापित करने के लिए संचार और यात्रियों के लिए सुलभ यात्रा की आवश्यकता को देखते हुए यात्रियों को पास जारी किए जाते थे। इन पासों को फारसी में **पैजा** (Paiza) और मंगोल भाषा में **जेरेज** (Gerege) कहा जाता था।
- जिन व्यापारियों को यह सुविधा दी जाती थी, उसके बदले में **बाज** कर लिया जाता था। जिसका तात्पर्य यह था कि वे मंगोल शासन (खान) की सत्ता स्वीकार करते थे।

चेक प्वॉइंट 2

1. चंगेज खान का जन्म कहाँ और कब हुआ था?
2. कुरिलताई क्या है?
3. चंगेज खान ने बदला लेने के लिए किस शहर को नष्ट कर दिया था?
4. चंगेज खान के दो पुत्रों के नाम बताइए।
5. कुबकुर कर क्या था?

3.5 चंगेज खान के बाद मंगोल

- चंगेज खान की मृत्यु (1227 ई.) के पश्चात् 13वीं शताब्दी के मध्य में मंगोल राजवंश में एक नई प्रवृत्ति का जन्म हुआ।
- चंगेज खान के वंशजों के बीच उत्तराधिकार के प्रश्न पर नवविजित क्षेत्रों (उलूस) को लेकर संघर्ष की स्थिति उत्पन्न हुई।
- 13वीं शताब्दी के मध्य तक भाइयों के बीच पिता द्वारा अर्जित संपत्ति को मिल-बाँटकर प्रयोग की अतिरिक्त व्यक्तिगत राजवंश बनाने की भावना का विकास हुआ। इसके अंतर्गत अब प्रत्येक को अपना उलूस (अब यह क्षेत्रीय भावना का नहीं अपितु अधिकृत क्षेत्र के स्वामी का प्रतीक बन गया) स्थापित करना था।

चंगेज खान के पुत्रों द्वारा गठित राजवंश

- चीन और ईरान दोनों पर शासन करने आए तोलुई के वंशजों ने युआन और इल-खानी वंशों की स्थापना की।
- जोची ने 'सुनहरा गिरोह' का गठन किया और रूस के स्टेपी क्षेत्र पर राज किया।
- चघताई के उत्तराधिकारियों ने तुरान के स्टेपी क्षेत्रों पर राज किया, जिसे वर्तमान में तुर्किस्तान कहा जाता है।

यायावर (खानाबदोश) और स्थानबद्ध समाज (बसे हुए समुदायों) के बीच शांति

- आरंभ में मंगोल साम्राज्य में यायावर और स्थानबद्ध समुदायों में पारस्परिक संबंध अच्छे नहीं थे, लेकिन तेरहवीं शताब्दी में इन संबंधों में सुधार होने लगा।
- 1230 ई. में जब उत्तरी चीन में चिन राजवंश की हार हुई, तो कुछ मंगोल सभी किसानों को मार डालना चाहते थे और उनकी भूमि को जानवरों के चरने के लिए शांति में बदलना चाहते थे।
- 1270 के दशक तक शुंग वंश को पराजित करके दक्षिणी चीन को मंगोल साम्राज्य का भाग बना लिया गया था। इस समय **कुबलाई खान**, चंगेज खान का पोता (सबसे छोटे पुत्र तोलुई का वंशज), कृषकों एवं नगरों के रक्षक के रूप में सामने आया।
- 1290 ई. में गजान खान, जो ईरान में एक मंगोल शासक और टोलुई के वंशज थे, ने राज्य को स्थिर और समृद्ध बनाने के लिए लोगों से किसानों के साथ बुरा व्यवहार करने को कहा।

---

7 **रेशम** (Silk) रेशम मार्ग प्राचीनकाल और मध्यकाल में ऐतिहासिक व्यापारिक मार्गों का एक जाल था, जिसके माध्यम से एशिया, यूरोप और अफ्रीका आपस में जुड़े हुए थे। बड़ी मात्रा में चीन के रेशम और रेशमी वस्त्र इसी मार्ग से पश्चिम तक पहुँचाए जाने के कारण इस मार्ग का नाम रेशम मार्ग पड़ा।

चंगेज खान के बाद क्षेत्र का विस्तार

चंगेज की मृत्यु के पश्चात् मंगोल साम्राज्य को मुख्य रूप से दो चरणों में बाँटा गया है

- **प्रथम चरण** इसके अंतर्गत 1236 से 1242 ई. की अवधि को सम्मिलित किया गया है। इस चरण में रूस के स्टेपी क्षेत्र, बुलघार, कीव, पोलैंड तथा हंगरी में मंगोल साम्राज्य को महत्त्वपूर्ण सफलताएँ प्राप्त हुईं।
- **द्वितीय चरण** इसके अंतर्गत 1255 से 1300 ई. तक का समय आता है।

पहले चरण का विस्तार

- चंगेज खान के आदर्शों के अनुसार, उसके पोते मोंके (1251-60 ई.) ने फ्रांस के शासक लुई IX (1226-70 ई.) को युद्ध के लिए चेतावनी दी।
- चंगेज खान का एक अन्य पोता बातू (1236-41 ई.) अपने अभियानों द्वारा सफल होते हुए मॉस्को तक पहुँचा तथा उसने पोलैंड, हंगरी पर कब्जा भी किया।
- मंगोलों के इन अभियानों को देखते हुए 13वीं शताब्दी तक चीन मध्य-पूर्व और यूरोप के लोगों को यह लगने लगा था कि मंगोलों की विजय ईश्वर के योग्य थी और न्याय की शुरुआत थी।

द्वितीय चरण का विस्तार

- 1260 के दशक के पश्चात् पश्चिम के सैन्य अभियानों में प्रारंभिक आवेश की कमी दृष्टिगोचर होने लगी थी।
- वियना, पश्चिमी यूरोप एवं मिस्र पर मंगोल सेनाओं का ही आधिपत्य स्थापित था, किंतु उनका हंगरी के स्टेपी क्षेत्र से पीछे हटना और मिस्र की सेनाओं के हाथों पराजित होना नवीन राजनैतिक प्रवृत्तियों के विकास के सूचक थे।

  पश्चिमी विस्तार में गिरावट के मुख्य कारण निम्न थे

  1. **आंतरिक उत्तराधिकार की राजनीति**
     जोची, ओगोदेई और तोलोए के वंशजों के बीच संघर्ष ने यूरोप में अभियानों को विचलित कर दिया।
  2. **चीन पर अधिक केंद्रित होना**
     तोलोए ने चीन पर विजय प्राप्त करने में रुचि रखते हुए संसाधनों को पश्चिमी विस्तार से हटा दिया।

मंगोलों के अधीन नागरिक प्रशासन

- चंगेज खान और उसके उत्तराधिकारियों ने विभिन्न क्षेत्रों को एकीकृत करते हुए जीते हुए क्षेत्रों में नागरिक प्रशासन की भर्ती की।
- उन्हें अलग स्थानों पर भेजा गया अर्थात् चीनी अधिकारियों को ईरान और फारस भेजा गया।
- इस प्रशासन ने साम्राज्य के विभिन्न हिस्सों को जोड़ने में मदद की। उनके पास ज्ञान और कौशल था, जो खानाबदोशों के बसे हुए लोगों पर हमला करने से रोकने में उपयोगी थे।
- मंगोल खान उन पर तब तक भरोसा करते थे, जब तक वे साम्राज्य के लिए पैसा कमाते थे।

यास: नियमों की संहिता

- **यास**[8] नियमों की एक संहिता थी, जिसमें आखेट की व्यवस्था, सैन्य संगठन, डाकतंत्र आदि की व्याख्या रहती थी। चंगेज खान ने 1206 ई. में किरिलताई में यास को लागू किया था।
- यास को आरंभिक स्वरूप में यसाक लिखा जाता था। यसाक (Yasaq) का अर्थ विधि, आज्ञप्ति तथा आदेश होता था। यसाक का संबंध सैन्य, डाक प्रणाली जैसे प्रशासनिक विनियमों से भी था। मूल रूप से इसे चंगेज खान की विधि संहिता के रूप में जाना जाता है
- 13वीं सदी के मध्य तक मंगोल एक एकीकृत जनसमूह के रूप में सामने आए तथा इन्होंन एक विशाल साम्राज्य की नींव रखी। इन्होंने विभिन्न इतिहास एवं संस्कृतियों वाले समाज पर शासन किया।
- यास नियमों का एक समूह था, जो मंगोल लोगों को एकजुट करने में मदद करता था।

---

8 **यास** (Yaas) यह एक प्रकार की विधि संहिता थी, जिसमें आखेट का व्यवस्थापन, सेना का संगठन, डाकतंत्र आदि के विषय में नियमों का वर्णन किया गया था।

3.6 मंगोलों का विश्व इतिहास में स्थान

- 13वीं सदी में चीन, ईरान तथा पूर्वी यूरोप के विभिन्न देशों में मंगोलों को भय एवं घृणा की दृष्टि से देखा जाता था। इन सबके पश्चात् भी चंगेज खान, मंगोलों के लिए सर्वाधिक महान शासक था।
- चंगेज खान ने शिकार-संग्राहक एवं पशुपालक यायावरों को संगठित किया, उन्हें दीर्घकालीन कबीलाई लड़ाइयों एवं चीनियों के शोषण से मुक्त किया तथा एक विशाल साम्राज्य की आधारशिला रखी, जो कई महाद्वीपों तक फैला हुआ था।
- उसने व्यापार के रास्तों एवं बाजारों को पुनर्स्थापित किया, जिससे प्रभावित होकर लोग मार्को पोलो की तरह दूर की यात्रा से आकर्षित हुए।
- इस साम्राज्य में विभिन्न मतों और आस्थाओं वाले लोग शामिल थे।
- मंगोल शासक स्वयं भी शमन, बौद्ध, ईसाई तथा इस्लाम जैसे धर्मों को मानने वाले थे, लेकिन मंगोल शासकों ने धर्म-सहिष्णुता की नीति का परिचय देते हुए प्रशासनिक एवं सैन्य विभागों में सभी जातियों और धर्मों के लोगों को नियुक्त किया। हालाँकि वे अपनी मान्यताओं को अपने शासन पर प्रभावी नहीं होने देते थे।
- मंगोल शासकों ने विभिन्न समूहों और धार्मिक लोगों को सरकार और सेना में कार्य पर रखा।
- मंगोलों का शासन बहु-जातीय, बहु-भाषी, बहु-धार्मिक था, जिसको अपने बहुविधि संविधान का कोई भय नहीं था।

चंगेज खान-एक प्रेरणा स्रोत के रूप में

- चंगेज खान को एकीकरणकर्ता और साम्राज्य निर्माता के रूप में जाना जाता है, जो भविष्य के नेताओं को प्रेरित करता रहा।
- विभाजित समूहों को एकजुट करने और एक विशाल साम्राज्य बनाने की उसकी प्रेरणा क्षमता का एक महत्त्वपूर्ण स्रोत थी।
- आधुनिक मंगोलिया में चंगेज खान को राष्ट्रीय नायक और प्रतिष्ठित व्यक्ति के रूप में स्थापित किया जाता है, जो राष्ट्रीय पहचान को आकार देता है।
- दशकों के रूसी नियंत्रण के बाद, मंगोलिया एक स्वतंत्र राष्ट्र के रूप में अपनी पहचान बना रहा है।

चेक प्वॉइंट 3

1. चंगेज खान की मृत्यु कब हुई?
2. किस वर्ष मंगोलों ने चीन के चिन साम्राज्य को पराजित किया।
3. उन दो क्षेत्रों का नाम बताइए जहाँ मंगोलों को अपने प्रथम चरण के विस्तार में कब्जा हुआ था?
4. यास क्या था?
5. मंगोलों का मिस्र से पराजित होना किस बात का सूचक था?

टाइमलाइन

लगभग 1167	तेमुजिन का जन्म
1160 और 70 के दशक	दासता और संघर्ष के वर्ष
1180 और 90 के दशक	संधि संबंधों का काल
1203-27	विस्तार और विजय
1206	तेमुजिन को चंगेज खान यानि मंगोलों का 'सार्वभौम शासक' घोषित किया।
1227	चंगेज खान की मृत्यु
1227-41	चंगेज खान के पुत्र ओगोदेई का शासनकाल
1227-60	तीन महान खानों का शासन और मंगोल एकता की स्थापना
1236-42	बातू के अधीन रूस, हंगरी, पोलैंड और ऑस्ट्रिया पर आक्रमण। बातू, चंगेज खान के सबसे बड़े पुत्र जोची का पुत्र था।
1246-49	ओगोदेई के पुत्र गुयूक का काल
1251-60	मोंके, चंगेज खान के पौत्र और तलूई के पुत्र का काल
1253-55	मोंके के अधीन ईरान और चीन में पुनः आक्रमण
1257-67	बातू के पुत्र बर्के का राज्यकाल। सुनहरा गिरोह का नेस्टोरियन ईसाई धर्म से इस्लाम धर्म की ओर पुनः प्रवृत्त होना। 1350 के दशक में उनका इस्लाम में निश्चयात्मक रूप से धर्मांतरण हुआ। इल-खान के विरुद्ध गोल्डन होर्ड और मिस्र देश की मैत्री का प्रारंभ।
1258	बगदाद पर अधिकार और अब्बासी खिलाफत का अंत। मोंके के छोटे भाई हुलेगु के अधीन ईरान में इल-खानी राज्य की स्थापना। जोची और इल-खान के मध्य संघर्ष का प्रारंभ।
1260	पेकिंग में 'महान खान' के रूप में कुबलाई खान का राज्यारोहण। चंगेज खान के उत्तराधिकारियों में संघर्ष। मुगल राज्य अनेक स्वतंत्र भागों में अनेक वंशों में विभक्त—तोलुई, चघताई और जोची (ओगोदेई का वंश पराजित हो गया और तोलुई में मिल गया)।
	तोलूयिद : चीन का यूआन वंश और ईरान का इल-खानी राज्य।
	चघताई : उत्तरी तूरान के स्टेपी क्षेत्र और तुर्किस्तान में रूसी स्टेपी क्षेत्र में जोची वंश था। इसे पर्यवेक्षक 'गोल्डन होर्ड' के नाम से वर्णित करते थे।
1295-1304	ईरान में इल-खानी शासक गजन खान का शासनकाल। उसके बौद्ध धर्म से इस्लाम में धर्मांतरण के बाद धीरे-धीरे अन्य इल-खानी सरदारों का भी धर्मांतरण होने लगा।
1368	चीन में यूआन राजवंश का अंत।
1370-1405	तैमूर का शासन। बरलास तुर्क होते हुए उसने चघताई वंश के आधार पर अपने को चंगेज खान का वंशज बताया। उसने स्टेपी साम्राज्य की स्थापना की। टोलू राज्य चघताई और जोची राज्यों के कुछ हिस्सों (चीन को छोड़कर) को सम्मिलित करते हुए उसने स्टेपी क्षेत्र में एक साम्राज्य का गठन किया। उसने अपने को 'गुरेगेन' (Guregen) 'शाही दामाद' की उपाधि से विभूषित किया और चंगेज खान के कुल की एक राजकुमारी से विवाह किया।
1495-1530	जहीरुद्दीन बाबर, जो तैमूर और चंगेज खान का वंशज था। फरगना और समरकंद के तैमूरी क्षेत्र का उत्तराधिकारी बना, वहाँ से खदेड़ा गया, काबुल पर कब्जा किया और 1526 ई. में दिल्ली और आगरा पर अधिकार जमाया तथा भारत में मुगल साम्राज्य की नींव रखी।
1500	जोची के कनिष्ठ पुत्र शिबान का वंशज शयबानी खान द्वारा तूरान पर आधिपत्य। तूरान में शयबानी सत्ता (शयबानियों को उज्बेग भी कहा जाता था, जिनके नाम से ही वर्तमान उज्बेकिस्तान का नाम पड़ा) को सुदृढ़ किया और इस क्षेत्र से बाबर एवं तैमूर के वंशजों को खदेड़ दिया।
1759	चीन के मंचुओं ने मंगोलिया पर विजय प्राप्त कर ली।
1921	मंगोलिया का गणराज्य।

Mind Map

यायावर साम्राज्य

1 मंगोल साम्राज्य का उदय

चंगेज खान ने सभी मंगोल कबीलों को एकजुट किया और अपने शासन को दैवीय तत्त्वों से जोड़ा।

2 मंगोल

मंगोल समाज

- मंगोल लोग घुमंतू थे और मवेशीपालन व व्यापार के माध्यम से जीवनयापन करते थे।
- मंगोल समाज पितृसत्तात्मक था और अमीर वर्ग के पास अधिक पशु और चरागाह थे।
- चंगेज खान की राजनीतिक प्रणाली टिकाऊ थी और वह बड़ी सेनाओं का मुकाबला कर सकता था।

घुमंतू और स्थायी समाजों के बीच संबंध

- मंगोल और मध्य एशियाई कबीले कृषि उत्पादों और लोहे के बर्तन के बदले में घोड़े, फर आदि का व्यापार करते थे।
- चीनी शासकों ने 5वीं शताब्दी ईसा पूर्व से सीमाओं को किलों और दीवारों से सुरक्षित करना शुरू कियां बाद में यह चीन की महान दीवार के रूप में प्रचलित हुई।

3 चंगेज खान

- चंगेज खान का जन्म 1162 ई. के आसपास ओनोन नदी क्षेत्र में हुआ था और 1227 ई. में उनकी मृत्यु हुई थी।
- 1206 ई. की विजयों के पश्चात् उसने स्वयं को 'महान खान' के रूप में घोषित किया।
- चंगेज खान ने युद्ध में सीज इंजन और नफ्था बमबारी तकनीक का प्रयोग किया।
- सर्दियों में सैन्य अभियान शुरू किए और जमी हुई नदियों का राजमार्ग के रूप में उपयोग किया।
- तेज धनुर्धारियों और घुड़सवारों की कुशलता मंगोल सेना की रीढ़ थी।

4 सामाजिक, राजनैतिक और सैनिक संगठन

व्यापार और संचार प्रणाली

- 'आम्या' तीव्र डाक और संचार प्रणाली थी और 'कुबकुर कर' घूमंतु मंगोल लोग स्वेच्छा से देते थे।
- व्यापारी, व्यापार कर का भुगतान करते थे और यात्रियों से सुरक्षित यात्रा के लिए यात्री कर वसूला जाता था।

सैन्य और राजनीतिक संगठन

- चंगेज खान ने 'दशमलव प्रणाली' और 'नॉयन सेना इकाई' को अपनाया।
- चंगेज खान द्वारा विजित क्षेत्रों को चार 'उलुस' में बाँटा गया।
- कुरिलताई मंगोल प्रमुखों और शाही परिवार की सभा जिसमें राज्य और परिवार से जुड़े निर्णय सामूहिक रूप से लिए जाते थे।
- सिविल सेवकों की भर्ती विभिन्न क्षेत्रों से की जाती थी।
- ओगेदेई को चंगेज खान का उत्तराधिकारी नियुक्त किया गया, जिसने साम्राज्य की राजधानी कराकोरम कर दी।
- 1206 ई. में चंगेज खान द्वारा संहिताबद्ध एक कानून बनाया गया जिसे 'यासक' कहा गया।

5 चंगेज खान के उपरान्त मंगोल

- 1227 ई. में चंगेज खान की मृत्यु के पश्चात् सामूहिक शासन की जगह व्यक्तिगत राजवंशों ने ले ली।
- 1230 के दशक में मगोलों ने उत्तरी चीन के 'चिन राजवंश' को हराया।
- 1260 ई. के बाद मंगोलों ने पश्चिमी युद्धों में रूचि खो दी।

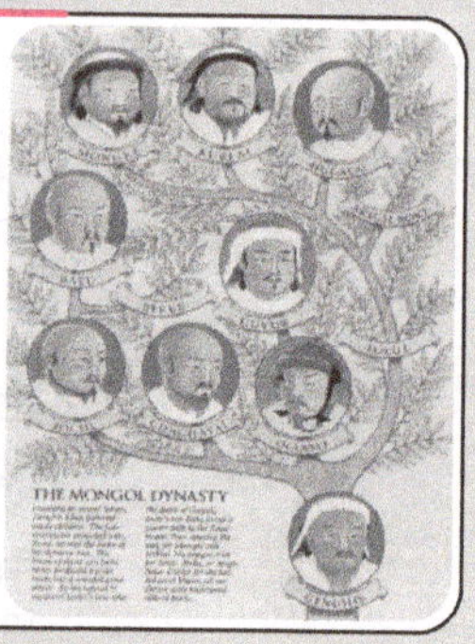

6 विश्व इतिहास में मंगोलों की भूमिका

- मंगोलों ने व्यापार मार्गों को पुनर्स्थापित किया, जिससे मार्को पोलो जैसे यात्री आकर्षित हुए।
- 14वीं शताब्दी के अंत में तैमूर सत्ता में आया।
- तैमूर ने चंगेज खान के परिवार से संबंध बनाकर अपनी संप्रभुता घोषित की।

NCERT फोल्डर

अध्याय के मध्य में दिए गए प्रश्न

1. यदि यह मान लें कि जुबैनी का बुखारा पर कब्जे का वृत्तांत सही है, कल्पना करें कि आप बुखारा के निवासी हैं और ऐसा भाषण सुन रहे हैं, तो उस भाषण का आपके ऊपर क्या प्रभाव पड़ेगा?

उत्तर यदि मैं बुखारा और खुरासन का निवासी होता और जुबैनी का बुखारा पर कब्जे का वृत्तांत सुनता, तो यह मेरे भीतर भय और असुरक्षा की भावना उत्पन्न करता। मुझे अपने शहर की स्वतंत्रता और संस्कृति के विनाश का दर्द महसूस होता है। साथ ही एक क्रूर शासक के अधीन जीवन की कल्पना भयावह प्रतीत होती। जुबैनी का यह भाषण प्रतिरोध की भावना को भी जगा सकता है, क्योंकि अपनी मातृभूमि की रक्षा का विचार मन में आना स्वभाविक है। वहीं कुछ लोग हताश होकर समर्पण के भाव को अपनाने का विचार करते, तो इस वृत्तांत का प्रभाव गहरा और व्यापक होता।

2. (i) रेशम मार्ग के क्षेत्रों को देखिए और उन वस्तुओं पर ध्यान दीजिए, जोकि उस रास्ते में यात्रा करते हुए व्यापारियों को उपलब्ध होती थी। निम्नलिखित मानचित्र में मंगोल शक्ति के चर्मोत्कर्ष काल के दौरान एक अंतिम पूर्वी बिंदु अंकित नहीं है, जिससे रेशम मार्ग गुजरता था।

(ii) क्या आप इस चित्र में उस नगर को दिखा सकते हैं, जो यहाँ अंकित नहीं है? क्या वे बारहवीं शताब्दी में रेशम मार्ग पर हो सकता था? अगर नहीं तो क्यों नहीं?

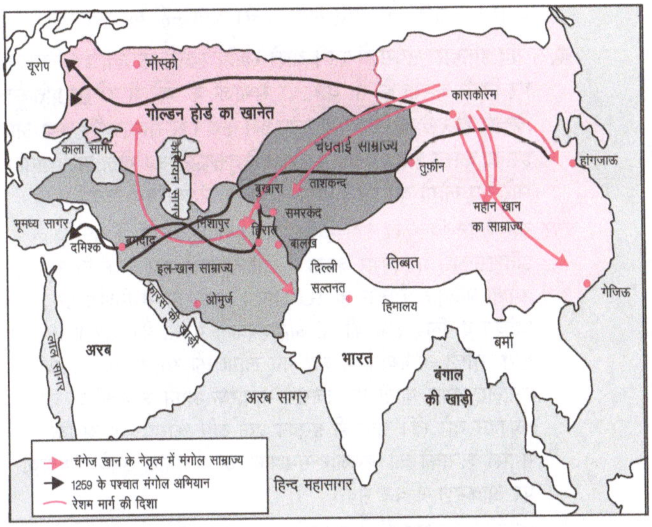

उत्तर

- रेशम मार्ग प्राचीनकाल और मध्यकाल में ऐतिहासिक व्यापारिक-सांस्कृतिक मार्गों का एक समूह था, जिसके माध्यम से एशिया, यूरोप और अफ्रीका जुड़े थे। चीन से होकर पश्चिम की ओर पहले मध्य एशिया और फिर यूरोप जाता था और जिससे निकलकर एक शाखा भारत की ओर जाती थी।
- व्यापारियों को इस रास्ते में चीन से रेशम, चाय, चीनी मिट्टी के बर्तन, भारत से मसाले, हाथीदांत, कपड़े, कालीमिर्च, कीमती पत्थर रोय से सोना, चाँदी, शीशे की वस्तुएँ, शराब, कालीन आदि वस्तुएँ व्यापारियों को उपलब्ध होती थीं।
- मंगोल शक्ति के चमोत्कर्ष काल के दौरान रेशम मार्ग का अंतिम पूर्वी बिंदु हांगओऊ था।
- 12वीं शताब्दी में, रेशम मार्ग पर समरकंद, काराकोरम, काशगर, बुखारा, हानझोऊ या जायटोन हो सकते हैं।
- मंगोल शासन के दौरान किसी शहर का रेशम मार्ग पर स्थित होना या न होने के लिए निम्न बिंदुओं पर ध्यान देना होगा

  (i) व्यापार और नगरों का महत्त्व भौगोलिक और राजनीतिक स्थिरता पर निर्भर करता है।

  (ii) व्यापारियों व यात्रियों के लिए पहुँच योग्य होनी चाहिए।

  (iii) नगरों के आस-पास व्यापारिक गतिविधियों के प्रयास होने चाहिए।

3. पशुचारकों और किसानों के स्वार्थों में संघर्ष का क्या कारण था? क्या चंगेज खान खानाबदोश कमांडरों को देने वाले भाषण में इस तरह की भावनाओं को शामिल करता था?

उत्तर पशुचारकों और किसानों के मध्य संघर्ष का मुख्य कारण आर्थिक और सामाजिक था। पशुचारकों को चारागाहों की आवश्यकता होती थी, जबकि किसान अपनी भूमि पर खेती करते थे। यह भूमि उपयोग के टकराव को जन्म देती थी। खानाबदोश अपने स्वतंत्र जीवन को महत्त्वपूर्ण मानते थे, जबकि किसान स्थायी निवास और खेती को प्राथमिकता देते थे।

चंगेज खान के भाषणों में ऐसे संघर्षों का उल्लेख होता था, जहाँ वह खानाबदोशों की एकता और स्वाधीनता पर बल देता था। वह अपने अनुयायियों को विजय और विस्तार हेतु प्रेरित करता था, जिससे यह संघर्ष और भी तीव्र हो जाता था।

4. क्या इन चार शताब्दियों में 'यास' का अर्थ बदल गया, जिसने चंगेज खान को अब्दुल्लाह खान से अलग कर दिया? हफीज-ए-तानीश के अनुसार, अब्दुल्लाह खान ने मुसलमान उत्सव मैदान में किए गए धार्मिक अनुपालन के संबंध में चंगेज खान के 'यास' का उल्लेख क्यों किया?

उत्तर हफीज-ए-तानीश के अनुसार, चंगेज खान का 'यास' एक नियम संहिता थी, जो उसके साम्राज्य में अनुशासन और प्रशासन सुनिश्चित करती थी। चार शताब्दियों में 'यास' का अर्थ बदल गया, क्योंकि इसे स्थानीय संस्कृतियों और धार्मिक सदस्यों में परिवर्तित कर लिया गया। अब्दुल्लाह खान ने मुसलमान उत्सव के दौरान धार्मिक अनुपालन के संदर्भ में 'यास' का उल्लेख किया, ताकि चंगेज खान की न्यायप्रियता और अनुशासन का उदाहरण दिया जा सके। यह दर्शाता है कि 'यास' को स्थानीय इस्लामी संदर्भ में भी मान्यता दी गई थी। इससे सामंजस्य और शासक की वैधता स्थापित हुई। अब्दुल्लाह खान ने स्पष्ट किया कि उसकी टिप्पणी चंगेज खान के 'यास' के अनुरूप है।

निम्नलिखित प्रश्नों के उत्तर संक्षेप में लिखिए

1. मंगोलों के लिए व्यापार क्यों महत्त्वपूर्ण था?

उत्तर मंगोलों के लिए व्यापार निम्नलिखित कारणों से महत्त्वपूर्ण था

- अधिकांश मंगोल पशुपालन एवं शिकारी-संग्राहक थे, उन्हें कृषि उत्पादों की प्राप्ति केवल व्यापार द्वारा ही होती थी।
- स्टेपी क्षेत्र में संसाधनों की कमी थी। अतः यहाँ के यायावर लोगों के लिए पड़ोसी चीन के स्थायी निवासियों से वस्तु-विनिमय के आधार पर व्यापार करते थे।
- यायावर को वाणिज्यिक क्रियाकलापों में काफी तनाव का सामना करना पड़ता था, क्योंकि दोनों पक्ष अधिक लाभ कमाना चाहते थे। जलवायु के अत्यधिक ठंडा व गरम होने के कारण स्टेपी प्रदेशों में खेती करना कुछ ही ऋतुओं में संभव था, परन्तु मंगोलों ने पश्चिमी तुर्कों के समान कृषि कार्य नहीं किया, इसलिए खाद्य उत्पादों तथा लोहे के उपकरणों के लिए उन्हें चीन जाना पड़ता था।
- यायावर लोग घोड़े, फर तथा स्टेपी में पकड़े गए शिकार आदि के बदले चीनी लोगों से कृषि उत्पाद तथा लोहे के उपकरणों को प्राप्त करते थे।
- यायावर क्षेत्र के निवासी स्वयं कृषि कार्य नहीं करते थे। यही कारण है कि कृषि उत्पादों की प्राप्ति के लिए उनकी व्यापार पर निर्भरता और अधिक बढ़ गई थी।

2. चंगेज़ खान ने यह क्यों अनुभव किया कि मंगोल कबीलों को नवीन सामाजिक और सैनिक इकाइयों में विभक्त करने की आवश्यकता है?

उत्तर मंगोल शासक चंगेज़ खान एक कुशल विजेता होने के साथ-साथ एक महान संगठनकर्ता भी था। वह भली-भाँति समझता था कि मंगोलों को सफल विजेताओं में बदलने के लिए उन्हें नए सामाजिक एवं सैनिक इकाइयों में संगठित करना आवश्यक है। इसके निम्नलिखित कारण थे

- यायावर समाजों के समान प्रारंभ में मंगोलों के सभी वयस्क पुरुष सदस्य हथियारबंद होते थे। आवश्यकतानुसार इन्हीं सदस्यों से सशस्त्र सेना का निर्माण कर लिया जाता था। चंगेज़ खान इस व्यवस्था को बदलकर सुव्यवस्थित सेना का निर्माण करना चाहता था।
- लगातार आक्रमण एवं एकीकरण के परिणामस्वरूप चंगेज़ खान की सेना में विभिन्न जनजातियों के नए सदस्य सम्मिलित हो गए, जिससे उसकी सेना एक विशाल जातीय संगठन का केंद्र बन गई। इस सेना में तुर्की मूल के उइगुर समुदाय के लोग सम्मिलित थे।
- चंगेज़ खान ने प्रारंभ में अपनी सेना का संगठन स्टेपी क्षेत्रों की पुरानी दशमलव प्रणाली के आधार पर किया था। इस पद्धति में कुल, कबीले और सैनिक का संयोजन दशमलव इकाइयों के आधार पर किया गया। इस प्रणाली के अंतर्गत विद्रोह की संभावना अधिक रहती थी। अतः चंगेज़ खान इस व्यवस्था में सुधार करना चाहता था।
- चंगेज़ खान ने पुराने जनजातीय समूहों का विभाजन करके उनके सदस्यों को नवीन सैनिक इकाइयों में गठित किया। सैनिकों की सबसे बड़ी इकाई को 'तुमन' कहा जाता था।

इस प्रकार सैन्य विभाजन हो जाने के कारण विभिन्न जनजातीय संगठनों की विद्रोहात्मक भावनाएँ शिथिल होने लगीं। चंगेज़ खान ने इन्हें एकत्र करके एक नवीन पहचान दी।

3. यास के बारे में परवर्ती मंगोलों का चिंतन किस तरह चंगेज़ खान की स्मृति के साथ जुड़े हुए उनके तनावपूर्ण संबंधों को उजागर करता है?

उत्तर यास एक संहिता है, जिसका अर्थ विधि, आदेश तथा आज्ञा-पत्र है। संभवतः यह मंगोल जनजाति की प्रथागत परंपराओं का एक संकलन था। इस संहिता को चंगेज़ खान ने 1206 ई. में किरिलताई में लागू किया था। तेरहवीं शताब्दी में यह अत्यंत महत्त्वपूर्ण था। वास्तव में, यास एक शक्तिशाली विचारधारा थी, जिसके माध्यम से मंगोल समान आस्था वाले लोगों को एकीकृत करना चाहते थे। यास ने मंगोलों के विश्वव्यापी साम्राज्य बनाने में महत्त्वपूर्ण योगदान दिया, किंतु हमें यह भी याद रखना चाहिए कि यास के विषय में परवर्ती मंगोलों का चिंतन चंगेज़ खान की स्मृति के साथ जुड़े उनके तनावपूर्ण संबंधों को स्पष्ट करता है।

परवर्ती मंगोल यह भली-भाँति जानते थे कि बदली हुई परिस्थितियों में यास के नियमों को प्रजा पर लागू करना संभव नहीं था। धीरे-धीरे समय के साथ मंगोल सभ्य होने लगे तथा स्थानबद्ध समाजों में रहने लगे और अनेक सभ्य लोगों पर उनका प्रभुत्व भी स्थापित हुआ। इस प्रकार यास के विषय में परवर्ती मंगोलों की सोच ने चंगेज़ खान की स्मृति के साथ जुड़े उनके संबंधों में बहुत-सी शंकाएँ उत्पन्न कर दी थीं। अब मंगोल न तो यास की प्रशंसा कर सकते थे और न ही आलोचना। चंगेज़ खान ने अपने वंशजों के लिए एक विशाल साम्राज्य स्थापित किया, परंतु बदलती परिस्थितियों में परवर्ती मंगोल अपनी विरासत को सँभालने का अनुसरण करते रहे, परंतु महानता का दावा नहीं कर सकते थे।

4. यदि इतिहास नगरों में रहने वाले साहित्यकारों के लिखित विवरणों पर निर्भर करता है, तो यायावर समाजों के बारे में हमेशा प्रतिकूल विचार ही रखे जाएँगे। क्या आप इस कथन से सहमत हैं? क्या आप इसका कारण बताएँगे कि फ़ारसी इतिवृत्तकारों ने मंगोल अभियानों में मारे गए लोगों की इतनी बढ़ा-चढ़ाकर संख्या क्यों बताई है?

उत्तर यह कथन बिल्कुल सही है कि यदि इतिहास नगरों में रहने वाले इतिहासकारों पर निर्भर करता है, तो यायावर समाज के विषय में हमेशा प्रतिकूल विचार ही रखे जाएँगे, परंतु किसी निर्णय पर पहुँचने के लिए तर्क की भी आवश्यकता पड़ती है। फ़ारसी विद्वानों द्वारा मंगोल अभियानों में मारे गए लोगों की संख्या बढ़ा-चढ़ाकर इसलिए बताई जाती थी, जिससे नागरिक अपने शासकों के प्रति वफादार बने रहें। साथ ही इसका एक और कारण यह था कि मंगोल शासकों को कमजोर समझकर अन्य मंगोल उनके समुदायों पर आक्रमण न कर सकें।

फ़ारसी इतिहासकारों ने मंगोलों के आक्रमण से मारे गए लोगों की संख्या को बढ़ा-चढ़ाकर बताया था। उदाहरण के रूप में, बुखारा के किले पर अधिकार करने के लिए मंगोलों ने 30,000 सैनिकों को मौत के घाट उतार दिया, किंतु एक प्रत्यक्षदर्शी ने अपने विवरण में बताया कि किले की सुरक्षा में केवल 400 सैनिक ही नियुक्त थे।

5. मंगोल और बेदोइन समाज की यायावरी विशेषताओं को ध्यान में रखते हुए, यह बताइए कि आपके विचार में किस तरह उनके ऐतिहासिक अनुभव एक-दूसरे से भिन्न थे? इन भिन्नताओं से जुड़े कारणों को समझाने के लिए आप क्या स्पष्टीकरण देंगे?

उत्तर मंगोल एवं बेदोइन दोनों यायावरी समाज थे। ये एक स्थान पर स्थायी रूप से नहीं रहते थे। पशुपालन इनका मुख्य कार्य था। बद्दू यानी बेदोइन अरब क्षेत्र के यायावर थे, जो खाद्य (मुख्यतः खजूर) और अपने ऊँटों के लिए चारे की तलाश में रेगिस्तान में सूखे क्षेत्रों से हरे-भरे क्षेत्रों (नखलिस्तानों) की ओर जाते रहते थे। मंगोल एवं बेदोइन समाजों में पर्याप्त समानताएँ थीं, किंतु ऐतिहासिक दृष्टि एवं अनेक रूपों में वे एक-दूसरे से भिन्न माने गए। इनकी भिन्नताएँ निम्नलिखित हैं

- बेदोइन अरब प्रायद्वीप से संबंधित थे, जबकि मंगोल मध्य एशिया के स्टेपीज़ अथवा चारण भूमि से।
- अरबी बेदोइन कबीलों में बँटे थे। इनका समाज रक्त संबंधों पर संगठित था। इसके विपरीत मंगोल समाज पितृपक्षीय वंशों में विभाजित था। ये नृजातीय और भाषायी संबंधों से एक-दूसरे से जुड़े थे। धनी परिवार बड़े एवं समृद्ध होते थे।
- अरब में इस्लाम के उदय के साथ ही अधिकांश बेदोइन कबीलों ने इस्लाम को स्वीकार करके उस समाज में सम्मिलित हो गए। इसके साथ ही मंगोलों ने चंगेज़ खान के नेतृत्व में एक महान साम्राज्य स्थापित किया।

मंगोल साम्राज्य में विभिन्न मतों और आस्थाओं वाले लोग सम्मिलित थे। यद्यपि मंगोल शासक स्वयं भी शमन, बौद्ध, ईसाई और इस्लाम जैसे विभिन्न धर्मों एवं आस्थाओं में विश्वास करते थे। इतिहासकारों के विचार में मंगोलिया के यायावर लोग संभवतः कृषि पर आधारित चीन की साम्राज्यिक निर्माण की व्यवस्था की तुलना में दीन-हीन और जटिल जीवन से दूर एक सामान्य सामाजिक-आर्थिक परिवेश में जी रहे थे, किंतु ऐसा नहीं कि वे ऐतिहासिक परिवर्तनों से अछूते थे। समय-समय पर घटित होने वाले ऐतिहासिक परिवर्तनों ने उन्हें प्रभावित किया। अपने विस्तृत साम्राज्य में उन्होंने अनेक देशों के लोगों के रीति-रिवाजों से बहुत कुछ सीखा।

6. 13वीं शताब्दी के मध्य में मंगोलिया द्वारा निर्मित 'पैक्स मंगोलिका' का निम्नलिखित विवरण उसके चरित्र को किस तरह उजागर करता है?

एक फ्रेंसिसकन भिक्षु, रूब्रुक निवासी विलियम को फ्रांस के सम्राट लुई IX ने राजदूत बनाकर महान खान मोंके के दरबार में भेजा। वह 1254 ई. में मोंके की राजधानी कराकोरम पहुँचा और वहाँ वह लोरेन, फ्रांस की एक महिला पकेट (Paquette) के संपर्क में आया, जिसे हंगरी से लाया गया था। यह महिला राजकुमार की पत्नियों में से एक पत्नी की सेवा में नियुक्त थी, जो नेस्टोरियन ईसाई थी। वह दरबार में एक फ़ारसी जौहरी ग्वीयोम बूशेर के संपर्क में आया, जिसका भाई पेरिस के 'ग्रेंड पोंट' में रहता था। इस व्यक्ति को सर्वप्रथम रानी सोरगकतानी ने और उसके उपरांत मोंके के छोटे भाई ने अपने पास नौकरी पर रखा। विलियम ने देखा कि विशाल दरबारी उत्सवों में सर्वप्रथम नेस्टोरियन पुजारियों को उनके चिह्नों के साथ तथा इसके उपरांत मुसलमान, बौद्ध और ताओ पुजारियों को महान खान को आशीर्वाद देने के लिए आमंत्रित किया जाता था।

उत्तर उपरोक्त अनुच्छेद में 13वीं शताब्दी के मध्य में मंगोलिया द्वारा निर्मित 'पैक्स मंगोलिका' का विवरण कई दृष्टिकोण से उसके चरित्र को स्पष्ट करता है

पैक्स मंगोलिका, मंगोल साम्राज्य के दौरान स्थापित शांति और समृद्धि की स्थिति को दर्शाता है, जब व्यापार और संस्कृति को आदान-प्रदान हुआ।

- फ्रांस के सम्राट लुई IX द्वारा विलियम को राजदूत के रूप में महान खान मोंके के दरबार में भेजा, इसका यह स्पष्ट प्रमाण है। मोंके की राजधानी कराकोरम में विलियम की फ्रांसीसी महिला पकेट और फ़ारसी जौहरी ग्वीयोम बूशेर से होने वाली भेंट से पता चलता है कि मंगोल राज्य में धार्मिक सहनशीलता का वातावरण था।
- मंगोल शासक शानों-शौकत से रहते थे। उनकी राजधानी में अनेक देशों के कारीगर रहते थे। ये तथ्य मंगोल साम्राज्य की संपन्नता का भी परिचय देता है।
- विशाल दरबारी उत्सवों में सभी धर्मों के पुजारियों को आमंत्रित करना तथा उनसे आशीर्वाद लेना मंगोल साम्राज्य के बहुजातीय, बहुभाषीय और बहुधार्मिक चरित्र का महत्त्वपूर्ण उदाहरण है। मंगोल साम्राज्य में विभिन्न मतों और आस्थाओं वाले लोग सम्मिलित थे। यद्यपि मंगोल शासक स्वयं भी शमन, बौद्ध, ईसाई और इस्लाम जैसे विभिन्न धर्मों एवं आस्थाओं में विश्वास करते थे, किंतु उन्होंने अपने व्यक्तिगत मत को कभी भी अपनी सार्वजनिक नीतियों पर हावी नहीं होने दिया।
- मंगोल शासकों ने धर्म-सहिष्णुता की नीति का परिचय देते हुए प्रशासनिक एवं सैन्य विभागों में सभी जातियों और धर्मों के लोगों को नियुक्त किया। इस प्रकार इन्होंने एक बहु-जातीय, बहु-भाषीय एवं बहु-धार्मिक शासन की आधारशिला रखकर आगामी शासनप्रणालियों के लिए एक आदर्श प्रस्तुत किया।

अभ्यास प्रश्न

वस्तुनिष्ठ प्रश्न

बहुविकल्पीय प्रश्न

1. मंगोल ग्रीष्मकालीन यात्रा के दौरान किस तंबू में निवास करते थे?

(a) आंडा (b) जर

(c) नोयान (d) यास

उत्तर (b) जर

2. मंगोलों ने चीन से ………… का आयात किया।

(a) घोड़े (b) कच्चे तेल

(c) लोहे के बर्तन (d) कॉफी

उत्तर (c) लोहे के बर्तन

3. चीन में तीसरी शताब्दी ईसा पूर्व में किलेबंदियों का एकीकरण सामान्य रक्षात्मक ढाँचे के रूप में किया गया, उसे किस रूप में जाना जाता है?

(a) चीन का किला (b) चीन की महान दीवार

(c) तिएनमान स्कवेयर (d) फोरबिडन सिटी

उत्तर (b) चीन की महान दीवार

4. ऐतिहासिक दस्तावेजों में तेमुचिन के नाम से उल्लिखित मंगोल शासक की पहचान की जा सकती है

(a) बोघूरचू से (b) तेमुजिन चंगेज खान से

(c) येसूजेई से (d) कियात से

उत्तर (b) तेमुजिन चंगेज खान से

5. 1180 से 1190 के दशक के दौरान, चंगेज खान का प्रमुख सहयोगी कौन था, जिसकी सहायता से उसने जमूका को परास्त किया?

(a) ओंग खान (b) कैराइट

(c) कुरिलताई (d) तातार

उत्तर (a) ओंग खान

6. निम्नलिखित में से कौन-सा विकल्प 'याम' के संदर्भ में सही वर्णन करता है?

(a) मंगोलिया के गणराज्य को याम कहकर पुकारा जाता था

(b) चंगेज खान द्वारा स्थापित परिसंघ को

(c) राजा द्वारा अपने सगे भाई के लिए किया गया संबोधन

(d) यह एक संचार प्रणाली है

उत्तर (d) यह एक संचार प्रणाली है।

7. तैमूर ने स्वयं को चंगेज खान के किस वंश से संबंधित होने का दावा किया था?

(a) ओगेदेई

(b) जोची

(c) चघताई

(d) तोलेए

उत्तर (c) चघताई

8. चंगेज खान के आदर्शों के अनुसार उसके पोते, मोंके ने किसे चेतावनी दी, कि स्वर्ग में केवल एक शाश्वत आकाश है। इस संदर्भ में निम्नलिखित में से सबसे उपयुक्त विकल्प चुनें।

(a) रूस के जार को (b) ब्रिटेन के सम्राट को

(c) अपने भाइयों को (d) फ्रांस के शासक लुई IX को

उत्तर (d) फ्रांस के शासक लुई IX को

9. कुरिलताई की सभा ने चंगेज खान की शासन दृष्टि को किस प्रकार योगदान दिया? निम्नलिखित में से सबसे उपयुक्त विकल्प चुनें।

(a) सार्वभौमिक शासक की उपाधि के साथ मंगोलों का महानायक घोषित

(b) सार्वभौमिक शासक की उपाधि, परंतु अब युद्ध नहीं कर सकता

(c) सार्वभौमिक शासक की उपाधि धारण की

(d) उपरोक्त में से कोई नहीं

उत्तर (a) सार्वभौमिक शासक की उपाधि के साथ मंगोलों का महानायक घोषित

10. आप मंगोल साम्राज्य के ऐतिहासिक दस्तावेजों का अध्ययन कर रहे हैं। निम्नलिखित में से कौन-सा दस्तावेज मंगोल साम्राज्य के दौरान स्थापित शांति और समृद्धि की स्थिति को दर्शाता है, जब व्यापार और संस्कृति का आदान और प्रदान हुआ?

(a) पैक्स मंगोलिया (b) कनात

(c) यासक (d) बोरटे

उत्तर (a) पैक्स मंगोलिया

11. चंगेज खान और उसकी मृत्यु के बाद हरकारा पद्धति (याम) में तुलनात्मक अंतर बताए। निम्नलिखित में से सबसे उपयुक्त विकल्प चुनें।

(a) हरकारा पद्धति समाप्त हो गई

(b) हरकारा पद्धति में कोई सुधार नहीं हुआ

(c) हरकारा पद्धति में और भी सुधार लाए गए

(d) उपरोक्त में से कोई नहीं

उत्तर (c) हरकारा पद्धति में और भी सुधार लाये गए

12. मंगोलों की सामाजिक व्यवस्था के संदर्भ में कौन-सा कथन सही नहीं है?

(a) मंगोलों में परस्पर जुड़ाव का मुख्य कारण नृजातीय एवं भाषा का होना था

(b) सामाजिक संसाधनों की विविधता के कारण उनका समाज पित्रपक्षीय वंशों में विभाजित था

(c) इन वंशों में कुछ लोग काफी धनी थे

(d) इसके पास अधिक संख्या में पशु और चारण भूमि होती थी

उत्तर (b) सामाजिक संसाधनों की विविधता के कारण उनका समाज पित्रपक्षीय वंशों में विभाजित था

13. **निम्नलिखित में से कौन-सा कथन सही है?**

(a) मंगोलों पर सर्वाधिक शोधकार्य रूसी विद्वानों द्वारा 16वीं और 17वीं शताब्दियों में किया गया

(b) 16वीं सदी में रशियन जार मध्य एशियायी क्षेत्रों में अपनी शक्ति बढ़ाने के लिए तैयार थे

(c) ये शोधकार्य यात्रियों, सैनिकों, व्यापारियों द्वारा औपनिवेशिक वातावरण में सर्वेक्षण टिप्पणियों के रूप में तैयार किए गए

(d) प्रारंभिक 19वीं शताब्दी में इस क्षेत्र में नए मार्क्सवादी इतिहास लेखन का कार्य किया गया।

उत्तर (c) ये शोधकार्य यात्रियों, सैनिकों, व्यापारियों द्वारा औपनिवेशिक वातावरण में सर्वेक्षण टिप्पणियों के रूप में तैयार किए गए

14. **परवर्ती तेरहवीं शताब्दी के ईरान में मंगोल शासकों के एक फारसी इतिवृत्तकार जुबैनी ने 1220 ई. में बुखारा की विजय का वृत्तांत दिया। जुबैनी के कथनानुसार नगर की विजय के बाद चंगेज खान उत्सव मैदान में गया जहाँ पर कौन एकत्रित था?**

(a) बुखारा के सैनिक

(b) बुखारा के धनी व्यापारी

(c) गाँव के गरीब किसान

(d) बुखारा के राजा

उत्तर (b) बुखारा के धनी व्यापारी

15. **निम्न में से कौन-सा/से कथन मंगोल साम्राज्य के बारे में सही है/हैं?**

दक्षता आधारित प्रश्न

1. **मंगोल समुदाय दो समुदायों क्रमशः पशुपालक तथा शिकारी-संग्राहक में विभाजित था।**
2. **नोयान मंगोलों का एक प्रमुख सैनिक संगठन था।**
3. **1218 ई. में करा खिता द्वारा मंगोलों की पराजय हुई।**

कूट

(a) केवल 1 (b) केवल 3

(c) 1 और 2 (d) ये सभी

उत्तर (c) 1 और 2

16. **निम्न में से कौन-सा/से कथन चंगेज खान के बारे में सही है/हैं?**

दक्षता आधारित प्रश्न

1. **चंगेज खान अपने साम्राज्य विस्तार के क्रम में सर्वप्रथम चीन पर विजय प्राप्त करना चाहता था।**
2. **चंगेज खान ने तुर्की एवं मंगोलों को मिलाकर एक परिसंघ की स्थापना की थी।**
3. **चंगेज खान ने हरकारा पद्धति को अपनाया जोकि एक संचार प्रणाली थी।**

कूट

(a) केवल 1 (b) केवल 2

(c) 1, 2 और 3 (d) इनमें से कोई नहीं

उत्तर (c) 1, 2 और 3

17. **निम्न में से कौन-सा/से कथन यास के बारे में सही नहीं है/हैं?**

दक्षता आधारित प्रश्न

1. **यास नियमों की एक संहिता थी।**
2. **यास पर हुए कार्यों का विवरण डेविड बेकहम द्वारा प्रस्तुत किया गया।**
3. **इसे मूलरूप से तैमूर की विधि संहिता के रूप में जाना जाता था।**

कूट

(a) 1 और 2 (b) 1 और 3

(c) 2 और 3 (d) ये सभी

उत्तर (c) 2 और 3

18. **निम्न में से कौन-सा युग्म सही सुमेलित नहीं है?**

दक्षता आधारित प्रश्न

(a) 1167 ई. – चंगेज खान का जन्म

(b) 1227 ई. – चंगेज खान की मृत्यु

(c) 1368 ई. – तैमूर शासन का अंत

(d) 1921 ई. – मंगोलिया का गणराज्य

उत्तर (c) 1368 ई.— तैमूर शासन का अंत

19. **निम्न में से कौन-सा युग्म सही सुमेलित है?**

(a) करा खिता – आत्मकथात्मक शैली

(b) रेशम मार्ग – व्यापारिक मार्गों का जाल

(c) यास – संचार प्रणाली

(d) तामा – सामाजिक पदानुक्रम

उत्तर (b) रेशम मार्ग —व्यापारिक मार्गों का जाल

20. **निम्न जानकारी के आधार पर संबंधित सही उत्तर चुनें**

दक्षता आधारित प्रश्न

- एक युद्ध यंत्र जिसका उपयोग नगर की दीवार को भेदने के लिए किया जाता था।
- चंगेज खान द्वारा इसका उपयोग व्यापक स्तर पर किया गया था।

(a) नेफ्था

(b) कुबकुर

(c) पैजा

(d) घेराबंदी यंत्र

उत्तर (d) घेराबंदी यंत्र

21. **निम्न जानकारी के आधार पर संबंधित सही उत्तर चुनें**

दक्षता आधारित प्रश्न

- यह सरदारों की एक परिषद् थी।
- इसका उद्देश्य राज्य के कार्यों में परिवार के सदस्यों की भागीदारी सुनिश्चित करना था।
- निर्णय समूहिक रूप से लिये जाते थे।

(a) किरिलताई (b) नोयान

(c) तुमन (d) आंडा

उत्तर (a) किरिलताई

22. **निम्नलिखित घटनाओं को उनके कालखंड के अनुसार पहले से बाद के क्रम में लगाइए।**

दक्षता आधारित प्रश्न

1. **चीन में यूआन वंश का अंत**
2. **तैमूर का शासन**
3. **राथबानी खान द्वारा बूरान पर आधिपत्य**
4. **चीन के मंचुओं ने मंगोल पर विजय प्राप्त की**

कूट

(a) 1, 2, 3, 4

(b) 2, 3, 4, 1

(c) 3, 2, 4, 1

(d) 4, 3, 2, 1

उत्तर (a) 1, 2, 3, 4

23. मंगोल के पूर्व में स्थित कबीलों के संदर्भ में सही विकल्प का चयन करें?

दक्षता आधारित प्रश्न

(a) खितान, मंचू, तुर्की
(b) तुर्की, तातार, खितान
(c) तातार, मंचू, तुर्की
(d) तातार, खितान और मंचू

उत्तर (d) तातार, खितान और मंचू

24. दिए गए इतिहास तथा उनकी रचनाओं के संदर्भ में सही विकल्प का चयन करें?

मंगोलों का गोपनीय इतिहास : इगोर दे रखेबिल्ट्स :: मंगोल एंड टरकिश टर्मिनोलॉजीज : ?

(a) गरेहार्ड डोरफर
(b) बोरिस याकोवालेविच
(c) वैसिली ब्लैदिमिरोविच
(d) ब्लादिमीरस्टाव बारटोल्ड

उत्तर (a) गरेहार्ड डोरफर

25. दिए गए दो कथनों के लिए सही विकल्प का चयन करें।

कथन (I) मंगोल विविध जनसमुदायों का एक निकाय था, जिसमें पशुपालक और शिकारी संग्राहक शामिल थे।

कथन (II) मंगोल चंगेज खान ने तुर्की कबीलों को मिलाकर एक परिसंघ का निर्माण किया।

कूट

(a) केवल कथन I सही है
(b) केवल कथन II सही है
(c) कथन I और II दोनों सही हैं
(d) कथन I और II दोनों गलत हैं

उत्तर (c) कथन I और II दोनों सही हैं

26. सुमेलित कीजिए

सूची I (कालक्रम)	सूची II (घटना)
A. 1209 ई.	1. चीन की महान दीवार पर आक्रमण
B. 1213 ई.	2. चंगेज खान द्वारा सी-सिआ की पराजय
C. 1215 ई.	3. मंगोलों द्वारा करा खिता की पराजय
D. 1218 ई.	4. पेकिंग नगर में लूटपाट

कूट

	A	B	C	D
(a)	2	1	4	3
(b)	3	2	4	1
(c)	4	1	3	2
(d)	1	2	3	4

उत्तर (a) 2 1 4 3

27. सुमेलित कीजिए

सूची I (शासक)	सूची II (क्षेत्र)
A. जोची	1. तुरान का स्टेपी क्षेत्र
B. चघताई	2. रूसी स्टेपी प्रदेश
C. ओगोदेई	3. उत्तराधिकार
D. तोलोए	4. मंगोलिया की पैतृक भूमि

कूट

	A	B	C	D
(a)	2	1	3	4
(b)	1	2	3	4
(c)	3	2	4	1
(d)	2	3	1	4

उत्तर (a) 2 1 3 4

28. दिया गया चित्र किस महान कलाकृति को प्रदर्शित कर रहा है?

दक्षता आधारित प्रश्न

(a) चीन की महान दीवार
(b) बर्लिन की दीवार
(c) गार्गोन की महान दीवार
(d) बेलफास्ट की शांति दीवार

उत्तर (a) चीन की महान दीवार

29. नीचे दिए गए चित्र को देखकर बताएँ कि यह चित्र किस वंश के वंशक्रम को प्रदर्शित कर रहा है?

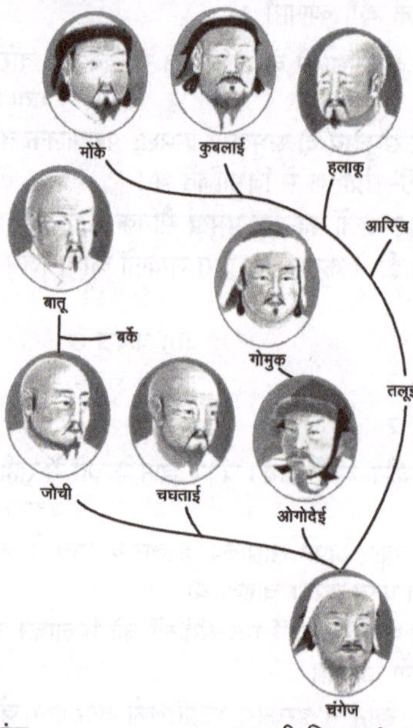

(a) चिन वंश
(b) सी-सिआ वंश
(c) शुंग वंश
(d) मंगोल वंश

उत्तर (d) मंगोल वंश

निर्देश (प्र. सं. 30-33) दिए गए कथनों में से एक कथन (A) तथा दूसरा कारण (R) है। नीचे दिए गए कूट की सहायता से सही उत्तर का चयन कीजिए

कूट

(a) A और R दोनों सही हैं तथा R, A की सही व्याख्या है
(b) A और R दोनों सही हैं, परंतु R, A की सही व्याख्या नहीं है
(c) A सही है, किंतु R गलत है
(d) A गलत है, किंतु R सही है

30. कथन (A) **मंगोल शासकों ने प्रशासनिक एवं सैन्य विभागों में विभिन्न जातियों और धर्मों के लोगों को नियुक्त किया।**

कारण (R) **मंगोल शासक धर्म सहिष्णु थे।**

उत्तर (a) मंगोल साम्राज्य में विभिन्न मतावलंबी व आस्थाओं को मानने वाले लोग सम्मिलित हैं। उन्होंने धार्मिक सहिष्णुता की नीति का परिचय देते हुए प्रशासनिक व सैन्य विभागों में भिन्न-भिन्न धर्मों तथा जातियों के लोगों की नियुक्ति की। इसने मंगोलों के साम्राज्य को राष्ट्रीय साम्राज्य बना दिया।

31. कथन (A) **ख्वारिज्म का सुल्तान चंगेज खान के कोप का भाजक बना।**

कारण (R) **उसने उसकी पत्नी बोरटे का अपहरण किया था।**

उत्तर (c) ख्वारिज्म का सुल्तान मोहम्मद चंगेज खान के प्रचंड कोप का भाजक बना, क्योंकि उसने चंगेज खान के दूतों का वध कर दिया था। मंगोल सेनाओं ने अजरबैजान तक सुल्तान मुहम्मद का पीछा किया।

32. कथन (A) **मंगोलों के समय में रेशम मार्ग पर व्यापारिक तथा भ्रमणकारी गतिविधियों में वृद्धि हुई।**

कारण (R) **पहले की तरह अब व्यापारिक मार्ग चीन में ही समाप्त नहीं होते थे।**

उत्तर (a) मंगोलों के समय में रेशम मार्ग पर व्यापारिक एवं भ्रमणकारी गतिविधियों में वृद्धि हुई, किंतु पहले की तरह अब व्यापारिक मार्ग चीन में खत्म न होकर मंगोलिया तथा नवीन साम्राज्य के केंद्र कराकोरम तक पहुँच गए थे।

33. कथन (A) **पार-महाद्वीपीय क्षेत्र में सीमित अवधियों में कृषि संभव थी।**

कारण (R) **अधिकतम तथा न्यूनतम तापमान में अंतर पाया जाता था।**

उत्तर (a) पार-महाद्वीपीय क्षेत्र में वर्ष की सीमित अवधियों में कृषि करना संभव था, क्योंकि इस पूरे क्षेत्र के अधिकतम एवं न्यूनतम तापमान में बहुत अंतर पाया जाता था; जैसे—शीत ऋतु काफी लंबी एवं कठोर, जबकि ग्रीष्मकालीन अवधि बहुत कम रहती थी।

लघु उत्तरीय प्रश्न

1. यायावर साम्राज्य का प्रारंभ कब हुआ? इसके ऐतिहासिक स्रोतों का वर्णन कीजिए।

उत्तर 13वीं और 14वीं शताब्दियों के मध्य एशिया में चंगेज खान के नेतृत्व में यायावर साम्राज्य की शुरुआत हुई। चंगेज खान ने एक पार-महाद्वीपीय साम्राज्य की स्थापना की तथा उसका साम्राज्य यूरोप और एशिया महाद्वीप तक फैला हुआ था।

यायावर समाजों के अध्ययन के लिए मुख्य ऐतिहासिक स्रोत इतिवृत्त, यात्रा वृत्तांत एवं नगरीय साहित्यकारों के दस्तावेज हैं, लेकिन इन स्रोतों पर पूरी तरह विश्वास नहीं किया जा सकता, क्योंकि ये अज्ञात सूचना एवं पूर्वाग्रह से लिखे गए हैं। मंगोलों की साम्राज्य संबंधी सफलताओं से आकर्षित होकर राज्याश्रय प्राप्त अनेक विद्वानों ने सहानुभूतिपरक विवरण दिया है। इनमें मुख्य रूप से बौद्ध, कंफ्यूशियसवादी, ईसाई, तुर्क तथा मुसलमान विद्वान सम्मिलित थे। इन विद्वानों द्वारा मंगोलों की प्रशंसा में अनेक प्रशस्तियाँ लिखी गई हैं।

2. यायावर साम्राज्य के मंगोलों पर शोधकार्य को बताइए।

अथवा **18वीं और 19वीं शताब्दी में रूसी विद्वानों द्वारा मंगोलों पर किए गए महत्त्वपूर्ण शोधकार्य पर चर्चा कीजिए।**

उत्तर मंगोलों पर सर्वाधिक महत्त्वपूर्ण शोधकार्य रूसी विद्वानों द्वारा 18वीं और 19वीं शताब्दियों में किया गया। इस समय रशियन जार मध्य एशियायी क्षेत्रों में अपनी शक्ति को सुदृढ़ बनाने के लिए तैयार थे तथा ये शोधकार्य यात्रियों, सैनिकों, व्यापारियों और पुराविदों द्वारा औपनिवेशिक वातावरण में सर्वेक्षण टिप्पणियों के रूप में तैयार किए गए थे।

प्रारंभिक 20वीं शताब्दी में इस क्षेत्र में तत्कालीन सोवियत गणराज्य के पश्चात् नवीन मार्क्सवादी इतिहास लेखन का कार्य किया गया तथा इस लेखन के माध्यम से यह तर्क दिया गया कि सामाजिक संबंधों का निर्धारण समाज में प्रचलित उत्पादन प्रणाली के आधार पर निर्भर होता है। बोरिस याकोवालेविच ब्लादिमीरस्टॉव के शोध से भी मंगोल भाषाओं, समाज एवं संस्कृति के विषय में महत्त्वपूर्ण जानकारी उपलब्ध होती है।

3. मंगोल इतिहास को समझने में उत्पन्न कठिनाइयों का उल्लेख कीजिए।

उत्तर मंगोल साम्राज्य के पार-महाद्वीपीय विस्तार की सामग्री अनेक भाषाओं में प्राप्त होती है। इनमें महत्त्वपूर्ण स्रोत चीनी, मंगोली, फारसी और अरबी भाषा से प्राप्त हैं तथा महत्त्वपूर्ण सामग्रियाँ इतालवी, लातिनी, फ्रांसीसी और रूसी भाषा में प्राप्त होती हैं। इन सभी स्रोत एवं सामग्रियों में एक ही मूलग्रंथ को अलग-अलग भाषाओं में प्रस्तुत किया गया है। उदाहरण के लिए, चंगेज खान के विषय में सबसे प्राचीन विवरण मंगकोल-उन-न्यूतोबिअन (मंगोलों के गोपनीय इतिहास), जो मंगोल और चीनी दोनों भाषाओं में उपलब्ध हैं, एक-दूसरे से अलग विवरण प्रस्तुत करते हैं।

इसी प्रकार मार्को पोलो द्वारा मंगोल राजदरबार का यात्रा वृत्तांत, जो इतालवी और लातिनी दोनों भाषा में उपलब्ध है, वह भी एक-दूसरे से अलग विवरण प्रस्तुत करता है। मंगोलों ने अपने बारे में स्वयं बहुत कम साहित्यों की रचना की है। इगोर दे रखेविल्ट्स की रचना 'मंगोलों का गोपनीय इतिहास' तथा गरेहार्ड डोरफर की रचना मंगोल एंड टरकिश टर्मिनोलॉजीज इत्यादि ग्रंथों में प्रयुक्त अनेक तकनीकी शब्द फारसी भाषा में प्रविष्ट कर गए, जिनके कारण मध्य एशिया के यायावरों के इतिहास को जानने में कठिनाई उत्पन्न होती है।

4. मंगोल समुदाय को कितने वर्गों में विभाजित किया जा सकता है? किसी एक का वर्णन कीजिए।

उत्तर मंगोल विभिन्न जनसमुदाय का एक निकाय अर्थात् संस्था थी। मंगोल पूर्व में स्थित तातार, खितान और मंचू तथा पश्चिम में स्थित तुर्की कबीलों से भाषा की दृष्टि से समानता रखते थे।

मंगोल समुदाय को दो वर्गों में विभाजित किया जा सकता है, जो निम्न हैं

(i) पशुपालक मंगोल

(ii) शिकारी-संग्राहक मंगोल

पशुपालक मंगोल

- पशुपालक समुदाय के लोग घोड़ों, भेड़ों, बकरियों तथा ऊँटों को पालते थे। इस समुदाय के लोगों का उद्भव मध्य एशिया की चारण भूमि (स्टेपीज) के कारण हुआ। वर्तमान समय में स्टेपीज, मंगोलिया राज्य का भू-भाग है। यह भू-भाग हरे घास के मैदानों से घिरा हुआ है।
- स्टेपीज के पश्चिमी भाग में अल्ताई पहाड़ों की बर्फीली चोटियाँ एवं दक्षिणी भाग में शुष्क गोबी का मरुस्थल स्थित था। इसके उत्तरी और पश्चिमी क्षेत्र में ओनोन और सेलेंगा जैसी नदियाँ थीं, जिनसे अनेक झरने सिंचित हो रहे थे।

5. मंगोलों की सामाजिक व्यवस्था को स्पष्ट कीजिए।

उत्तर मंगोल समाज के लोगों के परस्पर जुड़ाव का मुख्य कारण नृजातीय एवं भाषा का होना था। इस समाज के लोग एक साथ रहते थे, लेकिन आर्थिक संसाधनों की कमी के कारण उनका समाज पितृपक्षीय वंशों में विभाजित हो गया। इन वंशों में कुछ लोग काफी धनी थे। इनका परिवार विशाल था एवं इनके पास अधिक संख्या में पशु और चारण भूमि होती थी। इस कारण धनी परिवारों के अनेक अनुयायी बन जाते थे तथा स्थानीय राजनीति में इन परिवारों का प्रभुत्व होता था। समय-समय पर आने वाली प्राकृतिक आपदाएँ; जैसे–भीषण शीत ऋतु के समय एकत्रित की गई शिकार-सामग्रियाँ और अन्न भंडार में रखी हुई सामग्रियाँ समाप्त हो जाने की स्थिति में अथवा वर्षा न होने पर घास के मैदानों के सूख जाने पर उन्हें चारागाहों की खोज में भटकना पड़ता था, जिसके परिणामस्वरूप उनमें संघर्ष उत्पन्न होता था। मंगोलीय समाज के लोग पशुधन को प्राप्त करने के लिए निर्बल परिवारों पर आक्रमण कर उनसे लूटपाट करते थे तथा अपनी रक्षा के लिए शक्तिशाली कुलों से मित्रता रखते थे, जिससे परिसंघ का निर्माण होता था।

6. मंगोलों की राजनैतिक पृष्ठभूमि को समझाइए।

दक्षता आधारित प्रश्न

उत्तर यायावार साम्राज्य के सामाजिक व राजनैतिक संगठन कृषि अर्थव्यवस्थाओं से अत्यधिक भिन्न थे, लेकिन ये दोनों समाज एक-दूसरे की व्यवस्था से अनभिज्ञ नहीं थे। स्टेपी क्षेत्रों में संसाधनों की अपर्याप्तता के कारण मंगोल एवं अन्य यायावरी समाज को व्यापार एवं वस्तु-विनिमय के लिए अपने पड़ोसी देश चीन के पास जाना पड़ता था। वस्तु विनिमय के अंतर्गत यायावरी लोग घोड़े, फर और शिकार को खेती से प्राप्त उत्पादों एवं लोहे के उपकरणों से अदला-बदली करते थे। कभी-कभी इस व्यवस्था में संघर्ष की स्थिति उत्पन्न हो जाती थी। अधिक लाभ कमाने के लिए सैनिक कार्यवाही को भी शामिल कर लिया जाता था। 8वीं शताब्दी में चीनी शासकों ने यायावर समूहों के हमले से अपनी प्रजा को बचाने के लिए किलेबंदी प्रारंभ कर दी। तीसरी शताब्दी ई. पू. से इन किलेबंदियों का एकीकरण सामान्य रक्षात्मक ढाँचे के रूप में किया गया, जिसे वर्तमान में चीन की महान दीवार के रूप में जाना जाता है।

7. चंगेज़ खान की विजय उपलब्धियों पर संक्षिप्त प्रकाश डालें।

उत्तर चंगेज़ खान को अपने जीवन के प्रारंभ से ही कई कठिनाइयों का सामना करना पड़ा था। चंगेज़ खान का राजनीतिक रूप से एक शक्ति के रूप में उत्कर्ष 1206 ई. में शक्तिशाली जमूका और नेमन लोगों के विरुद्ध सैन्य अभियान से हुआ, जिसमें उसने इन दोनों को निर्णायक रूप से परास्त किया। इसके कारण समकालीन मंगोलाई सभा (किरिलताई) ने उसे चंगेज़ खान, सार्वभौम शासक आदि उपाधियों से सम्मानित किया।

अपनी विजय उपलब्धियों के अंतर्गत सर्वप्रथम उसने चीन पर विजय प्राप्त करने की योजना बनाई। सबसे पहले उसने 1209 ई. में सी-सिआ लोगों को पराजित किया। 1234 ई. में चीन की महान दीवार पर आक्रमण कर कब्ज़ा कर लिया, 1215 ई. में पेकिंग नगर में लूटपाट की, 1234 ई. तक चिन वंश के विरुद्ध चली लंबी लड़ाइयों में सफलता प्राप्त की।

इस प्रकार, चंगेज़ खान के विजय अभियानों के परिणामस्वरूप मंगोल साम्राज्य अमू दरिया, तुरान, ख्वारिज्म, ओट्रार, बुखारा, समरकंद, हेरात आदि प्रदेशों तक विस्तृत हो गया।

8. चंगेज खान के सैन्य अभियान पर संक्षिप्त टिप्पणी लिखिए।

अथवा चंगेज खान ने एक सशक्त एवं अनुशासित सैन्य शक्ति के गठन से किस प्रकार चीन को विजित करने पर प्रयास किया। संक्षिप्त में बताइए?

दक्षता आधारित प्रश्न

उत्तर चंगेज खान ने 1206 ई. में किरिलताई से मान्यता मिलने के पूर्व ही मंगोलों की एक सशक्त एवं अनुशासित सैन्य-शक्ति का गठन किया था। अपने साम्राज्य विस्तार के क्षेत्र में उसकी पहली इच्छा चीन पर विजय प्राप्त करने की थी। तत्कालीन समय में चीन उत्तर-पश्चिमी, उत्तरी एवं दक्षिणी तीन क्षेत्रों में विभक्त था। उत्तरी चीन क्षेत्र का शासन पेकिंग से शासन चलाने वाले जरचेन लोगों के चिन राजवंश के अधीन था। दक्षिणी चीन में शुंग राजवंश का शासन था। चंगेज खान ने 1209 ई. में सी-सिआ लोगों को पराजित किया। 1213 ई. में चीन की महान दीवार पर आक्रमण कर 1215 ई. में पेकिंग नगर में लूटपाट की। 1218 ई. में मंगोलों ने करा खिता को पराजित किया। करा खिता सेना चीन के उत्तर-पश्चिम में स्थित तियेन-शान की पहाड़ियों को नियंत्रित करती थी। करा खिता को पराजित करने के बाद मंगोलों का साम्राज्य अमू दरिया, तुरान और ख्वारिज्म राज्यों तक विस्तृत हो गया था।

9. चंगेज़ खान की सेना का स्वरूप स्टेपी क्षेत्रों की पुरानी दशमलव पद्धति से भिन्न थी? आप इस कथन से कहाँ तक सहमत हैं।

दक्षता आधारित प्रश्न

उत्तर चंगेज़ खान की सेना में विभिन्न जनजातीय समूह के लोग उसके परिसंघ के सदस्य थे। वह उनकी पहचान को योजनाबद्ध तरीके से मिटाने को कृत संकल्प था। इसके अतिरिक्त उसकी सेना स्टेपी क्षेत्रों की पुरानी दशमलव पद्धति पर संगठित थी। इस पद्धति में सैनिकों को दस, सौ, हजार और दस हजार सैनिकों की इकाई में विभाजित किया गया था।

इस प्रकार, चंगेज खान ने प्राचीन जनजातीय समूहों को विभाजित कर उनके सदस्यों को नवीन सैनिक इकाइयों में विभक्त कर दिया। इस पद्धति में अनुशासन को वरीयता दी गई थी। जो व्यक्ति इसका पालन नहीं करता, उसको कठोर दंड दिया जाता था। यहाँ सैनिकों की सबसे बड़ी इकाई तुमन थी, जिसमें दस हजार सैनिक शामिल थे। इस सेना में विभिन्न वंशों एवं कुलों के लोग शामिल थे। चंगेज खान ने इन सभी को एक नवीन पहचान दी।

10. चंगेज़ खान के नेतृत्व में मंगोलियाई सफलता के कारणों को बताइए।

उत्तर चंगेज खान के नेतृत्व में मंगोलियाई सफलता के निम्नलिखित कारण थे

- चंगेज खान ने स्टेपी क्षेत्र में रहने वाले पशुपालक एवं शिकारी-संग्राहक कबीले को कुशल सैनिकों में परिवर्तित कर दिया। उसने अपनी युद्ध शैली में आवश्यकतानुसार अनेक परिवर्तन किए, जिसके कारण मंगोलों की रणनीति प्रभावशाली हो गई।
- चंगेज खान ने बड़ी चतुराई से मंगोल एवं तुर्क कुशल घुड़सवारों को सम्मिलित कर सेना को गतिवान बना दिया। तीरंदाजी कला में निपुण व्यक्तियों को घुड़सवारी सेना में शामिल किया। स्टेपी प्रदेश की भौगोलिक परिस्थितियों के कारण घुड़सवार तेज़ एवं चतुर थे।
- सैन्य अभियान से पहले घुड़सवारों को समीपवर्ती भू-भागों तथा मौसम की जानकारी दी जाती थी। मंगोल अपने अभियान संभवतः शीत ऋतु में आरंभ करते थे।

11. चंगेज खान ने उलुस नामक क्षेत्र को अपने चारों पुत्रों में किस प्रकार बाँटा? समझाइए।

उत्तर चंगेज खान ने उलुस नामक क्षेत्र का गठन करके नवविजित क्षेत्रों के शासन का भार अपने चारों पुत्रों को सौंप दिया। मौलिक रूप से उलुस शब्द किसी निश्चित भू-भाग का प्रतीक नहीं था। चंगेज खान के साम्राज्य की सीमाओं ने अभी स्थिरता को प्राप्त नहीं किया था। उसकी सीमाएँ अत्यंत परिवर्तनशील थीं। चंगेज खान ने अपने सबसे बड़े पुत्र जोची को रूसी स्टेपी प्रदेश दिया, जिसका विस्तार सुदूर पश्चिम तक था, किंतु उसकी दूरस्थ सीमा का निर्धारण नहीं हुआ था।

चंगेज खान ने अपने दूसरे पुत्र चघताई को तुरान का स्टेपी क्षेत्र तथा पामीर के पहाड़ का उत्तरी क्षेत्र दिया। चंगेज खान ने अपने सरदारों को संकेत दे दिया कि उसका तीसरा पुत्र ओगोदेई महान खान की उपाधि के साथ उसका उत्तराधिकारी बनेगा। ओगोदेई ने सिंहासनारोहण के बाद अपनी राजधानी कराकोरम में स्थापित की तथा 1227 से 1241 ई. तक शासन किया। चंगेज खान के सबसे छोटे पुत्र तोलूई को मंगोलिया की पैतृक भूमि प्राप्त हुई।

12. हरकारा पद्धति की विशेषताओं को स्पष्ट कीजिए।

उत्तर हरकारा पद्धति की विशेषताएँ इस प्रकार थीं

- इस पद्धति के अंतर्गत निश्चित दूरी पर बनाई गई चौकियों में शक्तिशाली घोड़ों तथा घुड़सवार संदेशवाहकों को रखा जाता था।
- इन घुड़सवार संदेशवाहकों के द्वारा कोई भी सूचना तीव्र गति से महान खानों तक पहुँचाई जाती थी। इस संचार पद्धति की व्यवस्था करने के लिए मंगोल यायावर अपने पशु समूहों से अपने घोड़े अथवा अन्य पशुओं का दसवाँ हिस्सा प्रदान करते थे, जिसे कुबकुर कर कहा जाता था।
- इस कर को यायावर लोग अपनी स्वेच्छा से प्रदान करते थे, जिससे उन्हें अनेक लाभ प्राप्त होते थे। हरकारा पद्धति को 'याम' भी कहा जाता था।

13. चंगेज खान ने किनको मिलाकर परिसंघ बनाया? इस विषय पर संक्षिप्त टिप्पणी लिखिए।

अथवा **चंगेजखाँ का परिसंघ किस प्रकार भिन्न था?**

उत्तर चंगेज खान ने तुर्की एवं मंगोल को मिलाकर एक परिसंघ बनाया, जो पाँचवीं शताब्दी के शासक अट्टीला (मृत्यु 453 ई.) द्वारा बनाए गए परिसंघ से काफी बड़ा था। मंगोलों में राजनीतिक संगठन की शुरुआत परिसंघ के निर्माण के साथ ही प्रारंभ हुई।

चंगेज खान के द्वारा बनाए गए परिसंघ की राजनैतिक व्यवस्था अत्यधिक व्यापक एवं स्थायी थी। यह परिसंघीय व्यवस्था चीन, ईरान और पूर्वी यूरोपीय देशों की उन्नत शस्त्रों से लैस विशाल सेनाओं का मुकाबला करने में सक्षम थी।

मंगोलों ने कुछ क्षेत्रों में नियंत्रण स्थापित करने के साथ ही जटिल कृषि अर्थव्यवस्थाएँ एवं नगरीय आवासों- स्थानबद्ध समाजों का कुशल प्रशासन भी किया। स्टेपी क्षेत्र के तुर्क और मंगोल लोगों के कुछ महान परिसंघों का यायावरी जनसमुदाय के इतिहास पर विशेष प्रभाव पड़ा।

14. चंगेज खान की मृत्यु के पश्चात् मंगोल साम्राज्य को मुख्य रूप से कितने चरणों में बाँटा गया? बताइए।

उत्तर चंगेज की मृत्यु के पश्चात् मंगोल साम्राज्य को मुख्य रूप से दो चरणों में बाँटा गया है

- **प्रथम चरण** इसके अंतर्गत 1236 से 1242 ई. की अवधि को सम्मिलित किया गया है। इस चरण में रूस के स्टेपी क्षेत्र, बुलघार, कीव, पोलैंड तथा हंगरी में मंगोल साम्राज्य को महत्त्वपूर्ण सफलताएँ प्राप्त हुईं। चंगेज खान के आदर्शों के अनुसार, उसके पोते मोंके (1251-60 ई.) ने फ्रांस के शासक लुई IX (1226-70 ई.) को युद्ध के लिए चेतावनी दी। चंगेज खान का एक अन्य पोता बातू अपने (1236-41 ई.) अभियानों द्वारा सफल होते हुए मॉस्को तक पहुँचा तथा उसने पोलैंड, हंगरी पर कब्जा भी किया। मंगोलों के इन अभियानों को देखते हुए तेरहवीं शताब्दी तक यह लगने लगा था कि संपूर्ण सत्ता मंगोलों के पक्ष में थी।
- **द्वितीय चरण** इसके अंतर्गत 1255 से 1300 ई. तक का समय आता है। इस चरण में संपूर्ण चीन (1279 ई.), इराक, ईरान और सीरिया पर विजय प्राप्त कर ली गई। इन विजय अभियानों के बाद मंगोल साम्राज्य की सीमाएँ स्थिर हो गईं, लेकिन 1260 के दशक के पश्चात् पश्चिम के सैन्य अभियानों में प्रारंभिक आवेश की कमी दृष्टिगोचर होने लगी थी। वियना, पश्चिमी यूरोप एवं मिस्र पर मंगोल सेनाओं का ही आधिपत्य स्थापित था, किंतु उनका हंगरी के स्टेपी क्षेत्र से पीछे हटना और मिस्र की सेनाओं के हाथों पराजित होना नवीन राजनैतिक प्रवृत्तियों के विकास के सूचक थे।

15. मंगोल साम्राज्य के पतन के प्रमुख कारण कौन-कौन से थे उनको सूचीबद्ध कीजिए?

उत्तर मंगोल साम्राज्य के पतन के अनेक कारण हमें अध्ययन के परिणामस्वरूप ज्ञात हुए हैं, जिन्हें निम्न बिंदुओं द्वारा दर्शाया गया है

- मंगोलों की तादाद कम थी और वे अपनी प्रजा की अपेक्षा कम सभ्य थे।
- उनके अपने विजित क्षेत्रों में स्थायी रूप से बस जाने के बाद अपनी नई प्रजा के साथ मेल-मिलाप नहीं बढ़ाया।
- मंगोलों ने स्वयं से अधिक सभ्य प्रजा की भाषा धर्म और सभ्यताओं को अपनाकर अपना अलग अस्तित्व खो दिया।
- मंगोल साम्राज्य में राजवंशों के आपसी विरोधों और अपनी सभ्यता को विजित देशों की सभ्यता के साथ मिला देने के कारण भी मंगोल साम्राज्य का अंत हो गया।
- मंगोलों द्वारा अन्य धर्मों को अपनाया जाना भी मंगोल साम्राज्य के पतन का एक प्रमुख कारण है।

16. चंगेज खान के वंशजों में आंतरिक विक्षोभ पर संक्षिप्त टिप्पणी लिखिए।

उत्तर प्रथम दो पीढ़ियों जोची और ओगोदेई के उत्तराधिकारी महान खान के राज्य पर नियंत्रण स्थापित करने के लिए एकजुट हो गए। इसके परिणामस्वरूप परिवार में आंतरिक राजनीति विकसित होने लगी। जिस समय चंगेज खान के वंश की तोलुई शाखा के उत्तराधिकारियों ने जोची और ओगोदेई वंशों को कमजोर कर दिया, तब आंतरिक विक्षोभ को बल प्रदान हुआ। मोंके, चंगेज खान के सबसे छोटे पुत्र तोलुई का वंशज था।

राज्याभिषेक के बाद 1250 के दशक में ईरान में शक्तिशाली अभियान किया गया। आंतरिक कलह के कारण उसके पास पर्याप्त सेना नहीं थी, जिसका परिणाम यह हुआ कि मंगोलों की पराजय और तोलुई

परिवार की चीन के प्रति निरंतर रुचि से उनका पश्चिम की ओर विस्तार रुक गया। 1260 के दशक में तोलुई के वंशजों के द्वारा चीन में अपने हितों की पूर्ति हुई, तो चीन ने सैनिक और रसद सामग्रियों को मंगोल के प्रमुख भागों में भेजा। इसके परिणामस्वरूप मिस्र की सेना का सामना करने के लिए मंगोलों ने अपर्याप्त सेना भेजी।

मंगोल राजवंश की आंतरिक कलह ने उनका ध्यान यूरोपीय अभियानों से हटा दिया और पश्चिम में मंगोलों का विस्तार रुक जाने से चीन का एकीकृत रूप सामने आया।

दीर्घ उत्तरीय प्रश्न

1. 13वीं शताब्दी के प्रारंभिक दशक में मध्य एशिया के स्टेपी प्रदेशों में जिस शक्ति का उदय हुआ, वह शक्ति यूरो-एशियाई महाद्वीप के लिए एक समस्या बन गई थी। उस शक्ति की सामाजिक एवं राजनैतिक-आर्थिक पृष्ठभूमि की चर्चा करें।

अथवा **मंगोल साम्राज्य की सामाजिक व राजनैतिक स्थिति पर प्रकाश डालिए।**

उत्तर **सामाजिक स्थिति**

- मंगोल अनेक जनसमुदायों का निकाय था। ये लोग पूर्व में तातार, खितान और मंचू लोगों से और पश्चिम में तुर्की कबीलों से भाषागत समानता के कारण परस्पर संबद्ध थे। कुछ मंगोल पशुपालक एवं कुछ शिकारी संग्राहक थे। पशुपालक घोड़ों, भेड़ों और कुछ हद तक अन्य पशुओं; जैसे–बकरी तथा ऊँट आदि पालते थे। ये यायावर थे तथा मध्य एशिया की चारण भूमि (स्टेपीज) इनका निवास क्षेत्र था।
- चारण भूमि में पशुओं के लिए चारा तथा छोटे-मोटे शिकार उपलब्ध थे। शिकारी संग्राहक लोग, पशुपालक कबीलों के आवास-क्षेत्र के उत्तर में साइबेरियाई वनों में रहते थे। ये पशुपालक लोगों की तुलना में अधिक गरीब होते थे तथा जानवरों की खाल के व्यापार से जीविकोपार्जन करते थे। मंगोलों ने तुर्क लोगों की तरह कृषि कार्य को नहीं अपनाया। परिणामस्वरूप इन क्षेत्रों में कोई नगर उभर नहीं पाए। ये लोग तंबुओं एवं जरों में निवास करते थे तथा शीतकाल में गर्म स्थलों की ओर चले जाते थे।

राजनीतिक व आर्थिक स्थिति

- यद्यपि यायावरी सामाजिक और राजनीतिक संगठन कृषि अर्थव्यवस्थाओं में बहुत भिन्न थे, लेकिन ये दोनों समाज एक-दूसरे की व्यवस्था से अनभिज्ञ नहीं थे। मंगोलों एवं मध्य एशिया के यायावर व्यापार और वस्तु विनिमय के लिए चीन के स्थायी निवासियों के पास जाना पड़ता था। यायावर कबीले खेती से प्राप्त उत्पादों और लोहे के उपकरणों को चीन से लाते थे, बदले में घोड़े, फर और स्टेपी में पकड़े गए शिकार का विनिमय करते थे।
- वाणिज्यिक क्रियाकलापों में अधिक तनाव होते थे, जिसके पश्चात् युद्ध जैसे हालात भी उत्पन्न हो जाते थे। मंगोल कबीले के लोग मिलकर व्यापार करते थे और चीनी व्यापारियों को अपनी शर्तों पर व्यापार करने के लिए मजबूर करते रहे।

2. चंगेज खान के प्रारंभिक जीवन एवं उसकी प्रमुख उपलब्धियों का विश्लेषण करें कि क्या वह मंगोलियाई राष्ट्र का महानायक था?

दक्षता आधारित प्रश्न

अथवा **चंगेज खान के जीवन तथा उपलब्धियों का वर्णन करें?**

उत्तर चंगेज खान जिसका मूल नाम तेमूजिन था, का जन्म 1162 ई. में मंगोलिया के एक घुमंतू कबीले में हुआ था। उनका प्रारंभिक जीवन संघर्षों से भरा हुआ था। पिता की हत्या के बाद उनका परिवार कबीलाई संघर्षों और गरीबी में फँसा रहा, लेकिन तेमूजिन ने अपने साहस दूरदर्शिता और नेतृत्व कौशल के दम पर कबीले के लोगों का समर्थन प्राप्त किया और मंगोलिया में बिखरे हुए कबीलों को संगठित किया। चंगेज खान की सबसे बड़ी उपलब्धि मंगोल साम्राज्य की स्थापना थी, जो इतिहास का सबसे बड़ा भू-भागीय साम्राज्य बना। 1206 ई. में उससे 'चंगेज खान' की उपाधि दी गई, जिसका अर्थ है– 'समस्त सागर का शासक'। उसने कुशल सैन्य रणनीति और अनुशासन के बल पर मध्य एशिया, चीन, मध्य-पूर्व और यूरोप तक अपने विजय अभियान चलाए। उनके शासनकाल में रेशम मार्ग को व्यापार और सांस्कृतिक आदान-प्रदान का केंद्र बनाया गया। उन्होंने एक प्रभावी प्रशासनिक प्रणाली और संचार तंत्र विकसित किया, जो उनकी सफलता का मुख्य कारण है।

उसकी इस प्रतिष्ठा को मंगोल कबीले के सरदारों की एक सभा 'किरिलताई' में मान्यता मिली। इसी सभा में 'समुद्री खान' व 'सार्वभौमिक खान' की उपाधि के साथ मंगोलों का महानायक घोषित किया गया।

हालाँकि चंगेज खान को उनके क्रूर आक्रमणों और विनाशकारी अभियानों के लिए आलोचना भी मिली, लेकिन मंगोलियाई इतिहास में उनका स्थान महानायक के रूप में है। उन्होंने मंगोलिया को एकजुट किया और उसे वैश्विक शक्ति बनाया तथा एक ऐसा साम्राज्य बनाया, जो उसकी मृत्यु के बाद भी लंबे समय तक प्रभावशाली रहा।

3. चंगेज़ खान के पश्चात् मंगोलों का साम्राज्य कैसा रहा? इस पर चर्चा करें।

उत्तर इस प्रश्न के उत्तर के लिए पृष्ठ संख्या 64-65 पर शीर्षक "चंगेज खान के बाद मंगोल" का अध्ययन करे।

4. कुबलई खान के जीवन तथा उपलब्धियों का वर्णन कीजिए

उत्तर कुबलई खान, चंगेज खान के सबसे छोटे पुत्र तोलुई का वंशज था। वह 1260 ई. में महान खान के रूप में सिहांसन पर बैठा। कुबलई खान ने चीन में शुंग साम्राज्य पर विजय हासिल की तथा अपने शासनकाल में चीन के दक्षिणी व उत्तरी भागों पर अपना कब्जा कर लिया। कुबलई खान ने अपनी राजधानी बीजिंग बनाई और यूआन वंश की नींव रखी। वस्तुत मंगोलों ने रूस, चीन, मध्य एशिया तथा ईरान पर शासन किया। कुबलई खान का साम्राज्य उस समय तक चार विभिन्न राज्यों में विभाजित हो चुका था।

कुबलई खान एक योग्य शासक था। उसने चीन में सड़कों का निर्माण कराया। अकाल के दिनों में अनाज के भंडारण के लिए भंडारगृह बनवाए तथा अनाथों, रोगियों की सहायता की। उसने पेकिंग में भव्य राजधानी बनाई तथा पेकिंग यगंगेज से जोड़ने वाली बड़ी नहर का शेष कार्य भी पूरा कराया।

1275 ई. में कुबलई खान ने अपने दरबार में मार्कोपोलो का भव्य स्वागत किया। मार्कोपोलो, कुबलई खान द्वारा स्थापित सरकार में सत्रह वर्ष तक वफादार अधिकारी के रूप में कार्य करता रहा।

1259 ई. में जब कुबलई खान ने चीन पर अपना अधिकार कर लिया, तो वह चीन की सभ्यता का महान प्रशंसक बन गया। मंगोलों के शासनकाल में ही चीन में नाटक तथा उपन्यास विधा ने प्रगति की। कुछ ही समय में मंगोल विजेता चीनी जीवन के रंग में रंग गए। चौदहवीं शताब्दी तक मंगोलों के युआन वंश का अंत हो चुका था और बहुत से मंगोल कबीले जोकि अलग रहे थे, को मंगोलिया के स्टेपी-प्रदेश में वापस लौट जाना पड़ा। अतः यह कहा जा सकता है कि चीन में कुबलई खान का शासनकाल उपलब्धियों से पूर्ण रहा।

5. यास चंगेज खान द्वारा बनाई गई नियमों की एक संहिता थी, जिसे कालांतर में डेविड आंदोलन द्वारा शोध के उपरांत चंगेज के उत्तराधिकारियों द्वारा प्रयोग किया गया। इस कथन के परिपेक्ष्य में चर्चा कीजिए। *दक्षता आधारित प्रश्न*

उत्तर इस प्रश्न के उत्तर के लिए पृष्ठ संख्या 61-66 पर शीर्षक (यास नियमों की संहिता का अध्ययन करें) देखें

स्रोत पर आधारित प्रश्न

1. गजन खान का भाषण

गजन खान (1295-1304 ई.) पहला इल–खानी शासक था, जिसने धर्म-परिवर्तन कर इस्लाम ग्रहण किया। उसने अपने मंगोल–तुर्की यायावर सेनापतियों को निम्न भाषण दिया, जिसे संभवतः उसके ईरानी वजीर रशीदुद्दीन ने लिखा था और जिसे मंत्री के पत्रों में शामिल किया गया था। "मैं फारस के कृषक वर्ग के पक्ष में नहीं हूँ। यदि उन सबको लूटने का कोई उद्देश्य है, तो ऐसा करने के लिए मेरे से अधिक शक्तिशाली और कोई नहीं है, चलो हम सब मिलकर उन्हें लूटते हैं, लेकिन अगर आप निश्चित रूप से भविष्य में अपने भोजन के लिए अनाज और भोज्य–सामग्री इकट्ठा करना चाहते हैं, तो मुझे आपके साथ कठोर होना पड़ेगा। आपको तर्क और बुद्धि से काम लेना सिखाना पड़ेगा। यदि आप कृषकों का अपमान करेंगे, उनसे उनके बैल और अनाज के बीज छीन लेंगे और उनकी फसलों को कुचल डालेंगे, तो आप भविष्य में क्या करेंगे? एक आज्ञाकारी कृषक वर्ग और एक विद्रोही कृषक वर्ग में अंतर समझना आवश्यक है। ....."

(i) **गजन खान कौन था?**

उत्तर गजन खान, चंगेज़ खान के सबसे छोटे पुत्र तोलूई का वंशज था।

(ii) **पहला मंगोल शासक कौन था, जिसने इस्लाम धर्म ग्रहण किया था?**

उत्तर गजन खान मंगोल वंश का पहला शासक था, जिसने धर्म परिवर्तन कर इस्लाम धर्म ग्रहण कर लिया था। उसने अपने मंगोल-तुर्की यायावर सेनापतियों को एक भाषण दिया था, जो उसके ईरानी वजीर रशीदुद्दीन द्वारा लिखा गया था।

(iii) **स्रोत में दिए गए भाषण को किसने लिखा? गजन खान अपने भाषण के द्वारा अपने सेनापति को क्या समझाने का प्रयास कर रहा था?**

उत्तर गजन खान के इस भाषण को रशीदुद्दीन खान ने लिखा था। यह गजन खान का वजीर था। गजन खान किसानों का हितैषी था, वह अपने राष्ट्र को एक समृद्धशाली राष्ट्र बनाना चाहता था। अतः वह अपने भाषण के माध्यम से अपने सेनापतियों को यह समझाना चाहता था कि राष्ट्र की खुशहाली तभी संभव है, जब कृषक अनाज उत्पन्न करेंगे और यह तभी संभव है, जब शासक और कृषक के बीच मैत्रीपूर्ण संबंध हों। कृषकों को सताकर उनसे अच्छी फसल की उम्मीद नहीं की जा सकती।

2. बुखारा पर कब्जा

परवर्ती 13वीं शताब्दी के ईरान के मंगोल शासकों के एक फारसी इतिवृत्तकार जुबैनी ने 1220 ई. में बुखारा की विजय का वृत्तांत दिया है। जुबैनी के कथनानुसार नगर की विजय के बाद चंगेज़ खान उत्सव मैदान में गया, जहाँ पर नगर के धनी व्यापारी एकत्रित थे। उसने उन्हें संबोधित कर कहा, "अरे लोगों! तुम्हें यह ज्ञात होना चाहिए कि तुम लोगों ने अनेक पाप किए हैं और तुममें से जो अधिक संपन्न लोग हैं, उन्होंने सबसे अधिक पाप किए हैं।

अगर तुम मुझसे पूछो कि इसका मेरे पास क्या प्रमाण है तो इसके लिए मैं कहूँगा कि मैं ईश्वर का दंड हूँ। यदि तुमने पाप न किए होते, तो ईश्वर ने मुझे दंड हेतु तुम्हारे पास न भेजा होता ..." अब कोई व्यक्ति, बुखारा पर अधिकार होने के बाद खुरासान भाग गया था। उससे नगर के भाग्य के बारे में पूछने पर उसने उत्तर दिया, "वे (नगर) आए, दीवारों को ध्वस्त कर दिया, जला दिया, लोगों का वध किया, लूटा और चल दिए।"

(i) **जुवैनी के विषय में आप क्या जानते हैं?**

उत्तर जुवैनी फारसी इतिहासकार था। जुवैनी ने 1220 ई. में चंगेज़ खान की बुखारा पर विजय का विस्तृत वर्णन किया है।

(ii) **चंगेज़ खान ने बुखारा के नगर उत्सव के मैदान में जाकर लोगों से क्या कहा था?**

उत्तर चंगेज खान ने नगर विजय के पश्चात् उत्सव मैदान में जाकर लोगों के सामने यह कहा कि तुम लोगों को ज्ञात होना चाहिए कि तुममें से अनेक लोगों ने बहुत पाप किए हैं, जो जितना ज्यादा संपन्न है, उसने उतने ही अधिक पाप किए हैं। भाषण के अंत में उसने कहा कि यदि तुम लोगों ने पाप न किए होते, तो ईश्वर ने मुझे तुम्हें दंड देने के लिए तुम्हारे पास न भेजा होता।

(iii) **बुखारा से खुरासान भागकर गए व्यक्ति ने बुखारा के भाग्य के विषय में लोगों को क्या बताया था?**

उत्तर बुखारा से खुरासान पहुँचे व्यक्ति ने बुखारा की त्रासदी के विषय में बताया कि चंगेज़ खान और उसके साथ की मंगोल सेना ने बुखारा आकर लोगों का वध किया, घरों को लूटा तथा दीवारों को ध्वस्त कर जला दिया और इस तरह बुखारा में व्यापक उत्पात मचाया।

3. निम्नलिखित स्रोतों को ध्यानपूर्वक पढ़कर उन पर आधारित प्रश्नों के उत्तर दीजिए।

इस नवीन श्रेणी में चंगेज़ खान ने अपने नव–विजित लोगों पर शासन करने का उत्तरदायित्व अपने चार पुत्रों को सौंप दिया। इससे उलुस का गठन हुआ। उलुस शब्द का मूल अर्थ निश्चित भूभाग नहीं था। चंगेज़ खान का जीवन काल अभी भी निरंतर विजयों और साम्राज्य को अधिक-से अधिक बढ़ाने का युग था और जिसकी सीमाएँ अत्यंत परिवर्तनशील थीं। उसके सबसे ज्येष्ठ पुत्र जोची को रूसी स्टेपी-प्रदेश प्राप्त हुआ। परंतु उसकी दूरस्थ सीमा (उलुस) निर्धारित नहीं थी। इसका विस्तार सुदूर पश्चिम तक विस्तृत था जहाँ तक उसके घोड़े स्वेच्छापूर्वक भ्रमण कर सकते थे।

उसके दूसरे पुत्र चघताई को तूरान का स्टेपी-क्षेत्र तथा पामीर के पहाड़ का उत्तरी क्षेत्र भी मिला, जो उसके भाई के प्रदेश से लगा हुआ था। संभवत: वह जैसे-जैसे पश्चिम की ओर बढ़ता गया होगा वैसे-वैसे यह अधिकार क्षेत्र भी परिवर्तित होता गया होगा।

चंगेज़ खान ने संकेत किया था कि उसका तीसरा पुत्र ओगोदेई उसका उत्तराधिकारी होगा और उसे महान खान की उपाधि दी जाएगी। इस राजकुमार ने अपने राज्याभिषेक के बाद अपनी राजधानी कराकोरम में प्रतिष्ठित की। उसके सबसे छोटे पुत्र तोलोए ने अपनी पैतृक भूमि मंगोलिया को प्राप्त किया। चंगेज़ खान का यह विचार था कि उसके पुत्र परस्पर मिल-जुलकर साम्राज्य का शासन करेंगे और इसे ध्यान में रखते हुए उसने विभिन्न राजकुमारों के लिए अलग-अलग सैन्य-टुकड़ियाँ (तामा) निर्धारित कर दीं जो प्रत्येक उलुस में तैनात रहती थीं। परिवार के सदस्यों में राज्य की भागीदारी का बोध सरदारों की परिषद् (किरिलताई) में होता था, जिसमें परिवार या राज्य के भविष्य के निर्णय, अभियानों, लूट के माल का बँटवारा, चरागाह भूमि और उत्तराधिकार आदि के समस्त निर्णय, सामूहिक रूप से लिए जाते थे।

(i) **किरिलताई का साम्राज्य में क्या महत्त्व था?**

उत्तर किरिलताई सरदारों की परिषद् थी, जहाँ साम्राज्य के निर्णय जैसे अभियानों, लूट के माल का बँटवारा, चारागाह भूमि और उत्तराधिकार तय किए जाते थे। ये सामूहिक शासन का प्रतीक थे।

(ii) **चंगेज खान ने अपने पुत्रों को कहाँ शासन का उत्तरदायित्व सौंपा?**

उत्तर चंगेजखान ने अपने चार पुत्रों को अलग-अलग क्षेत्रों का प्रशासन सौंपा जोंची को रूसी स्टेपी क्षेत्र, चघताई को तूरान का स्टेपी तथा पामीर के पठार का उत्तरी क्षेत्र, ओगोदेई को अपना उत्तराधिकारी बनाकर राजधानी कराकोरम में स्थापित किया और तोलोए को मंगोलिया का शासन सौंपा जो उनकी पैतृक भूमि थीं।

(iii) **उलुस शब्द का क्या अर्थ है और इसका महत्त्व क्या था?**

उत्तर चंगेज खान ने अपने नवविजित लोगों पर शासन करने का उत्तरदायित्व अपने चार पुत्रों को सौंप दिया इससे उलुस का गठन हुआ। उलुस शब्द का अर्थ निश्चित भू-भाग नहीं था, बल्कि यह बदलती सीमाओं वाले क्षेत्र का सूचक था। यह मंगोल साम्राज्य के विभिन्न क्षेत्रों का विभाजन और प्रशासनिक नियंत्रण दर्शाता है।

4. **अपने जीवन का अधिकांश भाग युद्धों में व्यतीत करने के बाद 1227 ई. में चंगेज खान की मृत्यु हो गई। उसकी सैनिक उपलब्धियाँ विस्मित कर देने वाली थीं। यह बहुत हद तक स्टेपी-क्षेत्र की युद्ध शैली के बहुत से आयामों को आवश्यकतानुसार परिवर्तन और सुधार करके उसको प्रभावशाली रणनीति में बदल पाने का परिणाम था। मंगोलों और तुर्कों के घुड़सवारी कौशल ने उसकी सेना को गति प्रदान की थी। घोड़े पर सवार होकर उनकी तीरंदाजी का कौशल अद्‌भुत था, जिसे उन्होंने अपने दैनिक जीवन में जंगलों में पशुओं को आखेट करते समय प्राप्त किया था।**

उनके इस घुड़सवारी तीरंदाजी के अनुभव ने उनकी सैनिक-गति को बहुत तेज कर दिया। स्टेपी-प्रदेश के घुड़सवार सदैव फुर्तीले और बड़ी तेज गति से यात्रा करते थे। अब उन्हें अपने आस-पास के भू-भागों और मौसम की जानकारी हो गई, जिसने उन्हें अकल्पनीय कार्य करने की क्षमता प्रदान की। उन्होंने घोर शीत ॠतु में युद्ध-अभियान प्रारंभ किए तथा उनके नगरों और शिविरों में प्रवेश करने के लिए बर्फ से जमी हुई नदियों का राजमार्गों की तरह प्रयोग किया। यायावर लोग अपनी परंपराओं के अनुसार प्राचीरों के आरक्षित शिविरों में पैठ बनाने में सक्षम नहीं थे, पर चंगेज खान ने घेराबंदी-यंत्र और नेफ्था बमबारी के महत्त्व को शीघ्र जाना। उसके इंजीनियरों ने उसके शत्रुओं के विरुद्ध अभियानों में प्रयोग के लिए हल्के चल-उपस्कर का निर्माण किया, जिसके युद्ध में घातक प्रभाव होते थे।

(i) **चंगेज खान की सैनिक उपलब्धियों का मुख्य कारण क्या था?**

उत्तर चंगेज खान की सैनिक उपलब्धियों का मुख्य कारण स्टेपी क्षेत्र की युद्ध शैली में आवश्यकतानुसार परिवर्तन और सुधार करना था। मंगोल और तुर्क घुड़सवारों के तीरंदाजी कौशल और तेज गति ने उनकी सेना को अजेय बनाया। उन्होंने शीत-ॠतु में बर्फीली नदियों और हल्के चल-उपस्करों का भी कुशलतापूर्वक उपयोग किया।

(ii) **चंगेज खान ने यायावर परंपराओं में क्या परिवर्तन किए?**

उत्तर चंगेज खान ने यायावर परंपराओं में घेराबंदी यंत्र और नेफ्था बमबारी जैसे तकनीकी सुधार जोड़े। उन्होंने इंजीनियरों से हल्के चल उपस्करों का निर्माण कराया जो युद्ध अभियानों में दुश्मनों के लिए घातक सिद्ध हुए। इन सुधारों के कारण उनकी सेना ने नगरों और प्राचीनों वाले शिविरों में आसानी से प्रवेश किया।

(iii) **चंगेज खान ने शीत ॠतु का युद्ध अभियानों में किस प्रकार उपयोग किया?**

उत्तर चंगेज खान ने शीत ॠतु में बर्फ से जमी नदियों को राजमार्गों की तरह उपयोग कर दुश्मनों के नगरों और शिविरों तक पहुँच बनाई। ठंडे मौसम का लाभ उठाकर उन्होंने अप्रत्याशित हमले किए, जिसके कारण उनकी पुहु अभियानों की प्रभावशीलता बढ़ गई और शत्रु तैयार नहीं हो पाते थे।

मानचित्र पर आधारित प्रश्न

1. दिए गए मंगोल साम्राज्य के मानचित्र पर 1, 2, 3, 4 और 5 से संबंधित स्थानों के नाम लिखें।

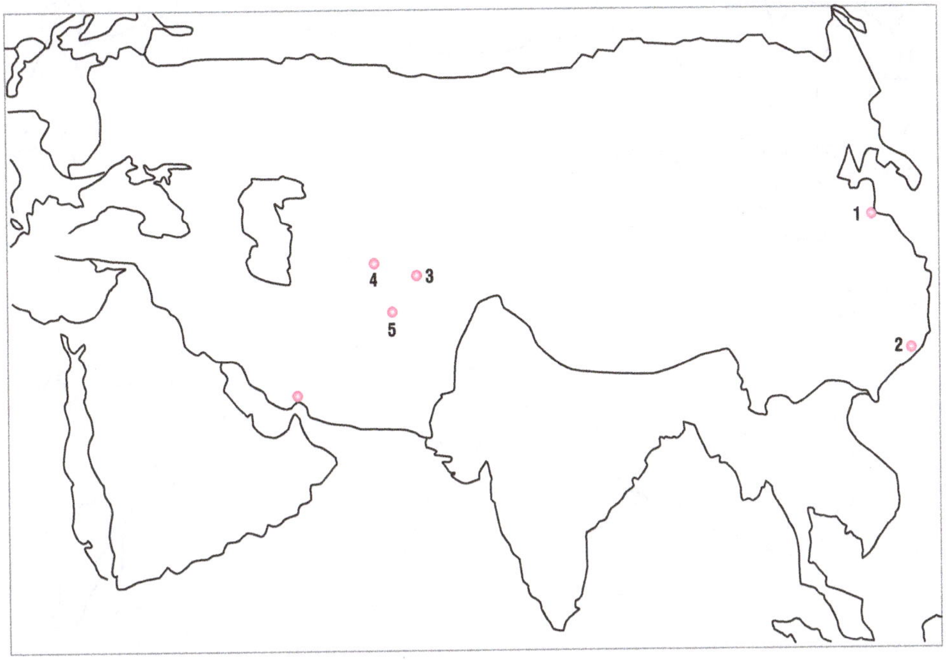

उत्तर

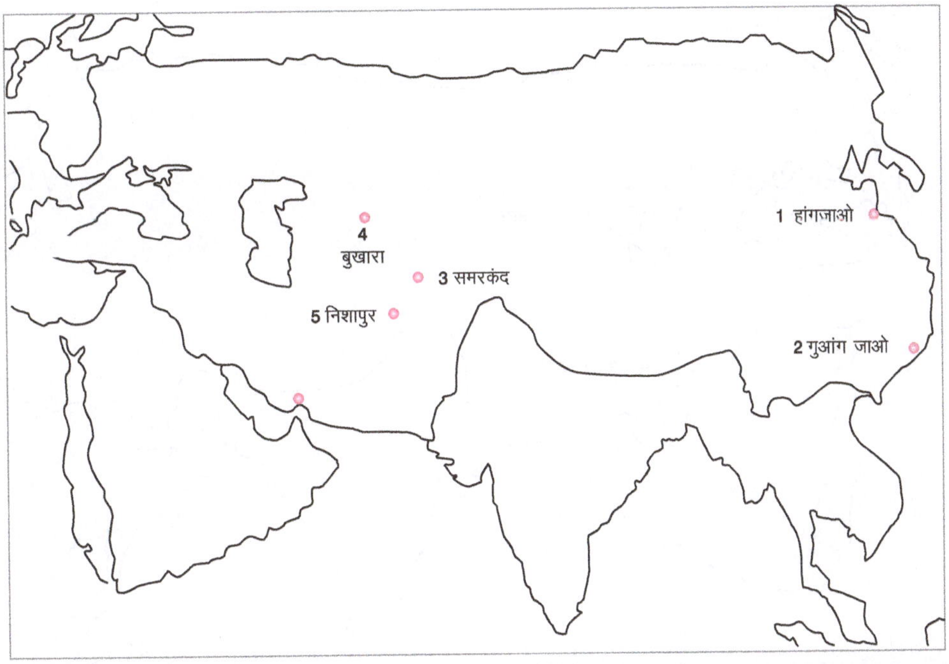

2. दिए गए मंगोल साम्राज्य के मानचित्र पर निम्न बिंदुओं को दर्शाइए

1. यूरोप 2. अरब 3. कैस्पियन सागर 4. फारस की खाड़ी 5. बर्मा

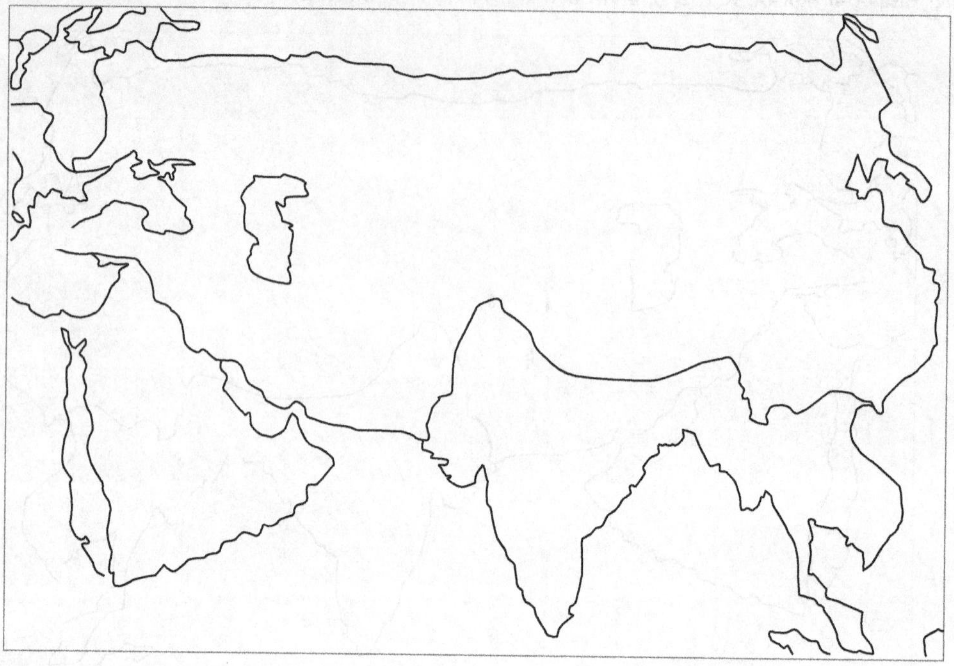

उत्तर

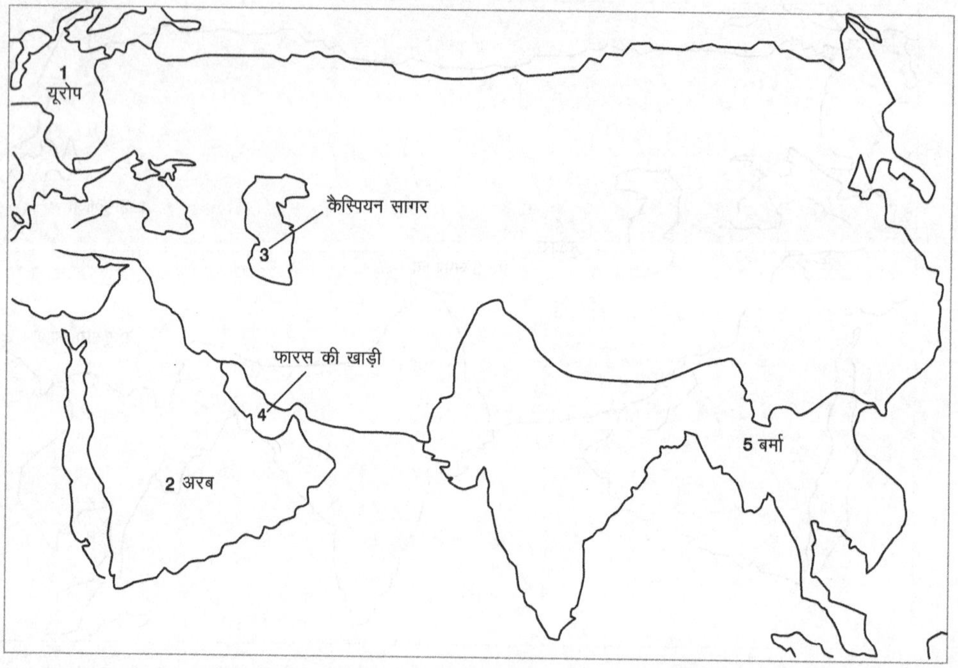

स्वयं को जाँचें

वस्तुनिष्ठ प्रश्न

1. चीन की महान दीवार का निर्माण क्यों किया गया था?

(a) अनाज भंडारण के लिए
(b) चीन के संरक्षण के लिए
(c) सामग्रियों के आयात तथा निर्यात के लिए
(d) उपरोक्त से कोई नहीं

2. चंगेज खान के माता-पिता का नाम क्या था?

(a) ओलुन-इके तथा येसूजेई
(b) बातू तथा हैलुन
(c) हलाकू तथा कियादू
(d) इनमें से कोई नहीं

3. चंगेज खान का जन्म कहाँ हुआ था?

(a) आधुनिक मंगोलिया के उत्तर में ओनोन नदी के निकट
(b) आधुनिक मंगोलिया के उत्तर में वोल्गा नदी के निकट
(c) आधुनिक मंगोलिया के उत्तर में नील नदी के निकट
(d) आधुनिक मंगोलिया के उत्तर में सेलेंगा नदी के निकट

4. निम्न में से कौन-सी एक पदवी चंगेज खान को प्रदान नहीं की गई है?

(a) सार्वभौम शासक
(b) मंगोलों का महानायक
(c) समुद्री खान
(d) इनमें से कोई नहीं

5. कथन (A) मंगोल अपने अभियान शीत ऋतु में आरंभ करते थे।
कारण (R) वे अपने अभियानों के लिए बर्फ से जमी नदी का उपयोग करते थे।

कूट

(a) A और R दोनों सही हैं तथा R, A की सही व्याख्या है
(b) A और R दोनों सही हैं, परंतु R, A की सही व्याख्या नहीं है
(c) A सही है, किंतु R गलत है
(d) A गलत है, किंतु R सही है

6. दिए गए अभिकथन एवं कारण के संदर्भ में सही कूट का चयन करें?

अभिकथन (A) पशुपालक समुदाय के लोग घोड़े, भेड़ों, बकरियों को पालते थे।

कारण (R) इस समुदाय के लोगों का उद्भव मध्य एशिया की चारण भूमि (स्टेपीज) के कारण हुआ

कूट

(a) A और R दोनों सही हैं तथा R, A की सही व्याख्या है
(b) A और R दोनों सही हैं, परंतु R, A की सही व्याख्या नहीं हैं।
(c) A सही है, किंतु R गलत है
(d) A गलत है, किंतु R सही है

7. दी गई जानकारी के आधार पर सही विकल्प का चयन करें?

- यह सरदारों की एक परिषद् थी
- इसका उद्देश्य राज्य के कार्यों में परिवार के सदस्यों की भागीदारी को सुनिश्चित करना था।
- इसी परिषद् द्वारा परिवार अथवा राज्य से संबंधित सभी महत्त्वपूर्ण विषयों पर निर्णय लिया जाता था।

(a) आंडा
(b) किरिलताई
(c) कनात
(d) यास

अतिलघु उत्तरीय प्रश्न

8. एशिया में चंगेज खान के नेतृत्व में यायावार साम्राज्य की शुरुआत कब हुई?

9. घुमक्कड़ शब्द का अर्थ स्पष्ट करें।

10. चीनियों द्वारा चीन की दीवार का निर्माण क्यों किया गया?

11. स्टेपी-क्षेत्र के अंतर्गत कौन-कौन से प्रदेश आते हैं?

लघु उत्तरीय प्रश्न

12. 13वीं शताब्दी के अन्य कबीलों से मंगोल किस प्रकार भिन्न थे? स्पष्ट करें।

13. चंगेज खान ने तुर्की एवं मंगोल को मिलाकर एक परिसंघ का निर्माण किया है टिप्पणी कीजिए।

14. चंगेज़ खान ने चार उलुस के माध्यम से किस प्रकार की प्रशासनिक व्यवस्था का सृजन किया?

15. यायावर और स्थानबद्ध समुदायों में पारस्परिक संबंधों पर चर्चा कीजिए?

दीर्घ उत्तरीय प्रश्न

16. जमूका और बोघूरचू कौन थे? विस्तारपूर्वक वर्णन करें।

17. उन परिस्थितियों की चर्चा करें, जिनके कारण चंगेज़ खान एक विस्तृत साम्राज्य की स्थापना कर सका।

18. चंगेज़ खान के वंशजों में आंतरिक विद्रोह के प्रमुख कारणों पर चर्चा कीजिए?

अनुभाग III : बदलती परंपराएँ

अध्याय 4 तीन वर्ग

अध्याय 5 बदलती हुई सांस्कृतिक परंपराएँ

कालक्रम तीन (लगभग 1300–1700)

यूरोप में विचाराधीन काल में अनेक महत्त्वपूर्ण विकास हुए, जिसमें कृषि और किसानों के जीवन में अनेक प्रकार के परिवर्तनों को देखा गया। इसके अतिरिक्त अनेक सांस्कृतिक परिवर्तन भी हुए। इस कालरेखा से ज्ञात होता है कि महाद्वीपों के आपसी संबंधों ने व्यापार को प्रोत्साहित किया। इन संपर्कों ने अनेक क्षेत्रों को प्रभावित किया और विचारों, आविष्कारों तथा वस्तुओं का आदान-प्रदान एक महाद्वीप से दूसरे महाद्वीप में होने लगा। भूमि पर नियंत्रण, स्रोत और व्यापार के क्षेत्रों पर नियंत्रण रखने के लिए राज्यों में परस्पर लगातार संघर्ष हो रहे थे, जिसके कारण महिलाओं और पुरुषों को यदि उनकी हत्या न कर दी गई हो, तो उन्हें उनके निवास-स्थानों से निकाल कर उन्हें दास बनाया जा रहा था। इस तरह लोगों का जीवन अनेक रूपों में इतना अधिक बदल गया था कि उसे पहचानना बहुत कठिन हो गया था।

4

अध्याय

इस अध्याय में, 9वीं से 16वीं शताब्दी के मध्य पश्चिमी यूरोप में होने वाले सामाजिक, आर्थिक एवं राजनीतिक परिवर्तनों के विषय में उल्लेख किया गया है।

▼ अध्ययन एक नजर में

4.1 मध्यकालीन यूरोप के ऐतिहासिक स्रोत
4.2 सामंतवाद का परिचय
4.3 तीन वर्ग
4.4 तीन वर्गों के मध्य सामाजिक और आर्थिक संबंधों को प्रभावित करने वाले कारक
4.5 चौदहवीं सदी का संकट
4.6 फ्रांसीसी और अंग्रेजी सरकार का विकास

▼ अभ्यास के लिए

- बहुविकल्पीय प्रश्न 32, चित्र आधारित, कथन/कारण, सुमेलित कीजिए
- वर्णनात्मक प्रकार के प्रश्न (लघु उत्तरीय प्रश्न 16, दीर्घ उत्तरीय प्रश्न 6)
- स्रोत आधारित प्रश्न 14, मानचित्र आधारित प्रश्न 2

तीन वर्ग

मध्यकाल के दौरान, सामंतवाद (Feudalism) यूरोप की सर्वाधिक महत्त्वपूर्ण व्यवस्था थी। तीन वर्ग इस अध्याय के केंद्र बिंदु हैं, जिनका अभिप्राय तीन सामाजिक श्रेणियों से है। इन श्रेणियों में ईसाई या पादरी, भूमिधारक अभिजात वर्ग और कृषक वर्ग शालिम हैं। इन तीनों वर्गों के मध्य बदलते संबंधों ने पिछली कई शताब्दयों में यूरोप के इतिहास रचने में महत्त्वपूर्ण भूमिका निभाई है।

4.1 मध्यकालीन यूरोप के ऐतिहासिक स्रोत

- यूरोपीय इतिहासकारों ने पिछले सौ वर्षों में विविध क्षेत्रों के इतिहासों यहाँ तक कि प्रत्येक गाँव के इतिहास पर विस्तारपूर्वक कार्य किया। यह कार्य इसलिए संभव हुआ, क्योंकि भू-स्वामित्व के विवरण, मूल्य और कानूनी मुकदमों जैसी दस्तावेज उपलब्ध थी।
- उदाहरणस्वरूप, चर्चों में मिलने वाले जन्म, मृत्यु और विवाह के अभिलेखों की सहायता से ही परिवारों और जनसंख्या की संरचना को समझा जा सकता था।
- इन चर्चों से प्राप्त अभिलेखों से व्यापारिक संस्थाओं तथा गीत और कहानियों से त्योहारों और सामुदायिक गतिविधियों के विषय में जानकारी प्राप्त होती है।
- ये स्रोत इतिहासकारों को आर्थिक जीवन, जनसंख्या और किसान विद्रोह को समझने में मदद करते हैं।

4.2 सामंतवाद का परिचय

- सामंतवाद एक सामाजिक व्यवस्था है, जो मध्यकालीन युग के दौरान प्रचलित थी, यह अभिजात वर्ग (भूमि के मालिक) की सामान्य लागों पर शासन करने की एक राजनीतिक और आर्थिक प्रणाली थी।
- इतिहासकार **सामंतवाद** (Feudalism) शब्द का प्रयोग मध्यकालीन युग (यूरोप) के दौरान, सामान्यत: 9वीं और15वीं शताब्दी के बीच विद्यमान आर्थिक, कानूनी, राजनीतिक और सामाजिक संबंधों का वर्णन करने के लिए करते हैं।
- 'सामंतवाद' जर्मन शब्द **फ्यूड** से बना है, जिसका अर्थ '**एक भूमि का टुकड़ा**' है।
- यह व्यवस्था मध्य फ्रांस में विकसित हुई और बाद में इंग्लैंड और दक्षिणी इटली में भी विस्तृत हुई।

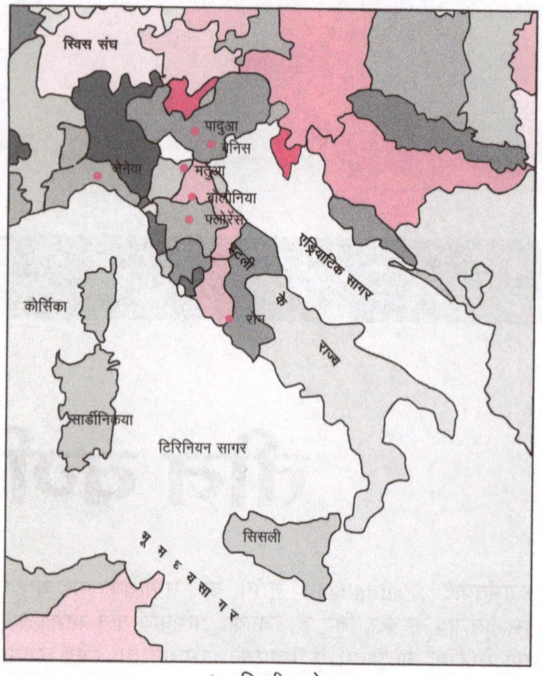

▲ पश्चिमी यूरोप

- आर्थिक संदर्भ में सामंतवाद एक कृषि उत्पादन को इंगित करता है, जो **सामंत** (Lord) और **कृषकों** (Peasants) के संबंधों पर आधारित है। उनके रिश्तों में आर्थिक, सामाजिक और राजनीतिक कारक शामिल हैं।
- कृषक लॉर्ड को श्रम-सेवा प्रदान करते थे और बदले में वे उन्हें सैनिक सुरक्षा देते थे। इसके साथ-साथ लॉर्ड के कृषकों पर व्यापक न्यायिक अधिकार भी थे।
- इतिहासकारों का यह विचार है कि सामंतवाद की जड़ें रोमन साम्राज्य में विद्यमान परंपराओं एवं फ्रांस के राजा शॉर्लमैन (742-814ई.) के काल में पाई गईं, लेकिन जीवन के एक निश्चित तरीके के रूप में सामंतवाद की उत्पत्ति यूरोप के विभिन्न देशों में इसकी उत्पत्ति 11वीं शताब्दी के उत्तरार्द्ध में हुई।

सामंतवाद पर प्रारंभिक विद्वान–मार्क ब्लॉक

- सामंतवाद पर सर्वप्रथम कार्य करने वाले विद्वानों में से एक फ्रांस के **मार्क ब्लॉक** (Marc Bloch) थे।
- उन्होंने तर्क दिया कि इतिहास की विषय-वस्तु राजनीतिक इतिहास, अंतर्राष्ट्रीय संबंध और महान व्यक्तियों की जीवनियों से अधिक है।
- उन्होंने भूगोल के महत्त्व द्वारा मानव इतिहास को गढ़ने(लिखने) पर बल दिया, जिससे लोगों के समूहों का व्यवहार और स्वरूप समझा जा सके।
- ब्लॉक की कृति **फ्यूडल सोसाइटी** (सामंती समाज) 900 और 1300 ई. के बीच के फ्रांसीसी समाज का विस्तृत विश्लेषण प्रदान करती है। इस पुस्तक में मध्ययुगीन सामाजिक-आर्थिक, कानूनी, राजनीतिक और सामाजिक संबंधों का वर्णन किया गया है।
- द्वितीय विश्वयुद्ध में नाजियों द्वारा गोली मारकर हत्या करने के कारण उनके द्वारा किए जा रहे शोध व अध्यापन कार्य पर अचानक ही विराम लग गया।

फ्रांस और इंग्लैंड में सामंतवाद

फ्रांस

- जर्मनी की एक जनजाति फ्रेंक (Franks) ने गॉल को अपना नाम देकर उसे फ्रांस बना दिया।
- **गॉल (Gaul)** जो रोमन साम्राज्य का एक प्रांत था, में दो विस्तृत तट रेखाएँ, पर्वत श्रेणियाँ, लंबी नदियाँ, वन और कृषि करने के लिए उपयुक्त विस्तृत मैदान थे।
- छठी सदी से यह प्रदेश फ्रैंकिश अथवा फ्रांस के ईसाई राजाओं द्वारा एक शासित राज्य बना।
- चर्च के साथ फ्रांसीसियों के प्रगाढ़ संबंध थे, जो पोप द्वारा राजा **शॉर्लमैन** से समर्थन प्राप्त करने के लिए उसे पवित्र रोमन सम्राट की उपाधि दिए जाने पर और अधिक मजबूत हो गए।

इंग्लैंड

- इंग्लैंड में सामंतवाद का विकास 11वीं शताब्दी से हुआ। यह महत्त्वपूर्ण तथ्य है कि छठी शताब्दी में मध्य यूरोप से आने वाले **एंजिल** और **सैक्सन** आधुनिक इंग्लैंड के भू-क्षेत्र पर आकर बस गए। इन दोनों के नाम पर इस भू-क्षेत्र को **एंजिल लैंड** कहा जाने लगा।

▲ हेवर दुर्ग, इंग्लैंड

- एक संकरे जलमार्ग के पार स्थित इंग्लैंड-स्कॉटलैंड द्वीपों को 11वीं सदी में फ्रांस के एक प्रांत नारमंडी (Normandy) के राजकुमार के द्वारा जीत लिया गया।
- नॉरमंडी के ड्यूक, विलियम ने 11वीं शताब्दी में एक सेना के साथ इंग्लिश चैनल (English Channel) को पार करके इंग्लैंड के राजा सैक्सन को पराजित किया।
- इस समय फ्रांस और इंग्लैंड में क्षेत्रीय सीमाओं और व्यापार से उत्पन्न विवादों के कारण प्राय: युद्ध होते रहते थे।
- विलियम प्रथम ने भूमि की पैमाइश अर्थात् भूमि की नाप कराकर नक्शा तैयार कराया तथा इस समस्त भूमि का विभाजन 180 नॉरमन अभिजातों में किया।
- ये अभिजात, सामंतों (Feudals) के रूप में राजा के प्रमुख काश्तकार (Chief Tenants) बन गए।
- ये अभिजात राजा को आवश्यकतानुसार सैन्य सहायता अथवा कुछ **नाइट** (Knights) देने के लिए बाध्य थे

- राजा इन नाइटों का उपयोग अपने निजी युद्धों के लिए नहीं कर सकते थे, क्योंकि इस पर इंग्लैंड का प्रतिबंध था।
- एंग्लो-सैक्सन कृषक, विभिन्न स्तरों के भू-स्वामियों के काश्तकार बन गए।

चेक प्वॉइंट 1

1. 'फ्यूड' का अर्थ क्या होता है?
2. मार्क ब्लॉक कौन थे?
3. किस राजा को पोप ने 'पवित्र रोमन सम्राट' की उपाधि दी थी?
4. किस राजा ने इंग्लैंड के सैक्सन राजा को पराजित किया?

4.3 तीन वर्ग

- मध्यकालीन यूरोपीय समाज का निर्माण तीन वर्गों—**पादरी वर्ग** (Clergy), **अभिजात वर्ग** (Nobility) तथा **कृषक** वर्ग (Peasantry) को मिलाकर हुआ।

प्रथम वर्ग : पादरी वर्ग

- मध्यकालीन यूरोपीय समाज में पादरी प्रथम वर्ग के अंतर्गत आते थे। इस काल में **चर्च** एक शक्तिशाली संस्था थी, जो राजा पर निर्भर नहीं थी। पश्चिमी चर्च के अध्यक्ष पोप होते थे, जिनका निवास रोम में होता था।
- चर्च के अपने नियम और कानून थे। शासकों द्वारा दी गई भूमि का बड़ा हिस्सा उसके पास होता था और वह उस पर कर लगा सकता था।
- यूरोप में ईसाई समाज का मार्गदर्शन बिशपों एवं पादरियों द्वारा किया जाता था, जो प्रथम वर्ग के अंग थे।
- अधिकतर गाँवों में अपने चर्च हुआ करते थे, जहाँ पर प्रत्येक रविवार को लोग पादरी के धर्मोपदेश सुनने तथा सामूहिक प्रार्थना के लिए एकत्र होते थे। यहाँ प्रत्येक व्यक्ति पादरी नहीं हो सकता था।
- यह धारणा थी कि कृषक, दास, शारीरिक रूप से विकलांग व्यक्ति एवं स्त्रियाँ पादरी नहीं बन सकते थे।
- जो पुरुष पादरी बनते थे, वे विवाह नहीं कर सकते थे एवं धर्म के क्षेत्र में बिशप सर्वश्रेष्ठ अर्थात् अभिजात माने जाते थे।
- लॉर्ड के समान ही बिशपों के पास विशाल धन-दौलत होती थी और वे शानदार महलों में निवास करते थे।
- चर्च को किसानों पर **टिथ कर** (Tithe Tax) लगाने का अधिकार प्राप्त था। यह कर उपज का दसवाँ भाग होता था।
- संपन्न एवं धनी लोग अपने कल्याण एवं मरणोपरांत अपने संबंधियों के कल्याण हेतु दिए जाने वाले दान को भी आय का महत्त्वपूर्ण स्रोत मानते थे।

चर्च और सामंतवाद

- चर्च के औपचारिक रीति-रिवाज की अन्य महत्त्वपूर्ण रस्में, सामंती कुलीनों की नकल थीं।
- प्रार्थना करते समय हाथ जोड़कर और सिर झुकाकर घुटनों के बल झुकना, नाइट द्वारा अपने वरिष्ठ लॉर्ड के प्रति वफादारी की शपथ लेते समय अपनाए गए तरीकों की नकल थी।
- ईश्वर के लिए **लॉर्ड** शब्द का प्रचलन था, जिसके परिणामस्वरूप सामंती संस्कृति चर्च के उपासना कक्षों में प्रवेश करने लगी।
- इस प्रकार अनेक सांस्कृतिक सामंती रीति-रिवाजों और तौर तरीकों को चर्चों में अपना लिया गया था।

चर्च और समाज

- चर्च मध्यकाल में एक शक्तिशाली संस्था थी और इसका संस्थागत आधार बहुत मजबूत था।
- चौथी शताब्दी से ही क्रिसमस और ईस्टर कैलेंडर की महत्त्वपूर्ण तिथियाँ बन गए थे।
- **25 दिसंबर** को ईसा मसीह के जन्मदिन के रूप में मनाया जाता था, जिसने पूर्व रोमन त्योहार का स्थान ले लिया। इस तिथि की गणना **सौर पंचांग** (Solar Calendar) पर आधारित थी।
- ईसा के शूलारोपण और उनके पुनर्जीवित होने का प्रतीक ईस्टर **चंद्र पंचांग** (Lunar Calendar) पर आधारित था, इसलिए इसकी तिथि निश्चित नहीं थी, चूँकि इसने एक प्राचीन त्योहार का स्थान लिया था, जो लंबी शरद ऋतु के पश्चात् बसंत के आगमन का स्वागत करने के लिए मनाया जाता था।
- परंपरागत रूप से इस दिन प्रत्येक गाँव के व्यक्ति अपने गाँव की भूमि का दौरा करते थे। ईसाई धर्म के आगमन पर भी इन्होंने इस परंपरा को बनाए रखा, परंतु अब वे इसे गाँव के स्थान पर **'पैरिश'** पादरी की देख-रेख में आने वाला क्षेत्र) कहने लगे थे।

- तीर्थ-यात्रा, ईसाइयों के जीवन का एक महत्त्वपूर्ण हिस्सा थी और बहुत-से लोग शहीदों की समाधियाँ या बड़े गिरजाघरों की लंबी यात्राओं पर जाते थे।
- कार्य के अत्यधिक दबाव के कारण कृषक इस छुट्टी की प्रतीक्षा करते थे, क्योंकि इस दिन कोई कार्य नहीं करना पड़ता था।

भिक्षु और मठ (चर्च)

- पादरी एकांत जीवन नहीं जीते थे, ये नगरों एवं गाँवों में सामान्य लोगों के साथ रहते थे, लेकिन मध्यकालीन यूरोप में कुछ विशेष श्रद्धालु ईसाई तथा अत्यधिक धार्मिक प्रवृत्ति के व्यक्ति एकांत में जीवन जीना पसंद करते थे।

▲ इंग्लैंड के फार्नबरों में सेंट माईकेल की बेनेडिक्टीन ऑबें

- ये आम लोगों से दूर धार्मिक समुदायों के मध्य रहते थे, जिन्हें **ऐबी** या **मोनैस्ट्री** मठ कहा जाता था।
- मोनैस्ट्री शब्द ग्रीक भाषा के 'मोनोस' से बना है, जिसका अर्थ 'ऐसा व्यक्ति जो अकेला रहता हो' है।
- इस समय सर्वप्रसिद्ध मठ 529 ई. में इटली में स्थापित **सेंट बेनेडिक्ट** (St. Benedict) (इटली) तथा 910 ई. में बरगंडी (Burgundy) में स्थापित **क्लूनी** (Cluny) था।

भिक्षुओं के कुछ महत्त्वपूर्ण कार्य निम्नलिखित थे

- भिक्षु अपना पूरा जीवन **ऑबे**[1] अर्थात् ईसाई मठों में व्यतीत करते थे।
- ये प्रार्थना करने, अध्ययन एवं कृषि कार्य करने जैसे शारीरिक कार्य करने का व्रत लेते थे। भिक्षु के जीवन को स्त्री-पुरुष दोनों अपना सकते थे।
- भिक्षु का जीवन अपनाने वाले पुरुषों को **मोंक** (Monk) और स्त्री को **नन** (Nun) कहा जाता था। स्त्री एवं पुरुष दोनों पृथक्-पृथक् ऑबों में रहते थे।
- एक ऑबे में एक ही लिंग के व्यक्ति निवास कर सकते थे। पादरियों की तरह भिक्षु एवं भिक्षुणी के लिए भी विवाह करना प्रतिबंधित था।
- इस प्रकार मठों की संख्या दस या बीस पुरुष/स्त्रियों के छोटे समुदायों से बढ़कर सैकड़ों की संख्या में हो गई, इसमें बड़ी इमारतें और भू-जागीरों के साथ-साथ स्कूल, कॉलेज या अस्पताल आते थे।
- इन समुदायों ने कला के विकास में महत्त्वपूर्ण योगदान दिया। **आबेस हिल्डेगार्ड** एक प्रतिभाशाली संगीतज्ञ था, जिसने चर्च की प्रार्थनाओं में सामुदायिक गायन की प्रथा के विकास में महत्त्वपूर्ण योगदान दिया।
- 13वीं शताब्दी से भिक्षुओं के कुछ समूह को **फ्रायर** (Friars) कहते थे एवं इस समूह ने मठों में न रहने का निर्णय लिया, इसलिए ये जगह-जगह घूमकर उपदेश देने लगे और अपनी जीविका दान के माध्यम से चलाने लगे।
- 14वीं शताब्दी के आते-आते मठवाद के महत्त्व एवं उद्देश्य के संदर्भ में अनेक शंकाएँ उत्पन्न होने लगीं।
- इंग्लैंड में **लैंग्लैंड** (1360-70 ई.) के द्वारा रचित कविता **पियर्स प्लाउमैन** (136-70 ई०) में कुछ भिक्षुओं के आरामदायक एवं विलासितापूर्ण जीवन की तुलना साधारण कृषकों, गड़रियों और मजदूरों के विशुद्ध विश्वास से की गई है।
- इंग्लैंड के जेफ्री चॉसर के द्वारा रचित **कैंटरबरी टेल्स** में भिक्षुणी , भिक्षु और फ्रायर का हास्यास्पद चित्रण किया गया है।

दूसरा वर्ग: अभिजात वर्ग

- पादरियों ने स्वयं को प्रथम वर्ग में तथा अभिजात तथा कुलीन लोगों को दूसरे वर्ग में रखा, लेकिन सामाजिक प्रक्रिया में अभिजात वर्ग की महत्त्वपूर्ण भूमिका होती थी।
- भूमि पर उनके नियंत्रण के फलस्वरूप विकसित होने वाली **वैसलेज प्रथा** (Vassalage Practice) ने फ्रांसीसी समाज में अभिजात लोगों को और अधिक महत्त्वपूर्ण बना दिया।
- वैसलेज एक सामंती व्यवस्था थी, जिसमें व्यक्ति सुरक्षा और भूमि के बदले अपने वरिष्ठ के प्रति वफादार व सेवा करने की शपथ लेता है।
- फ्रांस के शासकों का लोगों से जुड़ाव एक प्रथा के कारण था, जिसे **वैसलेज** कहते थे और यह प्रथा जर्मन मूल के लोगों (जिसमें से फ्रैंक लोग भी एक थे) में भी समान रूप से विद्यमान थी।
- इस प्रथा के अंतर्गत बड़े भू-स्वामी और अभिजात वर्ग राजा के अधीन होते थे, लेकिन कृषक वर्ग भू-स्वामियों के **प्रति** उत्तरदायी होते थे।
- अभिजात वर्ग राजा को अपना स्वामी मानता थे और वे **सेन्योर** (Seigneur)/लॉर्ड के माध्यम से आपस में वचनबद्ध होते थे।
- सेन्योर/लॉर्ड दास की रक्षा के लिए उत्तरदायी होता था और दास इनके प्रति हमेशा निष्ठावान बने रहते थे। इस संबंध में व्यापक रीति-रिवाजों और शपथ का आदान-प्रदान होता था।
- ये सभी प्रक्रियाएँ चर्च में बाईबिल की शपथ लेकर की जाती थीं।
- इस समारोह में दास को उसके मालिक द्वारा भूमि के प्रतीक के रूप में लिखित अधिकार-पत्र और एक छड़ी (Stick) या एक मिट्टी का डला प्रदान किया जाता था।

---

1 **ऑबे** (Abbey) यह शब्द सीरिया के **अबा** से लिया गया है, जिसका अर्थ 'पिता' है। ऐबी, एबट या एबेस से संचालित था।

कुलीनों के विशेषाधिकार

- अभिजात वर्ग की समाज में एक विशेष पहचान थी। अभिजात वर्गों का अपनी संपदा पर स्थायी नियंत्रण रहता था।
- ये अपनी सैन्य क्षमता को कभी-भी घटा-बढ़ा सकते थे।
- इनकी सेना को **सामंती सेना** (Feudal Levies) के नाम से जाना जाता था। यहाँ तक कि ये अभिजात वर्ग स्वयं न्यायालय लगा सकते तथा अपनी मुद्रा भी प्रचलित कर सकते थे।
- अभिजात वर्ग भूमि पर निवास करने वाले सभी लोगों एवं क्षेत्रों का स्वामी होता था।
- इन क्षेत्रों में उनके घर, उनके निजी खेत, जोत व चरागाह तथा असामी-कृषकों (Tenant-Peasant) के घर एवं खेत शामिल होते थे। उनका घर 'मेनर' कहलाता था।
- अभिजात वर्ग की व्यक्तिगत भूमि कृषकों द्वारा जोती जाती थी और युद्ध के समय पैदल सैनिकों के रूप में भी कार्य करना पड़ता था।
- कृषक, अभिजात वर्गों के खेतों में काम करने के साथ-साथ स्वयं के खेतों पर भी कार्य करते थे।

मेनर की जागीर

- भू-स्वामियों अथवा अभिजात वर्ग का स्वयं का मेनर-भवन होता था। ये गाँवों पर पूर्ण नियंत्रण रखते थे।
- किसी छोटे मेनर की जागीर में लगभग 12 और बड़ी जागीर में 50 से 60 परिवार होते थे।
- इस जागीर में प्रतिदिन के उपयोग की वस्तुएँ मिलती थीं; जैसे—खेतों में अनाज उगाए जाते थे, लौहार और बढ़ई लॉर्ड के औजारों की देखभाल करते थे एवं उन्हें बनाते थे
- राजमिस्त्री का कार्य लॉर्ड के मकानों की देखभाल करना था तथा औरतें वस्त्र कातती एवं बुनती थीं।
- बच्चे लॉर्ड के मदिरा संपीडक (Wine Presses) में कार्य करते थे।
- जागीर के अंतर्गत विस्तृत अरण्यभूमि व वन होते थे। ये वन एवं भूमि चरागाह व लॉर्ड के शिकार करने के काम में आते थे।
- यहाँ एक चर्च एवं एक दुर्ग होता था। दुर्ग का निर्माण सुरक्षा के लिए किया जाता था, जो सैन्य शक्ति का केंद्र भी होता था।
- 13वीं शताब्दी के आरंभ से वृहत् दुर्ग बनाए जाने लगे और इन दुर्गों का प्रयोग नाइट के परिवारों के निवास स्थान के रूप में किया जाने लगा।
- वास्तव में, इंग्लैंड में नॉरमन विजय से पहले दुर्गों की कोई जानकारी नहीं थी और इनका विकास सामंती प्रथा के तहत प्रशासनिक सैनिक तथा राजनीतिक केंद्रों के रूप में हुआ।
- मेनर कभी आत्मनिर्भर नहीं बन सके, क्योंकि इनका स्थानीय स्तर पर उत्पादन नहीं होता था। इसी प्रकार लॉर्ड विलासी जीवन व्यतीत करने के लिए अनेक वस्तुएँ; जैसे—महँगे सामान, वाद्ययंत्र और आभूषण अन्य स्थानों से आयात करते थे।

नाइट

- 9वीं सदी से ही यूरोप में सामान्यत: स्थानीय युद्ध होते रहते थे। इस परिस्थिति ने कुशल अश्वसेना की आवश्यकता को उजागर किया, क्योंकि शौकिया कृषक-सैनिक पर्याप्त नहीं थे।
- इस परिस्थिति में **नाइट्स** नामक एक नए वर्ग का उदय हुआ, जो लॉर्ड से उसी प्रकार संबद्ध था, जैसे लॉर्ड राजा से संबद्ध था।
- लॉर्ड ने रक्षा के बदले नाइट को फीफ (भूमि का एक टुकड़ा) दिया। यह भूमि उत्तराधिकार में भी प्राप्त हो सकती थी।
- इसमें नाइट और उसके परिवार के लिए एक घर, चर्च, पनचक्की और मदिरा संपीड़क के अतिरिक्त उस पर निर्भर व्यक्तियों के रहने की व्यवस्था थी।
- अपनी सैन्य योग्यताओं को बनाए रखने के लिए नाइट प्रतिदिन बाड़ बनाने (घेराबंदी) और पुतलों से रणकौशल का अभ्यास करते थे।
- नाइट की सर्वप्रथम निष्ठा उसके लॉर्ड के प्रति होती थी, हालाँकि वह अपनी सेवाएँ अन्य लॉर्डों की भी दे सकता था।

मिनस्ट्रेल्स (गायक)

- 12वीं शताब्दी से फ्रांस के मेनरों में गायक नाइट्स की वीरता की कहानियाँ गीतों के रूप में सुनाते थे।
- ये कहानियाँ अंशत: काल्पनिक एवं ऐतिहासिक होती थीं तथा इस काल में बहुत कम लोग साक्षर होते थे और पांडुलिपियों की संख्या भी बहुत कम होती थी।
- मेनर के लोग भोजन के लिए **मेनर-भवन** के मुख्य कक्ष के ऊपर एक संकीर्ण छज्जे (Narrow Balcony) के पास एकत्रित होते थे।
- जहाँ अभिजात वर्ग के लोग भोजन करते समय संगीतज्ञ गायन के माध्यम से मनोरंजन करते थे।

तीसरा वर्ग : किसान, स्वतंत्र और बंधक

मध्ययुगीन यूरोपीय समाज में सर्वाधिक विशाल संख्या किसानों थी। किसान पूर्व में पादरी एवं अभिजात वर्ग का भरण-पोषण करते थे। इनको दो वर्गों में विभाजित किया गया जाता था; जैसे-

स्वतंत्र किसान

- स्वतंत्र किसान (Free Peasants) अपनी भूमि को लॉर्ड के **काश्तकार** (Tenants) के रूप में देखते थे।
- सैनिक सेवा में पुरुषों का योगदान आवश्यक होता था। पुरुषों के लिए ये सेवा वर्ष में कम से कम चालीस दिन के लिए अनिवार्य होती थी।
- कृषकों के परिवार को लॉर्ड की जागीरों में एक सप्ताह में तीन या इससे अधिक दिन कार्य करना पड़ता था। इस श्रम से होने वाला उत्पादन **श्रम-अधिशेष** (Labour Rent) कहलाता था। इस पर प्रत्यक्ष नियंत्रण सामंत का होता था।
- किसानों को कभी-कभी राज्य को भी एक प्रत्यक्ष कर का भुगतान करना पड़ता था, जिसे **टैली** (Taille) कहा जाता था। इस कर से पादरी एवं अभिजात वर्ग मुक्त होते थे।
- इसके अतिरिक्त स्वतंत्र किसानों को अन्य श्रम कार्य करने होते थे; जैसे—गड्ढे खोदना, जलाने के लिए लकड़ियाँ एकत्रित करना, बाड़ बनाना, सड़कें व इमारतों की मरम्मत करना, स्त्रियों एवं बच्चों की खेतों में मदद करना इत्यादि।
- बच्चे और महिलाएँ सूत कातने, कपड़े बुनने, मोमबत्ती बनाने और लॉर्ड के लिए अंगूर का रस निकालकर मदिरा तैयार करने का कार्य करते थे।

कृषि दास

- कृषि दास (Serfs) जिन खेतों पर खेती करते थे, वे सामंत के स्वामित्व में होते थे। इन्हें लॉर्ड के स्वामित्व वाले खेतों में भी कृषि कार्य करना पड़ता था, जिसके लिए इन्हें कोई मजदूरी नहीं मिलती थी।
- ये लॉर्ड की अनुमति से ही जागीर छोड़ सकते थे। लॉर्ड कई प्रकार के एकाधिकार का दावा करते थे, जिससे कृषि दासों को हानि होती थी।
- लॉर्ड इन कृषि दासों पर अनेक प्रकार के एकाधिकार रखते थे; जैसे—कृषि दास केवल अपने लॉर्ड की ही वस्तुओं, चक्की, तंदूर आदि का प्रयोग कर सकते थे।
- कृषि दास के विवाह के संबंध भी लॉर्ड के द्वारा तय किए जाते थे कि ये किसके साथ विवाह करेंगे। यदि कृषि दास अपनी पसंद से विवाह करते थे, तो लॉर्ड इनसे शुल्क लेता था।

चेक प्वॉइंट 2

1. सामंती समाज में मौजूद तीन श्रेणियों के नाम बताइए।
2. वे गायक कौन थे, जो जागीर तक गीत गाते हुए यात्रा करते थे तथा बहादुर राजाओं और शूरवीरों की कहानियाँ सुनाते थे?
3. जागीर (फीफ) क्या है?
4. गायक कौन थे?
5. केंटरबरी टेल्स किससे संबंधित थीं?

4.4 तीन वर्गों के मध्य सामाजिक और आर्थिक संबंधों को प्रभावित करने वाले कारक

- प्रथम दोनों वर्गों के सदस्यों ने सामाजिक व्यवस्था को स्थिर एवं अपरिवर्तनीय पाया, परंतु वहाँ की अनेक प्रक्रियाएँ इनके स्वरूप में परिवर्तन कर रही थीं।
- पर्यावरण में परिवर्तन, भूमि उपयोग में परिवर्तन एवं कृषि प्रौद्योगिकी में बदलाव मुख्य परिवर्तन थे, जो इस प्रकार हैं

पर्यावरण

- पाँचवां से 10वीं शताब्दी तक यूरोप में कृषि के लिए कृषि भूमि बहुत ही सीमित थी, क्योंकि ये प्रदेश अधिकांशतः वनों से घिरे हुए थे। किसान अत्याचार से बचने के लिए इन वनों में छिप जाते थे।
- यूरोप में सर्दी भी लगातार लंबे समय तक रहती थी। इन कारणों से फसल का उपज काल छोटा हो गया और जिसके परिणामस्वरूप कृषि की पैदावारी का हो गई।

- 11वीं शताब्दी से यूरोप में सर्दी का प्रकोप कम होना प्रारंभ हुआ और धीरे-धीरे तापमान में वृद्धि होने लगी।
- तापमान वृद्धि के कारण कृषि पर सकारात्मक प्रभाव पड़ा। किसानों को खेती के लिए अधिक समय मिलने लगा। मिट्टी पर पाले (Fog) का प्रभाव कम हो गया, जिस पर सरलता से खेती की जा सकती थी।
- इस संदर्भ में पर्यावरणीय इतिहासकारों का यह विचार है कि तापमान वृद्धि के कारण यूरोप के अनेक क्षेत्रों में वनों में कमी आई, जिससे कृषि भूमि का विस्तार हुआ।

भूमि का उपयोग

- इस काल में **कृषि प्रौद्योगिकी** (Agricultural Technology) अत्यंत पिछड़ी हुई थी। इस समय किसान खेती बैल की जोड़ी से चलने वाले लकड़ी के हल से करता था।
- यह लकड़ी का हल भूमि की प्राकृतिक उर्वरता को पूरी तरह से बाहर निकाल पाने में असमर्थ होता था। यही कारण था कि कृषि कार्य करने के लिए अत्यधिक मानव श्रम की आवश्यकता पड़ती थी।
- कृषि भूमि को चार वर्षों में एक बार हाथ से खोदा जाता था, जिसके परिणामस्वरूप कृषि कार्य को करने के लिए अत्यधिक मानवीय श्रम की आवश्यकता होती थी।
- फसल-चक्र (Crop Rotation) को अपनाने से भूमि की उर्वरता शक्ति में वृद्धि होती है, इस अवधि में, इस विधि का उपयोग न के बराबर हो रहा था।

कृषि भूमि का वर्गीकरण

कृषि भूमि को दो भागों में वर्गीकृत किया गया था

(i) **पहला भाग** में ऐसी फसल आती थी, जो शरद ऋतु में बोई जाती थी; जैसे-गेहूँ।

(ii) **दूसरा भाग** में भूमि को परती या खाली रखा जाता था। अगले वर्ष इस परती भूमि पर राई की खेती की जाती थी, जबकि इस परती भूमि के आधे भाग को खाली रखा जाता था।

उपरोक्त व्यवस्था के कारण मिट्टी की उर्वरता शक्ति का ह्रास होने लगा, जिसके परिणामस्वरूप उत्पादन में कमी आई और प्राय: अकाल पड़ने लगा।

- उपरोक्त सभी कारणों के पश्चात् भी लॉर्ड अपनी आय की वृद्धि में प्रयासरत् रहते थे। किसान भूमि के उत्पादन को बढ़ाने में असमर्थ थे। यही कारण था कि किसानों को मेनरों की जागीर (Manorial Estate) की समस्त भूमि को कृषि कार्य के रूप में लाने के लिए बाध्य होना पड़ा।
- इस कार्य को करने के लिए किसान को आवश्यकता से अधिक समय देना होता था, इसलिए किसानों के द्वारा निष्क्रिय प्रतिरोध का सहारा लिया जाने लगा।
- किसान कृषि कार्य में अधिक समय देने लगे और बेगार से बचने के लिए उत्पादन का अधिकतर हिस्सा अपने पास रखने लगे।
- चरागाहों एवं वन भूमि को लॉर्ड अपनी व्यक्तिगत संपत्ति समझते थे और किसान इसे संपूर्ण समुदाय द्वारा उपयोग की जाने वाली साझा संपत्ति मानते थे। इस कारण लॉर्ड एवं किसानों में विवाद उत्पन्न हो गया।

भूमि के उपयोग में परिवर्तन

- भूमि के उपयोग के तरीकों में महत्त्वपूर्ण बदलाव आया। पहले दो खेतों वाली व्यवस्था थी, जिसके स्थान पर अब तीन खेतों वाली व्यवस्था अपनाई गई।
- इस बदलाव से किसान तीन वर्षों में से दो वर्ष अपने खेत का उपयोग कृषि कार्य के लिए कर सकता था।
- किसान अब एक फसल शरद ऋतु और दूसरी फसल डेढ़ वर्ष बाद बसंत ऋतु में उगाते थे अर्थात् किसान अब अपनी जोतों को मुख्यत: तीन खेतों में वर्गीकृत कर सकते थे।

  (i) **पहले भाग** में शरद ऋतु में गेहूँ या राई को उगाया जाता था।

  (ii) **दूसरे भाग** में मटर, सेम व मसूर का उत्पादन बसंत ऋतु में किया जाता था तथा इसी भाग में पशुओं के लिए जौ एवं बाजरा भी उत्पादित होता था।

  (iii) **तीसरे भाग** को परती या खाली रखा जाता था। इस प्रकार प्रत्येक वर्ष तीनों खेतों का उपयोग बदल-बदलकर किया जाता था।
- इन सुधारों के कारण भूमि की प्रत्येक इकाई में होने वाले उत्पादन में तेजी से बढोतरी हुई और भोजन की उपलब्धता दुगुनी हो गई।
- यूरोपीय अपने आहार के रूप में मटर एवं सेम का अत्यधिक उपयोग करने लगे, जिनसे इन्हें प्रोटीन प्रचुर मात्रा में प्राप्त होने लगा। ये पौधे पशुओं के चारे के मुख्य स्रोत बन गए।
- इस प्रकार किसानों के लिए बेहतर अवसर प्राप्त हुए। अब ये कम भूमि का उपयोग करके भी अधिक उत्पादन कर सकते थे।

- इस प्रकार किसान अब छोटे जोतों पर अधिक कुशलता से कार्य करने लगे। इस कार्य को करने में श्रम की आवश्यकता भी कम हो गई परिणामस्वरूप किसानों को अन्य कार्यों के लिए अधिक समय मिलने लगा।

नई कृषि प्रौद्योगिकी

- अनेक साक्ष्यों से स्पष्ट होता है कि 11वीं शताब्दी तक विभिन्न प्रौद्योगिकी का विकास हुआ। लकड़ी के हल के स्थान पर **लोहे की भारी नोंक वाले हल** एवं **साँचेदार पटरे** (Mould Boards) का प्रयोग होने लगा।
- लोहे के हल के उपयोग से भूमि की उर्वरता शक्ति में वृद्धि हुई और परिणामस्वरूप कृषि उत्पादकता में भी वृद्धि हुई।
- पशुओं को हलों में जोतने के तरीकों में बदलाव किया गया। अब जुआ पशुओं के कंधे पर बाँधा जाने लगा, जिसे पहले गले पर बाँधा जाता था। इस बदलाव के कारण पशुओं को अधिक शक्ति प्राप्त हुई।
- घोड़े के खुरों में लोहे की नाल के लगाए जाने से इनके खुर मजबूत एवं सुरक्षित हो गए।
- कृषि कार्य करने के लिए वायु एवं जलशक्ति का उपयोग वृहत पैमाने पर होने लगा।

नई प्रौद्योगिकी का प्रभाव

- कुछ प्रौद्योगिकी बदलावों में अत्यधिक धन की आवश्यकता होती थी। कृषकों के पास धन का अभाव होने के कारण लॉर्डों के द्वारा **पनचक्की** (Water Mills) एवं **पवन चक्की** (Wind Mills) स्थापित की गई। इससे कृषक भी अन्य क्षेत्रों; जैसे—खेती योग्य भूमि का विस्तार करने में सक्षम रहे।
- इनके द्वारा **तीन-चक्रीय फसल व्यवस्था** (Three-Field Rotation of Crops) को अपनाया गया।
- 11वीं शताब्दी में व्यक्तिगत संबंध कमजोर होने लगे, जिसका मुख्य कारण आर्थिक लेन-देन में मुद्रा का अत्यधिक उपयोग होना था।
- लोग लॉर्ड को लगान देने के लिए मुद्रा का उपयोग करने लगे तथा लॉर्ड से अपनी सेवा के बदले मुद्रा लेने लगे।
- कृषक अपनी फसलों को बेचकर मुद्रा प्राप्त करने लगे एवं व्यापारियों के द्वारा इन फसलों को शहरों में बेचा जाने लगा।
- धन का बढ़ता उपयोग कीमतों को प्रभावित करने लगा। कभी-कभी फसल खराब होने पर कीमतों में अत्यधिक वृद्धि हो जाती थी। उदाहरण के लिए, 1270 से 1320 ई. के मध्य इंग्लैंड में कृषि मूल्य दोगुना हो गया था।

नए नगर तथा चौथा वर्ग

- रोमन साम्राज्य के पतन के फलस्वरूप अनेक नगरों का विनाश हो गया था, किंतु 11वीं शताब्दी में कृषि के विस्तार एवं उत्पादन में वृद्धि के कारण नगरों का पुन: विकास होने लगा।
- जिन किसानों के पास अपनी आवश्यकता से अधिक खाद्यान्न होता था, उन्हें एक ऐसे स्थान की आवश्यकता महसूस हुई, जहाँ वे अपना एक बिक्री केंद्र स्थापित कर सकें और अपनी आवश्यकता के लिए सामान या वस्तुएँ खरीद सकें।
- धन अधिशेष होने के कारण लोगों की आवश्यकता भी बढ़ी, परिणामस्वरूप इन आवश्यकताओं से **हाट-मेलों** (Periodic Fairs) तथा **छोटे विपणन केंद्रों** (Small Marketing Centres) का विकास होने लगा, जो धीरे-धीरे नगरों के रूप में विकसित होने लगे।
- नगरों में एक नगर चौक, चर्च, सड़कें, जहाँ पर व्यापारी वर्ग घर एवं दुकानों का निर्माण कर सकें तथा नगर कार्यालय का निर्माण हो सके, जहाँ से नगर का शासन संचालित किया जा सके, ये सभी नगरों के लक्षण अभिव्यक्त होने लगे थे। बड़े दुर्गों, बिशपों की जागीरों तथा बड़े चर्चों के चारों ओर नगरों का विकास होने लगा।
- जिस भूमि पर लॉर्ड का नगर होता था, उस नगर के निवासी सेवा के स्थान पर लॉर्ड को कर प्रदान करने लगे।
- जो कृषि दास स्वतंत्र होने की उम्मीद रखते थे, वे भागकर नगरों में छिप जाते थे। कृषक दास लॉर्ड की नजरों से एक वर्ष व एक दिन तक छिपे रहने पर स्वाधीन नागरिक बन जाते थे।
- नगरों के अधिकतर निवासी स्वतंत्र कृषक या कृषि दास होते थे।
- दुकानदार एवं व्यापारी वर्गों की भी संख्या नगरों में अधिक थी। धीरे-धीरे नगरों का विकास हुआ, जिससे विशिष्ट कौशल वाले व्यक्तियों; जैसे—साहूकार एवं वकीलों की आवश्यकता में भी वृद्धि हुई। जिन नगरों की जनसंख्या 30,000 हो जाती थी, उन्हें बड़े नगरों की श्रेणी में रखा जाता था।
- नगरों के लोगों द्वारा समाज का चौथा वर्ग भी बना लिया गया और नगर की सुरक्षा के लिए 'पहरेदार' भी रखे जाने लगे।

श्रेणी

- श्रेणी (Guild) आर्थिक संस्था का प्रमुख आधार थी। व्यापारी एवं शिल्पकार अलग-अलग श्रेणियों में संगठित थे।
- श्रेणी अपने सदस्यों के हितों की रक्षा करती थी तथा उत्पाद की गुणवत्ता, उसके मूल्य और बिक्री पर नियंत्रण रखती थी।
- प्रत्येक नगर में एक **श्रेणी सभागार** (Guild Auditorium) होता था। यह आनुष्ठानिक समारोहों के लिए होता था, जहाँ श्रेणी के प्रधान औपचारिक रूप से मिलते थे।

व्यापार एवं वणिज्य

- 11वीं सदी के प्रारंभ में नगरों के पश्चिम एशिया के साथ नए व्यापारिक मार्ग विकसित हो रहे थे।
- इन नगरों में स्कैंडिनेविया के व्यापारी उत्तरी सागर से दक्षिण की समुद्री यात्रा करते हुए वस्त्र के स्थान पर **फर** लेने और शिकारी **बाज** लेने आते थे।
- अंग्रेज व्यापारी राँगा का व्यापार करते थे।
- 12वीं शताब्दी तक फ्रांस में वाणिज्य-व्यापार एवं शिल्प कलाओं का विकास प्रारंभ हो गया था।
- दस्तकार को एक मेनर से दूसरे मेनर में जाना पड़ता था, जिससे वस्तुओं का उत्पादन एवं आजीविका के लिए व्यापार किया जा सके।
- नगरों की संख्या में वृद्धि के साथ ही व्यापार में भी विस्तार हुआ। इस प्रकार नगर के व्यापारी अमीर एवं शक्तिशाली हो गए, जिसके कारण अभिजातीय वर्गों से ये प्रतिस्पर्द्धा करने लगे।

कथीड्रल नगर और उसकी निर्माण शैली

- संभ्रांत व्यापारी धन का सदुपयोग करने के उद्देश्य से चर्च को दान करते थे। परिणामस्वरूप 12वीं शताब्दी से यूरोप में विशाल चर्चों का निर्माण होने लगा, जिन्हें **कथीड्रल** (Cathedral) कहा जाता था।
- कथीड्रल एक बिशप के नेतृत्व में जिले का प्रमुख चर्च होता था।
- लोगों के विभिन्न समूह अपने श्रम, वस्तुओं एवं धन के द्वारा कथीड्रल के निर्माण में प्रत्यक्ष या अप्रत्यक्ष रूप से अपना योगदान देते थे। ये मठों की संपत्ति होती थी।
- कथीड्रल का निर्माण पत्थरों से किया जाता था एवं इनका निर्माण कई वर्षों में होता था। इन कथीड्रलों के आस-पास के क्षेत्रों में अधिक लोग बसने लगे और ये क्षेत्र छोटे नगरों के रूप में विकसित होने लगे।
- कथीड्रल का निर्माण इस प्रकार किया जाता था कि सभागार में एकत्रित होने वाले लोगों को पादरी की आवाज अच्छी तरह से सुनाई पड़ती थी और वे भिक्षुओं का गायन भी अधिक मधुर रूप में सुन सकते थे।
- कथीड्रल में लोगों को प्रार्थना के लिए बुलाने वाली घंटियों की आवाज दूर-दूर तक सुनाई पड़ती थी।
- खिड़कियों के लिए **अभिरंजित काँच** (Stained Glass) का उपयोग किया जाता था।
- ये खिड़कियाँ सूर्य के प्रकाश में तथा सूर्यास्त के बाद मोमबत्तियों के प्रकाश में अंदर तथा बाहर के दृश्य को मनोहारी बना देती थीं।

▲ सॉल्सबरी केथीड्रल, इंग्लैंड

- अभिरंजित काँच की खिड़कियों पर बने चित्र बाईबिल की कथाओं का वर्णन करते थे, जिन्हें अशिक्षित व्यक्ति भी समझ सकते थे।
- लोगों का जमावड़ा कथीड्रल के निर्माण से ही प्रारंभ हो गया था, जो कालांतर में कथीड्रल निर्माण पूर्ण होने पर तीर्थ-स्थल के रूप में विकसित हो गया।

चेक प्वॉइंट 3

1. 11वीं शताब्दी में विकसित किन्हीं दो नई कृषि प्रौद्योगिकियों के नाम बताइए?
2. सामाजिक तथा आर्थिक संबंधों को प्रभावित करने वाले तीन परिवर्तनों के नाम बताइए?
3. भूमि उपयोग में होने वाले सर्वाधिक क्रांतिकारी परिवर्तन क्या था?
4. केथीड्रल का क्या तात्पर्य होता है?
5. श्रेणी प्रमुखों के औपचारिक समारोह और बैठकें किस स्थान पर होती थीं?

4.5 चौदहवीं सदी का संकट

14वीं शताब्दी को यूरोप के इतिहास में संकट की शताब्दी के नाम से जाना जाता है। इस शताब्दी के प्रारंभिक वर्षों में यूरोप के आर्थिक विस्तार की गति धीमी पड़ने लगी।

गति धीमी पड़ने के निम्नलिखित तीन कारण थे, जो इस प्रकार हैं

- पारिस्थितिकीय बदलाव
- धातु-मुद्रा का अभाव
- महामारी का प्रकोप (ब्यूबोनिक प्लेग)

पारिस्थितिकीय बदलाव

- उत्तरी यूरोप में 13वीं शताब्दी के अंत तक पिछले 300 वर्षों की तेज ग्रीष्म ऋतु का स्थान तीव्र ठंडी ग्रीष्म ऋतु ने ले लिया था। इसके कारण खेती करना कठिन हो गया, जिससे पैदावार में कमी आ गई।
- बदलते मौसम के कारण **तूफानों** (Storms) और **सागरीय बाढ़ों** (Oceanic Flooding) में वृद्धि हो गई। इनकी वृद्धि से अनेक फार्म प्रतिष्ठान नष्ट हो गए। इनके नष्ट होने से सरकार को करों द्वारा कम आय प्राप्त होने लगी।
- 13वीं शताब्दी के पूर्व की अनुकूल जलवायु द्वारा प्रदान किए गए अवसरों के कारण अनेक जंगल एवं चरागाह भूमि को कृषि भूमि में परिवर्तित कर दिया गया था।
- तीन फसल चक्रीय के प्रचलन के पश्चात् भी भूमि की उर्वरता शक्ति में कमी आ गई, परंतु उचित **भू-संरक्षण** (Land Conservation) के अभाव में भूमि की उर्वरता शक्ति घटने लगी।
- चरागाहों की कमी के कारण पशुओं की संख्या में कमी आ गई। इसके साथ ही जनसंख्या में तीव्र वृद्धि के कारण उपलब्ध संसाधनों का अभाव हो गया, जिससे अकाल जैसी समस्या उत्पन्न हो गई।
- 1315-17 ई. की अवधि में यूरोप में भयंकर अकाल पड़ा तथा इसके बाद 1320 ई. में अनेक पशुओं की मृत्यु हो गई।

धातु-मुद्रा का अभाव

- 14वीं शताब्दी में यूरोप के विभिन्न देशों को मुद्रा संकट का सामना करना पड़ा।
- धातु मुद्रा (Metal Money) में कमी का महत्त्वपूर्ण कारण ऑस्ट्रिया और सर्बिया की चाँदी की खानों से उत्पादन का कम होना था, जिससे व्यापार प्रभावित हुआ।
- इसके कारण सरकार को मुद्रा में चाँदी की शुद्धता को कम करके उसमें सस्ती धातुओं का मिश्रण करके जारी करना पड़ा।

ब्यूबोनिक प्लेग

- 12वीं व 13वीं शताब्दी में जैसे-जैसे वाणिज्य एवं व्यापार (Trade and Commerce) में विस्तार हुआ, वैसे-वैसे दूर के देशों से व्यापार करने वाले पोत यूरोपीय तटों पर आने लगे।
- इन पोतों के साथ-साथ कुछ चूहे आए, जो अपने साथ **ब्यूबोनिक प्लेग** (Black Death) जैसी महामारी का संक्रमण लाए।
- आधुनिक आकलन के आधार पर इस संक्रमण से यूरोप की आबादी के लगभग 20% लोगों की मृत्यु हुई, जबकि कुछ स्थानों पर मरने वालों की संख्या वहाँ की जनसंख्या की 40% तक भी थी।
- इस महामारी ने उन नगरों, जो व्यापार-वाणिज्य के मुख्य केंद्र थे, को बुरी तरह से प्रभावित किया। मठों और आश्रमों में भी यह बीमारी पूर्ण रूप से फैल गई थी।
- प्लेग ने शिशुओं, युवाओं और बुजुर्गों को सबसे अधिक प्रभावित किया। इसके परिणामस्वरूप यूरोप की जनसंख्या 1360 ई. में 730 लाख से घटकर 1400 ई. में 450 लाख हो गई।
- इस महामारी के कारण वृहत् पैमाने पर सामाजिक विस्थापन हुआ। जिससे जनसंख्या में अत्यधिक कमी हो गई। कृषि एवं उत्पादन के मध्य गहरी खाई पैदा हो गई, जिससे अर्थव्यवस्था असंतुलन की स्थिति में आ गई।
- जनसंख्या में अत्यधिक कमी होने के कारण कार्य करने वाले लोगों की संख्या में भी कमी हुई।
- खरीदारों के अभाव में कृषि उत्पादकों के मूल्य में कमी आ गई।
- प्लेग के पश्चात् इंग्लैंड में मजदूरों, विशेषकर कृषि मजदूरों की भारी माँग के कारण मजदूरी की दरों में 250% तक की वृद्धि हो गई।
- शेष श्रमिक अब अपनी पुरानी दरों से दोगुने की माँग कर रहे थे।

सामाजिक असंतोष

- महामारी के कारण उत्पन्न हुई परिस्थितियों ने सामंतों की आय पर बुरा प्रभाव डाला।
- मजदूरी की दरों में वृद्धि तथा कृषि उत्पादों के मूल्यों में भारी कमी ने अभिजात वर्ग की आमदनी को घटा दिया। इन्होंने धन संबंधी अनुबंधों को तोड़ा तथा पुरानी मजदूरी सेवाओं को पुन: लागू किया।
- इसे लागू करने से कृषकों विशेषकर पढ़े-लिखे और समृद्ध कृषकों द्वारा हिंसक विरोध किया गया। कुछ महत्त्वपूर्ण हिंसक विरोध, जिसमें 1323 ई. में **फ्लैंडर्स** (Flanders) में, 1358 ई. में फ्रांस में और 1381 ई. में इंग्लैंड में हुए विरोध विशेष रूप से महत्त्वपूर्ण हैं।
- लॉर्ड द्वारा तीव्र दमन के बावजूद कृषक विद्रोह की आक्रोशता ने यह सुनिश्चित कर दिया कि अब पुराने सामंती रिश्तों को पुन: स्थापित नहीं किया जा सकता। हालाँकि धन अर्थव्यवस्था के अत्यधिक विकसित होने के कारण लॉर्ड इस विद्रोह का दमन करने में सफल रहे।

राजनीतिक परिवर्तन

- 15वीं और 16वीं शताब्दियों में यूरोपीय शासकों ने अपनी सैनिक एवं वित्तीय शक्ति को सुदृढ़ किया।
- यूरोप के लिए उनके द्वारा बनाए गए नए शक्तिशाली राज्य उस समय होने वाले आर्थिक बदलावों के समान ही महत्त्वपूर्ण थे। इसी कारण इतिहासकार इन राजाओं को **नए शासक** (The New Monarchs) कहने लगे।
- फ्रांस में **लुई XI**, ऑस्ट्रिया में **मैक्समिलन**, इंग्लैंड में **हेनरी VII** तथा स्पेन में **ईसाबेला** एवं **फर्डीनेंड** ने केंद्रीय सत्ता को शक्तिशाली बनाकर निरंकुश राजतंत्रों की स्थापना की।
- इन शासकों ने संगठित स्थायी सेनाओं का निर्माण करके सेनाओं के लिए सामंतों पर अपनी निर्भरता को समाप्त कर दिया, इन्होंने एक स्थायी नौकरशाही और राष्ट्रीय कर प्रणाली स्थापित करने की प्रक्रिया को प्रारंभ किया।
- समुद्र पार विस्तार की नई संभावनाओं की शुरुआत स्पेन एवं पुर्तगाल के द्वारा की गई।

नए राजतंत्र का उदय

▲ नेमूर का दुर्ग, पद्रंहवीं सदी

- 12वीं और 13वीं शताब्दी में होने वाले सामाजिक परिवर्तनों ने इन राजाओं की सफलता में महत्त्वपूर्ण योगदान दिया था।
- **जागीरदारी** (Vassalage) और **सामंतशाही** (Lordship) वाली सामंत प्रथा के विलय और आर्थिक विकास की धीमी गति ने शासकों को प्रभावशाली और सामान्यजनों पर अपने नियंत्रण को बढ़ाने के लिए महत्त्वपूर्ण अवसर प्रदान किए।
- शासकों ने अपनी सेना के लिए सामंतों से कर लेने की प्रथा को समाप्त करके अपनी स्थायी सेनाओं का निर्माण किया।
  इन्होंने अपने नियंत्रण में बंदूकों और बड़ी तोपों से सुसज्जित प्रशिक्षित सेनाओं को संगठित किया तथा अभिजात वर्ग के लोग इन राजाओं का विरोध करने का साहस नहीं कर पाए।
- विशाल सेनाओं के संगठन के लिए अतिरिक्त धन की आवश्यकता थी। इस धन की आवश्यकताओं की पूर्ति के लिए राजाओं ने करों में वृद्धि करके अतिरिक्त धन प्राप्त किया।
- राजाओं ने इन सेनाओं का उपयोग सीमाओं की रक्षा और विस्तार के लिए किया तथा आंतरिक प्रतिरोधों को दबाने में भी किया। इस कर वृद्धि को अभिजात वर्ग सहन नहीं कर सकते थे, जिसके परिणामस्वरूप इंग्लैंड में अनेक विद्रोह हुए, जिनका 1497, 1536, 1547, 1549 और 1553 ई. में दमन कर दिया गया।

नई व्यवस्था में परिवर्तन

- अभिजात वर्ग ने अपने अस्तित्व को बचाए रखने के लिए नई शासन व्यवस्था के विरोधी रहने के स्थान पर उन्होंने शीघ्र ही स्वयं को राजभक्तों में बदल लिया।
- सत्ताधारी व्यक्ति का सहयोग सभी राजतंत्र चाहते थे, चाहे वह कमजोर वर्ग हो या शक्तिशाली वर्ग हो। समर्थन प्राप्त करने के लिए धन सबसे उचित है, जिसमें महत्त्वपूर्ण भूमिका व्यापारियों एवं साहूकारों की थी।
- व्यापारी एवं साहूकार लोग राजा को धन उधार देते थे, जिसका उपयोग राजा सैनिकों को वेतन देने में करता था। इस प्रकार राज्य व्यवस्था में शासकों ने गैर-सामंती तत्त्वों का स्थान स्थापित कर दिया।

4.6 फ्रांसीसी और अंग्रेजी सरकार का विकास

फ्रांस

- लुई XIII ने 1614 ई. में फ्रांस की **परामर्शदात्री सभा** (एस्टेट्स जनरल) का एक अधिवेशन आयोजित कराया। इसके तीन सदन थे, जो तीन वर्गों-पादरी वर्ग, अभिजात वर्ग तथा अन्य का प्रतिनिधित्व करते थे।
- यह अधिवेशन 1789 ई. तक लगभग दो शताब्दियों तक आयोजित नहीं कराया गया, जिसका मुख्य कारण था कि राजा तीन वर्गों के साथ अपनी शक्ति को बाँटना नहीं चाहता था।

इंग्लैंड

- नॉरमन विजय से भी पहले एंग्लो-सैम्सन लोगों की एक महान परिषद् होती थी, जिसकी सलाह पर राजा कोई भी कर लगाता था।
- यही परिषद् पार्लियामेंट के रूप में विकसित हुई। इस पार्लियामेंट में दो सदन **हाउस ऑफ लॉर्ड्स** तथा **हाउस ऑफ कॉमंस** थे।

विवाद और परिवर्तन

- हाउस ऑफ लॉर्ड्स में सदस्य के रूप में लॉर्ड और पादरी होते थे, जबकि हाउस ऑफ कॉमंस में नगरों एवं ग्रामीण क्षेत्रों का प्रतिनिधित्व करने वाले लोग शामिल थे।
- राजा चार्ल्स प्रथम (1629-40 ई.) ने 11 वर्षों तक कभी-भी पार्लियामेंट का अधिवेशन नहीं बुलाया और यह लगातार शासन करता रहा।
- पार्लियामेंट का एक भाग इसके विरोध में हो गया और बाद में उसे प्राणदंड देकर गणतंत्र की स्थापना की गई। हालाँकि यह व्यवस्था अधिक समय तक नहीं रह पाई और पुनः राजतंत्र की स्थापना हो गई

आधुनिक सरकारें

- 17वीं सदी के बाद इंग्लैंड और फ्रांस ने अलग-अलग शासन व्यवस्था अपनाई, जिसके कारण वर्तमान फ्रांस में गणतंत्रीय सरकार व इंग्लैंड में राजतंत्र है।

चेक प्वॉइंट 4

1. किन प्राकृतिक आपदाओं के कारण कृषि आय में कमी आई?
2. यूरोप में भयंकर अकाल कब पड़ा?
3. जनसंख्या का कौन-सा समूह प्लेग से सबसे अधिक प्रभावित हुआ?
4. शासकों ने सामंती कर प्रणाली के स्थान पर क्या लागू किया?
5. एस्टेट जनरल किसे कहते हैं?

टाइमलाइन

फ्रांस का प्रारंभिक इतिहास

काल	घटना
481 ई.	क्लोविस फ्रैंक लोगों का राजा बना।
486 ई.	क्लोविस और फ्रैंक ने उत्तरी गॉल का विजय अभियान प्रारंभ किया।
496 ई.	क्लोविस और फ्रैंक लोग धर्म परिवर्तन करके ईसाई बने।
714 ई.	चार्ल्स मारटल राजमहल का मेयर बना।
751 ई.	मारटल का पुत्र पेपिन फ्रैंक लोगों के शासक को अपदस्थ करके शासक बना और उसने एक अलग वंश की स्थापना की। विजय अभियानों ने राज्य का आकार दोगुना कर दिया।
768 ई.	पेपिन का स्थान उसके पुत्र शॉर्लमैन/चार्ल्स महान द्वारा लिया गया।
800 ई.	पोप लियो III ने शॉर्लमैन को पवित्र रोमन सम्राट का ताज पहनाया।
840 ई.	नॉर्वे से वाइकिंग लोगों के आक्रमण।

काल	घटना
ग्यारहवीं से चौदहवीं शताब्दियों में	
1066 ई.	नॉरमन लोगों ने एंग्लो-सैक्सनी लोगों को पराजित कर इंग्लैंड पर विजय प्राप्त की।
1100 ई. के पश्चात्	फ्रांस में कथीड्रलों का निर्माण।
1315-17 ई.	यूरोप में विनाशक अकाल।
1347-50 ई.	ब्यूबोनिक प्लेग (Black Death) की महामारी।
1338-1461 ई.	इंग्लैंड एवं फ्रांस के मध्य 'सौ वर्षीय युद्ध'।
1381 ई.	किसान विद्रोह।
नए शासक	
1461-1559 ई.	फ्रांस में नए शासक
1474-1556 ई.	स्पेन में नए शासक
1485-1547 ई.	इंग्लैंड में नए शासक

Mind Map

तीन वर्ग

1 सामंतवाद का परिचय
- यह एक कृषि प्रणाली थी, जिसमें जमींदार और किसान शामिल होते थे।
- जमींदार किसानों को सुरक्षा प्रदान करतें थे और किसान उनके लिए काम करते थे।

2 फ्रांस और इंग्लैंड में सामंतवाद
- फ्रैंक एक जर्मन जनजाति थी जिसने गॉल जो फ्रांस का एक प्रान्त था पर कब्जा कर उसे 'फ्रांस' नाम दिया।
- फ्रांसीसियों के चर्च के साथ प्रगाढ संबंध थे, जो चर्च द्वारा राजा शॉलमेन को 'पवित्र सम्राट' की उपाधि दिए जाने के बाद और भी मजबूत हो गए।
- एंग्लो-सैक्सन जनजातियाँ 6वीं शताब्दी में इंग्लैंड आकर बस गईं।
- इंग्लैंड में सामंतवाद 11वीं शताब्दी के बाद विकसित हुआ।

3 प्रथम वर्ग : पादरी
- पोप रोम में पश्चिमी चर्च का प्रमुख था।
- विशप धार्मिक कुलीन वर्ग का हिस्सा था।
- भिक्षु धार्मिक समुदायों में रहते थे और मठों में जीवन व्यतीत करते थे।
- 14वीं शताब्दी में मठवासी जीवन (जो समाज से अलग अनुशासित और धार्मिक था) के प्रति लोगों में संदेह बढ़ने लगा।

4 दूसरा वर्ग : अभिजात वर्ग
- बड़े जमींदार राजा के जागीरदार थे, जबकि किसान जमींदारों के जागीरदार थे।
- नाइट योद्धाओं का नया वर्ग था, जो घुड़सवार सेना के रूप में जमींदारों को समर्थन देता था। बदले में इन्हें जमीन का एक हिस्सा दिया जाता था।

5 तीसरा वर्ग : किसान, स्वतंत्र और बंधक
- किसानों की दोहरी भूमिका थी- वे खेती करने के साथ-साथ पैदल सैनिक भी होते थे।
- स्वतंत्र किसान जमींदार की जमीन का किराएदार के रूप में रखते थे। इन्हें कम-से-कम 40 दिनों तक सैन्य सेवा देनी होती थी।
- ये केवल जमींदारों की जमीन पर खेती करते थे, लेकिन स्वतंत्र नहीं थे।

6 सामाजिक और आर्थिक संबंधों को प्रभावित करने वाले कारक
- 5वीं शताब्दी तक यूरोप में घने जंगल थे, जिससे खेती के लिए जमीन सीमित थी।
- बाद में गर्म जलवायु में सुधार हुआ, जिससे खेती का विस्तार हुआ।
- लोहे की नोंकवाले हल और साँचेदार पटरे की तकनीक से कृषि उत्पादन में वृद्धि हुई।
- किसान दो खेतों वाली व्यवस्था से तीन खेतों वाली व्यवस्था में बदल गए, जिससे उत्पादन में वृद्धि हुई।

7 चौथा वर्ग : नए नगर और नगरवासी
- 11वीं शताब्दी के बाद कृषि उत्पादन बढ़ने के कारण शहरों का विकास हुआ।
- शहरों में समय-समय पर मेले और बाजार लगाए जाते थे, जहाँ कृषि उत्पाद बेचे जाते थे।

8 चौदहवीं सदी का संकट
- ठंडी जलवायु से फसलों की पैदावार घटी, जिससे अकाल और भुखमरी उत्पन्न हुई।
- मिट्टी की गुणवत्ता में गिरावट आई जिससे भूमि की उर्वरता कम होने लगी और मवेशियों की मृत्यु से खाद्य संकट और अधिक बढ़ गया।
- श्रमिकों की कमी से मजदूरी बढ़ गई, जिससे कृषि और व्यापार असंतुलित हो गया।

9 सामाजिक असंतोष
- जमींदारों द्वारा दोबारा सामंती श्रम व्यवस्था लागू करने की कोशिशों के विरुद्ध किसानों ने विद्रोह किया।
- इस विद्रोह को हिंसक रूप से दबाया गया, लेकिन इसके बावजूद सामंती विशेषाधिकार समाप्त हो गए।

10 राजनीतिक परिवर्तन
- स्थायी सेनाओं, कर वसूली और केंद्रीकरण से राजाओं की शक्ति बढ़ी।
- कुलीनों ने इसका विरोध किया, लेकिन अंततः जीवित रहने के लिए ये राजाओं के प्रति वफादार हो गए।
- इंग्लैंड में संसद ने राजनीति को प्रभावित किया, फ्रांस में सत्ता साझेदारी से बचा गया।

NCERT फोल्डर

अध्याय के मध्य में दिए गए प्रश्न

1. विभिन्न मानकों; जैसे- व्यवसाय, भाषा, धन और शिक्षा पर आधारित श्रेणीबद्ध सामाजिक ढाँचे की चर्चा कीजिए। मध्यकालीन फ्रांस की तुलना मेसोपोटामिया और रोमन साम्राज्य से करें।

उत्तर सामाजिक श्रेणीकरण विभिन्न समाजों में व्यवसाय, भाषा, धन और शिक्षा जैसे मानकों पर आधारित रहा है। ये वर्गीकरण समाज की संरचना को परिभाषित करते हैं और लोगों के अधिकार, कर्त्तव्य तथा प्रतिष्ठता निर्धारित करते हैं।

मध्यकालीन फ्रांस की मेसोटामिया से तुलना मध्यकालीन फ्रांसीसी समाज मुख रूप से तीन वर्गों में विभाजित था

(i) पादरी वर्ग
(ii) अभिजात वर्ग
(iii) कृषक वर्ग

समाज में पादरी वर्ग तथा अभिजात वर्ग का बोलबाला था। इस वर्ग के लोग विलासितापूर्ण जीवन व्यतीत करते थे। ये लोग कृषकों शोषण करते थे।

यद्यापि मेसोपोटामिया का समान भी तीन वर्गों में विभाजित था, किन्तु इसका वर्गीकरण निम्न आधार पर था

(i) उच्च वर्ग
(ii) मध्यम वर्ग
(iii) निम्न वर्ग

अधिकांश धन-दौलत पर उच्चवर्ग का अधिकार था।

मध्यकालीन फ्रांस की रोमन समाज रोमन साम्राज्य से तुलना पूर्ववती काल में रामन समाज अनेक वर्गों में बंटा हुआ था। ये वर्ग थे

(i) सैंनेटर
(ii) अवश्रोही या नाइट वर्ग
(iii) सम्माननीय जनता वर्ग
(iv) निम्नवर्ग या प्लेब्स सोडिया
(v) अभिजात वर्ग
(iii) मध्य वर्ग निम्न वर्ग

यद्यापि रोमन साम्राज्य भी मुख्यता तीन प्रमुख समूहों में ही विभाजन था। जिसमें दास वर्ग सबसे निचले स्तर पर था। जिसे पूर्ण रूप मे सामाजिक, आर्थिक और राजनीतिक स्वतंत्रता को शक्तियों से अलग रखा गया था। इस वर्ग को सामाजिक न्याय की प्राप्ति नहीं थी।

तीनों सभ्यताओं में सामाजिक श्रेणीकरण ने समाज को व्यवस्थित किया, लेकिन यह शोषण और असमानता का आधार भी बना, इन व्यवस्थाओं ने राजनीतिक और आर्थिक ढाँचे को स्थिरता दी, लेकिन निम्न वर्ग को वंचित रखा।

2. मध्यकालीन मेनर, महल और पूजा के स्थान पर विभिन्न सामाजिक स्तर के व्यक्तियों से अपेक्षित व्यवहार के तरीकों की उदाहरण देते हुए चर्चा कीजिए।

उत्तर मध्यकालीन यूरोप में समाज तीनों वर्गों में बँटा हुआ था। पादरी, योद्धा और श्रमिक। इन वर्गों के आधार पर लोगों में मेनर, महल और पूजा स्थलों पर अलग-अलग प्रकार के व्यवहार और कर्त्तव्यों की अपेक्षा की जाती थी। जिसका विवरण इस प्रकार है

(i) **मेनर** मेनर सामंती व्यवस्था का केंद्र था, जहाँ सामंत या जमींदार का प्रभुत्व था।

- सामंत (लॉर्ड), मेनर का स्वामी होता था, जो अपने किसानों और मजदूरों से कर वसूलता था। बदले में सामंत से अनुशासन, संरक्षण और न्याय की अपेक्षा की जाती थी।
- किसान भूमि जोतने और उत्पादन का अधिकांश हिस्सा सामंत को देने के लिए बाध्य थे। सामंत उनसे विनम्र और आज्ञाकारी रहने की अपेक्षा करते थे।
- कारीगर, मेनर के अधीनस्थ विभिन्न वस्तुएँ बनाने का कार्य करते थे।

(ii) **महल** योद्धा वर्ग का केंद्र था और राजनीतिक शक्ति का प्रतीक था।

- योद्धा सामंत और उनके परिवार से वीरता, सम्मान व अपने राजा के प्रति निष्ठा की अपेक्षा करते थे। उनके महल, शिष्टाचार और औपचारिकता का केंद्र थे।
- नाइट महल में राजा या प्रभु के आदेश पर सैन्य सेवा प्रदान करते थे।
- सेवक और नौकर महल में विभिन्न कार्य; जैसे- भोजन, सफाई और अतिथियों की सेवा करते थे। उनसे विनम्रता और मेहनत की अपेक्षा की जाती थी।

(iii) **पूजा स्थल**

- चर्च और मठ धार्मिक गतिविधियों व सामाजिक जीवन का केंद्र थे।
- पादरी वर्ग पूजा-अर्चना करते थे और धार्मिक ज्ञान का प्रचार करते थे। उनसे धर्म की रक्षा और गरीबों की सेवा की अपेक्षा की जाती थी।
- सामंत और सामान्य चर्च के दान देते और धार्मिक आयोजन में भाग लेते। उनसे चर्च और पादरी के सम्मान करने की अपेक्षा की जाती थी।
- किसान और सामान्य लोग चर्च के धार्मिक अनुष्ठानों व त्योहारों में शामिल होते थे। उन्हें चर्च को कर देना पड़ता था। उनसे आस्था और पादरी के प्रति पूर्व विश्वास की अपेक्षा की जाती थी।

3. निम्नलिखित नक्शे और नगर के चित्र को ध्यान से देखिए। मध्यकालीन यूरोपीय नगरों के कौन-से महत्त्वपूर्ण लक्षण आपको उनमें दिखाई पड़ते हैं। वे अन्य स्थानों व अन्य काल के नगरों से किस प्रकार भिन्न थे?

Paris, French cathedral-town, seventeenth-century map.

उत्तर इस चित्र में मध्यकालीन यूरोपीय नगर का नक्शा (Map) दिखाया गया है, जो नगरों के प्रमुख लक्षणों और उनकी विशेषताओं को समझने में मद्द करता है।

मध्यकालीन यूरोपीय नगरों के प्रमुख लक्षण

(i) **प्राकृतिक सुरक्षा और किलेबंदी** चित्र में नगर के चारों ओर दीवार तथा किलेबंदी स्पष्ट दिखाई देती है। सुरक्षा के लिए नगरों को ऊँची दीवारों और खाइयों से घेरा गया था।

(ii) **धार्मिक महत्त्व** नगर के बीच में एक बड़ा गिरजाघर है, जो मध्यकालीन यूरोप में धार्मिक और सांस्कृतिक केंद्र होता था। चर्च नगर के सामाजिक और राजनीतिक जीवन का केंद्र था।

(iii) **केंद्रित संरचना** नगर की योजना एक केंद्रित स्वरूप में होती थी, जिसमें प्रमुख स्थान; जैसे- बाजार, चर्च और प्रशासनिक भवन नगर के बीच में होते थे। नगर की गलियाँ संकरी और अव्यवस्थित दिखती हैं, जो उस समय की निर्माण शैली को दर्शाती हैं।

(iv) **नदी और जलस्रोत** नगर के पास एक नदी या जलस्रोत होता था, जो जल की आपूर्ति और व्यापार के लिए आवश्यक था।

(v) **व्यापार और बाजार** नगर में खुले बाजार या व्यापार स्थल होते थे। आर्थिक गतिविधियों के लिए नगर महत्त्वपूर्ण केंद्र होते थे।

अन्य स्थानों और कालों से भिन्नता

(i) **प्राचीन नगरों की तुलना में** प्राचीन मेसोपोटामिया और सिंधु घाटी सभ्यता के नगर अधिक व्यवस्थित और ग्रिड प्रणाली पर आधारित थे, जबकि मध्यकालीन नगर अधिक अव्यवस्थित दिखते थे। मध्यकालीन नगरों में धार्मिक इमारतों का अधिक प्रभाव था, जो प्राचीन नगरों तक सीमित था।

(ii) **आधुनिक नगरों की तुलना में** आधुनिक नगर अधिक योजनाबद्ध, खुले और व्यवस्थित होते हैं। मध्यकालीन नगर सुरक्षा पर केंद्रित होते थे, जबकि आधुनिक नगरों में परिवहन और सुविधाओं पर ध्यान दिया जाता था।

मध्यकालीन यूरोपीय नगर सुरक्षा, धार्मिक महत्त्व और आर्थिक गतिविधियों के केंद्र थे। इनकी संरचनाएँ और विशेषताएँ तत्कालीन सामाजिक, राजनीतिक और धार्मिक परिस्थितियों को दर्शाती हैं, जो अन्य समय और स्थानों के नगरों से भिन्न थीं।

4. तिथियों के साथ दी गई घटनाओं और प्रक्रियाओं को पढ़िए और उनका विवरणात्मक लेखा-जोखा दीजिए।

ग्यारहवीं से चौदहवीं शताब्दियों में	
1066 ई.	नॉरमन लोगों ने एंग्लो-सैक्सनी लोगों को पराजित कर इंग्लैंड पर विजय प्राप्त की।
1100 ई. के पश्चात्	फ्रांस में कथीड्रलों का निर्माण।
1315-17 ई.	यूरोप में विनाशक अकाल।
1347-50 ई.	ब्यूबोनिक प्लेग (Black Death)
1338-1461 ई.	इंग्लैंड एवं फ्रांस के मध्य 'सौ वर्षीय युद्ध'।
1381 ई.	कृषकों के विद्रोह।

उत्तर इस तालिका में मध्यकालीन यूरोप के महत्त्वपूर्ण ऐतिहासिक घटनाक्रम और उनसे जुड़े प्रभावों को दिखाया गया है। जिनका विवरण निम्नलिखित है

मुख्य घटनाएँ और उनके प्रभाव

1. 1066 ई. में नॉर्मन शासकों ने इंग्लैंड पर (एंग्लो सैक्सनी लागों पर) विजय प्राप्त की, जिसने परिणामस्वरूप इंग्लैंड में नई प्रशासनिक और कानूनी प्रणाली लागू हुई तथा सामंती व्यवस्था का सुदृढ़ीकरण हुआ।
2. 1100 के दशक के पश्चात् फ्रांस में चर्च और कैथीड्रल वास्तुकला का विकास हुआ। जोकि चर्च की शक्ति और प्रभुत्व का प्रतीक बने, जिसमें गॉथिक कला और संस्कृति का विकास हुआ।
3. 1315-17 ई. के मध्य यूरोप में भयावह अकाल पड़ा। खराब फसल और भुखमरी से लाखों लोगों की मृत्यु हुई, जिस कारण कृषि उत्पादन में गिरावट दर्ज की गई और सामंती व्यवस्था में तनाव बढ़ा।
4. 1347-50 ई. के मध्य ब्लैक डेथ (काली मौत) अर्थात् ब्यूबोनिक प्लेग महामारी फैली, जिसमें यूरोप की एक-तिहाई जनसंख्या खत्म हो गई। जिसके परिणामस्वरूप श्रमिकों की भारी कमी तथा मजदूरी में वृद्धि हुई और सामंती व्यवस्था कमजोर पड़ गई।
5. 1338-1461 ई. के दौरान इंग्लैंड और फ्रांस के बीच लंबे समय तक चले युद्ध (सौ वर्षीय युद्ध) के कारण राष्ट्रीय पहचान का उदय हुआ और सामंती प्रभुत्व कमजोर हुआ।
6. 1381 ई. में भारी कर और शोषण के कारण किसानों ने विद्रोह किया, जिसके प्रभाव से श्रमिक अधिकारों की माँग बढ़ी और सामंती व्यवस्था में गिरावट आई।

इन घटनाओं ने यूरोप की राजनीतिक, सामाजिक और आर्थिक संरचना को गहराई से प्रभावित किया। विशेष रूप से **ब्लैक डेथ** और किसानों के विद्रोह ने सामंती समाज में महत्त्वपूर्ण बदलाव किए, जो आधुनिक युग की नींव बने।

नीचे दिए प्रश्नों के उत्तर संक्षेप में दीजिए

1. फ्रांस के प्रारंभिक सामंती समाज के दो लक्षणों का वर्णन कीजिए।

उत्तर सामंतवाद जैसी व्यवस्था का प्रचलन सर्वप्रथम फ्रांस के राजा 'शॉर्लमैन' (742-814 ई.) के काल में हुआ था, जिसके दो लक्षण निम्नलिखित हैं

(i) सामंतवाद, सामंत और किसानों के संबंधों पर आधारित एक ऐसी व्यवस्था है, जो कृषि उत्पादन में सहायक होती है। सामंत और किसान के परस्पर एवं संयुक्त प्रयास कृषि उत्पादन की गुणोत्तर वृद्धि में उपयोगी होते हैं।

(ii) सामंती समाज का जनसामान्य तथा किसानों से प्रत्यक्ष रूप से जुड़ाव के कारण यह सामान्य जीवन के समस्त पहलुओं (आर्थिक, सामाजिक व राजनीतिक) को प्रभावित करता है।

2. जनसंख्या के स्तर में होने वाले लंबी अवधि के परिवर्तनों ने किस प्रकार यूरोप की अर्थव्यवस्था और समाज को प्रभावित किया?

उत्तर 11वीं शताब्दी में यूरोपीय कृषि में विस्तार के कारण जनसंख्या में अत्यधिक वृद्धि हुई। जनसंख्या वृद्धि का मुख्य आधार यूरोपीय समाज एवं अर्थव्यवस्था के क्षेत्र में समृद्धि व आत्मनिर्भरता थी। जनसंख्या के स्तर में होने वाले लंबी अवधि के परिवर्तनों ने यूरोप की अर्थव्यवस्था और समाज को निम्न प्रकार से प्रभावित किया

- 1000 ई. में यूरोप की जनसंख्या लगभग 420 लाख थी, जो 1200 ई. में बढ़कर लगभग 620 लाख और 1300 ई. में 730 लाख हो गई। कृषि क्षेत्र में विस्तार और जनसंख्या वृद्धि से लोगों की जीवन-शैली में सुधार हुआ।
- इस समय के कृषि उत्पादों एवं उचित आहार से लोगों की जीवन अवधि लंबी हुई।
- पुरुषों द्वारा उचित भोजन ग्रहण करने के कारण इनकी जीवन अवधि स्त्रियों व बालिकाओं की तुलना में अधिक होती थी। कृषि से प्राप्त अतिरिक्त खाद्यान्न को लोग ऐसी जगह संचय करने लगे, जो रख-रखाव, बिक्री व विपणन में उपयुक्त हो। ऐसे स्थान पर हाट-मेलों तथा नए विपणन केंद्रों का विकास किया गया, जिससे नए-नए नगरों का उदय हुआ।
- जनसंख्या वृद्धि के फलस्वरूप अतिरिक्त जनसंख्या का पलायन गाँवों से नगरों में होने लगा, जहाँ नगर चौक, चर्च, सड़कें, घर और दुकानों का विकास हुआ, जिसके परिणामस्वरूप नए नगरीय समाज का विकास हुआ।

3. नाइट एक अलग वर्ग क्यों बने और उनका पतन कब हुआ?

उत्तर 9वीं शताब्दी में यूरोपीय शासक अपने साम्राज्य के विस्तार के उद्देश्य से आपस में झगड़ते रहते थे। इनके पास कुशल पैदल सेना व अश्व सेना का अभाव था। अतः इसी कमी को पूरा करने के लिए समकालीन शासकों ने अपनी स्थायी सेना के लिए एक नए वर्ग को बढ़ावा दिया, जो नाइट्स कहलाए। नाइट्स लॉर्ड के अधीन कार्य करते थे, जिसके बदले में लॉर्ड द्वारा उनको सुरक्षा का वचन और भूमि का एक भाग दिया जाता था। नाइट को दी हुई भूमि को 'फीफ' कहा जाता था। 12वीं शताब्दी के आते-आते नाइटों का पतन होने लगा था।

4. मध्यकालीन मठों का क्या कार्य था?

उत्तर मध्यकालीन मठों के कार्य निम्नलिखित हैं

- मठों में भिक्षु एवं भिक्षुणियों का निवास होता था, जो अपना सारा जीवन प्रार्थना करने, अध्ययन करने और कृषि जैसे शारीरिक श्रम करने में बिताते थे।
- सामान्यतः मठों के मुख्य कार्य धर्म का प्रचार-प्रसार करना, सामूहिक प्रार्थनाओं का आयोजन करना एवं कला का विकास करना आदि थे।

5. मध्यकालीन फ्रांस के नगर में एक शिल्पकार के एक दिन के जीवन की कल्पना कीजिए और इसका वर्णन कीजिए।

उत्तर मध्यकाल में फ्रांस के कारीगर अपने कार्य में बहुत कुशल थे। वे अपनी-अपनी श्रेणी के सदस्य थे और एक निश्चित मानक के अनुसार वस्तुओं का उत्पादन करते थे, ताकि उनकी गुणवत्ता बनी रहें। वे अपने साथी सदस्यों की सामाजिक एवं आर्थिक आवश्यकताओं का पूरा ध्यान रखते थे।

6. फ्रांस के सर्फ और रोम के दास के जीवन की दशा की तुलना कीजिए।

उत्तर फ्रांस के ऐसे किसान, जिनके पास खेती करने के लिए अपनी भूमि नहीं होती थी, वे सर्फ या कृषि दास कहलाते थे। वे जिस भूमि पर खेती करते थे, वह लॉर्ड के स्वामित्व में होती थी। इसके लिए उन्हें कोई मजदूरी नहीं दी जाती थी और वे लॉर्ड के आदेश के बिना जागीर नहीं छोड़ सकते थे।

मजदूरी दिए बिना उनसे मकान बनवाए जाते थे, लकड़ी कटवाई, चिराई की जाती थी, पानी भरने जैसे घरेलू कार्य भी करवाए जाते थे। यदि वे आजाद होने का प्रयत्न करते थे, तो उन्हें पकड़कर कठोर सजा दी जाती थी। इस प्रकार रोमन दासों व फ्रांस के सर्फों की जीवन-शैली में विशेष अंतर नहीं था। दोनों का जीवन पशु जैसा ही था।

फ्रांस के सर्फ और रोम के दासों के जीवन की दशाओं में काफी समानताएँ थीं। सर्फ और दास दोनों यूरोपीय समाज के तीसरे वर्ग के अंतर्गत निचले स्थान पर आते थे। इनके सामाजिक और आर्थिक अधिकार अत्यंत सीमित थे। इन्हें जीवन की मूलभूत आवश्यकताओं से भी वंचित रखा गया था तथा कई बार मनोरंजन के लिए इन्हें जंगली पशुओं के सामने डाल दिया जाता था, परंतु कालांतर में उच्च वर्ग द्वारा इनके प्रति कुछ सहानुभूति दिखाई गई। इनके मुख्य कार्य के रूप में उच्च वर्ग 'पादरी' तथा 'अभिजात वर्ग' की सेवा करना निर्धारित किया गया था।

अभ्यास प्रश्न

वस्तुनिष्ठ प्रश्न

बहुविकल्पीय प्रश्न

1. सामंतवाद शब्द 'फ्यूड' से बना है, इस जर्मन शब्द का शाब्दिक अर्थ क्या है?

(a) चर्च (b) मीनार
(c) भूमि का टुकड़ा (d) कृषि

उत्तर (c) भूमि का टुकड़ा

2. नॉरमंडी के ड्यूक, विलियम ने इंग्लैंड के किस राजा को परास्त किया था?

(a) सैक्सन
(b) विलियम प्रथम
(c) एबट सुगेर
(d) लुई xi

उत्तर (a) सैक्सन

3. लॉर्ड के लिए युद्ध लड़ने वाले कुशल घुड़सवारों को क्या कहा जाता था?

(a) नाइट (b) सैनट
(c) कृषक (d) लॉर्ड

उत्तर (a) नाइट

4. लॉर्ड द्वारा नाइट को दी जाने वाली भूमि के टुकड़े को कहा जाता था

(a) फीफ (b) टिथ
(c) मेनर (d) क्लूनी

उत्तर (a) फीफ

5. चर्च को एक वर्ष के अंतराल में कृषक से उसकी उपज के दसवें भाग को लेने के अधिकार को क्या कहा जाता था?

(a) टैली (b) टिथ
(c) ऑबे (d) फ्रायर

उत्तर (b) टिथ

6. तेरहवीं शताब्दी से भिक्षुओं के कुछ समूहों, जिन्हें .... कहते थे, ने मठों में न रहने का फैसला लिया।

(a) नन (b) मोंक
(c) ऐबी (d) फ्रायर

उत्तर (d) फ्रायर

7. निम्न में से कौन-सा/से कथन मेनर की जागीर के संदर्भ में सत्य है/हैं? *दक्षता आधारित प्रश्न*

(a) अभिजात वर्ग का स्वयं का भवन मेनर कहलाता था
(b) छोटे मेनर में 12 तथा बड़े मेनर में 50-60 परिवार होते थे
(c) इस जागीर में प्रतिदिन के उपयोग की वस्तुएँ मिलती थीं
(d) उपरोक्त सभी

उत्तर (d) उपरोक्त सभी

8. बेनेडिक्टीन मठों में भिक्षुओं के लिए एक हस्तलिखित पुस्तक होती थी, जिसमें 7 नियमों के 73 अध्याय थे। जिनका भिक्षुओं द्वारा कई सदियों तक पालन किया जाता था। मान लीजिए यह पुस्तक आप पढ़ चुके हैं, तो बताइए निम्नलिखित में से कौन-सा ऐसा नियम है, जिसका भिक्षुओं द्वारा पालन नहीं किया जाता था? *दक्षता आधारित प्रश्न*

(a) भिक्षुओं को बोलने में पूरी आजादी थी
(b) भिक्षु विनम्रता का स्वभाव रखते थे
(c) निजी संपत्ति रखने की मनाही थी
(d) आलस्य को आत्मा का शत्रु मानते थे

उत्तर (a) भिक्षुओं को बोलने में पूरी आजादी थी।

9. ग्यारहवीं सदी तक आते-आते नई कृषि प्रौद्योगिकी ने कृषि क्षेत्र में क्रांतिकारी परिवर्तन ला दिया। इस परिवर्तन का सही कथन कौन-सा है?

(a) लकड़ी की जगह लोहे के हल से जुताई ने मृदा पोशाक तत्त्वों के उपयोग को बढ़ा दिया
(b) कृषकों को नए अवसर मिले
(c) कृषकों को पवन चक्कियों; जैसे- कृषि यंत्र आसानी से उपलब्ध होने लगे
(d) कृषि प्रारूप में परिवर्तन हो गया

उत्तर (a) लकड़ी की जगह लोहे के हल से जुताई ने मृदा पोशाक तत्त्वों के उपयोग को बढ़ा दिया।

10. निम्नलिखित कथन पादरी और अभिजात वर्ग से संबंधित हैं। इनमें से कौन-सा कथन तुलनात्मक रूप से सही नहीं है?

(a) पादरी और अभिजात दोनों ही वर्ग राजा के अधीन थे
(b) अभिजात वर्ग तथा पादरी वर्ग दोनों का ही अपनी भूमि पर स्थायी नियंत्रण था
(c) दोनों वर्ग को अपने भूमि पर कर लगाने का अधिकार था
(d) अभिजात वर्ग के अपनी सेना होती थी, जो पादरी वर्ग के पास नहीं थी

उत्तर (a) पादरी और अभिजात दोनों ही वर्ग राजा के अधीन थे।

11. दिए गए कथनों में से फ्रांस के संदर्भ में गलत कथन का चयन करें। *दक्षता आधारित प्रश्न*

(a) गॉल रोमन साम्राज्य का एक प्रांत था
(b) यहाँ दो विस्तृत तट रेखाएँ, पर्वत श्रेणियाँ, वन एवं कृषि करने के लिए उपयुक्त मैदान थे
(c) इंग्लैंड की एक जनजाति फ्रैंक ने गॉल को अपना नाम देकर उसे फ्रांस बनाया था
(d) छठी सदी में यह प्रदेश फ्रैंकिश अथवा फ्रांस के ईसाई राजाओं द्वारा शासित राज्य था

उत्तर (c) इंग्लैंड की एक जनजाति फ्रैंक ने गॉल को अपना नाम देकर उसे फ्रांस बनाया था।

12. दिए गए कथनों में से सही कथन का चयन करें।
(a) फ्रांस के शासकों का लोगों से जुड़ाव बैसलेज प्रथा के कारण था
(b) यह प्रथा इंग्लैंड मूल के लोगों में भी समान रूप से मौजूद थी
(c) इस प्रथा में छोटे किसान राजा के अधीन होते थे
(d) अभिजात वर्ग, भू-वामी के प्रति उत्तरदायी होते थे

उत्तर (a) फ्रांस के शासकों का लोगों से जुड़ाव बैसलेज प्रथा के कारण था।

13. 25 दिसंबर को ईसा मसीह के जन्मदिन के रूप में मनाया जाता था, जिसने पूर्व रोमन त्योहार का स्थान ले लिया। इस तिथि की गणना किस पर आधारित थी?
(a) चंद्र पंचांग (b) सौर पंचांग
(c) ग्रेगोरियन पंचांग (d) जिथुरा पंचांग

उत्तर (b) सौर पंचांग

14. निम्नलिखित सूचनाओं के आधार पर उस वर्ग की पहचान कीजिए, जो इससे संबंधित है *दक्षता आधारित प्रश्न*
- ये धार्मिक प्रवृत्ति के थे तथा एकांत में रहना पसंद करते थे।
- ये जिन धार्मिक समुदायों के बीच रहते थे, उन्हें आबे (ऐबी) कहा जाता था।
- ये शारीरिक श्रम पर विश्वास करते थे।

(a) पादरी (b) भिक्षु (c) अभिजात (d) कृषक

उत्तर (b) भिक्षु

15. निम्न कथनों में से कौन-सा/से कथन सामंतवाद के संदर्भ में सही नहीं है/हैं?
1. सामंतवाद की उत्पत्ति पश्चिमी यूरोप में हुई।
2. सामंतवाद में कृषक लॉर्ड को सेवा प्रदान करते थे, बदले में वह उन्हें सैनिक सुरक्षा प्रदान करता था।
3. इस व्यवस्था में लॉर्ड को कर देना पड़ता था।

कूट
(a) केवल 3 (b) केवल 1 (c) 1 और 2 (d) 2 और 3

उत्तर (a) केवल 3

16. निम्न में से कौन-से कथन पादरियों की विशेषताओं के बारे में सही हैं? *दक्षता आधारित प्रश्न*
1. पादरी रविवार को जनता को धर्मोपदेश सुनाते थे।
2. पादरी विवाह नहीं कर सकते थे।
3. पादरियों के पास भी लॉर्ड की तरह विस्तृत जागीरें होती थीं।

कूट
(a) 1 और 2 (b) 2 और 3 (c) 1 और 3 (d) 1, 2 और 3

उत्तर (d) 1, 2 और 3

17. निम्न में से कौन-सा/से कथन अभिजात वर्ग के बारे में सही नहीं है/हैं?
1. भूमि पर उनके नियंत्रण की वैसलेज प्रथा ने फ्रांसीसी समाज में अभिजात वर्ग को अधिक महत्त्वपूर्ण बना दिया।
2. अभिजात वर्ग राजा को अपना स्वामी नहीं मानते थे।
3. अभिजात वर्ग भू-स्वामियों के प्रति उत्तरदायी होते थे।

कूट
(a) 1 और 2 (b) 1, 2 और 3
(c) 2 और 3 (d) इनमें से कोई नहीं

उत्तर (c) 2 और 3

18. निम्न में से कौन-सा युग्म सही सुमेलित है?
(a) मेनर – जागीर
(b) टीथ – लॉर्ड
(c) फ्रायर – कृषकों द्वारा दिया जाने वाला कर
(d) बरगंडी – यूरोप में स्थापित शहर

उत्तर (a) मेनर—जागीर

19. निम्न में से कौन-सा युग्म सही सुमेलित नहीं है? *दक्षता आधारित प्रश्न*
(a) 1066 ई. – नॉरमन लोगों की इंग्लैंड पर विजय
(b) 1381 ई. – इंग्लैंड में किसान विद्रोह
(c) 1315-17 ई. – कथीड्रल का निर्माण
(d) 1338-1461 ई. – इंग्लैंड तथा फ्रांस के मध्य 'सौ वर्षीय युद्ध'

उत्तर (c) 1315-17 ई. – कथीड्रल का निर्माण

20. निम्न विशेषताओं के आधार पर मध्यकालीन यूरोपीय समाज के एक वर्ग की पहचान करें
- यह वर्ग किसान, स्वतंत्र तथा बंधकों का वर्ग था।
- यह वर्ग पूर्व में पादरी एवं अभिजात वर्ग का भरण-पोषण करता था।

(a) पादरी वर्ग (b) अभिजात वर्ग
(c) तीसरा वर्ग (d) नए नगर और नगरवासी

उत्तर (c) तीसरा वर्ग

21. निम्न विशेषताओं के आधार पर 12वीं शताब्दी के यूरोपीय शहर की पहचान करें
- यह पत्थरों से निर्मित होते थे तथा इन्हें बनाने में काफी समय लगता था।
- इनकी खिड़कियों में अभिरंजित काँच का प्रयोग किया जाता था।

(a) इंग्लैंड (b) कथीड्रल (c) फ्रांस (d) रोम

उत्तर (b) कथीड्रल

22. फ्रांस के प्रारंभिक इतिहास से संबंधित घटनाओं को पहले से बाद के क्रम में लगाएँ। *दक्षता आधारित प्रश्न*
1. क्लोविस फ्रैंक लोगों का राजा बना
2. चार्ल्स मारटल राजमहल का मेयर बना
3. क्लोविस और फ्रैंक लोग धर्म परिवर्तन करके ईसाई बने
4. क्लोविस और फैंक ने उत्तरी गॉल का विजय अभियान प्रारंभ किया

कूट
(a) 1, 2, 3, 4 (b) 1, 3, 4, 2
(c) 1, 4, 3, 2 (d) 2, 3, 4, 1

उत्तर (c) 1, 4, 3, 2

23. भिक्षुओं के लिए स्थापित मठ तथा उनकी अवस्थिति के संदर्भ में सही विकल्प का चयन करें। *दक्षता आधारित प्रश्न*
इटली : सेंट बेनेडिक्ट :: बरगंडी : ?
(a) सुसेविटा (b) डेविट गारेजा
(c) खोर विराप (d) क्लूनी

उत्तर (d) क्लूनी

24. यूरोप में भूमि के दूसरे भाग में (बंसत ऋतु) उत्पादित की जाने वाली फसलों के संबंध में सही विकल्प का चयन करें।

दक्षता आधारित प्रश्न

(a) सेम, मसूर, गेहूँ (b) मटर, सेम, मसूर
(c) अरहर, मसूर, सेम (d) मक्का, मटर, आलू

उत्तर (b) मटर, सेम, मसूर

25. सुमेलित कीजिए

सूची I	सूची II
A. पादरी वर्ग	1. किसान तथा मजदूर
B. अभिजात वर्ग	2. घुड़सवार वर्ग
C. कृषक वर्ग	3. चर्च के पोप
D. नाइट्स	4. सामंत, धनी तथा व्यापारी वर्ग

कूट

	A	B	C	D
(a)	1	2	3	4
(b)	3	4	1	2
(c)	3	2	1	4
(d)	3	2	4	1

उत्तर (b) 3 4 1 2

26. सुमेलित कीजिए

सूची I	सूची II
A. ऐबी	1. भिक्षुओं का समूह
B. मोंक	2. मठ
C. नन	3. भिक्षु
D. फ्रायर	4. भिक्षुणी

कूट

	A	B	C	D
(a)	1	3	4	2
(b)	1	2	3	4
(c)	2	3	4	1
(d)	2	1	3	4

उत्तर (c) 2 3 4 1

27. दी गई तस्वीर कथीड्रल के किस भाग की है?

दक्षता आधारित प्रश्न

(a) अभिरंजित काँच वाली खिड़की
(b) नक्काशीदार दरवाजा
(c) चित्रित दीवार
(d) उपरोक्त में से कोई नहीं

उत्तर (a) अभिरंजित काँच वाली खिड़की

28. इस चित्र के आधार पर पहचान करें कि यह पंद्रहवीं सदी के किस दुर्ग की तस्वीर है?

(a) नेमूर का दुर्ग (b) हेवर दुर्ग
(c) सॉल्सबरी दुर्ग (d) इनमें से कोई नहीं

उत्तर (a) नेमूर का दुर्ग

निर्देश (प्र. सं. 29-32) नीचे दो कथन दिए गए हैं, जिसमें एक को कथन (A) तथा दूसरें को कारण (R) कहा गया है। नीचे दिए गए कूट की सहायता से सही उत्तर को चयन कीजिए।

कूट
(a) A और R दोनों सही हैं तथा R, A की सही व्याख्या है
(b) A और R दोनों सही हैं, परंतु R, A की सही व्याख्या नहीं है
(c) A सही है, किंतु R गलत है
(d) A गलत है, किंतु R सही है

29. कथन (A) चर्च के औपचारिक रीति-रिवाज की कुछ महत्त्वपूर्ण रस्में सामंती कुलीनों की नकल थीं।

कारण (R) सिर झुकाकर घुटनों के बल झुकना, नाइट द्वारा अपने वरिष्ठ लॉर्ड के प्रति वफादारी की शपथ लेते समय अपनाए गए तरीके की नकल था।

उत्तर (a) चर्च के औपचारिक रीति-रिवाज की कुछ महत्त्वपूर्ण रस्में सामंती कुलीनों की नकल थीं।
प्रार्थना करते समय हाथ जोड़कर और सिर झुकाकर घुटनों के बल झुकना, नाइट द्वारा अपने वरिष्ठ लॉर्ड के प्रति वफादारी की शपथ लेते समय अपनाए गए तरीके की नकल था।

30. कथन (A) ईसा मसीह के जन्मदिन ने एक पुराने पूर्व-रोमन त्योहार का स्थान ले लिया।

कारण (R) चर्च मध्यकाल में एक शक्तिशाली संस्था थी।

उत्तर (b) ईसा मसीह के जन्मदिन ने एक पुराने पूर्व-रोमन त्योहार का स्थान ले लिया। चर्च मध्यकाल में एक शक्तिशाली संस्था थी तथा इसका संस्थागत आधार अधिक मजबूत था।

31. कथन (A) कृषि में विस्तार के साथ ही उससे संबंधित दो क्षेत्रों-जनसंख्या व व्यापार का विस्तार हुआ।

कारण (R) यूरोप की जनसंख्या 1000 ई. में लगभग 420 लाख थी, जो 1200 ई. में लगभग 620 लाख हो गई थी।

उत्तर (d) कृषि में विस्तार के साथ ही उससे संबंधित तीन क्षेत्रों—जनसंख्या, व्यापार और नगरों का विस्तार हुआ। यूरोप की जनसंख्या 1000 ई. में लगभग 420 लाख थी, जो 1200 ई. में लगभग 620 लाख तथा 1300 ई. में 730 लाख हो गई थी।

32. अभिकथन (A) **गॉल रोमन साम्राज्य का एक प्रांत था, जिसमें दो विस्तृत तटरेखाएँ, पर्वत श्रेणियाँ, लंबी नदियाँ, वन एवं कृषि करने के लिए उपयुक्त मैदान थे।**

कारण (R) **जर्मनी की एक जनजाति फ्रेंक ने गॉल को अपना नाम देकर उसे यूरोप बनाया था।**

उत्तर (c) गॉल रोमन साम्राज्य का एक प्रांत था, जिसमें दो विस्तृत तटरेखाएँ, पर्वत श्रेणियाँ, लंबी नदियाँ, वन एवं कृषि करने के लिए उपयुक्त मैदान थे। जर्मनी की एक जनजाति फ्रेंक ने गॉल को अपना नाम देकर इसे फ्रांस बनाया था।

लघु उत्तरीय प्रश्न

1. यूरोप के ऐतिहासिक स्रोतों के विषय पर संक्षिप्त टिप्पणी लिखिए।

उत्तर यूरोपीय इतिहासकारों ने पिछले सौ वर्षों से प्रत्येक गाँव के इतिहास पर विस्तारपूर्वक कार्य किया। यह कार्य इसलिए संभव हुआ, क्योंकि भू-स्वामित्व के विवरण, मूल्य और कानूनी मुकदमों जैसे दस्तावेज उपलब्ध थे। उदाहरणस्वरूप, चर्चों में मिलने वाले जन्म, मृत्यु और विवाह के अभिलेखों की सहायता से ही परिवारों और जनसंख्या की संरचना को समझा जा सकता था। इन चर्चों से प्राप्त अभिलेखों से व्यापारिक संस्थाओं के विषय में तथा गीत और कहानियों से त्योहारों और सामुदायिक गतिविधियों के विषय में जानकारी प्राप्त होती है।

सामंतवाद पर सर्वप्रथम कार्य फ्रांस के विद्वान मार्क ब्लॉक ने किया। ये फ्रांस के विद्वानों के उस वर्ग से थे, जिनका यह तर्क था कि इतिहास की विषय-वस्तु, राजनीतिक इतिहास, अंतर्राष्ट्रीय संबंध और महान व्यक्तियों की जीवनियों से अधिक है।

व्यक्ति के व्यवहार को समझने के लिए मार्क ब्लॉक ने भूगोल के महत्त्व पर बल दिया। ब्लॉक का सामंती समाज यूरोपियों, 900 से 1300 ई. के मध्य फ्रांसीसी समाज के सामाजिक संबंधों, भूमि प्रबंधन एवं उस काल की जनसंस्कृति का असाधारण विवरण प्रस्तुत करता है।

2. इंग्लैंड में सामंतवाद के क्रमिक विकास को संक्षिप्त रूप से समझाइए।

अथवा **इंग्लैंड में सामंतवाद का विकास कैसे हुआ। इसे किस प्रक्रिया से गुजरना पड़ा वर्णन करें?**

उत्तर इंग्लैंड में सामंतवाद का विकास 11वीं शताब्दी से हुआ। यह महत्त्वपूर्ण तथ्य है कि छठी शताब्दी में मध्य यूरोप से आने वाले एंजिल और सैक्सन आधुनिक इंग्लैंड के भू-क्षेत्र पर आकर बस गए। उपरोक्त दोनों के नाम पर इस भू-क्षेत्र को एंजिल लैंड कहा जाने लगा। एक संकरे जलमार्ग के पार स्थित इंग्लैंड-स्कॉटलैंड द्वीपों को 11वीं सदी में फ्रांस के एक प्रांत नॉरमंडी के राजकुमार के द्वारा जीत लिया गया।

नॉरमंडी के ड्यूक विलियम ने 11वीं शताब्दी में एक सेना के साथ इंग्लिश चैनल को पार करके इंग्लैंड के राजा सैक्सन को पराजित किया। इस समय फ्रांस और इंग्लैंड में क्षेत्रीय सीमाओं और व्यापार से उत्पन्न विवादों के कारण प्रायः युद्ध होते रहते थे। विलियम प्रथम ने भूमि की पैमाइश अर्थात् भूमि की नाप कराकर, नक्शा तैयार कराया तथा इस समस्त भूमि का विभाजन 180 नॉरमन अभिजातों में किया। ये अभिजात, सामंतों के रूप में राजा के प्रमुख काश्तकार बन गए।

3. पश्चिमी यूरोप में मध्यकालीन प्रारंभिक शताब्दियों को 'अंधकार युग' क्यों कहा जाता है?

उत्तर पश्चिमी यूरोप में मध्यकालीन प्रारंभिक शताब्दियों को 'अंधकार युग' कहे जाने के पीछे अनेक कारण उत्तरदायी थे, जो निम्न हैं
- मध्यकालीन प्रारंभिक शताब्दियों में शिक्षा धार्मिक रूप में दी जाती थी। फलतः इससे बहुत कम लोग धार्मिक शिक्षा ग्रहण करते थे, क्योंकि इस तरह की शिक्षा से केवल पुरोहित ही बनाए जा सकते थे।
- मध्यकालीन प्रारंभिक शताब्दियों के शासक व लॉर्ड, ड्यूक सरदार पूर्णरूप से निरंकुश थे। उन्हें जनता के हितों के प्रति चिंता नहीं थी। वे सदैव विलासितापूर्ण जीवन व्यतीत करते थे।
- लोगों को तर्क-वितर्क करने की आज्ञा नहीं थी। इसे राजकीय अपराध माना जाता था।
- इस काल में सामंत लॉर्ड एवं बैरन अपने-अपने क्षेत्रों की बढ़ोतरी के लिए आपस में संघर्ष करते रहते थे। उनमें राष्ट्रीयता की भावना का पूर्णतः अभाव था। पोप व शासकों में प्रायः अधिकार क्षेत्र को लेकर संघर्ष होता रहता था।

4. सामंतवाद के गुणों की चर्चा करें।

उत्तर सामंती प्रथा में निम्नलिखित गुण दिखाई देते थे
- सामंतवाद के द्वारा शांति और व्यवस्था की स्थापना करने का प्रयत्न किया गया। रोमन साम्राज्य के पतन तथा मुस्लिम व हूणों जैसी क्रूर जातियों के द्वारा अराजकता का संचार हो रहा था। उसको समाप्त करने के लिए सामंतवाद ने सुदृढ़ दीवार के समान काम किया।
- सामंतवाद के द्वारा सामंत लोग सैनिक संगठनों को मजबूत बनाने और वीरों को प्रोत्साहित करने में विशेष रुचि लेते थे। इसके माध्यम से उनकी शक्ति में बढ़ोतरी होती थी।
- अपनी जागीर में शांति व्यवस्था बनाए रखने एवं युद्ध के दौरान सैनिकों को भेजने के लिए सामंतों ने सड़कों का निर्माण कराया। फलतः व्यापार में भी तीव्र गति से प्रगति हुई।
- सामंतों ने कृषि विकास की ओर भी अपना ध्यान दिया। इसका कारण यह था कि कृषि उपज बढ़ने से ही सामंतों की आय में बढ़ोतरी हो सकती है।
- सामंतवाद के माध्यम से सार्वजनिक नियमों का विकास हुआ। सामंत अपनी जागीर को व्यवस्थित रखने तथा शांति बनाए रखने करने के लिए सार्वजनिक नियमों का विकास किया करते थे।

5. मध्यकालीन यूरोपीय समाज कितने वर्गों में विभक्त था? प्रत्येक वर्ग का संक्षिप्त परिचय दीजिए। दक्षता आधारित प्रश्न

उत्तर मध्यकालीन यूरोपीय समाज निम्नलिखित तीन वर्गों में विभक्त था

(i) **सामंत वर्ग** इस वर्ग में राजा और उसके प्रमुख जागीदार (ड्यूक/अर्ल) शामिल होते थे। राजा सामंती व्यवस्था का प्रमुख और भूमि का स्वामी था। राजा अपनी भूमि को ड्यूकों को सौंपता था, जो बदले में उसे सैनिक सहायता और वफादारी प्रदान करते थे।

(ii) **भूमि धारक अभिजात वर्ग-** इसमें छोटे लॉर्ड (बैरन) और नाइट शामिल थे। छोटे लॉर्ड (बैरन) ड्यूकों से भूमि प्राप्त करते थे। लॉर्ड से उनका कोई प्रत्यक्ष संबंध नहीं होता था। वे ड्यूकों को सैनिक सहायता प्रदान करते थे।

(iii) **कृषक वर्ग-** इसमें किसान को तीन श्रेणियों में बाँटा गया था। पहला, स्वतंत्र किसान जोकि भूमि पर स्वतंत्रता से खेती करते थे और केवल कर देते थे। दूसरा, कृषिदास यह अधिपत्तियों के खेतों पर बेगार करते थे और उपज का एक हिस्सा देते थे। तीसरा, सर्क सबसे निम्न वर्ग के किसान। इन्हें निःशुल्क काम करना पड़ता था और उपज का अधिकांश हिस्सा अधिपति को देना पड़ता था।

6. चर्च के औपचारिक रीति-रिवाजों को समझाइए।

उत्तर चर्च के औपचारिक रीति-रिवाज की अन्य महत्त्वपूर्ण रस्में, सामंती कुलीनों की नकल करना थीं। प्रार्थना करते समय हाथ जोड़कर और सिर झुकाकर घुटनों के बल झुकना, नाइट द्वारा अपने वरिष्ठ लॉर्ड के प्रति वफादारी की शपथ लेते समय अपनाए गए तरीकों की नकल करना था। इसी प्रकार ईश्वर के लिए लॉर्ड शब्द का प्रचलन एक उदाहरण था, जिसके परिणामस्वरूप सामंती संस्कृति चर्च के उपासना कक्षों में प्रवेश करने लगी।

इस प्रकार अनेक सांस्कृतिक सामंती रीति-रिवाजों और तौर तरीकों को चर्च की दुनिया में अपना लिया गया था।

7. धर्म युद्धों के प्रमुख प्रभाव क्या रहे? मध्यकालीन चर्चों के गुण एवं दोषों का वर्णन कीजिए।

उत्तर धर्मयुद्धों के दौरान यूरोप और अरब देशों को जन-धन की अत्यधिक हानि उठानी पड़ी। धर्मयुद्धों का नेतृत्व चर्चों के पोप अर्बन द्वितीय और सम्राट एलोक्सिपस प्रथम ने किया था। पोप व पादरियों को चर्च के लिए अधिक साधन व धन की आवश्यकता पड़ी। अतः उन्होंने अनुचित साधनों से धन जुटाने के प्रयास किए। इसके अतिरिक्त मध्यकालीन यूरोपीय समाज में शिक्षा का प्रबंध धार्मिक संस्थाओं द्वारा ही किया जाता था। मध्यकालीन, यूरोपीय देशों में धार्मिक, सहनशीलता की कमी थी। इसके लिए यहूदियों व ईसाई धर्म से अलग धर्म वालों को कई प्रकार से प्रताड़ित भी किया जाता था।

मध्यकालीन चर्चों के गुण व दोष इस प्रकार हैं

गुण मध्यकालीन चर्च लोगों को ज्ञान प्रदान कराते थे। वे लोगों को दूसरों के प्रति दयालु और पाक-साफ रहने की शिक्षा देते थे। इसके अतिरिक्त संस्कृति और संगीत को संरक्षण देते थे।

दोष चर्चों का झुकाव धन और शक्ति की ओर कालांतर में अधिक होने लगा। इसलिए उन्होंने धन और शाक्ति प्राप्ति के अनेक भ्रष्ट तरीकों को अपनाया और इसके द्वारा लोगों का शोषण भी किया जाने लगा था।

8. भिक्षु के किन्हीं चार कार्यों का उल्लेख कीजिए।

उत्तर भिक्षु के चार कार्य निम्नलिखित हैं

(i) भिक्षु अपना पूरा जीवन ऑबे में व्यतीत करते थे। यह प्रार्थना करने, अध्ययन एवं कृषि कार्य करने जैसे शारीरिक कार्य करने का व्रत लेते थे।

(ii) भिक्षु का जीवन स्त्री-पुरुष दोनों अपना सकते थे। भिक्षु का जीवन अपनाने वाले पुरुष को मोंक और स्त्री को नन कहा जाता था।

(iii) स्त्री एवं पुरुष दोनों पृथक्-पृथक् ऑबों में रहते थे। एक ऑबे में एक ही लिंग के व्यक्ति निवास कर सकते थे। पादरियों की तरह भिक्षु एवं भिक्षुणी के लिए भी विवाह करना प्रतिबंधित था। इस प्रकार मठों की संख्या दस या बीस पुरुष/स्त्रियों के छोटे समुदायों से बढ़कर सैकड़ों की संख्या में हो गई। इसमें बड़ी इमारतें और भू-जागीरों के साथ-साथ स्कूल, कॉलेज या अस्पताल आते थे।

(iv) इन समुदायों ने कला के विकास में महत्त्वपूर्ण योगदान दिया। आबेस हिल्डेगार्ड एक प्रतिभाशाली संगीतज्ञ था, जिसने चर्च की प्रार्थनाओं में सामुदायिक गायन की प्रथा के विकास में महत्त्वपूर्ण योगदान दिया।

9. वैसलेज प्रथा किसे कहते हैं? इस पर लघु टिप्पणी लिखिए।

अथवा **अभिजात वर्ग द्वारा भूमि पर उनके नियंत्रण के फलस्वरूप विकसित होने वाली वैसलेज प्रथा ने फ्रांसीसी समाज में कैसे उन्हें महत्त्वपूर्ण बना दिया। चर्चा कीजिए।**

उत्तर फ्रांस के शासकों का लोगों से जुड़ाव एक प्रथा के कारण था, जिसे वैसलेज कहते थे और यह प्रथा जर्मन मूल के लोगों में भी समान रूप से विद्यमान थी। इस प्रथा के अंतर्गत बड़े भू-स्वामी और अभिजात वर्ग राजा के अधीन होते थे, लेकिन कृषक वर्ग भू-स्वामियों के प्रति उत्तरदायी होते थे। अभिजात वर्ग राजा को अपना स्वामी मानता था और वे सेन्योर/लॉर्ड के माध्यम से आपस में वचनबद्ध होते थे। सेन्योर/लॉर्ड दास की रक्षा के लिए उत्तरदायी होता था और दास इनके प्रति हमेशा निष्ठावान बने रहते थे। इस संबंध में व्यापक रीति-रिवाजों और शपथ का आदान-प्रदान होता था। ये सभी प्रक्रियाएँ चर्च में बाईबिल की शपथ लेकर की जाती थीं। इस समारोह में दास को उसके मालिक द्वारा भूमि के प्रतीक के रूप में लिखित अधिकार-पत्र या एक छड़ी या एक मिट्टी का डला प्रदान किया जाता था।

10. अभिजात वर्गों की समाज में स्थिति कैसी थी? उनका स्वयं की संपदा पर कैसा नियंत्रण था? स्पष्ट कीजिए।

उत्तर अभिजात वर्ग की समाज में एक विशेष पहचान थी। अभिजात वर्गों का अपनी संपदा पर स्वयं का स्थायी नियंत्रण रहता था। ये अपनी सेना को कभी भी घटा-बढ़ा सकते थे। इनकी सेना को सामंती सेना के नाम से जाना जाता था। यहाँ तक कि अभिजात वर्ग स्वयं न्यायालय लगा सकते तथा अपनी मुद्रा भी प्रचलित कर सकते थे। अभिजात वर्ग भूमि पर निवास करने वाले सभी लोगों एवं क्षेत्रों का स्वामी होता था, इन क्षेत्रों में उनके घर, उनके निजी खेत, जोत व चरागाह तथा असामी-कृषक के घर एवं खेत शामिल होते थे।

अभिजात वर्ग के घर को मेनर कहा जाता था। ये अपनी व्यक्तिगत भूमि पर कार्य करने वाले कृषक से आवश्यकता पड़ने पर युद्ध में पैदल सैनिक के रूप में कार्य लेते थे। कृषक अभिजात वर्गों के खेतों में काम करने के साथ-साथ स्वयं के खेतों पर भी कार्य करते थे।

11. मेनर की जागीर पर लघु टिप्पणी लिखिए।

उत्तर भू-स्वामियों अथवा अभिजात वर्ग का स्वयं का मेनर-भवन होता था। ये गाँवों पर पूर्ण नियंत्रण रखते थे। किसी छोटे मेनर की जागीर में लगभग 12 और बड़ी जागीर में 50 से 60 परिवार होते थे।

इस जागीर में प्रतिदिन के उपयोग की वस्तुएँ मिलती थीं; जैसे–अनाज खेतों में उगाए जाते थे, लोहार और बढ़ई लॉर्ड के औजारों की देखभाल करते थे एवं उन्हें बनाते थे, राजमिस्त्री का कार्य लॉर्ड के मकानों की देखभाल करना था तथा औरतें वस्त्र कातती एवं बुनती थीं। बच्चे लॉर्ड के मदिरा संपीडक में कार्य करते थे। जागीर के अंतर्गत विस्तृत भूमि व वन होते थे, जो लॉर्ड के शिकार करने के काम में आते थे। यहाँ एक चर्च एवं एक दुर्ग होता था। दुर्ग का निर्माण सुरक्षा के लिए किया जाता था, जो सैन्य शक्ति का केंद्र भी होते थे।

12. यूरोप के सामंती समाज के अंतर्गत कृषक वर्ग के विभिन्न उपवर्गों को संक्षेप में बताइए।

अथवा **प्राचीन यूरोपीय समाज में कृषकों की स्थिति की समीक्षा कीजिए।**

दक्षता आधारित प्रश्न

उत्तर यूरोप के सामंती समाज के अंतर्गत कृषक वर्ग के दो उपवर्ग तथा परिस्थितियाँ निम्नखिलित हैं

(i) **स्वतंत्र किसान** ये अपनी भूमि को लॉर्ड के काश्तकार के रूप में देखते थे। सैनिक सेवा में पुरुषों का योगदान आवश्यक होता था। पुरुषों के लिए ये सेवा वर्ष में चालीस दिन के लिए अनिवार्य होती थी।

कृषकों के परिवार को लॉर्ड की जागीरों में, एक सप्ताह में तीन या इससे अधिक दिन कार्य करना पड़ता था। इस श्रम से होने वाला उत्पादन श्रम-अधिशेष कहलाता था।

(ii) **कृषि दास** ये जिन खेतों पर खेती करते थे, वे सामंत के स्वामित्व में होते थे। इन्हें लॉर्ड के स्वामित्व वाले खेतों में भी कृषि कार्य करना पड़ता था, जिसके लिए इन्हें कोई मजदूरी नहीं मिलती थी। ये लॉर्ड की अनुमति से ही जागीर छोड़ सकते थे। लॉर्ड कई तरह के एकाधिकार का दावा करते थे, जिससे कृषि दासों को हानि होती थी।

13. 5वीं से 11वीं सदी में यूरोपीय पर्यावरण में बदलाव ने समाज और अर्थव्यवस्था को किस प्रकार प्रभावित किया? समझाइए।

उत्तर 5वीं से 10वीं शताब्दी तक यूरोप में कृषि के लिए कृषि भूमि बहुत ही सीमित थी, क्योंकि ये प्रदेश अधिकांशतः वनों से घिरे हुए थे। किसान अत्याचार से बचने के लिए वनों में छिप जाते थे। यूरोप में सर्दी भी लगातार अवधि तक बनी रहती थी। इन कारणों से फसल का उत्पादन घट गया।

11वीं शताब्दी से यूरोप में सर्दी का प्रकोप कम होना प्रारंभ हुआ और धीरे-धीरे तापमान में वृद्धि होने लगी। तापमान में वृद्धि के कारण कृषि पर सकारात्मक प्रभाव पड़ा।

किसानों को खेती के लिए अधिक समय मिलने लगा। मिट्टी पर पाले का प्रभाव कम हो गया, जिस पर सरलता से खेती की जा सकती थी। इस संदर्भ में पर्यावरणीय इतिहासकारों का यह विचार है, कि तापमान वृद्धि के कारण यूरोप के अनेक क्षेत्रों में वनों में कमी आई, जिससे कृषि भूमि का विस्तार हुआ।

14. 11वीं शताब्दी में कृषि के क्षेत्र में प्रयुक्त 'नई कृषि प्रौद्योगिकी' से क्या-क्या बदलाव हुए? स्पष्ट कीजिए।

उत्तर 11वीं शताब्दी तक विभिन्न प्रौद्योगिकी का विकास हुआ। लकड़ी के हल के स्थान पर लोहे की भारी नोंक वाले हल एवं साँचेदार पटरे का प्रयोग होने लगा। लोहे के हल के उपयोग से भूमि की उर्वरता शक्ति में वृद्धि हुई, जिसके परिणामस्वरूप कृषि उत्पादकता में भी वृद्धि हुई। पशुओं को हलों में जोतने के तरीकों में बदलाव किया गया।

जुआ अब पशुओं के कंधे पर बाँधा जाने लगा, जिसे पहले गले पर बाँधा जाता था, इस बदलाव के कारण पशुओं को अधिक शक्ति प्राप्त हुई। घोड़े के खुरों में लोहे की नाल के लगाए जाने से इनके खुर मजबूत एवं सुरक्षित हो गए। कृषि कार्य करने के लिए वायु एवं जलशक्ति का उपयोग वृहत पैमाने पर होने लगा।

15. 12वीं शताब्दी में कथीड्रल किसे कहा जाता था तथा कथीड्रल नगर का निर्माण किस प्रकार किया जाता था?

उत्तर कथीड्रल संभ्रांत व्यापारी धन का सदुपयोग करने के उद्देश्य से चर्च को दान करते थे, परिणामस्वरूप 12वीं शताब्दी से यूरोप में विशाल चर्चों का निर्माण होने लगा, जिन्हें कथीड्रल कहा जाता था।

कथीड्रल नगर का निर्माण कथीड्रल नगर का निर्माण इस प्रकार किया जाता था कि सभागार में एकत्रित होने वाले लोगों को पादरी की आवाज अच्छी तरह से सुनाई पड़ती थी और वे भिक्षुओं का गायन भी अधिक मधुर रूप में सुन सकते थे।

कथीड्रल में लोगों को प्रार्थना के लिए बुलाने वाली घंटियों की आवाज दूर-दूर तक सुनाई पड़ती थी। खिड़कियों के लिए अभिरंजित काँच का उपयोग किया जाता था। ये खिड़कियाँ सूर्य के प्रकाश में तथा सूर्यास्त के बाद मोमबत्तियों के प्रकाश में अंदर तथा बाहर के दृश्य को मनोहारी बना देती थीं।

16. पादरी और भिक्षुओं में अंतर स्पष्ट कीजिए।

उत्तर पादरी और भिक्षुओं में अंतर निम्नलिखित हैं

पादरी	भिक्षु
पादरी चर्च का प्रतिनिधित्व करते थे।	भिक्षु स्वयं द्वारा स्थापित ऐबी या मठ का प्रतिनिधित्व करते थे, जो चर्च से भिन्न होता था।
राजा द्वारा पादरियों को वैयक्तिक रूप से जागीर दी जाती थी।	भिक्षुओं को राजा द्वारा वैयक्तिक रूप से जागीर सामान्यतः नहीं दी जाती थी।
पादरी लोगों के बीच में नगरों या बड़े गाँवों में रहते थे।	भिक्षु लोग एकांत स्थान या वनों में रहना पसंद करते थे।
पादरियों में कृषि कार्य वर्जित होता था।	भिक्षुओं में कृषि कार्य वर्जित नहीं होता था।
ईसाई धर्म से संबंधित नियमों का निर्माण और व्याख्या पादरियों द्वारा की जाती थी।	ईसाई धर्म से संबंधित नियमों का निर्माण और व्याख्या भिक्षुओं द्वारा नहीं की जाती थी।
धर्म के क्षेत्र में पादरियों को विशेषाधिकार प्राप्त थे।	धर्म के क्षेत्र में भिक्षुओं को सीमित अधिकार प्राप्त थे।

दीर्घ उत्तरीय प्रश्न

1. सामंतवाद का परिचय देते हुए फ्रांस और इंग्लैंड में सामंतवाद को स्पष्ट कीजिए।

दक्षता आधारित प्रश्न

उत्तर **सामंतवाद का परिचय**

सामंतवाद मध्यकालीन यूरोप की भूमि पर आधारित सामाजिक, आर्थिक और राजनीतिक व्यवस्था थी। राजा भूमि का स्वामी होता था और इसे सामंतों में बाँट देता था। बदले में सामंत सैन्य सेवा और वफादारी प्रदान करते थे। सामंत अपनी भूमि को छोटे लॉर्ड्स, नाइट्स और किसानों के बीच बाँट देते थे।

(i) **फ्रांस में सामंतवाद** फ्रांस सामंतवाद का प्रमुख केंद्र था और यह व्यवस्था यहाँ सबसे पहले विकसित हुई। इससे संबंधित प्रमुख तथ्य इस प्रकार हैं

- राजा अपनी विशाल भूमि को बड़े सामंतों (ड्यूक और काउंट्स) में बाँटता था। ड्यूक और काउंट्स अपनी भूमि छोटे सामंतों (बैरन और नाइट्स) में बाँटते थे।
- राजा के बाद सबसे शक्तिशाली वर्ग ड्यूक और बड़े सामंत थे। नाइट्स को छोटे सामंतों से भूमि मिलती थी और ये सैन्य सेवा प्रदान करते थे। किसानों को तीन श्रेणियों में विभाजित किया गया। स्वतंत्र किसान, कृषिदास और सर्फ।
- सामंत अपनी जागीरों में स्वायत्त होते थे और अपनी सेनाएँ तथा न्यायालय चलाते थे। राजा की सत्ता केवल नाम मात्र की थी, क्योंकि सामंत अधिक स्वतंत्र थे।

(ii) **इंग्लैंड में सामंतवाद** 11वीं शताब्दी में नॉरमंडी के ड्यूक विलियम द्वारा इंग्लैंड में सामंतवाद व्यवस्था लागू की गई। यह व्यवस्था फ्रांस से थोड़ी अलग थी; जैसे–

- विलियम ने इंग्लैंड की सम्पूर्ण भूमि को अपने नियंत्रण में किया और इसे अपने अनुयायियों के बीच बाँट दिया। भूमि का बड़ा भाग नाइट्सों को दिया गया।
- राजा सबसे शक्तिशाली व्यक्ति था और सभी सामंत सीधे उसके अधीन थे। सामंतों से सैनिक सेवा और कर लिया जाता था। छोटे सामंत और नाइट्स सैनिक सेवा के बदले भूमि प्राप्त करते थे।
- इंग्लैंड में सामंतों के अधिकार फ्रांस की तुलना में सीमित थे। राजा की सत्ता मजबूत थी और सामंतों को उसके आदेश मानने पड़ते थे।

निष्कर्ष फ्रांस और इंग्लैंड में सामंतवाद की संरचना में कई समानताएँ थीं, लेकिन राजनीतिक परिस्थितियों के कारण दोनों में कई अंतर भी थे। जहाँ फ्रांस में सामंत अधिक शक्तिशाली थे, वहीं इंग्लैंड में राजा की शक्ति प्रमुख रही। दोनों देशों में व्यापार, नगरों के विकास और मध्य वर्ग के उदय के कारण सामंतवाद धीरे-धीरे समाप्त हो गया।

2. सामंतवादी प्रथा की कमियों का उल्लेख कीजिए तथा सामंतवाद के पतन के कारण बताइए?

उत्तर सामंतवादी व्यवस्था में हमें निम्नलिखित कमियाँ देखने को मिलती हैं

- सामंतवाद में राजा अपने अधीनस्थों का स्वामी होता था तथा जनता से उसका प्रत्यक्ष संबंध नहीं होता था। अतः जनता को सामंतों की आज्ञा का पालन ही करना होता था।

  प्रजा ⟶ सामंत ⟶ राजा
- सामंतवाद व्यवस्था में नाइट्स (घुड़सवार सरदार) अपने सामंत के स्वामिभक्त होते थे और कई बार सामंतों के कहने पर राजा के विरुद्ध विद्रोह कर देते थे।
- सामंत निचले वर्ग के मजदूरों के साथ बहुत दुर्व्यवहार करते थे। हालाँकि मजदूर सामंतों की भूमि को छोड़कर नहीं जा सकते थे। उन्हें राजा के पास न्याय प्राप्ति के लिए प्रार्थना करने की आज्ञा भी नहीं थी।
- युद्धों के समय घुड़सवार सरदार राजा की अपेक्षा अपने सामंतों के प्रति ज्यादा स्वामिभक्त होते थे। इससे देश की सैन्य-व्यवस्था अत्यधिक दुर्बल हो जाती थी।
- सामंतवाद 11वीं-15वीं सदी तक यूरोपीय देशों की सामाजिक व्यवस्था का आधार रहा। इसके पतन के निम्नलिखित कारण उत्तरदायी थे।
- सामंतवाद में देश की शक्ति का कुछ सामंतों के हाथों में होना देश की एकता के लिए हानिकारक था। इसलिए फ्रांस, स्पेन और इंग्लैंड जैसे देशों में बड़े-बड़े शक्तिशाली राजाओं ने अपना निरंकुश शासन स्थापित कर लिया। इसके फलस्वरूप सामंतवाद का उदय हुआ।
- प्लेग और किसानों के विद्रोह ने भी सामंतवादी व्यवस्था के सामाजिक और आर्थिक आधार को तहस-नहस कर दिया। निचले वर्ग के श्रमिक अधिक वेतन की माँग करने लगे। उन्होंने सामंतों की भूमि पर काम करने से मना कर दिया। सामंतों ने इन कठिनाइयों से परेशान होकर अपनी भूमि को एक नए वर्ग को बेच दिया, जोकि धनी व संपन्न था। इन्होंने भेड-पालने के लिए फॉर्म स्थापित किए। फलतः सामंतवाद की जड़ें उखड़ गई।
- इंग्लैंड में सरकार ने निम्न वर्ग के मजदूरों को सामंतों की जमीन पर काम करने के लिए बाध्य किया, लेकिन इन मजदूरों ने विद्रोह करके बड़े-बड़े भवनों व इमारतों को बर्बाद कर दिया। इस संबंध में इंग्लैंड में बार्स ऑफ रोजेज गोला, बारूद और राजाओं द्वारा बनाए गए सामंत विरोधी कानूनों ने भी सामंतवाद को समाप्त कर दिया। इस प्रकार यूरोप के अन्य देशों में सामंती प्रणाली धीरे-धीरे समाप्त हो गई।

3. द्वितीय वर्ग के अंतर्गत अभिजात वर्ग की स्थितियों तथा मेनर की जागीर का वर्णन कीजिए। *दक्षता आधारित प्रश्न*

उत्तर **द्वितीय वर्गः अभिजात वर्ग की स्थिति**

अभिजात वर्ग सामंती समाज के द्वितीय वर्ग का हिस्सा था। इसमें ड्यूक, काउंट्स, बैरन और नाइट्स जैसे भूमि धारक शामिल थे। इनकी स्थिति सामंती व्यवस्था में महत्त्वपूर्ण थी।

(i) **भूमि स्वामित्व** अभिजात वर्ग राजा से भूमि प्राप्त करता था और इसे छोटे लॉर्ड्स और नाइट्स में बाँटता था। भूमि स्वामित्व के बदले राजा को सैन्य सेवा और कर देना पड़ता था।

(ii) **सामाजिक प्रभाव** ये लोग समाज के उच्च वर्ग का प्रतिनिधित्व करते थे। इनके पास अपनी निजी सेना और न्यायालय होते थे। ये अपने अधीन किसानों पर अधिकार रखते थे और उनसे कर वसूली करते थे।

(iii) **आर्थिक आधार** कृषि और किसानों से कर एवं उपज का हिस्सा इनकी आय का प्रमुख स्रोत था। ये अपने जागीरों से पूर्ण स्वायत्तता रखते थे।

मेनर की जागीर का वर्णन

मेनर की जागीर सामंती व्यवस्था की बुनियादी इकाई थी। यह भूमि का एक बड़ा क्षेत्र था, जो राजा या सामंत के नियंत्रण में होता था।

(i) **संरचना** मेनर हाऊस जागीर का केंद्र, जहाँ सामंत या जागीदार रहता था।

कृषि भूमि- तीन हिस्सों में विभाजित थी– अधिपति की भूमि, कृषकों की भूमि और परती भूमि।

ग्राम- किसानों और मजदूरों के रहने की जगह।

चर्च- धार्मिक गतिविधियों का केंद्र।

(ii) **अधिपति और किसान** किसान जागीरदार की भूमि पर काम करते थे। कृषिदास श्रम बेगार करते और उपज का हिस्सा देते थे। स्वतंत्र किसान केवल कर देते थे और अधिपति के लिए काम नहीं करते थे।

(iii) **आर्थिक और सामाजिक व्यवस्था** मेनर आत्मनिर्भर इकाई थी। इसमें खाद्यान्न उत्पादन वस्त्र निर्माण और अन्य दैनिक आवश्यकताओं की पूर्ती होती थी। व्यापार सीमित था और स्थानीय उत्पादन पर निर्भरता अधिक थी।

अभिजात वर्ग और मेनर सामंती व्यवस्था के प्रमुख आधार थे। अभिजात वर्ग ने भूमि और शक्ति का केंद्र बनकर सामंती समाज को संगठित रखा, जबकि मैनर ने एक आत्मनिर्भर व्यवस्था के रूप में किसानों और सामंतों के बीच संबंध स्थापित किया।

4. लॉर्ड और सामंत के सामाजिक तथा आर्थिक संबंधों को प्रभावित करने वाले कारकों का वर्णन कीजिए।

उत्तर लॉर्ड (जमींदार) और उनके अधीन रहने वाले किसानों या सामंतों के बीच सामाजिक और आर्थिक संबंधों को कई कारकों ने प्रभावित किया। ये संबंध मुख्य रूप से मध्यकालीन यूरोप के सामंती व्यवस्था के संदर्भ में समझे जा सकते हैं। नीचे उन प्रमुख कारकों का वर्णन किया गया हैं, जो इन संबंधों को प्रभावित करते थे।

(i) **सामंती व्यवस्था और कानूनी संरचना** सामंती व्यवस्था में लॉर्ड अपने अधीन किसानों को जमीन प्रदान करते थे और बदले में उनसे श्रम कर या उपज का एक हिस्सा प्राप्त करते थे। सामंती कानून ने इस संबंध को नियंत्रित किया, जिसमें लॉर्ड का अधिकार सर्वोच्च होता था और किसान उनके अधीन रहकर कार्य करते थे।

(ii) **सुरक्षा और सैन्य सहायता** लॉर्ड अपने किसानों को बाहरी आक्रमणों से सुरक्षा प्रदान करते थे। इसके बदले में किसान श्रम, अनाज और अन्य संसाधन देते थे। सामंती व्यवस्था में लॉर्ड को अपने राजा या उच्चाधिकारी को सैन्य सहायता और सैनिक भेजने की जिम्मेदारी भी होती थी।

(iii) **आर्थिक निर्भरता** किसान कृषि उत्पादन पर निर्भर थे और लॉर्ड उनकी मेहनत से उपज प्राप्त करते थे। लॉर्ड की संपत्ति और शक्ति का आधार किसानों द्वारा प्राप्त की गई उपज और श्रम था। किसानों को अपनी उपज का एक बड़ा हिस्सा लॉर्ड को देना पड़ता था, जिससे वे आर्थिक रूप से कमजोर रहते थे।

(iv) **जमीनी स्वामित्व और भूमि कर** लॉर्ड के पास भूमि का स्वामित्व होता था और किसान उनके भूमिहीन अधीनस्थ होते थे। किसानों को जमीन के उपयोग के बदले उपज का एक हिस्सा या श्रम देना होता था। यह व्यवस्था किसानों को लॉर्ड पर निर्भर बनाती थी।

(v) **धार्मिक प्रभाव** धर्म और चर्च का प्रभाव इन संबंधों पर गहरा रहता था। चर्च लॉर्ड को धर्म के नाम पर शक्ति प्रदान करता था। किसानों को धर्म के नाम पर भी कर चुकाने पड़ते थे, जो उनकी आर्थिक स्थिति को कमजोर करता था।

(vi) **सामाजिक स्थिति और वर्ग भेद** सामंती समाज में सामाजिक स्थिति जन्म से तय होती थी। लॉर्ड उच्च वर्ग के थे, जबकि किसान निम्न वर्ग के थे। यह वर्ग भेद लॉर्ड और किसानों के बीच स्थायी असमानता बनाए रखता था।

लॉर्ड और किसानों के बीच का सामाजिक और आर्थिक संबंध मुख्य रूप से भूमि स्वामित्व, उत्पादन, सुरक्षा और सामाजिक वर्ग पर आधारित था। समय के साथ, इन संबंध को व्यापार, प्राकृतिक आपदाएँ और राजनीतिक परिवर्तनों ने प्रभावित किया। सामंती व्यवस्था के पतन के साथ यह संबंध भी धीरे-धीरे बदल गया।

5. 14वीं शताब्दी के प्रारंभ में यूरोप की आर्थिक गति धीमी होने लगी थी। इसके उत्तरदायी कारकों की चर्चा कीजिए।

उत्तर 14वीं सदी तक आते-आते यूरोप की आर्थिक गति धीमी होने लगी थी। इसके लिए तीन कारक उत्तरदायी थे, जिनका विवरण निम्न है

(i) **पारिस्थितिकीय बदलाव** 13वीं शताब्दी के अंत तक उत्तरी यूरोप के मौसम में महत्त्वपूर्ण परिवर्तन हुआ। कृषि के अनुकूल ग्रीष्म ऋतु के स्थान पर शरद ऋतु का आगमन हो गया था, जिससे पूरी अर्थव्यवस्था प्रभावित हुई। इस समय तक तूफान व सागरीय बाढ़ों के कारण अनेक फार्म-प्रतिष्ठान नष्ट हो गए थे, जिससे किसानों के साथ-साथ सरकार के आय के स्रोतों में कमी हो गई। जलवायु परिवर्तन के कारण जंगल, चरागाह भूमि तथा कृषि उत्पादकता में ह्रास हुआ।

चरागाह की कमी के कारण पशुधन में कमी आई। संसाधनों में कमी और जनसंख्या में वृद्धि के कारण अकाल जैसी भयावह स्थिति उत्पन्न होने लगी। 1315 से 1317 ई. के बीच यूरोप में भयंकर अकाल पड़े। सबसे अधिक महामारी से प्रभावित होने वाले स्थान नगर होते थे, जो व्यापार के केंद्र होते थे। 1300 ई. में यूरोप की जनसंख्या 730 लाख से घटकर 1400 ई. में 450 लाख हो गई थी।

(ii) **सामाजिक असंतोष** मजदूरी की दरें बढ़ने तथा कृषि संबंधी मूल्यों में गिरावट के कारण अभिजात वर्ग (लॉर्ड) की आय में भी कमी हुई। इस कमी से निराश होकर धन संबंधी अनुबंधों को तोड़कर पूर्ववर्ती मजदूरी सेवाओं को बहाल किया गया। इस व्यवस्था का शिक्षित व समृद्ध किसानों ने विरोध किया, जिससे 1323 ई. में फ्लैंडर्स, 1358 ई. में फ्रांस और 1381 ई. में इंगलैंड में विद्रोह हुआ, परंतु इन विद्रोहों को क्रूरतापूर्वक दबा दिया गया।

(iii) **राजनीतिक कारण** 12वीं-13वीं शताब्दी में होने वाला राजनीतिक परिवर्तन भी आर्थिक गति को धीमी करने में सहायक रहा। तत्कालीन शासकों ने अपनी सेना से संबंधित आवश्यकताओं के लिए सामंतों पर निर्भरता को खत्म करने के लिए सेना के निर्माण के उद्देश्य से करों में वृद्धि की। शासकों की निरंकुशता और करों में वृद्धि के कारण इंग्लैंड में 1497 से 1553 ई. तक कई बार विद्रोह हुए। अतः करों में वृद्धि और विद्रोह के दमन में होने वाले अतिरिक्त व्यय ने आर्थिक गति पर प्रतिकूल प्रभाव डाला।

6. 15वीं-16वीं शताब्दी में यूरोपीय राजनीति में होने वाले परिवर्तनों पर प्रकाश डालिए।

उत्तर 15वीं और 16वीं शताब्दी के दौरान हुए राजनीतिक परिवर्तन इस प्रकार थे।

- 15वीं और 16वीं शताब्दी के दौरान यूरोपीय राजाओं ने अपनी सैन्य शक्ति के साथ-साथ वित्तीय शक्ति को भी मजबूत किया। इन्होंने नए शक्तिशाली नए राज्य बनाए, जो यूरोप के लिए बहुत महत्त्वपूर्ण थे। साथ ही आर्थिक परिवर्तन भी हो रहे थे, इसलिए इतिहासकारों ने इन राजाओं को 'नए सम्राट' कहा है।
- फ्रांस में लुई XI, ऑस्ट्रिया में मैक्सिमिलियन, इंग्लैंड में हेनरी VII और स्पेन में इसाबेल और कर्डिनेंड निरंकुश शासक थे। उन्होंने स्थायी सेना, स्थायी नौकरशाही और राष्ट्रीय कराधान के आयोजन की प्रक्रिया शुरू की। स्पेन और पुर्तगाल में, उन्होंने विदेशों में यूरोपीय विस्तार में भूमिका निभानी शुरू की।

- शासकों ने अपनी सेनाओं के लिए सामंती करों की प्रणाली को समाप्त कर दिया और सीधे अपने नियंत्रण में बंदूकों और घेराबंदी तोपखाने से लैस पेशेवर रूप से प्रशिक्षित पैदल सेना की शुरुआत की।
- करो में वृद्धि के साथ, राजाओं का खजाना भर गया। उनके पास बड़ी सेनाओं का समर्थन करने के लिए पर्याप्त राजस्व था। उन्होंने अपनी सीमाओं की रक्षा और विस्तार भी किया और आंतरिक कलह को बेरहमी से नष्ट कर दिया। अभिजात वर्ग के प्रतिरोध के बिना केंद्रीकरण नहीं किया जा सकता था। इंग्लैंड में विद्रोह 1497, 1536, 1547, 1549 और 1553 ई. में एक साथ हुए।
- फ्रांस में लुई XI (1461-83) ने ड्यूक और राजकुमारों के खिलाफ एक लंबा संघर्ष किया।

(vi) सभी राजतंत्रों को, चाहे वे कमजोर हो या शक्तिशाली, उन लोगों के सहयोग की आवश्यकता थी, जो सत्ता पर नियंत्रण रख सके। सहयोग सुनिश्चित करने के लिए संरक्षण एक साधन बन गया। इसे धन के माध्यम से भी प्राप्त किया जा सकता था।

(vii) अस्तित्व को सुनिश्चित करने के लिए कुलीन वर्ग ने एक रणनीतिक बदलाव किया। उन्होंने शीघ्र ही स्वयं को वफादारों में बदल लिया। वफादार निरंकुशता को सामंतवाद का संशोधित रूप कहा जाता है। प्रशासनिक सेवा में लॉड्स को स्थायी पद दिया गया। अब वे राजनीतिक परिदृश्य से शक्तिशाली होने लगे।

स्रोत आधारित प्रश्न

निम्नलिखित स्रोतों को ध्यानपूर्वक पढ़कर उन पर आधारित प्रश्नों के उत्तर दीजिए

1. बारहवीं सदी में बिंगेन के आबेस हिल्डेगार्ड ने लिखा– "कौन चरवाहा अपने समस्त पशुओं, गायों, गधों, भेड़ों, बकरियों को कोई अंतर किए बिना एक अस्तबल में रखने की सोचेगा?

इसलिए मनुष्यों में भी अंतर स्थापित करना आवश्यक है, जिससे वे एक-दूसरे को तबाह न करें ...... ईश्वर अपने रेवड़ में अंतर रखता है, चाहे स्वर्ग पर अथवा पृथ्वी पर। उसके द्वारा सबको प्यार मिलता है, परंतु उनमें कोई समानता नहीं है।"

(i) उपरोक्त पंक्तियों के लेखक कौन हैं?

उत्तर उपरोक्त पंक्तियों के लेखक बिंगेन के आबेस हिल्डेगार्ड हैं।

(ii) लेखक के अनुसार मनुष्यों में अंतर स्थापित करना क्यों आवश्यक है?

उत्तर लेखक के मतानुसार, मनुष्यों में अंतर स्थापित करना आवश्यक होता है, क्योंकि इनमें यदि अंतर न किया गया, तो वे एक-दूसरे को नष्ट कर देंगे।

लेखक ने अपने कथन को स्पष्ट करने के लिए चरवाहा का उदाहरण दिया। उसने कहा कि जिस प्रकार चरवाहा अपने समस्त पशुओं; जैसे– गाय, गधा, भेड़, बकरी आदि में कोई अंतर किए बिना एक अस्तबल में रखने की कैसे सोच सकता है।

(iii) उपरोक्त अनुच्छेद द्वारा लेखक अपने कौन-से विचारों को प्रस्तुत करना चाहता है?

उत्तर उपरोक्त अनुच्छेद में लेखक यह बताना चाहता है कि ईश्वर के समान ही मनुष्यों में अंतर रखना अतिआवश्यक है, क्योंकि यदि ऐसा नहीं किया गया तो वे एक-दूसरे को समाप्त कर देंगे। ऐसा उसने समाज के मुख्य तीन वर्गों को समर्थन प्रदान करने के लिए भी कहा है।

उसके अनुसार जिस तरह ईश्वर के यहाँ वर्ग स्थापित हैं, उसी प्रकार पृथ्वी पर भी वर्गों का होना अति आवश्यक है, ताकि मानव जाति एक-दूसरे को नष्ट न कर पाए।

2. "कितने बहादुर पुरुषों और महिलाओं ने अपने कुटुंबियों के साथ नाश्ता कर उसी रात्रि को दूसरी दुनिया में अपने पूर्वजों के साथ रात्रि भोजन किया होगा। लोगों की हालत दयनीय थी, जिसे देखा नहीं जा सकता था। वे हजारों की संख्या में प्रतिदिन बीमार होते थे और बिना किसी मदद के मर जाते थे। अनेक खुली गलियों में मरते थे और बाकी अपने घरों में मरते थे। इसका पता उनके सड़े शरीर की बदबू से चलता था। चूँकि पवित्र कब्रिस्तान इतनी अधिक संख्या में शरीरों को दबाने के लिए पर्याप्त नहीं थे। अतः उनको सैकड़ों की संख्या में बड़ी-बड़ी खंदकों में डाल दिया जाता था, जैसे कि पोत में सामान को भरा जाता है और ऊपर थोड़ी-सी मिट्टी डाल दी जाती थी।"

(i) पुरुष और महिलाओं द्वारा अपने कुटुंबियों के साथ नाश्ता कर किसके साथ रात्रि भोजन किया गया था?

उत्तर बहादुर पुरुष और महिलाओं के द्वारा अपने कुटुंबियों के साथ नाश्ता कर उसी रात्रि को अपने पूर्वजों के साथ रात्रि भोजन किया।

(ii) उपरोक्त कथन के अनुसार लोगों की स्थिति दयनीय क्यों थी?

उत्तर उपरोक्त कथनानुसार लोगों की स्थिति दयनीय होने का मुख्य कारण लोगों को किसी प्रकार की मदद न मिल पाना और वातावरण दूषित होने के कारण अत्यधिक संख्या में लोगों का बीमार पड़ना था। वे हजारों की संख्या में प्रतिदिन मृत्यु को प्राप्त हो जाते थे, जिनमें से कुछ घरों में तो कुछ गलियों में मर जाते थे।

(iii) "जैसे कि पोत में सामान को भरा जाता है और ऊपर थोड़ी-सी मिट्टी डाल दी जाती थी।" यह कथन किसके संदर्भ में कहा गया है?

उत्तर यह कथन महामारी के कारण लोगों की मृत्यु और उनके मृत शरीर को ठिकाने लगाने के संदर्भ में कहा गया है।

चूँकि यूरोप में महामारी फैलने से लोगों की मृत्यु के पश्चात् कब्रिस्तान में इतनी अधिक संख्या में शरीर को दबाने के लिए पर्याप्त स्थान नहीं था। अतः सैकड़ों की संख्या में मृतकों को बड़े-बड़े गड्ढों में डाल दिया जाता था।

3. इसके साथ-साथ ऑस्ट्रिया और सर्बिया की चाँदी की खानों के उत्पादन में कमी के कारण धातु-मुद्रा में भारी कमी आई, जिससे व्यापार प्रभावित हुआ। इसके कारण सरकार को मुद्रा में चाँदी की शुद्धता को घटाना पड़ा और उसमें सस्ती धातुओं का मिश्रण करना पड़ा।

इससे भी बुरा समय अभी आना बाकी था। बारहवीं व तेरहवीं सदी में जैसे-जैसे वाणिज्य में विस्तार हुआ तो दूर देशों से व्यापार करने वाले पोत यूरोपीय तटों पर आने लगे। पोतों के साथ-साथ चूहे आए, जो अपने साथ ब्यूबोनिक प्लेग जैसी महामारी का संक्रमण लाए। पश्चिमी यूरोप, जो प्रारंभिक सदियों में अपेक्षाकृत अधिक अलग-थलग रहा था, 1347 ई. और 1350 ई. के मध्य महामारी से बुरी तरह प्रभावित हुआ। आधुनिक आकलन के आधार पर यूरोप की आबादी का करीब 20% भाग इसमें काल-कवलित हो गया, जबकि कुछ स्थानों पर मरने वालों की संख्या वहाँ की जनसंख्या की 40% तक थी।

(i) **धातु-मुद्रा की कमी का मुख्य कारण क्या था?**

उत्तर धातु-मुद्रा की कमी का मुख्य कारण ऑस्ट्रिया और सर्बिया की चाँदी की खानों के उत्पादन में कमी थी। ये दोनों क्षेत्र उस समय चाँदी के प्रमुख स्रोत थे और जब इन खानों का उत्पादन घटा, तो चाँदी की उपलब्धता में भारी गिरावट आई। इसके परिणामस्वरूप व्यापार के लिए आवश्यक धातु-मुद्रा का प्रचलन कम हो गया।

(ii) **धातु-मुद्रा की कमी से निपटने के लिए सरकार ने क्या कदम उठाए?**

उत्तर धातु-मुद्रा की कमी से निपटने के लिए सरकार ने मुद्रा में चाँदी की शुद्धता को घटाने का निर्णय लिया। चूँकि पर्याप्त चाँदी उपलब्ध नहीं थी, इसलिए मुद्रा निर्माण में सस्ती और अधिक उपलब्ध धातुओं, जैसे ताँबा या अन्य मिश्रित धातुओं का उपयोग किया गया। यह उपाय तत्कालिक समस्या को हल करने के लिए किया गया, लेकिन मुद्रा की गुणवत्ता और जनता का विश्वास कमजोर हुआ।

(iii) **1347-1350 ई. के मध्य यूरोप में कौन-सी महामारी फैली?**

उत्तर 1347-1350 ई. के मध्य यूरोप में ब्यूबोनिक प्लेग नामक महामारी फैली। इसे 'ब्लैक डैथ' भी कहा जाता है। यह महामारी बहुत ही संक्रामक थी और तेजी से फैली, जिससे लाखों लोगों की मृत्यु हुई। इसने पूरे यूरोप की सामाजिक और आर्थिक संरचना को बुरी तरह प्रभावित किया।

4. पशुओं के हलों में जोतने के तरीकों में सुधार हुआ। गले के स्थान पर जुआ अब कंधे पर बाँधा जाने लगा, जिससे पशुओं को अधिक शक्ति मिलने लगी। घोड़े के खुरों पर अब लोहे की नाल लगाई जाने लगी, जिससे उनके खुर सुरक्षित हो गए। कृषि के लिए वायु और जलशक्ति का उपयोग बहुतायत में होने लगा। यूरोप में अन्न को पीसने और अंगूरों को निचोड़ने के लिए अधिक जलशक्ति और वायुशक्ति से चलने वाले कारखाने स्थापित हो रहे थे। भूमि के उपयोग के तरीके में भी बदलाव आया। सबसे क्रांतिकारी था, दो खेतों वाली व्यवस्था से तीन खेतों वाली व्यवस्था में परिवर्तन। इस व्यवस्था में कृषक तीन वर्षों में से दो वर्ष अपने खेत का उपयोग कर सकता था बशर्ते वह एक फसल शरद ऋतु में और उसके डेढ़ वर्ष पश्चात् दूसरी बसंत ऋतु में बोता। इसका अर्थ था कि कृषक अपनी जोतों को तीन खेतों में बाँट सकते थे। वे मानव उपभोग के लिए एक खेत में शरद ऋतु में गेहूँ या राई उगा सकते थे। दूसरे में, बसंत ऋतु में मनुष्यों के उपभोग के लिए मटर, सेम और मसूर तथा घोड़ों के लिए जौ और बाजरा उगा सकते थे, तीसरा खेत परती अर्थात् खाली रखा जाता था। प्रत्येक वर्ष वे तीनों खेतों का प्रयोग बदल-बदल कर करते थे।

(i) **दो खेतों वाली व्यवस्था की तुलना में तीन खेतों वाली व्यवस्था क्यों अधिक प्रभावी थी?**

उत्तर तीन खेतों वाली व्यवस्था अधिक प्रभावी थी, क्योंकि इसमें प्रति वर्ष दो खेतों का उपयोग फसलों के लिए किया जा सकता था और तीसरा खेत परती रखा जाता था। इससे भूमि की उर्वरता को बनाए रखना, फसल उत्पादन बढ़ाना और विविध फसलों की खेती करना संभव हुआ। जबकि दो खेतों वाली व्यवस्था में भूमि का एक बड़ा हिस्सा खाली रहता था।

(ii) **तीन खेतों वाली व्यवस्था में कौन-कौन-सी फसलें बोई जाती थीं?**

उत्तर तीन खेतों वाली व्यवस्था में शरद ऋतु में गेहूँ या राई बोई जाती थी। बसंत ऋतु में मनुष्यों के उपभोग के लिए मटर, सेम और मसूर तथा घोड़ों के लिए जौ और बाजरा बोए जाते थे। तीसरा खेत परती रखा जाता था।

(iii) **कृषि में वायु और जलशक्ति का उपयोग किस प्रकार होने लगा?**

उत्तर कृषि में वायु और जलशक्ति का उपयोग अन्न पीसने और अँगूरों को निचोड़ने के लिए किया जाने लगा। इसके लिए जल और वायुशक्ति से चलने वाले कारखाने स्थापित किए गए।

मानचित्र आधारित प्रश्न

1. दिए गए पश्चिमी यूरोप के मानचित्र में उन क्षेत्रों को चिह्नित किया गया है जहाँ सामंतवाद का प्रसार हुआ, इनके नाम लिखिए।

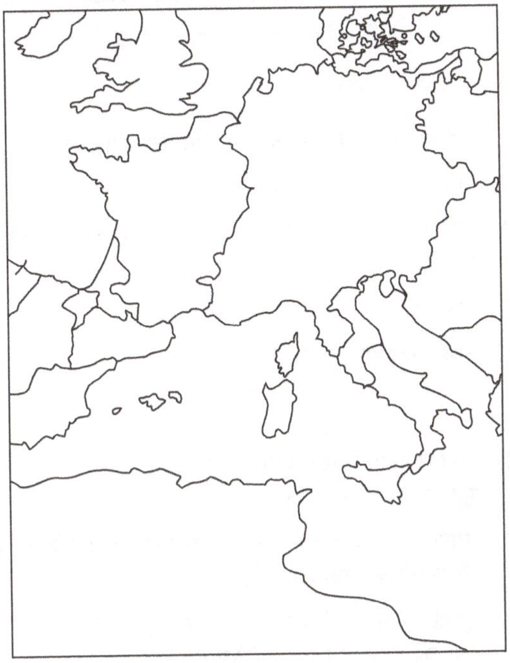

उत्तर

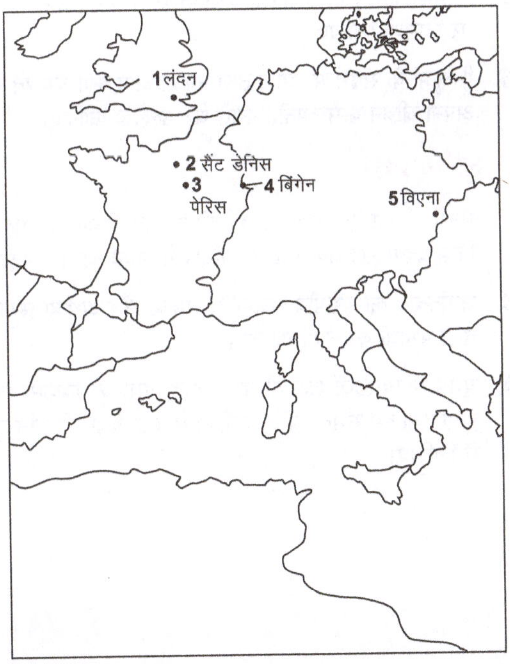

2. दिए गए पश्चिम यूरोप के मानचित्र में निम्न बिंदुओं को दर्शाइए

1. कोर्सिका 2. गॉल 3. पुर्तगाल
4. मेड्रिड 5. सिसली

उत्तर

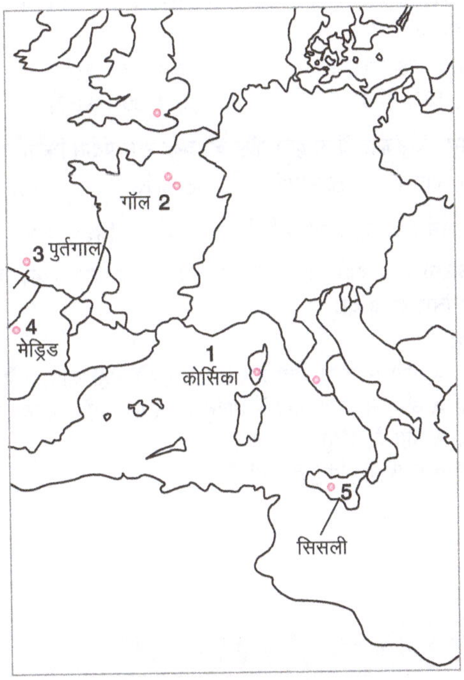

स्वयं को जाँचें

वस्तुनिष्ठ प्रश्न

1. कथीड्रल चर्चों का निर्माण किस समय में हुआ?
(a) बारहवीं शताब्दी में (b) ग्यारहवीं शताब्दी में
(c) दसवीं शताब्दी में (d) आठवीं शताब्दी में

2. चौथी सदी में यूरोप में पड़ने वाले अकाल की समयावधि क्या थी?
(a) 1415 से 1417 ई. के मध्य (b) 1315 से 1317 ई. के मध्य
(c) 1215 से 1217 ई. के मध्य (d) 1115 से 1117 ई. के मध्य

3. निम्नलिखित में से कौन-सा/से कथन 'श्रेणी' के बारे में सही है/हैं?
1. नए नगरों में 'श्रेणी' आर्थिक संस्था का आधार था।
2. प्रत्येक शिल्प या उद्योग एक 'श्रेणी' के रूप में संगठित था।
3. 'श्रेणी सभागार' प्रत्येक नगर का आवश्यक अंग था।

कूट
(a) केवल 1
(b) केवल 3
(c) 1 और 2
(d) ये सभी

4. ब्यूबोनिक प्लेग महामारी के फैलने तथा समाप्त होने की समयावधि क्या थी?
(a) 1358-1366 ई. (b) 1347-1350 ई.
(c) 1358-1351 ई. (d) 1489-1492 ई.

5. जर्मन जनजाति फ्रैंक द्वारा गॉल को क्या नाम प्रदान किया गया?
(a) पेरिस (b) न्यूयॉर्क (c) फ्रांस (d) अमेरिका

6. **कथन** (A) अभिजात वर्ग की समाज में एक विशेष पहचान थी।
कारण (R) अभिजात वर्गों का अपनी संपदा पर स्वयं का स्थायी नियंत्रण रहता था।

कूट
(a) A और R दोनों सही हैं तथा R, A की सही व्याख्या है
(b) A और R दोनों सही हैं, परंतु R, A की सही व्याख्या नहीं है
(c) A सही है, किंतु R गलत है
(d) A गलत है, किंतु R सही है

अतिलघु उत्तरीय प्रश्न

7. आर्थिक संदर्भ में सामंतवाद से आप क्या समझते हैं?

8. चर्च के अधिकारी के रूप में एक बिशप के क्या कार्य थे?

9. चर्च में किस दिन सामूहिक रूप से धर्मोपदेश तथा प्रार्थनाएँ आयोजित की जाती थीं?

10. सामंतवाद का एक महत्त्वपूर्ण दोष बताइए।

11. ऑबेस हिल्डेगार्ड कौन थे?

लघु उत्तरीय प्रश्न

12. नौवीं शताब्दी में यूरोपीय सैन्य व्यवस्था को सशक्त बनाने में नाइट की भूमिका का वर्णन कीजिए।

13. यूरोपीय सामंतवादी व्यवस्था के अंतर्गत सामंत और किसान एक-दूसरे की उन्नति के पूरक थे। कैसे?

14. यूरोपीय नगरों के विकास में अतिरिक्त कृषि उत्पाद तथा जनसंख्या वृद्धि की महत्ता को स्पष्ट कीजिए।

15. मध्यकालीन यूरोप में सामंती प्रथा के प्रसंग में हुए सामाजिक असंतोषों पर टिप्पणी लिखिए।

16. भिक्षुओं के संदर्भ में मोंक तथा नन से आप क्या समझते हैं तथा यह अपना जीवन कैसे व्यतीत करते थे? उल्लेख कीजिए।

दीर्घ उत्तरीय प्रश्न

17. मेनरों की जागीर अभिजात वर्ग की आर्थिक स्थिति को सुदृढ़ करने में किस प्रकार सहायक थी? इस संदर्भ में अपने विचार प्रस्तुत कीजिए।

18. सामंतवाद का यूरोपीय राजनीति, समाज और अर्थव्यवस्था पर पड़ने वाले प्रभावों की चर्चा कीजिए।

19. यूरोप में ग्यारहवीं शताब्दी के पश्चात् नगरों का विकास किस प्रकार हुआ तथा इस समय कृषि तकनीकी में क्या-क्या परिवर्तन हुए? संक्षेप में लिखिए।

5

अध्याय

बदलती हुई सांस्कृतिक परंपराएँ

इस अध्याय, में यूरोप में एक अलग शहरी संस्कृति के उदय और इतिहास की विकसित होती भावना सभ्यता पर चर्चा की गई है।
यह इस बात पर भी प्रकाश डालता है कि कैसे लोगों ने अपनी आधुनिक दुनिया की तुलना ग्रीस और रोम की प्राचीन सभ्यताओं से करना शुरु किया।

अध्ययन एक नजर में

अभ्यास के लिए

- बहुविकल्पीय प्रश्न 31, चित्र आधारित, अभिकथन/कारण, सुमेलित कीजिए
- वर्णनात्मक प्रकार के प्रश्न (लघु उत्तरीय प्रश्न 20, दीर्घ उत्तरीय प्रश्न 6)
- स्रोत आधारित प्रश्न 4, मानचित्र आधारित प्रश्न 2

''14वीं -17वीं शताब्दियों के काल का यूरोप के इतिहास में विशेष स्थान रहा है। यह काल एक विशिष्ट नगरीय संस्कृति के विकास का काल था। इस काल में अनेक महत्त्वपूर्ण नगरों; जैसे फ्लोरेंस, बेनिस तथा रोम का विकास हुआ। ये नगर ज्ञान एवं कला के केंद्र बन गए तथा इस अवधि में यहाँ मुद्रण के आविष्कार से एक क्रांतिकारी बदलाव आया।''

5.1 यूरोपीय इतिहास में परिवर्तन के संबंध में जानकारी

- 14वीं शताब्दी से यूरोपीय इतिहास की जानकारी अनेक स्रोतों; जैसे—दस्तावेजों, लिखित पुस्तकों, चित्रों, मूर्तियों, भवनों तथा वस्त्रों से प्राप्त होती है।
- ये स्रोत यूरोप एवं अमेरिका के विभिन्न संग्रहालयों, अभिलेखागारों तथा कला-चित्रशालाओं में सुरक्षित रखे गए हैं।
- 19वीं शताब्दी के इतिहासकारों ने 14वीं-15वीं शताब्दियों में होने वाले सांस्कृतिक बदलावों को **पुनर्जागरण** का नाम दिया। पुनर्जागरण शब्द की उत्पत्ति फ्रेंच शब्द **'रेनेसाँ'** से हुई, जिसका शाब्दिक अर्थ पुनर्जन्म अथवा फिर से जागना है। पुनर्जागरण शब्द 14वीं व 15वीं शताब्दी के सांस्कृतिक परिवर्तन को दर्शाता है।
- स्विट्जरलैंड के ब्रेसले विश्वविद्यालय के इतिहासकार **जैकब बर्कहार्ट** (1818-97), जो जर्मन इतिहासकार **लियोपोल्ड वॉन रांके** (1795-1886 ई.) के विद्यार्थी थे, ने सांस्कृतिक परिवर्तनों पर बल दिया।
- बर्कहार्ट ने 1860 ई. में 'द सिविलाइजेशन ऑफ रेनेसाँ इन इटली' नामक पुस्तक की रचना की। इस पुस्तक में इन्होंने अपने पाठकों का ध्यान साहित्य, वास्तुकला और चित्रकला की ओर आकर्षित किया और यह बताया कि 14वीं शताब्दी से 17वीं शताब्दी तक इटली के नगरों में किस प्रकार 'मानवतावादी' संस्कृति उत्पन्न हुई।

5.2 इटली के नगरों का पुनरुत्थान

- पश्चिमी रोमन साम्राज्य के पतन के पश्चात् इटली के राजनीतिक एवं सांस्कृतिक केंद्रों का विनाश हो गया। तत्कालीन समय में एकीकृत सरकार का अस्तित्व नहीं था।

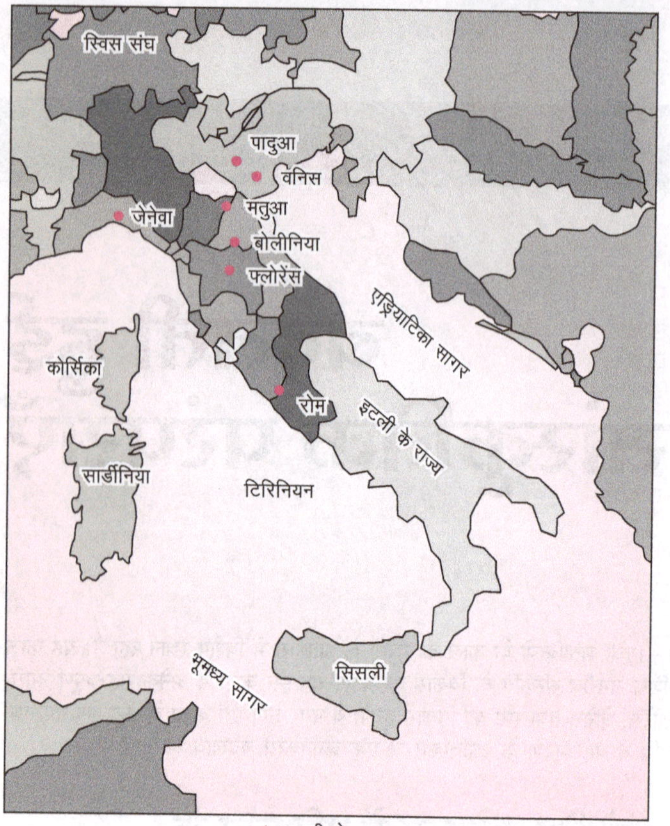

▲ इटली के राज्य

- विघटन के एक लंबे समय के पश्चात् पश्चिमी यूरोप में सामंतवादी प्रवृत्ति की अवधारणा उत्पन्न हो रही थी और लातिनी चर्च के नेतृत्व में उनका एकीकरण हो रहा था।
- इस समय पूर्वी यूरोप में बाइजेंटाइन साम्राज्य के शासन में महत्त्वपूर्ण परिवर्तन हुआ, जिसके परिणामस्वरूप पश्चिम में इस्लाम एक संयुक्त सभ्यता का विकास कर रहा था।
- अनेक टुकड़ों में बँटा हुआ इटली एक कमजोर देश था, लेकिन इस बदलाव ने इतालवी संस्कृति के पुनरुत्थान में सहायता प्रदान की।

इतालवी शहरों का विकास

- बाइजेंटाइन साम्राज्य एवं इस्लामी देशों के मध्य व्यापार विस्तार से इटली के तटवर्ती पत्तनों को पुनर्जीवन मिला। 12वीं शताब्दी में मंगोलों द्वारा चीन के साथ **रेशम मार्ग**[1] (Silk Route) से व्यापार आरंभ होने से पश्चिमी यूरोपीय देशों में व्यापार को प्रोत्साहन मिला, जिसमें इटली के नगरों ने महत्त्वपूर्ण भूमिका निभाई, जिसके परिणामस्वरूप ये स्वयं को स्वतंत्र राज्यों का समूह मानने लगे थे। इन स्वतंत्र नगरों में **फ्लोरेंस** एवं वेनिस गणराज्य महत्त्वपूर्ण थे। इन नगरों के अतिरिक्त कई अन्य दरबारी नगर भी थे, जिनका शासन राजकुमारों के द्वारा चलाया जाता था।
- इटली के वेनिस एवं जेनेवा शहरों के अतिरिक्त सभी नगरों के धर्माधिकारी एवं सामंत वर्ग राजनीतिक दृष्टिकोण से महत्त्वपूर्ण थे। नगर के संभ्रात लोग शासन व्यवस्था में सक्रिय भूमिका निभाते थे, जिसके परिणामस्वरूप लोगों में नागरिकता की भावना उत्पन्न होने लगी। सैनिक तानाशाहों का शासन होने के पश्चात् भी इन नगरों के निवासी स्वयं को यहाँ का नागरिक कहने में गर्व का अनुभव करते थे।

चेक प्वॉइंट 1

1. 1860 ई. में लिखी गई पुस्तक 'द सिविलाइजेशन ऑफ रेनेसाँ इन इटली' का लेखक कौन था?
2. पूर्वी यूरोप किस साम्राज्य के अधीन था?
3. इटली में कौन-से दो नगर-राज्य गणराज्य थे?
4. इतालवी तट पर बंदरगाहों के पुनरुद्धार का क्या कारण है?

5.3 यूरोप में विश्वविद्यालय एवं मानवतावाद विश्वविद्यालय की स्थापना

- यूरोप में सर्वप्रथम इटली के शहरों में विश्वविद्यालय की स्थापना की गई। 11वीं शताब्दी से ही **पादुआ** और **बोलोनिया** विश्वविद्यालय विधिशास्त्र के अध्ययन केंद्र रहे। इसका मुख्य कारण इन शहरों में व्यापार एवं वाणिज्य का प्रचुर मात्रा में होना था।
- इसी कारण वकीलों और **नोटरी**[2] की बहुत अधिक आवश्यकता होती थी, क्योंकि ये नियमों को लिखते, व्याख्या करते एवं समझौते तैयार करते थे। इनके बिना बड़े स्तर पर व्यापार करना संभव नहीं था।
- इन सभी कारणों ने ही कानून के विषय को लोकप्रिय बना दिया, लेकिन कानून के अध्ययन में आने वाला महत्त्वपूर्ण बदलाव यह था कि इसका अध्ययन रोमन संस्कृति के संदर्भ में किया जाने लगा।

---

1 सिटक रूट (रेशम मार्ग) यह एक प्राचीन व्यापारिक मार्ग था, जो एशियाई महाद्वीप को पूर्व और पश्चिम से जोड़ता था।

2 नोटरी जो व्यक्ति सोलिसिटर और अभिलेखपाल दोनों का कार्य करते थे, उन्हें नोटरी कहा जाता था।

- इसी कारण वकीलों और **नोटरी**[2] की बहुत अधिक आवश्यकता होती थी, क्योंकि ये नियमों को लिखते, व्याख्या करते एवं समझौते तैयार करते थे। इनके बिना बड़े स्तर पर व्यापार करना संभव नहीं था।
- इन सभी कारणों ने ही कानून के विषय को लोकप्रिय बना दिया, लेकिन कानून के अध्ययन में आने वाला महत्त्वपूर्ण बदलाव यह था कि इसका अध्ययन रोमन संस्कृति के संदर्भ में किया जाने लगा।

मानवतावाद

▲ मानवतावाद.

- मानवतावाद मूल्यों और विश्वासों को एक प्रणाली है, जो इस विचार पर आधारित है कि लोग धर्म के बजाय तर्क का उपयोग करके समस्या का समाधान कर सकते हैं।
- फ्रांसेस्को पेट्रार्क (1304-1378) ने अपनी सभ्यता को उचित ढंग से समझने के लिए प्राचीन ग्रीक और रोमन ग्रन्थों के अध्ययन के महत्त्व पर बल दिया। मानवतावाद के रूप में प्रसिद्ध यह दृष्टिकोण अतीत से सीखने के मूल्य पर प्रकाश डालता है और केवल धार्मिक शिक्षाओं की निर्भरता पर सवाल उठाता है।
- 15वीं शताब्दी के प्रारंभिक दशकों में मानवतावादी शब्द व्याकरण, अलंकारशास्त्र, कविता, इतिहास और नीतिदर्शन के अध्यापकों के लिए प्रयुक्त किया जाता था।
- ह्यूमेनिटिज, लैटिन शब्द 'ह्यूमेनिटास' से मिलकर बना है, जिसे कई शताब्दियों पहले रोम के वकील तथा निबंधकार **सिसरो** (106-43 ई.पू.) ने संस्कृति के संदर्भ में प्रयोग किया था
- **मानवतावाद** के फलस्वरूप अनेक विश्वविद्यालय विभिन्न शहरों में स्थापित हुए, जिनमें नव-स्थापित **फ्लोरेंस विश्वविद्यालय** (1349 ई.) भी था, जो पेट्रार्क का स्थायी नगर-निवास था।
- फ्लोरेंस नगर में 13वीं शताब्दी के अंत तक व्यापार या शिक्षा के क्षेत्र में कोई विशेष उपलब्धि दिखाई नहीं दी, परंतु 15वीं शताब्दी में यह अत्यधिक महत्त्वपूर्ण एवं प्रसिद्ध नगर बन गया।
- फ्लोरेंस नगर की प्रसिद्धि के पीछे **दाँते अलिगहियारी** (1265-1321) व **जोटो** (1267-1337) का महत्त्वपूर्ण योगदान था।
- दाँते अलिगहियारी का किसी धार्मिक संप्रदाय से संबंध नहीं था, लेकिन इन्होंने अपने कुछ लेख धार्मिक विषयों पर भी लिखे थे। जोटो महान् कलाकार थे तथा इनके चित्रों को उल्लेखनीय सराहना मिली थी।
- इस प्रकार फ्लोरेंस इटली के धीरे-धीरे सर्वाधिक जीवंत बौद्धिक नगर के रूप में जाना जाने लगा तथा यह नगर कलात्मक कृतियों के सृजन का केंद्र बन गया।

इतिहास का मानवतावादी दृष्टिकोण

- मानवतावादी दृष्टिकोण को मानने वाले लोग यह मानते थे कि रोमन साम्राज्य के विघटन के पश्चात् ही अंधकार युग (Dark Age) का प्रारंभ हुआ। उनका विश्वास था कि लंबे समय तक **'अंधकार युग'** के बाद वे सभ्यता के वास्तविक रूप की पुनर्स्थापना कर रहे थे।
- मानवतावादियों के समान अन्य विद्वानों ने भी यह स्वीकार किया कि 14वीं शताब्दी के बाद यूरोपीय इतिहास ने एक नए युग में प्रवेश किया, जिसे 15वीं शताब्दी से **आधुनिक काल** (Modern Period) का प्रवेश माना जाता है।
- **मध्यकाल**[3] जैसी संज्ञाओं का प्रयोग रोम साम्राज्य के पतन के बाद एक हजार वर्ष समयावधि के लिए किया गया। यह आधुनिक काल अनेक रूपों में मध्यकाल से भिन्न था। मानवतावादियों ने आधुनिक शब्द का प्रयोग 15वीं शताब्दी से शुरू होने वाले काल के लिए किया था।

मानवतावादियों और बाद के विद्वानों द्वारा प्रयुक्त कालक्रम

5-14 शताब्दी	मध्य युग
5-9 शताब्दी	अंधकार युग
9-11 शताब्दी	आरंभिक मध्य युग
11-14 शताब्दी	उत्तर-मध्य युग
15 शताब्दी से	आधुनिक युग

5.4 विज्ञान और दर्शन में अरबों का योगदान

- संपूर्ण मध्यकाल में ईसाई गिरिजाघरों तथा मठों के विद्वान यूनानी और रोमन विद्वानों की कृतियों से परिचित थे, किंतु इन विचारकों ने जनसामान्य में प्रचार-प्रसार नहीं किया। अनेक विद्वानों ने 14वीं शताब्दी में **प्लेटो** और **अरस्तू** जैसे विद्वानों के ग्रंथों से अनुवाद को पढ़ना आरंभ किया।
- जनसामान्य के लिए ग्रंथों की रचना करने वाले विद्वानों के द्वारा उनके अनुवादक महत्त्वपूर्ण हो गए। वे स्वयं को अरब के अनुवादकों का ऋणी मानने लगे। प्लेटो का अरबी नाम अफलातून तथा एरिसटोटिल का अरस्तू था। यूनानी विद्वानों ने अरबी एवं फारसी विद्वानों की प्राकृतिक विज्ञान, गणित, खगोल विज्ञान, औषधि विज्ञान एवं रसायन विज्ञान से संबंधित रचनाओं का अनुवाद किया, जिससे यूरोपीय लोगों में उनका प्रसार हो सके। टॉलेमी के 'अलमजेस्ट' में अरबी भाषा के विशेष उपपद 'अल' का उल्लेख किया गया, जो

2 नोटरी जो व्यक्ति सोलिसिटर और अभिलेखपाल दोनों का कार्य करते थे, उन्हें नोटरी कहा जाता था।

3 मध्यवाला यूरोपीय इतिहास का वह काल, जो 476 ई. में रोमन साम्राज्य के पतन के साथ शुरु हुआ और 14वीं व 15वी अथवा 16वीं शताब्दी तक चला।

- मुसलमान लेखकों को इतालवी दुनिया में उच्च कोटि का मुस्लिम लेखक माना जाता था, जिनमें बुखारा (मध्य एशिया में) के अरबी चिकित्सक एवं दार्शनिक **इब्न-सिना** तथा आयुर्विज्ञान विश्वकोश के लेखक **अल-राजी** (रेजेस) मुख्य रूप से सम्मिलित थे।
- स्पेन के अरबी दार्शनिक इब्न रूश्द (लातिनी में अविरोज, 1126-98) ने दार्शनिक ज्ञान (फैलसुफ) और धार्मिक विश्वासों के मध्य उत्पन्न तनावों को हल करने की कोशिश की। इनके द्वारा इन तनावों को दूर करने के लिए जिस पद्धति को अपनाया गया, उसे ईसाई चिंतकों द्वारा भी अपनाया गया।
- यद्यपि विश्वविद्यालयों की पाठ्यचर्या में लंबे समय तक कानून, आयुर्विज्ञान और धर्मशास्त्र का दबाव बना रहा, लेकिन धीरे-धीरे मानवतावादी विषय विद्यालयों में पढ़ाया जाने लगा। यह केवल इटली तक ही सीमित नहीं रहा, बल्कि यूरोप के अन्य देशों में भी इसका प्रसार हुआ।

कलाकार और यथार्थवाद

- मानवतावादियों ने कला, वास्तुकला एवं ग्रंथों के माध्यम से मानवतावादी विचारों का प्रचार-प्रसार करने का प्रयास किया। पूर्व के कलाकारों द्वारा बनाए गए चित्रों के अध्ययन से नए कलाकारों को प्रेरणा मिली।
- रोमन साम्राज्य के पतन के लगभग एक हजार वर्ष बाद प्राचीन रोम के नष्ट हुए नगरों के खंडहरों से मिलने वाली कलात्मक वस्तुओं ने कलाकारों को अत्यधिक प्रभावित किया। हजारों वर्ष पूर्व बनाई गई आदमी और स्त्रियों की संतुलित मूर्तियों के प्रति आदर ने उस परंपरा को बनाए रखने के लिए इतालवी कलाकारों को प्रोत्साहित किया।
- दोनातल्लो (1386-1466 ई.) ने 1416 ई. में सजीव मूर्तियों का निर्माण कर नई परंपरा की शुरुआत की।

कलाकार और विज्ञान

- कलाकारों द्वारा समान आकृति की मूर्तियों को बनाने की इच्छा में वैज्ञानिकों के कार्यों से सहायता मिली है। कलाकार नर-कंकालों का अध्ययन करने के लिए आयुर्विज्ञान कॉलेजों की प्रयोगशालाओं में गए। इस संबंध में पादुआ विश्वविद्यालय में आयुर्विज्ञान के बेल्जियम मूल के प्राध्यापक **आंड्रीयस वेसेलियस** (1514-64) का नाम विशेष रूप से उल्लेखनीय है। इन्होंने ही सर्वप्रथम सूक्ष्म परीक्षण के लिए मानव शरीर का अंग विच्छेदन किया, जिसके परिणामस्वरूप **आधुनिक शरीर-क्रिया विज्ञान** का प्रारंभ हुआ।

चित्रकार और तकनीक

- मूर्तिकारों के समान चित्रकारों द्वारा भी यथार्थ चित्र बनाने का प्रयास किया गया। यह स्पष्ट हो गया कि रेखागणित (Geometry) के ज्ञान से परिदृश्य को भली-भाँति समझा जा सकता है तथा प्रकाश के परिवर्तित गुणों का अध्ययन करने से उनके चित्रों को **त्रि-आयामी** रूप दिया जा सकता है।
- **लेपचित्र** के लिए तेल को एक माध्यम के रूप में प्रयोग किया जाने लगा तथा इसके प्रयोग से पूर्व में बनाए गए चित्रों से इसे अधिक चमकदार बनाया गया। इनके द्वारा बनाए गए चित्रों में चीनी और फारसी चित्रकला का प्रभाव मुख्य रूप से दिखाई देता है, जो उन्हें मंगोलों से मिली थी।

लियोनार्डो दा विंची

- लियोनार्डो दा विंची (1452-1519 ई.) एक प्रसिद्ध कलाकार है। उनकी रुचि वनस्पति विज्ञान और शरीर रचना विज्ञान से लेकर गणित शास्त्र और कला तक विस्तृत थी।
- इन्होंने **मोना लीसा** और **द लास्ट सपर** जैसे चित्रों की रचना की तथा इसके साथ ही इन्होंने उड़न-मशीन का प्रतिरूप भी बनाया।
- उनका स्वप्न था कि वे अकाश में उड़ सके और वर्षों तक आकाश में पक्षियों के उड़ने पर परीक्षण किया।
- उन्होंने एक उडन-मशीन का प्रतिरूप बनाया
- उन्होंने अपना नाम 'लियोनार्डो दा विन्ची' परीक्षण का अनूयायी रखा था।

5.5 वास्तुकला, चित्रकार एवं मूर्तिकला : रोम का पुनर्जीवन

- वास्तुकला (Architecture) की दृष्टि से रोम 15वीं शताब्दी में भव्य रूप से पुनर्जीवित (Revived) हुआ। 1417 ई. से पोप के राजनीतिक दृष्टि से शक्तिशाली हो जाने के कारण रोम नगर की भव्यता को पुनर्जीवन मिला।
- राजनीतिक रूप से शक्तिशाली होने का कारण यह था कि 1378 ई. में उत्पन्न हुई दो प्रतिस्पर्द्धी पोप के निर्वाचन की दुर्बलता का अंत हो गया। पोप ने रोमन इतिहास के अध्ययन को प्रोत्साहित किया।
- पुरातत्त्वविदों द्वारा रोम के अवशेषों का उत्खनन एक नई शैली से किया गया, जिसे शास्त्रीय शैली कहा गया। पोप, समाज के धनी और अभिजात वर्ग के लोगों ने उन वास्तुविदों को भवन निर्माण करने के लिए नियुक्त किया, जो '**शास्त्रीय शैली**' से परिचित थे।
- इन निपुण चित्रकारों एवं शिल्पकारों ने भवनों को लेपचित्रों, मूर्तियों और उभरे हुए चित्रों की सहायता से सुसज्जित किया। इस समय कुछ ऐसे भी लोग हुए, जो चित्रकार, मूर्तिकार एवं वास्तुकार सभी कलाओं में निपुण थे।

▲ माइकल एंजेलो द्वारा लिखित पिएटा

प्रमुख वास्तुकार

- **माइकल एंजेलो बुआनारोत्ती** (1475-1564 ई.) इन्होंने पोप के सिस्टीन चैपल की भीतरी छत में लेपचित्र 'दि पाइटा' नामक प्रतिमा और सेंट पीटर गिरिजाघर के गुंबद का डिजाइन बनाया और अपनी इसी कला के कारण ये संसार में प्रसिद्ध हो गए। ये सभी कलाकृतियाँ रोम में अवस्थित हैं।
- **फिलिप्पो ब्रूनेलेशी** (1337-1446 ई.) के अनुसार, इन्होंने फ्लोरेंस के भव्य गुंबद के डिजाइन को तैयार किया। इस प्रकार इस काल में कलाकार की पहचान अब उसके संघ या श्रेणी के नाम से नहीं, बल्कि कलाकार के नाम से होने लगी।

▲ वास्तुकार

चेक प्वॉइंट 2

1. जूलियस सीजर का समकालीन कौन था?
2. आधुनिक शरीर क्रिया विज्ञान के प्रारंभ का श्रेय किसे दिया जाता है?
3. खगोल विज्ञान पर एक पुस्तक का नाम बताएँ, जो ग्रीक भाषा में लिखी गई थी?
4. वास्तुकला की किस शैली को शास्त्रीय शैली के रूप से जाना जाता है?
5. फ्लोरेंस के शानदार ड्यूमा का डिजाइन किसने बनाया था?

5.6 यूरोप में प्रथम मुद्रित पुस्तकें

- 16वीं शताब्दी के मध्य भाग में यूरोप में छापेखाने के विकास से बौद्धिक विकास को नया बल मिला। मुद्रण विकास से पहले लोगों को महान कलाकारों द्वारा रचित चित्रों एवं भवनों को देखने के लिए दूर-दूर तक इटली की यात्रा करनी पड़ती थी, किंतु साहित्य के क्षेत्र में जो कुछ भी इटली में लिखा गया, वह विदेशों में पहुँचा।
- मुद्रण प्रौद्योगिकी के लिए यूरोपीय विशेष रूप से चीनियों एवं मंगोल शासकों के ऋणी थे।
- यूरोपीय व्यापारियों और राजनयिकों के मंगोल शासकों के राजदरबार में आवागमन के परिणामस्वरूप इस तकनीक का परिचय हुए।
- यूरोपियों का आग्नेयशास्त्र (Firearms), कंपास (Compass) और फलक (Abacus) जैसे तीन प्रमुख तकनीकी नवीकरणों से परिचय भी इसी प्रकार हुआ था।

मुद्रण प्रौद्योगिकी के लाभ

- जर्मनी के **जोहानेस गुटेनबर्ग** (1400-58) ने 1455 ई. में सर्वप्रथम छापेखाने का निर्माण किया तथा इनके छापेखाने में सर्वप्रथम बाईबिल की 150 प्रतियाँ छापी गई थीं।
- 15वीं शताब्दी तक अनेक शास्त्रीय ग्रंथों, जिसमें अधिकांश लातिनी ग्रंथ थे, का मुद्रण इटली में हुआ था।
- शीघ्र ही लोग मुद्रण की इस नई प्रौद्योगिकी की क्रांतिकारी क्षमता से परिचित होने लगे। 15वीं शताब्दी के अंत से इटली की मानवतावादी संस्कृति का आल्पस (Alps) पर्वत के पार तेजी से फैलने का मुख्य कारण मुद्रण प्रौद्योगिकी का विकास था।

5.7 मानवतावाद द्वारा मनुष्य की नई संकल्पना

- मानव जीवन पर धर्म का नियंत्रण कमजोर होना मानवतावादी संस्कृति की एक प्रमुख विशेषता थी। इटली के निवासी भौतिक संपत्ति, वस्तुएँ और गौरव से बहुत अधिक आकर्षित थे, लेकिन यह आवश्यक नहीं कि वे अधार्मिक थे।
- वेनिस के मानवतावादी विचारक **फ्रेंचेस्को बरबारो** (1390-1454) ने अपनी पुस्तक में संपत्ति अधिग्रहण करने को एक महत्त्वपूर्ण गुण कहा है।
- इसी प्रकार **लोरेंजो वल्ला** (1406-57) ने स्पष्टत: यह विचार दिया कि इतिहास का अध्ययन मनुष्य को पूर्णतया जीवन जीने के लिए प्रेरित करता है। इन्होंने अपनी पुस्तक **ऑनप्लेजर** में भोग-विलास पर ईसाई धर्म के द्वारा लगाए गए प्रतिबंध का विरोध किया। इस काल में अच्छे व्यवहार के प्रति लोगों में रुचि थी।

निकोलो मैकयावेली के मानव पर विचार

- निकोलो मैकयावेली, नामक एक विद्वान ने अपनी पुस्तक 'द प्रिंस' के 15वें अध्याय में मानव स्वभाव के बारे में लिखा था।
- इनका मानना था कि सभी लोग बुरे हैं और हमेशा अपना बुरा स्वभाव दिखाने के लिए तैयार रहते हैं। इसका एक कारण यह भी है कि मनुष्य की इच्छाएँ कभी समाप्त नहीं होतीं। उनका यह मानना था कि प्रत्येक मानवीय कार्य के पीछे स्वार्थ ही सबसे शक्तिशाली प्रेरणा है।

यूरोप में महिलाओं की स्थिति

- वैयक्तिकता (Individuality) और नागरिकता के नए विचारों से महिलाओं को दूर रखा गया। सार्वजनिक जीवन में अभिजात व संपन्न परिवार के पुरुषों का वर्चस्व था।
- घर-परिवार के सभी महत्त्वपूर्ण निर्णय पुरुषों के द्वारा ही लिए जाते थे। इस समय केवल लड़कों को ही शिक्षा देने का प्रचलन था।

▲ इसाबेल दि इस्ते

- विवाह दो परिवारों के मध्य संबंध को प्रगाढ़ एवं सुदृढ़ बनाने के लिए किया जाता था। महिलाओं के परिवार से मिले दहेज को पति अपने पारिवारिक व्यवसाय में लगा सकते थे। महिलाएँ अपने पति के व्यवसाय में कोई सलाह नहीं दे सकती थीं।
- यदि महिलाएँ पर्याप्त दहेज नहीं लाती थीं, तो उन्हें ईसाई मठों में **भिक्षुणी** (Nun) का जीवन बिताने के लिए छोड़ दिया जाता था।
- सामान्यत: महिलाओं से अपेक्षा की जाती थी कि वे स्वयं को घर-परिवार को चलाने तक ही सीमित रखें। व्यावसायिक परिवारों में महिलाओं की स्थिति कुछ भिन्न थी। दुकानदारों की स्त्रियाँ दुकानों को चलाने में प्राय: उनकी सहायता करती थीं। व्यापारी एवं साहूकार परिवारों की पत्नियाँ परिवार के व्यवसाय को उस स्थिति में सँभालती थीं, जब इनके पति व्यापार एवं कारोबार के लिए दूर स्थानों पर जाते थे। अभिजात्य वर्ग के विपरीत, व्यापारी की कम आयु में मृत्यु हो जाने पर उसकी पत्नी सार्वजनिक जीवन में महत्त्वपूर्ण भूमिका निभाने के लिए बाध्य हो जाती थी।

महिलाओं की आकांक्षाएँ

- इस काल में **महिलाएँ बौद्धिक रूप** से रचनात्मक तथा मानवतावादी शिक्षा के प्रति जागरूक थीं।
- मंटुआ की मार्चिसा इसाबेल दि इस्ते (1474-1539) ने अपने पति की अनुपस्थिति में राज्य पर शासन किया था। इससे यह स्पष्ट है कि इस पुरुष प्रधान समाज में महिलाओं को अपनी पहचान बनाने के लिए उन्हें अधिक आर्थिक स्वायत्तता, संपत्ति तथा शिक्षा मिलनी चाहिए थी।
- कसांद्रा फेदेल यूनानी और लैटिन भाषा के विद्वान ने भी इस विषय में अपने विचार व्यक्त किए और गणतंत्र की आलोचना की थी।
- फेदेल का मानना था कि महिलाओं को पुरुषों के बराबर माना जाना चाहिए। उन्होंने इस विचार की आलोचना की कि स्वतंत्रता का अर्थ केवल पुरुषों के लिए है। महिलाएँ भी आर्थिक रूप से शक्तिशाली होना चाहती थीं तथा संपत्ति की मालिक बनना और शिक्षा प्राप्त करना भी चाहती थीं।

इटली के नगरों में ईसाई धर्म के अंतर्गत वाद-विवाद

- इस काल में व्यापार तथा सरकार, सैनिक विजय तथा कूटनीतिक संपर्कों से नवीन संस्कृति का आगमन हुआ, जिसे शिक्षित तथा समृद्धशाली लोगों ने स्वीकार भी किया, परंतु यह सभी लोगों तक नहीं पहुँच पाई, क्योंकि वे निरक्षर थे।
- उत्तरी यूरोप के विश्वविद्यालयों के अनेक विद्वान 15वीं एवं 16वीं शताब्दियों के **मानवतावाद** संबंधी विचारों के प्रति आकर्षित हुए। इन विद्वानों ने अपने इतालवी सहकर्मियों के समान यूनान एवं रोम के क्लासिक ग्रंथों और ईसाई धर्मग्रंथों पर अपना ध्यान केंद्रित किया।
- इटली के विद्वान मानवतावादी संबंधी विचारों के प्रति आंदोलन करते रहे, जिसने ईसाई चर्च के अनेक सदस्यों को उत्तरी यूरोप में मानवतावाद के लिए आकर्षित किया।

- इन लोगों ने पुराने धर्मग्रंथों में बताई गई विधियों के अनुसार ही ईसाई धर्म का आह्वान किया, साथ ही कर्मकांडों को त्यागने की बात पर निंदा की गई।
- इनके बाद के दार्शनिकों के द्वारा इस बात को दोहराया गया कि वे एक दूरवर्ती ईश्वर में विश्वास रखते थे और इसके साथ ही यह विचार भी दिया गया कि ईश्वर ने मनुष्य को बनाया है तथा मनुष्य अपना जीवन स्वतंत्रतापूर्वक चलाने के लिए भी संपूर्ण रूप से स्वतंत्र हैं।

चर्च की आलोचना

- इंग्लैंड के **टॉमस मोर** (1478-1535) और हॉलैंड के **इरेस्मस** (1466-1536) के अनुसार, चर्च एक लालची संस्था हो गई थी। पादरियों का लोगों से धन ठगने का आसान माध्यम **पाप स्वीकारोक्ति**[4] नामक दस्तावेज था, लेकिन स्थानीय भाषा में छपे बाइबिल ने यह स्पष्ट कर दिया कि धर्म इस प्रकार की प्रथाओं के पालन की आज्ञा नहीं देता है।
- यूरोप के किसानों द्वारा चर्च पर लगाए गए अनेक करों का व्यापक विरोध किया गया। यहाँ तक कि राजा भी चर्च के क्रियाकलापों से परेशान रहते थे, क्योंकि चर्च इनके कार्यों में अनावश्यक दखल-अंदाजी करते थे।
- मानवतावादियों के द्वारा जब राजाओं को यह सूचना दी गई कि न्यायिक और वित्तीय शक्तियों पर पादरियों द्वारा किए जाने वाले दावे का आधार **कॉन्स्टैनटाइन के अनुदान** नामक दस्तावेज हैं, जिसे संभवतः प्रथम ईसाई रोमन सम्राट कॉन्स्टैनटाइन द्वारा जारी किया गया था।
- इसका कारण यह था कि मानवतावादी विद्वान इस बात को सिद्ध करने में सफल रहे कि कॉन्स्टैनटाइन का वह दस्तावेज नकली है, जिसे परवर्ती काल में जालसाजी के माध्यम से तैयार किया गया था।

ईसाई धर्म में सुधारक

- **मार्टिन लूथर** (1483-1546 ई.) ने 1517 ई. में कैथोलिक चर्च के अन्यायपूर्ण एवं अनैतिक कृत्य के प्रति एक आंदोलन की शुरुआत की। इनका मानना था कि मनुष्य को ईश्वर में विश्वास रखना चाहिए, क्योंकि वे ही सम्यक् जीवन की ओर तथा स्वर्ग में प्रवेश दिला सकते हैं, इसके लिए किसी पादरी की आवश्यकता नहीं है। इस सुधारवादी विचार को **प्रोटेस्टेंट सुधार** कहा गया।
- इसके फलस्वरूप जर्मनी तथा स्विट्जरलैंड के चर्च ने पोप तथा कैथोलिक चर्च से अपना संबंध तोड़ लिया।
- उलरिक ज्विंगली (1484-1531) तथा जीन कैल्विन (1509-64) ने लूथर के इस विचारों को आगे बढ़ाया।
- व्यापारियों के समर्थन से सुधारकों को शहरों में लोकप्रियता मिली, परंतु गाँवों में अभी भी **कैथोलिक चर्च** का प्रभाव विद्यमान था। एनाबेपटिस्ट संप्रदाय के लोगों का विचार था कि **मोक्ष** (Salvation) ही सभी प्रकार की सामाजिक समस्याओं का समाधान है, क्योंकि ईश्वर ने सभी मनुष्यों को एकसमान बनाया है। अतः इनसे कर नहीं लिया जाना चाहिए। उन्हें अपने पादरी के चुनाव का अधिकार प्राप्त होना चाहिए। इसने ऐसे किसानों को आकर्षित किया, जो सामंतवाद से पीड़ित थे।
- लूथर ने **आमूल परिवर्तनवाद**[5] को स्वीकार नहीं किया। लूथर ने आह्वान किया कि जर्मन शासक समकालीन किसान विद्रोह का दमन करें। इस प्रकार 1525 ई. में जर्मन शासकों ने विद्रोह का दमन किया।

सुधार

- आमूल परिवर्तनवादियों के अनुसार, जनता को तथा अत्याचारी शासकों को अपदस्थ करने और अपनी पसंद के शासक को चुनने का अधिकार है। इसके फलस्वरूप फ्रांस में कैथोलिक चर्च ने प्रोटेस्टेंट लोगों को अपनी इच्छा के अनुसार, उपासना करने की छूट दी। इसी प्रकार इंग्लैंड के शासकों ने भी पोप से अपने संबंध तोड़ लिए। इस विचार धारा से कैथोलिक चर्च भी प्रभावित हुआ तथा स्वयं में कई आंतरिक सुधार किए। 1540 ई. में इग्नेशियस लोयोला ने प्रोटेस्टेंट लोगों से संघर्ष करने हेतु **सोसायटी ऑफ जीसस** नामक संस्था का गठन किया, इन्हीं के अनुयायी 'जेसुइट' कहलाए, जिन्होंने निर्धनों की सेवा करना अपना उद्देश्य बनाया।

चेक प्वॉइंट 3

1. 1455 ई. में बाइबिल की कितनी प्रतियाँ छापी गईं?
2. कौन मानता था कि इतिहास का अध्ययन मनुष्य को पूर्णतः के जीवन के लिए प्रयास करने के लिए प्रेरित करता है?
3. चर्च के विषय में थॉमस मूर का क्या दृष्टिकोण था?
4. मार्टिन लूथर के नेतृत्व में चलाए गए आंदोलन को क्या कहा गया?
5. 1540 ई. में 'सोसायटी ऑफ जीसस' की स्थापना किसके द्वारा की गई?

---

4 पाप स्वीकारोक्ति (Indulgences) चर्च द्वारा बेचे जाने वाले इस्तावेज थे और माना जाता है कि ये खरीदार का उसके द्वारा किए गए पापों के बोझ से मुक्त करते हैं।

5 आमूल परिवर्तनवादी (Radicalism) वे व्यक्ति हैं, जो मौजूदा विचारों आदतों स्थितियों या संस्थानों में चरम परिवर्तन का पक्षधर नही हैं।

5.8 कोपरनिकसीय क्रांति

- वैज्ञानिकों द्वारा स्वयं के अपनाए यूरोपीय विज्ञान में युगांतकारी परिवर्तन, मार्टिन लूथर के विचारों के समकालीन विकसित हुई कोपरनिकस क्रांति (1473-1543 ई.) के विचारों से आया था। ईसाइयों का यह विश्वास था कि पृथ्वी ब्रह्मांड (Universe) के बीच में स्थित है, जिसके चारों ओर खगोलीय ग्रह (Celestial Planets) परिक्रमा करते हैं।

▲ कोपर निकस का सचित्र

- कोपरनिकस ने यह स्पष्ट किया कि पृथ्वी सहित सभी ग्रह सूर्य के चारों ओर परिक्रमा करते हैं। कोपरनिकस एक निष्ठावान ईसाई थे। वे हमेशा इस बात से भयभीत रहते थे कि उनकी इस नई खोज से परंपरावादी एवं रूढ़िवादी ईसाई धर्म अधिकारियों में घोर प्रतिक्रिया उत्पन्न हो सकती है। इसलिए वे अपनी पांडुलिपि द रिवल्यूशनिबस प्रकाशित ही नहीं करना चाहते थे।
- कुछ समय पश्चात् इन्होंने अपनी इस पांडुलिपि को **जोशिम रिटिक्स** को सौंप दिया। पुनः लंबे समय के बाद खगोलशास्त्री **जोहानेस कैप्लर** तथा **गैलीलियो गैलिली** (1564-1642) ने लेख के माध्यम से 'स्वर्ग' और 'पृथ्वी' के अंतर को समाप्त कर दिया।
- कैप्लर ने अपने ग्रंथ **कॉस्मोग्राफिकल मिस्ट्री** अर्थात् खगोलीय रहस्य में कोपरनिकस के सिद्धांत को लोकप्रिय बनाया। इस पुस्तक में इन्होंने सिद्ध किया कि सभी ग्रह सूर्य के चारों ओर **वृत्ताकार** रूप में नहीं, बल्कि **दीर्घ वृत्ताकार मार्ग पर परिक्रमा करते हैं।**
- गैलीलियो ने अपने ग्रंथ 'दि मोशन' में गतिशील विश्व के सिद्धांतों की पुष्टि की है। इस प्रकार इन्होंने विज्ञान जगत में क्रांति ला दी थी तथा न्यूटन के गुरुत्वाकर्षण के सिद्धांत के साथ अपनी ऊँचाइयों को छू लिया।

वैज्ञानिक क्रांति

गैलीलियो ने एक बार टिप्पणी की कि बाइबिल जिस स्वर्ग के मार्ग को आलोकित करता है, वह स्वर्ग किस प्रकार चलता है, उसके विषय में कोई जानकारी नहीं देता है। इन विचारकों के अनुसार, ज्ञान विश्वास पर नहीं, बल्कि अवलोकन एवं प्रयोगों पर आधारित है।

- इतिहासकारों ने मनुष्य और प्रकृति के ज्ञान के इस नए दृष्टिकोण को वैज्ञानिक क्रांति का नाम दिया। इसके फलस्वरूप नास्तिकों के मन में सृष्टि की रचना के स्रोत के रूप में प्रकृति ईश्वर का स्थान लेने लगी। यहाँ तक कि जो लोग ईश्वर में विश्वास रखते थे, वे एक दूरस्थ ईश्वर में विश्वास करने लगे, जो भौतिक दुनिया में जीवन को प्रत्यक्ष रूप से नियंत्रित नहीं करते थे। इस प्रकार के विचारों को वैज्ञानिकों, संस्थाओं के माध्यम से लोकप्रिय बनाया गया। इसके परिणामस्वरूप सार्वजनिक क्षेत्र में एक नई वैज्ञानिक संस्कृति की स्थापना हो गई।
- 1670 ई. में बनी **पेरिस अकादमी** और 1662 ई. में वास्तविक ज्ञान के प्रचार-प्रसार के लिए लंदन में रॉयल सोसायटी की स्थापना की गई।

5.9 14वीं शताब्दी में यूरोप में पुनर्जागरण

- पुनर्जागरण की अवधारणा को लेकर शास्त्रीय विद्वानों के द्वारा अनेक प्रकार के प्रश्न उठाए गए। इनमें से कुछ महत्त्वपूर्ण प्रश्न इस प्रकार हैं, जैसे
  - क्या वास्तव में इस काल में अतीत से बिल्कुल संबंध विच्छेद हो गया था?
  - क्या यूनानी एवं रोमन परंपराओं से संबंधित विचारों का पुनर्जन्म हुआ था?
  - क्या 14वीं शताब्दी से पूर्व का समय (12वीं और 13वीं शताब्दियों) अंधकार का समय था?
- इंग्लैंड के **पीटर बर्क** के अनुसार, बर्कहार्ट ने इस काल और इससे पहले के कालों के अंतर को दर्शाने के लिए पुनर्जागरण शब्द का प्रयोग किया।
- पुनर्जागरण शब्द के प्रयोग से यह पता चला कि यूनानी और रोमन सभ्यताओं का 14वीं शताब्दी में पुनर्जन्म हुआ और समकालीन विद्वानों के द्वारा ईसाई विश्वदृष्टि की जगह पूर्व-ईसाई विश्वदृष्टि का प्रचार-प्रसार किया गया। ये दोनों तर्क अतिशयोक्तिपूर्ण थे। पिछली शताब्दियों के विद्वान यूनानी एवं रोमन संस्कृतियों से परिचित थे। इन लोगों के जीवन में धर्म का विशेष महत्त्व था।

यूरोप में परिवर्तन के अन्य कारक

- इस्लाम के विस्तार एवं मंगोलों की विजय ने एशिया एवं उत्तरी अफ्रीका को यूरोप के साथ राजनीतिक, व्यापार एवं कार्यकुशलता के ज्ञान को सीखने का अवसर दिया। यह भी सत्य है कि यूरोपियों ने केवल यूनानियों एवं रोमवासियों से ही नहीं, बल्कि भारत, अरब, ईरान, मध्य एशिया एवं चीन से भी ज्ञान प्राप्त किया था।

- इस काल की महत्त्वपूर्ण विशेषता इस समय में हुए महत्त्वपूर्ण परिवर्तन थे, जिनमें धीरे-धीरे 'निजी' (Private) और 'सार्वजनिक' (Public) दो अलग-अलग क्षेत्र बनने लगे। निजी क्षेत्र में परिवार और व्यक्ति का निजी धर्म था और सार्वजनिक क्षेत्र सरकार के कार्यक्षेत्र और औपचारिक धर्म से संबंधित था। व्यक्ति तीन वर्गों (Three Orders) में से किसी एक वर्ग का सदस्य मात्र नहीं था, बल्कि अपने आप में एक स्वतंत्र व्यक्ति भी था।
- 18वीं शताब्दी में व्यक्ति की पहचान राजनीतिक रूप में होने लगी और लोगों में यह विश्वास उत्पन्न होने लगा कि प्रत्येक व्यक्ति के राजनीतिक अधिकार एकसमान हैं।
- इस काल की अन्य महत्त्वपूर्ण विशेषता यह थी कि यूरोप के विभिन्न क्षेत्र भाषा के आधार पर पहचान बनाने लगे। यूरोप, जो पहले अंशत: रोमन साम्राज्य से और फिर लातिनी भाषा तथा ईसाई धर्म से परस्पर जुड़ा हुआ था, अलग-अलग राज्यों में पृथक् होने लगा। अब राज्यों का आंतरिक जुड़ाव का मुख्य कारण भाषा हो गई।

नए परिवर्तन

- 'निजी' और 'सार्वजनिक' क्षेत्र धीरे-धीरे अलग हो गए।
- सार्वजनिक क्षेत्र में सरकार का कार्यक्षेत्र शामिल किया गया, जबकि निजी क्षेत्र में परिवार और व्यक्ति शामिल थे। यद्यपि एक व्यक्ति की निष्ठा अब सार्वजनिक और निजी दोनों क्षेत्रों के लिए स्थापित हो गई।
- यह काल (14वीं शताब्दी का समय) पुनर्जागरण, गतिशीलता और कलात्मक सृजनशीलता का काल था। इटली में पुनर्जागरण से जुड़े हुए अनेक तत्त्व 12वीं और 13वीं शताब्दी में पाए जा सकते हैं।
- इस समय यूरोप में घटित होने वाले सांस्कृतिक परिवर्तनों में रोम एवं यूनान की 'क्लासिकी सभ्यता' का ही योगदान नहीं था, बल्कि रोमन संस्कृति के पुरातात्विक तथा साहित्यिक पुनरुद्धार ने भी इस दिशा में महत्त्वपूर्ण योगदान दिया था।
- वास्तव में, इस काल में संपूर्ण विश्व में किसी-न-किसी रूप में परिवर्तन की परिस्थितियाँ बन रही थीं। एशिया के विभिन्न देशों में प्रौद्योगिकी और कार्यकुशलता यूनान एवं रोम की अपेक्षा अधिक विकसित थी। नौसंचालन (Navigation) की नवीन तकनीकों के विकास के कारण विश्व का एक विशाल भाग परस्पर संबद्ध हो चुका था।

चेक प्वॉइंट 4

1. 17वीं शताब्दी के किन्हीं दो खगोलशास्त्रियों के नाम बताइए?
2. गुरुत्वाकर्षण का सिद्धांत किसने प्रतिपादित किया था?
3. पेरिस अकादमी की स्थापना किस वर्ष हुई थी?
4. 18 वीं शताब्दी में हुए एक महत्त्वपूर्ण घटनाक्रम का उल्लेख करें।

टाइमलाइन

14वीं और 15वीं शताब्दियाँ

1300	इटली के पादुआ विश्वविद्यालय में मानवतावाद का अध्ययन प्रारंभ।
1341	पेट्रार्क को रोम में 'राजकवि' की उपाधि से सम्मानित किया गया।
1349	फ्लोरेंस में विश्वविद्यालय की स्थापना।
1390	जेफ्री चॉसर की 'केंटरबरी टेल्स' का प्रकाशन।
1436	ब्रुनेलेशी ने फ्लोरेंस में ड्यूमा के एक गुंबद का डिजाइन तैयार किया।
1453	कुंस्तुनतुनिया के बाइजेंटाइन शासक को ऑटोमन तुर्कों ने परास्त कर दिया।
1454	गुटेनबर्ग ने विभाज्य टाइप से बाइबिल का प्रकाशन किया।
1484	पुर्तगाली गणितज्ञों ने सूर्य का अध्ययन करके अक्षांश की गणना की।
1492	कोलंबस अमेरिका पहुँचे।
1495	लियोनार्डो द विंची ने 'द लास्ट सपर' नामक चित्र बनाया।
1512	माइकल एंजिलो ने सिस्टीन चैपल की छत पर चित्र बनाए।

16वीं और 17वीं शताब्दियाँ

1516	टॉमस मोर की रचना 'यूटोपिया' का प्रकाशन हुआ।
1517	मार्टिन लूथर द्वारा 'नाइंटी फाइव थिसेज़' की रचना।
1522	लूथर द्वारा बाईबिल का जर्मन में अनुवाद।
1525	जर्मनी में किसान विद्रोह।
1543	एन्ड्रीयास वेसेलियस द्वारा 'ऑन ऐनॉटमी ग्रंथ' की रचना।
1559	इंग्लैंड में आंग्ल-चर्च की स्थापना, जिसके प्रमुख राजा/रानी थे।
1569	गेरहार्ड्स मरकेटर ने पृथ्वी का पहला बेलनाकार मानचित्र बनाया।
1582	पोप ग्रैगरी XIII के द्वारा ग्रैगोरियन कैलेंडर का प्रचलन।
1628	विलियम हार्वे ने हृदय को रुधिर-परिसंचरण से जोड़ा।
1673	पेरिस में 'अकादमी ऑफ साइंसेज' की स्थापना।
1687	आइजक न्यूटन के 'प्रिंसिपिया मैथेमेटिका' का प्रकाशन।

Mind Map

बदलती हुई सांस्कृतिक परंपराएँ

1 इटली के नगरों का पुनरुत्थान

- पश्चिमी रोमन, साम्राज्य के पतन के बाद इटली के राजनीतिक और सांस्कृतिक केंद्र अपनी पहचान खो बैठे।
- पश्चिमी यूरोप सामंती जमींदारों और लैटिन चर्च के नियंत्रण में था।
- पूर्वी यूरोप बाइसेंटाइन साम्राज्य के अधीन था। वेनिस और फ्लोरेंस जैसे शक्तिशाली स्वतंत्र नगर-राज्य गणराज्य थे।

2 विश्वविद्यालय और मानवतावाद

- यूरोप के सबसे पुराने विश्वविद्यालय इटली के नगरों में स्थापित हुए।
- आर्थिक गतिविधियों के विस्तार के कारण कानून एक लोकप्रिय विषय बन गया।
- विश्वविद्यालयों में मानवतावादी विषय पढ़ाए जाने लगे।
- 'मानवतावादी' शब्द उन विद्वानों के लिए प्रयोग किया गया, जो व्याकरण, अलंकार शास्त्र कविता, इतिहास तथा नैतिक विज्ञान पढ़ाते थे।

3 इतिहास का मानवतावादी दृष्टिकोण

- मानवतावादियों का मानना था कि वे रोमन साम्राज्य के पतन के बाद आए तथा अंधकार युग को समाप्त कर नए सभ्यता (युग) को पुनः स्थापित कर रहे हैं।

4 विज्ञान और दर्शन- अरबियों का योगदान

- 14वीं शताब्दी में यूरोपीय विद्वानों ने यूनानी लेखकों प्लेटो और अरस्तु के अनुवादित ग्रंथ पढ़ने शुरू किए।
- कुछ यूरोपीय विद्वानों ने अरबी और फारसी विद्वानों द्वारा अनुवादित यूनानी ग्रंथों का अध्ययन किया।

5 कलाकार और यथार्थवाद

- वास्तुकला और पुस्तकों का मानवतावादा विचारधारा के प्रसार का प्रभावी माध्यम माना गया।
- आन्द्रीयस बेसेलियस पहला व्यक्ति था, जिसने मानव शरीर की शल्य चिकित्सा की।

6 वास्तुकला

- 15वीं शताब्दी में रोम को शक्तिशाली पादरियों द्वारा पुनः स्थापित किया गया।
- शास्त्रीय रोमन शैली ने रोम की वास्तुकला, कला और मूर्तिकला को प्रेरित किया।

7 प्रथम मुद्रित पुस्तकें

- जोहान्स गुटेनबर्ग ने 1455 ई. में पहली छापाखाना बनाया और 150 प्रतियाँ बाइबल की मुद्रित कीं।
- 1500 ई. तक इटली में लैटिन भाषा में लिखित कई शास्त्रीय क्लासिकल ग्रंथ मुद्रित हो चुके थे।

8 मनुष्य की एक नई संकल्पना

- धार्मिक मूल्यों का झुकाव भौतिकवाद की ओर होने लगा।
- फ्रेनचेस्को बरबारो और लारेंजों वल्ला ने भौतिक सुख की वकालत की।

9 महिलाओं की आकांक्षाएँ

- अभिजात परिवारों के पुरुष सार्वजनिक जीवन और निर्णय लेने की प्रक्रिया में मुख्य भूमिका में थे।
- यदि दहेज की उचित व्यवस्था नहीं होती थी, तो बेटियों को भिक्षुणी बना दिया जाता था।
- यदि पति अनुपस्थित होता था, तो कुछ महिलाएँ व्यापार में सक्रिय भूमिका निभाती थीं।

10 ईसाई धर्म के अंतर्गत वाद-विवाद

- व्यापारिक गतिविधियों के कारण इटली में नई संस्कृति विकसित हुई।
- ईसाई धर्म की अनावश्यक प्रथाओं की आलोचना विद्वानों द्वारा की गई।
- मार्टिन लूथर (एक जर्मन भिक्षु) ने 1517 ई. में चर्च के विरुद्ध प्रोटैस्टेट सुधार आंदोलन शुरू किया।

11 कोपरनिकसीय क्रांति

- नई वैज्ञानिक खोजों ने धार्मिक प्रतिबंधों को चुनौती दी।
- कोपरनिकस, केप्लर आदि वैज्ञानिकों ने चर्च की ग्रहों और उनकी गति से जुड़ी धारणाओं को खारिज किया। कुछ विचारकों का मानना था कि ज्ञान विश्वास के अंतिरिक्त अवलोकन और प्रयोगों पर आधारित होना चाहिए।

12 चौदहवीं सदी में क्या यूरोप में 'पुनर्जागरण' हुआ था?

- पुनर्जागरण एक सांस्कृतिक, कलात्मक, वैज्ञानिक और बौद्धिक परिवर्तन या जागरण का दौर था जो 14वीं शताब्दी की शुरुआत में इटली में शुरू हुआ।
- कई इतिहासकारों जैसे पीटर बर्क ने इस अवधारणा की आलोचनात्मक व्याख्या की। रेनेसाँ शब्द पहली बार जैकब बुर्खार्ट ने इस्तेमाल किया था।

NCERT फोल्डर

अध्याय के मध्य में दिए गए प्रश्न

1. 16वीं शताब्दी ई. के इटली के कलाकारों की कृतियों के विभिन्न वैज्ञानिक तत्त्वों का वर्णन कीजिए?

उत्तर 16वीं शताब्दी के इटली के कलाकारों ने अपनी कला में यथार्थवाद हासिल करने के लिए कई वैज्ञानिक तत्त्वों का प्रयोग किया था, ये तत्त्व इस प्रकार हैं

(i) **ज्यामिति का इस्तेमाल** कई कलाकारों ने अपने कार्य को तीन आयामी रूप में चित्रित करने के लिए ज्यामिति का प्रयोग किया।

(ii) **मानव शरीर का अध्ययन** कई कलाकारों ने मानव शरीर और हड्डियों के बारे में जानकारी हासिल करने के लिए मेडिकल स्कूल गए।

(iii) **लियोनार्डो दा विंची ने किया वैज्ञानिक अध्ययन** लियोनार्डो दा विंची ने उड़ने वाली मशीनों से लेकर पनडुब्बियों तक की वस्तुओं का वैज्ञानिक अध्ययन किया, इन्होंने मानव शरीर रचना के अग्रणी अध्ययन भी किए।

(iv) **इतालवी पुनर्जागरण कला** इस कला ने यूरोपीय चित्रकला और मूर्तिकला पर एक प्रमुख प्रभाव डाला। इसके अतिरिक्त इतालवी पुनर्जागरण के इसके अतिरिक्त जैसे– और कलाकारों के नाम ये है माइकल, एंजेलो, राफेल, डोनाटेलो, गिओटो, मासासिओ, फ्राएंजेलिको, पिएरो डेला फ्रांसेस्का, डॉमनिको घिरालंदियो, पेरूगिनो है।

2. महिलाओं की आकांक्षाओं के संदर्भ में एक महिला (फेदले) और एक पुरुष (कास्टिल्योनी) द्वारा अभिव्यक्त भावों की तुलना कीजिए। उन लोगों की सोच में क्या महिलाओं का एक निर्दिष्ट वर्ग ही था?

उत्तर महिलाओं की आकांक्षाओं के संदर्भ में फेदले और कास्टिल्योनी द्वारा व्यक्त विचारों की तुलना करते हुए यह देखा जा सकता है कि दोनों ने अपनी-अपनी स्थितियों और सामाजिक संदर्भ में महिलाओं की भूमिका और आकांक्षाओं पर विचार किया।

- **फेदले** इन्होंने महिलाओं की आकांक्षाओं के संदर्भ में अधिक व्यक्तिगत और सामाजिक दृष्टिकोण से विचार किया। उन्होंने महिलाओं के आत्म-निर्णय और स्वतंत्रता पर बल दिया, हालाँकि उनकी सोच पारंपरिक और यथार्थवादी थी, जिसमें महिलाओं की भूमिका एक आदर्श गृहिणी या पत्नी की रही। वे महिलाओं को केवल एक सीमित दायरे तक ही देखते थे, जो समाज के निर्धारित आदर्शों और परिवार की जिम्मेदारियों के बीच संतुलन बनाए रखने पर आधारित होती थी।
- **कास्टिल्योनी** के अनुसार, महिलाओं की आकांक्षाओं का एक विशिष्ट आदर्श प्रस्तुत किया गया, जिसे उन्होंने अपनी कत्थात्मक रचनाओं में व्यक्त किया। उनकी सोच में महिलाओं का स्थान एक आदर्श और विशिष्ट भूमिका में था, जहाँ वे सौंदर्य, शिष्टता और सामाजिक समारोहों में भाग लेने की आकांक्षा रखती थी। कास्टिल्योनी ने महिलाओं के लिए एक निश्चित रूप से आदर्श 'निष्कलंक' भूमिका निर्धारित की, जहाँ उनका उद्देश्य सामाजिक प्रतिष्ठा प्राप्त करना था।

महिलाओं का एक निर्दिष्ट वर्ग दोनों ही विचारकों ने महिलाओं की आकांक्षाओं को एक सीमित दायरे में देखा, जिसमें महिलाओं की आकांक्षाएँ समाज की परंपराओं, परिवार की भूमिका और सामाजिक कर्त्तव्यों के अंदर बंधी हुई थीं। हालाँकि कास्टिल्योनी का दृष्टिकोण अपेक्षाकृत अधिक आदर्शवादी और निश्चित था, जबकि फेदले का दृष्टिकोण सामाजिक वास्तविकताओं से जुड़ा हुआ था। दोनों ही यह मानते थे कि महिलाओं की आकांक्षाएँ उनके कर्त्तव्यों और सामाजिक ढाँचे के अंदर ही होना चाहिए।, जिससे यह संकेत मिलता है कि उनके विचारों में महिलाओं का एक निर्दिष्ट वर्ग था, जो पारंपरिक सामाजिक संरचनाओं और भूमिकाओं में समाहित था।

3. वे कौन-से मुद्दे थे, जिनको लेकर प्रोटेस्टेंट धर्म के अनुयायी कैथोलिक चर्च की आलोचना करते थे?

उत्तर प्रोटेस्टेंट धर्म के अनुयायियों ने 16वीं शताब्दी में कैथोलिक चर्च के विरुद्ध विभिन्न मुद्दों पर आलोचना की, जो अंततः प्रोटैस्टेंट रिफॉर्मेशन का आधार बने। इन मुद्दों में प्रमुख निम्नलिखित थे

(i) **इंडलजेंस का विक्रय** कैथोलिक चर्च धन एकत्र करने के लिए लोगों को 'पापों की क्षमा' के लिए इंडलजेंस बेच रहा था। प्रोटैस्टेंट सुधारकों, विशेष रूप से मार्टिन लूथर ने इस प्रथा की कड़ी आलोचना की। उनका मानना था कि मोक्ष केवल ईश्वर की कृपा और विश्वास के माध्यम से प्राप्त किया जा सकता है, न कि धन के माध्यम से।

(ii) **पापों की क्षमा और मध्यस्थता** प्रोटैस्टेंट सुधारकों ने यह तर्क दिया कि किसी व्यक्ति के पाप केवल ईश्वर के प्रति व्यक्तिगत प्रायश्चित और विश्वास से क्षमा हो सकते हैं। इन्होंने कैथोलिक चर्च द्वारा पापों की क्षमा के लिए पादरियों की मध्यस्थता और धार्मिक कर्मकाण्डों पर निर्भरता का विरोध किया।

(iii) **चर्च में भ्रष्टाचार** कैथौलिक चर्च के अंदर नैतिक और वित्तीय भ्रष्टाचार व्यापक था। चर्च के अनेक पादरियों और अधिकारियों को विलासिला में लिप्त और अपने धार्मिक कर्त्तव्यों के प्रति उदासीन माना जाता था।

(iv) **बाइबिल और शिक्षा का नियंत्रण** कैथोलिक चर्च ने बाइबिल की व्याख्या करने का अधिकार केवल पादरियों तक सीमित रखा था और इसे आम जनता के लिए उपलब्ध कराने से रोका। प्रोटैस्टेंट अनुयायियों ने तर्क दिया कि प्रत्येक व्यक्ति को बाइबिल पढ़ने और उसकी व्याख्या करने का अधिकार होना चाहिए।

(v) **पोप का प्रभुत्व** प्रोटैस्टेंट सुधारकों ने पोप की सर्वोच्चता और धर्म के सभी पहलुओं पर उसके नियंत्रण को चुनौती दी। उनका मानना था कि पोप का प्रभुत्व चर्च के भीतर ईसाई धर्म की मूल शिक्षाओं से विचलन का कारण बना।

(vi) **साधारण जीवन की उपेक्षा** प्रोटैस्टेंटों का मानना था कि चर्च के पादरी और अधिकारी आम लोगों से पूरी तरह अलग हो गए थे और उन्हें चर्च के साधारण अनुयायियों की भलाई की चिंता नहीं थी।

प्रोटैस्टेंट सुधार आंदोलन मुख्य रूप से ईसाई धर्म की मूल शिक्षाओं पर लौटने और चर्च में नैतिकता और सादगी स्थापित करने की माँग से प्रेरित था। कैथोलिक चर्च की आलोचना के परिणामस्वरूप पश्चिमी ईसाई धर्म में विभाजन हुआ और प्रोटैस्टेंट धर्म का उदय हुआ।

नीचे दिए प्रश्नों के उत्तर संक्षेप में दीजिए

1. 14वीं और 15वीं शताब्दियों में यूनानी और रोमन संस्कृति के किन तत्त्वों को पुनर्जीवित किया गया?

उत्तर 14वीं और 15वीं शताब्दियों में यूरोप में ज्ञान-विज्ञान, कला, धर्म आदि क्षेत्रों में क्रांतिकारी परिवर्तन हुए, जिनके फलस्वरूप लोगों ने प्राचीन यूनान तथा रोमन संस्कृति के अनेक ऐसे महत्त्वपूर्ण तत्त्वों की खोज करना प्रारंभ किया, जिससे इस संस्कृति के अनेक तत्त्व पुनर्जीवित हो उठे, जिनका विवरण निम्नलिखित है

- प्राचीन रोमन संस्कृति के भौतिक अवशेषों को बड़ी उत्सुकता के साथ खोजा गया। इन खोजों से रोमन साम्राज्य के प्राचीन एवं उजाड़ नगरों के खंडहरों से अनेक कलात्मक वस्तुएँ मिलीं। वैज्ञानिक तकनीकों तथा आयुर्विज्ञान कॉलेजों में प्राचीन नर-कंकाल के अध्ययन के प्रभावस्वरूप कलाकारों द्वारा सजीव व मूल आकृति जैसी मूर्तियाँ बनाई जाने लगीं।
- 1417 ई. से पोप पुनः राजनैतिक रूप से शक्तिशाली हो गए थे। इसके पीछे कारण यह था कि 1378 ई. से दो प्रतिस्पर्द्धी पोप के निर्वाचन के कारण दुर्बलता का अंत हो गया था।
- इसी काल में रोमकालीन शैली का पुनरुद्धार कर एक नई शैली का विकास किया गया, जिसे शास्त्रीय शैली कहा गया।
- रोमन संस्कृति के पुरातात्विक और साहित्यिक पुनरुद्धार ने भी इस सभ्यता के प्रति बहुत अधिक प्रशंसा के भाव विकसित किए। लोगों में तर्कवाद की प्रवृत्ति विकसित हुई, जिससे नए-नए आविष्कार हुए। तर्कवाद के माध्यम से प्राचीन रूढ़ियों और अंधविश्वासों का खंडन किया जाने लगा।

उपरोक्त कारणों से स्पष्ट है कि 14वीं व 15वीं शताब्दियों में यूनानी और रोमन संस्कृति के तत्त्वों को पुनर्जीवित किया गया।

2. इस काल (14वीं व 15वीं शताब्दियों) की इटली की वास्तुकला और इस्लामी वास्तुकला की विशिष्टताओं की तुलना कीजिए।

उत्तर 14वीं और 15वीं शताब्दी में इटली को भव्य रूप से पुनर्निर्मित किया गया। इसके पुनर्निर्माण में प्राचीन रोमन तथा यूनानी वास्तुकला के साथ-साथ इस्लामी वास्तुकला का भी प्रभाव देखने को मिलता है, परंतु इटली की वास्तुकला और इस्लामी वास्तुकला में कुछ विभिन्नताएँ थीं, जिसे निम्नलिखित रूप से दर्शाया गया है

इटली की वास्तुकला इटली की भव्य इमारतों, चर्चों, राजमहलों आदि का निर्माण 14वीं शताब्दी में प्रचलित नई शैली शास्त्रीय शैली के अनुसार किया गया। इस शैली के अंतर्गत चित्रकारों और शिल्पकारों ने भवनों को लेपचित्रों, मूर्तियों और उभरे चित्रों से सुसज्जित किया।

- इटली की वास्तुकला की विशिष्टता की झलक भव्य गोलाकार गुंबद, भवनों की भीतरी सजावट, गोल मेहराबदार दरवाज़े आदि में मिलती है। यहाँ के वास्तुकार भवनों में चित्र, विभिन्न प्रकार की आकृति आदि उकेरते थे।

इस्लामी वास्तुकला इस्लामी वास्तुकला, इटली की वास्तुकला के समकालीन थी। इस्लामी वास्तुकला की मुख्य विशेषता यह थी कि इसमें भवनों, मस्जिदों आदि की सजावट व निर्माण में ज्यामितीय नक्शों और पत्थर में पच्चीकारी का प्रयोग किया जाता था।

- इसके अतिरिक्त विशाल भवनों में बल्ब के आकार की गुंबद, छोटी मीनारें, घोड़े के खुरों के आकार के मेहराब और घुमावदार खंभे इस शैली के उत्कृष्ट नमूने हैं, जो वर्तमान में भी प्रचलित हैं।

3. मानवतावादी विचारों का अनुभव सबसे पहले इतालवी शहरों में क्यों हुआ?

उत्तर मानवतावादी विचारों का अनुभव सर्वप्रथम इतालवी शहरों में निम्न कारणों से हुआ

- सर्वप्रथम इटली में शिक्षा के केंद्र के रूप में विश्वविद्यालय की स्थापना की गई। इसकी स्थापना के साथ ही इतालवी समाज में तीव्र गति से शिक्षा का प्रसार हुआ, जिससे लोगों का बौद्धिक विकास हुआ।
- मानवतावाद जैसे क्रांतिकारी विचारों ने अनेक विश्वविद्यालयों का ध्यान आकर्षित किया। यद्यपि विश्वविद्यालयों में मुख्य रूप से कानून, आयुर्विज्ञान और धर्मशास्त्र की पढ़ाई होती थी, फिर भी विषय के रूप में मानवतावाद की पढ़ाई वृहत् रूप से होने लगी थी।
- विश्वविद्यालय के अतिरिक्त विद्वानों ने भी मानवतावादी विचारों को माना और इसके प्रसार में सहायता की। इटली के लोग भी इन विचारों से प्रभावित हुए।
- इटली में स्वतंत्र नगरों की स्थापना होने से मानवतावादी विचारधारा को प्रचार-प्रसार का प्रश्रय मिला। नगरों में प्रश्रय स्वतंत्र विचारधारा के व्यक्ति रहते थे, जो नई, स्वतंत्र तथा प्रभावशाली विचारधारा को तीव्र गति से अपना लेते थे।

इस तरह इटली की नगरीय जनसंख्या मानवतावादी विचारधारा से तुरंत प्रभावित हो जाती थी। इस प्रकार, इटली में उस समय अनेक तत्त्व विद्यमान थे, जो इटली में ही सर्वप्रथम मानवतावादी विचारधारा के प्रसार में सहायक रहे।

4. वेनिस और समकालीन फ्रांस में 'अच्छी सरकार' के विचारों की तुलना कीजिए।

उत्तर 12वीं शताब्दी तक इटली सहित संपूर्ण यूरोप में राजनीति के क्षेत्र में अनेक परिवर्तन हुए। इस समय इटली के नगर ने स्वयं को शक्तिशाली साम्राज्य के अंग के अतिरिक्त स्वतंत्र नगर राज्यों के समूह के रूप में स्थापित किया। इन नगरों में प्रमुख स्थान वेनिस और फ्लोरेंस का था, जो एक गणराज्य था।

वेनिस में अन्य नगरों के समान धर्माधिकारी तथा सामंत वर्ग का वर्चस्व नहीं होता था। नगरों के धनी व्यापारी और महाजन सक्रिय रूप से नगर के प्रशासन में भागीदार होते थे, जिससे उनमें नागरिकता की भावना बढ़ने लगी। यही कारण है कि ये तानाशाही सैनिक शासन में भी अपने को नागरिक कहने में गर्व महसूस करते थे।

इसके विपरीत फ्रांस की शासन प्रणाली, इतालवी राज्य वेनिस से बिल्कुल भिन्न थी। फ्रांसीसी राज्यों का शासन संचालन निरंकुश शासक वर्ग के नियंत्रण में था। चार्ल्स प्रथम, लुई बारहवाँ, तेरहवाँ और सोलहवाँ फ्रांस के प्रमुख निरंकुश शासक थे।

राजा के अतिरिक्त फ्रांस के सामंत और धर्माधिकारी भी राजनीतिक रूप में अधिक शक्तिशाली होते थे। इन निरंकुश तथा शक्तिशाली शासकों के शासन में फ्रांस की जनता त्रस्त थी। जनता द्वारा इसी प्रकार के शोषण से क्षुब्ध होकर अनेक बार विद्रोह किए गए, जबकि

वेनिस में इस प्रकार की गतिविधियाँ प्रायः कम ही होती थीं। इस प्रकार, इतालवी राज्य वेनिस और फ्रांस के नगरों में भिन्न प्रकार की सरकार की स्थापना देखने को मिलती है।

5. मानवतावादी विचारों के क्या अभिलक्षण थे?

उत्तर मानवतावाद के अंतर्गत निम्नलिखित अभिलक्षण या विशेषताएँ होती हैं

- मानवतावाद मानव मूल्यों और चिंताओं पर ध्यान केंद्रित करने, दर्शन या अभ्यास करने का एक दृष्टिकोण है।
- मानवतावादी विचारधारा के अनुसार, मानव को मुक्त रूप से जीवन जीने की स्वतंत्रता होनी चाहिए।
- यह धर्मनिरपेक्ष विचारधारा है, जो नैतिकता और निर्णय लेने की क्षमता के आधार पर विशेष रूप से अलौकिक और धार्मिकता अस्वीकार करते हुए हित, नैतिकता और न्याय का पक्ष लेने पर बल देतीं है।
- दर्शन और सामाजिक विज्ञान के क्षेत्र में कई तरह के दृष्टिकोण का विकास हुआ, जो मानव स्वभाव के कुछ भावों की पुष्टि करता है।
- शिक्षा के लिए एक ऐसा दृष्टिकोण, जिसमें छात्रों को जानकारी देने के लिए साहित्यिक अर्थों का उपयोग होता है या मानविकी पर ध्यान केंद्रित करता है।
- यह मानव को सुधारने व उसके भौतिक जीवन की समस्याओं का समाधान करने पर बल देता है।

6. 17वीं शताब्दी के यूरोपियों को विश्व किस प्रकार भिन्न लगा? उसका एक सुचिन्तित विवरण दीजिए।

उत्तर 17वीं शताब्दी के अंत तक यूरोप में धर्म, समाज, राजनीति, कला, शिक्षा, वास्तुकला और विज्ञान के क्षेत्र में अनेक क्रांतिकारी परिवर्तन हुए, जिनके प्रभावस्वरूप यूरोपवासी संपूर्ण विश्व को एक भिन्न दृष्टि से देखने लगे। 17वीं शताब्दी के अंत में यूरोप के अनेक देशों में नए-नए नगरों की स्थापना होने लगी थी, जिससे एक नई 'नगरीय संस्कृति' का जन्म हुआ।

इन नगरों की जनता को यह विश्वास होने लगा था कि नगर के लोग, गाँव के लोगों से अधिक 'सभ्य' हैं। वेनिस, फ्लोरेंस तथा रोम कला और विद्या के प्रमुख केंद्र के रूप में उभरे। अमीर और अभिजात वर्ग के लोग कलाकारों और लेखकों के आश्रयदाता बने, जिससे लोगों में चिंतन और बोध जैसे विचारों का प्रसार हुआ। इससे यूरोपियों को विश्व के अन्य क्षेत्रों में अलग दृष्टिकोण अपनाने में सहायता मिली। इसी समय मुद्रण (प्रिंटिंग प्रेस) के आविष्कार से साहित्य के क्षेत्र में गुणात्मक विकास हुए।

12वीं शताब्दी में मंगोलों द्वारा चीन के साथ रेशम मार्ग से व्यापार प्रारंभ होने के कारण पश्चिमी यूरोपीय देशों के व्यापार को बढ़ावा मिला। 15वीं शताब्दी में मानवतावादी जैसी एक नई विचारधारा का सर्वप्रथम यूरोप में ही आगमन हुआ, जिसमें व्यक्ति के तर्क और वाद-विवाद से उत्पन्न मानव कौशल पर बल दिया गया। इसने मानव के समक्ष यह विचार प्रस्तुत किया कि मानव जीवन पर धर्म का नियंत्रण कम होना चाहिए। इस प्रकार, इस विचारधारा ने यूरोपियों को विश्व पटल पर एक अलग स्थान दिया। यूरोपीय कला में शरीर-विज्ञान, रेखागणित, भौतिकी और सौंदर्य की उत्कृष्ट भावना ने इसे एक नया स्वरूप दिया, जो बाद के कालों में 'यथार्थवाद' के नाम से जाना गया।

इस प्रकार, यह कहा जा सकता है कि 17वीं शताब्दी तक यूरोप के अनेक क्षेत्रों में महत्त्वपूर्ण परिवर्तन हुए, जिसने यूरोप के लोगों को विश्व के अन्य क्षेत्रों से अलग दृष्टिकोण दिए।

अभ्यास प्रश्न

वस्तुनिष्ठ प्रश्न

बहुविकल्पीय प्रश्न

1. 'द सिविलाइजेशन ऑफ रेनेसाँ इन इटली' नामक पुस्तक की रचना किसके द्वारा की गई?

(a) मार्टिन लूथर (b) कोपरनिकस
(c) इब्न रूश्द (d) जैकब बर्कहार्ट

उत्तर (d) जैकब बर्कहार्ट

2. यूरोपीय महाद्वीप में सर्वप्रथम शुरुआती विश्वविद्यालयों की स्थापना किस देश में की गई थी?

(a) फ्रांस (b) जर्मनी
(c) इटली (d) इंग्लैंड

उत्तर (c) इटली

3. 15वीं शताब्दी के प्रारंभिक दशकों में ………… शब्द व्याकरण, अलंकार शास्त्र, कविता, इतिहास और नीतिदर्शन के शिक्षकों के लिए प्रयुक्त किया जाता था।

(a) अवसरवादी (b) मानवतावादी
(c) लेखक (d) रहस्यवादी

उत्तर (b) मानवतावादी

4. 'मोना लिसा' पेंटिंग किस चित्रकार द्वारा बनाई गई थी?

(a) राफेल (b) लियोनार्डो द विंची
(c) डोनटेलो
(d) माइकल एंजेलो

उत्तर (b) लियोनार्डो द विंची

5. 15वीं शताब्दी के दौरान किन परिवारों में महिलाओं को अधिक महत्त्वपूर्ण स्थान दिया गया?

(a) विद्वान (b) कलाकार
(c) व्यापारी (d) अभिजात वर्ग

उत्तर (c) व्यापारी

6. अरबी भाषा में अफलातून नाम से कौन प्रसिद्ध था?

(a) प्लेटो (b) अरस्तू
(c) सीजर (d) दाँते

उत्तर (a) प्लेटो

7. यूरोप में पुनर्जागरण से इनमें से क्या लाभ हुए?

(a) मानववाद के प्रसार से मनुष्य के लिए साहित्य रचनाएँ तथा कलाकृतियाँ मुख्य विषय बन गईं
(b) अंधविश्वास का अंत हुआ
(c) आधुनिक विचारों व विज्ञान के नए आविष्कारों का प्रसार हुआ
(d) उपरोक्त सभी

उत्तर (d) उपरोक्त सभी

8. माना कि आप मध्यकालीन यूरोप के इतिहास का अध्ययन कर रहे हैं, तो निम्न में से कौन-सा स्रोत इटली के नगरों के पुनरुत्थान के बारे में सही जानकारी प्रदान करेगा? *दक्षता आधारित प्रश्न*

(a) द कॉमनवेल्थ एंड गवर्नमेंट ऑफ वेनिस
(b) द लास्ट सपर
(c) केंटरबरी टेल्स
(d) ऑन द डिगनिटी ऑफ मैन

उत्तर (a) द कॉमनवेल्थ एंड गवर्नमेंट ऑफ वेनिस

9. विज्ञान और दर्शन में अरबियों के योगदान के संबंध में कौन-सा कथन सही नहीं है?

(a) मध्यकाल में ईसाई गिरिजाघरों और मठों के विद्वान यूनानी और रोमन विद्वानों की कृतियों से परिचित थे
(b) इन विद्वानों ने इन रचनाओं को प्रचार-प्रसार किया
(c) 14वीं सदी में विद्वानों ने अरस्तू के ग्रंथों से अनुवादों का पढ़ना शुरू किया
(d) इन ग्रंथों के लिए वे अरब के अनुवादकों के ऋणी थे

उत्तर (b) इन विद्वानों ने इन रचनाओं को प्रचार-प्रसार किया।

10. बाल्थासार कास्टिल्योनी की पुस्तक 'दि कोर्टियर' के संबंध में कौन-सा कथन सही है ? *दक्षता आधारित प्रश्न*

(a) अपने तौर-तरीके, व्यवहार, बातचीत के तरीके, भाव-भंगिमा और छवि में एक पुरुष महिला के सदृश्य नहीं होनी चाहिए
(b) पुरुष को सुंदर और समझदार होना चाहिए
(c) स्त्री को कोमलता और सहृदयता से संपन्न होना चाहिए
(d) अच्छे कुल का होना, दिखावे का परित्याग जैसे गुण पुरुषों के लिए उतने आवश्यक हैं, जितने महिलाओं के लिए हैं

उत्तर (c) स्त्री को कोमलता और सहृदयता से संपन्न होना चाहिए।

11. व्यापारियों के समर्थन से सुधारकों को शहरों में लोकप्रियता मिली, परंतु गाँवों में अभी भी कैथोलिक चर्च का प्रभाव विद्यमान था। एनाबेपटिस्ट संप्रदाय के लोगों के विचारों के अनुसार किस प्रकार सभी प्रकार की सामाजिक समस्याओं का समाधान हो सकता है? *दक्षता आधारित प्रश्न*

(a) धार्मिक क्रियाओं द्वारा (b) मोक्ष के द्वारा
(c) पादरियों की सेवाओं के द्वारा (d) नास्तिक बनकर

उत्तर (b) मोक्ष के द्वारा

12. नई संस्कृति की शिक्षित और समृद्धिशाली लोगों द्वारा समर्थन ही नहीं किया गया अपितु इसे भी अपनाया गया, किंतु इन नए विचारों की आम आदमी तक पहुँच सीमित रही। इस संदर्भ में सबसे उपयुक्त विकल्प कौन-सा है? *दक्षता आधारित प्रश्न*

(a) आम आदमी साक्षर नहीं थे, जिस कारण परिवर्तन को समझ नहीं सके
(b) उत्तरी यूरोप के विश्वविद्यालयों में मानवतावाद के अध्ययन को बल दिया गया
(c) अनावश्यक कर्मकांडों को त्यागते हुए इसे सरल धर्म में परिवर्तित करने पर बल दिया
(d) उपरोक्त में से कोई नहीं

उत्तर (a) आम आदमी साक्षर नहीं थे, जिस कारण परिवर्तन को समझ नहीं सके।

13. उत्तरी यूरोप में ईसाई धर्म में नवीन विचारों का प्रयोग किन अर्थों में इटली में हुए परिवर्तन से भिन्न था। तुलनात्मक रूप से सही विकल्प का चयन कीजिए।

(a) मानववाद के प्रयोग पर बल दिया
(b) धार्मिक कर्मकांडों को न अपनाने पर बल दिया
(c) इटली के पेशेवर विद्वान मानवतावादी आंदोलन पर हावी रहे, जबकि उत्तरी यूरोप के मानवतावादी ने चर्च के लोगों को भी आकर्षित किया
(d) 'b' और 'c' दोनों

उत्तर (c) इटली के पेशेवर विद्वान मानवतावादी आंदोलन पर हावी रहे, जबकि उत्तरी यूरोप के मानवतावादी ने चर्च के लोगों को भी आकर्षित किया।

14. निम्न में से कौन-सा/से कथन पुनर्जागरण द्वारा लाए गए परिवर्तनों के बारे में सही है/हैं? *दक्षता आधारित प्रश्न*

1. **अंधविश्वास तथा सामाजिक बुराइयों का अंत हुआ।**
2. **शिक्षा प्रसार के लिए कई विश्वविद्यालय की स्थापना हुई।**
3. **मानवतावाद पर बल दिया गया।**

कूट

(a) केवल 1 (b) केवल 2
(c) केवल 3 (d) 1, 2 और 3

उत्तर (d) 1, 2 और 3

15. निम्न में से कौन-सा/से कथन पुनर्जागरण की विशेषताओं के बारे में सही है/हैं?

1. **निजी तथा सार्वजनिक दो अलग-अलग क्षेत्रों की उत्पत्ति।**
2. **18वीं शताब्दी में राजनीतिक रूप से व्यक्ति की पहचान हुई।**
3. **यूरोप के विभिन्न क्षेत्रों ने भाषा के आधार पर स्वयं की पहचान स्थापित की।**

कूट

(a) 1 और 2 (b) 1 और 3
(c) 2 और 3 (d) 1, 2 और 3

उत्तर (d) 1, 2 और 3

16. निम्न में से कौन-सा/से कथन 'लियोनार्डो द विंची' के बारे में सही है/हैं?

1. यह रोम के महान कलाकारों में से एक थे।
2. यह 'मोनालिसा' तथा 'द लास्ट सपर' के रचयिता थे।

कूट

(a) केवल 1 (b) केवल 2

(c) 1 और 2 दोनों (d) इनमें से कोई नहीं

उत्तर (b) केवल 2

17. निम्न में से कौन-सा युग्म सही सुमेलित है?

(a) जैकब बर्कहार्ट – वास्तुकार

(b) लियोपोल्डवॉन रांके – चित्रकार

(c) फ्रांचेस्को पेट्रार्क – कवि

(d) सिसरो – अध्यापक

उत्तर (c) फ्रांचेस्को पेट्रार्क — कवि।

18. निम्न में से कौन-सा युग्म सही सुमेलित नहीं है? दक्षता आधारित प्रश्न

(a) 1525 ई. – जर्मनी में किसान विद्रोह

(b) 1673 ई. – पेरिस में अकादमी ऑफ साइंसेज की स्थापना

(c) 1522 ई. – लूथर द्वारा बाइबिल का जर्मन में अनुवाद

(d) 1492 ई. – कोलंबस भारत पहुँचा

उत्तर (d) 1492 ई. — कोलंबस भारत पहुँचा

19. निम्न कथनों के आधार पर संबंधित चित्रकार की पहचान करें दक्षता आधारित प्रश्न

- इनकी अभिरुचि वनस्पति विज्ञान से लेकर शरीर विज्ञान तथा गणित से लेकर कला तक विस्तृत थी।
- इन्होंने मोना लोसा और द लास्ट सपर चित्रों की रचना की
- इन्होंने एक उड़न-मशीन के प्रतिरूप का चित्रण किया।

(a) वेसेलियस (b) दोनातल्लो

(c) लियोनार्डो द विंची (d) आण्ड्रीयस

उत्तर (c) लियोनार्डो द विंची

20. निम्न कथनों के आधार पर संबंधित वास्तुकार की पहचान करें

- इन्होंने पोप के सिस्टीन चैपल की भीतरी छत में लेपचित्र 'द पाइटा' का निर्माण किया।
- सेंट पीटर गिरजे के गुंबद का डिजाइन भी इन्हीं के द्वारा बनाया गया था।

(a) फिलिप्पो ब्रूनेलेशी

(b) माइकल एंजेलो बुआनारोत्ती

(c) जोहानेस गुटेनबर्ग

(d) लोरेंजो वल्ला

उत्तर (b) माइकल एंजेलो बुआनारोत्ती

21. 16वीं सदी की यूरोपीय घटनाओं के पहले से बाद के क्रम में सही विकल्प का चयन करें दक्षता आधारित प्रश्न

1. जर्मनी में किसान विद्रोह
2. लूथर द्वारा बाइबिल का जर्मन में अनुवाद
3. मार्टिन लूथर द्वारा 'नाइंटी फाइव' थिसेज की रचना
4. टॉमस मोर की रचना 'यूटोपिया' का प्रकाशन हुआ।

कूट

(a) 1, 2, 3, 4 (b) 2, 3, 4, 1

(c) 3, 4, 1, 2 (d) 4, 3, 2, 1

उत्तर (d) 4, 3, 2, 1

22. दिए गए यूरोपीय विद्वानों को उनकी रचनाओं के संदर्भ में सही विकल्प का चयन करें। दक्षता आधारित प्रश्न

मैकियावेली : द प्रिंस :: कार्डिनल गेसपारो : ?

(a) द कॉमनवेल्थ एण्ड गवर्नमेंट ऑफ वेनिस

(b) दि सिविलाइजेशन ऑफ द रेनेसाँ इन इटली

(c) ऑन एनॉटमी ग्रंथ

(d) ऑन दि डिगनिटी ऑफ मैन

उत्तर (a) द कॉमनवेल्थ गवर्नमेंट ऑफ वेनिस।

23. 16वीं-17 वीं सदी के इतिहासकारों के संबंध में सही विकल्प का चयन करें दक्षता आधारित प्रश्न

(a) टॉमस मोर, मॉर्टिन लूथर, पेट्रार्क

(b) मार्टिन लूथर, टॉमस मोर, एंड्रीयास बेसेलियस

(c) जेफ्री चांसर, गेरहार्डस, मरकेटर, ब्रेनेलेशी

(d) एंड्रीयास वेसेलियस, गेरहार्ड्स मरकेटर, माइकल एंजिलो

उत्तर (b) मार्टिन लूथर, टॉमस मोर, एंड्रीयास बेसेलियस

24. सुमेलित कीजिए दक्षता आधारित प्रश्न

सूची I (पुस्तक)	सूची II (लेखक)
A. केंटरबरी टेल्स	1. एंड्रीयास वेसेलियस
B. यूटोपिया	2. आइजक न्यूटन
C. ऑन ऐनॉटमी ग्रंथ	3. टॉमस मोर
D. प्रिंसिपिया मैथेमेटिका	4. जेफ्री चांसर

कूट

	A	B	C	D
(a)	1	2	3	4
(b)	4	3	1	2
(c)	1	3	4	2
(d)	1	4	3	2

उत्तर (b) 4 3 1 2

25. सुमेलित कीजिए

सूची I	सूची II
A. 1341 ई.	1. पुर्तगाली गणितज्ञों द्वारा अक्षांश की गणना
B. 1484 ई.	2. पेट्रार्क को 'राजकवि' की उपाधि दी गई
C. 1559 ई.	3. ग्रेगोरियन कैलेंडर का प्रचलन
D. 1582 ई.	4. इंग्लैंड में आंग्ल-चर्च की स्थापना

कूट

	A	B	C	D
(a)	1	2	3	4
(b)	2	4	3	1
(c)	2	1	4	3
(d)	2	3	1	4

उत्तर (c) 2 1 4 3

26. **नीचे दी गई तस्वीर को पहचानें तथा इसका नाम बताएँ**

(a) माइकल एंजिलो द्वारा 'द पिएटा' में मैरी यीशु के शरीर को पकड़े हुए
(b) इसाबेला द इस्ते
(c) जोरो द्वारा रचित चित्र, असिसी
(d) अपनी मृत्यु से पहले पीलातुस के सामने यीशु

उत्तर (a) माइकल एंजिलो द्वारा 'द पिएटा' में मैरी यीशु के शरीर को पकड़े हुए।

27. **निम्न तस्वीर को पहचानें तथा इसका नाम बताएँ**
दक्षता आधारित प्रश्न

(a) लियोनार्डो द विंची का आत्मचित्र
(b) रॉबर्ट कॉर्नेलियस का आत्मचित्र
(c) कोपरनिकस का आत्मचित्र
(d) उपरोक्त में से कोई नहीं

उत्तर (c) कोपरनिकस का आत्मचित्र

निर्देश (प्र. सं. 28-31) नीचे दिए गए कथन (A) व कारण (R) को ध्यानपूर्वक पढ़कर कूट की सहायता से सही उत्तर का चयन कीजिए
दक्षता आधारित प्रश्न

कूट
(a) A और R दोनों सही हैं तथा R, A की सही व्याख्या है
(b) A और R दोनों सही हैं, परंतु R, A की सही व्याख्या नहीं है
(c) A सही है, किंतु R गलत है
(d) A गलत है, किंतु R सही है

28. **कथन** (A) **1417 ई. से पोप राजनीतिक रूप से मजबूत हो गए।**
कारण (R) **उन्होंने रोम के इतिहास के अध्ययन को सक्रिय रूप से प्रोत्साहित किया।**

उत्तर (b) 1417 ई. से पोप राजनीतिक रूप से मजबूत हो गए, क्योंकि 1378 ई. में दो प्रतिस्पर्द्धी पोप के निर्वाचन से जन्मी दुर्बलता का अंत हो गया था। इन्होंने रोम के इतिहास के अध्ययन को सक्रिय रूप से प्रोत्साहित किया।

29. **कथन** (A) **मानवतावादी मानते थे कि वे अंधकार युग की कई शताब्दियों बाद सभ्यता को सही रूप से पुनः स्थापित कर रहे हैं।**
कारण (R) **उनका मानना था कि रोमन साम्राज्य के टूटने के बाद 'अंधकार युग' शुरू हुआ।**

उत्तर (a) मानवतावादी समझते थे कि वे अंधकार युग की कई शताब्दियों के बाद सभ्यता को सही रूप से पुनः स्थापित कर रहे हैं, क्योंकि उनका मानना था कि रोमन साम्राज्य के टूटने के बाद 'अंधकार युग' प्रारंभ हुआ। मानवतावादियों की भाँति बाद के विद्वानों ने बिना कोई प्रश्न उठाए यह मान लिया कि यूरोप में 14वीं शताब्दी के बाद 'नए युग' का प्रारंभ हुआ।

30. **कथन** (A) **अनेक विद्वान अरब अनुवादकों के ऋणी थे, जिन्होंने प्राचीन पांडुलिपियों को सावधानीपूर्वक संरक्षित किया था।**
कारण (R) **इतालवी दुनिया में ईसाई लेखकों को ज्ञानी माना जाता था।**

उत्तर (c) अनेक विद्वान अरब अनुवादकों के ऋणी थे, जिन्होंने प्राचीन पांडुलिपियों को सावधानीपूर्वक संरक्षित किया था तथा उनको अनुवादित भी किया। इतालवी दुनिया में कई अरबी लेखकों को ज्ञानी माना जाता था।

31. **कथन** (A) **मध्यकाल गतिशीलता और कलात्मक सृजनशीलता का काल था, जबकि पुनर्जागरण अंधकारमय काल था।**
कारण (R) **इटली में पुनर्जागरण से जुड़े अनेक तत्त्व 12वीं और 13वीं शताब्दी में पाए गए।**

उत्तर (d) पुनर्जागरण, गतिशीलता और कलात्मक सृजनशीलता का काल था और इसके विपरीत मध्यकाल अंधकारमय काल था, जिसमें किसी प्रकार का विकास नहीं हुआ था। इटली में पुनर्जागरण से जुड़े अनेक तत्त्व 12वीं तथा 13वीं शताब्दी में पाए गए।

लघु उत्तरीय प्रश्न

1. **पुनर्जागरण शब्द के अर्थ को स्पष्ट रूप से समझाइए।**
अथवा **14वीं-17वीं शताब्दियों के काल का यूरोप के इतिहास में विशेष स्थान रहा है। इस काल में यूरोप में होने वाले सांस्कृतिक बदलावों की चर्चा कीजिए?**
दक्षता आधारित प्रश्न

उत्तर 14वीं शताब्दी से यूरोपीय इतिहास की जानकारी अनेक स्रोतों; जैसे—दस्तावेजों, लिखित पुस्तकों, चित्रों, मूर्तियों, भवनों तथा वस्त्रों से प्राप्त होती है। ये स्रोत यूरोप एवं अमेरिका के विभिन्न संग्रहालयों, अभिलेखागारों तथा कला-चित्रशालाओं में सुरक्षित रखे गए हैं। 19वीं शताब्दी के इतिहासकारों ने 14वीं-15वीं शताब्दियों में होने वाले सांस्कृतिक बदलावों को पुनर्जागरण का नाम दिया। पुनर्जागरण शब्द की उत्पत्ति फ्रेंच शब्द 'रेनेसाँ' से हुई, जिसका शाब्दिक अर्थ पुनर्जन्म अथवा फिर से जागना है। पुनर्जागरण शब्द 14वीं व 15वीं शताब्दी के सांस्कृतिक परिवर्तन को दर्शाता है। यूरोपीय इतिहास की जानकारी स्विट्जरलैंड के ब्रेसले विश्वविद्यालय के इतिहासकार जैकब बर्कहार्ट (1818-97 ई.) जो जर्मन इतिहासकार लियोपोल्ड वॉन रांके (1795-1886 ई.) के विद्यार्थी थे, सांस्कृतिक परिवर्तनों पर बल दिया।

2. **इटली के नगरों में ईसाई धर्म के अंतर्गत वाद-विवाद पर संक्षिप्त टिप्पणी लिखिए।**
दक्षता आधारित प्रश्न

उत्तर इटली के नगरों में ईसाई धर्म के पुनरुत्थान के साथ-साथ व्यापार तथा सरकार सैनिक विजय तथा कूटनीतिक संपर्कों से नवीन संस्कृति का

आगमन हुआ, जिसे शिक्षित तथा समृद्धशाली लोगों ने स्वीकार भी किया, परंतु यह लोगों तक नहीं पहुँच पाया, क्योंकि वे निरक्षर थे।

उत्तरी यूरोप के विश्वविद्यालयों के अनेक विद्वान् 15वीं एवं 16वीं शताब्दियों के मानवतावाद संबंधी विचारों के प्रति आकर्षित हुए, इन विद्वानों ने अपने इतालवी सहकर्मियों के समान यूनान एवं रोम के क्लासिक ग्रंथों और ईसाई धर्मग्रंथों पर अपना ध्यान केंद्रित किया। इटली के विद्वान् मानवतावादी संबंधी विचारों के प्रति आंदोलन करते रहे, जिसने ईसाई चर्च के अनेक सदस्यों को उत्तरी यूरोप में मानवतावाद के लिए आकर्षित किया। इन लोगों ने पुराने धर्मग्रंथों में बताई गई विधियों के अनुसार ही ईसाई धर्म का आह्वान किया, साथ ही कर्मकांडों को त्यागने की बात पर निंदा की गई।

3. "चर्च एक लालची संस्था है।" यह कथन किस इतिहासकार का है तथा इस कथन की व्याख्या कीजिए।

उत्तर इंग्लैंड के टॉमस मोर और हॉलैंड के इरेस्मस के अनुसार, चर्च एक लालची संस्था हो गई थी। पादरियों का लोगों से धन ठगने का आसान माध्यम पाप स्वीकारोक्ति नामक दस्तावेज था, लेकिन स्थानीय भाषा में छपे बाइबिल ने यह स्पष्ट कर दिया कि धर्म इस प्रकार की प्रथाओं के पालन की आज्ञा नहीं देता है।

यूरोप के किसानों द्वारा चर्च पर लगाए गए अनेक करों का व्यापक विरोध किया गया। यहाँ तक कि राजा भी चर्च के क्रियाकलापों से परेशान रहते थे, क्योंकि चर्च इनके कार्य में अनावश्यक दखल-अंदाजी करते थे।

मानवतावादियों के द्वारा जब राजाओं को यह सूचना दी गई कि न्यायिक और वित्तीय शक्तियों पर पादरियों द्वारा किए जाने वाले दावे का आधार कॉन्स्टैनटाइन के अनुदान नामक दस्तावेज हैं, जिसे संभवतः प्रथम ईसाई रोमन सम्राट कॉन्स्टैनटाइन द्वारा जारी किया गया था।

4. धर्म सुधार आंदोलन के लिए उत्तरदायी प्रमुख कारण कौन-कौन से थे?

उत्तर धर्म सुधार आंदोलन के लिए उत्तरदायी कारण निम्नलिखित थे

- रोमन चर्च के अध्यक्ष पोप के विलासितापूर्ण जीवन व जनसामान्य के कष्टकारी व दयनीय जीवन में व्यापक स्तर पर अंतर विद्यमान था। लेखकों और नवीन विचारकों ने जनसाधारण को अंधविश्वासों और रूढ़ियों के विरुद्ध लड़ने के लिए जाग्रत किया।
- पोप द्वारा स्वयं को ईसा मसीह का प्रतिनिधि घोषित किए जाने के बाद उसने जनता के ऊपर अपने आदेश थोपने शुरू कर दिए। उसने जनसाधारण पर अनेक प्रकार के कर लगा दिए, जिससे चर्च की आय में वृद्धि अत्यधिक मात्रा में होने लगी और वे अपना जीवन विलासितापूर्ण तरीके से व्यतीत करने लगे।
- पोप के नैतिक पतन एवं रिक्त पदों पर नियुक्ति के लिए घूस लेने और पाप-मुक्ति हेतु क्षमापात्रों को बेचने जैसी भ्रष्ट गतिविधियों व क्रियाकलापों को जनसाधारण समझ चुका था और वह पोप के विरुद्ध खड़ा होना चाहता था, जिसे मार्टिन लूथर ने नेतृत्व प्रदान किया।

5. क्या निकोलो मैकियावेली नवजागरण आंदोलन का सबसे प्रसिद्ध राजनीतिक विचारक था। इसके विचारों ने इटली के लोगों को कैसे प्रभावित किया ? चर्चा कीजिए। *दक्षता आधारित प्रश्न*

उत्तर निकोलो मैकियावेली नवजागरण आंदोलन का सबसे प्रसिद्ध राजनीतिक विचारक था। वह फ्लोरेंस की सरकार में पंद्रह वर्षों तक सचिव रहा तथा इसकी प्रसिद्ध रचना का नाम 'द प्रिंस' है, जोकि इटली के नवजागरण आंदोलन की स्थायी कृति थी। मैकियावेली के मत अपनी चर्च के प्रति नापसंदगी और कल्पना के संसार में रहने की विभिन्नता के परिणामस्वरूप मानवतावादियों से मिलते-जुलते थे। 'दि प्रिंस' राजनीति पर एक व्यावहारिक रचना थी। उसमें तत्कालीन राजनीतिक समस्याओं और नीतियों के सूक्ष्म अध्ययन के साथ-साथ ऐसे नियमों का संग्रह था, जिसके अनुसार शासकों को शासन करना चाहिए। मैकियावेली ने राजनीति को अध्यात्मवाद और नीतिशास्त्र से अलग किया। इनके विचारों को उन राजनीतिज्ञों और शासकों ने अपनाया, जो 15वीं शताब्दी में नए राष्ट्र की स्थापना कर रहे थे। मैकियावेली के विचारों ने इसके अतिरिक्त इटली के बीसवीं शताब्दी के फासीवाद को भी प्रभावित किया।

6. 15वीं और 16वीं शताब्दी में नए समुद्री मार्गों की खोज के लिए कौन-कौन सी परिस्थितियाँ उत्तरदायी थीं? वर्णन करें। *दक्षता आधारित प्रश्न*

उत्तर 15वीं और 16वीं शताब्दी में समुद्री मार्गों की खोज के लिए निम्न कारण उत्तरदायी थे

- तुर्कों ने 1453 ई. में कुस्तुनतुनिया नगर को जीतकर पुराने व्यापारिक मार्गों एवं नए देशों पर अपना अधिकार कर लिया। जिससे उस मार्ग से व्यापार करना लगभग असंभव हो गया इसलिए नए व्यापारिक मार्गों की खोज का अनुभव किया गया।
- धन प्राप्ति और अपने व्यापार एवं वाणिज्य में बढ़ोतरी के लिए लोग नए-नए देशों की खोज में निकल पड़े जिससे नए-नए समुद्री मार्गों की खोज हुई।

पुनर्जागरण के कारण लोगों में विज्ञान के प्रति आकर्षण व रुचि उत्पन्न हुई और वे दुनिया के भ्रमण पर निकल पड़े। थे लोग अन्य देशों की सभ्यता और संस्कृति से सीखना चाहते थे।

चुंबकीय कंपास यंत्र द्वारा नाविकों को प्रत्येक ऋतु एवं दिशा का ज्ञान होने लगा, जिसके परिणामस्वरूप उन्हें नए देशों की खोज एवं नए समुद्री मार्गों की खोज में काफी मदद मिली।

7. इंग्लैंड के मानववादी लेखक टॉमस मोर की प्रसिद्ध पुस्तक 'यूटोपिया' पर प्रकाश डालिए।

उत्तर इंग्लैंड के मानववादी विचारक टॉमस मोर ने अपनी पुस्तक 'यूटोपिया' में 16वीं शताब्दी के यूरोपीय लोगों की जीवन-शैली की आलोचना की। उसने एक ऐसे काल्पनिक संसार की रचना की, जो पूर्णरूप से संपन्न एवं समृद्ध था। इस संसार में निर्धनता नाम की कोई वस्तु नहीं थी। उस काल्पनिक संसार में आदमी का शोषण नहीं किया जाता था, किसी प्रकार का कोई युद्ध या अशांति नहीं थी। किसी व्यक्ति को कोई बीमारी नहीं होती थी। आदमी दिन में मात्र छः घंटे काम करते थे। वे अपना खाली समय साहित्यिक कार्यों में व्यतीत करते थे, जिससे वे सहनशील, बुद्धिमान एवं न्यायप्रिय इंसान बनते थे। लोग तभी से सामाजिक सुधारों के लिए किए जा रहे भावनात्मक उपायों को यूटोपिया की संज्ञा देते हैं।

नि;संदेह 'यूटोपिया' एक उच्चकोटि की कल्पना है तथा तथा धरती पर स्वर्ग के जीवन की अवधारणा है और इस विद्या में टॉमस मोर की कल्पना शक्ति अपनी पराकाष्ठा को प्राप्त कर चुकी है।

8. पुनर्जागरण या नवजागरण काल के वैज्ञानिकों ने किस विधि का मौलिक आविष्कार एवं विकास किया?

उत्तर पुनर्जागरण या नवजागरण काल के वैज्ञानिकों ने प्रयोगात्मक विधि द्वारा विज्ञान के तथ्यों का पता लगाने की वैज्ञानिक विधि का मौलिक आविष्कार किया। इन्होंने पुराने सिद्धांतों पर पुनः खोज की और उन्हें ही नए ढंग से प्रतिपादित किया। किसी भी तथ्य को स्वीकार करने से पहले उसे तर्क, विवेक एवं विश्लेषण की कसौटी पर परखने के साथ-साथ प्रयोगों के द्वारा सिद्ध किया जाता था। प्राचीन धार्मिक पाखंडों तथा आडंबरों का पर्दाफाश होने से अंधविश्वास समाप्त होने लगा और ज्ञान का प्रचार-प्रसार होने लगा। यूरोपीय वैज्ञानिकों द्वारा पुरानी खोजों को पुनः अन्वेषित किया जाने लगा। पुनर्जागरण या नवजागरण काल के वैज्ञानिकों ने केवल पूर्व वैज्ञानिक सिद्धांतों को पुनः सुधार करके आगे बढ़ाया और प्रतिपादित किया।

9. "16वीं शताब्दी में हुई धार्मिक उथल-पुथल का यूरोपीय समाज पर व्यापक प्रभाव पड़ा।" समझाइए।

उत्तर 16वीं शताब्दी में हुई धार्मिक उथल-पुथल का यूरोपीय समाज पर काफी प्रभाव पड़ा, जिसका विवरण इस प्रकार है

- 16वीं शताब्दी की उथल-पुथल से यूरोप में राष्ट्रीय भावनाओं का उद्भव व विकास हुआ।
- ईसाई समाज दो वर्गों रोमन कैथोलिक व प्रोटेस्टेंट में विभाजित हो गया।
- धार्मिक असहनशीलता, आपसी संघर्ष एवं धन-जन की क्षति हुई।
- धार्मिक सुधार आंदोलन के परिणामस्वरूप नैतिक अनुशासन को बढ़ावा मिला।
- प्रोटैस्टेंट एवं कैथोलिक दोनों ने अपने-अपने वर्ग को नैतिक एवं आदर्शमय जीवन के उदाहरण प्रस्तुत करने को कहा।
- चर्चों को राजा या शासक के नियंत्रण से मुक्त कर दिया गया।

10. पुनर्जागरण के काल की कुछ महत्त्वपूर्ण विशेषताओं को स्पष्ट कीजिए।

उत्तर पुनर्जागरण के काल की महत्त्वपूर्ण विशेषताएँ निम्नलिखित हैं

- इस्लाम के विस्तार एवं मंगोलों की विजय ने एशिया एवं उत्तरी अफ्रीका को यूरोप के साथ राजनीतिक, व्यापार एवं कार्यकुशलता के ज्ञान को भी सीखने का अवसर दिया।
- यूरोपियों ने केवल यूनानियों एवं रोमवासियों से ही नहीं अपितु भारत, अरब, ईरान, मध्य एशिया एवं चीन से भी ज्ञान प्राप्त किया था।
- इस काल की महत्त्वपूर्ण विशेषता इस समय में हुए महत्त्वपूर्ण परिवर्तन थे, जिनमें धीरे-धीरे निजी और सार्वजनिक दो अलग-अलग क्षेत्र बनने लगे। निजी क्षेत्र में परिवार और व्यक्ति का निजी धर्म था और सार्वजनिक क्षेत्र सरकार के कार्यक्षेत्र और औपचारिक धर्म से संबंधित था।
- व्यक्ति तीन वर्गों में से किसी एक वर्ग का सदस्य मात्र नहीं था, बल्कि अपने आप में एक स्वतंत्र व्यक्ति भी था।

11. यूरोप में विश्वविद्यालय की स्थापना किन शहरों में हुई? इन विश्वविद्यालय ने विधि की समझ को नवीन परिवर्तनों के साथ स्थापित किया। चर्चा कीजिए। *दक्षता आधारित प्रश्न*

उत्तर यूरोप में सर्वप्रथम इटली के शहरों में विश्वविद्यालय की स्थापना की गई। 11वीं शताब्दी से ही पादुआ और बोलोनिया विश्वविद्यालय विधिशास्त्र के अध्ययन केंद्र रहे। इसका मुख्य कारण इन शहरों में व्यापार एवं वाणिज्य का प्रचुर मात्रा में होना था। इसी कारण वकीलों और नोटरी की बहुत अधिक आवश्यकता होती थी, क्योंकि ये नियमों को लिखते, व्याख्या करते एवं समझौते तैयार करते थे। इनके बिना बड़े स्तर पर व्यापार करना संभव नहीं था।

इन सभी कारणों ने ही कानून के विषय को लोकप्रिय बना दिया, लेकिन कानून के अध्ययन में आने वाला महत्त्वपूर्ण बदलाव यह था कि इसका अध्ययन रोमन संस्कृति के संदर्भ में किया जाने लगा। इस महत्त्वपूर्ण बदलाव का प्रतिनिधित्व फ्रांचेस्को पेट्रार्क (1304-78 ई.) के द्वारा किया जा रहा था।

12. मानवतावाद संस्कृति के उदय तथा इसके दृष्टिकोण पर प्रकाश डालिए।

उत्तर **मानवतावाद संस्कृति** 15वीं शताब्दी के प्रारंभिक दशकों में मानवतावादी शब्द व्याकरण, अलंकारशास्त्र, कविता, इतिहास और नीतिदर्शन के अध्यापकों के लिए प्रयुक्त किया जाता था। ह्यूमेनिटिज, लातिनी शब्द 'ह्यूमेनिटास' से बना है, जिसे कई शताब्दियों पहले रोम के वकील तथा निबंधकार सिसरो (106-43 ई. पू.) ने संस्कृति के संदर्भ में लिया था। मानवतावादी से अभिप्राय उस समय किसी व्यक्ति विशेष का सत्ता एवं धन-दौलत के लालच को त्यागकर अपने जीवन को अनेक रूप देना था।

मानवतावाद दृष्टिकोण मानवतावादी दृष्टिकोण को मानने वाले लोग यह मानते थे कि रोमन साम्राज्य के विघटन के पश्चात् ही अंधकार युग का प्रारंभ हुआ। उनका विश्वास था कि लंबे समय तक अंधकार युग के बाद वे सभ्यता के वास्तविक रूप की पुनर्स्थापना कर रहे थे। मानवतावादियों के समान अन्य विद्वानों ने भी यह स्वीकार किया कि 14वीं शताब्दी के बाद यूरोपीय इतिहास ने एक नए युग में प्रवेश किया, जिसे 15वीं शताब्दी से आधुनिक काल का प्रवेश माना जाता है।

13. मानवतावाद के प्रभावों को स्पष्ट कीजिए।

अथवा **मानवतावाद के प्रभावों को स्पष्ट करते हुए फ्लोरेंस नगर की प्रसिद्धि का वर्णन कीजिए।**

उत्तर मानवतावाद के फलस्वरूप अनेक विश्वविद्यालय विभिन्न शहरों में स्थापित हुए, जिनमें नव-स्थापित फ्लोरेंस विश्वविद्यालय (1349 ई.) भी था। फ्लोरेंस नगर में 13वीं शताब्दी के अंत तक व्यापार या शिक्षा के क्षेत्र में कोई विशेष उपलब्धि प्राप्त नहीं की, परंतु 15वीं शताब्दी में यह अत्यधिक महत्त्वपूर्ण एवं प्रसिद्ध नगर बन गया। फ्लोरेंस नगर की प्रसिद्धि के पीछे दाँते अलिगहियारी (1265-1321 ई.) व जोटो (1267-1337 ई.) का महत्त्वपूर्ण योगदान था।

दाँते अलिगहियारी का किसी धार्मिक संप्रदाय से संबंध नहीं था, लेकिन इन्होंने अपने कुछ लेख धार्मिक विषयों पर भी लिखे थे। जोटो महान कलाकार थे तथा इनके चित्रों को उल्लेखनीय सराहना मिली थी।

- इस प्रकार फ्लोरेंस इटली को धीरे-धीरे सर्वाधित जीवंत बौद्धिक नगर के रूप में जाना जाने लगा तथा यह नगर कलात्मक कृतियों के सृजन का केंद्र बन गया।
- रेनेसा व्यक्ति शब्द का प्रयोग उन व्यक्तियों के लिए किया जाने लगा, जो अनेक विषयों या अनेक कलाओं में पारंगत होते थे।

14. मूर्तिकारों के समान चित्रकारों द्वारा यथार्थ चित्र बनाने का किस प्रकार प्रयास किया गया? स्पष्ट कीजिए।

उत्तर मूर्तिकारों के समान चित्रकारों द्वारा भी यथार्थ चित्र बनाने का प्रयास किया गया। यह स्पष्ट हो गया कि रेखागणित के ज्ञान से परिदृश्य को भली-भाँति समझा जा सकता है तथा प्रकाश के परिवर्तित गुणों का अध्ययन करने से उनके चित्रों को त्रि-आयामी रूप दिया जा सकता है।

लेपचित्र के लिए तेल को एक माध्यम के रूप में प्रयोग किया जाने लगा तथा इसके प्रयोग से पूर्व में बनाए गए चित्रों से इसे अधिक चमकदार बनाया गया। इनके द्वारा बनाए गए चित्रों में चीनी और फारसी चित्रकला का प्रभाव मुख्य रूप से दिखाई देता है, जो उन्हें मंगोलों से मिली थी।

15. "वास्तुकला की दृष्टि से रोम 15वीं शताब्दी में पुनर्जीवित हुआ।" इस कथन को स्पष्ट कीजिए। *दक्षता आधारित प्रश्न*

उत्तर वास्तुकला की दृष्टि से रोम 15वीं शताब्दी में भव्य रूप से पुनर्जीवित हुआ। यह कथन उचित है। 1417 ई. से पोप के राजनीतिक दृष्टि से शक्तिशाली हो जाने के कारण रोम नगर की भव्यता को पुनर्जीवन मिला। राजनीतिक रूप से शक्तिशाली होने का कारण यह था कि 1378 ई. में उत्पन्न हुई दो प्रतिस्पर्द्धी पोप के निर्वाचन की दुर्बलता का अंत हो गया। पोप ने रोमन इतिहास के अध्ययन को प्रोत्साहित किया। पुरातत्त्वविदों द्वारा रोम के अवशेषों का उत्खनन एक नई शैली से किया गया, जिसे शास्त्रीय शैली कहा गया। पोप समाज के धनी और अभिजात वर्ग के लोगों ने उन वास्तुविदों को भवन निर्माण करने के लिए नियुक्त किया, जो 'शास्त्रीय शैली' से परिचित थे।

इन निपुण चित्रकारों एवं शिल्पकारों ने भवनों को लेपचित्रों, मूर्तियों और उभरे हुए चित्रों की सहायता से सुसज्जित किया। इस समय कुछ ऐसे भी लोग हुए जो चित्रकार, मूर्तिकार एवं वास्तुकार सभी कलाओं में निपुण थे।

16. 16वीं शताब्दी के मध्य भाग में यूरोप में छापेखाने के विकास से बौद्धिक विकास को किन कारणों से बल मिला? स्पष्ट कीजिए *दक्षता आधारित प्रश्न*

उत्तर 16वीं शताब्दी के मध्य भाग में यूरोप में छापेखाने के विकास से बौद्धिक विकास को नया बल मिला। यह कथन उचित है। मुद्रण विकास से पहले लोगों को महान कलाकारों द्वारा रचित चित्रों एवं भवनों को देखने के लिए दूर-दूर तक इटली की यात्रा करनी पड़ती थी, किंतु साहित्य के क्षेत्र में जो कुछ भी इटली में लिखा गया, वह विदेशों में पहुँचा।

मुद्रण प्रौद्योगिकी के लिए यूरोपीय विशेष रूप से चीनियों एवं मंगोल शासकों के ऋणी थे। यूरोपीय व्यापारियों और राजनयिकों के मंगोल शासकों के राजदरबार में आवागमन के परिणामस्वरूप इस तकनीक का परिचय हुआ। यूरोपियों का आग्नेयशास्त्र, कम्पास और फलक जैसे तीन प्रमुख तकनीकी नवीकरणों से परिचय भी इसी प्रकार हुआ था।

17. यूरोप में महिलाओं को वैयक्तिकता और नागरिकता के नए विचारों से दूर क्यों रखा गया? स्पष्ट कीजिए।

उत्तर यूरोप में महिलाओं को वैयक्तिकता और नागरिकता के नए विचारों से दूर रखने के निम्नलिखित कारण थे

- सार्वजनिक जीवन में अभिजात व संपन्न परिवार के पुरुषों का वर्चस्व था। घर-परिवार के सभी महत्त्वपूर्ण निर्णय पुरुषों के द्वारा ही लिए जाते थे। इस समय केवल लड़कों को ही शिक्षा देने का प्रचलन था। विवाह दो परिवारों के मध्य संबंध को प्रगाढ़ एवं सुदृढ़ बनाने के लिए किया जाता था। महिलाओं के परिवार से मिले दहेज को पति अपने पारिवारिक व्यवसाय में लगा सकते थे। महिलाएँ अपने पति के व्यवसाय में कोई सलाह नहीं दे सकती थीं।
- यदि महिलाएँ पर्याप्त दहेज नहीं लाती थीं, तो उन्हें ईसाई मठों में भिक्षुणी का जीवन बिताने के लिए छोड़ दिया जाता था। सामान्यतः महिलाओं से उपेक्षा की जाती थी कि वे स्वयं को घर-परिवार को चलाने तक ही सीमित रखें। व्यावसायिक परिवारों में महिलाओं की स्थिति कुछ भिन्न थी। दुकानदारों की स्त्रियाँ दुकानों को चलाने में प्रायः उनकी सहायता करती थीं।

18. विज्ञान और दर्शन के क्षेत्र में अरब लोगों के योगदान पर प्रकाश डालिए।

उत्तर संपूर्ण मध्यकाल में ईसाई गिरजाघरों तथा मठों के विद्वान् यूनानी और रोमन विद्वानों की कृतियों से परिचित थे, किंतु इन विचारकों ने जनसामान्य में प्रचार-प्रसार नहीं किया। 14वीं शताब्दी में प्लेटो और अरस्तू जैसे विद्वानों के ग्रंथों से अनुवाद को पढ़ना आरंभ किया। जनसामान्य के लिए ग्रंथों की रचना करने वाले विद्वानों के द्वारा उनके अनुवादक महत्त्वपूर्ण हो गए।

वे स्वयं को अरब के अनुवादकों का ऋणी मानने लगे। प्लेटो का अरबी नाम अफलातून तथा एरिसटोटिल का अरस्तू था। यूनानी विद्वानों ने अरबी एवं फारसी विद्वानों की प्राकृतिक विज्ञान, गणित, खगोल विज्ञान, औषधि विज्ञान एवं रसायन विज्ञान से संबंधित रचनाओं का अनुवाद किया, जिससे यूरोपीय लोगों में उनका प्रसार हो सके। टॉलेमी के 'अलमजेस्ट' में अरबी भाषा के विशेष उपपद 'अल' का उल्लेख किया गया, जो यूनानी और अरबी भाषा के मध्य संबंधों को दर्शाता है।

19. कोपरनिकस के सिद्धांत एवं इसकी लोकप्रियता के कारणों को समझाइए।

उत्तर **कोपरनिकस का सिद्धांत** कोपरनिकस ने यह स्पष्ट किया कि पृथ्वी सहित सभी ग्रह सूर्य के चारों ओर परिक्रमा करते हैं। कोपरनिकस एक निष्ठावान ईसाई थे। वे हमेशा इस बात से भयभीत रहते थे कि उनकी इस नई खोज से परंपरावादी एवं रूढ़िवादी ईसाई धर्म अधिकारियों में घोर प्रतिक्रिया उत्पन्न हो सकती है।

इसलिए वे अपनी पांडुलिपि 'द रिवल्यूशनिबस' प्रकाशित ही नहीं करना चाहते थे। कुछ समय पश्चात् इन्होंने अपनी इस पांडुलिपि को जोशिम रिटिक्स को सौंप दिया।

कोपरनिकस सिद्धांत की लोकप्रियता कैप्लर ने अपने ग्रंथ 'कॉस्मोग्राफिकल मिस्ट्री' अर्थात् खगोलीय रहस्य में कोपरनिकस के सिद्धांत को लोकप्रिय बनाया। इस पुस्तक में इन्होंने सिद्ध किया कि सभी ग्रह सूर्य के चारों ओर वृत्ताकार रूप में नहीं, बल्कि दीर्घ वृत्ताकार मार्ग पर परिक्रमा करते हैं।

गैलीलियो ने अपने ग्रंथ 'दि मोशन' में गतिशील विश्व के सिद्धांतों की पुष्टि की है। इस प्रकार इन्होंने विज्ञान जगत में क्रांति ला दी थी तथा न्यूटन के गुरुत्वाकर्षण के सिद्धांत के साथ अपनी ऊँचाइयों को छू लिया।

20. ऑग्सवर्ग की संधि कब और किन लोगों के मध्य हुई? इसके चार प्रमुख प्रावधानों का उल्लेख कीजिए।

उत्तर ऑग्सवर्ग की संधि 1555 ई. में पवित्र रोमन सम्राट फार्डिनड तथा प्रोटैस्टेंट (धर्म सुधारवादियों) के मध्य हुई। इसके चार प्रमुख प्रावधान इस प्रकार है

(i) प्रत्येक शासक (जनता को छोड़कर) को अपना एवं अपनी जनता का धर्म स्वीकार करने की स्वतंत्रता

(ii) 1552 ई. से पहले प्रोटैस्टेंट द्वारा चर्च की संपत्ति पर नियंत्रण था। आधिपत्य को मान्यता प्रदान की गई।

(iii) केवल लूथरवाद या धार्मिक सुधारवाद को मान्यता मिली।

(iv) कैथोलिक आधिक्य वाले प्रदेशों में लूथरवादियों पर प्रोटैस्टेंटों को धर्म-परिवर्तन के लिए विवश नहीं किया जाएगा।

दीर्घ उत्तरीय प्रश्न

1. इटली के नगरों के पुनरुत्थान की पृष्ठभूमि तथा उत्थान पर प्रकाश डालिए।

उत्तर इटली के नगरों का पुनरुत्थान मध्यकालीन काल के बाद 12वीं और 13वीं शताब्दी में हुआ। यह पुनरुत्थान यूरोप में सामंती व्यवस्था के समाप्त होने, व्यापारिक संबंधों के विस्तार और सामाजिक एवं सांस्कृतिक बदलावों के कारण हुआ।

पुनरुत्थान की पृष्ठभूमि

इटली के नगरों की पुनरुत्थान की पृष्ठभूमि को निम्न बिंदुओं द्वारा समझा गया है

(i) **सामाजिक और राजनीतिक परिवर्तन** मध्यकाल में इटली के अधिकांश क्षेत्र-चर्च और सामंती शासकों के अधीन थे, लेकिन समय के साथ नगरों में व्यापारिक और आर्थिक गतिविधियाँ बढ़ने लगीं। नगरों ने राजनीतिक स्वतंत्रता प्राप्त करना शुरू किया और वहाँ गणराज्य की स्थापना हुई। इस तरह नगरों की शक्ति और प्रभाव बढ़ा।

(ii) **वाणिज्यिक वृद्धि** इटली के नगर व्यापारिक मार्गों पर स्थित थे, जैसे कि वेनिस और गेनोआ, जो व्यापार और वाणिज्य में प्रमुख थे। इससे नगरों में समृद्धि आई, जिससे कला, विज्ञान और संस्कृति में नई उन्नति हो सकी।

(iii) **संस्कारात्मक बदलाव** धर्मनिरपेक्षता, मानवतावाद और शास्त्रीय ज्ञान के प्रति रुचि बढ़ी, जो पुनर्जागरण का मूल था।

(iv) **कला और साहित्य** इस समय इटली में महान कलाकार, जैसे दांते अलीघिरी, जियोतो, लियोनार्डो दा विंची और मिखलांगेलो ने कला और साहित्य में नए रास्ते खोले।

नगरों के उत्थान पर प्रकाश

इटली के नगरों के उत्थान पर निम्न लिखित प्रकार से प्रकाश डाला गया है

(i) **आर्थिक समृद्धि** इटली के नगरों ने वाणिज्य और उद्योग में वृद्धि की, जिससे आर्थिक समृद्धि आई। व्यापारिक मार्गों से माल का आदान-प्रदान हुआ और बैंकिंग सिस्टम का भी विकास हुआ। फ्लोरेंस, जिनोआ और वेनिस जैसे नगर व्यापारिक केंद्र बन गए थे।

(ii) **सांस्कृतिक उत्थान** इटली के नगरों में पुनर्जागरण के दौरान कला और संस्कृति का विकास हुआ। कलाकारों और विद्वानों ने प्राचीन ग्रीक और रोमन ज्ञात को पुन जीवित किया। इस समय कला, वस्तुकला और साहित्य में अभूतपूर्व वृद्धि हुई।

(iii) **राजनीतिक बदलाव** इटली के नगरों ने स्वतंत्रता प्राप्त की और गणराज्य का गठन किया। फ्लोरेंस का उदाहरण है जहाँ मैडीची परिवार के प्रभाव से राजनीति और कला में नये बदलाव आए।

(iv) **विज्ञान और शिक्षा** इस काल में वैज्ञानिक दृष्टिकोण का विकास हुआ और शिक्षा का स्तर ऊँचा हुआ। स्कूल और विश्वविद्यालयों ने नए विचारों और नवाचारों को बढ़ावा दिया।

इस प्रकार, इटली के नगरों के पुनरुत्थान ने केवल आर्थिक और राजनीतिक जीवन को ही नहीं बदला, बल्कि कला, संस्कृति और समाज के प्रत्येक पहलू को भी प्रभावित किया। यह यूरोप में मध्यकालीन युग से आधुनिक युग की ओर एक महत्वपूर्ण संक्रमण था।

2. 14वीं शताब्दी के दौरान आए सांस्कृतिक बदलावों को पुनर्जागरण के रूप में प्रस्तुत करना कितना तर्कसंगत है? बदलावों के परिणामस्वरूप यूरोपीय समाज और राजनीति में क्या-क्या परिवर्तन हुए?

दक्षता आधारित प्रश्न

उत्तर कुछ विद्वानों का मानना था कि प्राचीन यूनानी और रोमन साम्राज्य का 14वीं शताब्दी में पुनर्जन्म या पुनर्जागरण हुआ और इसके प्रभाव स्वरूप अनेक सांस्कृतिक बदलाव हुए, परंतु वास्तविक रूप से यह तर्कसंगत प्रतीत नहीं हुआ, क्योंकि इससे पूर्व भी लोग रोमन व यूनानी साम्राज्य से परिचित थे। यह तथ्य न्यायोचित प्रतीत नहीं होता पुनर्जागरण, गतिशीलता और कलात्मक सृजनशीलता का काल था तथा मध्यकाल अंधकार युग था, जिसमें किसी प्रकार का विकास नहीं हुआ, जबकि 12-13वीं शताब्दी के समय भी इटली में पुनर्जागरण से संबंधित कुछ तत्त्व पाए गए थे।

यूरोप में इस कालावधि में आए सांस्कृतिक बदलावों में केवल रोमन व यूनान की क्लासिकी सभ्यता का ही योगदान नहीं था, बल्कि उस समय विद्यमान अनेक कारकों ने इसमें सहयोग किया। रोमन संस्कृति के पुरातात्विक और साहित्यिक पुनरुद्धार ने भी इस सभ्यता के प्रति जागरूकता उत्पन्न की। इस समय तक विश्व का बहुत बड़ा भाग आपस में प्रौद्योगिकी व तकनीक के कारण जुड़ चुका था। नौसंचालन की नई तकनीकों के द्वारा सुदूर क्षेत्रों की भी समुद्री यात्रा की जाने लगी। इस्लाम के विस्तार और मंगोलों की विजयों ने एशिया एवं उत्तरी अफ्रीका को यूरोप के साथ राजनीतिक दृष्टि से ही नहीं, बल्कि व्यापार और कार्यकुशलता के ज्ञान को सीखने के लिए आपस में जोड़ दिया।

यूरोप के लोगों ने यूनान व रोम के साथ-साथ भारत, अरब, ईरान, मध्य एशिया और चीन आदि से भी ज्ञान प्राप्त करने लगे। इस समय, यूरोप में सबसे महत्त्वपूर्ण परिवर्तन निजी और सार्वजनिक दो नए क्षेत्रों का आविर्भाव यूरोपीय समाज में होना था।

- सार्वजनिक क्षेत्र का अर्थ सरकार और ईसाई धर्म से संबंधित कार्यक्षेत्र था तथा निजी क्षेत्र का अर्थ निजी धर्म में परिवार और व्यक्ति का स्वयं का धर्म से था।

- इन कार्यक्षेत्रों के समान ही व्यक्ति की भी भूमिकाएँ 'निजी और सार्वजनिक' क्षेत्रों के रूप में थीं।
- इस काल के अन्य महत्त्वपूर्ण बदलावों में एक यह भी था कि भाषा के आधार पर यूरोप के विभिन्न क्षेत्रों ने अपनी पहचान स्थापित करना प्रारंभ किया।
- आंशिक रूप से रोमन साम्राज्य के द्वारा तथा बाद में लातिनी भाषा और ईसाई धर्म द्वारा जुड़ा यूरोप अब अलग-अलग राज्यों में विभाजित होने लगा। इन राज्यों के आंतरिक जुड़ाव का एक कारण 'समान भाषा' का प्रचलन था।

3. 15वीं शताब्दी से प्रचलित मानवतावाद का समकालीन यूरोप पर क्या प्रभाव पड़ा? विवेचना कीजिए।

उत्तर 15वीं शताब्दी से प्रचलित मानवतावाद ने समकालीन यूरोप पर गहरा प्रभाव डाला। यह पुनर्जागरण काल का मुख्य बौद्धिक आंदोलन था, जिससे मानव केंद्रित दृष्टिकोण को बढ़ावा दिया और धर्मशास्त्र आधारित मध्यकालीन दृष्टिकोण से अलग एक नई विचारधारा को जन्म दिया। इसका प्रभाव यूरोप के सामाजिक, सांस्कृतिक, राजनीतिक और धार्मिक जीवन के प्रत्येक पहलू पर पड़ा।

समकालीन यूरोप पर मानवतावाद का प्रभाव

समकालीन यूरोप पर मानवतावाद का प्रभाव इस प्रकार है

(i) **शिक्षा और ज्ञान में सुधार** प्राचीन ग्रंथों के अध्ययन ने शिक्षा प्रणाली को बदल दिया। विश्वविद्यालयों और शैक्षणिक संस्थानों में धार्मिक शिक्षा के स्थान पर व्यावहारिक और वैज्ञानिक विषयों को महत्त्व दिया गया जैसे–

- नई शिक्षण विधियाँ विकसित हुईं; जैसे दो भाषा विज्ञान, इतिहास और साहित्य आदि।
- लैटिन और ग्रीक दो भाषाओं के अध्ययन को पुनर्जीवित किया गया, जिससे प्राचीन ज्ञान का पुनःअन्वेषण सम्भव हुआ।

(ii) **कला और साहित्य का पुनरुत्थान** मानवतावाद ने कला को धर्म से मुक्त किया और उसे मानव अनुभव, भावनाओं और प्रकृति के प्रति उन्मुख किया। इसके अतिरिक्त लियोनार्डो दा विंची, माइकल एंजेलो और राफेल जैसे कलाकारों ने मानव शरीर, सौंदर्य और प्रकृति के यथार्थवादी चित्रण को प्राथमिकता दी। जबकि साहित्य में दांते, पेट्रार्क और बोक्काचियों जैसे लेखकों ने व्यक्तिगत अनुभव, मानवीय भावनाओं और सामाजिक मुद्दों को अभिव्यक्त किया।

(iii) **धर्म में सुधार** मानवतावाद ने चर्च के अधिकार को चुनौती दी और धर्मनिरपेक्षता को बढ़ावा दिया। जबकि मार्टिन लूथर और प्रोटैस्टेंट सुधार आंदोलनों पर मानवतावादी विचारधारा का गहरा प्रभाव पड़ा।

(iv) **विज्ञान और तर्कसंगत सोच का विकास** मानवतावाद ने वैज्ञानिक खोज और नवाचार को बढ़ावा दिया तथा प्रकृति के अध्ययन और वैज्ञानिक पद्धतियों को अपनाया। इसके अतिरिक्त कोपरनिकस, गैलीलियो और न्यूटन जैसे वैज्ञानिकों ने मानवतावादी दृष्टिकोण से प्रेरणा लेकर वैज्ञानिक क्रांति का आरंभ किया।

(v) **राजनीतिक विचारधारा में परिवर्तन** मानवतावादी विचारकों ने स्वतंत्रता, व्यक्तिगत अधिकारों और शासक के दायित्वों की वकालत की। मैकियावेली जैसे विचारकों ने राजनीति को नैतिकता से अलग करके व्यावहारिक दृष्टिकोण को प्रस्तुत किया। प्रिंस जैसे ग्रंथों ने राज्यशक्ति और प्रशासन को समझने में सहायता की।

(vi) **सामाजिक जीवन पर प्रभाव** मानवतावाद ने व्यक्तिगत स्वतंत्रता और समाज में व्यक्ति की भूमिका को महत्त्व दिया। इससे सामंती व्यवस्था कमजोर हुई और नागरिक समाज का उदय हुआ। इसके अतिरिक्त महिलाओं की शिक्षा और उनके अधिकारों पर भी चर्चा आरंभ हुई, हालाँकि यह प्रभाव सीमित था।

4. यूरोपीय कला किस हद तक यथार्थवाद से जुड़ी थी? समीक्षा कीजिए।

अथवा **किस प्रकार मानवतावादियों ने कला, वास्तुकला एवं ग्रंथों के माध्यम से मानवतावादी के विचारों का प्रचार-प्रसार करने का प्रयास किया? चर्चा कीजिए।**

उत्तर मानवतावाद एक बौद्धि आंदोलन था, जो पुनर्जागरण काल के दौरान यूरोप में अत्यधिक प्रचलित हुआ। इसने मानवता, तर्क और व्यक्तिगत स्वतंत्रता को महत्त्व दिया। मानवतावादी विचारों का प्रचार कला, वास्तुकला और ग्रंथों के माध्यम से व्यापक रूप से किया गया।

कला इतालवी कलाकारों ने व्यक्ति की गरिमा और स्वायत्तता पर बल दिया। उदाहरण के लिए, माइकेल एंजेलो ने 'द पाइटा' चित्र में मेरी को ईसा का शरीर धारण करते हुए दिखाया था। इतालवी पुनर्जागरण के कलाकारों ने यथार्थवादी तरीके से चित्र बनाए।

वास्तुकला पुनर्जागरण वास्तुकला में इमारतों को सुरुचिपूर्ण, सममित और कार्यात्मक तरीके से डिजाइन किया गया था, ये इमारतें प्राचीन रोम की इमारतों जैसी थीं।

ग्रन्थ मानवतावादियों ने शास्त्रीय लेखकों के प्रति श्रद्धा और पुरातनता के ज्ञान को प्रदर्शन कलाओं में दिखाया विलियम शेक्सपियर नाटकों के ऐसे पात्र थे, जो मानवीय अनुभव की गहराई और चौड़ाई को दिखाते थे।

शिक्षा इटली में शिक्षा के प्रसार के साथ-साथ, रोम और यूनानी विद्वानों के क्लासिक ग्रंथों का अनुवाद भी हुआ। इन ग्रन्थों और उन पर लिखी गई टिप्पणियों ने इटली के लोगों को मानवतावादी विचारों से परिचित कराया।

मानवतावाद ने कला, वास्तुकला और साहित्य में मानव जीवन, तर्क और स्वतंत्रता की विशेषता को बढ़ावा दिया। इन माध्यमों से मानवतावादियों ने न केवल प्राचीन सभ्यताओं के विचारों को पुनजीर्वित किया, बल्कि आधुनिक मानवता की सोच को आकार दिया। इन्होंने कला को एक साधन के रूप में प्रयोग किया, जिसके माध्यम से वे मानव अनुभव और समझ को व्यापक रूप से प्रस्तुत कर सके।

5. राष्ट्र राज्यों की उपलब्धियों पर चर्चा करते हुए। इसके विकास का मानव की प्रगति में क्या योगदान है। रहा चर्चा कीजिए

दक्षता आधारित प्रश्न

उत्तर राष्ट्र राज्यों के उदय के परिणामस्वरूप सामंतवाद की अराजकता एवं अव्यवस्था नष्ट हो गई। इसके अतिरिक्त कृषि-दासता की प्रथा की भी समाप्ति हो गई।

राष्ट्र-राज्यों ने विभिन्न देशों की संवैधानिक प्रणाली की सुस्थिरता प्रदान करने में मदद की।

राष्ट्र-राज्यों के परिणामस्वरूप प्राचीन साम्राज्यों की रूढ़िवादियों व अंधविश्वासिता का स्थान मानव की नई चेतना ने ले लिया, जोकि वैज्ञानिक एवं तर्कसंगत थी।

राष्ट्र-राज्यों के भीतर एक ही संस्कृति एवं एक ही भाषा-भाषी लोगों ने संगठित होकर इसकी विशेषताओं में चार चाँद लगा दिए।

पुनर्जागरण काल में स्थापित होने वाले स्वतंत्र राज्यों को राष्ट्र-राज्य की संज्ञा दी गई है। ऐसे राज्यों की सीमाएँ और भू-भाग निश्चित थे और प्रत्येक राज्य की अपनी एक भाषा एवं शासन प्रणाली होती थी। लोगों के रहन-सहन का स्तर समान होता था। इस काल में कुछ राष्ट्र-राज्य इस प्रकार थे– फ्रांस, इंग्लैंड, स्पेन, पुर्तगाल, हॉलैंड आदि।

राष्ट्र-राज्यों विकास के परिणामस्वरूप मानव प्रगति में कुछ बाधाएँ भी आईं और कुछ योगदान भी मिला। राष्ट्र राज्यों का मत प्रमुखतः अन्यों के विपरीत प्रयोग किया जाता था।

इसके फलस्वरूप दूसरे राज्यों के लिए ईर्ष्या व प्रतिरोध की भावना को बल मिला। प्रारंभ में तो प्रतिरोध का क्षेत्र केवल व्यापार तक था, किंतु बाद में यह राजनीतिक स्तर पर भी आगे बढ़ता चला गया।

निःसंदेह प्रत्येक राष्ट्र-राज्य की उन्नति हुई और उसके पीछे कुछ कारण थे; जैसे- वह अपने उपनिवेशों को विस्तृत कर रहे थे। राष्ट्र ने भी एक सुव्यवस्थित पद्धति को अपनाकर कृषि-दास प्रथा को समाप्त कर दिया। जिससे इन राज्यों में शांति स्थिर हो सकी। इसके अतिरिक्त एक संस्कृति के लोगों के अंदर दूसरी संस्कृति के लोगों से मिलने की एकता की भावना उत्पन्न हुई। इन लोगों में अपने राष्ट्रीय राज्यों के प्रति प्रेम की भावना बलवती हुईं दिखाई दी

इस प्रकार हम कह सकते हैं कि राष्ट्र-राज्यों के विकास का मानव की प्रगति में महत्त्वपूर्ण योगदान रहा।

6. मध्यकालीन यूरोप में महिलाओं की आकांक्षाओं/स्थिति पर प्रकाश डालिए।

उत्तर मध्यकालीन यूरोप में महिलाओं की आकांक्षाएँ समाज की पारंपरिक धारा और धार्मिक शिक्षाओं द्वारा निर्धारित होती थीं। इस अवधि के दौरान महिलाओं को मुख्यतः घर की देखभाल, बच्चों की परवरिश और विवाह संबंधी भूमिकाओं में ही सीमित रखा जाता था।

मध्यकालीन यूरोप में कुछ महिलाएँ निम्नलिखित प्रकार से स्वतंत्रता पा सकती थीं

(i) **धार्मिक आकांक्षाएँ** बहुत-सी महिलाएँ धार्मिक जीवन में योगदान देने की आकांक्षी होती थीं। उन्हें नन या संत बनने की प्रेरणा मिलती थी, जैसे कि सेंट हिल्डा और सेंट थ्रेसा। ये महिलाएँ अपनी श्रद्धा और सेवा के माध्यम से सम्मानित होती थीं।

(ii) **शैक्षिक आकांक्षाएँ** शिक्षा का अधिकार और अवसर केवल उच्च वर्ग की महिलाओं तक सीमित थीं, लेकिन कुछ महिलाएँ साहित्य और कला में रुचि रखती थी जैसे कि हिल्डेगार्ड वॉन बिंगन, जो एक धार्मिक लेखिका और संगीतकार थीं।

(iii) **सामाजिक आकांक्षाएँ** इस प्रकार की महिलाओं को अकसर समाज में निम्न स्थिति दी जाती थी, लेकिन उच्च वर्ग की महिलाएँ संपत्ति और शक्ति का स्वामित्व रख सकती थीं, जैसे कि कुछ रानी और शाही परिवारों की महिलाएँ। वे राजनीतिक प्रभाव और परिवारों के बीच गठबंधन में महत्त्वपूर्ण भूमिका निभाती थीं।

(iv) **आर्थिक आकांक्षाएँ** कुछ महिलाएँ व्यापार में सक्रिय होती थीं, तो कुछ विशेष रूप से बुनाई, कढ़ाई और अन्य शिल्पकला में निपूर्ण थीं, लेकिन उनके लिए यह एक सीमित क्षेत्र था और पुरुषों के मुकाबले उन्हें कम अवसर मिलते थे।

इस प्रकार, मध्यकालीन यूरोप की महिलाओं की आकांक्षाएँ मुख्यतः पारंपरिक सामाजिक संरचनाओं और धार्मिक विश्वासों से प्रभावित थीं, हालाँकि कुछ महिलाओं ने अपने समाज की सीमाओं को चुनौती दी और विभिन्न क्षेत्रों में अपनी पहचान बनाई।

स्रोत आधारित प्रश्न

निम्नलिखित स्रोतों का ध्यानपूर्वक पढ़कर उन पर आधारित प्रश्नों के उत्तर दीजिए।

1. 1506 ई. में अंग्रेजी भाषा में बाईबिल का अनुवाद करने वाले, लूथरवादी अंग्रेज, विलियम टिंडेल (1494-1536 ई.) ने प्रोटैस्टेंटवाद का इस तरह समर्थन किया :

"इस बात से सब लोग सहमत होंगे कि वे आपको धर्मग्रंथ के ज्ञान से दूर रखने के लिए यह चाहते थे कि धर्मग्रंथ के अनुवाद आपकी मातृभाषा में उपलब्ध न हो सकें, जिससे दुनिया अंधकार में ही रहे और वे पुरोहित वर्ग लोगों के अंतःकरण में बने रहे, जिससे उनके द्वारा बनाए व्यर्थ के अंधविश्वास और झूठे धर्मसिद्धांत चलते रहे, जिसके रहते उनकी ऊँची आकांक्षाएँ और अतृप्त लोलुपता पूरी हो सके। इस तरह वे राजा, सम्राट और यहाँ तक कि अपने को ईश्वर से भी ऊँचा बना सकें....जिस बात ने मुझे मुख्य रूप से न्यू टेस्टामेंट का अनुवाद करने की प्रेरणा दी। मुझे अपने अनुभवों से ज्ञात हुआ कि सामान्य लोगों को किसी भी सच्चाई की तब तक जानकारी नहीं हो सकती जब तक उनके पास अपने धर्मग्रंथ के मातृभाषा में अनुवाद उपलब्ध न हों। इन अनुवादों में ही वे धर्मग्रंथ की परिपाटी, क्रम और अर्थ समझ सकेंगे।

(i) **लूथरवादी अंग्रेज विलियम टिंडेल ने ईसाई धर्म के किस मत का समर्थन किया था?**

उत्तर विलियम टिंडेल ने ईसाई धर्म 'प्रोटैस्टेंटवाद' का समर्थन किया था।

(ii) **प्रस्तुत अनुच्छेद में पादरी किस भाषा में धर्मग्रंथ का अनुवाद नहीं करना चाहते थे?**

उत्तर प्रस्तुत अनुच्छेद के अनुसार पादरी लोग मातृभाषा में धर्मग्रंथ का अनुवाद नहीं करना चाहते थे, क्योंकि वे चाहते होंगे कि मातृभाषा में अनुवाद उपलब्ध न होने से पुरोहितों का वर्चस्व कायम रहेगा तथा उनके द्वारा बनाए गए अंधविश्वास तथा धार्मिक सिद्धांत बने रहेंगे और उनकी ऊँची आकांक्षाएँ तथा अतृप्त लोलुपता की पूर्ति होती रहेगी।

(iii) **लेखक ने अनुच्छेद में किस प्रकार के अनुभव की बात की है?**

उत्तर लेखक ने अपने अनुभवों की चर्चा करते हुए यह कहा है कि सामान्य लोगों को किसी भी सच्चाई की तब तक जानकारी नहीं हो सकती, जब तक उनके पास अपने धर्मग्रंथ का मातृभाषा में अनुवाद उपलब्ध न हो। इन अनुवादों से ही वे धर्मग्रंथ की परिपाटी, क्रम और अर्थ को समझ सकेंगे।

2. लेखक और कूटनीतिज्ञ, बाल्थासार कास्टिल्योनी ने अपनी पुस्तक 'दि कोर्टियर' (1528) में लिखा है

"मेरे विचार से अपने तौर-तरीके, व्यवहार, बातचीत के तरीके, भाव-भंगिमा और छवि में एक महिला पुरुष के सदृश नहीं होनी चाहिए। जैसे कि यह कहना बिल्कुल उपयुक्त होगा कि पुरुषों को

हट्टा-कट्टा और पौरुष संपन्न होना चाहिए। इसी तरह एक स्त्री के लिए यह अच्छा ही है कि उसमें कोमलता और सहृदयता हो, एक स्त्रियोचित मधुरता का आभास उसके हर हाव-भाव में हो और यह उसके चाल-चलन, रहन-सहन और प्रत्येक ऐसे कार्य में हो जो वह करती है, ताकि ये सारे गुण उसके हर हाल में एक स्त्री के रूप में ही दिखाएँ, न कि किसी पुरुष के सदृश।"

यदि उन महानुभावों द्वारा दरबारियों को सिखाए गए नियमों में इन नीति वचनों को जोड़ दिया जाए, तो महिलाएँ इनमें से अनेक को अपनाकर स्वयं को बेहतरीन गुणों से सुसज्जित कर सकेंगी, क्योंकि मेरा यह मानना है कि मस्तिष्क के कुछ ऐसे गुण हैं, जो महिलाओं के लिए उतने ही आवश्यक हैं, जितने कि पुरुष के लिए जैसे कि अच्छे कुल का होना, दिखावे का परित्याग करना, सहज रूप से शालीन होना, आचरणवान, चतुर और बुद्धिमान होना, गर्वी, ईर्ष्यालु, कटु और उद्दंड न होना ..... जिससे महिलाएँ उन क्रीड़ाओं को शिष्टता और मनोहरता के साथ संपन्न कर सकें, जो उनके लिए उपयुक्त हैं।

(i) **बाल्थासार कास्टिल्योनी की पुस्तक का क्या नाम है?**

उत्तर बाल्थासार कास्टिल्योनी की पुस्तक का नाम 'दि कोर्टियर' है।

(ii) **उपर्युक्त अनुच्छेद में स्त्री के लिए कौन-सा गुण आवश्यक माना गया है?**

उत्तर उपर्युक्त अनुच्छेद के अनुसार, एक स्त्री में कोमलता, सहृदयता, उसके प्रत्येक हाव-भाव में मधुरता का आभास आदि गुण आवश्यक रूप से होना चाहिए। उसे अच्छे कुल का होना चाहिए, शालीन, आचरणवान, चतुर और बुद्धिमान होना चाहिए तथा गर्वी, ईर्ष्यालु, कटु और उद्दंड नहीं होना चाहिए।

(iii) **पुरुषों के समान ही महिलाओं में भी कौन-कौन सी विशिष्टताएँ होनी चाहिए?**

उत्तर पुरुषों के समान महिलाओं में भी अच्छे कुल का होना, आचरणवान, चतुर और बुद्धिमान होना, ईर्ष्यालु न होना, सहज रूप से शालीन आदि विशिष्टताएँ होनी चाहिए।

3. ईसाई मानवतावादी जैसे कि इंग्लैंड के टॉमस मोर (1478-1535) और हॉलैंड के इरेस्मस (1466-1536) का यह मानना था कि चर्च एक लालची और साधारण लोगों से बात-बात पर लूट-खसोट करने वाली संस्था बन गई। पादरियों का लोगों से धन ठगने का सबसे सरल तरीका 'पाप-स्वीकारोक्ति' नामक दस्तावेज था, जो व्यक्ति को उसके सारे किए गए पापों से छुटकारा दिला सकता था। ईसाइयों को बाइबिल के स्थानीय भाषाओं में छपे अनुवाद से यह ज्ञात हो गया कि उनका धर्म इस प्रकार की प्रथाओं को प्रचलन की आज्ञा नहीं देता है।

यूरोप के लगभग प्रत्येक भाग में किसानों ने चर्च द्वारा लगाए गए इस प्रकार के अनेक करों का विरोध किया। इसके साथ-साथ राजा भी राज-काज में चर्च की दखल-अंदाजी से चिढ़ते थे। जब मानवतावादियों ने उन्हें यह सूचित किया कि न्यायिक और वित्तीय शक्तियों पर पादरियों का दावा 'कॉन्स्टैनटाइन के अनुदान' नामक एक दस्तावेज से उत्पन्न होता है, जोकि प्रथम ईसाई रोमन सम्राट कॉन्स्टैनटाइन द्वारा सम्भवतः जारी किया गया था, तो उन राजाओं को खुशी हुई, क्योंकि मानवातावादी विद्वान यह दर्शाने में सफल रहे कि कॉन्स्टैनटाइन का वह दस्तावेज असली नहीं बल्कि परिवर्ती काल में जालसाजी से तैयार किया गया था।

(i) **ईसाई मानवतावादियों के चर्च के प्रति क्या विचार थे?**

उत्तर ईसाई मानवतावादी जैसे कि इंग्लैंड के टॉमस मोर और हॉलैंड के इरेस्मस का यह मानना था कि चर्च एक लालची और साधारण लोगों से बात-बात पर लूट-खसोट करने वाली संस्था बन गई है।

(ii) **1517 ई. में मार्टिन लूथर ने क्या कहकर चर्चों का विरोध किया?**

उत्तर जर्मन भिक्षु मार्टिन लूथर ने कैथोलिक चर्च के विरुद्ध अभियान छेड़ा और इसके लिए उसने दलील पेश की कि मनुष्य को ईश्वर से सम्पर्क साधने के लिए पादरी की आवश्यकता नहीं है। इन्होंने अपने अनुयायियों को आदेश दिया कि वे ईश्वर में पूर्ण विश्वास रखें, क्योंकि केवल उनका विश्वास ही उन्हें एक सम्यक् जीवन की ओर ले जा सकता है और उन्हें स्वर्ग में प्रवेश दिला सकता है।

(iii) **पादरियों द्वारा लोगों से कर के रूप में धन ठगने का क्या तरीका था?**

उत्तर पादरियों का लोगों से धन ठगने का सबसे सरल तरीका 'पाप-स्वीकारोक्ति' नामक दस्तावेज था, जो व्यक्ति को उसके सारे किए गए पापों से छुटकारा दिला सकता था। ईसाइयों को बाइबिल के स्थानीय भाषाओं में छपे अनुवाद से यह ज्ञात हो गया कि उनका धर्म इस प्रकार की प्रथाओं को प्रचलन की आज्ञा नहीं देता है।

4. व्यापारी परिवारों में महिलाओं की स्थिति कुछ भिन्न थी। दुकानदारों की स्त्रियाँ दुकानों को चलाने में प्रायः उनकी सहायता करती थीं। व्यापारी और साहूकार परिवारों की पत्नियाँ, परिवार के कारोबार को उस स्थिति में सँभालती थीं, जब उनके पति लंबे समय के लिए दूर-दराज स्थानों पर व्यापार के लिए जाते थे। अभिजात्य संपन्न परिवारों के विपरीत, व्यापारी परिवारों में यदि व्यापारी की कम आयु में मृत्यु हो जाती थी तो उसकी पत्नी सार्वजनिक जीवन में बड़ी भूमिका निभाने के लिए बाध्य होती थी। पर उस काल की कुछ महिलाएँ बौद्धिक रूप से बहुत रचनात्मक थीं और मानवतावादी शिक्षा की भूमिका के बारे में संवेदनशील थीं। वेनिस निवासी कसांद्रा फेदेल (1465-1558) ने लिखा, "यद्यपि महिलाओं को शिक्षा न तो पुरस्कार देती है और न किसी सम्मान का आश्वासन, तथापि प्रत्येक महिला को सभी प्रकार की शिक्षा को प्राप्त करने की इच्छा रखनी चाहिए और उसे ग्रहण करना चाहिए।" वह उस समय की उन थोड़ी सी महिलाओं में से एक ऐसी महिला थीं, जिन्होंने तत्कालीन इस विचारधारा को चुनौती दी कि एक मानवतावादी विद्वान के गुण एक महिला के पास नहीं हो सकते। फेदेल का नाम यूनानी और लैटिन भाषा के विद्वानों के रूप में विख्यात था। उन्हें पादुआ विश्वविद्यालय में भाषण देने के लिए आमंत्रित किया गया था।

(i) **यूरोपीय इतिहासकार सकांद्रा फेदेल ने वेनिस की महिलाओं के बारे में क्या टिप्पणी की है?**

उत्तर वेनिस निवासी कसांद्रा फेदेल (1465-1558) के अनुसार, "यद्यपि महिलाओं को शिक्षा न पुरस्कार देती है और न किसी सम्मान का आश्वाशन, तथापि प्रत्येक महिला को सभी प्रकार की शिक्षा को प्राप्त करने की इच्छा रखनी चाहिए और उसे ग्रहण करना चाहिए।' यह उस समय की उन थोड़ी-सी महिलाओं में से एक ऐसी महिला थी, जिन्होंने तत्कालीन इस विचारधारा को चुनौती दी कि एक मानवतावादी विद्वान के गुण एक महिला के पास नहीं हो सकते।

(ii) **इस काल में व्यापारी परिवारों में महिलाओं की स्थिति कैसी थी?**

उत्तर इस काल में व्यापारी परिवारों में महिलाओं की स्थिति कुछ भिन्न थी। दुकानदारों की स्त्रियाँ दुकानों को चलाने में प्रायः उनकी सहायता करती थीं। व्यापारी और साहूकार परिवारों की पत्नियाँ, परिवार के कारोबार को उस स्थिति में सँभालती थीं, जब उनके पति लंम्बे समय के लिए दूर-दराज स्थानों पर व्यापार के लिए जाते थे।

(iii) **"मार्चिसा ईसाबेला' द इस्ते' ने किस प्रकार पुरुष-प्रधान समाज में अपनी पहचान बनाई?**

उत्तर इस काल की प्रतिभाशाली महिला 'मंटुआ की मार्चिसा ईसाबेला द इस्ते थीं।' उन्होंने अपने पति की अनुपस्थिति में अपने राज्य पर शासन किया। यद्यपि मंटुआ, एक छोटा राज्य था। तथापि उसका राजदरबार अपनी बौद्धिक प्रतिभा के लिए प्रसिद्ध था।

मानचित्र आधारित प्रश्न

1. नीचे दिए गए इटली के मानचित्र पर निम्न बिंदुओं को दर्शाइए

1. पादुआ 2. वेनिस
3. मतुआ 4. सार्डीनिया

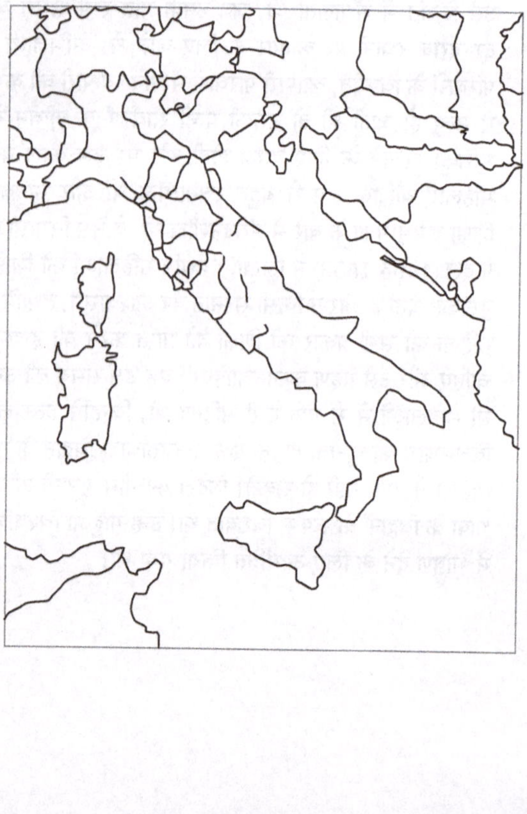

उत्तर

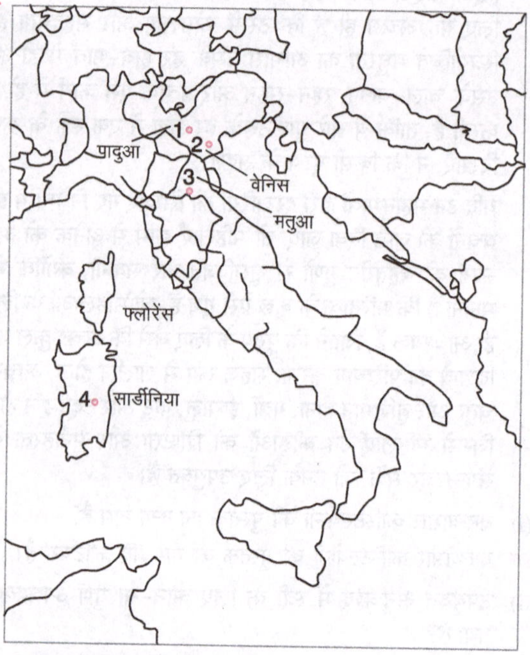

2. नीचे दिए गए मानचित्र पर कुछ बिंदु 1,2,3,4,5 को दर्शाया गया है। विश्व पटल पर स्थित इन स्थानों की पहचान कर इनके सही नाम लिखिए ?

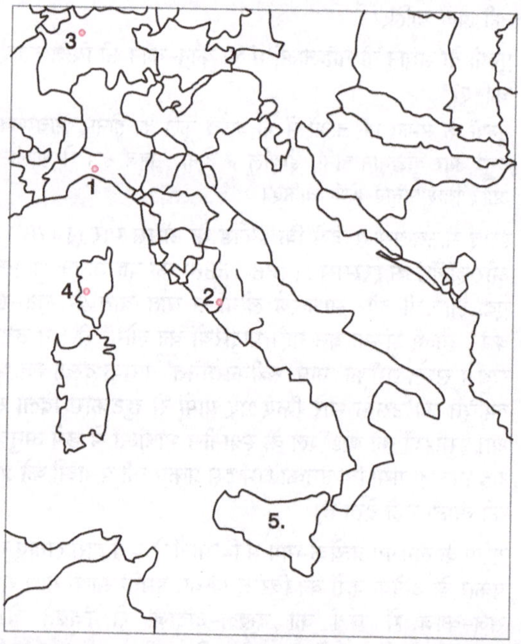

उत्तर 1. जेनेवा 2. रोम
3. स्विस संघ 4. कोर्सिका
5. सिसली

स्वयं को जाँचें

वस्तुनिष्ठ प्रश्न

1. 11वीं शताब्दी का कौन-सा विश्वविद्यालय कानूनी अध्ययन का केंद्र रहा?

(a) पादुआ विश्वविद्यालय
(b) बोलोनिया विश्वविद्यालय
(c) 'a' और 'b' दोनों
(d) उपरोक्त में से कोई नहीं

2. पश्चिमी रोम साम्राज्य के पतन के बाद क्या हुआ?

(a) इटली में राजनीतिक और सांस्कृतिक केंद्रों वाले कई कस्बे खंडहर में बदल गए
(b) एक नया साम्राज्य सत्ता में आया
(c) 'a' और 'b' दोनों
(d) कोई एकीकृत सरकार नहीं थी

3. 'ऑन द डिग्रिटी ऑफ मैन' पुस्तक की रचना किसने की थी?

(a) जैकब बर्कहार्ट
(b) लियोपोल्ड वॉन रांके
(c) फ्रांसेस्को पेट्रार्क
(d) जियोवन्नी पिको डेला मिरंडोला

4. वह मुसलमान हकीम कौन थे, जिन्हें इतालवी दुनिया में ज्ञानी माना जाता था?

(a) इब्न सिना (b) इब्न रूश्द
(c) इब्नबतूता (d) इब्न हकीम

5. वह पहले व्यक्ति कौन था, जिन्होंने सूक्ष्म परीक्षण के लिए मानव-शरीर की चीर-फाड़ की थी?

(a) दोनातल्लो (b) आंड्रीयस बेसेलियस
(c) अल्बर्ट ड्यूटर (d) लियोनार्डो द विंची

6. दिए गए कथन एवं कारण के संदर्भ में सही कूट का चयन करें।

कथन (A) मध्यकाल में ईसाई गिरिजाघरों और मठों के विद्वान यूनानी और रोमन विद्वानों की कृतियों से परिचित थे।

कारण (R) 14वीं शताब्दी में अनेक विद्वानों ने प्लेटो और अरस्तू के ग्रंथों से अनुवादों को पढ़ना शुरू किया।

कूट
(a) A और R दोनों सही हैं तथा R, A की सही व्याख्या है
(b) A और R दोनों सही हैं तथा R, A की सही व्याख्या नहीं है
(c) A सही है, किंतु R गलत है
(d) A गलत है, किंतु R सही है

अतिलघु उत्तरीय प्रश्न

7. मानवतावाद के परिणामस्वरूप संगीत पर क्या प्रभाव पड़ा?

8. चित्रकला पर मानवतावाद का क्या असर हुआ?

9. लियोनार्डो द विंची कौन था?

10. मानवतावादी शब्द का प्रयोग किसके लिए किया जाता था?

11. 'कॉन्स्टैनटाइन के अनुदान' से क्या आशय है?

12. आधुनिक शरीर-क्रिया विज्ञान किस यूरोपीय व्यक्ति की देन है?

लघु उत्तरीय प्रश्न

13. 11वीं से 13वीं शताब्दी के बीच यूरोप में होने वाले उन परिवर्तनों की चर्चा करें, जिसके कारण नगरीय संस्कृति का जन्म हुआ।

14. विश्वविद्यालय और मानवतावाद के बीच के परस्पर संबंधों की संक्षिप्त चर्चा कीजिए।

15. सार्वजनिक क्षेत्र और निजी क्षेत्र के मध्य अंतर स्पष्ट कीजिए।

16. धर्म सुधार आंदोलन के लिए उत्तरदायी प्रमुख कारण कौन-कौन से थे? इससे मार्टिन लूथर की क्या भूमिका थी।

दीर्घ उत्तरीय प्रश्न

17. उन कारकों की चर्चा करें, जिसके कारण सबसे पहले मानवतावादी विचारों का अनुभव इटली में हुआ।

18. 14वीं से 17वीं शताब्दी का कालक्रम किन कारणों से यूरोपीय इतिहास में विशिष्ट या अद्वितीय माना जाता है?

19. 14वीं शताब्दी में हुए यूरोपीय पुनर्जागरण से आप कहाँ तक सहमत हैं। इसके साहित्यिक क्षेत्र में हुए प्रभावों का वर्णन कीजिए।

अनुभाग IV : आधुनिकीकरण की ओर

कालक्रम चार (लगभग 1700–2000)

इस कालक्रम के अंतर्गत पिछले तीन सौ वर्षों में दुनिया के अलग-अलग भागों में क्या घटित हो रहा था और किस प्रकार विभिन्न देशों के लोग हमारे आधुनिक विश्व के निर्माण में क्या योगदान दे रहे थे, इन सबके विषय में बताया गया है। विश्व में पिछली शताब्दी में हुए अफ़्रीका के दास–व्यापार और दक्षिण अफ़्रीका में रंगभेद शासन की स्थापना, यूरोप में सामाजिक आंदोलनों, राष्ट्र राज्यों के निर्माण, साम्राज्यिक शक्तियों के विस्तार, उपनिवेशीकरण की प्रक्रिया, जनतंत्रीय और उपनिवेश विरोधी आंदोलनों आदि के बारे में जानकारी इस कालक्रम के अंतर्गत दी गई है।

6

अध्याय

मूल निवासियों का विस्थापन

यह अध्याय, 18वीं सदी के औपनिवेशिक लोगों से संबंधित है, जिसमें अध्ययन हेतु अमेरिकन, ऑस्ट्रेलियन तथा यूरोपीयन के उपनिवेश स्रोत आधारित का विस्तृत विवरण दिया गया है।

▼ अध्ययन एक नजर में

6.1 अमेरिकन व ऑस्ट्रेलियन निवासियों का इतिहास
6.2 यूरोपीय साम्राज्यवाद
6.3 उत्तरी अमेरिका
6.4 ऑस्ट्रेलिया
6.5 परिवर्तन की लहर

▼ अभ्यास के लिए

– बहुविकल्पीय प्रश्न 30, चित्र आधारित, अभिकथन/कारण, सुमेलित कीजिए
– वर्णनात्मक प्रकार के प्रश्न (लघु उत्तरीय प्रश्न 12, दीर्घ उत्तरीय प्रश्न 6)
– स्रोत आधारित प्रश्न 4, मानचित्र आधारित प्रश्न 2

- 18वीं सदी से पहले यूरोप का दक्षिणी अमेरिका, में स्पेन तथा पुर्तगाल जैसे देशों ने अपना उपनिवेश स्थापित किया। लेकिन 18वीं सदी से दक्षिणी अमेरिका के अतिरिक्त मध्य अमेरिका, उत्तरी अमेरिका, दक्षिण अफ्रीका, ऑस्ट्रेलिया तथा न्यूजीलैंड में भी यूरोप से आए अप्रवासियों ने अबसना आरंभ कर दिया।
- इन देशों में युरोपीय अप्रवासियों की बस्तियों को कॉलोनी (उपनिवेश) कहा जाता था। स्वतंत्र राष्ट्र बनने के पश्चात् 19-20वीं शताब्दी में एशियायी देशों से भी इन देशों में प्रवासन (Migration) हुआ।
- एशियायी और यूरोपीय मूल के लोग ही यहाँ की जनसंख्या का मुख्य हिस्सा हैं, जबकि यहाँ के **मूल निवासियों**[1] की संख्या बहुत कम रह गई है।
- अनेक शहरों, नदियों के नाम देशी नामों से बने हैं; जैसे-संयुक्त राज्य अमेरिका का ओहियों, मिसीसिपी और सिएटल, कनाडा में सस्कातचेवान तथा ऑस्ट्रेलिया में वॉलॉन्गॉन्ग और परामत्ता।

6.1 अमेरिकन व ऑस्ट्रेलियन निवासियों का इतिहास

- 20वीं सदी के मध्य तक **अमेरिका** व **ऑस्ट्रेलिया** में इतिहास की पाठ्य-पुस्तकों में मूल निवासियों का उल्लेख न के बराबर होता था। पाठ्य-पुस्तकों में केवल यह बताया जाता था कि यूरोपवासियों ने किस प्रकार उत्तरी व दक्षिणी अमेरिका तथा ऑस्ट्रेलिया की खोज की थी।
- मूल निवासियों का वर्णन इन पुस्तकों में केवल यूरोपियों के प्रति शत्रुतापूर्ण व्यवहार के लिए किया जाता था।
- 1840 के दशक से अमेरिकी मानवविज्ञानियों (Anthropologist) ने मूल निवासियों को अपने अध्ययन का विषय बनाना आरंभ कर दिया।

1. मूल निवासी वह व्यक्ति, जो उस स्थान पर जन्म लेता है, जहाँ वह रहता है। 20वीं शताब्दी के आरंभ तक इस शब्द का प्रयोग यूरोपीय लोगों द्वारा उन देशों के निवासियों का वर्णन करने के लिए किया जाता था, जिन पर उन्होंने उपनिवेश स्थापित किया था।

- 1960 के दशक से मूल निवासियों को स्वयं अपना इतिहास लिखने या उसे मौखिक रूप से बताने के लिए प्रोत्साहित किया गया।
- अमेरिका व ऑस्ट्रेलिया के संग्रहालयों में 'देसी कला' की दीर्घाओं एवं आदिवासी जीवन–शैली को दिखाने वाले विशेष संग्रहालय भी उपलब्ध हैं।
- संयुक्त राज्य अमेरिका में नए **अमेरिकी इंडियन**[2] राष्ट्रीय संग्रहालय का निर्माण स्वयं अमेरिकी इंडियनों द्वारा किया गया है।

6.2 यूरोपीय साम्राज्यवाद

- अमेरिका महाद्वीप में **औपनिवेशीकरण** (Colonisation) का आरंभ स्पेन और पुर्तगाल द्वारा किया गया था, परंतु 17वीं सदी के पश्चात् इन देशों का और अधिक विस्तार नहीं हो सका, जिसके परिणामस्वरूप फ्रांस, हॉलैंड और इंग्लैंड जैसे देश औपनिवेशीकरण की स्पर्द्धा में शामिल हुए।
- इन देशों ने अमेरिका, अफ्रीका और एशिया में अपने उपनिवेशों को स्थापित करना आरंभ कर दिया था।
- आयरलैंड भी इंग्लैंड का उपनिवेश ही था, क्योंकि वहाँ के अधिकांश भू-स्वामी अंग्रेज थे।

उपनिवेशों की स्थापना

यूरोपीय औपनिवेशीकरण के अंतर्गत उपनिवेशों की अपने लाभ हेतु विभिन्न आकांक्षाएँ रही हैं। इन्होंने अपने विस्तार के लिए कई पद्धतियों को भी अपनाया, जो निम्नलिखित हैं

(i) **लाभ प्रेरित औपनिवेशीकरण** 18वीं सदी में अधिकाधिक लाभ कमाने की आकांक्षा ने ही यूरोपीय राष्ट्रों को अमेरिका, अफ्रीका और एशिया में अपने उपनिवेश स्थापित करने हेतु प्रेरित किया था, किंतु इन देशों में स्थापित किए गए नियंत्रण की प्रकृति अलग-अलग देशों में विभिन्न प्रकार की थी।

(ii) **औपनिवेशिक शक्तियों के रूप में व्यापारिक कंपनियाँ** दक्षिणी एशिया में व्यापारिक कंपनियों ने राजनीतिक शक्ति प्राप्त करने के लिए स्थानीय शासकों को पराजित करके उनके शासित क्षेत्रों पर अपना अधिकार स्थापित किया, जिसके परिणामस्वरूप प्रशासनिक व्यवस्था को बदलने का प्रयास न करते हुए उन्होंने स्वयं को भू-राजस्व वसूलने तक ही सीमित रखा। उन्होंने व्यापार को सुगम बनाने के लिए रेलवे का निर्माण किया, खदानें खुदवाईं और बड़े-बड़े बागान स्थापित किए।

(iii) **अफ्रीकी औपनिवेशीकरण** दक्षिणी अफ्रीका को छोड़कर शेष संपूर्ण अफ्रीका में यूरोपीय लोग सर्वत्र समुद्र तटों पर व्यापार करते थे। 19वीं सदी के अंतिम दौर में ही वे अंदरुनी क्षेत्रों में जाने का साहस कर सके। इसके बाद कुछ यूरोपीय देशों के बीच अपने उपनिवेशों के रूप में अफ्रीका को विभाजित करने का समझौता हुआ।

(iv) **आबादकार औपनिवेशीकरण** सेटलर (आबादकार) शब्द दक्षिण अफ्रीका में डच के लिए आयरलैंड, न्यूजीलैंड और ऑस्ट्रेलिया में ब्रिटिश के लिए और अमेरिका में यूरोपीय लोगों के लिए उपयोग होता है। इन उपनिवेशों की राजभाषा फ्रांसीसी और अंग्रेजी थी।

'नई दुनिया' के देशों को यूरोप वासियों द्वारा दिए गए नाम

- **अमेरिका** नाम पहली बार अमेरिगो वेसपुकी (1451-1512 ई.) का यात्रा वृत्तांत छपने के बाद प्रयुक्त हुआ था।
- **कनाडा** शब्द **कनाटा** से निकला है। 1535 ई. में जाक कार्टियर को मिली जानकारी के अनुसार, ह्यूरो-इरोक्यूइस की भाषा में कनाटा का अर्थ 'गाँव' था।
- **ऑस्ट्रेलिया** यह नाम महान दक्षिणी महासागर में स्थित भूमि के लिए 16वीं सदी में प्रयुक्त किया गया था। लातिनी में दक्षिण को **ऑस्ट्रल** कहते हैं।
- **न्यूजीलैंड** यह नाम हॉलैंड के तास्मान द्वारा दिया गया था, जिसने सबसे पहले 1642 ई. में इन टापुओं को देखा था (डच भाषा में समुद्र को 'जी' कहते हैं)।

नोट जियोग्राफिकल डिक्शनरी (पेज 805-822) में अमेरिका और ऑस्ट्रेलिया के ऐसे सौ से अधिक स्थान-नामों की सूची दी गई है, जो 'न्यू' से शुरू होते हैं।

चेक प्वॉइंट 1

1. 17वीं शताब्दी के बाद किन देशों ने अपने साम्राज्य का विस्तार नहीं किया?
2. न्यूजीलैंड देश का नाम किसने रखा?
3. उन देशों के नाम बताइए, जिन्हें डच और ब्रिटिश ने अपना उपनिवेश बनाया था?
4. 1642 ई. में न्यूजीलैंड की खोज सबसे पहले किसने की थी?

2 **अमेरिकी इंडियन** अमेरिकी इंडियन/अमेरिड/अमेरिडियन उत्तर और दक्षिण अमेरिका तथा कैरेबिया के मूल निवासी लोग थे।

6.3 उत्तरी अमेरिका

- उत्तरी अमेरिका महाद्वीप का विस्तार उत्तर **ध्रुवीय वृत्त** (Arctic Circle) से **कर्क रेखा** (Tropic of Cancer) और **प्रशांत महासागर** (Pacific Ocean) से **अटलांटिक महासागर** (Atlantic Ocean) तक है।
- अरिजोना और नेवाडा की मरुभूमि इसके पथरीले पहाड़ों की शृंखला के पश्चिम में है। सिएरा नेवाडा पर्वत का विस्तार भी पश्चिम में है।
- पूर्व में ग्रेट मैदान, ग्रेट झीलें, मिसीसिपी एवं ओहियो तथा **अप्पालाचियाँ** पर्वतों की घाटियाँ हैं।
- मैक्सिको इसके दक्षिण दिशा में अवस्थित है। कनाडा के 40% भू-भाग में वन अवस्थित हैं।
- उत्तरी अमेरिका महाद्वीप के अनेक क्षेत्रों में तेल, गैस और खनिजों के विशाल भंडार हैं, जिसके परिणामस्वरूप संयुक्त राज्य अमेरिका और कनाडा में बड़े-बड़े उद्योगों का विकास हुआ है।
- वर्तमान में कनाडा में गेहूँ, मकई व फल का अत्यधिक उत्पादन किया जाता है। इसके अतिरिक्त मत्स्य उद्योग कनाडा का एक महत्त्वपूर्ण उद्योग है।
- उत्तरी अमेरिका में यूरोपवासियों के आने के हजारों साल पहले से लोग रह रहे थे, किंतु वे आर्थिक दृष्टि से पिछड़े हुए थे।
- खनन, उद्योग और कृषि का विस्तृत विकास पिछले 200 वर्षों में यूरोप, अफ्रीका और चीन के **अप्रवासियों** (Immigrants) द्वारा किया गया।

उत्तरी अमेरिका के मूल निवासी

- मूल निवासी (Native) का प्रयोग ऐसे व्यक्ति के लिए किया जाता है, जो मौजूदा निवास स्थान में ही पैदा हुआ हो।
- 20वीं सदी के आरंभिक वर्षों तक यह पद यूरोपीय लोगों द्वारा अपने उपनिवेशकों के लिए प्रयोग किया जाता था, साथ ही मूल निवासियों की जातियों के नाम ऐसी वस्तुओं या कार्यों को दिए गए थे, जिनका इन कबीलों से कोई संबंध नहीं था; जैसे—'डकोटा' हवाई जहाज के लिए, 'चिरोकी' जीप के लिए, 'पोंटिआक' कार के लिए तथा 'मोहॉक' बाल कटाई के लिए प्रयुक्त किया जाता था।
- उत्तरी अमेरिका में सर्वप्रथम निवास हेतु लोग 30,000 वर्ष पहले बेरिंग स्ट्रेट्स के आर-पार फैले **भूमि-सेतु** (Land Bridge) के रास्ते एशिया से आए थे।
- 10,000 वर्ष पहले अंतिम हिम युग (Ice Age) के दौरान वे आगे दक्षिण की ओर बढ़ने लगे।
- अनुमानतः 5,000 वर्ष पहले, जब यहाँ की जलवायु में स्थिरता आ गई, तब जनसंख्या में वृद्धि होने लगी।
- अमेरिका में प्राप्त सर्वाधिक प्राचीन मानव कृति 'एक तीर की नोंक' है, जो 11,000 वर्ष पुरानी है।

▲ रंगीन सीपों को एक साथ सिलकर बनाई गई बेल्ट

- मूल निवासी नदी घाटियों के किनारे गाँवों में रहते थे और सब्जियाँ और मक्का उगाते थे तथा मछली एवं मांस पर निर्भर रहते थे।
- वे वाइसन अर्थात् जंगली भैंसों का शिकार करते थे तथा केवल उतना ही शिकार करते थे, जितना उन्हें भोजन के लिए आवश्यक होता था।
- वे सुलभ (आसान) यात्रा के लिए स्पेनिश उपनिवेशकों से प्राप्त घोड़े का प्रयोग करते थे।
- मूल निवासी व्यापक कृषि में संलग्न नहीं थे, जिसके कारण कोई अधिशेष उत्पादन, राज्य या साम्राज्य नहीं बना।
- कुछ क्षेत्रीय विवाद थे, लेकिन भूमि स्वामित्व कोई बड़ी समस्या नहीं थी।
- वे भूमि से प्राप्त भोजन और आश्रय से संतुष्टि थे तथा उहें भूमि के स्वामित्व की आवश्यकता भी महसूस नहीं हुई।
- गठबंधन बनाना और उपहारों का आदान-प्रदान करना, मूल निवासियों की एक महत्त्वपूर्ण सांस्कृतिक परंपरा थी।
- विभिन्न अलिखित भाषाएँ बोली जाती थीं और ऐतिहासिक ज्ञान मौखिक रूप से पीढ़ियों तक पहुँचाया जाता था।
- मूल निवासी कुशल कारीगर थे तथा अपने क्षेत्र की जलवायु और परिदृश्य की अच्छी समझ रखते थे।

उत्तरी अमेरिका में यूरोपीय व्यापारियों का प्रवेश

- यूरोपीय व्यापारियों का उत्तरी अमेरिका में सर्वप्रथम आगमन 17वीं सदी में हुआ।
- स्पेनवासी जहाँ सोना प्राप्त करने के उद्देश्य से दक्षिणी अमेरिका गए थे, वहीं उत्तरी अमेरिका में यूरोपीय व्यापारी आरंभिक दौर में मछली और रोएँदार खाल (Furs) के व्यापार के उद्देश्य से आए थे।
- इस कार्य में उन्हें स्थानीय शिकार करने वाले लोगों का पर्याप्त सहयोग मिला।
- फ्रांसीसी व्यापारी जब मिसीसिपी नदी के किनारे दक्षिण में थोड़ा और आगे बढ़े, तब उन्हें देशी लोगों की विशिष्ट संस्कृति के विषय में ज्ञात हुआ।

- वे नियमित रूप से किसी स्थान पर एकत्रित होकर ऐसे **हस्तशिल्पों** (Handicrafts) का आदान-प्रदान करते थे, जो किसी विशेष कबीले में ही निर्मित होते थे अथवा उन खाद्य पदार्थों का आदान-प्रदान करते थे, जो अन्य कबीलों में उत्पन्न नहीं होते थे।
- यूरोपीय लोग उनसे स्थानीय उत्पाद प्राप्त करने के बदले में उन्हें कंबल, लोहे के बर्तन, बंदूकें और शराब देते थे। इसी क्रम में मूल निवासियों का शराब से परिचय हुआ और शीघ्र ही उन्हें इसकी आदत हो गई।
- यह यूरोपीय व्यापारियों के लिए लाभदायक सिद्ध हुआ, जिसके परिणामस्वरूप यूरोपीय उनसे अपनी व्यापारिक शर्तें (Terms of Trade) मनवाने में सफल रहे। इसके विपरीत यूरोपियों ने मूल निवासियों से तंबाकू की आदत ग्रहण की

मूल निवासियों के लिए प्रयुक्त शब्द

▲ विसकान्सिन के विनबागो कबीले की एक महिला

- **ऐबॉरिजिनी** (Aborigine) ये ऑस्ट्रेलिया के मूल निवासी होते हैं। लैटिन में **ऐब** का अर्थ 'से' और **ओरिजिन** का अर्थ 'शुरुआत' है।
- **अमेरिकन इंडियन/अमेरिंड/अमेरिंइंडियन** (American Indian/ Amerinda /Amerindian) ये उत्तरी और दक्षिणी अमेरिका तथा कैरेबियन के मूल निवासी होते हैं।
- **फर्स्ट नेशंस पीपुल्स** (First Nations Peoples) यह मूल निवासियों के संगठित समूह थे, जिन्हें कनाडाई सरकार द्वारा मान्यता प्राप्त थी। इनके लिए 1876 ई. के इंडियंस एक्ट में 'बैंड्स' पद का प्रयोग किया गया था, लेकिन 1980 के दशक से नेशंस शब्द प्रयुक्त होने लगा।
- **इंडिजींस पीपुल** (Indigenous People) ये ऐसे लोग होते हैं, जो किसी स्थान पर सदैव से रहते आए हैं।
- **नेटिव**[3] **अमेरिकन** (Native Americans) ये उत्तरी और दक्षिणी अमेरिका के देशी लोग होते हैं।
- **रेड इंडियंस** (Red Indians) ये गेहुँए वर्ण के लोग थे, जिनके निवास स्थान को **कोलंबस** ने गलती से इंडिया समझ लिया था।

यूरोपवासियों और मूल निवासियों के मध्य पारस्परिक धारणाएँ

- 18वीं शताब्दी में पश्चिमी यूरोप अत्यधिक उन्नति कर चुका था। **साक्षरता, संगठित धर्म** (Organised Religion) व **शहरीपन** (Urbanism) यहाँ की पहचान बन गई थी। इन आधारों को ये लोग मनुष्य के सभ्य होने की कसौटी मानने लगे थे।
- इन्हीं आधारों पर उन्हें अमेरिका के मूल निवासी असभ्य प्रतीत होते थे। फ्रांसीसी दार्शनिक **ज्यां जैक रूसो** (Jean- Jacques Rousseau) ने इन लोगों की प्रशंसा इस संदर्भ में की कि वे सभ्यता की विकृतियों से बचे हुए थे।
- **विलियम वर्डसवर्थ** ने मूल निवासियों का वर्णन करते हुए कहा कि वे जंगलों में रहते हैं, जहाँ कल्पनाशक्ति के पास उन्हें भावसंपन्न करने, उन्हें परिष्कृत करने के अवसर बहुत कम हैं।
- इन मूल निवासियों के लिए **उदात्त उत्तम जंगली** (The Noble Savage) शब्दों का प्रयोग किया गया था।
- 17वीं सदी में कई यूरोपीय राष्ट्रों में कैथोलिक बनाम प्रोटैस्टेंट के टकराव के कारण उत्पीड़ित लोग एक नई जिंदगी शुरू करने के लिए अमेरिका पहुँचे।
- अमेरिका में जब तक जमीनें खाली थीं, इन लोगों के बसने में कोई समस्या नहीं आई, लेकिन धीरे-धीरे ये मूल निवासियों के गाँवों की ओर बढ़ने लगे। ये लोग अपने लोहे के औजारों की सहायता से जंगलों को साफ कर कृषि योग्य भूमि तैयार करने लगे।

यूरोपीय व्यापारियों और मूल निवासियों के मध्य वस्तुओं का आदान-प्रदान

- व्यापारिक लाभ की आकांक्षा रखने वाले यूरोपियों के लिए परस्पर आदान-प्रदान की जाने वाली वस्तुएँ (मछली और रोएँदार खाल) थीं, जिन्हें यूरोपीय बाजारों में बेचकर अत्यधिक लाभ प्राप्त होता था, जबकि मूल निवासियों के लिए ये वस्तुएँ मित्रता में दिए गए **उपहार** थे।
- मूल निवासियों को सुदूर यूरोप में स्थित बाजार की जानकारी नहीं थी, जिसके परिणामस्वरूप वे माँग और पूर्ति के सिद्धांत के आधार को अपनाते थे।
- रोएँदार खाल, जिसकी यूरोपीय बाजारों में अत्यधिक माँग थी, को प्राप्त करने के लिए यूरोपियों ने बड़ी संख्या में ऊद्बिलावों को मारा था। मूल निवासी इस घटना से अत्यधिक विचलित हुए, क्योंकि उन्हें भय था कि जानवर उनसे इस विध्वंस का प्रतिशोध लेंगे।

वनों में बसने वाले मूल निवासियों तथा यूरोपीय लोगों की धारणाएँ

- वनों के विषय में मूल निवासियों और यूरोपीय लोगों के दृष्टिकोण भिन्न-भिन्न थे।
- मूल निवासी वनों को भली-भाँति समझते थे। उन्हें उन रास्तों की पहचान थी, जो यूरोपीय लोगों के लिए अदृश्य थे।
- किंतु यूरोपीय लोगों का लक्ष्य कृषि के लिए वनों को साफ करना था।

---

3 **नेटिव** (Native) नेटिव का अर्थ होता है, ऐसा व्यक्ति, जो अपने मौजूदा निवास स्थान में ही पैदा हुआ हो। बीसवीं सदी के आरंभिक वर्षों तक यह पद यूरोपीय लोगों द्वारा अपने उपनिवेशों के मूल निवासी के लिए प्रयुक्त होता था।

- **थॉमस जेफरसन** एक ऐसा राष्ट्र चाहते थे, जिसमें यूरोपीयन छोटे-छोटे खेतों में खेती करते हों। इनका मत था कि देशी कृषि पद्धतियों को असभ्य माना जाता था, क्योंकि वे लाभ के अतिरिक्त व्यक्तिगत आवश्यकताओं पर भी केंद्रित थी।

कनाडा और संयुक्त राज्य अमेरिका

- कनाडा और संयुक्त राज्य अमेरिका 18वीं सदी के अंत में अस्तित्व में आए। संयुक्त राज्य अमेरिका ने अपने क्षेत्र विस्तार के लिए भू-भागों का क्रय और युद्ध दोनों का ही उपयोग किया था।
- फ्रांस से लुइसियाना क्षेत्र और रूस से अलास्का क्षेत्र का क्रय किया गया तथा मैक्सिको से युद्ध के द्वारा दक्षिण का अधिकांश क्षेत्र प्राप्त किया गया था।
- इस क्षेत्र विस्तार के द्वारा संयुक्त राज्य अमेरिका की पश्चिमी सीमा कम होती जा रही थी और वहाँ रह रहे मूल निवासियों को भी पीछे खिसकने के लिए विवश किया जाता था।

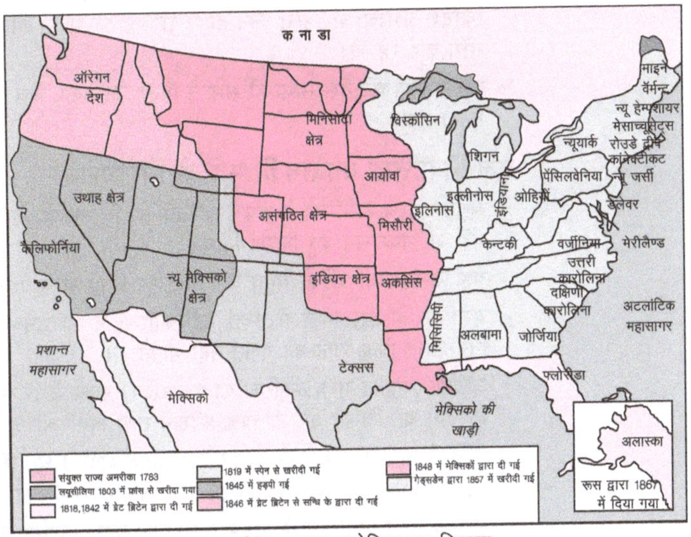

▲ संयुक्त राज्य अमेरिका का विस्तार

अमेरिका के भू-दृश्य में परिवर्तन

- 19वीं सदी में अमेरिका में यूरोपीय प्रवासियों ने संपूर्ण **भू-दृश्य** (Landscapes) को परिवर्तित कर दिया। भूमि के प्रति इनका दृष्टिकोण मूल निवासियों से भिन्न था।
- पिता की जागीरों से वंचित ब्रिटेन और फ्रांस के कुछ भू-स्वामियों ने यहाँ बड़ी-बड़ी जमीनें खरीदीं।
- इसके बाद जर्मनी, स्वीडन और इटली जैसे देशों से बड़ी संख्या में ऐसे लोग आए, जिनकी जमीनें बड़े किसानों के अधिकार में चली गई थीं। ऐसे लोगों ने स्वयं की भूमि प्राप्त करने के लिए अमेरिका की ओर प्रवास किया।
- पोलैंड से अमेरिका आकर बसने वाले लोगों को प्रेयरी चरागाहों में काम करना पसंद था।
- इन लोगों ने यहाँ बड़ी-बड़ी जमीनें खरीदीं, क्योंकि अमेरिका में जमीन बहुत सस्ती थी।
- इन लोगों ने अमेरिका में कृषि का विकास किया तथा धान और कपास जैसी फसलें उगाईं, जो यूरोपीय बाजार में ऊँची कीमतों पर बेची जा सकती थीं।
- अपने विशाल खेतों को भेड़िए और पहाड़ी शेरों जैसे जंगली जानवरों से बचाने के लिए इन लोगों ने शिकार के द्वारा उन्हें मार दिया।
- 1873 ई. में **कँटीले तारों** (Barbed Wire) की खोज के बाद ही ये लोग अपने खेतों को इन जानवरों से पूरी तरह सुरक्षित कर पाए।

दास व्यापार

- यूरोप से आए लोगों के लिए संयुक्त राज्य अमेरिका के दक्षिणी क्षेत्रों की जलवायु अत्यधिक गर्म थी, इसलिए उनके विशाल कृषि क्षेत्रों में कार्य करना संभव नहीं था। अत: उन लोगों ने अपने बागानों में कार्य करने हेतु दासों को लगाया।
- दक्षिणी अमेरिकी उपनिवेशों में कार्य हेतु मूल निवासियों को दास (Slave) बनाया गया, किंतु इसमें बहुत-से दास मृत्यु के शिकार हुए थे, इसलिए यहाँ के बागान मालिकों ने अफ्रीका से बड़ी संख्या में दासों को खरीदा।
- दास प्रथा विरोधी समूहों (Anti-Slavery Groups) के विरोध के दौरान दासों के व्यापार पर रोक लगा दी गई, लेकिन जो अफ्रीकी संयुक्त राज्य अमेरिका में थे, वे और उनके बच्चे दास ही बने रहे।

दास प्रथा पर प्रतिबंध

- संयुक्त राज्य अमेरिका के दक्षिणी राज्यों की अर्थव्यवस्था बागानों पर आधारित थी, जबकि उत्तरी राज्यों में ऐसा नहीं था, इसलिए उत्तरी राज्यों के निवासी दास प्रथा के समर्थक नहीं थे। उनके अनुसार, दास प्रथा एक अमानवीय प्रथा थी।
- वे दास प्रथा को समाप्त करने की माँग कर रहे थे। 1861-65 ई. की अवधि में दास प्रथा उन्मूलन (Abolition) हेतु उत्तरी और दक्षिणी राज्यों में युद्ध हुआ, जिसमें उत्तरी राज्यों की जीत हुई। 1865 ई. में संयुक्त राज्य अमेरिका में दास प्रथा समाप्त कर दी गई।
- सभी नागरिकों को बिना किसी भेदभाव के नागरिक स्वतंत्रता के अधिकार प्रदान किए गए, किंतु इसके बाद भी अफ्रीकी मूल के अमेरिकी नागरिक सुविधाओं से क्रियात्मक रूप में वंचित ही रहे। नागरिक सुविधाएँ उन्हें 20वीं सदी में ही प्राप्त हो पाईं।

कनाडा की समस्या

- कनाडा पर इंग्लैंड ने फ्रांस के साथ होने वाले सप्तवर्षीय युद्ध के उपरांत अधिकार कर लिया था। 1763 ई. से कनाडा पर ब्रिटिश प्रभुत्व था, परंतु कनाडा में रह रहे फ्रांसीसी अप्रवासी लगातार ब्रिटिश प्रभुत्व से मुक्ति एवं राजनीतिक स्वतंत्रता की माँग कर रहे थे।
- इस समस्या को उस समय ही समाप्त किया जा सका, जब 1867 ई. में कनाडा को स्वायत्त राज्यों के एक महासंघ के रूप में संगठित किया गया।

मूल निवासियों का उनकी भूमि से निष्कासन

- संयुक्त राज्य अमेरिका ने अपनी बस्तियों के विस्तार के लिए वहाँ के मूल निवासियों से जमीनों की बिक्री के समझौते किए तथा उन्हें वहाँ से निष्कासन हेतु विवश किया।
- यहाँ जमीनों की कीमतें बहुत कम थीं तथा धोखे से कम कीमत पर अधिक जमीनें भी ली गईं और पैसा भी नहीं दिया गया।
- यूरोपियों के इस कार्य में उच्च अधिकारियों ने भी उनका साथ दिया। उच्च अधिकारी भी मूल निवासियों को उनकी जमीन से निष्कासित किए जाने को गलत नहीं मानते थे।
- जॉर्जिया (संयुक्त राज्य अमेरिका का एक राज्य) राज्य के **चिरोकी** कबीले से यह बात स्पष्ट हो जाती है कि मूल निवासियों में **चिरोकी** वह समुदाय था, जिसने अंग्रेजी भाषा सीखने तथा अमेरिकी जीवन-शैली अपनाने का सबसे अधिक प्रयास किया था।
- चिरोकी कबीला अमेरिकी कानून के अंतर्गत शासित था, किंतु फिर भी चिरोकियों को नागरिक अधिकारों से केवल इसलिए वंचित रखा गया, क्योंकि वे मूल निवासी थे व नागरिक अधिकार केवल गोरों के लिए आरक्षित थे।
- संयुक्त राज्य अमेरिका के मुख्य न्यायाधीश **जॉन मार्शल** ने 1832 ई. में चिरोकियों के पक्ष में एक महत्त्वपूर्ण निर्णय दिया, जिसमें कहा गया था कि ''यह कबीला एक विशिष्ट समुदाय है और इसके स्वामित्व वाले क्षेत्र में जॉर्जिया का कानून लागू नहीं होता और वे कुछ विषयों में संप्रभुता संपन्न हैं।''
- अमेरिकी राष्ट्रपति **एंड्रिक जैक्सन** ने इस फैसले को बदल दिया और चिरोकियों को उनकी जमीन से निकालने के लिए अमेरिकी सेना भेज दी।
- चिरोकियों को अपनी जमीन छोड़कर, **विस्तृत अमेरिकी मरुभूमि** की ओर जाने के लिए बाध्य किया गया। इस प्रवास के समय को **आँसुओं की राह** भी कहा जाता है। प्रवास के इस समय में लगभग एक-चौथाई चिरोकी मारे गए थे।

यूरोपियों द्वारा मूल निवासियों का शोषण

- मूल निवासियों को उनकी जमीन से निष्कासित कर पश्चिम में बसा दिया गया, जहाँ उन्हें स्थायी स्तर पर अपनी जमीनें दी गई थीं, लेकिन ये आवास भी स्थायी नहीं रहे।
- उनके रहने वाली जमीन के अंदर सीसा, सोना या तेल आदि खनिज की जानकारी मिलने पर उन्हें उन जमीनों से भी हटने पर विवश किया गया था।
- कई समूहों को एक के स्वामित्व वाली जगह पर रहने हेतु विवश किया जाता था, जिससे इन समूहों के बीच झगड़े भी होते थे।
- उन्हें छोटे से क्षेत्र तक सीमित कर दिया गया, जिसे **रिजर्वेशंस** (आरक्षण) कहा जाता था। अपनी जमीनों पर अपने अधिकारों के लिए मूल निवासियों ने विद्रोह भी किए। संयुक्त राज्य अमेरिका की सेना ने 1865 से 1890 ई. के बीच विद्रोहों की एक पूरी श्रृंखला का दमन किया।
- कनाडा में 1869 से 1885 ई. के बीच मेटिसों (यूरोप के मूल निवासियों के वंशज) ने सशस्त्र विद्रोह किए, लेकिन इन लड़ाइयों में उनकी हार हुई।

गोल्ड रश और उद्योगों की वृद्धि

▲ गोल्ड रश के दौरान कैलीफोर्निया जाते लोग

- उत्तरी अमेरिका में जमीन के नीचे सोना होने का अनुमान कई वर्षों से लगाया जाता था, लेकिन इसका प्रमाण 1840 ई. में प्राप्त हुआ, जब कैलिफोर्निया में जमीन के नीचे सोना होने के प्रमाण मिले।
- इसने 'गोल्ड रश' की विचारधारा को जन्म दिया, जिसमें हजारों की संख्या में यूरोपीय लोग शीघ्र ही उज्ज्वल भविष्य की आशा में अमेरिका पहुँचे।
- परिणामस्वरूप संपूर्ण महाद्वीप में रेलवे लाइनों का जाल बिछाने के लिए चीनी श्रमिकों की नियुक्ति की गई।
- 1870 ई. में संयुक्त राज्य अमेरिका और 1885 ई. में कनाडा में रेलवे का निर्माण कार्य पूरा हुआ। रेलवे के निर्माण ने औद्योगिक विकास में महत्त्वपूर्ण योगदान दिया।

अमेरिका और कनाडा में औद्योगीकरण

- औद्योगीकरण का अमेरिका तथा कनाडा दोनों देशों पर व्यापक प्रभाव पड़ा, जो इस प्रकार है
- इंग्लैंड में एक विशेष समय में औद्योगिक क्रांति होने का कारण सस्ते श्रम की उपलब्धता थी, क्योंकि छोटे किसानों की जमीनें बड़े भू-स्वामियों के आधिपत्य में जाने के बाद उन्होंने आजीविका के लिए कारखानों को अपनाया।
- उत्तरी अमेरिका में उद्योग कई प्रकार के कारणों से विकसित हुए; जैसे—रेलवे का सामान बनाने के लिए, जिससे दूर-दूर के स्थानों को तीव्र परिवहन के द्वारा जोड़ा जा सके और ऐसे यंत्रों का उत्पादन करने के लिए, जिनसे बड़े पैमाने की खेती को आसान बनाया जा सके।
- कनाडा और अमेरिका दोनों स्थानों पर औद्योगिक नगरों का विकास हुआ, जिससे कारखानों की संख्या में वृद्धि हुई।
- 1860 ई. में संयुक्त राज्य अमेरिका औद्योगिक रूप से अविकसित अवस्था में था, किंतु तीस वर्ष उपरांत 1890 ई. में वह विश्व की अग्रणी औद्योगिक महाशक्ति बन चुका था।

औद्योगीकरण का कृषि पर प्रभाव

- इस समय कृषि का भी बड़े पैमाने पर विकास हुआ। बड़े-बड़े क्षेत्रों को कृषि योग्य बनाकर उन्हें खेतों में परिवर्तित किया गया।
- जंगली भैंसें कृषि के लिए खतरा थीं, जिन्हें 1890 ई. तक पूरी तरह समाप्त कर दिया गया।
- इस प्रकार मूल निवासियों की प्राचीनकाल से चली आ रही आखेट (Hunting) आधारित जीवनचर्या भी समाप्त हो गई।
- 1892 ई. तक संयुक्त राज्य अमेरिका का सीमा विस्तार पूर्ण हो चुका था। प्रशांत और अटलांटिक महासागर के बीच अमेरिकी राज्यों का विभाजन हुआ।
- यूरोपीय आबादकारों (Settlers) को पश्चिम की ओर ले जाने वाला अब कोई 'फ्रंटियर' शेष नहीं रहा था।
- संयुक्त राज्य अमेरिका अब एक साम्राज्यवादी शक्ति (Imperial Power) बन चुका था, जिसने हवाई और फिलीपींस में अपने उपनिवेश स्थापित कर लिए थे।

संवैधानिक अधिकार

- 1770 के दशक में आबादकारों ने आजादी के संघर्ष के लिए 'लोकतांत्रिक भावना' के नारे के साथ एकजुटता बनाई।
- संयुक्त राज्य अमेरिका अब एक स्वतंत्र राष्ट्र था, जो शीघ्र ही राजशाही एवं अभिजात्य तंत्र के विरुद्ध नई दुनिया की पहचान बन गया।
- स्वतंत्रता के पश्चात् संयुक्त राज्य अमेरिका ने संविधान का निर्माण किया, जिसके अंतर्गत व्यक्ति के 'संपत्ति के अधिकार' को शामिल किया गया।
- इस अधिकार को राज्य को भी निरस्त करने का अधिकार नहीं था। संविधान के अंतर्गत लोकतांत्रिक अधिकार; जैसे—राष्ट्रपति और कांग्रेस के प्रतिनिधियों के चुनाव में वोट देने का अधिकार तथा 'संपत्ति के अधिकार' केवल श्वेत लोगों (गोरों) को दिए गए थे।

मूल निवासियों के जीवन में परिवर्तन

- 1920 के दशक तक संयुक्त राज्य अमेरिका और कनाडा के मूल निवासियों की स्थिति में कोई परिवर्तन नहीं आया था। वे दयनीय दशा में ही जीवन व्यतीत कर रहे थे।
- वर्ष 1928 से पहले आर्थिक मंदी ने संयुक्त राज्य अमेरिका की समस्त जनता को प्रभावित किया।
- 1950 और 1960 के दशक में मूल निवासियों ने यूरोपीय संस्कृति में स्वयं को ढालने के सरकारी प्रयासों के विरुद्ध लड़ाई लड़ी।
- वर्ष 1928 में एक समाज वैज्ञानिक लेवाइस मेरिअम के निर्देशन में एक सर्वेक्षण 'दि प्रॉब्लम ऑफ इंडियन एडमिनिस्ट्रेशन' प्रकाशित हुआ, जिसमें रिजर्वेशन में रह रहे मूल निवासियों की स्वास्थ्य एवं शिक्षा सुविधाओं की दरिद्रता का चित्रण प्रस्तुत किया गया।
- वर्ष 1954 में भारतीय अधिकारों की घोषणा ने उन्हें अपनी परंपराओं और आरक्षण को बनाए रखने की अनुमति दी। संयुक्त राज्य अमेरिका में वर्ष 1934 में एक कानून **इंडियन रीऑर्गेनाइजेशन एक्ट** (Indian Reorganisation Act) पारित हुआ। इसके अंतर्गत रिजर्वेशंस में रह रहे मूल निवासियों को जमीन खरीदने और ऋण लेने का अधिकार प्राप्त हुआ।

चेक प्वॉइंट 2

1. मूल निवासी और अप्रवासी किस वस्तु के आदि हो गए थे?
2. चिरोकी कौन थे?
3. संयुक्त राज्य अमेरिका ने अपने उपनिवेश कहाँ स्थापित किए?
4. एंड्रयू कर्निगी कौन थे?
5. 'भारतीय अधिकारों की घोषणा' किस वर्ष तैयार की गई थी?

6.4 ऑस्ट्रेलिया

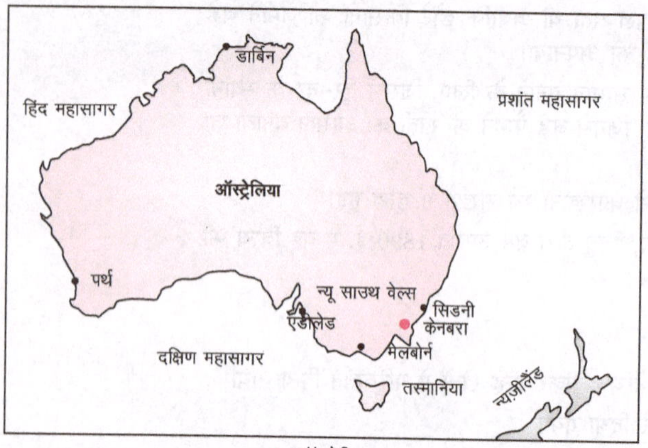

▲ ऑस्ट्रेलिया

- उत्तरी और दक्षिणी अमेरिका की तरह ही ऑस्ट्रेलिया में भी मानव निवास का इतिहास काफी पुराना है।
- ऑस्ट्रेलिया में **ऐबॉरिजिनीज**[4] (शुरुआती मनुष्य या आदिमानव) 40,000 वर्ष पूर्व आने आरंभ हुए थे।
- ये एक भू-सेतु से जुड़े न्यूगिनी के रास्ते ऑस्ट्रेलिया आए, लेकिन मूल निवासियों की अपनी मान्यताओं के अनुसार ये लोग आरंभ से ही ऑस्ट्रेलिया में रहते आए थे, कहीं बाहर से नहीं आए थे।

ऑस्ट्रेलिया के मूल निवासी

- 18वीं शताब्दी के अंत में ऑस्ट्रेलिया में मूल निवासियों के 350 से 750 तक समुदाय रहते थे। प्रत्येक समुदाय की अपनी एक भाषा थी। इनमें से 200 भाषाएँ आज भी बोली जाती हैं।
- ऑस्ट्रेलिया के उत्तर में मूल निवासियों का एक विशाल समुदाय रहता है, जिन्हें **टॉरस स्ट्रेट टापूवासी** के नाम से जाना जाता था।
- ऑस्ट्रेलिया में इनकी संख्या अधिक नहीं है। वर्ष 2005 में ऑस्ट्रेलिया की कुल जनसंख्या में इनकी संख्या केवल 2.4% थी।

ऑस्ट्रेलिया का विकास

काल	विवरण
1850 ई.	ऑस्ट्रेलियाई बस्तियों को स्वशासन का अधिकार।
1851 ई.	चीनी कुलियों का अप्रवास हुआ तथा 1855 ई. में कानून बनाकर इसे रोका गया।
1851-1961 ई.	गोल्ड रश की घटना
1901 ई.	छः राज्यों को लेकर ऑस्ट्रेलियाई संघ का निर्माण।
1911 ई.	कैनबरा राजधानी बनाई गई।
1948-75 ई.	20 लाख यूरोपीय लोग ऑस्ट्रेलिया में आकर बस गए।

मूल निवासियों का प्रारंभिक संघर्ष

- ऑस्ट्रेलिया की आबादी में अत्यधिक भौगोलिक विषमता विद्यमान है, क्योंकि मध्यवर्ती क्षेत्र शुष्क मरुभूमि है। ऐसी भौगोलिक अवस्थिति के कारण ऑस्ट्रेलिया में जनसंख्या घनत्व सघन न होकर बिखरा हुआ है और आज भी वहाँ के अधिकतर शहर समुद्र तट के किनारे बसे हुए हैं।
- ऑस्ट्रेलिया में यूरोपीय अप्रवासियों, मूल निवासियों (Natives) और भूमि के बीच संबंधों का इतिहास उत्तरी और दक्षिणी अमेरिका से कई मामलों में समान है। इसकी शुरुआत 300 वर्षों बाद हुई।
- आरंभिक काल में मूल निवासियों ने कैप्टन कुक व उनके साथियों के प्रति मित्रतापूर्ण व्यवहार किया, किंतु एक आदिवासी द्वारा हवाई द्वीप में कैप्टन कुक की हत्या कर दिए जाने के बाद ब्रिटिशों का मूल निवासियों के प्रति व्यवहार कटुतापूर्ण हो गया और इस कारण मूल निवासी इतिहास की पुस्तकों से भी बाहर हो गए।

मूल निवासियों का शोषण

- यूरोपीय लोगों के ऑस्ट्रेलिया आने को मूल निवासियों ने अपने लिए उपस्थित खतरों के रूप में नहीं देखा था।
- 19वीं और 20वीं सदी के दौरान इन अप्रवासियों के साथ हुई लड़ाइयों में 90% मूल निवासियों को अपनी जान गँवानी पड़ी।
- ऑस्ट्रेलिया के अधिकांश शुरुआती प्रवासी ब्रिटेन से आए हुए वे अपराधी थे, जिन्हें इस शर्त पर ऑस्ट्रेलिया निर्वासित कर दिया गया कि वे सजा पूरी होने पर ब्रिटेन वापस नहीं आएँगे। इस शर्त पर वे ऑस्ट्रेलिया में स्वतंत्र जीवन व्यतीत कर सकते थे। ये अपराधी स्वभाव से ही हिंसक प्रवृत्ति के होते थे।
- ब्राजील में पुर्तगाली कैदियों को उनके हिंसक व्यवहार के कारण ही बसाना बंद कर दिया गया था।
- इन अपराधियों ने अपने जीवन-यापन के लिए मूल निवासियों को उनकी जमीनों से निकालना आरंभ कर दिया।

4 **ऐबॉरिजिनीज** ऑस्ट्रेलिया में शुरुआती मनुष्य या अदिमानवों को 'ऐबॉरिजिनीज' कहा जाता है।

यूरोपियों का ऑस्ट्रेलिया पहुँचना

काल	विवरण
1606 ई.	डच यात्रियों ने ऑस्ट्रेलिया को देखा।
1642 ई.	तास्मान इस टापू पर पहुँचा एवं बाद में टापू का नाम तस्मानिया रखा गया।
1770 ई.	जेम्स कुक बॉटनी खाड़ी पहुँचा, जिसके पश्चात् इस खाड़ी का नामकरण हुआ और इसका नाम 'न्यू साउथ वेल्स' रखा गया।
1788 ई.	ब्रिटेन के दंडितों की बस्ती बनाई गई तत्पश्चात् सिडनी की स्थापना हुई।

आर्थिक विकास

- ऑस्ट्रेलिया का आर्थिक विकास यूरोपीय बस्तियों के तहत अमेरिका जितना भिन्नतापूर्ण नहीं था।
- ऑस्ट्रेलिया के आर्थिक विकास का मुख्य आधार भेड़ों के विशाल फार्म, अंगूर के विशाल बाग, गेहूँ की खेती आदि थे।
- इनका विकास यूरोपीय प्रवासियों ने अत्यधिक परिश्रम के द्वारा किया था।
- वर्ष 1911 में ऑस्ट्रेलिया की राजधानी बनाने के लिए **'वूलव्हीटगोल्ड'** (Woolwheatgold) का नाम सुझाव के रूप में दिया गया था। इस स्थान का नाम परिवर्तित कर **कैनबरा** कर दिया गया और इसे **ऑस्ट्रेलिया की राजधानी** बना दिया गया।
- कैनबरा शब्द की उत्पत्ति एक स्थानीय शब्द 'कैमबरा' से हुई है, जिसका अर्थ 'सभा स्थल' होता है।

अश्वेतों के विरुद्ध भेदभाव

- अनेक मूल निवासी खेतों में दासों के समान कठिन स्थितियों में कार्य करते थे।
- बाद में कुछ चीनी अप्रवासियों ने सस्ता श्रम उपलब्ध कराया, किंतु सरकार गैर-गोरों अर्थात् काले लोगों पर अधिक निर्भर नहीं होना चाहती थी। अत: चीनी अप्रवासियों पर प्रतिबंध लगा दिया गया।
- वर्ष 1974 तक ऑस्ट्रेलिया की सरकार ने गैर-गोरों को अपने देश से बाहर रखने की नीति का अनुसरण किया।
- अप्रवासियों द्वारा मूल निवासियों की जमीनों पर अधिकार कर लिए जाने को वे इस आधार पर सही ठहराते थे कि मूल निवासी भूमि का अधिकतम उपयोग करना नहीं जानते।
- मूल निवासी बाजार में विक्रय के लिए अपने **शिल्प कौशल** (Crafts Skills) का उत्पादन नहीं करते थे। इन सब कारणों के आधार पर प्रवासी मूल निवासियों की आलोचना करते थे तथा उन्हें आलसी एवं असभ्य मानते थे।

6.5 परिवर्तन की लहर

- वर्ष 1968 में एक मानवशास्त्री **डब्ल्यू.ई.एच. स्टैनर** के एक व्याख्यान से लोगों में बिजली की तरंग-सी दौड़ गई। व्याख्यान का शीर्षक **'द ग्रेट ऑस्ट्रेलियन साइलेंस'** (महान ऑस्ट्रेलियाई चुप्पी) था, जिसका अर्थ होता है— मूल निवासींय अपने अधिकारों के लिए भी चुप रहते हैं।
- 1970 के दशक से उत्तरी अमेरिका की भाँति ही यहाँ भी मूल निवासियों में एक नए रूप को समझने की आकांक्षा जाग्रत हो चुकी थी।
- हेनरी रेनॉल्ड्स ने भी अपनी प्रभावशाली पुस्तक 'why were'nt we told' (हमें बताया क्यों नहीं गया?) में कुछ तथ्यों को सामने रखा, जिसमें ऑस्ट्रेलियाई इतिहास लेखन के उस दर्रे की भर्त्सना की गई थी, जिसमें कैप्टन कुक की खोज से ही इतिहास की शुरुआत मानी जाती थी।
- **विश्वविद्यालय विभागों की स्थापना** विश्वविद्यालयों ने आदिवासी संस्कृतियों के अध्ययन के लिए समर्पित विभाग स्थापित करना शुरू कर दिया।
- **स्वदेशी कहानी** सुनकर आदिवासी लोगों ने अपना जीवन इतिहास लिखना और साझा करना शुरू कर दिया।
- डायोरमा और इंटरैक्टिव प्रदर्शनियाँ संग्रहालयों ने आदिवासी संस्कृति को प्रदर्शित करने के लिए डायोरंप और अन्य इंटरैक्टिव प्रदर्शनियों को शामिल किया।
- 1970 के दशक से, जब संयुक्त राष्ट्र संघ और दूसरी अंतर्राष्ट्रीय एजेंसियों की बैठकों में मानवाधिकार शब्द सुनाई पड़ने लगा, तब ऑस्ट्रेलियाई जनता को यह अहसास हुआ कि संयुक्त राज्य अमेरिका ने, कनाडा और न्यूजीलैंड के विपरीत ऑस्ट्रेलिया में यूरोपीय लोगों द्वारा किए गए भूमि अधिग्रहण को औपचारिक बनाने के लिए मूल निवासियों के साथ कोई समझौता-पत्र तैयार नहीं किया।

- यूरोपीय सदैव ऑस्ट्रेलिया की जमीन को **टेरा-न्यूलिअस** कहते थे। इस शब्द का तात्पर्य 'जो किसी की नहीं होता है।'
- आदिवासी लोगों से छीने गए मिश्रित रक्त वाले (मूल निवासी-यूरोपीय) बच्चों का एक लम्बा और यंत्रणापूर्ण इतिहास भी था।
- वर्ष 1974 से 'बहु-संस्कृतिवाद' ऑस्ट्रेलिया की राजकीय नीति रही है, जिसने मूल निवासियों की संस्कृतियों और यूरोप तथा एशिया के अप्रवासियों की संस्कृतियों को बराबर सम्मान दिया है।

चेक प्वॉइंट 3

1. टॉरस स्ट्रेट द्वीपवासी कौन थे?
2. वर्ष 1911 में ऑस्ट्रेलिया की नई राजधानी को क्या नाम दिया गया?
3. हेनरी रेनॉल्ड्स ने किसकी निंदा की?
4. ऑस्ट्रेलिया में बहु-संस्कृतिवाद को किस वर्ष स्वीकार किया गया था?
5. संयुक्त राष्ट्र की बैठकों में 'मानवाधिकार' शब्द को किस वर्ष औपचारिक मान्यता दी गई?

टाइमलाइन

काल	विवरण
1497 ई.	जॉन कैबोट 'न्यूफाउंडलैंड' पहुँचा।
1507 ई.	अमेरिगो डे वेसपुकी की 'ट्रैवेल्स' प्रकाशित हुई।
1534 ई.	जैक कार्टियर ने सेंट लॉरेंस नदी के किनारे-किनारे यात्रा की।
1607 ई.	ब्रिटिश लोगों ने वर्जीनिया उपनिवेश की खोज की।
1608 ई.	फ्रांसीसियों ने क्यूबेक उपनिवेश की खोज की।
1620 ई.	ब्रिटिश लोगों ने प्लाइमाउथ (मैसाचुसैट्स में) की खोज की।
1701 ई.	फ्रांसीसियों का क्यूबेक के मूल निवासियों के साथ समझौता।
1763 ई.	क्यूबेक पर ब्रिटिशों की विजय।
1774 ई.	क्यूबेक एक्ट पास किया गया।
1781 ई.	ब्रिटेन ने संयुक्त राज्य अमेरिका को एक स्वतंत्र देश के रूप में मान्यता दी।
1783 ई.	ब्रिटिश लोगों ने संयुक्त राज्य अमेरिका को मध्य-पश्चिम भाग सौंपा।
1788 ई.	ब्रिटेन में पहली बार 750 कैदियों को ऑस्ट्रेलिया भेजा और सिडनी की स्थापना हुई।
1791 ई.	कनाडा संवैधानिक एक्ट पास किया गया।
1803 ई.	संयुक्त राज्य अमेरिका ने फ्रांस से लुइसियाना खरीदा।
1825-58 ई.	संयुक्त राज्य अमेरिका के मूल निवासी आरक्षित क्षेत्रों में पहुँचाए गए।
1832 ई.	जस्टिस मार्शल का चिरोकी आदिवासियों के पक्ष में फैसला सुनाया।

काल	विवरण
1837 ई.	फ्रांसीसी कनाडाई विद्रोह।
1840 ई.	उच्चतर और निम्नतर कनाडा की कैनेडियन यूनियन।
1849 ई.	अमेरिकी गोल्ड रश।
1859 ई.	कनाडा गोल्ड रश।
1861-65 ई.	अमेरिकी गृहयुद्ध।
1867 ई.	कनाडा महासंघ।
1865-90 ई.	अमेरिकी इंडियन युद्ध।
1869-85 ई.	कनाडा में मेटिसों द्वारा रेड रिवर विद्रोह।
1870 ई.	पार-महाद्वीपीय रेलवे।
1876 ई.	कनाडा इंडियंस एक्ट।
1885 ई.	पार-महाद्वीपीय रेलवे के जरिए पूर्वी और पश्चिमी तटों का जुड़ाव।
1892 ई.	अमेरिकी फ्रंटियर का अंत।
1974 ई.	'गोरे ऑस्ट्रेलिया' की नीति समाप्त, एशियायी अप्रवासियों को प्रवेश की अनुमति।
1995 ई.	आदिवासी और टॉरस स्ट्रेट टापूवासी बच्चों को उनके परिवारों से अलग किए जाने के मामले में राष्ट्रीय जाँच।
1999 ई.	1820-1970 के दशक के बीच 'गुम हुए' बच्चों के माफ़ीनामे के तौर पर 'राष्ट्रीय क्षमायाचना दिवस' (A National Sorry Day) (26 मई)।

Mind Map

मूल निवासियों का विस्थापन

1 यूरोपीय साम्राज्यवाद

- 17वीं शताब्दी के बाद, नए देशों (फ्रांस,हॉलैंड और इंग्लैड) ने अफ्रीकी, एशियाई और अमेरिकी महाद्वीप में अपने उपनिवेश स्थापित किए।
- दक्षिण एशिया में व्यापारिक कंपनियों ने अपने को व्यापारिक सत्ता का रूप दिया तथा स्थानीय शासकों को पराजित कर अपने क्षेत्र का विस्तार किया
- इन उपनिवेशों की राजभाषा अंग्रेजी थी (कनाड़ा को छोड़कर, जहाँ फ्रांसीसी भी एक राजभाषा थी।)

2 उत्तरी अमेरिका

उत्तरी अमेरिका के मूल निवासी

- उत्तरी अमेरिका महाद्वीप प्रशांत महासागर से अटलांटिक महासागर तक फैला हुआ है।
- उत्तरी अमेरिका के सबसे पहले निवासी 30000 साल पहले एशिया से आए थे।
- मूल अमेरिकी लोग नदी घाटी के साथ-साथ बने गाँवों में समूह बनाकर रहते थे।

गोल्ड रश और उद्योगों की वृद्धि

- 1840 ई में संयुक्त राज्य अमेरिका के कैलीफोर्निया में सोने के कुछ चिह्न मिले।
- गोल्ड रश' के चलते अमेरिका में रेलवे लाइनों जैसे बुनियादी रेलवे ढाँचे के विकास को बढ़ावा दिया।
- दूर-दराज के स्थानों के बीच तीव्र परिवहन प्रणाली ने अमेरिका औद्योगिक क्रांति के विकास में सहायता की।
- वर्ष 1990 तक, संयुक्त राज्य अमेरिका दुनिया की अग्रणी औद्योगिक शक्ति बन चुका था।

यूरोपियों से मुकाबला

उत्तरी अमेरिका में यूरोपीय व्यापारियों का प्रवेश

- मिसिसिपी नदी जनजातियों के बीच हस्तशिल्प आदान-प्रदान के लिए एक व्यापारिक बिंदु था।
- स्थानीय उत्पादों के बदले में यूरोपीय लोग वहाँ के वाशिंदों को कंबल, लोहे के बर्तन, शराब, बंदूकें देते थे।

पारस्परिक धारणाएँ

यूरोपियों व्यापारियों और मूल निवासियों के मध्य पारस्परिक धारणाएँ

- यूरोपीय लोगों को अमेरिका के मूल निवासी असभ्य प्रतीत हुए। विलियम वर्ड्सवर्थ ने उनका वर्णन करते हुए कहा कि 'वे जंगलों में रहते' हैं।
- 17वीं सदी में यूरोपीय लोगों के कुछ समूह ईसाइयत के भिन्न सम्प्रदाय से ताल्लुक रखने के कारण से उत्पीड़न के शिकार थे अत: उनमें से बहुत लोग यूरोप छोड़कर अमेरिका चले गए।
- 18वीं शताब्दी के अंत में कनाडा और अमेरिका जैसे देश अस्तित्व में आए।
- 1865 ई. में गृह युद्ध के बाद दासप्रथा को समाप्त कर दिया गया।
- 1867 ई. में कनाडा को स्वायत्त राज्य के परिसंघ के रूप में संगठित किया गया।

अपनी जमीन से मूल बाशिंदों की बदखली

- अधिक -से-अधिक यूरोपीय लोगों के अमेरिका में प्रवास करने के कारण मूल निवासी अपनी जमीने कम कीमत पर बेचने को मजबूर हुए।
- यदि उनकी जमीन पर खनिज पाया जाता, तो मूल निवासियों को उस स्थान से बेदखल कर दिया जाता था।

संवैधानिक अधिकार

- मतदान और संपत्ति का अधिकार जैसे लोकतांत्रिक अधिकार केवल श्वेत पुरुषों तक ही सीमित थे।

बदलाव की लहर-

- वर्ष 1934 के इंडियन रिऑर्गेनाईजेशन एक्ट के द्वारा रिज़र्वेशंस (आरक्षण) में मूल निवासियों को जमीने खरीदने और ऋण लेने का अधिकार प्राप्त हुआ।
- वर्ष 1982 में एक संवैधानिक धारा के तहत मूल निवासियों के मौजूदा आदिवासी अधिकारों और समझौता-आधारित अधिकारों को मान्यता मिली।

3 ऑस्ट्रेलिया

शुरुआती मनुष्य या आदिमानव, जिन्हें 'ऐबॉरिजिनीज' कहते हैं, 'न्यू गिनी' से ऑस्ट्रेलिया आए थे।
टॉरेस स्ट्रेट (जलसंधि) टापूवासी ऑस्ट्रेलिया के उत्तरी भाग में रहते थे।
ऑस्ट्रेलिया के अधिकतर शुरुआती आबादकार इंग्लैंड से निर्वासित होकर आए थे और उनके कारावास पूरा होने पर ब्रिटेन वापस न लौटने की शर्त पर उन्हें ऑस्ट्रेलिया में स्वतंत्र जीवन जीने का आदेश दिया गया।
1911 वर्ष में देश की राजधानी के लिए वूलहींटगोल्ड का नाम सुझाया गया अंततः उसका नाम कैनबरा रखा गया। वर्ष 1913 में कैनबरा राजधानी बनी।

बदलाव की लहर

- मानवशास्त्री डब्ल्यू.ई.एच स्टैनर जैसे विद्वान ऑस्ट्रेलिया में 'आदिवासी अधिकारों' के लिए आवाज उठाते हैं।
- वर्ष 1970 के बाद से मूल निवासियों और उनकी अनूठी संस्कृति को समझने की उत्सुकता थी।
- वर्ष 1974 से बहुसंस्कृतिवाद ऑस्ट्रेलिया की आधिकारिक नीति बन गई, जिसमें मूल और अप्रवासी संस्कृतियों को समान अधिकार दिए गए।

NCERT फोल्डर

अध्याय के मध्य में दिए गए प्रश्न

1. यूरोपीय लोगों और अमेरिकी मूल निवासियों के मन में एक-दूसरे की जो छवि थी तथा प्रकृति को देखने के जो उनके अलग-अलग तरीके थे उन पर विचार करें।

उत्तर यूरोपीय लोगों और अमेरिकी मूल निवासियों के बीच संबंधों में उनकी पारस्परिक छवियों और प्रकृति के प्रति उनके दृष्टिकोण ने महत्त्वपूर्ण भूमिका निभाई। यूरोपीय लोगों ने अमेरिकी मूल निवासियों को असभ्य, पिछड़ा और जंगली मानते हुए उन पर अपना वर्चस्व स्थापित करने का प्रयास किया तथा मूल निवासियों की जीवन-शैली विचित्र और अविकसित लगती थी। दूसरी ओर, अमेरिकी मूल निवासी यूरोपीय लोगों को लालची, आक्रामक और प्राकृतिक-विरोधी समझते थे। उनके लिए यूरोपीय संस्कृति विदेशी और अप्राकृतिक थी।

प्रकृति के प्रति इन दोनों के दृष्टिकोण में भी गहरा अंतर था। अमेरिकी मूल निवासी प्रकृति को पवित्र मानते थे। उनका जीवन प्रकृति के साथ सामंजस्य से चलता था, जहाँ वे प्रकृति से केवल अपनी आवश्यकताओं के अनुरूप ही लेते थे। वे भूमि को व्यक्तिगत संपत्ति के रूप में नहीं देखते थे, बल्कि इसे सामुदायिक उपयोग के लिए मानते थे। इसके विपरीत, यूरोपीय लोग प्रकृति को एक वस्तु मानते थे, जिसे मानव हितों के लिए शोषित किया जा सकता था। भूमि और संसाधनों को व्यक्तिगत संपत्ति मानते थे और उनका अभिकथन उपयोग करना चाहते थे। यूरोपीय लोगों के अमेरिका आगमन के बाद मूल निवासियों का जीवन संकट में पड़ गया। यूरोपीय लोगों ने उनकी भूमि पर कब्जा करना शुरू कर दिया, जिससे वे विस्थापन का शिकार हुए। 'आँसुओं की राह' जैसे घटनाक्रमों में हजारों मूल निवासी मारे गए या अपनी जमीन से बेदखल कर दिए गए। जंगलों को साफ कर कृषि और व्यावसायिक उद्देश्यों के लिए उपयोग किया गया, जिससे मूल निवासियों का सामाजिक और सांस्कृतिक ढाँचा टूट गया।

यूरोपीय और अमेरिकी मूल निवासियों के बीच यह संघर्ष न केवल सांस्कृतिक था, बल्कि अस्तित्व का भी था। जहाँ मूल निवासी प्रकृति के साथ सामंजस्यपूर्ण जीवन जीने में विश्वास रखते थे, वहीं यूरोपीय लोग प्रकृति को विजय और शोषण का माध्यम मानते थे। यह मतभेद उनके संबंधों में टकराव और संघर्ष का मुख्य कारण बना।

2. वर्ष 1911 में यह घोषणा हुई कि नई दिल्ली और कैनबरा को क्रमशः ब्रिटिश भारत और ऑस्ट्रेलियाई राष्ट्रमंडल की राजधानी बनाया जाएगा। उस समय में इन देशों के मूल निवासियों की राजनीतिक स्थितियों की तुलना कीजिए और उसकी विषमता को रेखांकित कीजिए।

उत्तर वर्ष 1911 में नई दिल्ली और कैनबरा को क्रमशः ब्रिटिश भारत और ऑस्ट्रेलियाई राष्ट्रमंडल की राजधानी घोषित किया गया, लेकिन दोनों देशों के मूल निवासियों की राजनीतिक स्थितियों में गहरा अंतर था। भारत में ब्रिटिश शासन के अंतर्गत राजनीतिक चेतना विकसित हो रही थी। भारतीय स्वतंत्रता संग्राम ने जनता को संगठित किया और कांग्रेस जैसी संस्थाएँ राजनीतिक अधिकारों की माँग कर रही थीं। हालाँकि भारतीय जनजातीय समुदाय हाशिए पर थे तथा उनकी जमीनें छीन ली गईं और वे आर्थिक और सामाजिक शोषण का शिकार बने।

इसके विपरीत, ऑस्ट्रेलिया के आदिवासियों जिन्हें 'एबोरिजनल' कहा जाता है, की स्थिति और भी खराब थी। वे अपनी भूमि और अधिकारों से पूरी तरह वंचित थे। औपनिवेशिक नीतियों ने उनकी संस्कृति और पहचान को समाप्त करने का प्रयास किया। उन्हें नागरिक अधिकार नहीं दिए गए और राजनीतिक भागीदारी से दूर रखा गया।

भारतीय और ऑस्ट्रेलियाई मूल निवासियों की स्थितियों में प्रमुख अंतर यह था कि भारत में राजनीतिक चेतना उभर रही थी, जबकि ऑस्ट्रेलियाई आदिवासी पूरी तरह उपेक्षित और शोषित थे। भारत में उपनिवेशवाद के विरुद्ध संघर्ष शीघ्रता की ओर था, जबकि ऑस्ट्रेलियाई एबोरिजनल अपने अस्तित्व के लिए भी संघर्ष कर रहे थे।

3. अमेरिकी इतिहासकार होवर्ड स्पॉडेक के इस कथन पर टिप्पणी करें। अमेरिकी क्रांति का जो प्रभाव आबादकारों (गोरे) के लिए था, उससे ठीक विपरीत मूल निवासियों के लिए था-फैलाव, सिकुड़न बन गया। लोकतंत्र तानाशाही बन गया, संपन्नता, विपन्नता बन गई और मुक्ति, कैद बन गई।

उत्तर अमेरिकी इतिहासकार होवर्ड स्पॉडेक का यह कथन अमेरिकी क्रांति के दोहरे प्रभावों को उजागर करता है। आबादकारों (गोरे) के लिए यह स्वतंत्रता लोकतंत्र और संपन्नता का प्रतीक बनी, जबकि मूल निवासियों के लिए यह भूमि, संस्कृति और स्वतंत्रता के पतन का कारण बनी।

''फैलाव, सिकुड़न बन गया'' से तात्पर्य है कि जहाँ गोरे आबादकारों ने अपनी भूमि का विस्तार किया, वहीं मूल निवासियों को अपनी पारंपरिक जमीनों से विस्थापित कर सीमित बस्तियों में धकेल दिया गया। ''लोकतंत्र तानाशाही बन गया'' दर्शाता है कि गोरे अपने लिए लोकतंत्र स्थापित कर रहे थे, लेकिन मूल निवासियों के साथ प्रजा जैसा व्यवहार हुआ।

''संपन्नता, विपन्नता बन गई'' दर्शाता है कि गोरे आबादकारों ने संसाधनों का दोहन कर स्मृद्धि अर्जित की, जबकि मूल निवासियों को गरीबी और विस्थापन का सामना करना पड़ा। ''मुक्ति, कैद बन गई'' यह बताता है कि गोरे आबादकारों की मुक्ति मूल निवासियों के लिए बंधन और कष्ट लेकर आई।

इस प्रकार, अमेरिकी क्रांति जहाँ गोरे उपनिवेशवादियों के लिए स्वतंत्रता का प्रतीक बनी, वहीं मूल निवासियों के लिए उनके अस्तित्व, स्वतंत्रता और संस्कृति के लिए एक त्रासदी थी।

नीचे दिए प्रश्नों के उत्तर संक्षेप में दीजिए

1. दक्षिणी और उत्तरी अमेरिका के मूल निवासियों के बीच अंतर से संबंधित किसी भी बिंदु पर टिप्पणी कीजिए।

उत्तर दक्षिणी और उत्तरी अमेरिका के मूल निवासियों के बीच कई अंतर विद्यमान थे, जो निम्नलिखित हैं

- उत्तरी अमेरिका में दक्षिणी अमेरिका के समान राजतंत्र एवं साम्राज्यवाद का विकास नहीं हुआ। इसका मुख्य कारण उन्हें इसकी आवश्यकता का अनुभव न होना था, क्योंकि इनके द्वारा अधिशेष (अनाज) का उत्पादन नहीं किया गया। इसके विपरीत दक्षिणी अमेरिका में मूल निवासियों द्वारा माया, एजटेक और इंका साम्राज्य की स्थापना की गई।
- दक्षिणी अमेरिका के मूल निवासी कृषि कार्य करते थे। यहाँ अनेक प्रकार की फसलों एवं फलों की खेती की जाती थी। इनकी मुख्य फसल मक्का थी। इसके विपरीत उत्तरी अमेरिका के मूल निवासी बड़े पैमाने पर खेती न करके शिकार करने, मछली पकड़ने और संग्रहण करने में रुचि रखते थे।
- उत्तरी अमेरिका के मूल निवासी जमीन पर स्वामित्व स्थापित करने की आवश्यकता को उचित नहीं समझते थे। यद्यपि क्षेत्र के कबीलों में झड़प हो जाती थी, किंतु वह जमीन से मिलने वाले भोजन से संतुष्ट थे। इसके विपरीत दक्षिण अमेरिका के मूल निवासियों की औपचारिक संबंध एवं मित्रता स्थापित करना और उपहारों का आदान-प्रदान करना परंपरा एवं विशेषता रही है।

2. अमेरिकियों के लिए 'फ्रंटियर' का क्या अर्थ था?

उत्तर अमेरिका के लिए फ्रंटियर का तात्पर्य 'पश्चिम की ओर बढ़ना' अथवा सीमा का विस्तार करना था। अगले सौ वर्षों में इसने अपने अधिकार क्षेत्रों में अधिक विस्तार कर लिया। संयुक्त राज्य अमेरिका ने अपने क्षेत्र का विस्तार करने के लिए युद्ध एवं खरीद दोनों पर ध्यान दिया। उसने दक्षिण में फ्रांस, रूस और लुइसियाना से अलास्का का क्रम किया, तो इस ओर मैक्सिको से युद्ध करके उसके विशाल भू-भाग पर अपना आधिपत्य स्थापित किया। यहाँ किसी का क्रय-विक्रय करते समय क्रेता या विक्रेता वहाँ के स्थानीय निवासियों की राय लेना भी उचित नहीं समझते थे। यही कारण था कि संयुक्त राज्य अमेरिका की पश्चिमी सीमा (फ्रंटियर) के खिसकने के साथ-साथ वहाँ के स्थानीय सरहदवासियों को पीछे की ओर खिसकने हेतु विवश किया जाता था।

3. इतिहास की किताबों में ऑस्ट्रेलिया के मूल निवासियों को शामिल क्यों नहीं किया गया था?

उत्तर इतिहास की किताबों से ऑस्ट्रेलिया के मूल निवासियों को इतिहासकारों ने बाहर ही रखा, जिसके निम्नलिखित कारण हैं

- ऑस्ट्रेलिया की खोज 1770 ई. में एक ब्रिटिश नाविक कैप्टन कुक ने की थी। कैप्टन कुक के विवरण से यह पता चलता है कि प्रारंभ में मूल निवासियों का उनके प्रति अच्छा व्यवहार था।
- यूरोपियों के ऑस्ट्रेलिया आगमन के समय ऑस्ट्रेलिया का केवल समुद्र तटीय भाग ही आबाद था। यहाँ बसे मूल निवासियों को यूरोपीय आबादकारों द्वारा निकाले जाने के प्रयास ने दोनों पक्षों में तनावपूर्ण संबंध स्थापित किए।
- प्रारंभ में इंग्लैंड से मात्र अपराधियों को ही ऑस्ट्रेलिया भेजा जाता था। ये अपराधी कभी-भी अपने स्वदेश नहीं लौट सकते थे, क्योंकि इनके वापस लौटने का कोई यूरोपीय प्रावधान नहीं था।

संक्षेप में निबंध लिखिए

4. लोगों की संस्कृति को समझाने में संग्रहालय की गैलरी में प्रदर्शित चीजें कितनी कामयाब रहती हैं? किसी संग्रहालय को देखने के अपने अनुभव के आधार पर सोदाहरण विचार कीजिए।

उत्तर किसी संस्कृति को समझने के लिए संग्रहालय सर्वाधिक उपयोगी माध्यम है। वर्ष 1970 में जब ऑस्ट्रेलिया की संस्कृति को जानने का प्रयास प्रारंभ हुआ, तब यह केवल मानवशास्त्रीय जिज्ञासाओं के रूप में नहीं, बल्कि विशिष्ट संस्कृतियों वाले समुदायों के रूप में, प्रकृति तथा जलवायु को समझने के उद्देश्य से भी प्रेरित था। उसके बाद मूल निवासियों की संस्कृति का अध्ययन करने के लिए विश्वविद्यालयों में कला दीर्घाओं अर्थात् आर्ट गैलरीज में देशी कलाओं की दीर्घाओं के द्वारा जीवन के विभिन्न पहलुओं को उजागर किया गया। कल्पनाशील तरीकों से संस्कृति के विकास के कई पक्ष स्पष्ट नहीं हो पाते हैं। अतः देशी कलाओं से सुसज्जित कमरों को संग्रहालयों में सुरक्षित रखा गया।

संग्रहालयों में चित्रकारी, हस्तशिल्प, कपड़ासाजी, अस्त्र-शस्त्र, दैनिक उपयोग की चीजें आदि के द्वारा इतिहास लेखन तथा अतीत को जानने में सहायता प्राप्त हुई। संग्रहालय के माध्यम से किसी भी संस्कृति के सामाजिक, धार्मिक, आर्थिक, राजनीतिक तथा सांस्कृतिक पक्षों को विस्तृत रूप से जाना जा सकता है। संग्रहालयों में संपूर्ण ऐतिहासिक, सांस्कृतिक, विज्ञान, कला से संबंधित सभी सामग्रियों का संग्रह किया जाता है।

अनेक संग्रहालयों के माध्यम से इस कार्य में सफलता मिली है। नेशनल म्यूजियम ऑफ ऑस्ट्रेलिया, कैनबरा, अमेरिकन हिस्ट्री एंड कल्चर, गुइजीन्हेम म्यूजियम आदि अनेक ऐसे संग्रहालयों में ऐतिहासिक तत्त्वों को जीवित रखा गया है।

5. कैलिफोर्निया में चार लोगों के बीच 1880 ई. में हुई किसी मुलाकात की कल्पना करिए। ये चार लोग हैं– एक अफ्रीकी गुलाम, एक चीनी मजदूर, गोल्ड रश के चक्कर में आया हुआ एक जर्मन और होपी कबीले का एक मूल निवासी। उनकी बातचीत का वर्णन करिए।

उत्तर 1880 ई. में कैलिफोर्निया में एक चीनी मजदूर, एक अफ्रीकी दास, गोल्ड रश के चक्कर में आया हुआ एक जर्मन तथा टोपी कबीले का एक मूल निवासी एक स्थान पर मिलते हैं।

अफ्रीका के दास ने कहा कि अमेरिका के दास बनाए गए, मूल निवासी बहुत बड़ी संख्या में मृत्यु के शिकार हुए थे। इसके पश्चात् बागान के मालिक अफ्रीका से दास लाने लगे। दास प्रथा-विरोधी समूहों के विरोध के कारण दासों के व्यापार पर रोक लग गई थी। लेकिन जो अफ्रीकी संयुक्त राज्य अमेरिका में थे, वे एवं उनके बच्चे दास ही बने रहे। दास प्रथा को एक अमानवीय प्रथा कहने वाले लोगों ने इसका विरोध किया। दास प्रथा के विरोधियों को सफलता भी मिली।

चीन के एक मजदूर ने अनुभव को व्यक्त करते हुए कहा कि गोरे लोग गरीब लोगों के साथ ऐसा व्यवहार करते हैं मानो वे जानवर हों।

गोल्ड रश में हजारों चीनी श्रमिकों की नियुक्ति हुई। इन श्रमिकों तथा दासों में बहुत कम का अंतर था।

कैलिफोर्निया में चीनी अप्रवासियों ने सस्ता श्रम मुहैया कराया, लेकिन गैर-गोरों पर बढ़ती हुई निर्भरता से जन्मी घबराहट के कारण दोनों देशों की सरकारों ने चीनी अप्रवासियों को प्रतिबंधित कर दिया।

'गोल्ड रश' के चक्कर में आए एक जर्मन व्यक्ति ने उसकी बात सुनकर कहा कि संयुक्त राज्य अमेरिका ने कैलिफोर्निया में अत्यधिक सोना दिया हुआ है। 'गोल्ड रश' के जन्म से हजारों यूरोपीय लोगों की तकदीर बदल जाएगी। पूरे महाद्वीप में रेलवे लाइनों का निर्माण हुआ। सोने की तलाश में आया गरीब अप्रवासी, अब एक बड़ा उद्योगपति बन चुका था। इसने अमेरिकी फ्रंटियर को आखिरी सकारात्मक पूँजीवादी यूरोपिया की तरह पाया। इसकी सीमाहीन प्रकृति का लोग अधिक-से-अधिक लाभ उठाना चाहते थे। प्रेयरी पर एक पशुफार्म तथा जमीन को खरीदना आकर्षण का केंद्र बना।

होपी जो कैलिफोर्निया के मूल निवासी थे, इन्होंने अपनी जानकारी के आधार पर कहा कि पहले भाई-बहन कछुओं के रूप में आए होंगे। अतः जब समय आया तो होपी लोग धरती के उस पार से आने वाले उन कछुओं का स्वागत करने के लिए एक खास गाँव में इकट्ठा हुए थे। इन्होंने सूर्योदय के साथ मरुभूमि की ओर देखा। होपी लोगों को बख्तरबंद स्पेनी कॉन्क्विस्टाडोर दिखाई दिया, जो उन्हें उस छोर से आने वाली कछुओं की तरह लगे थे। उन्हें लगा कि वे जिसका इंतजार कर रहे थे वे आ गए। होपी लोगों ने आगे बढ़कर स्पेनी लोगों से हाथ मिलाकर स्वागत किया लेकिन स्पेनी लोगों ने उनके हाथ में एक सस्ती-सी चीज थमा दी। इसके पश्चात् पूरे अमेरिका में यह बात फैल गई कि बहुत कठिन समय आने वाला है। कुछ लोगों ने सभी चीजों की पवित्रता को भुला दिया है और इसकी वजह से धरती पर इंसान काफी कष्ट पाने वाला है।

अभ्यास प्रश्न

वस्तुनिष्ठ प्रश्न

बहुविकल्पीय प्रश्न

1. व्यापार के लिए उत्तरी अमेरिका में यूरोपीय लोगों को किन वस्तुओं की प्राप्ति हुई?

(a) मछली (b) फर
(c) 'a' और 'b' दोनों (d) सोना

उत्तर (c) 'a' और 'b' दोनों

2. वह मूल अमेरिकी जनजाति कौन-सी थी, जिसे अमेरिकी राष्ट्रपति एंड्रिक जैक्सन द्वारा जबरन निकाल दिया गया था?

(a) चिरोकी (b) होपिस (c) ओटावा (d) मेंटिस

उत्तर (a) चिरोकी

3. कनाडा में मेंटिस ने अपनी भूमि के औपनिवेशीकरण के खिलाफ विद्रोह कब किया?

(a) 1869-1885 ई. में (b) 1870-1885 ई. में
(c) 1868-1885 ई. में (d) 1867-1885 ई. में

उत्तर (a) 1869-1885 ई. में

4. किस अधिनियम द्वारा रिजर्वेशंस में मूल निवासियों को जमीन खरीदने तथा ऋण लेने का अधिकार प्राप्त हुआ?

(a) इंडियन रीऑर्गेनाइजेशन एक्ट, 1935
(b) इंडियन रीऑर्गेनाइजेशन एक्ट, 1936
(c) इंडियन रीऑर्गेनाइजेशन एक्ट, 1934
(d) इंडियन रीऑर्गेनाइजेशन एक्ट, 1938

उत्तर (c) इंडियन रीऑर्गेनाइजेशन एक्ट, 1934

5. उत्तरी अमेरिका के मूल निवासियों ने वर्ष 1954 में स्वयं द्वारा तैयार किस घोषणा-पत्र के द्वारा संयुक्त राज्य अमेरिका की नागरिकता स्वीकार कर ली?

(a) डिक्लेरेशन ऑफ ब्रिटिश राइट्स
(b) डिक्लेरेशन ऑफ इंडियन राइट्स
(c) डिक्लेरेशन ऑफ अमेरिका राइट्स
(d) उपरोक्त में से कोई नहीं

उत्तर (b) डिक्लेरेशन ऑफ इंडियन राइट्स

6. अमेरिका का वह संवैधानिक अधिनियम, जिसमें मूल निवासियों के मौजूदा आदिवासी और संधि अधिकारों को स्वीकार किया गया था, ... में पारित किया गया था।

(a) वर्ष 1986
(b) वर्ष 1982
(c) वर्ष 1983
(d) वर्ष 1984

उत्तर (b) वर्ष 1982

7. टेरा न्यूलिअस शब्द का शाब्दिक अर्थ क्या है?

(a) मूल निवासियों से संबंधित भूमि
(b) राज्य से संबंधित भूमि
(c) अप्रवासियों से संबंधित भूमि
(d) किसी से भी संबंधित भूमि नहीं

उत्तर (d) किसी से भी संबंधित भूमि नहीं

8. यूरोपीय साम्राज्यवाद के संदर्भ में कौन-सा कथन सही है?

(a) 18वीं सदी के बाद स्पेन और पुर्तगाल के अमेरिकी साम्राज्य का विस्तार नहीं हुआ

(b) इस समय तक फ्रांस एवं हॉलैंड जैसे देशों ने भी अमेरिका में अपने उपनिवेश बसाना शुरू नहीं किया था।

(c) आयरलैंड अभी तक इंग्लैंड का उपनिवेश नहीं बना था।

(d) इस समय दक्षिण एशिया में व्यापारिक कंपनियों ने स्वयं को राजनीतिक सत्ता का रूप दे दिया

उत्तर (d) इस समय दक्षिण एशिया में व्यापारिक कंपनियों ने स्वयं को राजनीतिक सत्ता का रूप दे दिया।

9. आप ये महसूस कीजिए कि आप 19वीं-20वीं सदी में अमेरिका में शोध करने के उद्देश्य से गए हैं तथा वहाँ का सामाजिक-आर्थिक परिवेश यूरोप से अलग है। निम्नलिखित में से कौन-सा विकल्प सही होगा, जो अमेरिकी मूल निवासियों के बारे में सही नहीं है?

(a) मूल निवासी वैश्विक परिवर्तन से अनभिज्ञ रहने के कारण सभ्यता की विकृतियों से अछूते हैं

(b) मूल निवासी कौशल, कारीगरी आदि से अनभिज्ञ थे

(c) ये अकसर मांस तथा खाद्य पदार्थों की तलाश में लंबी यात्राएँ करते थे

(d) ये सब्जियाँ तथा मकई उगाते थे

उत्तर (b) मूल निवासी कौशल, कारीगरी आदि से अनभिज्ञ थे।

10. ऑस्ट्रेलियाई मूल निवासियों के संदर्भ में कौन-सा कथन सही नहीं है?

(a) ऑस्ट्रेलिया के प्रारंभिक मूल निवासियों को 'ऐबॉरिजिनीज' कहते हैं

(b) मूल निवासियों द्वारा प्रयुक्त सभी भाषाएँ वर्तमान में विलुप्त हो गई हैं

(c) उत्तर में रहने वाले समुदाय को टॉरस स्ट्रैट टापूवासी कहा गया

(d) उपरोक्त में से कोई नहीं

उत्तर (b) मूल निवासियों द्वारा प्रयुक्त सभी भाषाएँ वर्तमान में विलुप्त हो गई हैं।

11. व्यापारिक कंपनियों ने व्यापार को सुगम बनाने के लिए किसका निर्माण किया? निम्न में से सबसे उपयुक्त विकल्प चुनें।

(a) व्यापारिक कोठी (b) आधुनिक बंदरगाह
(c) रेलवे (d) हवाई जहाज

उत्तर (c) रेलवे

12. दक्षिणी अमेरिकी उपनिवेशों में दास बनाए गए, जिसमें बहुत-से मूल निवासी मृत्यु के शिकार हुऐ थे, इसलिए यहाँ के बागान मालिकों ने किस महाद्वीप से दासों को खरीदा?

(a) उत्तरी अमेरिका (b) एशिया
(c) अफ्रीका (d) यूरोप

उत्तर (c) अफ्रीका

13. लगभग 5000 वर्ष पूर्व आबादी में वृद्धि होने के कारणों के बारे में निम्न में से कौन-सा/से सही नहीं है/हैं?

1. **कृषि के कारण**
2. **हरित क्रांति के कारण**
3. **अधिक स्थिर जलवायु के कारण**

कूट

(a) केवल 1 (b) केवल 3
(c) 1 और 2 (d) ये सभी

उत्तर (c) 1 और 2

14. निम्नलिखित सूचना को ध्यानपूर्वक पढ़िए तथा उपयुक्त समूह की पहचान कीजिए।

- वे कुशल कारीगर थे और सुंदर वस्त्र बनाते थे।
- वे भूमि को पढ़ सकते थे और जलवायु को समझ सकते थे।
- वे अलग परिदृश्य को समझ सकते थे।

कूट

(a) अमेरिकी मूल निवासी
(b) यूरोपियन प्रवासी
(c) कनाडियन
(d) पश्चिम अफ्रीकी मूल निवासी

उत्तर (d) पश्चिम अफ्रीकी मूल निवासी

15. निम्न में से कौन-सा/से ऑस्ट्रेलिया में मानवाधिकार के संदर्भ में सही है/हैं?

1. **जमीन का अनादर नहीं किया जाएगा।**
2. **गोरों तथा रंग-बिरंगे लोगों को अलग-अलग रखने के लिए, उनसे सार्वजनिक रूप से माफी माँगी जाए।**
3. **उन्हें व्यापारिक प्रतिष्ठानों का स्वामित्व प्रदान किया जाएगा।**

कूट

(a) केवल 1 (b) केवल 3
(c) 1 और 2 (d) ये सभी

उत्तर (c) 1 और 2

16. निम्न में से कौन-सा युग्म यही सुमेलित है?

(a) 1701 ई. – क्यूबेक के मूल निवासियों के साथ फ्रांसीसियों का समझौता
(b) 1763 ई. – ब्रिटिश पर क्यूबेक की विजय
(c) 1774 ई. – ब्रिटिश एक्ट पारित
(d) 1791 ई. – क्यूबेक एक्ट पारित

उत्तर (a) 1701 ई. – क्यूबेक के मूल निवासियों के साथ फ्रांसीसियों का समझौता

17. निम्न में से कौन-सा युग्म सही सुमेलित नहीं है?

(a) 1606 ई. – डच यात्रियों ने ऑस्ट्रेलिया को देखा
(b) 1642 ई. – गोल्ड रश
(c) 1770 ई. – न्यू साउथ वेल्स का नामकरण
(d) 1788 ई. – सिडनी की स्थापना हुई

उत्तर (b) 1642 ई. – गोल्ड रश

18. दिए गए कथनों के आधार पर पहचानिए कि ये किस कबीले के बारे में हैं?

- ये जॉर्जिया (संयुक्त राज्य अमेरिका का एक राज्य) के निवासी थे।
- इन्होंने अंग्रेजी भाषा सीखने तथा अमेरिकी जीवन-शैली अपनाने की सबसे अधिक कोशिश की थी।

(a) रेड इंडियन (b) चिरोकी
(c) नेटिव अमेरिकन (d) फर्स्ट नेशंस पीपुल्स

उत्तर (b) चिरोकी

19. दिए गए कथनों के आधार पर पहचानिए कि ये किन मूल निवासियों के बारे में कहे गए हैं?
- इन्हें टॉरस स्ट्रेट टापूवासी के नाम से जाना जाता था।
- इनकी संस्कृति बहुसंस्कृतिवाद से संबंधित थी।

कूट
(a) नेटिव (b) ऐबॉरिजिनीज
(c) रेड इंडियंस (d) नेटिव अमेरिकन

उत्तर (b) ऐबॉरिजिनीज

20. उपनिवेशित शासन में दी गई घटनाओं को कालखंड के अनुसार पहले से बाद के क्रम में लगाइए
1. जॉन कैबोट 'न्यूफाउलैंड' पहुँचा
2. अमेरिगो डे वेसपुली की 'ट्रैवेल्स' प्रकाशित हुई
3. ब्रिटिश लोगों ने वर्जीनिया उपनिवेश की खोज की
4. फ्रांसीसियों ने क्यूबेक उपनिवेश की खोज की

कूट
(a) 1, 2, 3, 4 (b) 4, 3, 1, 2
(c) 3, 2, 1, 4 (d) 2, 1, 4, 3

उत्तर (a) 1, 2, 3, 4

21. दिए गए कूट के अनुसार देश तथा उसके खोजकर्ता देश के लोगों के संबंध में सही विकल्प का चयन करें।

क्यूबेक : फ्रांसीसी :: वर्जीनिया : ?
(a) फ्रांसीसी
(b) ब्रिटिश
(c) डच
(d) जर्मन

उत्तर (b) ब्रिटिश

22. ऑस्ट्रेलिया में स्थित शहरों को उत्तर से दक्षिण क्रम में व्यवस्थित कीजिए
1. केनबरा 2. सिडनी
3. डार्विन 4. मेलबर्न

कूट
(a) 3, 4, 2, 1
(b) 4, 3, 2, 1
(c) 3, 2, 1, 4
(d) 1, 2, 3, 4

उत्तर (c) 3, 2, 1, 4

23. सुमेलित कीजिए

सूची I	सूची II
A. डकोटा	1. बाल कटाई
B. चिरोकी	2. हवाई जहाज
C. पोंटिआक	3. कार
D. मोहॉक	4. जीप

कूट

	A	B	C	D
(a)	1	2	3	4
(b)	2	4	3	1
(c)	3	2	4	1
(d)	4	3	2	1

उत्तर (b) 2 4 3 1

24. सुमेलित कीजिए

सूची I	सूची II
A. नेटिव	1. गेहुँए वर्ण के लोग, जिन्हें कोलंबस ने गलती से इंडिया समझ लिया था।
B. रेड इंडियंस	2. कनाडाई सरकार द्वारा मान्यता प्राप्त मूल निवासियों का संगठित समूह
C. ऐबॉरिजिनीज	3. जो व्यक्ति उपलब्ध निवास स्थान में पैदा हुआ हो।
D. फर्स्ट नेशंस पीपुल्स	4. ऑस्ट्रेलिया के मूल निवासी

कूट

	A	B	C	D
(a)	1	3	4	2
(b)	1	2	3	4
(c)	3	1	4	2
(d)	2	3	4	1

उत्तर (c) 3 1 4 2

25. दिए गए चित्र में महिला किस कबीले से संबंधित है?

(a) फर्स्ट नेशंस पीपुल्स (b) चिरोकी कबीला
(c) विनेबागो कबीला (d) रेड इंडियन

उत्तर (c) विनेबागो कबीला

26. नीचे दिए गए चित्र को ध्यान से देखें तथा बताएँ कि यह चित्र किस स्थान के पशु-फार्म का है?

(a) कोलोरेडो (b) कैलिफोर्निया
(c) कैनबरा (d) इनमें से कोई नहीं

उत्तर (a) कोलोरेडो

निर्देश (प्र. सं. 27-30) नीचे दिए गए कथन (A) तथा कारण (R) को ध्यानपूर्वक पढ़कर कूट की सहायता से सही उत्तर का चयन कीजिए

कूट

(a) A और R दोनों सही हैं तथा R, A की सही व्याख्या है

(b) A और R दोनों सही हैं, परंतु R, A की सही व्याख्या नहीं है

(c) A सही है, किंतु R गलत है

(d) A गलत है, किंतु R सही है

27. कथन (A) **फ्रांसीसियों ने पाया कि देसी लोग नियमित रूप से मिसीसिपी नदी के किनारे एकत्रित होते थे।**

कारण (R) **ऐसे हस्तशिल्पों का आदान-प्रदान किया जाता था, जो किसी मुख्य कबीले में बनते थे।**

उत्तर (a) दक्षिण में, फ्रांसीसियों ने पाया कि देसी लोग नियमित रूप से मिसीसिपी नदी के किनारे एकत्रित होते थे। इनका मुख्य उद्देश्य ऐसे हस्तशिल्पों का आदान-प्रदान करना था, जो ये किसी विशेष कबीले में ही बनते थे या ऐसे खाद्य पदार्थों का आदान-प्रदान करते थे, जो अन्य क्षेत्रों में उपलब्ध नहीं थे।

28. कथन (A) **18वीं सदी में पश्चिमी यूरोप के लोग 'सभ्य' मनुष्य की पहचान साक्षरता, संगठित धर्म और शहरीपन के आधार पर ही करते थे।**

कारण (R) **इसके लिए एक प्रचलित शब्द था 'उदात्त उत्तम जंगली'।**

उत्तर (b) 18हवीं सदी में पश्चिमी यूरोप के लोग 'सभ्य' मनुष्य की पहचान साक्षरता, संगठित धर्म और शहरीपन के आधार पर ही करते थे। उन्हें अमेरिका के मूल निवासी 'असभ्य' प्रतीत हुए। फ्रांसीसी दर्शनशास्त्री ज्यां जैक रूसो जैसे कुछ यूरोपियों के लिए ऐसे लोग तारीफ के काबिल थे, क्योंकि वे 'सभ्यता' की विकृतियों से अछूते थे। इसके लिए एक प्रचलित पद था, 'उदात्त उत्तम जंगली'।

29. कथन (A) **संयुक्त राज्य अमेरिका के उत्तरी राज्यों में, जहाँ अर्थतंत्र बागानों पर टिका हुआ था, दास प्रथा को समाप्त करने की दलील दी।**

कारण (R) **इसे एक अमानवीय प्रथा बताया।**

उत्तर (d) संयुक्त राज्य अमेरिका के उत्तरी राज्यों में, जहाँ अर्थतंत्र बागानों पर टिका हुआ नहीं था, दास प्रथा को समाप्त करने के पक्ष में दलीलें दीं और उसे एक अमानवीय प्रथा बताया।

30. कथन (A) **जिन लोगों ने मूल निवासियों से जमीनें ले ली थीं, वे अपने आप को उचित ठहराते थे।**

कारण (R) **मूल निवासी जमीन का अधिकतम प्रयोग करना नहीं जानते।**

उत्तर (a) जिन लोगों ने मूल निवासियों से उनकी जमीनें ले ली थीं, वे इस आधार पर अपने आप को उचित ठहराते थे कि मूल निवासी जमीन का अधिकतम प्रयोग करना नहीं जानते, इसलिए वह उनके कब्जे में रहनी ही नहीं चाहिए।

लघु उत्तरीय प्रश्न

1. साम्राज्यवाद की प्रकृति के उत्कर्ष के मुख्य कारणों पर प्रकाश डालिए।

उत्तर शक्तिशाली एवं समृद्ध देशों द्वारा पिछड़े हुए देशों पर अधिकार करने की प्रवृत्ति को ही साम्राज्यवाद कहा जाता है। वास्तव में, अत्यधिक लाभ की संभावना ने ही यूरोपीय लोगों को उपनिवेश एवं राजनैतिक सत्ता स्थापित करने के लिए प्रेरित किया। इतिहास में यह प्रक्रिया यूरोपीय साम्राज्यवाद के नाम से जानी जाती है। साम्राज्यवाद के उत्कर्ष का एक प्रधान कारण इंग्लैंड में हुई औद्योगिक क्रांति रही। इस क्रांति के परिणामस्वरूप औद्योगिक राष्ट्रों को प्रचुर मात्रा में कच्चे माल की आवश्यकता पड़ी। यही कारण था कि उन्हें अन्य देशों में अपने नए उपनिवेश बसाने पड़े। इन उपनिवेशों में बड़े औद्योगिक देशों को कच्चे माल की आपूर्ति के साथ-साथ तैयार माल की खपत के लिए बाजार भी उपलब्ध हुए। यही कारण था कि ब्रिटेन, फ्रांस, हॉलैंड, पुर्तगाल तथा स्पेन जैसे राष्ट्रों को अन्य देशों में अपने उपनिवेश स्थापित करने पड़े। इस क्रम में भारत भी एक समय में ब्रिटेन का उपनिवेश था।

2. नई दुनिया के कुछ देशों को यूरोपियों द्वारा दिए गए नामों की चर्चा कीजिए।

अथवा **वर्तमान में प्रचलित कई देशों का नामकरण यूरोपियों से लोगों द्वारा किया गया है, इनमें से कुछ देशों के नामों की चर्चा कीजिए।**

उत्तर उपनिवेशों की व्याख्या के पश्चात् यूरोपवासियों ने अमेरिका, कुनाडा ऑस्ट्रेलिया को अपनी सहजता के अनुसार नए नाम दिए जो इस प्रकार हैं।

(i) **अमेरिका** यह पहली बार अमेरिगी वेसपुकी (1451-1512 ई.) का यात्रा वृत्तांत छपने के बाद प्रयुक्त हुआ था।

(ii) **कनाडा** यह शब्द (1535 ई.) कनाट से निकला है। जाक कार्टियर को मिली जानकारी के अनुसार, ह्यूरो-इरोक्यूइस की भाषा में कनाटा का अर्थ 'गाँव' था।

(iii) **ऑस्ट्रेलिया** यह नाम महान दक्षिणी महासागर में स्थित भूमि के लिए 16वीं सदी में प्रयुक्त किया गया था (लातिनी में दक्षिण को ऑस्ट्रल कहते हैं)।

(iv) **न्यूजीलैंड** यह नाम हॉलैंड के तापमान द्वारा दिया गया था, जिसने सबसे पहले 1642 ई. में इन टापुओं को देखा था (डच भाषा में समुद्र को 'जी' कहते हैं)।

3. उत्तरी अमेरिका की भौगोलिक संरचना किस प्रकार इसे एक विशिष्ट प्रदेश के रूप में स्थापित करती है?

उत्तर उत्तरी अमेरिका महाद्वीप का विस्तार उत्तर ध्रुवीय वृत्त से लेकर कर्क रेखा और प्रशांत महासागर से लेकर अटलांटिक महासागर तक है। अरिजोना और नेवाडा की मरुभूमि इसके पथरीले पहाड़ों की शृंखला के पश्चिम में है। सिएरा नेवाडा पर्वत का विस्तार भी पश्चिम में है। पूर्व में ग्रेट मैदान, ग्रेट झीलें, मिसीसिपी एवं ओहियो तथा अप्पालाचियाँ पर्वतों की घाटियाँ हैं। मैक्सिको इसके दक्षिण दिशा में अवस्थित है। कनाडा के 40% भू-भाग में वन अवस्थित हैं। उत्तरी अमेरिका महाद्वीप के अनेक क्षेत्रों में तेल, गैस और खनिजों के विशाल भंडार हैं।

उपर्युक्त सभी कारणों से संयुक्त राज्य अमेरिका और कनाडा में बड़े-बड़े उद्योगों का तथा कृषि का विकास हुआ है, जिसमें महत्त्वपूर्ण उत्पाद गेहूँ, मकई व फल हैं। इसके अतिरिक्त मत्स्य उद्योग भी यहाँ का एक महत्त्वपूर्ण उद्योग है।

ये सभी भौगोलिक संरचनाएँ उत्तरी अमेरिका को एक विशिष्ट प्रदेश के रूप में स्थापित करती हैं।

4. उत्तरी अमेरिका के सामाजिक एवं सांस्कृतिक जीवन की विशेषताओं को बताइए।

उत्तर उत्तरी अमेरिका के सामाजिक एवं सांस्कृतिक जीवन की विशेषताएँ निम्न प्रकार हैं

- उत्तरी अमेरिका के मूल निवासियों का अपना विशिष्ट सामाजिक एवं सांस्कृतिक जीवन था। वे नदी घाटी के निकट गाँवों में समूह बनाकर रहते थे।
- मछली और मांस इनके भोजन का प्रमुख भाग था। इसके अतिरिक्त वे सब्जियाँ व मकई का उत्पादन खाद्य उपयोग हेतु करते थे।
- वे मुख्यतः घास के मैदानों में विचरण करने वाली जंगली भैंसों, जिन्हें बाइसन कहा जाता था, का मांस प्राप्त करने हेतु शिकार किया करते थे, लेकिन वे उतने ही जानवरों का शिकार करते थे, जितने की उन्हें भोजन के लिए आवश्यकता होती थी।

5. 17वीं शताब्दी में यूरोपीय व्यापारियों के साथ उत्तरी अमेरिका के स्थानीय निवासियों ने कैसा व्यवहार किया?

उत्तर यूरोपीय व्यापारियों का उत्तरी अमेरिका में सर्वप्रथम आगमन 17वीं सदी में हुआ। स्पेनवासी जहाँ सोना प्राप्त करने के उद्देश्य से दक्षिणी अमेरिका गए थे, वहीं उत्तरी अमेरिका में यूरोपीय व्यापारी आरंभिक दौर में मछली और रोएँदार खाल के व्यापार के उद्देश्य से आए थे। इस कार्य में उन्हें स्थानीय शिकार करने वाले लोगों का पर्याप्त सहयोग मिला।

फ्रांसीसी व्यापारी जब मिसीसिपी नदी के किनारे दक्षिण में थोड़ा और आगे बढ़े, तब उन्हें देशी लोगों की विशिष्ट संस्कृति के विषय में ज्ञात हुआ।

वे नियमित रूप से किसी स्थान पर जमा होकर ऐसे हस्तशिल्पों का आदान-प्रदान करते थे, जो किसी विशेष कबीले में ही निर्मित होते थे अथवा उन खाद्य पदार्थों का आदान-प्रदान करते थे, जो अन्य कबीलों में पैदा नहीं होते थे। यूरोपीय लोग उनसे उनके स्थानीय उत्पाद प्राप्त करने के बदले में उन्हें कंबल, लोहे के बर्तन, बंदूकें और शराब देते थे।

इसी क्रम में मूल निवासियों का शराब से परिचय हुआ। शीघ्र ही देशी लोगों को शराब की आदत हो गई। यह यूरोपीय व्यापारियों के लिए लाभदायक सिद्ध हुआ, जिसके परिणामस्वरूप यूरोपीय उनसे अपनी व्यापारिक शर्तें मनवाने में सफल रहे।

6. यूरोपवासियों और मूल निवासियों के मध्य पारस्परिक धारणाओं को संक्षिप्त रूप में समझाइए।

उत्तर 18वीं शताब्दी में पश्चिमी यूरोप काफी उन्नति कर चुका था। साक्षरता, संगठित धर्म व शहरीपन यहाँ की पहचान बन गई थी। इन आधारों को ये लोग मनुष्य के सभ्य होने की कसौटी मानने लगे थे। इन्हीं आधारों पर उन्हें अमेरिका के मूल निवासी असभ्य प्रतीत होते थे। फ्रांसीसी दार्शनिक ज्यां जैक रूसो ने इन लोगों की प्रशंसा इस संदर्भ में की कि वे सभ्यता की विकृतियों से बचे हुए थे।

इन मूल निवासियों के लिए 'उदात्त उत्तम जंगली' शब्दों का प्रयोग किया गया था। 17वीं सदी में कई यूरोपीय राष्ट्रों में कैथोलिक बनाम प्रोटैस्टेंट के टकराव के कारण उत्पीड़ित लोग एक नई जिंदगी शुरू करने के लिए अमेरिका पहुँचे। अमेरिका में जब तक जमीनें खाली थीं, तब तक इन लोगों के बसने में कोई समस्या नहीं आई, लेकिन धीरे-धीरे ये यूरोपीय भागों में मूल निवासियों के गाँवों की ओर बढ़ने लगे। ये लोग अपने लोहे के औजारों की सहायता से जंगलों को साफ कर कृषि योग्य भूमि तैयार करने लगे। यूरोपीय लोग जंगलों को काटकर कृषि भूमि का विस्तार करना चाहते थे।

7. 19वीं सदी में अमेरिकी प्रवासियों ने संपूर्ण भू-दृश्य को परिवर्तित कर दिया। स्पष्ट कीजिए।

उत्तर 19वीं सदी में अमेरिका में यूरोपीय प्रवासियों ने संपूर्ण भू-दृश्य को परिवर्तित कर दिया। भूमि के प्रति इनका दृष्टिकोण मूल निवासियों से भिन्न था। पिता की जागीरों से वंचित ब्रिटेन और फ्रांस के कुछ भू-स्वामियों ने यहाँ बड़ी-बड़ी जमीनें खरीदीं। इसके बाद जर्मनी, स्वीडन और इटली जैसे देशों से बड़ी संख्या में ऐसे लोग आए, जिनकी जमीनें बड़े किसानों के अधिकार में चली गई थीं।

ऐसे लोगों ने स्वयं की भूमि प्राप्त करने के लिए अमेरिका की ओर रुख किया। पोलैंड से अमेरिका आकर बसने वाले लोगों को प्रेयरी चरागाहों में काम करना पसंद था। इन लोगों ने यहाँ बड़ी-बड़ी जमीनें खरीदीं, क्योंकि अमेरिका में जमीन बहुत सस्ती थी।

इन लोगों ने अमेरिका में कृषि का विकास किया तथा धान और कपास जैसी फसलें उगाईं, जो यूरोपीय बाजार में ऊँची कीमतों पर बेची जा सकती थीं। इन लोगों ने अपने विशाल खेतों को भेड़िए और पहाड़ी शेरों जैसे जंगली जानवरों से बचाने के लिए शिकार के द्वारा उन्हें मार दिया। 1873 ई. में कँटीले तारों की खोज के बाद ही ये लोग अपने खेतों को इन जानवरों से पूरी तरह सुरक्षित कर पाए।

8. दास प्रथा पर किस प्रकार प्रतिबंध लगाया गया? स्पष्ट कीजिए।

उत्तर संयुक्त राज्य अमेरिका के दक्षिणी राज्यों की अर्थव्यवस्था बागानों पर आधारित थी, जबकि उत्तरी राज्यों में ऐसा नहीं था, इसलिए उत्तरी राज्यों के निवासी दास प्रथा के समर्थक नहीं थे। उनके अनुसार, दास प्रथा एक अमानवीय प्रथा थी।

वे दास प्रथा को समाप्त करने की माँग कर रहे थे। 1861-65 ई. की अवधि में दास प्रथा उन्मूलन हेतु उत्तरी और दक्षिणी राज्यों में युद्ध हुआ, जिसमें उत्तरी राज्यों की जीत हुई। सभी नागरिकों को बिना किसी भेदभाव के नागरिक स्वतंत्रता के अधिकार प्रदान किए गए, किंतु इसके बाद भी अफ्रीकी मूल के अमेरिकी नागरिक सुविधाओं से क्रियात्मक रूप में वंचित ही रहे। नागरिक सुविधाएँ उन्हें 20वीं सदी में ही प्राप्त हो पाईं। कनाडा पर इंग्लैंड ने फ्रांस के साथ होने वाले सप्तवर्षीय युद्ध के उपरांत अधिकार कर लिया था।

1763 ई. से कनाडा पर ब्रिटिश प्रभुत्व था, परंतु कनाडा में रह रहे फ्रांसीसी अप्रवासी लगातार ब्रिटिश प्रभुत्व से मुक्ति एवं राजनीतिक स्वतंत्रता की माँग कर रहे थे। इस समस्या को उस समय ही समाप्त किया जा सका, जब 1867 ई. में कनाडा को स्वायत्त राज्यों के एक महासंघ के रूप में संगठित किया गया।

9. चिरोकी कबीले का विस्थापन कैसे संभव हुआ? इसकी चर्चा कीजिए।

उत्तर मूल निवासियों में चिरोकी ऐसे थे, जिन्होंने अंग्रेजी भाषा सीखने तथा अमेरिकी जीवन-शैली अपनाने की सबसे अधिक कोशिश की थी। चिरोकी कबीला अमेरिकी कानून के अंतर्गत शासित था, किंतु फिर भी चिरोकियों को नागरिक अधिकारों से केवल इसलिए वंचित रखा गया, क्योंकि वे मूल निवासी थे व नागरिक अधिकार केवल गोरों के लिए आरक्षित थे।

संयुक्त राज्य अमेरिका के मुख्य न्यायाधीश जॉन मार्शल ने 1832 ई. में चिरोकियों के पक्ष में एक महत्त्वपूर्ण निर्णय दिया। अमेरिकी राष्ट्रपति एंड्रिक जैक्सन ने इस फैसले को बदल दिया और चिरोकियों को उनकी जमीन से निकालने के लिए अमेरिकी सेना भेज दी। चिरोकियों को अपनी जमीन छोड़कर, विस्तृत अमेरिकी मरुभूमि की ओर जाने के लिए बाध्य किया गया। इस प्रवास के समय को 'आँसुओं की राह' भी कहा जाता है।

10. अमेरिका में संवैधानिक अधिकारों के लिए क्या प्रयास किए गए?

अथवा **स्वतंत्रता के पश्चात् संयुक्त राज्य अमेरिका में नागरिकों द्वारा अपने संवैधानिक अधिकारों को प्राप्त करने के लिए किए गए प्रयासों की चर्चा कीजिए।**

उत्तर अमेरिका में संवैधानिक अधिकारों के लिए निम्न प्रयास किए गए

- 1770 के दशक में आबादकारों ने आजादी के संघर्ष के लिए 'लोकतांत्रिक भावना' के नारे के साथ एकजुटता बनाई। संयुक्त राज्य अमेरिका अब एक स्वतंत्र राष्ट्र था, जो शीघ्र ही राजशाही एवं अभिजात्य तंत्र के विरुद्ध नई दुनिया की पहचान बन गया।
- स्वतंत्रता के पश्चात् संयुक्त राज्य अमेरिका ने संविधान का निर्माण किया एवं इसके अंतर्गत व्यक्ति के संपत्ति के अधिकार को शामिल किया गया। इस अधिकार को राज्य को भी निरस्त करने का अधिकार नहीं था।
- संविधान के अंतर्गत ये लोकतांत्रिक अधिकार; जैसे—राष्ट्रपति और कांग्रेस के प्रतिनिधियों के चुनाव में वोट देने का अधिकार एवं 'संपत्ति का अधिकार' केवल गोरों को दिए गए थे।

11. संयुक्त राज्य अमेरिका और कनाडा द्वारा मूल निवासियों के लिए किए गए प्रयासों पर प्रकाश डालिए।

उत्तर 1950-60 के दशक में संयुक्त राज्य अमेरिका और कनाडा की सरकारों ने मूल निवासियों को 'मुख्य धारा' में सम्मिलित करने के उद्देश्य से मूल निवासियों को दिए विशेष प्रावधानों को समाप्त करने पर विचार किया, लेकिन वे यूरोपीय संस्कृति को अपनाने को तैयार नहीं थे।

मूल निवासियों ने वर्ष 1954 में अपने द्वारा तैयार 'डिक्लेरेशन ऑफ इंडियन राइट्स' में इस शर्त के साथ संयुक्त राज्य अमेरिका की नागरिकता स्वीकार की कि उनके रिजर्वेशंस वापस नहीं लिए जाएँगे व उन्हें उनकी परंपराओं के पालन का पूर्ण अधिकार दिया जाएगा।

कनाडा में सरकार ने वर्ष 1969 में घोषणा की कि वह 'आदिवासी अधिकारों को मान्यता नहीं' देगी। मूल निवासियों ने संगठित होकर इसका विरोध किया।

वर्ष 1982 में आदिवासी अधिकारों को मान्यता देकर इस समस्या को हल किया गया। संयुक्त राज्य अमेरिका और कनाडा दोनों ही देशों में मूल निवासियों ने अपनी संख्या कम हो जाने के बाद भी अपनी संस्कृति को बचाए रखने व अपने अधिकारों की दृढ़तापूर्वक माँग की।

12. ऑस्ट्रेलिया के मूल निवासियों ने यूरोपीय लोगों के आगमन को किस तरह स्वीकार किया? स्पष्ट कीजिए।

उत्तर ऑस्ट्रेलिया के मूल निवासियों ने यूरोपीय लोगों के साथ दोस्तानापूर्ण व्यवहार किया। ऑस्ट्रेलिया में यूरोपीय अप्रवासियों और मूल निवासियों के बीच भूमि संबंधों का इतिहास उत्तरी और दक्षिणी अमेरिका से कई मामलों में समान है। इसकी शुरुआत 300 वर्षों बाद हुई। आरंभिक काल में मूल निवासियों ने कैप्टन कुक व उनके साथियों के प्रति मित्रतापूर्ण रुख अपनाया, किंतु एक आदिवासी द्वारा हवाई द्वीप में कैप्टन कुक की हत्या कर दिए जाने के बाद ब्रिटिशों का मूल निवासियों के प्रति व्यवहार कटुतापूर्ण हो गया और इस कारण मूल निवासी इतिहास की पुस्तकों से भी बाहर हो गए। यूरोपीय लोगों के ऑस्ट्रेलिया आने को मूल निवासियों ने अपने लिए उपस्थित खतरों के रूप में नहीं देखा था।

19वीं और 20वीं सदी के दौरान इन अप्रवासियों के साथ हुई लड़ाइयों में 90% मूल निवासियों को अपनी जान गँवानी पड़ी। ऑस्ट्रेलिया के अधिकांश शुरुआती प्रवासी ब्रिटेन से आए हुए वे अपराधी थे, जिन्हें इस शर्त पर ऑस्ट्रेलिया से निर्वासित कर दिया गया था कि वे सजा पूरी होने पर ब्रिटेन वापस नहीं आएँगे। इस शर्त पर वे ऑस्ट्रेलिया में स्वतंत्र जीवन जी सकते थे। ये अपराधी स्वभाव से ही हिंसक प्रवृत्ति के होते थे। ब्राजील में पुर्तगाली कैदियों को उनके हिंसक व्यवहार के कारण ही बसाना बंद कर दिया गया था। इन अपराधियों ने अपने जीवन-यापन के लिए मूल निवासियों को उनकी जमीनों से निकालना आरंभ कर दिया।

दीर्घ उत्तरीय प्रश्न

1. मूल निवासियों के विस्थापन की भूमिका को समझाते हुए यूरोपीय नियंत्रण की विविधताओं का विश्लेषण कीजिए।

उत्तर मूल निवासियों के विस्थापन की भूमिका को समझने के लिए यह आवश्यक है कि हम यूरोपीय नियंत्रण की विविधताओं और उनके द्वारा अपनाई गई नीतियों का विश्लेषण करें। यूरोपीय औपनिवेशिक शक्तियों ने दुनिया के विभिन्न क्षेत्रों में अपने नियंत्रण का विस्तार किया, जिसमें अमेरिका, ऑस्ट्रेलिया, अफ्रीका और एशिया शामिल थे। इन क्षेत्रों में इनके नियंत्रण के तरीके अलग-अलग थे, लेकिन इनमें मूल निवासियों के विस्थापन की प्रक्रिया समान रूप से महत्त्वपूर्ण थी।

अमेरिका में यूरोपीय नियंत्रण के तहत मूल निवासियों को उनकी जमीन से बलपूर्वक हटाया गया। 'मैनीफ्रेस्ट डेस्टिनी' जैसे विचारों के आधार पर अमेरिकी सरकार ने पश्चिम की ओर विस्तार किया, जिससे मूल निवासी आरक्षित क्षेत्रों तक सीमित हो गए। 'ट्रैल ऑफ टीयर्स' (आँसुओं की राह) जैसी घटनाओं से हजारों मूल निवासी अपनी जमीन से बेदखल हुए और लंबी, कठिन यात्राओं के दौरान मारे गए।

ऑस्ट्रेलिया में ब्रिटिश औपनिवेशवादियों ने 'टेरा न्यूलिअस' (कोई भूमि नहीं) के सिद्धांत का दावा किया कि यह भूमि खाली थी। ऐबॉरिनीज लोगों को उनकी जमीनों से बेदखल किया गया और उन्हें हाशिए पर धकेल दिया गया। उनकी संस्कृति को समाप्त करने और 'सभ्य' बनाने के नाम पर उनके बच्चों को बलपूर्वक उनके परिवारों से अलग कर दिया गया।

अफ्रीका में यूरोपीय नियंत्रण अधिकतर व्यापार और संसाधनों के दोहन पर केंद्रित था। भूमि अधिग्रहण और खेती के लिए मूल निवासियों को उनकी जमीन से विस्थापित किया गया। हालाँकि वहाँ जातीय श्रम व्यवस्था लागू की गई और मूल निवासियों को मजदूरी के लिए विवश किया गया।

एशिया, विशेषकर भारत में, यूरोपीय नियंत्रण ने जनजातीय समुदायों को उनके पारंपरिक अधिकारों से वंचित कर दिया। जंगलों और संसाधनों पर यूरोपीय नियंत्रण ने जनजातीय लोगों को विस्थापन और शोषण का शिकार बनाया।

इन सभी मामलों में यूरोपीय नियंत्रण के तरीके अलग-अलग हो सकते हैं, लेकिन उनका उद्देश्य समान था-भूमि और संसाधनों पर अधिकार प्राप्त करना और स्थानीय समुदायों को दबाना। मूल निवासियों का विस्थापन न केवल उनकी भौतिक स्थिति को प्रभावित करता था, बल्कि उनकी सांस्कृतिक पहचान और सामुदायिक संरचना को भी नष्ट करता था। यूरोपीय औपनिवेशिक नीतियों ने मूल निवासियों को आर्थिक, सामाजिक और राजनीतिक रूप से कमजोर बनाकर अपनी सत्ता को स्थायी बनाया।

2. संयुक्त राज्य अमेरिका और कनाडा ने अपनी भूमि का विस्तार करने के लिए किन-किन साधनों का प्रयोग किया? विस्तार से समझाइए।

उत्तर संयुक्त राज्य अमेरिका और कनाडा 18वीं शताब्दी के अंत में अस्तित्व में आए। संयुक्त राज्य अमेरिका ने अपने क्षेत्र के विस्तार हेतु भूमि की खरीद तथा युद्धों का सहारा लिया। इस क्रम में उसने दक्षिण में फ्रांस से लुइसियाना और रूस से अलास्का खरीदा तथा क्षेत्रों का विस्तार किया। भूमि की खरीद के अतिरिक्त जो भूमि उसने युद्ध में जीती वह मैक्सिको थी। दक्षिणी संयुक्त राज्य अमेरिका का अधिकांश भाग मैक्सिको से ही जीता हुआ है। 19वीं सदी में यूरोप से आने वाले लोगों ने अमेरिका के संपूर्ण भू-दृश्य को ही परिवर्तित कर दिया। ब्रिटेन और फ्रांस जैसे देशों से आने वाले कुछ प्रवासी ऐसे थे, जिनमें छोटे पुत्र होने के कारण वो अपने पिता की संपत्ति में उत्तराधिकार प्राप्त नहीं कर सकते थे। अतः वह अमेरिका में जमीन के मालिक बनना चाहते थे। अमेरिका में जर्मनी, स्वीडन एवं इटली जैसे देशों से आने वाले ऐसे लोगों की भी कमी नहीं थी, जिनकी जमीनों पर बड़े किसानों का अधिकार हो गया था। अमेरिका में आकर बसने वाले पोलैंड के लोग प्रेयरी चरागाहों में काम करना चाहते थे, क्योंकि ये चरागाह उन्हें स्टेपीज अर्थात् घास के मैदानों की याद दिलाते थे।

पोलैंड के अप्रवासियों ने अमेरिका में कम कीमत पर बड़ी संपत्तियाँ खरीदकर उन पर कृषि आरंभ की। कपास व धान, जो यूरोप में नहीं उगाया जा सकता था, यहाँ अच्छी फसलें उगने लगीं। इन फसलों को अधिक मुनाफे पर बेचा जाने लगा। 1861-65 ई. में दास प्रथा को जारी रखने और इसको समाप्त करने की वकालत करने वाले राज्यों से युद्ध हुआ। इस युद्ध के पश्चात् दास प्रथा समाप्त हो गई। हालाँकि, अफ्रीकी मूल के अमेरिकियों को नागरिक स्वतंत्रताओं के लिए 20वीं शताब्दी में सफलता मिली। उत्तरी अमेरिकी प्रांत कनाडा की सरकार को एक गंभीर समस्या से जूझना पड़ा, जिसका कारण इंग्लैंड द्वारा फ्रांस के साथ युद्ध में कनाडा को जीतना रहा। कनाडा में रहने वाले फ्रांसीसी निरंतर राजनैतिक स्वायत्तता की माँग कर रहे थे। इस समस्या के हल के लिए 1867 ई. में कनाडा को स्वायत्त राज्यों के एक महासंघ के रूप में संगठित किया गया।

3. संयुक्त राज्य अमेरिका के मूल निवासी अपनी ही जमीनों से यूरोपियों द्वारा वंचित क्यों कर दिए गए?

उत्तर संयुक्त राज्य अमेरिका के मूल निवासियों को उनकी जमीनों से यूरोपीय उपनिवेशवादियों द्वारा वंचित किए जाने के पीछे कई कारण थे, जो आर्थिक, राजनीतिक और सामाजिक कारकों से जुड़े थे, निम्नलिखित हैं

(i) **भूमि पर अधिकार का लालच** यूरोपीय उपनिवेशवादियों को अमेरिका की उपजाऊ भूमि, प्राकृतिक संसाधन और कृषि की प्रचुर संभावनाएँ बेहद आकर्षक लगीं। मूल निवासियों की भूमि पर अधिकार करके वे खेती, व्यापार और विस्तार के लिए इसका उपयोग करना चाहते थे।

(ii) **असमान सैन्य शक्ति** यूरोपीय उपनिवेशवादियों के पास उन्नत हथियार और सैन्य रणनीतियाँ थीं, जिनके सामने मूल निवासियों का पारंपरिक युद्ध कौशल रुक नहीं सका। इसके परिणामस्वरूप वे अपनी जमीनों की रक्षा न कर सके।

(iii) **आर्थिक हित** भूमि अधिग्रहण के माध्यम से यूरोपीय उपनिवेशवादियों ने कृषि, खनन और व्यापार के लिए अपने आर्थिक हितों तथा मूल निवासियों को बेदखल कर उनकी जमीनों का व्यवसायिक उपयोग किया।

(iv) **सांस्कृतिक श्रेष्ठता का दावा** यूरोपीय उपनिवेशवादी अपनी संस्कृति और जीवन-शैली को श्रेष्ठ मानते थे। उनका मानना था कि मूल निवासियों की परंपराएँ और जीवन पद्धति 'पिछड़ी' और 'असभ्य' है, जिन्हें समाप्त करके 'सभ्यता' फैलाना आवश्यक है।

(v) **आरक्षित क्षेत्रों की नीति** अमेरिकी सरकार ने मूल निवासियों को उनकी जमीनों से हटाकर आरक्षित क्षेत्र तक सीमित कर दिया। उन्हें अपनी जमीनें छोड़ने पर विवश किया गया। 'आँसुओं की राह' जैसी घटनाओं में हजारों मूल निवासी विस्थापित और कठिन परिस्थितियों के कारण मारे गए।

इन सभी के कारण मूल निवासी अपनी ही जमीन से वंचित हो गए। उनका विस्थापन केवल उनकी भौतिक संपत्ति की हानि नहीं था, बल्कि उनकी संस्कृति, सामाजिक संरचना और परंपराओं के लिए भी विनाशकारी सिद्ध हुआ।

5. आस्ट्रेलिया में यूरोपियों का आगमन और आर्थिक विकास पर निबंध लिखिए।

अथवा **यूरोपियों का ऑस्ट्रेलिया में आगमन किस प्रकार हुआ? इनके द्वारा ऑस्ट्रेलिया में किए गए आर्थिक विकास की चर्चा करें।**

उत्तर इस प्रश्न के उत्तर के लिए पृष्ठ संख्या 150-151 पर शीर्षक 'ऑस्ट्रेलिया' का अध्ययन करें।

6. मानवशास्त्री डब्ल्यू. ई. एच. स्टैनर के व्याख्यान पर विचार करते हुए 1970 के दशक में आए बदलाव की लहरों के कारण ऑस्ट्रेलिया के मूल निवासियों के जीवन पर पड़े प्रभाव की व्याख्या कीजिए।

उत्तर मानव शास्त्री डब्ल्यू.ई.एच. स्टैनर ने ऑस्ट्रेलिया के मूल निवासियों की स्थिति का विश्लेषण करते हुए उनके जीवन पर उपनिवेशवाद और आधुनिकता के प्रभावों की ओर ध्यान आकर्षित किया। 1970 के दशक में ऑस्ट्रेलिया में मूल निवासियों के जीवन में बदलाव की लहरें आईं, जो राजनीतिक, सामाजिक और सांस्कृतिक दृष्टि से महत्त्वपूर्ण थीं। इन परिवर्तनों का मूल निवासियों के जीवन पर गहरा प्रभाव पड़ा, जो इस प्रकार है।

(i) **अधिकारों के लिए संघर्ष और मान्यता** 1970 के दशक में नागरिकों के अधिकार आंदोलन के प्रभाव से ऑस्ट्रेलिया में मूल निवासियों के अधिकारों की माँग तेज हुई। भूमि अधिकार आंदोलन ने उनकी भूमि पर स्वामित्व और संस्कृतिक पहचान की बहाली की माँग की।

(ii) **सांस्कृतिक पुनर्जागरण** इस दौर में मूल निवासियों ने अपनी सांस्कृतिक विरासत को पुनर्जीवित करने की दिशा में कदम बढ़ाए। उनकी भाषाओं, परंपराओं और सांस्कृतिक पहचान को संरक्षित करने के प्रयास किए गए। हालाँकि उपनिवेशवाद के लंबे प्रभाव के कारण इस प्रक्रिया में कई चुनौतियाँ आईं।

(iii) **शहरीकरण और सामाजिक बदलाव** शहरीकरण की प्रक्रिया ने मूल निवासियों को पारंपरिक जीवन से दूर किया। उन्हें शहरों में

नौकरी की तलाश और आधुनिक जीवन-शैली अपनाने के लिए मजबूर होना पड़ा, जिससे उनके पारंपरिक समाज और जीवन-शैली पर नकारात्मक प्रभाव पड़ा।

(iv) **आर्थिक और सामाजिक स्थिति में सुधार** सरकार ने मूल निवासियों के जीवन स्तर में सुधार लाने के लिए कुछ कल्याणकारी योजनाएँ लागू कीं। हालाँकि शिक्षा और स्वास्थ्य जैसे क्षेत्रों में मूल निवासी अब भी गैर-मूल निवासियों से पिछड़े हुए थे।

स्रोत आधारित प्रश्न

निम्नलिखित स्रोतों को ध्यानपूर्वक पढ़कर उन पर आधारित प्रश्नों के उत्तर दीजिए।

1. **"अमेरिका की पूर्वसंध्या (यानी जब यूरोपीय लोग आए और इस महाद्वीप को उन्होंने अमेरिका नाम दिया) से ठीक पहले तक विविधता हर जगह पसरी हुई थी। लोग सौ से भी ज्यादा भाषा बोलते थे। वे शिकार, मछली पकड़ना, संग्रहण, बागवानी और खेती में से जो-जो मुमकिन हो, वह सब आज़माते हुए अपनी जीविका कमाते थे। मिट्टी की गुणवत्ता कैसी है और उसके प्रयोग तथा देखभाल के लिए कितने प्रयास की दरकार है, इसी पर जीने के तरीके का उनका चुनाव निर्भर करता था। सांस्कृतिक और सामाजिक पूर्वाग्रह के आधार पर कुछ दूसरी चीज़ें तय होती थीं। मछली, अनाज, बाग के पेड़-पौधे, मांस-इनके अधिशेष हमारे यहाँ ताकतवर, श्रेणीबद्ध समाजों की रचना में मददगार बने, लेकिन वहाँ नहीं। कुछ संस्कृतियाँ सहस्राब्दियों तक कायम रहीं। . . ."**

(i) **व्यक्ति लगभग कितनी भाषा बोलते थे?**

उत्तर व्यक्ति लगभग 100 से ज्यादा भाषा बोलते थे।

(ii) **उत्तरी अमेरिका के मूल निवासी कहाँ से आए थे? इनका मूल निवास कहाँ था?**

उत्तर उत्तरी अमेरिका के मूल निवासी लगभग 30,000 वर्ष पहले बेरिंग स्ट्रेट्स के आर-पार फैले भूमि सेतु के रास्ते एशिया से आए थे। यहाँ ये लोग नदी घाटी से लगे गाँवों में समूह बनाकर रहते थे। यहीं पर मक्का एवं सब्जियों की कृषि करते थे। मांस और मछली उनका भोजन था।

(iii) **अमेरिका की पूर्व संध्या से क्या आशय है? उत्तरी अमेरिका के मूल निवासियों के जीवन में व्याप्त विविधताओं के उदाहरण दीजिए।**

उत्तर अमेरिका की पूर्व संध्या से आशय एक ऐसे समय से है, जब यूरोपीय लोगों का इस महाद्वीप में आगमन हुआ। इस महाद्वीप का नामकरण भी इन्हीं लोगों द्वारा किया गया। अमेरिका की पूर्व संध्या से पहले ही यहाँ हर जगह विविधता छाई हुई थी। यहाँ के मूल निवासी शिकार, मछली पकड़ना, संग्रहण, बागवानी और खेती में से जो-जो मुमकिन हो, वह सब आजमाते हुए अपनी जीविका कमाते थे।

2. **सिडनी के इलाके का एक वर्णन, 1790**

"ब्रिटिशों की उपस्थिति ने आदिवासियों के उत्पादन को नाटकीय ढंग से अस्त-व्यस्त कर दिया। हजारों भूखे मुखों के आने से, जिनके पीछे-पीछे सैकड़ों और आए, स्थानीय खाद्य संसाधनों पर अभूतपूर्व दबाव पड़ा।

तो दारूक लोगों ने इन सबके बारे में क्या सोचा होगा? उनके लिए पवित्र स्थानों का इतने बड़े पैमाने पर विनाश और अपनी जमीन के प्रति विचित्र, हिंसक बरताव समझ से परे था। ये नवागंतुक बिना वजह पेड़ों को काटते जाते। यह बिना वजह इसलिए जान पड़ता था कि उन्हें न डोंगी बनानी थीं, न जंगली शहद इकट्ठा करना था और न ही जानवर पकड़ने थे। पत्थरों को हटाकर उनका चट्टा लगा दिया गया, मिट्टी खोदकर उसे आकार देकर पका दिया गया, जमीन में गड्ढे बना दिए गए, बहुत भारी-भरकम इमारतें तैयार कर दी गईं।

पहले पहल उन्होंने इस सफाई की तुलना किसी पवित्र आनुष्ठानिक भूमि के निर्माण से की होगी .... संभवत: उन्होंने सोचा कि एक विशाल कर्मकांडी जलसा होने जा रहा है और यह एक खतरनाक धंधा होगा, जिससे उन्हें पूरी तरह दूर रहना चाहिए। इसमें कोई संदेह नहीं कि इसके बाद दारूक उन बस्तियों से बचकर रहने लगे और राजकीय अपहरण ही उन्हें वापस लाने का एकमात्र तरीका था।"

(i) **टॉरस स्ट्रेट टापूवासी कौन हैं?**

उत्तर ऑस्ट्रेलिया के मूल निवासियों का एक समूह इस महाद्वीप के उत्तरी भाग में रहता था। यहाँ के मूल निवासियों को 'टॉरस स्ट्रेस टापूवासी' कहा जाता था।

(ii) **'दारूक' से आप क्या समझते हैं? ब्रिटिश के आने से इनकी जीवन-शैली किस प्रकार प्रभावित हुई?**

उत्तर 'दारूक' संभवतः ऑस्ट्रेलिया के मूल निवासी थे। इनका मूल निवास क्षेत्र सिडनी था। ब्रिटिश लोगों के आने से इन निवासियों के जीवन पर बहुत गहरा प्रभाव पड़ा। इनके उत्पादन को तहस-नहस कर दिया गया। हजारों लोगों को भुखमरी का शिकार होना पड़ा, जिससे उनके स्थानीय खाद्य संसाधनों पर भी अत्यधिक दबाव पड़ने लगा।

(iii) **विशाल इमारतों को देखकर मूल निवासियों ने क्या सोचा?**

उत्तर ब्रिटिश लोगों ने जंगलों को काटकर भारी भरकम विशाल इमारतें बनाईं, जिन्हें देखकर मूल निवासियों को अहसास हुआ कि उस स्थान पर कोई विशाल कर्मकांडी जलसे की तैयारी हो रही है। उन्होंने यह भी सोचा कि उस स्थान पर कोई खतरनाक व्यवसाय होने वाला है। अतः उन्होंने उस स्थान से दूर रहने का फैसला किया।

3. **उत्तरी अमेरिका का महाद्वीप उत्तर ध्रुवीय वृत्त से लेकर कर्क रेखा तक और प्रशांत महासागर से अटलांटिक महासागर तक फैला है। पथरीले पहाड़ों की शृंखला के पश्चिम में अरिजोना और नेवाडा की मरुभूमि है। थोड़ा और पश्चिम में सिएरा नेवाडा पर्वत हैं। पूरब में ग्रेट (विस्तृत) मैदानी इलाके, ग्रेट (विस्तृत) झीलें, मिसीसिपी और ओहियो और अप्पालाचियाँ पर्वतों की घाटियाँ हैं। दक्षिण दिशा में मैक्सिको है। कनाडा का 40 फीसदी इलाका जंगलों से ढका है। कई क्षेत्रों में तेल, गैस और खनिज संसाधन पाए जाते हैं, जिनके चलते संयुक्त राज्य अमेरिका और कनाडा में ढेरों बड़े उद्योग हैं। आजकल कनाडा में गेहूँ, मकई और फल बड़े पैमाने पर पैदा किए जाते हैं और मत्स्य उद्योग वहाँ का एक महत्त्वपूर्ण उद्योग है।**

खनन उद्योग और बड़े पैमाने की खेती का विकास पिछले 200 वर्षों में ही यूरोप, अफ्रीका और चीन के अप्रवासियों के हाथों हुआ है। लेकिन यूरोपवासियों की जानकारी में आने से पहले हजारों सालों से उत्तरी अमेरिका में लोग रह रहे थे।

(i) उत्तरी अमेरिका का भौगोलिक विस्तार किन सीमाओं तक फैला हुआ है?

उत्तर उत्तरी अमेरिका का भौगोलिक विस्तार उत्तर ध्रुवीय वृत्त से लेकर पूरब में अटलांटिक महासागर तक फैला हुआ है। महाद्वीप के पश्चिमी भाग में पथरीले पहाड़ों की शृंखला (रॉकी माउंटेंस) है, जिसके पश्चिम में अरिजोना और नेवाडा की मरुभूमि स्थित है। थोड़ा और पश्चिम में सिएरा नेवाडा पर्वत स्थित पूर्व की ओर ग्रेट मैदानी क्षेत्र (ग्रेट प्लेंस), ग्रेट झीले, मिसीसिपी और आहियो तथा अप्पलाचिया पर्वतों की घाटियाँ फैली हुई हैं। इसके दक्षिण में मैक्सिको स्थित है।

(ii) यूरोपवासियों के आने से पहले उत्तरी अमेरिका में कौन लोग रहते थे?

उत्तर यूरोपवासियों के उत्तरी अमेरिका में आने से पहले हजारों वर्षों से इस महाद्वीप में लोग निवास कर रहे थे। ये लोग स्वदेशी जनजातियों के रूप में जाने जाते हैं।

(iii) कनाडा के प्रमुख प्राकृतिक संसाधन और कृषि उत्पाद कौन-कौन से हैं?

उत्तर कनाडा का लगभग 40% क्षेत्र जंगलों से ढका हुआ है, जो लकड़ी और अन्य वन उत्पादों के लिए महत्त्वपूर्ण है। इसके अतिरिक्त यहाँ तेल, गैस और खनिज संसाधन भी प्रचुर मात्रा में उपलब्ध हैं। कृषि क्षेत्र में कनाडा में बड़े पैमाने पर गेहूँ, मकई और फल उगाए जाते हैं। कनाडा का मत्स्य उद्योग एक अन्य महत्त्वपूर्ण उद्योग है, जो यहाँ कि आर्थिक गतिविधियों में बड़ा योगदान देता है।

4. **मानवशास्त्रीय जिज्ञासाओं के रूप में नहीं, बल्कि विशिष्ट संस्कृतियों वाले समुदायों के रूप में, प्रकृति और जलवायु को समझने की विशिष्ट पद्धतियों के रूप में समझना था। उन्हें ऐसे समुदायों के रूप में समझना था, जिनके पास अपनी कथाओं और कपड़ासाजी-चित्रकारी -हस्तशिल्प के कौशल का विशाल भंडार था और वह भंडार सराहने, आदर तथा अभिलेखन के योग्य था। इन सभी की तह में वह जरूरी सवाल था, जिसे आगे चलकर हेनरी रेनॉल्ड्स ने अपनी प्रभावशाली पुस्तक, "व्हाइ वरंट वी टोल्ड? (हमें बताया क्यों नहीं गया?", में सामने रखा। इस किताब में ऑस्ट्रेलियाई इतिहास लेखन के उस ढर्रे की भर्त्सना की गई थी, जिसमें कैप्टन कुक की 'खोज' से ही इतिहास की शुरुआत मानी जाती थी।**

उसके बाद से मूल निवासियों की संस्कृतियों का अध्ययन करने के लिए विश्वविद्यालयी विभागों की स्थापना हुई है। कलादीर्घाओं (आर्ट गैलरीज) में देसी कलाओं की दीर्घाएँ शामिल की गई हैं, देसी संस्कृति को समझाने वाले कल्पनाशील तरीके से सज्जित कमरों के लिए संग्रहालयों में जगह बनाई गई है और मूल निवासियों ने अपने जीवन-इतिहासों को लिखना शुरू किया है। यह सब एक अद्भुत प्रयास है। यह प्रयास समय रहते शुरू हो गया। अगर मूल निवासियों की संस्कृतियों की अनदेखी बदस्तूर जारी रहती, तो इस समय तक उसका काफी कुछ विस्मृति की गर्त में जा चुका होता। वर्ष 1974 से 'बहुसंस्कृतिवाद' ऑस्ट्रेलिया की राजकीय नीति रही है, जिसने मूल निवासियों की संस्कृतियों और यूरोप तथा एशिया के अप्रवासियों की भाँति-भाँति की संस्कृतियों को समान आदर दिया है।

(i) हेनरी रेनॉल्ड्स की पुस्तक "व्हाइ वरंट वी टोल्ड?" में क्या सवाल उठाए गए हैं?

उत्तर हेनरी रेनॉल्ड्स की पुस्तक 'व्हाइ वरंट वी टोल्ड?" में यह सवाल उठाया गया है कि इतिहास लेखन में ऑस्ट्रेलिया के मूल निवासियों की संस्कृतियों और उनके योगदान की अनदेखी क्यों की गई। उन्होंने उस ऐतिहासिक दृष्टिकोण की आलोचना की, जिसमें कैप्टन कुक की 'खोज' से ही इतिहास की शुरुआत मानी जाती है।

(ii) मूल निवासियों की संस्कृतियों को संरक्षित और समझने के लिए कौन-कौन से कदम उठाए गए?

उत्तर मूल निवासियों की संस्कृतियों को संरक्षित और समझने के लिए निम्नलिखित कदम उठाए गए

- विश्वविद्यालयों में मूल निवासियों की संस्कृतियों के अध्ययन के लिए विभागों की स्थापना।
- कलपादीर्घाओं (आर्ट गैलरीज) में देसी कलाओं के लिए विशेष स्थान।
- संग्रहालयों में देसी संस्कृति को समझाने वाले विशेष कक्षों की व्यवस्था।
- मूल निवासियों द्वारा अपने जीवन इतिहासों को लिखने की शुरुआत।

(iii) मूल निवासियों की संस्कृतियों के संरक्षण का प्रयास क्यों आवश्यक था?

उत्तर मूल निवासियों की संस्कृतियों के संरक्षण का प्रयास इसलिए आवश्यक था, क्योंकि उनकी अनदेखी लंबे समय से हो रही थी। यदि यह अनदेखी जारी रहती, तो उनके पारंपरिक कौशल, कथाएँ, कला और हस्तशिल्प विस्मृति में खो जाते। समय रहते इन प्रयासों की शुरुआत में उनकी समृद्ध संस्कृति विरासत को संरक्षित किया।

मानचित्र आधारित प्रश्न

1. नीचे दिए गए ऑस्ट्रेलिया के मानचित्र पर निम्नलिखित बिंदुओं को दर्शाइए

(i) डार्विन (ii) पर्थ (iii) मेलबोर्न (iv) तस्मानिया (v) सिडनी

उत्तर

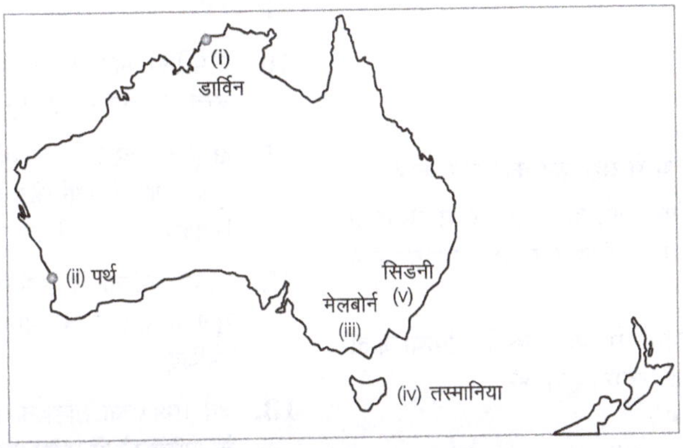

2. नीचे दिए गए संयुक्त राज्य अमेरिका के मानचित्र में संकेत 1, 2, 3, 4 एवं 5 के नाम लिखें

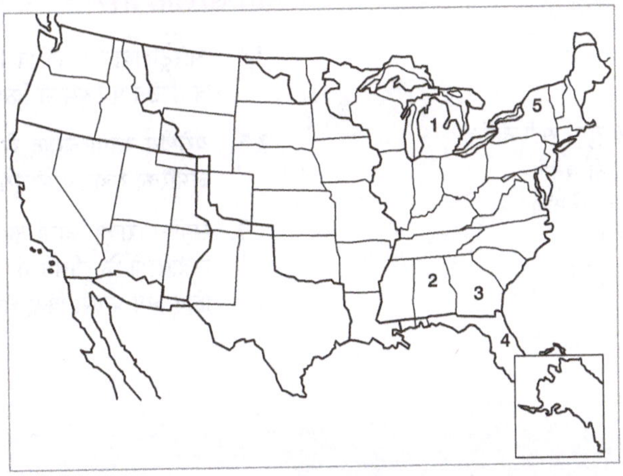

उत्तर 1. मिशिगन 2. अलबामा 3. जॉर्जिया 4. फ्लोरिडा 5. न्यूयॉर्क

स्वयं को जाँचें

वस्तुनिष्ठ प्रश्न

1. 18वीं सदी में, यूरोपीय लोगों ने 'सभ्य लोगों' को किस प्रकार परिभाषित किया?

(a) संगठित धर्म
(b) साक्षरता
(c) शहरीपन
(d) ये सभा

2. 1832 ई. में चिरोकियों के पक्ष में महत्त्वपूर्ण निर्णय देने वाले मुख्य न्यायाधीश का नाम क्या था?

(a) एंड्रिक जैक्सन
(b) जॉन मार्शल
(c) जॉन कैबोट
(d) जैक कार्टियार

3. दिए गए कथन एवं कारण के संदर्भ में सही कूट का चयन करें?

कथन (A) 20वीं सदी के आरंभिक वर्षों तक मूल निवासी के नामों का प्रयोग यूरोपीय लोगों द्वारा अपने उपनिवेशों के लिए प्रयोग किया जाता था।

कारण (R) मूल निवासी का प्रयोग ऐसे व्यक्ति के लिए किया जाता है, जो मौजूदा निवास स्थान में ही उत्पन्न हुआ हो

कूट

(a) A और R दोनों सही हैं तथा R, A की सही व्याख्या है
(b) A और R दोनों सही हैं, परंतु R, A की सही व्याख्या नहीं है
(c) A सही है, किंतु R गलत है
(d) A गलत है, किंतु R सही है

4. निम्नलिखित युग्मों में से कौन-सा युग्म सही नहीं है?

(a) 1911 ई. - कैनबरा का राजधानी बनना
(b) 1902 ई. - ऑस्ट्रेलिया संघ का निर्माण
(c) 1788 ई. - सिडनी की स्थापना
(d) 1784 ई. - क्यूबेट एक्ट पास हुआ

अतिलघु उत्तरीय प्रश्न

5. ऑस्ट्रेलिया शब्द का उद्गम किस मूल भाषा से हुआ?

6. उत्तरी अमेरिका के सबसे आरंभिक निवासी कहाँ से आए थे एवं कब वहाँ पहुँचे थे?

7. 'फर्स्ट नेशंस पीपुल्स' कौन थे?

8. यूरोपवासी मूल निवासियों के लिए किन नामों को प्रयुक्त करते थे?

9. 'आँसुओं की राह' के नाम से किस अभियान को जाना जाता है?

लघु उत्तरीय प्रश्न

10. अमेरिकी संविधान के निर्माण की प्रक्रिया और इसमें शामिल मुख्य तत्त्वों का वर्णन कीजिए।

11. संयुक्त राज्य अमेरिका और कनाडा की सरकारों ने मूल निवासियों को मुख्य धारा में लाने हेतु क्या-क्या प्रयास किए एवं किस प्रकार मूल निवासियों ने नागरिकता स्वीकार की?

12. उत्तरी अमेरिका में यूरोपीय व्यापारियों के आगमन से यूरोपवासियों और मूल निवासियों के मध्य उत्पन्न हुई विभिन्न धारणाओं की चर्चा कीजिए।

13. वर्ष 1934 का 'इंडियन रजिस्ट्रेशन एक्ट' किस कारण मूल निवासियों के अधिकारों में 'मील का पत्थर' कहा जाता है?

दीर्घ उत्तरीय प्रश्न

14. ऑस्ट्रेलिया का आर्थिक विकास यूरोपीय आबादकारों द्वारा दीर्घावधि में व कठिन परिश्रम से किया गया है। व्याख्या कीजिए।

15. यूरोपीय साम्राज्यवाद से आप क्या समझते हैं? उत्तरी और दक्षिणी अमेरिका महाद्वीप में यूरोपीय साम्राज्यवाद पर निबंध लिखिए।

16. सयुंक्त राज्य अमेरिका में संवैधानिक अधिकारों के तहत मूल निवासियों के जीवन में क्या परिवर्तन हुए तथा इन प्रावधानों ने उनके लिए क्या प्रयास किए चर्चा कीजिए।

7

अध्याय

आधुनिकीकरण के रास्ते

यह अध्याय, 19वीं सदों में हुए आधुनिकीकरण से संबंधित है, जिसमें चीन, जापान, ताइवान व कोरिया के आर्थिक सामाजिक सांस्कृतिक, राजनीतिक व्यवस्था व युद्ध तथा संघर्ष का उल्लेख ऐतिहासिक स्रोतों के आधार पर किया गया है।

▼ अध्ययन एक नजर में

▼ अभ्यास के लिए

- बहुविकल्पीय प्रश्न 33, चित्र आधारित, अभिकथन/कारण, सुमेलित कीजिए
- वर्णनात्मक प्रकार के प्रश्न (लघु उत्तरीय प्रश्न 19, दीर्घ उत्तरीय प्रश्न6)
- स्रोत आधारित प्रश्न 4, मानचित्र आधारित प्रश्न 2

19वीं सदी के प्रारंभ में चीन का पूर्वी एशिया पर प्रभुत्व था, परंतु कुछ ही दशकों के पश्चात् चीन में अशांति फैलने लगी, जिसके कारण चीन औपनिवेशिक चुनौती का सामना नहीं कर पाया।वहीं जापान एक आधुनिक राष्ट्र-राज्य के निर्माण व औद्योगिक तंत्र की रचना में ताइवान (1895 ई.) तथा कोरिया (वर्ष 1910) को अपने साथ मिलाकर औपनिवेशिक साम्राज्य स्थापित करने में सफल रहा। उसने चीन को वर्ष 1894 में और रूस जैसी यूरोपीय शक्ति को वर्ष 1905 में पराजित किया।

7.1 चीन और जापान का इतिहास

- चीन और जापान दोनों ही देश इतिहास को शासकों के लिए एक महत्त्वपूर्ण मार्गदर्शक मानते हैं। उनकी यह धारणा है कि इतिहास द्वारा प्रस्तुत अतीत के मानकों के आधार पर शासकों का मूल्यांकन किया जा सकता है।
- इसलिए दोनों देशों के शासकों द्वारा एक सरकारी विभाग की स्थापना की गई, जिसका प्रमुख कार्य अभिलेखों की देख-रेख तथा राजवंशों का इतिहास लिखना का था।
- **सिमा छियन** (145-90 ई.पू.) प्राचीन चीन के महान इतिहासकार थे।
- जापान में भी इतिहास लेखन को अत्यधिक महत्त्व दिया जाता था। उल्लेखनीय है कि जापान में मेजी सरकार के आरंभिक अधिनियमों में एक अधिनियम 1869 ई. में एक ब्यूरो की स्थापना से संबंधित था।
- इस ब्यूरो का प्रमुख कार्य अभिलेखों को एकत्रित करना था।
- चीन एवं जापान दोनों देशों में लेखन कार्य को सम्मानजनक माना जाता था तथा लेखकों एवं विद्वानों का समाज में बहुत ही आदर किया जाता था। यही कारण है कि इन दोनों देशों के इतिहास की जानकारी उपलब्ध कराने के लिए सरकारी इतिहास, लोकप्रिय साहित्य और धार्मिक पर्चे जैसे अनेक साधन उपलब्ध हैं।

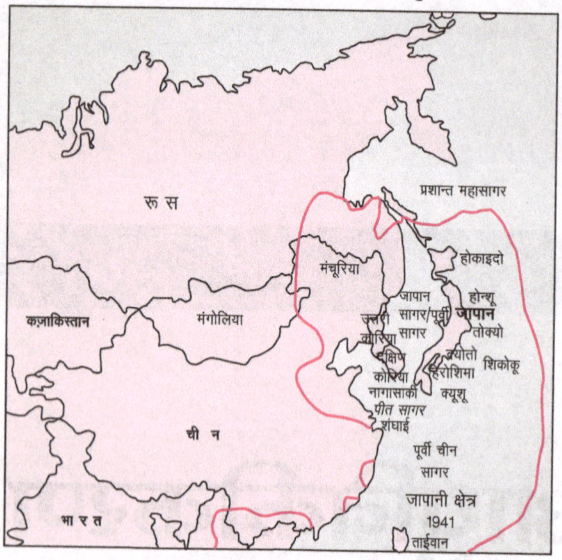

- पूर्व आधुनिक काल में मुद्रांकन और प्रकाशन महत्त्वपूर्ण उद्योग थे। यही कारण है कि 18वीं शताब्दी के चीन और जापान में किसी पुस्तक के वितरण की जानकारी प्राप्त की जा सकती थी।
- आधुनिक विद्वानों के द्वारा इस सामग्री का प्रयोग नए एवं अलग तरीके से किया गया।
- आधुनिक विद्वानों ने **लिमांग छिचाओ** जैसे चीनी बौद्धिक और **कुमे कुनीताके** (1839-1931) जैसे जापानी बौद्धिकों के कार्य को आगे बढ़ाने में अपना महत्त्वपूर्ण योगदान दिया।
- आधुनिक विद्वानों ने पहले के यूरोपीय यात्रियों; जैसे—इटली के **मार्को पोलो** (1254-1324 ई.), चीन में जेसुइट पादरी **मैटियो रिक्की** (1552-1610 ई.) एवं जापान में **लूई फरॉय** (1532-97 ई.) जैसे बुद्धिजीवियों द्वारा आरंभ किए गए लेखन कार्यों को आगे बढ़ाने में महत्त्वपूर्ण योगदान दिया।
- अंग्रेजी भाषा में चीन और जापान के इतिहास पर प्रकाश डालने वाली अनेक पुस्तकें उपलब्ध हैं।
- **जोजफ नीडहम** ने चीन में विज्ञान के इतिहास और **जॉर्ज सैन्सम** ने जापान के इतिहास एवं संस्कृति पर प्रकाश डालने वाले महत्त्वपूर्ण ग्रंथों की रचना की। वर्तमान में ही चीन एवं जापान के विद्वानों की अनेक रचनाओं का अनुवाद अंग्रेजी में किया गया। वर्ष 1980 से अनेक चीनी विद्वानों ने जापान में रहते हुए जापानी भाषा में महत्त्वपूर्ण ग्रंथों की रचना की है।

नाइतो कोनन (1866-1934)

- चीन पर अनेक महत्त्वपूर्ण जापानी विद्वानों ने कार्य किया, जिनमें से नाइतो कोनन का नाम विशेष रूप से उल्लेखनीय है। इनके लेख अन्य जापानी लेखकों के लिए प्रेरणा स्रोत बन गए।
- इनके द्वारा अपने लेखन कार्य में पश्चिमी इतिहास लेखन की नवीन तकनीकों तथा पत्रकारिता के अनुभवों का सुंदर प्रयोग किया गया है।
- कोनन के सहयोग से वर्ष 1907 में क्योतो विश्वविद्यालय में **प्राच्य अध्ययन का विभाग** स्थापित किया गया।
- कोनन ने **शिनारॉन** में इस बात पर बल दिया कि चीन सुंग राजवंश (960-1279 ई.) से चले आ रहे अभिजात वर्गीय नियंत्रण एवं सत्ता के केंद्रीयकरण को केवल गणतांत्रिक सरकार की स्थापना द्वारा समाप्त किया जा सकता है।

चेक प्वॉइंट 1

1. प्रारंभिक चीन का सबसे महान इतिहासकार किसे माना जाता है?
2. जापान में आधुनिक इतिहास के अग्रदूत कौन हैं?
3. मेजी सरकार ने किस उद्देश्य से अभिलेखों को इकट्ठा करने के लिए एक ब्यूरों की स्थापना की थी?
4. नाइतो कोनन कौन थे?

7.2 जापान

- जापान एक द्वीप श्रृंखला है। इसके चार बड़े द्वीप होंशू , क्यूशू , शिकोकू और होकाइदो हैं। इन द्वीपों की श्रृंखला में ओकिनावा लगभग बहामास वाले अक्षांश पर सबसे दक्षिण में स्थित है। मुख्य द्वीपों की 50% से अधिक भूमि पहाड़ी है। जापान अत्यधिक सक्रिय भूकंप क्षेत्रों में स्थित है।
- इन भौगोलिक परिस्थितियों का प्रभाव जापान की वास्तुकला पर स्पष्ट रूप से दिखता है।
- देश की अधिकांश जनसंख्या जापानी है। अल्पसंख्यक रूप में आयनू एवं कुछ कोरिया के लोग भी जापान में निवास करते हैं, जिन्हें श्रमिक मजदूर के रूप में जापान लाया गया था। उस समय कोरिया जापान का **उपनिवेश**[1] था।
- जापान में पशुपालन का प्रचलन नहीं है। चावल जापान की मुख्य फसल है।
- जापानियों के आहार में प्रोटीन का मुख्य स्रोत मछली है। जापान की कच्ची मछली, जिसे **साशिमी** अथवा **सूशी** के नाम से जाना जाता है, दुनिया में बहुत लोकप्रिय हो गई है। यह बहुत सेहतमंद खाद्य पदार्थ है।

1 **उपनिवेश** किसी शक्तिशाली देश द्वारा कमजोर क्षेत्र पर राजनीतिक, आर्थिक और सांस्कृतिक नियंत्रण स्थापति कर उसे शासित करना।

जापान की राजनीतिक व्यवस्था

- 11वीं शताब्दी के अंत तक जापान पर क्योतो में रहने वाले सम्राट शासन करते थे, लेकिन 12वीं शताब्दी के आरंभिक वर्षों में वास्तविक सत्ता **शोगुन**[2] के हाथों में केंद्रित हो गई और वे सैद्धांतिक रूप से राजा के नाम पर शासन कार्य करने लगे। 1603 से 1867 ई. तक शोगुनपद पर तोकुगावा परिवार का अधिकार रहा।
- प्रशासन के दृष्टिकोण से देश को **250** भागों में विभक्त कर दिया गया था, जिनका शासन **दैम्यो** द्वारा चलाया जाता था।
- दैम्यो अपने-अपने क्षेत्र के प्रशासनिक कार्यों पर अपना नियंत्रण रखते थे। खतरे की किसी भी संभावना को समाप्त करने के उद्देश्य से शोगुन दैम्यो को लंबे समय तक राजधानी एदो (आधुनिक टोक्यो) में रहने का आदेश देते थे। महत्त्वपूर्ण शहरों एवं खदानों पर भी शोगुन का ही नियंत्रण होता था। शासन करने वाले कुलीन सामुराई अर्थात् योद्धा वर्ग के अंतर्गत आते थे।
- जापान में 16वीं शताब्दी के अंतिम भाग में मुख्यत: तीन परिवर्तन हुए, जिन्होंने आगामी विकास की आधार भूमि को तैयार करने में निम्न प्रकार महत्त्वपूर्ण योगदान दिया
  (i) किसानों से हथियार वापस ले लिए गए। अब केवल सामुराई योद्धा वर्ग (सामुराई का शाब्दिक अर्थ है- सेवा करना) के लोग ही तलवार रख सकते हैं। इसके परिणामस्वरूप सदैव से होने वाली लड़ाइयाँ समाप्त हो गईं तथा शांति व्यवस्था स्थापित हो गई।
  (ii) दैम्यो को स्वायत्तता प्रदान कर दी गई तथा इन्हें अपनी क्षेत्रीय राजधानियों में ही रहने के आदेश दे दिए गए।
  (iii) भूमि का सर्वेक्षण किया गया तथा उत्पादकता के आधार पर उसका वर्गीकरण भी किया गया। इसका प्रमुख उद्देश्य मालिकों तथा करदाताओं का निर्धारण करना था। इस परिवर्तन ने राजस्व के स्थायी आधार के निर्माण में सराहनीय योगदान दिया।

सरकार द्वारा नई नीति की घोषणा

- सरकार ने **फुकोकु क्योहे**[3] के साथ नई नीति का ऐलान किया। नई नीति का प्रमुख उद्देश्य सुदृढ़ अर्थव्यवस्था का विकास एवं मजबूत सेना का निर्माण था।
- जापानी यह बात समझने लगे थे कि सुदृढ़ अर्थव्यवस्था एवं मजबूत सैन्य शक्ति के अभाव में वे भारत के समान पराधीनता का शिकार बन सकते हैं।
- देश की स्वाधीनता के लिए यह आवश्यक था कि जनसामान्य में **राष्ट्रीयता की भावना** को विकसित किया जाए तथा प्रजा को नागरिक की श्रेणी में परिवर्तित कर दिया जाए।

सरकार द्वारा बनाई गई सम्राट व्यवस्था

- नई सरकार ने **सम्राट व्यवस्था** के पुनर्निर्माण के कार्य करना शुरू किया।
- जापानी विद्वानों के अनुसार, सम्राट व्यवस्था से अभिप्राय एक ऐसी व्यवस्था से है, जिसमें सम्राट, नौकरशाही व सेना मिल-जुलकर सत्ता का संचालन करते थे तथा नौकरशाही एवं सेना सम्राट के प्रति उत्तरदायी भी होते थे।
- इस समय राजतांत्रिक व्यवस्था की प्रणाली को समझने एवं सीखने के लिए कुछ अधिकारियों को यूरोप भेजा गया था।
- सम्राट, जिसे सूर्यदेवी का वंशज माना जाता था, जो बहुत महत्त्वपूर्ण था। उसके जन्मदिन को राष्ट्रीय अवकाश के रूप में घोषित किया गया और उसे पश्चिमीकरण का नेता भी बनाया गया अंतत: वह पश्चिमी नमूने की सैन्य वेशभूषा से सुसज्जित होने लगा और उसके नाम पर आधुनिक संस्थाएँ स्थापित की जाने लगीं।
- सरकार ने सम्राट के नाम का उपयोग करके नए नियम बनाए और शिक्षा पर शाही आदेश द्वारा 1890 ई. में लोगों को सीखने, दूसरों की सहायता करने तथा एक साथ कार्य करने के लिए आदेश दिए।

आर्थिक वृद्धि

- **दैम्यो** की राजधानी का विस्तार हुआ, जिसके परिणामस्वरूप 17वीं शताब्दी के मध्य तक जापान में एदो दुनिया का सर्वाधिक जनसंख्या वाला शहर बन गया। **ओसाका** एवं **क्योतो** भी बड़े शहरों के रूप में उभरे।
- जापान में कम-से-कम छ: ऐसे गढ़ वाले शहरों का विकास हुआ, जिनकी जनसंख्या 50,000 से भी अधिक थी। इसकी तुलना में इस समय के अधिकतर यूरोपीय देशों में केवल यही एक बड़ा शहर था।
- शहर के विकास के कारण जापान में वाणिज्यिक अर्थव्यवस्था का विकास हुआ। इसके साथ ही वित्त और ऋण प्रणालियाँ भी स्थापित की गईं।
- व्यक्ति के गुणों को उसके पद की अपेक्षा अधिक महत्त्वपूर्ण माना जाने लगा।
- व्यापार-वाणिज्य के विकास से संपन्नता में वृद्धि हुई, जिसके परिणामस्वरूप शहरों में जीवंत संस्कृति विकसित होने लगी।
- संपन्न व्यापारी वर्ग द्वारा नाटक एवं विभिन्न कलाओं को प्रोत्साहन दिया जाने लगा।

---

2 शोगुन (Shogun) शोगुन का अर्थ 'सर्वविजयी सेनानी' होता है। उल्लेखनीय है कि 19वीं शताब्दी से पहले जापान में सामंती शासन-पद्धति का प्रचलन था।
3 फुकोकु क्योहे (Fukoku Kyohei) जापानी सरकार के 'फुकोकु क्योहे' नारे का अभिप्राय 'समृद्ध देश, मजबूत सेना' होता है।

- जनसामान्य की अध्ययन में रुचि होने के कारण लेखन का महत्त्व बढ़ने लगा और यह होनहार लेखकों की आजीविका का प्रमुख साधन बन गया।
- छपाई लकड़ी के ब्लॉकों से की जाती थी। यूरोपीय छपाई जापानियों को पसंद नहीं थी।
- जापान में छपाई के स्तर और अध्ययन की लोकप्रियता का अनुमान इस बात से लगाया जा सकता है कि एदो में नूडल की कटोरी के मूल्य पर पुस्तक किराए पर ली जा सकती थी।

जापान में व्यापार और आर्थिक विकास

- चीन से रेशम और भारत से विलासितापूर्ण वस्तुओं का आयात करने के कारण जापान को संपन्न देशों की श्रेणी में माना जाता था।
- जापान को इन वस्तुओं के मूल्य का भुगतान सोने और चाँदी के रूप में करना पड़ता था, जिसका जापानी अर्थव्यवस्था पर भार पड़ता था। इस लिए तोकुगावा सरकार ने सोने-चाँदी के निर्यात पर रोक लगा दी।
- रेशम के आयात को कम करने के उद्देश्य से क्योतो के निशिजिन में रेशम उद्योग के विकास के लिए महत्त्वपूर्ण प्रयास किए गए।
- इस शताब्दी में रेशम उत्पादन उद्योग का पर्याप्त विस्तार हुआ। निशिजिन में केवल विशेष प्रकार के महँगे उत्पादों का निर्माण किया जाता था।
- मुद्रा के दिन-प्रतिदिन बढ़ते हुए प्रयोग तथा चावल के शेयर बाजार के निर्माण जैसे अन्य विकास से यह स्पष्ट हो गया कि जापानी अर्थव्यवस्था नवीन दिशाओं में विकसित होने लगी थी।
- आयात पर निर्भरता कम करने के लिए जापान ने क्योटो के निशिजिन में अपना स्वयं का रेशम उद्योग विकसित किया। निशिजिन रेशम अपनी उच्च गुणवत्ता के कारण लोकप्रिय हुआ।

निशिजिन

- निशिजिन (Nishijin) क्योतो की एक महत्त्वपूर्ण बस्ती है। 16वीं शताब्दी में वहाँ 31 परिवारों के एक बुनकर संघ का निवास था।
- 17वीं शताब्दी के अंत तक इस समुदाय के सदस्यों की संख्या बढ़कर 70,000 हो गई थी।
- 1713 ई. में सरकार ने आदेश जारी किया कि रेशम उत्पादन में केवल देशी धागे का प्रयोग किया जाए। इसके परिणामस्वरूप रेशम उद्योग को और अधिक प्रोत्साहन मिला।
- निशिजिन में विशेष प्रकार के महँगे उत्पादों को ही बनाया जाता था।
- 1859 ई. में जापान से रेशम का व्यापार जापानी अर्थव्यवस्था के लाभ का एक महत्त्वपूर्ण स्रोत बन गया।
- निशिजिन में रेशम उद्योग से जुड़े एक संपन्न एवं प्रभावशाली उद्यमी वर्ग का विस्तार हुआ। शीघ्र ही यह वर्ग इतना शक्तिशाली हो गया कि यह तोकुगावा व्यवस्था को चुनौती देने लगा।

जापान में सामाजिक एवं बौद्धिक परिवर्तन

- प्राचीन जापानी साहित्य के अध्ययन ने लोगों को यह सोचने पर विवश किया कि जापान पर चीन का प्रभाव किस सीमा तक पड़ा।
- इसके साथ ही यह भी तर्क दिया गया कि जापानी होने का सार चीन के संपर्क में आने के बहुत पहले का है।
- सार की कहानी का उच्च प्राचीन साहित्य एवं जापान की उत्पत्ति की पौराणिक कथाओं में उल्लेख किया गया है। यह मिथकीय कहानी बताती है कि इन द्वीपों का निर्माण ईश्वर के द्वारा किया गया था।

जापान में पेरी द्वारा मेजी की पुनर्स्थापना

- 1853 ई. में अमेरिका के द्वारा **कॉमोडोर मैथ्यू पेरी** (1794-1858 ई.) को जापानी सरकार से समझौते के लिए भेजा गया। इस प्रकार, जापान व अमेरिका के मध्य राजनयिक एवं व्यापारिक संबंध स्थापित हुए।

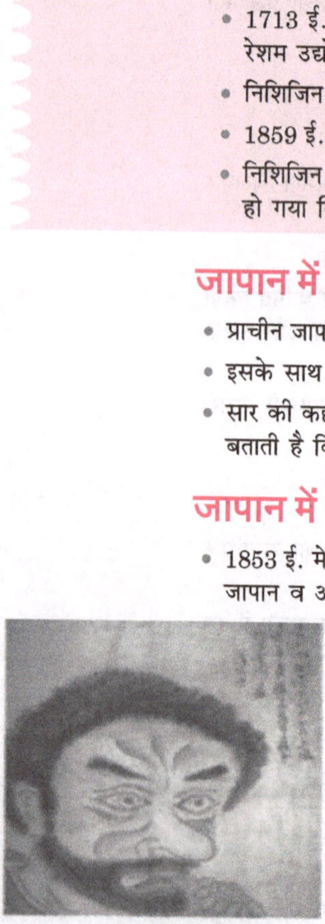

▲ कॉमोडोर पेरी

- जापान, चीन के रास्ते में पड़ता था और अमेरिका के द्वारा चीन को एक बड़े बाजार के रूप में देखा जाता था।
- जापान को अमेरिकी सामानों के लिए एक बड़े बाजार के रूप में देखा जाता था।
- इसके अतिरिक्त अमेरिकी बड़े जहाजों को भी प्रशांत महासागर में ईंधन भरने के लिए स्थान चाहिए था। इस समय हॉलैंड एक ऐसा देश था, जो जापान के साथ व्यापार करता था।
- जापान ने अलगाव की नीति बनाए रखी थी, जिसमें केवल नीदरलैंड ही इस देश के साथ व्यापार करता था।
- पेरी के आगमन और उसकी माँगों ने जापान को अपनी अलगाववादी नीति को हटाने तथा संयुक्त राज्य अमेरिका और अन्य पश्चिमी शक्तियों के साथ व्यापार समझौते करने के लिए विवश किया। विदेशी जहाजों के आगमन ने तोकुगावा शोगुनेट को समाप्त कर दिया और जापान में सम्राट की सत्ता में वापसी हुई।
- यह परिघटना जिसे मेजी पुनर्स्थापना के रूप में जाना जाता है, जापान के इतिहास में एक महत्त्वपूर्ण मोड़ था।

पेरी के आगमन से जापानी राजनीति पर प्रभाव

- कॉमोडोर पेरी के आगमन ने जापानी राजनीति पर महत्त्वपूर्ण प्रभाव डाला।
- सम्राट की अचानक अहमियत बढ़ गई, जिसे तब तक बहुत कम राजनैतिक सत्ता मिली हुई थी।
- 1868 ई. में एक आंदोलन द्वारा सम्राट शोगुन को बलपूर्वक सत्ता से हटा दिया गया और मेजी को एदो नामक स्थान पर भेज दिया गया।
- उसमें बाद एदो को राजधानी बना दिया गया और इसका नया नाम करण हुआ टोक्यों जिसका आशय है- पूर्वी राजधानी।

▲ पेरी का जहाज

मेजी के महत्त्वपूर्ण सुधार

शैक्षिक सुधार

- 1870 के दशक से नयी विद्यालय व्यवस्था का निर्माण शुरू हुआ। लड़के और लड़कियों के लिए स्कूल जाना अनिवार्य हो गया।
- वर्ष 1910 तक ऐसी स्थिति आ गई कि स्कूल जाने से कोई वंचित नहीं रहा।
- शिक्षा के लिए फीस बहुत कम थी। ओर शुरुआती पाठ्यक्रम पश्चिमी नमूनों पर आधारित था।
- 1870 के दशक के आते-आते आधुनिक विचारों पर बल देने के साथ-साथ राज्य के प्रति निष्ठा और जापानी इतिहास के अध्ययन पर बल दिया जाने लगा।
- शिक्षा मंत्रालय (Ministry of Education) पाठ्यक्रम, किताबों के चयन और शिक्षकों के प्रशिक्षण पर नियंत्रण रखता था।
- नैतिक संस्कृति के विषय को पढ़ना अनिवार्य था और किताबों में माता-पिता के प्रति आदर, राष्ट्र के प्रति वफादारी और अच्छे नागरिक बनने की प्रेरणा दी जाती थी।

प्रशासनिक सुधार

- मेजी सरकार ने राष्ट्र के एकीकरण के उद्देश्य से पुराने गाँवों और क्षेत्रीय सीमाओं को परिवर्तित करके नवीन प्रशासनिक संरचनाओं का निर्माण किया।
- प्रशासनिक इकाई में पर्याप्त राजस्व आवश्यक था, जिससे स्थानीय स्कूल और स्वास्थ्य सुविधाएँ जारी रखी जा सकें।
- राजनैतिक गुटों के गठन की देखभाल करने, बैठकों के आयोजन संबंधी नियंत्रण रखने तथा सख्त सेंसर व्यवस्था बनाए रखने के उद्देश्य से कानून व्यवस्था की स्थापना की गई।
- 20 वर्ष से अधिक उम्र के युवकों को कुछ समय के लिए सेना में कार्य करना अनिवार्य हो गया।
- सेना और नौकरशाही को प्रत्यक्षत: सम्राट के नियंत्रण में रखा गया।

अर्थव्यवस्था में आधुनिकीकरण के लिए

- मेजी सुधारों में अन्य महत्त्वपूर्ण सुधार अर्थव्यवस्था का आधुनिकीकरण था। इस उद्देश्य को प्राप्त करने के लिए कृषि पर कर लगाकर धन एकत्रित करने की व्यवस्था की गई।
- 1870-72 ई. में जापान की पहली रेलवे लाइन **टोक्यो** एवं **योकोहामा** बंदरगाह के मध्य बिछाई गई।
- वस्त्र उद्योग के विकास के लिए मशीनें यूरोप से आयात की गईं। मजदूरों के प्रशिक्षण के लिए विदेशी कारीगरों को बुलाया गया, साथ ही इन्हें विद्यालय एवं विश्वविद्यालयों में पढ़ाने के लिए भी भेजा गया। जापानी विद्यार्थी को पढ़ने के लिए विदेश भी भेजा गया।
- 1872 ई. में **आधुनिक बैंकिंग संस्थाओं की स्थापना** की जाने लगी।
- मित्सुबिशी और सुमितोमो जैसी कंपनियों को सब्सिडी एवं कर संबंधी सुविधाएँ प्रदान की गईं, जिनके कारण ये कंपनियाँ प्रमुख जहाज निर्माता कंपनी बन गईं।
- जापानी व्यापार में जापानी जहाजों का ही प्रयोग होने लगा। द्वितीय विश्वयुद्ध के बाद तक एक **जायबात्सु** नामक प्रमुख व्यापारिक संस्था का जापानी अर्थव्यवस्था पर प्रभुत्व बना रहा।
- 1872 ई. में जापान की जनसंख्या 3.5 करोड़ थी, जो वर्ष 1920 में बढ़कर 5.5 करोड़ हो गई।
- जनसंख्या के दबाव को कम करने के लिए प्रवास को सक्रिय रूप से बढ़ावा देना आवश्यक हो गया।
- सरकार ने सर्वप्रथम उत्तरी टापू **होकाइदो,** जहाँ आयनू रहते थे, की ओर तथा फिर हवाई, ब्राजील तथा जापान के बढ़ते हुए औपनिवेशिक साम्राज्य की ओर प्रवास को प्रोत्साहित किया।
- वर्ष 1925 तक 21% जनसंख्या शहरों में निवास करती थी, जो वर्ष 1935 तक बढ़कर 32% हो गई।

▲ कपड़ों के एक कारखाने में श्रमिक

जापान में औद्योगिक मजदूरों की स्थिति

- औद्योगिक मजदूरों की संख्या 1870 ई. में 7 लाख थी, जो वर्ष 1913 में बढ़कर 40 लाख तक पहुँच गई।
- इस समय अधिकांशत: औद्योगिक इकाई छोटी-छोटी थीं। इन औद्योगिक इकाइयों में 5 से कम मजदूर कार्य करते थे। इन इकाइयों में मशीन और विद्युत ऊर्जा का प्रयोग नहीं होता था।
- इन आधुनिक कारखानों में काम करने वाले मजदूरों में 50% से अधिक महिलाएँ थीं।
- 1886 ई. में **सर्वप्रथम आधुनिक हड़ताल** का आयोजन महिलाओं के द्वारा ही किया गया था।
- वर्ष 1900 के बाद कारखानों में पुरुषों की संख्या बढ़ने लगी और 1930 के दशक के आते-आते इनकी संख्या महिलाओं से अधिक हो गई।
- उद्योगों के विस्तार के साथ मजदूरों की संख्या में भी वृद्धि होने लगी।
- वर्ष 1909 में 100 से अधिक मजदूरों वाले कारखानों की संख्या केवल 1,000 थी। वर्ष 1920 तक पहुँचते-पहुँचते इनकी संख्या 2,000 से भी अधिक हो गई और 1930 के दशक में यह संख्या 4,000 हो गई।
- छोटे कारखानों में कार्य करने वाले श्रमिकों में परिवार केंद्रित विचारधारा का उदय हुआ, पूर्णत: सम्राट की पारिवारिक व्यवस्था की तरह इसमें राष्ट्रीय एकता को मजबूत करने पर ध्यान केंद्रित किया गया।

प्रदूषण के विरोध में प्रदर्शन

- तीव्र गति से होने वाले औद्योगिक विकास के पर्यावरण पर दूषित प्रभाव पड़ा।
- औद्योगिक विकास ने लकड़ी जैसे प्राकृतिक संसाधनों की माँग में वृद्धि की, जिसने पर्यावरण पर विपरीत प्रभाव डाला।
- 1897 ई. में संसद के प्रथम निम्न सदन के सदस्य **तनाका शोजो** (Tanaka Shozo) ने औद्योगिक प्रदूषण के विरुद्ध पहला आंदोलन प्रारंभ किया।
- इसके नेतृत्व में 800 ग्रामवासियों ने जनविरोध में भाग लेकर सरकार को औद्योगिक प्रदूषण के विरुद्ध कार्यवाही करने के लिए विवश कर दिया।

पर्यावरण सक्रियता के अग्रदूत: तनाका शोज

- तनाका शोजो (1841-1913 ई.) एक सामान्य किसान के बेटे थे, जिन्होंने 1880 के दशक में जनवादी अधिकारों के पक्ष में छेड़े गए आंदोलन में महत्त्वपूर्ण भूमिका निभाई।
- इस आंदोलन का प्रमुख उद्देश्य संवैधानिक सरकार की स्थापना करना था। उन्हें पहली संसद में सदस्य चुना गया।
- उनका विचार था कि जनसामान्य के हितों की बलि देकर औद्योगिक विकास करना निरर्थक है।
- शोजो ने औद्योगिक विकास के परिणामस्वरूप फैलने वाले प्रदूषण का प्रबल विरोध किया।
- आशियो (Ashio) खान से वातारासे (Watarase) नदी का जल प्रदूषित हो रहा था। इसके कारण 100 वर्ग मील की कृषि भूमि नष्ट हो गई थी, जिसने एक हजार परिवारों को प्रभावित किया था।
- इस आंदोलन के कारण कंपनी को प्रदूषण नियंत्रण के कई उपायों का अनुसरण करना पड़ा, जिसके परिणामस्वरूप वर्ष 1904 तक फसल सामान्य हो गई।

जापान में आक्रामक राष्ट्रवाद

- मेजी संविधान सीमित मताधिकार (Restricted Voting Right) पर आधारित था। इसके अनुसार बनाई गई **डायट**[4] अर्थात् संसद के अधिकार विस्तृत नहीं थे।
- मेजी पुनर्स्थापना में सहयोग देने वाले नेताओं का सत्ता पर प्रभुत्व बना रहा। इनके द्वारा राजनैतिक पार्टियाँ गठित की गईं।
- वर्ष 1918 से 1931 के दौरान जनमत से चुने गए प्रधानमंत्रियों द्वारा मंत्रिपरिषदों का गठन किया गया। कालांतर में राष्ट्रीय एकता मंत्रिपरिषदों ने उन्हें शक्ति से वंचित कर दिया।
- 1890 ई. से थल सेना और नौसेना का नियंत्रण स्वतंत्र माना जाने लगा।
- 1899 ई. में प्रधानमंत्री के आदेश द्वारा मंत्री बनने के लिए सेवारत जनरल अथवा **एडमिरल**[5] होना अनिवार्य कर दिया गया।

4 **डायट** यह जापानी संसद के लिए एक जर्मन एक शब्द को संदर्भित करता है।
5 **एडमिरल** यह किसी नौ सेनाध्यक्ष अथवा किसी देश या राज्य की नौसेना के सर्वोच्य अधिकारी को कहा जाता है। इसक थलसेना 'जनरल' या सेनापति के समान समझा जाता है।

- सेना को मजबूत बनाने का अभियान एवं जापान के उपनिवेश देशों की वृद्धि ने इस भय को उत्पन्न कर दिया कि जापान पश्चिमी शक्तियों की दया पर निर्भर है।
- सैन्य विस्तार ने धन की आवश्यकता में वृद्धि की। इस वृद्धि की पूर्ति के लिए कर को बढ़ाया गया, परिणामस्वरूप इसके खिलाफ आवाज उठने लगी। इस आवाज को दबाने के लिए इन सैन्य बलों का उपयोग किया गया।

जापान के अन्य देशों के साथ संबंधों पर जापानी बुद्धिजीवियों के विचार

- जापान के अन्य देशों के साथ संबंधों पर विचार अलग-अलग थे। कुछ जापानी बुद्धिजीवी अमेरिका और पश्चिमी यूरोपीय देशों को सभ्यता की उन ऊँचाइयों पर समझते थे, जिन्हें छूने की आकांक्षा जापान में थी।
- इस काल के प्रसिद्ध बुद्धिजीवी **फुकुजावा यूकिची** का कहना था कि जापान को अपने में से एशिया को निकाल देना चाहिए अर्थात् जापान को अपने एशियाई लक्षणों का परित्याग कर पाश्चात्य सभ्यता संस्कृति का अनुसरण करना चाहिए।
- अगली पीढ़ी के बुद्धिजीवियों का मत था कि राष्ट्रीय गर्व का निर्माण देशी मूल्यों के आधार पर किया जाना चाहिए।
- **दर्शनशास्त्री मियाके सेत्सुरे** (1860-1945 ई.) ने इस बात पर बल दिया कि प्रत्येक राष्ट्र को विश्व सभ्यता के हित में अपने विशेष हुनर का विकास करना चाहिए।
- दूसरी ओर अनेक बुद्धिजीवी पश्चिमी उदारवाद के समर्थक थे और इस ओर विशेष रूप से आकर्षित थे।
- उनके अनुसार जापान को अपना आधार सेना को नहीं, बल्कि लोकतंत्र को बनाना चाहिए।
- **उएकी एमोरी** 1857-92 ई.) जनवादी अधिकार आंदोलन के प्रमुख नेता थे। इस आंदोलन की प्रमुख माँग संवैधानिक सरकार की स्थापना करने की थी।
- ये फ्रांसीसी क्रांति की एक महत्त्वपूर्ण उपलब्धि मानवाधिकारों की घोषणा से विशेष रूप से प्रभावित थे।
- ये प्रत्येक व्यक्ति को विकास की ओर अग्रसर करने वाली उदार शिक्षा के प्रशंसक थे और स्वतंत्रता को व्यवस्था से अधिक महत्त्वपूर्ण मानते थे।
- कुछ अन्य लोगों के द्वारा महिलाओं के मताधिकार की माँग भी की गई थी। इस दबाव ने सरकार को संविधान की घोषणा करने के लिए बाध्य कर दिया।

▲ बिजली से चलने वाली नवीन घरेलूः वस्तु चावल पकाने वाला

जापान में दैनिक जीवन

- जापानी समाज का एक आधुनिक समाज में रूपांतरण उसके परिवर्तित दैनिक जीवन में भी परिभाषित होता है।
- जापानी समाज में पितृसत्तात्मक व्यवस्था पर आधारित संयुक्त परिवार प्रणाली का प्रचलन था।
- जापान में संपन्नता की वृद्धि के साथ-साथ परिवार (नया घर) के विषय में नवीन विचारों का प्रसार भी होने लगा। इस नए घर (**होमु**[6]) में पति-पत्नी एकसाथ रहकर धन उपार्जन करते एवं अपना घर चलाते थे।
- पारिवारिक जीवन की इस परिवर्तित विचारधारा के परिणामस्वरूप नए घरेलू उत्पादों, पारिवारिक मनोरंजन के नए साधनों एवं नए घरों की माँग में वृद्धि होने लगी।
- 1920 के दशक में अनेक निर्माण कंपनियाँ अस्तित्व में आईं, जो लोगों को 200 येन देने पर लगातार 10 वर्ष के लिए 12 **येन**[7] प्रतिमाह किश्तों पर सस्ते मकान उपलब्ध कराने लगीं।

▲ अमेरिकी (मांस व मछली भूनने वाला), टोस्टर

आधुनिकता पर विजय पाना

- वर्ष 1930-40 के दौरान जापान में सत्ता केंद्रित राष्ट्रवाद का विकास एवं विस्तार हुआ। इसी अवधि में जापान ने चीन और एशिया में अपना औपनिवेशिक विस्तार करने के उद्देश्य से लड़ाइयाँ प्रारंभ कीं। 7 दिसंबर, 1941 को जापान द्वारा अमेरिका के **पर्ल हार्बर** पर आक्रमण किए जाने के कारण ये लड़ाइयाँ दूसरे विश्वयुद्ध के एक हिस्से के रूप में उभर गईं। इस काल में जापान में सामाजिक नियंत्रण में भी वृद्धि हुई। इस समय देशभक्तों की ऐसी अनेक संस्थाएँ बनीं, जो युद्ध का समर्थन करती थीं।
- वर्ष 1943 में आधुनिकता की विजय पर संगोष्ठी हुई। इस संगोष्ठी में इस बात पर ध्यान केंद्रित किया गया कि आधुनिक रहते हुए पश्चिम पर कैसे विजय प्राप्त की जाए।
- दर्शनशास्त्री निशितानी केजी ने आधुनिकता को तीन पश्चिमी धाराओं के मिलन और एकता से परिभाषित किया; जैसे—पुनर्जागरण, प्रोटैस्टेंट सुधार और प्राकृतिक विज्ञानों का विकास।
- उनके अनुसार जापान की नैतिक ऊर्जा ने उसे एक उपनिवेश बनने से बचा लिया, जिसके परिणामस्वरूप जापान ने एक नई विश्व पद्धति और एक विशाल पूर्वी एशिया का निर्माण किया।

▲ ब्रेड सेंकने वाला टोस्टर

6 होमु यह एक जपानी अंग्रेजी शब्द है, जिसका अर्थ 'नया घर' होता है।
7 येन यह जापन की मुद्रा का नाम है।

वैश्विक आर्थिक शक्ति के रूप में जापान का पुन: उदय

- संयुक्त राज्य अमेरिका द्वारा जापान के दो महत्त्वपूर्ण नगरों **हिरोशिमा** और **नागासाकी** पर नाभिकीय बम गिराए गए।
- वर्ष 1945-47 में अमेरिकी नेतृत्व वाले कब्जे के दौरान जापान का विसैन्यीकरण कर एक नया संविधान लागू किया गया।
- इस नए संविधान के अंतर्गत अनुच्छेद 9 में यह उल्लेख किया गया कि राष्ट्रीय नीति के साधन के रूप में युद्ध का प्रयोग वर्जित है।
- कृषि सुधार, व्यापारिक संगठनों के पुनर्गठन एवं जापानी अर्थव्यवस्था में **जायबात्सु** जैसी विशाल एकाधिकार कंपनियों के प्रभुत्व को समाप्त करने का प्रयास किया गया।
- राजनैतिक दलों को पुनर्जीवित किया गया। युद्ध के बाद वर्ष 1946 में पहले चुनाव हुए, जिनमें पहली बार महिलाओं ने मतदान में भाग लिया।

जापानी अर्थव्यवस्था का पुनर्निर्माण

▲ टोक्यो द्वितीय विश्वयुद्ध के पहले और बाद में

- जापानी अर्थव्यवस्था का जिस गति से पुनर्निर्माण हुआ, उसे एक युद्धोत्तर 'चमत्कार' का नाम दिया गया।
- जापान से संविधान को औपचारिक रूप से गणतांत्रिक रूप इसी समय प्रदान किया गया था।
- युद्ध में पूर्व की सामाजिक संबद्धता को गणतांत्रिक रूपरेखा के अंतर्गत सुदृढ़ किया गया, जिसके परिणामस्वरूप सरकार, नौकरशाही और उद्योग के मध्य बेहतर संबंध स्थापित हुए।
- वर्ष 1964 में टोक्यो में होने वाले ओलंपिक खेल जापानी अर्थव्यवस्था की परिपक्वता को दर्शाते हैं।
- वर्ष 1964 में ही जापान में 200 मील प्रति घंटे (वर्तमान में 300 मील प्रति घंटा) की गति से चलने वाली शिंकांसेन अर्थात् बुलेट ट्रेन का जाल बिछाया जाना प्रारंभ किया गया।
- यह जापानियों की क्षमता को दर्शाती है, जो नई प्रौद्योगिकी के द्वारा बेहतर और सस्ते उत्पाद बाजार में बिक्री के लिए ला सके।

पर्यावरण संबंधी चुनौतियाँ

- जापान में प्रदूषण के कारण स्वास्थ्य संबंधी अनेक समस्याएँ उत्पन्न हुईं।
- 1960 के दशक में **मिनामाता** में पारे के जहर के फैलने तथा 1970 के दशक के उत्तरार्द्ध में हवा में प्रदूषण की मात्रा बढ़ जाने के परिणामस्वरूप अनेक समस्याओं का जन्म हुआ।
- पर्यावरण संबंधी विषयों में लोगों की रुचि में 1980 के दशक में कमी आई, किंतु वर्ष 1990 तक आते-आते जापान में विश्व के कुछ कठोरतम पर्यावरण-नियंत्रण कानून का पालन होने लगा। परिणामस्वरूप अब स्थिति में पर्याप्त सुधार हो गया। आज जापान विश्व का एक विकसित, संपन्न एवं अग्रणी देश है।

चेक प्वॉइंट 2

1. निशिजिन किसलिए प्रसिद्ध था?
2. तनाका शोजो कौन था?
3. मोगेई सबुरो और निशितानी कीजी कौन थे?
4. पारा विषाक्तता के कारण कौन-सी बीमारी होती है?
5. 1970 के दशक में जापान में पर्यावरण समस्या का एक उदाहरण दीजिए।

7.3 चीन

- चीन एक विशाल महाद्वीपीय देश है, जिसमें भिन्न-भिन्न जलवायु वाले क्षेत्र सम्मिलित हैं।
- देश का अधिकांश भाग पहाड़ी है। **पीली नदी** (हुआंग हे), **यांग्त्सी नदी** (छांग जिआंग) और **पर्ल नदी** इस क्षेत्र की तीन प्रमुख नदियाँ हैं।
- इनमें यांग्त्सी नदी को विश्व की तीसरी सबसे लंबी नदी होने का गौरव प्राप्त है।
- चीन के आधुनिक इतिहास के निर्माण में संप्रभुता की पुनर्प्राप्ति, विदेशी प्रभुत्व के अपमान का अंत और समानता तथा विकास को संभव बनाने जैसे विषयों की महत्त्वपूर्ण भूमिका रही है।

इस संबंध में प्रमुखतः तीन विचारधाराएँ सामने आईं, जो इस प्रकार हैं

(i) कांग योवेल (1858-1927 ई.) तथा लियांग किचाउ (1873- 1929 ई.) जैसे आरंभिक सुधारक पारंपरिक विचारों का नवीन एवं भिन्न प्रकार से प्रयोग करके पाश्चात्य चुनौतियों का सामना करना चाहते थे।

(ii) चीन के प्रथम राष्ट्राध्यक्ष सन यात-सेन जैसे गणतांत्रिक क्रांतिकारियों पर जापानी एवं पाश्चात्य विचारों का स्पष्ट प्रभाव था।

(iii) चीन की कम्युनिस्ट पार्टी लंबे समय तक व्याप्त असमानताओं को समाप्त करके विदेशियों को देश से बाहर कर देना चाहती थी।

चीन की संस्कृति

- चीन के जातीय समूहों में **हान** सर्वाधिक प्रमुख है। इसकी प्रमुख भाषा चीनी (पुतोंगहुआ) है, लेकिन फिर भी उइघुर, हुई, मांचू तथा तिब्बती जैसी कई अन्य राष्ट्रीयताएँ भी विद्यमान हैं।
- इसी प्रकार कैंटनीज कैंटन (गुआंगजाओ) की बोली **उए** और **शंघाईनीज** (शंघाई की बोली-वू) जैसी बोलियों के साथ-साथ अनेक अल्पसंख्यक भाषाएँ भी अस्तित्व में हैं।
- चीन के विशाल क्षेत्रफल और विभिन्न क्षेत्रों के कारण यहाँ की भोजन परंपराएँ अनूठी हैं। दक्षिणी या कैंटोनीज व्यंजन विशेष रूप से प्रसिद्ध हैं, जिनमें **डिम सम**[8]; पेस्ट्री और पकौड़े जैसे लोकप्रिय व्यंजन शामिल हैं।
- उत्तरी चीन में गेहूँ मुख्य भोजन है, जबकि पूर्वी चीन में चावल और गेहूँ दोनों खाए जाते हैं।
- शेचुआँ में प्राचीन काल से ही बौद्ध भिक्षुओं द्वारा लाए गए मसाले और रेशम मार्ग के द्वारा पंद्रहवीं सदी में पुर्तगाली व्यापारियों द्वारा लाई गई मिर्च के कारण मुख्यतः झालदार और तीखा खाना मिलता था।

चीन के साथ पश्चिमी मुठभेड़

- चीन में आधुनिकीकरण का प्रारंभ 16वीं एवं 17वीं शताब्दियों में पश्चिम के साथ उसके प्रथम संपर्क के समय से माना जाता है।
- जेसुइट मिशनरियों ने खगोलविद्या और गणित जैसे पाश्चात्य विज्ञानों को चीन में पहुँचाया। प्रारंभ में इसका प्रभाव सीमित था, लेकिन 19वीं शताब्दी में जाकर इसकी गति तेज हो गई।
- यह गति तीव्र उस समय हुई, जब ब्रिटेन ने अफीम के व्यापार को बढ़ाने के लिए सैन्य बलों का उपयोग किया। इसी के कारण प्रथम अफीम युद्ध (1839-1942 ई.) हुआ।
- **कांग यूवेई** और **लियांग किचाउ** जैसे सुधारकों का विचार था कि चीन को पश्चिमी देशों के प्रभाव से बचाने के लिए व्यवस्था को सुदृढ़ बनाना अति आवश्यक था। अतः उन्होंने आधुनिक प्रशासन, नई सेना और शिक्षा की व्यवस्था के लिए नीतियों का निर्माण किया।
- वे चीन को उपनिवेशीकरण से बचाना चाहते थे। उन्होंने संवैधानिक सरकार की स्थापना के लिए स्थानीय विधायिकाओं के गठन की ओर ध्यान केंद्रित किया।

▲ अफ़ीम युद्ध

उपनिवेश राष्ट्रों के विषय में चीन के विचार

- चीनी विचारक उपनिवेश बनाए गए देशों के नकारात्मक उदाहरणों से अत्यधिक प्रभावित हुए। 18वीं शताब्दी में पोलैंड का विभाजन चीन में सर्वाधिक चर्चित उदाहरण बन गया।
- 1890 के दशक में पोलैंड शब्द का प्रयोग क्रिया के रूप में किया जाने लगा। बोलान वू का अभिप्राय होता है—'हमें पोलैंड करने के लिए।' भारत के उदाहरण से चीनियों को बहुत कुछ सीखने को मिला था।
- जागरुकता के संदर्भ में सुप्रसिद्ध विचारक **लियांग किचाउ** का मानना था कि चीनी लोगों में एक राष्ट्र की जागरुकता उत्पन्न करके ही चीन पश्चिम का सफलतापूर्वक विरोध कर सकता है।
- उन्होंने वर्ष 1903 में लिखा था कि भारत एक ऐसा देश है, जिसे किसी और देश ने नहीं बल्कि एक कंपनी (ईस्ट इंडिया कंपनी) ने नष्ट किया।
- इसके साथ ही उन्होंने भारतीयों की इस बात के लिए कटु आलोचना की कि वे ब्रिटेन के प्रति स्वामीभक्ति और चीनियों के साथ क्रूर व्यवहार प्रकट करते थे। उनके विचारों ने जनसामान्य पर गहरा प्रभाव छोड़ा।
- चीन में **कंफ्यूशियसवाद**[9] प्रमुख विचारधारा रही है, जो कंफ्यूशियस और उसके अनुयायियों की शिक्षा से विकसित की गई है।
- इस विचारधारा के अच्छे व्यवहार, व्यावहारिक समझदारी और उचित सामाजिक मानदंडों के सिद्धान्तों ने चीनियों के जीवन के प्रति दृष्टिकोण को प्रभावित कर सामाजिक मानदंड को विकसित करने के साथ चीनी राजनीतिक सोच तथा संगठनों को आधार दिया।

8 डिम सम यह एक ऐसा व्यंजन है, जिसका शाब्दिक अर्थ- ''अपने हृदय को छूना'' है।

9 कंफ्यूशियसवाद यह चीन की एक प्रमुख विचारधारा है। इसके अंतर्गत अच्छे व्यवहार, व्यावहारिक समझदारी और उचित सामाजिक संबंध को महत्त्व दिया गया है।

चीनी आधुनिकीकरण पर जापानी प्रभाव

- लोगों की परंपरागत सोच में बदलाव के कारण नए विषयों का अध्ययन करने के लिए विद्यार्थियों को जापान, ब्रिटेन और फ्रांस जैसे देशों में भेजा गया।
- 1890 के दशक में विशाल संख्या में चीनी विद्यार्थियों को शिक्षा प्राप्ति के उद्देश्य से जापान भेजा गया।
- ये छात्र नए विचारों के साथ चीन वापस आए और गणतंत्र की स्थापना में महत्त्वपूर्ण भूमिका निभाई।
- चीनी और जापानी भाषा एक ही चित्रलिपि का प्रयोग करती है। चीन ने जापान से न्याय, अधिकार तथा क्रांति के यूरोपीय विचारों के जापानी अनुवादों को प्राप्त किया।
- वर्ष 1905 में रूस-जापान युद्ध के पश्चात् दीर्घकाल से प्रचलित चीनी परीक्षा प्रणाली को समाप्त कर दिया गया।

रिपब्लिकन क्रांति

- वर्ष 1911 की चीनी क्रांति 20वीं शताब्दी के चीन के इतिहास की एक महत्त्वपूर्ण घटना थी।
- सन-यात-सेन (1866-1925 ई.) के नेतृत्व में वर्ष 1911 में मांचू साम्राज्य को समाप्त कर चीनी गणतंत्र की स्थापना की गई।
- आधुनिक चीन के संस्थापक सन-यात-सेन का जन्म एक गरीब परिवार में हुआ था। उनकी शिक्षा मिशन स्कूलों में हुई और वहीं उनका परिचय लोकतंत्र एवं ईसाई धर्म से हुआ।
- उन्होंने डॉक्टरी का अध्ययन किया, किंतु वे चीन के भविष्य को लेकर अत्यधिक चिंतित थे। उनका कार्यक्रम तीन सिद्धांत (सन मिन चुई) नाम से प्रसिद्ध हुआ।
- इन सिद्धांत के प्रमुख तीन उद्देश्य थे
  (i) **राष्ट्रवाद** 17वीं शताब्दी के मध्य से चीन पर शासन करते आ रहे मांचू राजवंश की सत्ता को समाप्त करना।
  (ii) **लोकतंत्र** लोकतांत्रिक गणतंत्र की स्थापना करना।
  (iii) **आजीविका** भूमि का उचित वितरण करना।
- 4 मई, 1919 को बीजिंग में युद्धोत्तर शांति सम्मेलन के निर्णय के विरोध में प्रदर्शन हुआ। हालाँकि चीन ब्रितानिया के नेतृत्व में हुई जीत में विजयी देशों का सहयोगी था।
- यह विरोध आंदोलन में परिवर्तित हो गया। सरकार द्वारा भीड़ पर नियंत्रण स्थापित करने के लिए बल का प्रयोग किया गया।
- इस आंदोलन ने एक संपूर्ण पीढ़ी को परंपरा पर आक्रमण करने की प्रेरणा प्रदान की। इसने आधुनिक विज्ञान, लोकतंत्र एवं राष्ट्रवाद के विकास द्वारा चीन की रक्षा पर बल दिया।
- क्रांतिकारियों द्वारा देश के संसाधनों पर विदेशी प्रभुत्व स्थापित करने वाले विदेशियों को भगाने, असमानताओं को दूर करने तथा गरीबी को कम करने का आह्वान किया गया।
- लेखन में एक ही भाषा का प्रयोग, पैर बाँधने की प्रथा को समाप्त करना, महिलाओं की अधीनता को समाप्त करना, विवाह में समानता, गरीबी समाप्त करने के लिए आर्थिक सुधारों को लागू करना आदि क्रांतिकारियों की अन्य माँगें थीं।
- गणतांत्रिक क्रांति के बाद देश में उथल-पुथल का दौर प्रारंभ हुआ। कुओमीनतांग (National People's Party) और चीनी कम्युनिस्ट पार्टी (Communist Party of China) देश में एकता एवं स्थिरता लाने के लिए दो महत्त्वपूर्ण ताकतों के रूप में उभरीं।

कुओमीनतांग और उसका राजनीतिक दर्शन

- कुओमीनतांग के राजनैतिक दर्शन का प्रमुख आधार **सन-यात-सेन** के विचार थे। उन्होंने मानव जीवन की चार बड़ी आवश्यकताओं; जैसे— कपड़ा, खाना, घर एवं परिवहन पर अत्यधिक बल दिया।
- सन यात-सेन की मृत्यु के बाद कुओमीनतांग का नेतृत्व **चियांग काईशेक** 1887 - 1975) के नियंत्रण में आ गया।
- इन्होंने सैन्य अभियान के द्वारा वारलार्ड्स को अपने नियंत्रण में किया एवं साम्यवादियों को समाप्त कर दिया।
- कुओमीनतांग ने सेक्युलर और विवेकपूर्ण इहलौकिक कंफ्यूशियसवाद की वकालत की। उन्होंने कहा कि लोगों को एकताबद्ध व्यवहार की प्रवृत्ति और आदत का विकास करना चाहिए। इनके द्वारा महिलाओं को चार सद्गुणों का विकास करने के लिए प्रोत्साहित किया गया। ये चार सद्गुण सतीत्व, रूप-रंग, वाणी और काम थे।
- इन्होंने महिलाओं की भूमिका को घरेलू स्तर पर देखने पर बल दिया। इन्होंने महिलाओं के कपड़ों की किनारियों की लंबाई को भी प्रस्तावित किया। सामाजिक एवं सांस्कृतिक बदलाव स्कूल और विश्वविद्यालयों के विकास में सहायक सिद्ध हुए। वर्ष 1902 में पीकिंग विश्वविद्यालय की स्थापना की गई। पत्रकारिता का विकास होने लगा और जनसामान्य का आकर्षण इस ओर बढ़ने लगा।
- लाइफ वीकली पत्र के संपादक **शाओ तोआफेन** (1895-1944 ई.) थे, जो नवीन विचारधारा का प्रतिनिधित्व करने लगे।
- इसके माध्यम से जनता गाँधीजी तथा तुर्की के आधुनिकीकरण के जनक **कमाल अतातुर्क** जैसे नेताओं के विचारों से अवगत हुई।
- वर्ष 1926 में इसकी केवल 2000 प्रतियाँ बिकती थीं, जिसकी संख्या वर्ष 1933 में बढ़कर 2 लाख हो गई।

- कुओमीनतांग के द्वारा देश को एकीकरण के सूत्र में बाँधने के लिए प्रयास किए गए, लेकिन ये असफल रहे।
- ये पार्टियाँ सन यात-सेन के कार्यक्रम के महत्त्वपूर्ण भाग—पूँजी के नियमन और भूमि अधिकारों में समानता स्थापित करना, जैसे विचारों को कार्यान्वित नहीं कर सकीं, क्योंकि पार्टी ने किसानों और बढ़ती सामाजिक असमानता की अनदेखी की।
- इसने न तो जनसामान्य की समस्याओं की ओर ध्यान दिया और न ही जनसहयोग एवं समर्थन प्राप्त करने का प्रयास किया।

चीनी साम्यवादी दल का उदय

- वर्ष 1937 में जापानियों द्वारा चीन पर आक्रमण किया गया। इस युद्ध के कारण वर्ष 1945 और 1949 के दौरान 30% की दर से प्रतिमाह कीमतों में वृद्धि हो रही थी।
- चीन के ग्रामीण क्षेत्रों में मुख्यत: दो प्रकार के संकट थे
  (i) **पर्यावरण संबंधी संकट** जिसमें बंजर जमीन, वनों का नाश एवं बाढ़ शामिल थे।
  (ii) **सामाजिक आर्थिक संकट** जिसमें विनाशकारी जमीन-प्रथा, ऋण, आदिम प्रौद्योगिकी और निम्न स्तरीय संचार इत्यादि शामिल थे।
- चीन में साम्यवादी पार्टी की स्थापना वर्ष 1921 में की गई थी।
- रूसी क्रांति (बोल्शेविक क्रांति) ने पूरे विश्व को अनेक रूपों में प्रभावित किया था
- इसके परिणामस्वरूप विश्व के अनेक देशों में साम्यवादी दल स्थापित हो गए।
- मार्च, 1918 में लेनिन और ट्रॉटस्की जैसे नेताओं ने कौमिंटर्न या तृतीय अंतर्राष्ट्रीय की स्थापना की।
- इसका प्रमुख उद्देश्य विश्व स्तरीय सरकार की स्थापना करके शोषण को समाप्त करना था।
- कौमिंटर्न एवं सोवियत संघ ने संपूर्ण विश्व में साम्यवादी दलों को समर्थन प्रदान किया।
- साम्यवादी नेताओं पर मार्क्सवाद का अत्यधिक प्रभाव था। प्रारंभ में विशाल संख्या में विभिन्न देशों के लोग तृतीय अंतर्राष्ट्रीय की ओर आकर्षित हुए, लेकिन शीघ्र ही सोवियत संघ के स्वार्थों के अस्त्र के रूप में परिवर्तित हो गए। वर्ष 1943 में इसे समाप्त कर दिया गया।

माओ त्सेतुंग: कम्युनिस्ट पार्टी के प्रमुख नेता

- चीनी साम्यवादी पार्टी के प्रमुख नेता माओ त्सेतुंग (1893-1976 ई.) ने क्रांति के कार्यक्रम को किसानों पर आधारित किया। उनकी सफलता के परिणामस्वरूप चीनी साम्यवादी पार्टी एक शक्तिशाली राजनैतिक शक्ति बन गई, जिसके परिणामस्वरूप कुओमीनतांग पर विजय हासिल करने में सफलता मिली।
- माओ त्सेतुंग एक आमूल परिवर्तनवादी व्यक्ति थे। उनके आमूल परिवर्तनवादी तौर-तरीकों की वास्तविक झलक जियांग्सी में देखने को मिलती है।
- अन्य नेताओं के विपरीत, माओ में स्वतंत्र सरकार और सेना पर बल दिया तथा विदेशी प्रभाव एवं नियंत्रण को अस्वीकार कर दिया।
- उन्होंने वर्ष 1928-34 की अवधि में **जियांग्सी के पहाड़ों** में कुओमीनतांग के आक्रमणों से सुरक्षित शिविरों को लगाया।
- उन्होंने एक मजबूत किसान परिषद् का गठन किया और भूमि पर कब्जा करके उसका पुन: वितरण और एकीकरण किया।
- वे महिलाओं की समस्या से अवगत थे। उन्होंने विवाह के नए कानून बनाए। इस नियम के अनुसार विवाह समझौतों के क्रय-विक्रय पर प्रतिबंध लगा दिया गया और तलाक (विवाह-विच्छेद) को आसान बनाया गया।

लॉन्ग मार्च

- कम्युनिस्टों के द्वारा सोवियत की कुओमीनतांग की नाकेबंदी की गई, जिसके परिणामस्वरूप ये दूसरा आधार खोजने के लिए विवश हो गए। यही कारण था कि इन्हें वर्ष 1934-35 में लॉन्ग मार्च पर जाना पड़ा।
- यह लॉन्ग मार्च शांग्सी तक 6000 मील तक का कठिन सफर था। अपने नए केंद्र येनान में उन्होंने **युद्ध सामंतवाद** (Warlordism) को समाप्त करने, भूमि-सुधारों को कार्यान्वित करने तथा विदेशी **साम्राज्यवाद**[10] से संघर्ष करने के महत्त्वपूर्ण कार्यक्रम को आगे बढ़ाया।
- इसके कारण उन्हें एक मजबूत सामाजिक आधार मिला। साम्यवादियों एवं कुओमीनतांग ने आपस में मिलकर युद्ध का सामना किया, लेकिन युद्ध समाप्त होने के बाद साम्यवादी सत्ता में आ गए और कुओमीनतांग पराजित हो गए।

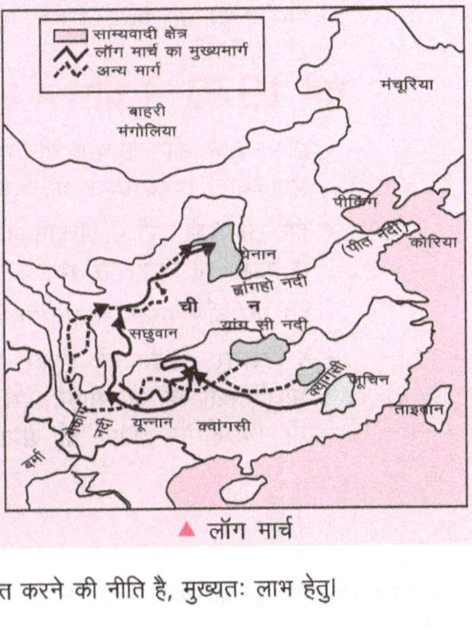

▲ लॉग मार्च

10 **साम्राज्यवाद** यह शक्ति देशों द्वारा कमजोर क्षेत्रों पर राजनीतिक, आर्थिक ओर सांस्कृतिक नियंत्रण स्थापित करने की नीति है, मुख्यत: लाभ हेतु।

नए लोकतंत्र की स्थापना (वर्ष 1949-65)

- वर्ष 1949 में चीन में साम्यवादी क्रांति हुई और देश की संपूर्ण सत्ता साम्यवादी दल के हाथों में आ गई। साम्यवादी सरकार ने आधुनिक चीन के निर्माण में महत्त्वपूर्ण योगदान दिया।
- इस नई सरकार का आधार नए लोकतंत्र के सिद्धांत थे। यह नया लोकतंत्र सोवियत संघ की सर्वहारा की तानाशाही से भिन्न सभी सामाजिक वर्गों का गठबंधन था।
- अर्थव्यवस्था के मुख्य क्षेत्र सरकार के नियंत्रण में रखे जाने लगे और निजी कारखानों व भू-स्वामित्व को धीरे-धीरे समाप्त किया जाने लगा।
- वर्ष 1953 में **समाजवादी**[11] परिवर्तन का कार्यक्रम प्रारंभ करने की घोषणा की गई।
- वर्ष 1958 में इस कार्यक्रम के अंतर्गत आंतरिक क्षेत्र में चीन ने जिस कार्यक्रम का अनुसरण किया, वह **लंबी छलाँग** के नाम से प्रसिद्ध हुआ।
- इस कार्यक्रम का प्रमुख उद्देश्य आर्थिक विकास को गति प्रदान करना था। लोगों को अपने घर के पीछे इस्पात की भट्ठियाँ लगाने के लिए प्रोत्साहित किया गया।
- ग्रामीण क्षेत्रों में पीपुल्स कम्युंस स्थापित किए गए। इनमें लोगों का जमीन पर सामूहिक अधिकार होता था और वे मिल-जुलकर सामूहिक उत्पादन करते थे।
- वर्ष 1958 तक चीन में ऐसे समुदायों की संख्या 26 हजार थी। संपूर्ण कृषक आबादी के 98% लोग इन समुदायों के अंतर्गत आते थे।
- माओ त्सेतुंग को पार्टी के निर्धारित लक्ष्य को प्राप्त करने के लिए जनसमुदाय को प्रेरित करने में सफलता मिली। उनकी चिंता समाजवादी व्यक्ति का निर्माण करने की थी।
- इसका निर्माण पाँच प्रिय वस्तु—पितृभूमि, जनता, काम, विज्ञान और जनसंपत्ति के माध्यम से किया जा सकता था। किसानों, महिलाओं, छात्रों और अन्य दलों के लिए जन संस्थाएँ बनाई गईं। उदाहरण लीऊ शाओछी 1896-1969) तथा तंग शीयाओफींग (1904-97) जैसे नेता कम्यून प्रथा को बदल देना चाहते थे, क्योंकि इसके द्वारा अधिक कुशलतापूर्वक कार्य नहीं किया जा रहा था।

महान सर्वहारा वर्ग की सांस्कृतिक क्रांति

- माओ त्सेतुंग द्वारा वर्ष 1965 में महान सर्वहारा सांस्कृतिक क्रांति को प्रारंभ किया गया।
- इसके अंतर्गत पुरानी संस्कृति, पुराने रिवाजों और पुरानी आदतों के विरुद्ध अभियान प्रारंभ किए गए। इन अभियानों में सेना और छात्रों का प्रयोग किया गया था, जिसे रेड गार्ड्स (Red Guards) कहा जाता था।
- आम जनता से ज्ञान प्राप्त करने के लिए पेशेवर लोगों एवं छात्रों को ग्रामीण क्षेत्रों में भेजा गया। विचारधारा (साम्यवादी) पेशेवर ज्ञान से अधिक महत्त्वपूर्ण हो गई। तर्कसंगत वाद-विवाद का स्थान दोषारोपण और नारेबाजी ने ले लिया।

सांस्कृतिक क्रांति का प्रभाव

- सांस्कृतिक क्रांति से उथल-पुथल का दौर प्रारंभ हो गया था, जिससे पार्टी, अर्थव्यवस्था और शिक्षा व्यवस्था में व्यापक अवरोध उत्पन्न हुए।
- 1960 के दशक के उत्तरार्द्ध में प्रवाह बदलने लगा। पुन: वर्ष 1975 में पार्टी ने सामाजिक अनुशासन एवं औद्योगिक अर्थव्यवस्था के निर्माण पर बल दिया, जिससे चीन एक महाशक्तिशाली देश बन सके।

वर्ष 1978 से चीन में शुरू होने वाले सुधार

- सांस्कृतिक क्रांति के बाद चीन में राजनीतिक प्रक्रिया प्रारंभ हुई। **तंग शीयाओफींग** ने पार्टी पर कठोर नियंत्रण बनाए रखा। इस समय समाजवादी अर्थव्यवस्था की शुरुआत भी की गई थी।
- वर्ष 1978 में पार्टी ने आधुनिकीकरण की प्राप्ति के चार सूत्री लक्ष्य विज्ञान, उद्योग, कृषि और रक्षा के विकास की घोषणा की। पार्टी से किसी भी विषय पर सवाल-जवाब न करने तथा सीमा के अंदर बहस करने की अनुमति थी।
- इस नए और स्वतंत्र वातावरण में नए विचारों का रोमांचकारी भंडार फूट पड़ा। जैसा कि 60 वर्ष पहले 4 मई के समय हुआ था।
- 5 दिसंबर, 1978 को दीवार पर एक पोस्टर लगाया गया। इस पोस्टर में यह दावा किया गया कि चीन में लोकतंत्र के बिना आधुनिकता नहीं आ पाएगी। इस पोस्टर में चीन की साम्यवादी पार्टी की इस आधार पर आलोचना की गई कि इसने गरीबी दूर नहीं की तथा लैंगिक शोषण को समाप्त करने में विफल रहा।

---

11 **समाजवादी** यह वह व्यक्ति है, जो समाज के हित में सदैव तत्पर रहता है।

- इन माँगों का दमन कर दिया गया। वर्षों से विकसित होने वाली लोकतांत्रिक अभिलाषाओं के कारण 4 मई, 1989 के आंदोलन की 70वीं वर्षगाँठ पर अनेक बुद्धिजीवियों ने कठोर सिद्धांतों (शू-शाओझी) को समाप्त करने की माँग की।
- छात्रों के द्वारा बीजिंग के तियानमेन चौक (Tiananmen Square) पर प्रदर्शन किया गया।

चीन में सुधारोत्तर काल

- अर्थव्यवस्था का निजीकरण व उदारीकरण तथा विदेशी प्रत्यक्ष निवेश को बढ़ावा दिया गया, लेकिन आर्थिक क्षेत्र में कुछ मौलिक परिवर्तन होने के बाद भी चीन की राजनैतिक विचारधारा में कोई महत्त्वपूर्ण बदलाव नहीं हुआ।
- आलोचकों के द्वारा विचार दिया गया कि सामाजिक गुटों, क्षेत्रों, पुरुषों और महिलाओं की बढ़ती असमानता ने सामाजिक तनाव को बढ़ा दिया है तथा इसके साथ ही इन आलोचकोें के द्वारा यह भी कहा गया कि सरकार बाजार को काफी महत्त्व दे रही है। अंततः पारंपरिक विचार फिर से पुनर्जीवित होने लगे।
- कंफ्यूशियसवाद के द्वारा तर्क दिया गया कि पश्चिम की नकल के अतिरिक्त चीन अपनी परंपरा का अनुकरण करके एक आधुनिक समाज बन सकता है।

चेक प्वॉइंट 3

1. कांग यूवेई और लियांग किचाओ कौन थे?
2. सैन मिन चुई क्या था?
3. ग्रेट लीप फॉरवर्ड आंदोलन (लंबी छलांग) किस वर्ष शुरू किया गया था?
4. महान सर्वहारा सांस्कृतिक क्रांति का शुभारंभ किसने किया?
5. तियानमैन चौक घटना का संबंध किससे है।

7.4 जापान और चीन में आधुनिकीकरण

जापान और चीन दोनों देशों द्वारा अपने-अपने आधुनिकीकरण के लिए अपनाए गए रास्तों से यह स्पष्ट हो जाता है कि औद्योगिक समाजों ने आधुनिकता के अपने-अपने मार्गों का अनुसरण किया। यह भी स्पष्ट होता है कि दोनों देशों ने अलग-अलग ऐतिहासिक परिस्थितियों में अपने आधुनिक बनने का अलग मार्ग अपनाया।

जापान का आधुनिकीकरण मार्ग

- जापान ने अपनी स्वतंत्रता को बनाए रखने के लिए पारंपरिक हुनर और प्रथाओं को नए तरीके से उपयोग किया तथा कुलीन वर्ग के नेतृत्व में एक आधुनिकीकरण ने एक उग्र राष्ट्रवाद को जन्म दिया तथा इसके साथ ही शोषणकारी सत्ता को बनाए रखा।
- इसके द्वारा लोकतंत्र को दबा दिया गया तथा एक औपनिवेशिक साम्राज्य की स्थापना की गई।
- जापान का आधुनिकीकरण ऐसे वातावरण में हुआ, जहाँ पश्चिमी साम्राज्यवादी देशों का प्रभुत्व था।
- जापान ने पश्चिमी देशों का अनुसरण किया और साथ ही अपनी स्थिति को सुधारने का प्रयास प्रारंभ किया। जापानी राष्ट्रवाद पर पश्चिमी साम्राज्यवाद का व्यापक प्रभाव पड़ा।

जापानी राष्ट्रवाद पर दो विपरीत दृष्टिकोण

- इसमें एक ओर जहाँ जापानी एशिया को पश्चिमी आधिपत्य से मुक्त रखने की उम्मीद रखते थे, वहीं दूसरी ओर दूसरे लोगों के लिए यही विचार साम्राज्य का निर्माण करने में महत्त्वपूर्ण सिद्ध हुआ।

रूपांतरण का जापानी तरीका

- जापानियों ने परिवर्तन के लिए सामाजिक, राजनीतिक संस्थाओें में सुधार तथा दैनिक जीवन को परिवर्तित करने के लिए केवल परंपराओं को बलपूर्वक जबरन पकड़ना सही नहीं समझा, बल्कि इसके लिए रचनात्मक तरीकों का उपयोग करना उचित समझा। उदाहरण के लिए, मेजी स्कूल में यूरोपीय और अमेरिकी प्रथाओं के अनुरूप नए विषयों का प्रारंभ किया गया।
- इस नए पाठ्यक्रम की शुरुआत का प्रमुख उद्देश्य निष्ठावान नागरिक बनाना था।
- इस स्कूल में नैतिकशास्त्र की शिक्षा देना अनिवार्य था, नैतिकशास्त्र में सम्राट के प्रति वफादारी पर बल दिया जाता था।
- इस प्रकार परिवार एवं रोजमर्रा की जिंदगी में महत्त्वपूर्ण बदलाव आए, जिसमें विदेशी एवं देशी विचारों का समावेश देखने को मिलता है।

चीन के आधुनिकीकरण का मार्ग

- चीन के आधुनिकीकरण का रास्ता अलग प्रकृति का था, क्योंकि पश्चिमी और जापानी दोनों तरह के विदेशी साम्राज्यवाद का नियंत्रण कमजोर होने लगा, जिससे राजनीतिक एवं सामाजिक व्यवस्था को तोड़कर लोगों ने अराजकता का वातावरण बना दिया।
- 19वीं एवं 20वीं शताब्दी में परंपराओं को न अपनाकर राष्ट्रीय एकता एवं सुदृढ़ता के रास्तों को ढूँढने का प्रयास किया गया। चीन का साम्यवादी दल एवं उसके समर्थक परंपराओं को जनसामान्य की गरीबी, महिलाओं की अधीनता एवं देश के पिछड़ेपन का प्रमुख कारण मानते थे।
- उन्होंने चीनी अर्थव्यवस्था को मजबूत बनाने के लिए परंपरा को समाप्त करने का प्रयास किया, लेकिन असमानता और स्वतंत्रता की कमी जैसी समस्याएँ आज भी हैं।
- साम्यवादी दल ने लोगों को अधिकार एवं सत्ता देने की घोषणा की।
- आधुनिक बनने के लिए चीन की यात्रा कठिन रही है, जिसके अच्छे और बुरे दोनों परिणाम देखने को मिलते हैं, फिर भी इस दल ने एक केंद्रीकृत राज्य की स्थापना की।
- चीन की राजनीतिक व्यवस्था अब भी कठोर नियंत्रण में है।
- इस पार्टी ने साम्यवादी कार्यक्रम की सफलता के लिए अनेक वादे किए, लेकिन तुरंत ही दमनकारी राजनीतिक व्यवस्था ने मुक्ति और समानता के आदर्शों को नारेबाजी में बदल दिया।
- ये लोगों को अपने प्रभाव में लाने का काम करती थी। इस प्रकार वर्षों से चली आ रही पुरानी असमानताएँ समाप्त हो गईं और शिक्षा का विस्तार हुआ, जिससे जनता के मध्य जागरूकता पैदा हुई।
- पार्टी के द्वारा बाजार संबंधी सुधार कर चीन को आर्थिक रूप से शक्तिशाली बनाने का प्रयास सफल हुआ।

7.5 ताइवान की कहानी

- 1894-95 ई. में जापान के साथ हुए युद्ध में चीन को **ताइवान**[12] जापान को सौंपना पड़ा। इस प्रकार यह जापान का उपनिवेश बना रहा।
- **कायरो घोषणा-पत्र** (वर्ष 1943) और **पोट्सडैम उद्घोषणा** (वर्ष 1949) के द्वारा चीन को संप्रभुता वापस मिली।
- चीनी गृहयुद्ध के परिणामस्वरूप कम्युनिस्ट पार्टी ने कुओमीनतांग को हरा दिया, जिससे ताइवान से लगी भूमि में चीन में पीपुल्स ऑफ चाइना की स्थापना हुई।
- फरवरी, 1947 में ताइवान में बड़े पैमाने प्रदर्शन हुआ। इस प्रदर्शन के बाद कुओमीनतांग ने नेताओं की एक पूरी पीढ़ी की निर्ममतापूर्वक हत्या करवा दी।
- **चियांग काईशेक** के नेतृत्व में कुओमीनतांग के द्वारा एक दमनकारी सरकार की स्थापना की गई। इस सरकार ने लोगों से बोलने और राजनीतिक विरोध करने की स्वतंत्रता छीन ली तथा सत्ता में स्थानीय लोगों का पूर्णरूप से बहिष्कार कर दिया गया। फिर भी इस सरकार के द्वारा भूमि सुधार किया गया, जिससे कृषि की उत्पादकता में वृद्धि हुई।
- इसने अर्थव्यवस्था को आधुनिकीकरण करने का प्रयास किया, जिसके कारण वर्ष 1973 में **ताइवान राष्ट्रीय उत्पादकता** के मामले में पूरे एशिया में दूसरे स्थान पर रहा।
- व्यापार अर्थव्यवस्था का मुख्य आधार था। यह अर्थव्यवस्था लगातार वृद्धि करती गई, लेकिन उल्लेखनीय है कि अर्थव्यवस्था के विकास के साथ-साथ अमीर एवं गरीब के मध्य का अंतर कम होता गया। यह धन के समान वितरण का संकेत करता है।

ताइवान का एक लोकतंत्र में रूपांतरण

- ताइवान स्वयं को चीन की वैधानिक सरकार मानता था। वर्ष 1975 में चियांग काईशेक की मृत्यु के बाद **फौजी कानून** को हटा लिया गया।
- विरोधी दलों को कानूनी मान्यता मिलने के साथ ही यह प्रक्रिया और तेज हो गई।
- प्रथम स्वतंत्र मतदान ने स्थानीय लोगों को सत्ता में लाने की प्रक्रिया शुरू कर दी। राजनयिक स्तर पर अधिकांश देशों के व्यापार मिशन केवल ताइवान में ही हैं, लेकिन ताइवान में पूर्ण राजनयिक संबंध और दूतावास रखना संभव नहीं, क्योंकि ताइवान को चीन का ही एक भाग माना जाता है।

12 ताइवान (Taiwan) मोसा प्रशांत महासागर में एक द्वीप है, जिसे ताइवान के नाम से भी जाना जाता है।

ताइवान का पुन: एकीकरण

- ताइवान का चीनी मुख्य भूमि के साथ पुन: एकीकरण का प्रश्न विवाद का मुख्य मुद्दा बना रहा। खाड़ी पार के संबंध (चीन एवं ताइवान के मध्य) में लगातार सुधार हो रहे थे।
- ताइवानी व्यापार और निवेश मुख्य भूमि में वृहत स्तर पर हो रहा था, जिससे आवागमन अधिक सरल हो गया। संभवत: चीन ताइवान को एक अर्द्ध-स्वायत्त क्षेत्र के रूप में स्वीकार कर लेगा, लेकिन इस शर्त के साथ कि ताइवान पूर्ण स्वतंत्रता के लिए कोई कदम नहीं उठाएगा।

7.6 कोरिया की कहानी

आधुनिकीकरण की शुरुआत

- कोरिया के जोसोन वंश (1392-1910 ई.) ने 19वीं सदी के अंत में आंतरिक और सामाजिक संघर्ष का सामना किया और इसे विदेशी दबाव, जिसमें चीन, जापान और पश्चिमी देश सम्मिलित थे, का सामना करना पड़ा।
- कोरिया ने आधुनिकीकरण के सुधार के लिए नीतियों को लागू किया, जिसमें सरकारी संरचनाओं, राजनयिक संबंधों, बुनियादी ढाँचे एवं समाज के आधुनिकीकरण आदि प्रमुख थे।
- साम्राज्यवादी जापान द्वारा वर्ष 1910 में कोरिया पर अधिकार कर लिया गया और 500 वर्षों से अधिक समय से चले आ रहे जोसोन राजवंश की सत्ता का अंत हो गया, परंतु कोरियाई लोग जापानियों द्वारा किए जा रहे कोरियाई संस्कृति एवं नैतिक मूल्यों के दमन से नाराज थे। कोरियाई लोग औपनिवेशिक जापान के शासन के विरुद्ध आजादी की माँग के लिए प्रदर्शन करने लगे। आजादी समर्थकों के लोगों द्वारा एक अस्थायी सरकार की स्थापना की गई और कैरो, याल्टा और पॉट्सडैम के सम्मेलनों में अपने प्रतिनिधिमंडल भेजे।
- जापान के द्वितीय विश्वयुद्ध (वर्ष 1945) में हार के बाद कोरिया को जापानी औपनिवेशिक शासन से 35 साल बाद आजादी प्राप्त हुई, जो कोरिया के भीतरी और बाहरी स्वतंत्रता कार्यकर्ताओं के प्रयास का प्रतिफल था।

▲ जापान से स्वतंत्रता का जश्न मानते हुए कोरियाई

- जापान से मुक्ति के बाद कोरिया प्रायद्वीप को अस्थायी रूप से 38वीं समानांतर रेखा द्वारा दो हिस्सों में बाँट दिया गया। कोरिया के उत्तरी क्षेत्र में सोवियत संघ और दक्षिण क्षेत्र का संचालन यू.एन. द्वारा किया गया। वर्ष 1948 में उत्तर और दक्षिण के क्षेत्रों में अलग-अलग सरकार की स्थापना हुई।

कोरिया युद्ध

कोरियाई युद्ध की शुरुआत जून, 1950 में हुई। यह उत्तर कोरिया (कम्युनिस्ट चीन सेना के समर्थन से) एवं दक्षिण कोरिया (अमेरिकी अगुवाई में संयुक्त राष्ट्र सेना) के मध्य शीत युद्ध की तरह एक छद्म युद्ध हुआ। इस युद्ध की समाप्ति जुलाई, 1953 में युद्धविराम समझौते द्वारा हुई। इस समझौते द्वारा कोरिया का विभाजन हो गया।

दक्षिण कोरिया में असंतोष

- दक्षिण कोरिया के पहले राष्ट्रपति सिन्गमैन री वर्ष 1948 में कोरिया में लोकतांत्रिक ढंग से चुने गए पहले राष्ट्राध्यक्ष थे और इन्होंने अवैध संवैधानिक संशोधन के माध्यम से दो बार अपना कार्यकाल बढ़ाया।
- कोरिया में अप्रैल, 1960 में चुनावों में होने वाली धाँधली के खिलाफ विद्रोह हुआ और सिन्गमैन री को इस्तीफा देना पड़ा। इसे कोरिया में **अप्रैल क्रांति** के नाम से जाना जाता है। इस आंदोलन के फलस्वरूप सुधारवादी राजनीतिक शक्तियाँ उभरीं और छात्र
- आंदोलनों ने एकीकरण आंदोलनों का रूप ले लिया, परंतु इन आंदोलनों को सेना का समर्थन नहीं मिला।
- मई, 1961 में जनरल पार्क चुंग-ही और अन्य सैन्य अधिकारियों द्वारा सैन्य तख्तापलट कर लोकतांत्रिक पार्टी की सरकार को हटाकर सैन्य सत्ता की स्थापना की गई।

तीव्र औद्योगिकीकरण एवं मजबूत नेतृत्व

- वर्ष 1963 में हुए लोकतांत्रिक चुनाव में पार्क चुंग-ही राष्ट्रपति चुने गए। इनके प्रशासन द्वारा देश में आर्थिक विकास के लिए राज्य आधारित और निर्यात उन्मुख नीति को प्रारंभ किया गया। सरकार द्वारा चलाई गई पाँच वर्षीय आर्थिक योजनाओं ने बड़ी कॉर्पोरेट फर्मों का समर्थन किया।

- कोरिया का आर्थिक विकास 1960 के दशक में शुरू हुआ, जब राज्य नीति आयात प्रतिस्थापन औद्योगिकी (आई. एस. आई.) से निर्यात पर केंद्रित हो गई।
- निर्यात उन्मुख नीति के तहत सरकार द्वारा श्रम बहुत हल्के औद्योगिक उत्पादों; जैसे—वस्त्र उद्योग पर अपना ध्यान केंद्रित किया गया।
- 1960 और 1970 के दशक में कोरिया में लघु उद्योगों के स्थान पर उच्च मूल्यवर्द्धित भारी और रासायनिक उद्योगों पर ध्यान दिया गया। इसमें श्रम प्रधान उद्योगों जैसे– इस्पात, अलौह धातु, मशीनरी, जहाज निर्माण और इलेक्ट्रॉनिक्स आदि उद्योगों के विकास को प्रमुखता दी गई।

नया गाँब (सैमौल) आंदोलन

- कोरिया में वर्ष 1970 में ग्रामीण जनसंख्या को प्रोत्साहन प्रदान करने और कृषि क्षेत्र के आधुनिकीकरण के लिए नया गाँव (सैमौल) आंदोलन की शुरुआत की गई।
- इसका उद्देश्य लोगों के जीवन को सक्रिय और आशावान बनाना तथा ग्रामीण लोगों को अपने गाँवों के विकास और समुदाय की जीवन-शैली को सुधारने के लिए सशक्त बनाना था।
- इस अभियान के तहत औद्योगिक संयंत्रों और शहरी क्षेत्रों के इलाकों के आस-पास का विकास किया गया।
- कोरिया अन्य विकासशील देशों के साथ आज सक्षम नेतृत्व में अपने विकास की सीढियाँ चढ़ रहा है, जिसमें मजबूत नेताओं, प्रशिक्षित अफसरों और सक्षम श्रम बल का महत्त्वपूर्ण योगदान है।
- इसमें महत्त्वाकांक्षी उद्यमी सरकारी प्रोत्साहनों से निर्यात को बढ़ाने और नए उद्योगों के विकास में सक्षम रहे।

दक्षिण कोरिया की आर्थिक वृद्धि योगदान देने वाले कारण

- कोरिया के आर्थिक विकास में उच्च स्तर की शिक्षा व्यवस्था का भी महत्त्वपूर्ण योगदान है। औद्योगिकीकरण की शुरुआत से ही साक्षर श्रम बल की सहायता मिली, जिससे उद्योगों में आधुनिक मशीनों के संचालन में कोई असुविधा नहीं हुई।
- कोरिया ने शुरुआत से ही खुली आर्थिक नीति की व्यवस्था को अपनाया और अन्य देशों से अधिक उन्नत संस्थानों और तकनीकों को अपने देश में लाना शुरू किया।
- कोरिया के विकास में उच्च घरेलू बचत दर और विदेशी निवेश ने महत्त्वपूर्ण औद्योगिक क्षेत्रों को विकसित करने में मदद की।
- जबकि विदेशों में दक्षिण कोरियाई श्रमिकों के पलायन ने भी समग्र आर्थिक विकास में योगदान दिया।

लोकतंत्रीकरण व सतत आर्थिक विकास का आह्वान

- पार्क चुंग-ही प्रशासन से दीर्घकालिक शक्ति के आधार पर आर्थिक विकास को प्रोत्साहन मिला। पार्क चुंग-ही को वर्ष 1971 में पुन: राष्ट्रपति चुना गया।
- अक्टूबर, 1972 में पार्क ने यूसिन संविधान घोषित किया और यहाँ पर स्थायी अध्यक्षात्मक शासन की स्थापना की।
- यूसिन संविधान के तहत आपातकालीन नियम के रूप में राष्ट्रपति को संवैधानिक अधिकार प्राप्त था।
- राष्ट्रपति को पूर्ण अधिकार प्रणाली के साथ देश के आर्थिक विकास में प्रगति के लिए लोकतंत्र को अस्थायी रूप से निलंबित किया गया। भारी रासायनिक उद्योगों में अत्यधिक निवेश के कारण कोरिया को वर्ष 1979 में दूसरे तेल संकट से देश की आर्थिक नीतियों में काफी बाधाएँ आईं।
- कोरिया में यूसिन संविधान के विरुद्ध छात्रों, विद्वानों और विपक्ष ने विरोध प्रदर्शन किया।
- इसके साथ ही कोरिया में आर्थिक संकट और राजनीतिक अस्थिरता के मध्य अक्टूबर, 1979 में पार्क चुंग-ही की हत्या के साथ पार्क का दमनकारी प्रशासन समाप्त हो गया।
- चुन यूसुइन के राष्ट्रपति बनने के पश्चात् प्रशासन ने लोकतंत्र की प्रभावी माँगों के दौरान भी कोरिया के आर्थिक विकास पर पूर्णरूप से ध्यान दिया।
- चुन प्रशासन ने अंतर्राष्ट्रीय आर्थिक नजरिए से कोरिया के आर्थिक विकास को 1980 के 1.7% की तुलना में 1983 तक बढ़ाकर 13.2% कर दिया तथा मुद्रास्फीति दर को भी कम कर दिया था।
- इसी आर्थिक विकास ने कोरिया में शहरीकरण, शिक्षा के स्तर में सुधार के साथ मीडिया की प्रगति को भी प्रोत्साहित किया। इसी के परिणामस्वरूप कोरिया के नागरिकों में अपने राजनीतिक अधिकारों के प्रति-आत्म जागरूकता का संचार हुआ तथा राष्ट्रपति चुनाव के दौरान संवैधानिक संशोधन की माँग जोर-शोर से उठाई गई।

कोरियाई लोकतंत्र

- लोकतंत्रीकरण की माँग पार्क चुंग-ही की मृत्यु के पश्चात् और तीव्र हो गई। दिसंबर, 1979 में सैन्य नेता चुन डू-हवन के नेतृत्व में इसे असफल कर दिया गया।

▲ जून 1987 के लोकतंत्र ओंदोलन के दौनान प्रदर्शनकारी

- मई, 1980 में एक बार फिर सैन्य प्रशासन के खिलाफ लोकतंत्र समर्थक छात्रों तथा नागरिकों द्वारा विरोध प्रदर्शन कई शहरों में प्रारंभ हो गए। इन प्रदर्शनों का दमन करने के लिए चुन प्रशासन ने पूरे देश में **मार्शल लॉ** लागू कर दिया।
- यह आंदोलन ग्वांगजू आंदोलन के नाम से जाना जाता है। क्योंकि यह मुख्य रूप से 'ग्वांगजू' शहर में विकसित हुआ था।
- ग्वांगजू नगर में मार्शल लॉ को समाप्त करने की माँग प्रशस्त होने लगी, लेकिन चुन के सैन्य दल ने इन लोकतंत्र समर्थक आवाजों का दमन कर दिया। इसी वर्ष के अंत में चुन यूसुइन यहाँ के संविधान के अनुसार अप्रत्यक्ष चुनाव के माध्यम से राष्ट्रपति पद पर आसीन हुए।
- राष्ट्रपति चुन ने भी अपनी सरकार की स्थिरता को बनाए रखने के लिए लोकतांत्रिक आवाजों का निर्दयतापूर्वक दमन किया।
- मई, 1987 में एक विश्वविद्यालयी छात्र की सैन्य अत्याचारों से हुई मृत्यु के पश्चात् लोगों में अत्यधिक रोष व्याप्त हो गया तथा देश में बड़े पैमाने पर लोकतंत्र के समर्थन में विरोध प्रदर्शन प्रारंभ हुए।
- इन प्रदर्शनों में चुन प्रशासन के खिलाफ न केवल छात्र, बल्कि मध्यम वर्ग के लोग भी शामिल हो गए। इन प्रयासों के दबाव के फलस्वरूप चुन प्रशासन को संविधान में संशोधन करना पड़ा तथा नागरिकों को आखिरकार सीधे चुनावों का अधिकार प्राप्त हुआ।
- यह कोरियाई लोकतंत्र के इतिहास में एक प्रमुख चरण था।

दक्षिण कोरिया में लोकतंत्र का सुदृढ़ीकरण

- नए संविधान के अनुसार, वर्ष 1971 के बाद देश में पहला प्रत्यक्ष चुनाव दिसम्बर, 1987 में हुआ, जिसमें चुन के सैन्य दल के साथी 'रोह ताए-वू' का चयन हुआ।
- इसका चयन विपक्षी पार्टी में एकजुटता के अभाव के कारण हुआ था।
- वर्ष 1990 में विपक्षी नेता 'किम यंग-सैम' ने रोह के साथ समझौता कर एक सत्तारूढ़ पार्टी की स्थापना की। दिसंबर, 1992 में देश में दशकों से स्थापित सैन्य शासन का अंत हुआ तथा एक आम नागरिक 'किम यंग-सैम' राष्ट्रपति बना तथा नए चुनावों में सैन्यवादी शासन की हार के फलस्वरूप लोकतंत्र का प्रारंभ हुआ।

किम के अधीन प्रशासन

- नए प्रशासन की निर्यात नीति के तहत वर्ष 1990 की शुरुआत तक सैमसंग, हुंडई तथा एल जी समेत कुछ प्रमुख कंपनियाँ वैश्विक स्तर पर शीर्ष पर स्थापित हो चुकी थीं। कोरियाई कंपनियों ने सरकारी समर्थन के फलस्वरूप पूँजी प्रधान व्यवसाय तथा रासायनिक उद्योगों के साथ ही इलेक्ट्रॉनिक उद्योगों में भी पूँजी का निवेश करना प्रारंभ कर दिया था।
- वहीं दूसरी ओर कोरियाई सरकार का पूरा ध्यान औद्योगिक और सामाजिक बुनियादी ढाँचे के निर्माण की ओर केंद्रित था।
- वर्ष 1996 में किम प्रशासन ने आर्थिक सहयोग और विकास संगठन (ओ. ई. सी. डी.) में शामिल होने का निर्णय लिया, ताकि कोरिया की अंतर्राष्ट्रीय प्रतिस्पर्द्धा को मजबूत किया जा सके। यह निर्णय किम द्वारा नवउदारवादी दबाव के अंतर्गत लिया गया था।
- व्यापार घाटे में बढ़ोतरी, वित्तीय संस्थानों के खराब प्रबंधन तथा संगठनों द्वारा खराब व्यापारिक संचालन के कारण कोरिया को वर्ष 1997 में विदेशी मुद्रा संकट का सामना करना पड़ा। इस संकट से उभरने के लिए कोरिया को **आई एम एफ (अंतर्राष्ट्रीय मुद्रा कोष)** द्वारा आपात वित्तीय सहायता प्रदान की गई।
- इस संकट के समाधान में कोरियाई नागरिकों के अथक प्रयास भी सम्मिलित थे, जिसके अंतर्गत उन्होंने **गोल्ड कलेक्शन मूवमेंट** द्वारा विदेशी ऋण भुगतान में अपना सहयोग प्रदान किया।

कोरिया के राष्ट्रपति

- दिसंबर, 1997 में कोरिया में सत्ता का पहला शांतिपूर्ण हस्तांतरण हुआ और विपक्षी पार्टी के नेता किम-डे-जुंग सत्ता में आए।
- कोरिया में सत्ता का दूसरा शांतिपूर्ण हस्तांतरण वर्ष 2008 में हुआ था।
- इस समय ली माइंग-बाक ने प्रगतिशील पार्टी के रोह मु-ह्यून का स्थान ग्रहण किया था।
- देश की पहली महिला राष्ट्रपति वर्ष 2012 में रूढ़िवादी पार्टी की नेता 'पार्क खन-हे' (पार्क-ग्यून-हे) को चुना गया था। अक्टूबर, 2016 में एक मामले में उन पर आरोप लगा कि देश के सरकारी मामलों का प्रबंध उनके द्वारा न होकर गुप्त रूप से उनके मित्र द्वारा किया जा रहा था।
- इसके परिणामस्वरूप संपूर्ण देश में उनके विरुद्ध प्रदर्शन हुए तथा मार्च, 2017 में उन पर महाभियोग चलाया गया और उन्हें उनके पद से हटा दिया गया।
- इस घटना के बाद मई, 2017 में तीसरी बार शांतिपूर्ण सत्ता हस्तांतरण हुआ तथा मून जे-इन को राष्ट्रपति चुना गया।

चेक प्वॉइंट 4

1. दिसंबर, 1997 में कोरिया में सत्ता के शांतिपूर्ण हस्तांतरण के बाद किस नेता ने राष्ट्रपति पद संभाला?
2. 19वीं सदी के अन्त में किन देशों ने कोरिया पर विदेशी दबाव बढ़ाया?
3. नवीन ग्राम या नया गाँव (सैमोल) आन्दोलन किस वर्ष शुरू किया गया था?
4. वह प्रमुख राजनीतिक घटना क्या थी, जिसने वर्ष 1972 में पार्क की सत्ता को मजबूत करने में सहायता की?

टाइमलाइन

काल	घटना
जापान	
1603 ई.	तोकुगावा-लियासु द्वारा ईडो शोगुनेट की स्थापना।
1630 ई.	डचों के साथ अपने सीमित व्यापार को छोड़कर अन्य पश्चिमी शक्तियों के लिए जापान के दरवाजे बंद।
1854 ई.	जापान एवं संयुक्त राज्य अमेरिका द्वारा शांति-समझौते को अंतिम रूप देना, जापान के अलगाव का अंत।
1868 ई.	मेजी पुनर्स्थापना।
1872 ई.	जापान में प्रारंभिक शिक्षा अनिवार्य घोषित कर दी गई।
	जापान की पहली रेलवे लाइन टोक्यो एवं योकोहामा बंदरगाह के मध्य बिछाई गई।
1889 ई.	मेजी संविधान लागू किया गया।
1894-95 ई.	चीन-जापान युद्ध।
वर्ष 1904-05	रूस-जापान युद्ध।
वर्ष 1910	कोरिया का सम्मेलन।
वर्ष 1914-18	पहला विश्वयुद्ध।
वर्ष 1925	सभी पुरुषों को मताधिकार।
वर्ष 1931	चीन पर जापान का हमला।
वर्ष 1941-45	प्रशांत युद्ध।
वर्ष 1945	हिरोशिमा और नागासाकी पर अणुबम (नाभिकीय बम) विस्फोट।
वर्ष 1946-52	अमेरिका के नेतृत्व में जापान पर कब्जा, जापान का लोकतंत्रीकरण और असैन्यीकरण करने के लिए सुधार।
वर्ष 1956	जापान संयुक्त राष्ट्र का सदस्य बना।
वर्ष 1964	एशिया में पहली बार टोक्यो में ओलंपिक खेल।
चीन	
1644-1911 ई.	छींग राजवंश
1839-60 ई.	दो अफीम युद्ध
वर्ष 1912	सन यात-सेन द्वारा कुओमीनतांग की स्थापना।
वर्ष 1919	चार मई का आंदोलन।
वर्ष 1921	चीनी कम्युनिस्ट पार्टी की स्थापना।
वर्ष 1926-49	चीन में गृहयुद्ध।
वर्ष 1934	लॉन्ग मार्च।
वर्ष 1949	चीन का जनवादी गणतंत्र, च्यांग काईशेक ने ताइवान में चीनी गणतंत्र की स्थापना की।
वर्ष 1962	सीमा-विवाद को लेकर भारत पर चीन का आक्रमण।
वर्ष 1966	सांस्कृतिक क्रांति।
वर्ष 1976	माओ त्सेतुंग का और चाऊ एनलाई का निधन।
वर्ष 1997	ब्रिटेन द्वारा चीन को हाँगकाँग की वापसी।

Mind Map

आधुनिकीकरण के रास्ते

1 जापान

जापान की राजनीतिक व्यवस्था
- 1603-1867 ई. तक तोकुगावा परिवार के लोगों ने शोगुन का पद संभाला। शोगुन राजा के नाम पर शासन करते थे।
- देश 250 भागों में विभाजित था, जिनका शासन दैम्यों चलाते थे। शोगुन दैम्यों पर नियंत्रण रखते थे।
- सामुराई (योद्धा वर्ग) शासन करने वाले कुलीन थे और वे शोगुन तथा दैम्यों की सेवा में थे।
- जमीन के मालिकों और उसकी उत्पादकता का निर्धारण करने के लिए जमीन का सर्वेक्षण किया गया।

जापान में रोजमर्रा की जिंदगी और आधुनिकता पर विजय
- संयुक्त परिवार प्रणाली का स्थान एकल परिवार प्रणाली ने ले लिया।
- दर्शनशास्त्री निशितानी केजी ने कहा कि जापान की 'नैतिक ऊर्जा' ने उसे एक उपनिवेश बनने से बचा लिया।

एक वैश्विक आर्थिक शक्ति के रूप में जापान की वापसी-
- जापान की औपनिवेशिक साम्राज्य स्थापित करने की कोशिशें हिरोसिमा और नागासाकी पर नाभिकीय बम गिराए जाने से समाप्त हो गई।
- अमेरिकी नेतृत्व वाले कब्जे (1945-47) के दौरान जापान का विसैन्यीकरण कर दिया गया तथा एक नया संविधान 'तथाकथित युद्ध न करने के वाक्यांश' के साथ अपनाया गया।

पश्चिमीकरण और परंपरा
- जापान के अन्य देशों के साथ संबंधों पर जापानी बुद्धिजीवियों की आनुक्रमिक पीढ़ियों के विचार अगल-अलग थे।
- कुकुजावा यूकिची का कहना था कि जापान को अपने एशियाई लक्षण छोड़ देने चाहिए और पश्चिम का हिस्सा बन जाना चाहिए।
- कई बुद्धिजीवी चाहते थे कि जापान आधार सेना की बजाए लोकतंत्र पर बनाए।

मेजी पुनर्स्थापना
- 1853 में अमेरिका ने कॉमोडोर मैथ्यू पेरी को जापान सरकार से राजनायिक और व्यापारिक संबंध हेतु जापान भेजा।
- 1868 ई. में एक आंदोलन द्वारा शोगुन को जबरदस्ती सत्ता से हटा दिया गया। सम्राट के रूप में मेपी को चुनकर 'एदो' को राजधानी बनाया गया तथा इसका नामकरण 'तोम्यो' कर दिया।
- सरकार ने 'फुकोकु क्योहे' के नारे के साथ नई नीति का ऐलान किया, जिसका अर्थ है, समृद्ध देश, मजबूत सेना।
- मेजी संविधान प्रतिबंधित मताधिकार पर आधारित था।

अर्थव्यवस्था का आधुनिकीकरण
- मेजी सुधारों में अर्थव्यवस्था के आधुनिकीकरण हेतु कृषि पर कर लगाकर धन इकट्ठा किया गया।
- जापान की पहली रेल लाइन 1870-72 ई. में टोक्यो और योकाहामा बंदरगाह के बीच बिछाई गई।
- वर्ष 1940 तक कारखानों की संख्या बढ़कर 5,50,000 तक हो गई।

2 चीन

रिपब्लिकन क्रांति
- सन-यात सेन ने मांचू साम्राज्य को उखाड़ फेंका और आधुनिक चीन की नींव रखी।
- कुओमीतांग (नेशनल पीपुल्स पार्टी) और चीनी कम्युनिस्ट पार्टी देश को एकता बद्ध और स्थिरता प्रदान करने के रूप में उभरी।

चीन में साम्यवादी दल का उदय
- रूसी क्रांति के विचारों पर आधारित चीनी साम्यवादी दल की स्थापना वर्ष 1921 में हुई थी
- माओ जेडोंग एक प्रमुख नेता के रूप में उभरे और इन्होंने एक क्रांतिकारी दृष्टिकोण अपनाया।
- माओ ने विवाह कानूनों को सरल बनाया और ग्रामीण महिलाओं के संघ को प्रोत्साहित किया।

नए जनवाद की स्थापना (1949-65)
- पीपल्स रिपब्लिक ऑफ चाइना की सरकार वर्ष 1949 में कायम हुई। यह 'नए लोकतंत्र' के सिद्धांतों पर आधारित थी।
- वर्ष 1958 में लंबी छलांगवाले वाले आंदोलन की नीति के जरिए देश का तेजी से औद्योगीकरण करने की कोशिश की गई।
- माओ ने पार्टी और समाज के बीच असंतोष को दबाने के लिए महान सर्वहारा क्रांति की शुरुआत की।

वर्ष 1978 से शुरू होने वाले सुधार
- देंग शियाओपिंग ने आर्थिक सुधारों की शुरुआत की तथा आर्थिक उदारीकरण ने विकास को प्रोत्साहित किया, लेकिन असमानताओं को भी बढ़ा दिया
- इसनें पाँचवें आधुनिकीकरण (लोकतंत्र की माँग) को वर्ष 1989 के तिया सेन विरोध प्रदर्शन ने दबा दिया गया तथा पारंपरिक कन्फ्यूशियस विचारधारा को पुनर्जीवित किया।

ताइवान का किस्सा
- चीनी साम्यवादी दल द्वारा पराजित होने के बाद च्यांग-काई-शेक वर्ष 1949 में ताइवान भाग रखा।
- भूमि सुधार और आधुनिकीकरण ने ताइवान की अर्थव्यवस्था को बढ़ावा दिया, जिससे वर्ष 1973 तक इसकी अर्थव्यवस्था जापान के बाद दूसरे स्थान पर आ गई।

3 कोरिया की कहानी

आधुनिकीकरण की शुरुआत और युद्धोत्तर राष्ट्र
- जापान में वर्ष 1910 में कोरिया पर जबरन कब्जा कर लिया तथा अगस्त, 1945 में अपने औपनिवेशिक शासन को समाप्त कर दिया।
- 38वीं समानांन्तर रेखा कोरिया को दो भागों उत्तर तथा दक्षिण कोरिया में विभाजित करती है।
- वर्ष 1950 के कोरियाई युद्ध के दौरान, उत्तर कोरिया को USSR और चीन का समर्थन प्राप्त था, जबकि दक्षिण कोरिया को अमेरिका नेतृत्व वाली सेनाओं का समर्थन प्राप्त था।

कोरियाई लोकतंत्र और IMF संकट
- वर्ष 1987 के चुनावों के साथ कोरिया में लोकतंत्र जारी रहा।
- वर्ष 1997 के वित्तीय संकट के समय कोरिया में IMF का समर्थन तथा राष्ट्रीय प्रयास शुरू हुआ।

NCERT फोल्डर

निम्नलिखित प्रश्नों के उत्तर संक्षेप में दीजिए

1. मेजी पुनर्स्थापना से पहले की वे अहम घटनाएँ क्या थीं, जिन्होंने जापान के तीव्र आधुनिकीकरण को संभव किया?

उत्तर मेजी के शासन सँभालने से पूर्व जापान में कुछ महत्त्वपूर्ण घटनाएँ घटीं, जिन्होंने जापान के तीव्र आधुनिकीकरण को संभव बनाया।

- 16वीं शताब्दी तक जापान के सभी किसान अपने पास हथियार रखते थे। फलस्वरूप उनमें आपसी झगड़े होते एवं तनाव बढ़ता था। मेजी शासन में किसानों से हथियार ले लिए गए। इसका परिणाम यह हुआ कि अब किसानों में झगड़े समाप्त हो गए तथा शांति व्यवस्था स्थापित हुई। किसानों का सर्वाधिक समय कृषि कार्यों में लगने से उत्पादन में वृद्धि हुई और आधुनिकीकरण को प्रोत्साहन मिला।
- भूमि का सर्वेक्षण करके उत्पादकता के आधार पर उसका वर्गीकरण किया गया। इस वर्गीकरण का मुख्य उद्देश्य मालिकों तथा करदाताओं का निर्धारण करना था। इस नए परिवर्तन ने राजस्व के स्थायी निर्धारण में महत्त्वपूर्ण योगदान दिया।
- दैम्यो को अधिकांश समय राजधानी में ही बिताना पड़ता था, जिससे वे अपने प्रशासनिक क्षेत्रों में समय नहीं दे पाते थे।
- मेजी की पुनर्स्थापना से जापान में अनेक महत्त्वपूर्ण नगरों का विकास हुआ। अर्थव्यवस्था के विकास को प्रोत्साहित किया गया। परिणामतः वित्त और ऋण की व्यवस्था स्थापित की जा सकी। व्यापार विकसित हुए तथा सांस्कृतिक कार्यक्रमों को बढ़ावा मिला।

उपरोक्त सभी घटनाओं के सामूहिक प्रयास ने जापान में तीव्र गति से आधुनिकीकरण को संभव बनाया।

2. जापान के विकास के साथ-साथ वहाँ की रोजमर्रा की जिंदगी में किस तरह के बदलाव आए? चर्चा कीजिए।

उत्तर जापान का एक आधुनिक समाज में रूपांतरण रोजाना की जिंदगी में आए बदलावों में भी देखा जा सकता है। पैतृक परिवार व्यवस्था में कई पीढ़ियाँ परिवार के मुखिया के नियंत्रण में रहती थीं, लेकिन जैसे-जैसे लोग समृद्ध हुए, परिवार के बारे में नए विचार फैलने लगे। नए घर (जिसे जापानी अंग्रेजी शब्द का प्रयोग करते हुए होमु कहते हैं) का संबंध मूल परिवार से था, जहाँ पति-पत्नी साथ रहकर कमाकर घर बसाते थे। पारिवारिक जीवन की इस नई समझ ने नए तरह के घरेलू उत्पादों, नए किस्म के पारिवारिक मनोरंजन और नए प्रकार के घर की माँग पैदा की।

1920 के दशक में निर्माण कंपनियों ने शुरू में 200 येन देने के बाद लगातार 10 साल के लिए 12 येन माहवार की किश्तों पर लोगों को सस्ते मकान मुहैया कराए। यह एक ऐसे समय में, जब एक बैंक कर्मचारी (उच्च शिक्षा प्राप्त व्यक्ति) का वेतन 40 येन प्रतिमाह था। आधुनिकता के प्रसार ने जापान के नवीन मध्यम वर्गीय परिवारों को भी बहुत प्रभावित किया। घरों में नवीन घरेलू उत्पाद; जैसे— कुकर, टोस्टर आदि का प्रयोग होने लगा। आवागमन या परिवहन में ट्रामों का संचालन आरंभ हुआ, जिससे यातायात सुगम हुआ। मनोरंजन के नए-नए साधन विकसित हुए। 1899 ई. में फिल्मों का निर्माण आरंभ हुआ तथा वर्ष 1925 में पहला रेडियो स्टेशन खोला गया।

3. पश्चिमी ताकतों द्वारा पेश की गई चुनौतियों का सामना छींग राजवंश ने कैसे किया?

उत्तर पश्चिमी ताकतों द्वारा पेश की गई चुनौतियों का सामना करने के लिए छींग वंश ने निम्नलिखित उपायों का सहारा लिया।

- छींग वंश को यह भली-भाँति ज्ञात था कि चीन को उपनिवेशीकरण से बचाने के लिए इसी वंश की व्यवस्थाओं को सुदृढ़ बनाना नितांत आवश्यक था। अतः इस राजवंश ने आधुनिक नई सेना और शिक्षा व्यवस्था के लिए नई नीतियों का निर्माण किया।
- देश में संवैधानिक सरकार की स्थापना के लिए विधायिकाओं के गठन की ओर विशेष ध्यान दिया गया।
- लिमांग छिचाओ जैसे सुप्रसिद्ध चीनी विचारकों का विचार था कि चीनियों में एक राष्ट्र की जागरूकता को उत्पन्न करके ही चीन पश्चिम का सफलतापूर्वक सामना कर सकता है। अतः इन विचारकों ने जनसामान्य को उपनिवेश बनाए गए अन्य देशों के नकारात्मक उदाहरणों से परिचित कराने का कार्य किया। 18वीं शताब्दी में पोलैंड का विभाजन चीन में सर्वाधिक चर्चित उदाहरण रहा।
- लोगों की परंपरागत विचारधारा को भी बदलने का प्रयास किया गया। विचारकों के अनुसार चीन को विकास के मार्ग पर अग्रसर करने हेतु परंपरागत विचार पद्धति को बदलना ही होगा। उल्लेखनीय है कि चीन की मुख्य विचारधारा कंफ्यूशियसवाद है, जो अच्छे बर्ताव, व्यावहारिक समझ तथा उचित सामाजिक संबंधों पर विशेष बल देता है।

4. सन यात-सेन के तीन सिद्धांत क्या थे?

अथवा **चीनी गणतंत्र की स्थापना के विषय में संक्षिप्त टिप्पणी लिखिए।**

उत्तर सन यात-सेन को आधुनिक चीन का संस्थापक माना जाता है। इनका जन्म एक गरीब परिवार में हुआ था। इन्होंने मिशन स्कूल से शिक्षा प्राप्त की, जहाँ उनका परिचय लोकतंत्र एवं ईसाई धर्म से हुआ। वर्ष 1911 में सन यात-सेन के नेतृत्व में चीन में मांचू साम्राज्य को समाप्त कर दिया गया और चीनी गणतंत्र की स्थापना हुई। सन यात-सेन चीन के भविष्य को लेकर चिंतित रहे, जिसके लिए उन्होंने सन मिन चुई नामक तीन सिद्धांतों का प्रतिपादन किया। इन सिद्धांतों का उद्देश्य लोकतांत्रिक गणतंत्र की स्थापना करना, लोगों के लिए आजीविका एवं भूमि का प्रबंध करना था। सन यात-सेन के तीन सिद्धांत निम्न हैं

(i) **राष्ट्रवाद** मांचू राजवंश की सत्ता को हराना (क्योंकि इन्हें विदेशी माना जाता था।)।

(ii) **गणतांत्रिक** (लोकतंत्र) **सरकार की स्थापना** देश से अन्य साम्राज्यवादी ताकतों को हटाना तथा गणतंत्र की स्थापना करना।

(iii) **आजीविका** (समाजवाद) जो पूँजी का नियमन करे और भू-स्वामित्व में समानता लाए।

5. कोरिया ने वर्ष 1997 में विदेशी मुद्रा संकट का सामना कैसे किया?

उत्तर कोरिया ने वर्ष 1997 में आए विदेशी मुद्रा संकट का सामना निम्नलिखित प्रकार से किया है

- वर्ष 1996 में किम प्रशासन ने आर्थिक सहयोग और विकास संगठन में शामिल होने का निर्णय लिया, ताकि कोरिया की अंतर्राष्ट्रीय प्रतिस्पर्द्धा को मजबूत किया जा सके। यह निर्णय किम द्वारा नवउदारवादी दबाव के अंतर्गत लिया गया था, लेकिन वर्ष 1997 में यह निर्णय असफल साबित हुआ, जब व्यापार घाटे में बढ़ोतरी, वित्तीय संस्थानों के खराब प्रबंधन तथा संगठनों द्वारा खराब व्यापारिक संचालन के कारण वर्ष 1997 में कोरिया को विदेशी मुद्रा संकट का सामना करना पड़ा। इस संकट का समाधान आई. एम. एफ (अंतर्राष्ट्रीय मुद्रा कोष) द्वारा प्राप्त वित्तीय सहायता के माध्यम से किया गया। इस संकट के समाधान में कोरियाई नागरिकों के आर्थिक प्रयास भी सम्मिलित थे, जिसके अंतर्गत उन्होंने गोल्ड कलेक्शन मूवमेंट के माध्यम से विदेशी ऋण भुगतान के लिए सक्रिय रूप से योगदान दिया।

संक्षेप में निबंध लिखिए

6. क्या पड़ोसियों के साथ जापान के युद्ध और उसके पर्यावरण का विनाश तीव्र औद्योगिकीकरण की जापानी नीति के चलते हुआ?

उत्तर इतिहासकारों का विचार है कि तीव्र औद्योगिकीकरण की जापानी नीति ने जापान को पड़ोसियों के साथ युद्धों में उलझा दिया तथा उसके पर्यावरण का विनाश कर दिया। मेजी पुनर्स्थापना के लगभग 40 वर्षों के काल में जापान ने राजनैतिक, आर्थिक, सामाजिक आदि सभी क्षेत्रों में आश्चर्यजनक प्रगति की।

नए सम्राट ने विदेशियों को जंगली समझकर उनकी सभ्यता-संस्कृति का तिरस्कार नहीं किया, अपितु उनसे हर नई तथा अच्छी बात को सीखने का प्रयत्न किया। सरकार ने 'फुकोकु क्योहे' अर्थात् 'समृद्ध देश, मजबूत सेना' के नारे के साथ अपनी नवीन नीति की घोषणा की, जिसका उद्देश्य सुदृढ़ अर्थव्यवस्था का विकास एवं मजबूत सेना का निर्माण करना था। मेजी सुधारों के अंतर्गत अर्थव्यवस्था के आधुनिकीकरण पर अत्यधिक बल दिया गया। सरकार ने उद्योगों के विकास के लिए उचित सुविधाएँ उपलब्ध कराईं तथा स्वयं विदेशी पूँजी उधार लेकर निजी उद्योगों को सहायता प्रदान की। सूती वस्त्र उद्योग को प्रोत्साहन देने के लिए रूई की अनेक किस्मों का विकास किया गया।

यातायात एवं संचार साधनों के विकास ने देश में आर्थिक क्रांति लाने में महत्त्वपूर्ण योगदान दिया। वस्त्र उद्योग के विकास के लिए यूरोप से मशीनों का आयात किया गया। मजदूरों के प्रशिक्षण के लिए विदेशों से कारीगरों को बुलाया गया।

बीसवीं शताब्दी के प्रारंभिक वर्षों में अंतर्राष्ट्रीय बाजार में जापानी उत्पादों, विशेष रूप से वस्त्रों की माँग में अत्यधिक वृद्धि हो गई। बीसवीं शताब्दी के प्रथम दशक में जापान की गिनती विश्व के सर्वोत्तम औद्योगिक देशों में होने लगी।

औद्योगिक विकास की इस प्रगति ने जापान को पड़ोसियों के साथ युद्ध करने पर विवश कर दिया, क्योंकि 19वीं शताब्दी में इसकी अर्थव्यवस्था औपनिवेशिक दौड़ में सम्मिलित हो गई। जिस कारण जापान में एशियाई श्रेष्ठता के प्रति एक द्वंद उत्पन्न हो गया। परिणामस्वरूप 1894-95 ई. में इसका चीन के साथ तथा वर्ष 1904-05 में रूस के साथ युद्ध हुआ। औद्योगिकीकरण का प्रभाव जापान की जनसंख्या वृद्धि पर भी पड़ा। वर्ष 1920 तक आते-आते जापान की जनसंख्या 5.5 करोड़ हो गई।

प्रथम विश्व युद्ध से दूसरे विश्व युद्ध के बीच जापान की आर्थिक समृद्धि तथा औद्योगिक विकास का जनसामान्य के स्वास्थ्य पर बुरा प्रभाव पड़ा। परिणामस्वरूप जापान में व्यापक स्तर पर बीमारियों का प्रसार हुआ तथा पर्यावरणीय गिरावट भी दर्ज की गई।

7. क्या आप मानते हैं कि माओ त्सेतुंग और चीनी साम्यवादी दल ने चीन को मुक्ति दिलाने और इसकी मौजूदा कामयाबी की बुनियाद रखने में सफलता प्राप्त की?

उत्तर यह सत्य है कि माओ त्सेतुंग और चीन के साम्यवादी दल ने चीन को मुक्ति दिलाने और इसकी वर्तमान सफलता की बुनियाद रखने में सफलता प्राप्त की। प्रथम विश्वयुद्ध के बाद चीन में साम्यवादियों के प्रभाव में वृद्धि होने लगी थी। वर्ष 1921 में चीन में साम्यवादी दल की स्थापना की गई, जो शीघ्र ही एक शक्तिशाली दल के रूप में उभरने लगा। उल्लेखनीय है कि प्रथम विश्वयुद्ध की समाप्ति के समय चीन में दो सरकारों का अस्तित्व था।

इनमें से एक कुओमीनतांग अर्थात् राष्ट्रवादी दल की सरकार थी, जिसके अध्यक्ष डॉ. सन यात-सेन थे। दूसरी सरकार, जिसका मुख्यालय बीजिंग में था, इसका अध्यक्ष एक सैनिक जनरल चियांग काईशेक था। वर्ष 1924 में साम्यवादियों और कुओमीनतांग दल ने मिलकर कार्य करने का निश्चय किया। डॉ. सन यात-सेन की मृत्यु के बाद कुओमीनतांग का नेतृत्व चियांग काईशेक के हाथों में आ गया, जो दुर्बल एवं अयोग्य सिद्ध हुआ तथा ब्रिटेन और अमेरिका के हाथों की कठपुतली बना रहा। देश में खाद्य वस्तुओं का अभाव था और भारी करों से जनता त्रस्त थी।

जनसामान्य को विश्वास था कि केवल साम्यवादी ही उन्हें इन करों और सेना के अत्याचारों से बचा सकते थे। चीनी साम्यवादी पार्टी के प्रमुख नेता माओ त्सेतुंग के प्रयासों के परिणामस्वरूप यह पार्टी एक मजबूत राजनैतिक शक्ति बन गई थी। माओ त्सेतुंग आमूल परिवर्तनवादी थे। इन्होंने शक्तिशाली किसान परिषद् का गठन किया और भूमि पर अधिकार करके उसका पुनः वितरण किया। उन्होंने स्वतंत्र सरकार एवं सेना के संगठन पर बल दिया। माओ त्सेतुंग महिलाओं की समस्याओं को भली-भाँति समझते थे। उन्होंने ग्रामीण महिला संघों के विकास के लिए को प्रोत्साहन दिया। ऑल चाइना डेमोक्रेटिस वूमेन फेडरेशन तथा विद्यार्थियों के लिए ऑल चाइना स्टूडेंट फेडरेशन।

इसी बीच द्वितीय विश्व युद्ध में जापान की हार से चीन पर जापान का प्रभाव भी कम हो गया, जिससे चीन में आंतरिक गृहयुद्ध में साम्यवादियों को बल मिला। वर्ष 1943 में साम्यवादियों के नेतृत्व में 'पीपुल्स रिपब्लिक ऑफ चाइना' के नाम से गणतंत्रीय सरकार की स्थापना हुई, जिसके प्रथम राष्ट्रपति माओत्सेतुंग बने।

इस सरकार ने भूमि सुधार को प्राथमिकता दी तथा औद्योगिक सुधार कार्यक्रम के लिए एक सुनियोजत रूपरेखा तैयार की। माओ ने कृषि की सहकारिताकरण (1954 ई.) तथा कृषि के सामूहिकीकरण (1946 ई.) द्वारा सामूहिक उत्पादन प्रणाली का प्रयास किया।

एक बड़े परिवर्तन की ओर अग्रसर चीन में विचारधारात्मक संघर्ष भी होना संभव था। अतः माओ द्वारा आलोचकों को प्रत्युत्तर के लिए वर्ष 1965 में महान सर्वहारा सांस्कृतिक क्रांति शुरू की गई, किंतु इसने अतिवादी रूप धारण कर लिया तथा माओ के विचारों को न मानने वालों को क्रांति के नाम पर प्रताड़ित किया जाने लगा, जिसके परिणामस्वरूप सामाजिक परिस्थितियों, शिक्षा आदि पर प्रतिकूल प्रभाव पड़ने लगा।

इस सब के बावजूद यह कहना तर्क संगत है कि चीन को मुक्ति दिलाने में तथा इसकी तत्कालीन सफलता में साम्यवादी दल की प्रमुख भूमिका रही।

8. क्या साउथ कोरिया की आर्थिक वृद्धि ने इसके लोकतंत्रीकरण में योगदान दिया?

उत्तर हाँ! साउथ कोरिया की आर्थिक वृद्धि ने इसके लोकतंत्रीकरण में निम्न प्रकार से योगदान दिया।

- दक्षिण कोरिया में वर्ष 1963 में हुए लोकतांत्रिक चुनाव में पार्क चुंग-ही राष्ट्रपति चुने गए। इनके प्रशासन द्वारा देश में आर्थिक विकास के लिए राज्य आधारित और निर्यात-उन्मुख नीति को प्रारंभ किया गया। सरकार द्वारा चलाई गई पाँच वर्षीय आर्थिक योजनाओं ने बड़ी कॉर्पोरेट फर्मों का समर्थन किया।
- कोरिया का आर्थिक विकास 1960 के दशक में शुरू हुआ, जब राज्य नीति आयात प्रतिस्थापन औद्योगिकी (आई. एस. आई.) से निर्यात पर केंद्रित हो गई।
- निर्यात उन्मुख नीति के तहत सरकार द्वारा श्रम बहुत हल्के औद्योगिक उत्पादों; जैसे–वस्त्र उद्योग पर अपना ध्यान केंद्रित किया।
- 1960 और 1970 के दशक में कोरिया में लघु उद्योगों के स्थान पर उच्च मूल्यवर्द्धित भारी और रासायनिक उद्योगों के साथ-साथ इस्पात, अलौह धातु, मशीनरी जहाज निर्माण और इलेक्ट्रॉनिक्स आदि उद्योगों के विकास को प्रमुखता दी गई।
- पार्क चुंग-ही प्रशासन से दीर्घकालिक शक्ति के आधार पर आर्थिक विकास को प्रोत्साहन मिला। पार्क चुंग-ही को वर्ष 1971 में पुनः राष्ट्रपति चुना गया और वर्ष 1972 में पार्क ने यूसिन संविधान घोषित किया और यहाँ पर अध्यक्षात्मक शासन को संभव किया।
- राष्ट्रपति को पूर्ण अधिकार प्रणाली के साथ देश के आर्थिक विकास में प्रगति के लिए लोकतंत्र को अस्थायी रूप से निलंबित किया गया। वर्ष 1979 में दूसरे तेल संकट से देश की आर्थिक नीतियों एवं रासायनिक उद्योग में काफी बाधाएँ आईं। कोरिया में यूसिन संविधान के विरुद्ध छात्रों, विद्वानों और विपक्ष ने विरोध प्रदर्शन किया और इस विरोध प्रदर्शन का पार्क प्रशासन द्वारा सफलतापूर्वक दमन किया गया। इसके साथ ही कोरिया में आर्थिक संकट और राजनीतिक अस्थिरता के मध्य अक्टूबर, 1979 में पार्क चुंग-ही की हत्या के साथ दमनकारी प्रशासन समाप्त हो गया।

अभ्यास प्रश्न

वस्तुनिष्ठ प्रश्न

बहुविकल्पीय प्रश्न

1. प्रारंभिक चीन का सबसे बड़ा इतिहासकार किसे माना जाता है?

(a) सिमा छियन
(b) लिमांग छिचाओ
(c) कुमे कुनीताके
(d) लूई फरॉय

उत्तर (a) सिमा छियन

2. मेजी सरकार ने रिकॉर्ड बनाने और लिखने के लिए ब्यूरो की स्थापना कब की थी?

(a) 1868 ई. (b) 1869 ई.
(c) 1870 ई. (d) 1871 ई.

उत्तर (b) 1869 ई.

3. रेशम के आयात को कम करने के लिए रेशम उद्योग का विकास किस स्थान पर किया गया था?

(a) निशिजिन (b) ओसाका
(c) बीप्पू (d) क्यूशू

उत्तर (a) निशिजिन

4. 1853 ई. में कॉमोडोर मैथ्यू पेरी की जापान यात्रा का तत्काल परिणाम .... था।

(a) जापान का बढ़ता अलगाव
(b) जापान और अमेरिका के बीच एक गठबंधन
(c) जापान और अमेरिका के बीच युद्ध
(d) जापान और पश्चिम के बीच व्यापार का विकास

उत्तर (d) जापान और पश्चिम के बीच व्यापार का विकास

5. चीन में बहने वाली दुनिया की तीसरी सबसे लंबी नदी कौन-सी है?
(a) पीली नदी (b) शी नदी
(c) यांग्त्सी नदी (d) पर्ल नदी
उत्तर (c) यांग्त्सी नदी

6. वह कोरियाई राष्ट्रपति कौन थे, जिनके इस्तीफे की माँग नागरिकों ने कैंडललाइट विरोध प्रदर्शन के माध्यम से की थी?
(a) पार्क चुंग-हे (b) रोह ताई-बू
(c) पार्क ग्यून-हे (d) चुन डू-हवन
उत्तर (c) पार्क ग्यून-हे

7. जापान में पर्यावरणीय समस्याएँ उत्पन्न होने के प्रमुख कारण थे?
(a) बढ़ता औद्योगिकीकरण
(b) मिनामाता में पारे के जहर का फैलाव
(c) वायु प्रदूषण
(d) उपरोक्त सभी
उत्तर (d) उपरोक्त सभी

8. जापान के संदर्भ में निम्नलिखित में से कौन-सा कथन सही नहीं है?
(a) जापान एक द्वीप शृंखला है, जिसमें चार सबसे बड़े द्वीप होंशू, क्यूशू, शिकोकू और होकाइदो हैं
(b) ओकिनावा द्वीपों की शृंखला जापान के सबसे दक्षिण में है
(c) जापान बहुत ही सक्रिय भूकंप क्षेत्र में स्थित है
(d) गेहूँ यहाँ की बुनियादी फसल है और मछली कार्बोहाइड्रेट का मुख्य स्रोत है
उत्तर (d) गेहूँ यहाँ की बुनियादी फसल है और मछली कार्बोहाइड्रेट का मुख्य स्रोत है।

9. दिए गए कथनों में से कौन-सा कथन सही है?
(a) 1880 के दशक से नई विद्यालय-व्यवस्था का निर्माण शुरू हुआ
(b) परंतु लड़के और लड़कियों के लिए स्कूल जाना अनिवार्य नहीं था
(c) वर्ष 1910 तक बहुत कम बच्चे स्कूल जाते थे
(d) शुरू में पाठ्यचर्या पश्चिमी नमूनों पर आधारित थी
उत्तर (d) शुरू में पाठ्यचर्या पश्चिमी नमूनों पर आधारित थी।

10. दिए गए कथनों में से कौन-सा कथन सही नहीं है?
(a) जापानी भाषा एक साथ तीन लिपियों का प्रयोग करती थी
(b) इनमें से एक कांजी, जापानियों में चीनियों से 5वीं शताब्दी में लिया
(c) जापानियों ने दो ध्वन्यात्मक वर्णमालाओं (हीरागाना और कताकाना) का विकास भी किया
(d) हीरागाना नारी सुलभ समझी जाती है
उत्तर (b) इनमें से एक कांजी, जापानियों ने चीनियों से 5वीं शताब्दी में लिया।

11. नाइतो कोनन के कथनों का जापान के समाज पर पड़े प्रभावों के अंतर्गत निम्न में से सबसे उपयुक्त विकल्प चुनें?
(a) इनके सहयोग से वर्ष 1907 में क्योतो में विश्वविद्यालय में प्राच्य अध्ययन का विभाग स्थापित किया गया
(b) इन्होंने सत्ता के केंद्रीयकरण को केवल गणतांत्रिक सरकार की स्थापना द्वारा ही समाप्त बताया
(c) इनके अनुसार स्थानीय समाज को पुनर्जीवित कर सुधार का मार्ग प्रशस्त किया जा सकता है
(d) इनके अनुसार जापान चीन को आधुनिक और लोकतांत्रिक बना सकता है।
उत्तर (c) इनके अनुसार स्थानीय समाज को पुनर्जीवित कर सुधार का मार्ग प्रशस्त किया जा सकता है।

12. जापान एक द्वीप शृंखला है। इसके चारे बड़े द्वीप होंशू, क्यूशू, शिकोकू और होकाइदो हैं। द्वीपों की शृंखला में ओकिनावा लगभग बहामास वाले अक्षांश पर सबसे दक्षिण में स्थित है। मुख्य द्वीपों की कितनी प्रतिशत से अधिक भूमि पहाड़ी है?
(a) 40% (b) 45%
(c) 50% (d) 55%
उत्तर (c) 50%

13. सन यात-सेन के सिद्धांतों के प्रमुख उद्देश्य के संदर्भ में सही विकल्प का चयन करें?
(a) राष्ट्रवाद, लोकतंत्र, आजीविका
(b) राष्ट्रवाद, राजतंत्र, पंथनिरपेक्ष
(c) समाजवाद, लोकतंत्र, पथनिरपेक्ष
(d) लोकतंत्र, आजीविका, गणतंत्र
उत्तर (a) राष्ट्रवाद, लोकतंत्र, आजीविका

14. निम्नलिखित जानकारी की सहायता से प्रमुख जापानी विद्वान की पहचान करें
1. ये चीन पर काम करने वाले प्रमुख जापानी विद्वान थे।
2. इन्होंने वर्ष 1907 में क्योतो विश्वविद्यालय में प्राच्य अध्ययन विभाग बनाने में सहायता की।
2. शिनारॉन में इन्होंने तर्क दिया कि गणतांत्रिक सरकार के द्वारा अभिजात वर्ग के नियंत्रण को समाप्त कर सकते हैं।

(a) लुई फरॉय (b) लिमांग छिचाओ
(c) नाइतो कोनन (d) जैसूट पादरी
उत्तर (c) नाइतो कोनन

15. निम्न में से कौन-सा/से कथन जापान और चीन में रही ऐतिहासिक लेखन की एक लंबी परंपरा के कारणों में से एक है/हैं?
दक्षता आधारित प्रश्न
1. यह उनकी एक सामान्य परंपरा थी।
2. इतिहास शासकों के लिए एक महत्त्वपूर्ण मार्गदर्शक था।
3. यह आजीविका का एक साधन था।

कूट
(a) केवल 1 (b) केवल 2 (c) केवल 3 (d) ये सभी
उत्तर (b) केवल 2

16. निम्न में से कौन-सा/से कथन जापान में हुए आर्थिक सुधारों के संदर्भ में सही है/हैं?
1. कृषि पर कर लगाकर धन एकत्रित करने की व्याख्या की गई।
2. वस्त्र उद्योगों के विकास के लिए एशिया से मशीनें आयात की गईं।
3. 1872 ई. में आधुनिक बैंकिंग संस्थाओं की स्थापना की गई।

कूट
(a) केवल 1 (b) 1 और 3
(c) केवल 2 (d) ये सभी
उत्तर (b) 1 और 3

17. **निम्न में से कौन-सा/से कथन जापान में हुए प्रशासनिक सुधारों के संदर्भ में सही नहीं है/हैं?**

1. राष्ट्र के एकीकरण के लिए नवीन प्रशासनिक संरचनाओं का निर्माण किया गया।
2. 28 वर्ष से अधिक उम्र के युवकों को कुछ समय के लिए सेना में कार्य करना अनिवार्य हो गया।
3. कानून व्यवस्था की स्थापना की गई।

कूट

(a) केवल 1 (b) केवल 2
(c) 1 और 3 (d) इनमें से कोई नहीं

उत्तर (b) केवल 2

18. **निम्न में से कौन-सा युग्म सही सुमेलित है?**

(a) लिमांग छिचाओ – जर्मन बौद्धिक
(b) कुमे कुनीताके – चीनी विद्वान
(c) मार्को पोलो – इटली का विद्वान
(d) लूई फरॉय – अमेरिकी विद्वान

उत्तर (c) मार्को पोलो — इटली का विद्वान

19. **निम्न में से कौन-सा युग्म सही सुमेलित नहीं है?**

(a) शोगुन – सर्वविजयी सेना
(b) लॉन्ग मार्च – 6000 मील की एक कठिन यात्रा
(c) दि टेल ऑफ दि गेंजी – हेआन राजदरबार की काल्पनिक डायरी
(d) डिम सम – मछली का एक प्रकार

उत्तर (d) डिम सम – मछली का एक प्रकार

20. **निम्नलिखित कथनों के आधार पर पहचानिए और बताएँ कि निम्न कथन ये किस जापानी सांसद के बारे में कहे गए हैं?**

दक्षता आधारित प्रश्न

- इन्होंने जापान में औद्योगिक विकास के फलस्वरूप फैलने वाले प्रदूषण का प्रबल विरोध किया।
- ये उस आंदोलन के प्रमुख समर्थनकर्ता थे, जिसका उद्देश्य संवैधानिक सरकार की स्थापना करना था।

(a) कॉमोडोर मैथ्यू पेरी
(b) नाइतो कोनन
(c) तनाका शोजो
(d) चियांग काईशेक

उत्तर (c) तनाका शोजो

21. **निम्नलिखित कथन किस चीनी शासक के बारे में कहे गए हैं?**

- इसने सैन्य अभियानों के द्वारा वारलॉर्ड्स पर नियंत्रण किया तथा साम्यवादियों को समाप्त कर दिया।
- इसने राष्ट्र का सैन्याकरण करने की कोशिश की।

(a) कॉमोडोर मैथ्यू पेरी
(b) नाइतो कोनन
(c) तनाका शोजो
(d) चियांग काईशेक

उत्तर (d) चियांग काईशेक

22. **जापान में हुई घटनाओं को उनके कालक्रमानुसार पहले से बाद के क्रम में लगाएँ।**

1. तोकुगावा-लियासु द्वारा ईडो शोगुनेट की स्थापना
2. मेजी पुनर्स्थापना
3. चीन-जापान युद्ध
4. कोरिया का सम्मेलन

कूट

(a) 4, 3, 2, 1 (b) 3, 2, 1, 4 (c) 1, 2, 3, 4 (d) 2, 3, 1, 4

उत्तर (c) 1, 2, 3, 4

23. **निम्नलिखित घटनाओं को उनके कालक्रमानुसार व्यवस्थित करें**

1. सन यात-सेन द्वारा कुओमीनतांग की स्थापना
2. चीन में गृहयुद्ध
3. चियांग काई-शेक द्वारा ताइवान में चीनी गणतंत्र की स्थापना
4. चीनी कम्युनिस्ट पार्टी की स्थापना

कूट

(a) 1, 2, 3, 4 (b) 1, 4, 2, 3
(c) 3, 1, 4, 2 (d) 2, 3, 1, 4

उत्तर (b) 1, 4, 2 और 3

24. **दी गई घटनाओं का उनके कालखंड के संदर्भ में सही विकल्प का चयन करें**

1921 : चीनी कम्युनिस्ट पार्टी की स्थापना : : 1934 : ?

(a) दो अफीम युद्ध (b) चार मई का आंदोलन
(c) लॉन्ग मार्च (d) कुओमीनतांग की स्थापना

उत्तर (c) लॉन्ग मार्च

25. **विभिन्न देशों के बीच हुए युद्धों के संदर्भ में सही विकल्प के साथ निम्नलिखित को पूरा करें।**

1894-95 : चीन और जापान के बीच युद्ध :: 1904-05:

(a) भारत और चीन के मध्य युद्ध
(b) जापान और रूस के मध्य युद्ध
(c) अमेरिका और रूस के मध्य युद्ध
(d) जापान और अमेरिका के मध्य युद्ध

उत्तर (b) जापान और रूस के मध्य युद्ध

26. **सुमेलित कीजिए**

सूची I	सूची II
A. 960-1279 ई.	1. जैसूट पादरी मैटियो रिक्की का जीवनकाल
B. 1254-1324 ई.	2. चीन में शुंग राजवंश का काल
C. 1552-1610 ई.	3. लूई फरॉय का जीवनकाल
D. 1532-1597 ई.	4. मार्को पोलो का जीवनकाल

कूट

	A	B	C	D
(a)	2	4	1	3
(b)	1	2	3	4
(c)	4	3	2	1
(d)	3	2	1	4

उत्तर (a) 2 4 1 3

27. सुमेलित कीजिए

सूची I		सूची II	
A.	वर्ष 1894-95	1.	कोरिया का सम्मेलन
B.	वर्ष 1904-05	2.	कुओमीनतांग की स्थापना
C.	वर्ष 1910	3.	रूस-जापान युद्ध
D.	वर्ष 1912	4.	चीन-जापान युद्ध

कूट

	A	B	C	D
(a)	1	2	3	4
(b)	2	3	4	1
(c)	4	3	1	2
(d)	3	2	4	1

उत्तर (c) 4 3 1 2

28. **नीचे दिए गए चित्र को ध्यान से देखें तथा बताएँ कि इन जहाजों को जापानियों द्वारा किस नाम से पुकारा जाता था?**

(a) लाल जहाज
(b) काले जहाज
(c) हरे जहाज
(d) पीले जहाज

उत्तर (b) काले जहाज

29. **नीचे दिया गया चित्र किस दृश्य से संबंधित है?**

(a) रूस-जापान युद्ध
(b) जापान-अमेरिका युद्ध
(c) अफीम युद्ध
(d) चीन-जापान युद्ध

उत्तर (c) अफीम युद्ध

निर्देश (प्र. सं. 30-33) नीचे दिए गए कथन (A) तथा कारण (R) को ध्यानपूर्वक पढ़कर नीचे दिए गए कूट की सहायता से सही उत्तर का चयन कीजिए।

कूट

(a) A और R दोनों सही हैं तथा R, A की सही व्याख्या है
(b) A और R दोनों सही हैं, परंतु R, A की सही व्याख्या नहीं है
(c) A सही है, किंतु R गलत है
(d) A गलत है, किंतु R सही है

30. **कथन** (A) **जापान को अमीर देश समझा जाता था।**

कारण (R) **वह चीन से रेशम तथा भारत से कपड़ा आयात करता था।**

उत्तर (a) जापान को अमीर देश समझा जाता था, क्योंकि वह चीन से रेशम और भारत से कपड़ा जैसी विलासी वस्तुएँ आयात करता था। इन आयातों के लिए सोने और चाँदी के प्रयोग से अर्थव्यवस्था पर भार पड़ा, जिसकी वजह से इन कीमती धातुओं के निर्यात पर रोक लगा दी गई।

31. **कथन** (A) **सन यात-सेन के कार्यक्रम का बहुत अहम हिस्सा पूँजी का नियमन और भूमि अधिकारों में बराबरी लाना अमल में आया।**

कारण (R) **पार्टी ने किसानों और बढ़ती सामाजिक असमानता की अनदेखी की।** *दक्षता आधारित प्रश्न*

उत्तर (d) सन यात-सेन के कार्यक्रम का बहुत अहम हिस्सा पूँजी का नियमन और भूमि अधिकारों में बराबरी लाना कभी अमल में नहीं आया, क्योंकि पार्टी ने किसानों और बढ़ती सामाजिक असमानता की अनदेखी की। इसने लोगों की समस्याओं पर ध्यान देने के अतिरिक्त फौजी व्यवस्था को थोपने का प्रयास किया।

32. **कथन** (A) **ताइवान में पूर्ण राजनयिक संबंध और दूतावास रखना संभव नहीं है।**

कारण (R) **ताइवान को चीन का ही एक भाग माना जाता है।** *दक्षता आधारित प्रश्न*

उत्तर (a) राजनयिक स्तर पर अधिकांश देशों के व्यापार का मिशन केवल ताइवान में ही है, लेकिन ताइवान में पूर्ण राजनयिक संबंध और दूतावास रखना संभव नहीं है, क्योंकि ताइवान को चीन का ही एक भाग माना जाता है।

33. **कथन** (A) **कोरियाई युद्ध से बड़े पैमाने पर जीवन और संपत्ति को नुकसान हुआ।**

कारण (R) **मुद्रास्फीति से कीमतों में अचानक वृद्धि हो गई।**

उत्तर (b) कोरियाई युद्ध से न केवल बड़े पैमाने पर जीवन और संपत्ति को नुकसान हुआ, बल्कि मुक्त बाजार, आर्थिक विकास और लोकतंत्रीकरण भी धीमी गति से हुआ। युद्ध के दौरान जारी की गई मुद्रा एवं राष्ट्रीय खर्च के कारण मुद्रास्फीति की कीमतें अचानक बढ़ गईं।

लघु उत्तरीय प्रश्न

1. **चीन और जापान में इतिहास लेखन की परंपरा को स्पष्ट कीजिए।**

उत्तर चीन और जापान दोनों ही देश इतिहास को शासकों का महत्त्वपूर्ण मार्गदर्शक मानते हैं। इनकी यह धारणा है कि इतिहास द्वारा प्रस्तुत अतीत के मानकों के आधार पर शासकों का मूल्यांकन किया जा सकता है। यही कारण था कि दोनों देशों के शासकों द्वारा एक सरकारी विभाग की स्थापना की गई, जिसका प्रमुख कार्य अभिलेखों की देख-रेख तथा राजवंशों का इतिहास लिखने का था।

सिमा छियन (145-90 ई. पू.) प्राचीन चीन के महान इतिहासकार थे। जापान में भी इतिहास लेखन को अत्यधिक महत्त्व दिया जाता था। उल्लेखनीय है कि जापान में मेजी सरकार के आरंभिक अधिनियमों में एक अधिनियम 1869 ई. में एक ब्यूरो की स्थापना से संबंधित था। इस ब्यूरो का प्रमुख कार्य अभिलेखों को एकत्रित करना था।

2. **जापान में 16वीं शताब्दी के अंतिम भाग में कितने परिवर्तन हुए? स्पष्ट कीजिए।**

अथवा **16वीं शताब्दी के अंतिम वर्षों में दैम्यों को क्या स्वायत्तता प्रदान की गई?**

उत्तर जापान में 16वीं शताब्दी के अंतिम भाग में मुख्यतः तीन परिवर्तन हुए, जिन्होंने आगामी विकास की आधार भूमि को तैयार करने में निम्नलिखित महत्त्वपूर्ण योगदान दिया

(i) 16वीं शताब्दी के अंतिम भाग में किसानों से हथियार वापस ले लिए गए। अब केवल सामुराई योद्धा वर्ग (सामुराई का शाब्दिक अर्थ है—सेवा करना) के लोग ही तलवार रख सकते हैं। इसके परिणामस्वरूप हमेशा होने वाली लड़ाइयाँ समाप्त हो गईं तथा शांति व्यवस्था स्थापित हो गई।

(ii) 16वीं शताब्दी के अंतिम वर्षों में दैम्यो को पर्याप्त स्वायत्तता प्रदान कर दी गई तथा इन्हें अपनी क्षेत्रीय राजधानियों में ही रहने के आदेश दे दिए गए।

(iii) अंतिम महत्त्वपूर्ण परिवर्तन के अंतर्गत भूमि का सर्वेक्षण किया गया तथा उत्पादकता के आधार पर उसका वर्गीकरण भी किया गया। इसका प्रमुख उद्देश्य मालिकों तथा करदाताओं का निर्धारण करना था। इस बदलाव ने राजस्व के स्थायी आधार के निर्माण में सराहनीय योगदान दिया।

3. **जापानी भाषा में प्रयुक्त की जा रही लिपियों का संक्षिप्त वर्णन कीजिए**

अथवा **जापानी भाषा में शब्दों को लिखने के लिए कांजी और हीरागाना का संयोजन कैसे किया जाता है?** *दक्षता आधारित प्रश्न*

उत्तर जापानी भाषा एक साथ तीन लिपियों का प्रयोग करती है। इनमें से एक कांजी, जापानियों ने चीनियों से छठी शताब्दी में ली। चूँकि उनकी भाषा चीनी भाषा से बहुत भिन्न है। इन्होंने दो ध्वन्यात्मक वर्णमालाओं का भी विकास किया-हीरागाना और कताकाना। हीरागाना नारीसुलभ समझी जाती है, क्योंकि हेआन काल में बहुत-सी लेखिकाएँ इसका प्रयोग करती थीं-जैसे कि मुरासाकी। यह चीनी चित्रात्मक चिह्नों और ध्वन्यात्मक अक्षर (कताकाना) को मिलाकर लिखी जाती हैं। शब्द का प्रमुख भाग कांजी के चिह्न से लिखा जाता है। बाकी का हीरागाना में। ध्वन्यात्मक अक्षरमाला की मौजूदगी के फलस्वरूप ज्ञान कुलीन वर्गों से व्यापक समाज में काफी तेजी से फैल सका। 1880 के दशक में यह सुझाव दिया गया कि जापानी या तो पूरी तरह से ध्वन्यात्मक लिपि का विकास करें या कोई यूरोपीय भाषा अपना लें, लेकिन अंत में दोनों में कुछ भी नहीं किया गया।

4. **फुकुज़ावा यूकिची कौन था? जापान की सभ्यता के विकास में उसने क्या योगदान दिया?**

उत्तर फुकुजावा यूकिची का जन्म एक गरीब सामुराई परिवार में हुआ। इनकी शिक्षा नागासाकी और ओसाका में हुई। 1860 ई. में वे अमेरिका में पहले जापानी दूतावास के अनुवादक के रूप में गए। इससे उन्हें पश्चिम पर किताब लिखने के लिए बहुत कुछ मिला। उनकी यह किताब बहुत लोकप्रिय हुई। इन्होंने केओ विश्वविद्यालय की स्थापना की तथा वे मेरोकुशा संस्था के मुख्य सदस्यों में से थे। ये संस्थाएँ पश्चिमी शिक्षा का प्रचार करती थीं।

उनके अनुसार, जापान को एशियाई लक्षण छोड़कर पश्चिम का हिस्सा बन जाना चाहिए।

फुकुजावा की पुस्तक, ज्ञान के लिए प्रोत्साहन में जापानी ज्ञान की आलोचना करते हुए लिखा कि, जापान के पास प्राकृतिक दृश्यों के अतिरिक्त गर्व करने के लिए कुछ भी नहीं है। इन्होंने आधुनिक कारखानों एवं संस्थाओं के अतिरिक्त पश्चिम के सांस्कृतिक सारतत्व को बढ़ावा दिया जोकि उनके मुताबिक सभ्यता की आत्मा है। इनका सिद्धांत था। ''स्वर्ग ने इंसान को इंसान के ऊपर नहीं बनाया, न ही इंसान को इंसान से नीचे।''

5. **गेंजी की कथा से क्या तात्पर्य है? संक्षेप में उत्तर दीजिए।**

अथवा **मुरासाकी शिकिबु द्वारा लिखी गई काल्पनिक डायरी 'द टेल दि गेंजी' का वर्णन कीजिए?**

उत्तर मुरासाकी शिकिबु द्वारा लिखी गई हेआन राजदरबार की यह काल्पनिक डायरी 'दि टेल ऑफ दि गेंजी' जापानी साहित्य में प्रमुख कथाकृति बन गई। इस काल में मुरासाकी जैसी अनेक लेखिकाएँ उभरीं, जिन्होंने जापानी लिपि का प्रयोग किया, जबकि पुरुषों ने चीनी लिपि का। चीनी प्रयोग शिक्षा और सरकार में किया था। इस उपन्यास में कुमार गेंजी की रोमांचक चरित्र को दर्शाया गया और हेआन राजदरबार के अभिजात वातावरण की जीती-जागती तस्वीर पेश की गई। इसमें यह भी दिखाया गया है कि औरतों को अपने पति चुनने और अपनी जिंदगी जीने की कितनी आजादी थी।

6. **जापान में हुए आर्थिक सुधारों के प्रमुख बिंदुओं को बताइए।**

उत्तर जापान में हुए आर्थिक सुधारों के प्रमुख बिंदु निम्नलिखित हैं

- अर्थव्यवस्था के आधुनिकीकरण के लिए कृषि पर कर लगाकर धन एकत्रित करने की व्यवस्था की गई।
- 1870-72 ई. में जापान की पहली रेल लाइन टोक्यो एवं योकोहामा बंदरगाह के मध्य बिछाई गई।
- वस्त्र उद्योग के विकास के लिए मशीनें यूरोप से आयात की गईं।
- मजदूरों के प्रशिक्षण के लिए विदेशी कारीगरों को बुलाया गया, साथ ही इन्हें विद्यालय एवं विश्वविद्यालयों में पढ़ाने के लिए भी भेजा गया।
- जापानी विद्यार्थी को पढ़ने के लिए विदेश भी भेजा गया।
- 1872 ई. में आधुनिक बैंकिंग संस्थाओं की स्थापना की जाने लगी।

7. **''औद्योगिक प्रगति के लिए आम लोगों की बलि नहीं दी जानी चाहिए।'' यह मत किसके द्वारा दिया गया?**

अथवा **तनाका शोजो के जीवन और विचारधारा का वर्णन कीजिए। उनके प्रयासों ने समाज और पर्यावरण संरक्षण में किस प्रकार योगदान दिया?** *दक्षता आधारित प्रश्न*

उत्तर एक किसान के बेटे तनाका शोजो (1841-1913 ई.) एक मुख्य राजनैतिक हस्ती के रूप में उभरे। 1880 के दशक में इन्होंने जनवादी अधिकारों के आंदोलन में भाग लिया। इस आंदोलन ने संवैधानिक सरकार की माँग की। वह पहली संसद-डायट में सदस्य चुने गए। उनका मानना था कि औद्योगिक प्रगति के लिए आम लोगों की बलि नहीं दी जानी चाहिए। आशियो खान से वातारासे नदी में प्रदूषण फैल रहा था, जिसके कारण 100 वर्ग मील की कृषि भूमि बर्बाद हो रही थी और 1000 परिवार प्रभावित हो रहे थे। आंदोलन के चलते कंपनी को प्रदूषण नियंत्रण के तरीके अपनाने पड़े, जिससे वर्ष 1904 तक फसल सामान्य हो गई।

8. मेजी संविधान के दौरान जापान में राजनीतिक परिदृश्य को स्पष्ट कीजिए।

उत्तर मेजी संविधान सीमित मताधिकार पर आधारित था। इसके अनुसार बनाई गई डायट अर्थात् संसद के अधिकार विस्तृत नहीं थे। मेजी पुनर्स्थापना में सहयोग देने वाले नेताओं का सत्ता पर प्रभुत्व बना रहा। इनके द्वारा राजनैतिक पार्टियाँ गठित की गईं। वर्ष 1918 से 1931 के दौरान जनमत से चुने गए प्रधानमंत्रियों द्वारा मंत्रिपरिषदों का गठन किया गया। कालांतर में एकता मंत्रिपरिषदों ने उन्हें शक्ति से वंचित कर दिया। 1890 ई. से थल सेना और नौसेना नियंत्रण से स्वतंत्र माने जाने लगे। 1899 ई. में प्रधानमंत्री के आदेश द्वारा मंत्री बनने के लिए सेवारत जनरल अथवा एडमिरल होना अनिवार्य कर दिया गया। उल्लेखनीय है कि सैन्य विस्तार ने धन की आवश्यकता में वृद्धि की। इस वृद्धि की पूर्ति के लिए कर को बढ़ाया गया परिणामस्वरूप इसके विरुद्ध आवाज उठने लगी। इस आवाज को दबाने के लिए इन सैन्य बलों का उपयोग किया गया।

9. "सत्ता केंद्रित राष्ट्रवाद का विकास ही आधुनिकता पर विजय का प्रतीक रहा।" स्पष्ट कीजिए।

अथवा **जापान में 1930-40 के दशक के दौरान सत्ता केंद्रित राष्ट्रवाद के विकास के कारण क्या थे?** *दक्षता आधारित प्रश्न*

उत्तर जापान में वर्ष 1930-40 के दौरान सत्ता केंद्रित राष्ट्रवाद को बढ़ावा मिला, जब जापान ने चीन तथा एशिया में अपने उपनिवेश बढ़ाने के लिए युद्ध आरंभ किए। जापान द्वारा अमेरिका के **पर्लहार्बर पर्ल हार्बर** पर हुए हमले ने दूसरे विश्वयुद्ध का आगाज किया। इस समय जापान के सामाजिक नियंत्रण में वृद्धि हुई। देशभक्तों की नई संस्थाएँ स्थापित हुईं, जो युद्ध का समर्थन करती रहीं। इनमें महिलाओं के भी कई संगठन थे।

वर्ष 1943 में जापान में एक संगोष्ठी हुई, जिसे 'आधुनिकता पर विजय' नाम दिया गया। इस संगोष्ठी की चर्चा का विषय था—आधुनिक रहते हुए पश्चिमी क्षेत्रों पर विजय कैसे पाई जाए। सुप्रसिद्ध दर्शनशास्त्री निशितानी केजी ने जापान की 'नैतिक ऊर्जा' को अत्यधिक महत्त्वपूर्ण माना और कहा नैतिक ऊर्जा ही उसे एक उपनिवेश बनने से बचा सकेगी।

10. संयुक्त राज्य अमेरिका द्वारा जापान पर परमाणु बम गिराया जाना सही था या गलत? चर्चा कीजिए?

उत्तर संयुक्त राज्य अमेरिका ने द्वितीय विश्वयुद्ध के दौरान 6 अगस्त, 1945 को जापान के नगर हिरोशिमा और 9 अगस्त, 1945 को नागासाकी नगर पर परमाणु बम गिराकर उसे नष्ट कर दिया। जिससे आज भी उसके दुष्परिणाम देखे जा सकते हैं।

अमेरिका ने जापान पर परमाणु बम गिराकर घटना को उचित तर्कसंगत देते हुए कहा कि यदि वह ऐसा नहीं करता, तो युद्ध की समाप्ति नहीं होती और विश्व को ज्यादा जन-धन की हानि उठानी पड़ती। परमाणु बम गिराए जाने के फलस्वरूप विश्व के अनेक देशों में घातक शस्त्रों का निर्माण किया जा रहा है। जिसके और भी भयानक परिणाम सामने आ सकते हैं। तीसरे विश्वयुद्ध की संभावना आज ज्यादा बलवती हो गई और तीसरे युद्ध से आशय है–संपूर्ण मानवीय सभ्यता का विनाश।

11. चीन की भौगोलिक स्थिति को संक्षेप में समझाइए।

अथवा **विभिन्न भौतिक दशाओं के आधार पर चीन की भौगोलिक अवस्थिति का वर्णन कीजिए?**

उत्तर चीन एक विशालकाय महाद्वीपीय देश है, जिसमें कई तरह के जलवायु क्षेत्र तथा नदियाँ, जिनमें पीली नदी (हुआंग हे), यांग्त्सी नदी (छांग जिआंग-विश्व की तीसरी सबसे लंबी नदी) तथा पर्ल नदी हैं। यहाँ का बहुत बड़ा भाग पहाड़ी है। हान सबसे प्रमुख जातीय समूह एवं भाषा चीनी है। यहाँ खानों में क्षेत्रीय विविधता है तथा चार तरह की प्रमुख खानें देखी जा सकती हैं।

यहाँ की प्रसिद्ध पाक प्रणाली दक्षिणी कैंटोनी है, जो कैंटोनी व उसके आंतरिक क्षेत्रों की है। 'डिम सम' यहाँ का मुख्य भोजन है, जो गुंथे हुए आटे में सब्ज़ी आदि भरकर उबालकर बनाए गए व्यंजन जैसा है। देश के उत्तरी भाग में गेहूँ मुख्य आधार है तथा पूर्वी चीन में चावल और गेहूँ दोनों खाए जाते हैं। शेंचुआ में मसाले और रेशम मार्ग के जरिए पुर्तगालियों द्वारा लाई गई मिर्च के कारण तीखा एवं झालदार भोजन का प्रचलन है।

12. चीन की मुख्यत: कितनी विचारधाराएँ थीं? संक्षेप में स्पष्ट कीजिए।

उत्तर चीन की मुख्यतः तीन विचारधाराएँ थीं, जो इस प्रकार हैं

(i) कांग योवेल (1858-1927 ई.) तथा लिमांग छिचाओ (1873-1929 ई.) जैसे आरंभिक सुधारक पारंपरिक विचारों का नवीन एवं भिन्न प्रकार से प्रयोग करके पाश्चात्य चुनौतियों का सामना करना चाहते थे।

(ii) चीन के प्रथम राष्ट्राध्यक्ष डॉ. सन यात-सेन जैसे गणतांत्रिक क्रांतिकारियों पर जापानी एवं पाश्चात्य विचारों का स्पष्ट प्रभाव था।

(iii) चीन की कम्युनिस्ट पार्टी लंबे समय तक व्याप्त असमानताओं को समाप्त करके विदेशियों को देश से बाहर कर देना चाहती थी।

13. सांस्कृतिक क्रांति या दर्शनों के टकराव पर संक्षिप्त टिप्पणी लिखिए।

उत्तर सांस्कृतिक क्रांति या दर्शनों का टकराव वर्ष 1965-78 के मध्य दो गुटों में हुआ। माओ त्सेतुंग 'समाजवादी व्यक्ति' की रचना करना चाहते थे तथा दक्षता की अपेक्षा विचारधारा को अधिक महत्त्वपूर्ण मानते थे। अतः इस विचारधारा के समर्थक तथा उनके आलोचकों के मध्य संघर्ष की स्थिति उत्पन्न हो गई। अपने आलोचकों का सामना करने के लिए माओ त्सेतुंग ने वर्ष 1965 में महान सर्वहारा सांस्कृतिक क्रांति को आरंभ किया। इसके अंतर्गत पुरानी संस्कृति, रीति-रिवाज और पुरानी आदतों के अभियान आरंभ किए गए।

इस सांस्कृतिक क्रांति ने चीन में विशेष प्रभाव उत्पन्न किया, जिससे पार्टी कमजोर होने के साथ-साथ देश की अर्थव्यवस्था एवं शिक्षा को भी प्रभावित करने लगी। वर्ष 1975 में पुनः साम्यवादी पार्टी द्वारा अधिक सामाजिक अनुशासन और औद्योगिक अर्थव्यवस्था का निर्माण करने पर जोर दिया गया, जिससे चीन एक शक्तिशाली देश बन सके।

14. माओ त्सेतुंग ने सामाजिक समस्याओं को सुलझाने के लिए किस प्रकार के सर्वेक्षण कराए?

अथवा **माओ त्सेतुंग ने छोटे व्यापारियों, दस्तकारों और लोहारों का सर्वेक्षण क्यों किया था?**

उत्तर माओ त्सेतुंग ने सामाजिक समस्याओं को सुलझाने के लिए वर्ष 1930 में जुनवू में किए गए एक सर्वेक्षण में माओ त्सेतुंग ने नमक और सोयाबीन जैसी रोज़मर्रा की वस्तुओं, स्थानीय संगठनों की तुलनात्मक मजबूतियों, छोटे व्यापारियों और दस्तकारों, लोहारों और वैश्याओं, धार्मिक संगठनों की

मजबूतियों, इन सबका परीक्षण किया, ताकि शोषण के अलग-अलग स्तरों को समझा जा सके। उन्होंने ऐसे आँकड़े इकट्ठे किए, जिससे यह पता चल सके कि कितने किसानों ने अपने बच्चों को बेचा है और इसके लिए उन्हें कितने पैसे मिले।

लड़के 100 – 200 यूआन पर बिकते थे, लेकिन लड़कियों की बिक्री के कोई उदाहरण नहीं मिले, क्योंकि जरूरत मजदूरों की थी लैंगिक शोषण की नहीं। इस अध्ययन के आधार पर उन्होंने सामाजिक समस्याओं को सुलझाने के तरीके पेश किए।

15. अफीम युद्ध से क्या समझते हैं? इसका चीनवासियों पर क्या प्रभाव पड़ा?

उत्तर जब ब्रिटेन ने अफीम के लाभकारी व्यापार को बढ़ाने के लिए चीन पर सैन्यबलों का प्रयोग किया और चीनियों पर अफीम थोप दी तो दोनों देशों के मध्य युद्ध प्रारंभ हो गया। इस युद्ध को अफीम युद्ध के नाम से जाना जाता है। प्रथम अफीम युद्ध 1839-1842 ई. तक हुआ। इस युद्ध का चीनवासियों पर निम्न प्रभाव पड़ा

- इस युद्ध के कारण व्यापारिक नियंत्रण ब्रिटेन के हाथों में आ गया, जिससे चीनवासियों को अफीम का मूल्य इंग्लैंड की मुद्रा में चुकाना पड़ा।
- अफीम के व्यापार के परिणामस्वरूप साम्राज्यवादी ताकतों को चीन में अपने उपनिवेश स्थापित करने के लिए अनुकूल अवसर मिला।
- अफीम का चीनवासियों के मानसिक एवं शारीरिक विकास पर बहुत बुरा प्रभाव पड़ा जिसके फलस्वरूप चीन में एक ऐसा वर्ग उभरा जो वहाँ के सामाजिक, आर्थिक एवं राजनीतिक विकास में रचनात्मक सहयोग देने में समर्थ नहीं था।

16. जापान की औद्योगिक क्रांति वर्ष 1920 में अचानक क्यों रुक गई थी? इसके प्रमुख कारण क्या थे?

उत्तर जापान की औद्योगिक प्रगति वर्ष 1920 में अचानक रुक गई थी। इसके मुख्य कारण इस प्रकार थे

- प्रथम विश्वयुद्ध के पश्चात् जापान को पश्चिमी देशों के साथ प्रतिद्वंद्विता का सामना करना पड़ा।
- वर्ष 1920 की मंदी से घरेलू उद्योग को भारी क्षति पहुँची।
- वर्ष 1923 के भयानक भूकंप ने जापान की आर्थिकी स्थिति को बहुत हानि पहुँचाई।
- वर्ष 1927 में घाटे के कारण देश में बहुत-से बैंक बंद हो गए, जिससे देश की आर्थिक स्थिति और भी गंभीर हो गई।
- वर्ष 1929 के विश्वव्यापी आर्थिक संकट ने जापान को अपनी चपेट में ले लिया।

17. वर्ष 1911 की चीनी क्रांति के प्रमुख कारणों का उल्लेख कीजिए।

उत्तर वर्ष 1911 की क्रांति में चीन में मांचू शासन के नियंत्रण में स्थापित प्राचीन शासन व्यवस्था को समाप्त कर दिया गया। इस क्रांति के निम्न कारण थे

- डॉ. सन यात-सेन मांचू एक राष्ट्रवादी क्रांतिकारी थे। इन्होंने वंश के विरुद्ध लोगों को संगठित किया। इसके क्रांतिकारी विचारों के प्रचार के कारण ही चीन में क्रांति की लहर आई।
- ताइपिंग और बॉक्सर विद्रोह से चीन के लोगों में निराशा झलकने लगी। यह घोर निराशा चीन-जापान युद्ध के बाद और बढ़ गई। क्रांतिकारी दल खुले स्तर पर मांचू के विरुद्ध प्रचार करने लगे, जिससे चीन में क्रांतिकारी वातावरण तैयार हो गया।
- चीन में बढ़ती जनसंख्या के कारण वर्ष 1910 में 30 लाख लोग भूख से मर गए। इन परिस्थितियों में लोगों ने शासन के विरुद्ध क्रांति कर दी।
- वर्ष 1905 में चीन की सरकार ने उन लोगों को ऊँची नौकरियों पर नियुक्त करने का फैसला किया, जो पश्चिमी ढंग से शिक्षा प्राप्त करते थे, इससे युवा विदेशों में जाकर पश्चिमी शिक्षा को प्राप्त के लिए करने चले गए। जब वह वापिस आए, तो वह चीन की पुरानी शासन व्यवस्था को समाप्त कर देना चाहते थे। अतः इससे वर्ष 1911 में चीन में क्रांति का जन्म हुआ।

18. चीन-जापान युद्ध के प्रमुख कारणों पर चर्चा करें।

उत्तर चीन-जापान युद्ध के निम्न कारण थे

- जापान अपनी नवगठित एवं पुनर्गठित सैन्य शक्ति का परीक्षण करने का इच्छुक था।
- चीन का कोरिया पर नियंत्रण हो जाने से जापान की सुरक्षा खतरे में पड़ गई।
- जापान के कोरिया में व्यापक आर्थिक लाभ थे। जापान अपने औद्योगिक विकास के लिए कोरिया के संसाधनों पर अधिकार करना अनिवार्य मानता था।
- कोरिया में तांगहांग का विद्रोह तात्कालिक कारण था, जिसे दबाने के लिए चीन ने वहाँ अपनी सेना भेज दी। जापान ने इसे 1885 ई. की चीन-जापान संधि का उल्लंघन मानते हुए अपनी सेना वहाँ भेज दी। जिससे अगस्त, 1894 में दोनों देशों में युद्ध शुरू हो गया, जिसमें जीत जापान की हुई।

19. ताइवान पर चीन की प्रभुसत्ता की स्थापना के विषय पर टिप्पणी कीजिए।

अथवा **कायरो घोषणा-पत्र और पोट्सडैम उद्घोषणा में ताइवान पर चीन की प्रभुसत्ता की स्थापना के बारे में क्या कहा गया है?**

उत्तर ताइवान पर चीन की प्रभुसत्ता की स्थापना की मान्यता कायरो घोषणा-पत्र (वर्ष 1943) और पोट्सडैम उद्घोषणा (वर्ष 1949) के द्वारा प्राप्त हुई। ताइवान में फरवरी, 1947 को प्रदर्शन हुआ, जिसमें कुओमीनतांग ने नेताओं की एक पूरी पीढ़ी की निर्ममतापूर्वक हत्या करवा दी। चियांग काईशेक के नेतृत्व में कुओमीनतांग के द्वारा एक दमनकारी सरकार की स्थापना की गई।

इस सरकार ने लोगों से बोलने और राजनीतिक विरोध करने की स्वतंत्रता छीन ली तथा सत्ता में स्थानीय लोगों को पूरी तरह से बाहर कर दिया गया, लेकिन उसने भूमि सुधार लागू किया, जिस कारण से खेती की उत्पादकता में वृद्धि हुई। इसके साथ-साथ उसने ताइवान में अर्थव्यवस्था का भी आधुनिकीकरण किया। उसी के परिणामस्वरूप ताइवान पूरे एशिया में दूसरे स्थान पर रहा।

दीर्घ उत्तरीय प्रश्न

1. आधुनिकीकरण के दौर में चीन तथा जापान में इतिहास लेखन की परंपरा पर संक्षेप में निबंध लिखिए।

उत्तर इस प्रश्न के उत्तर के लिए पृष्ठ संख्या 167 से 180 पर शीर्षक 'चीन और जापान में इतिहास लेखन की परंपरा बिंदु का अध्ययन करें।

2. जापान में राजनीतिक व्यवस्था की प्रक्रिया पर चर्चा कीजिए तथा दैम्यों की स्थिति को भी स्पष्ट कीजिए।

उत्तर जापान की राजनीतिक व्यवस्था में समय के साथ कई महत्त्वपूर्ण बदलाव हुए, मुख्यतया शोगुन शासन के दौर में। शुरुआत में क्योतो में सम्राट का शासन था, लेकिन 12वीं सदी के आसपास असली सत्ता शोगुनों के हाथ में आ गई। शोगुन, सम्राट के नाम पर शासन करते थे और उनके अधीन साम्राज्य के विभिन्न हिस्सों का प्रशासन होता था। शोगुन का कार्य दैम्यों, अर्थात् क्षेत्रीय शासकों नियंत्रण रखना था। शोगुनों का प्रमुख उद्देश्य यह था कि वे दैम्यों को उनकी भूमि पर नियंत्रण देने के साथ-साथ राजधानी एदो (अब टोक्यो) में बसाकर रखते थे, ताकि उनका प्रभाव कम-से-कम हो और शोगुन के प्रति उनकी वफादारी बनी रहे।

दैम्यों की स्थिति

दैम्यो, जापान के क्षेत्रीय शासक थे, जो लगभग 250 क्षेत्रों में बँटे थे। इन दैम्यों को शोगुन द्वारा स्वायत्ता दी गई थी, लेकिन उन्हें शोगुन की सत्ता का सम्मान करना पड़ता था। 16वीं शताब्दी के अंत में, दैम्यों को अपने क्षेत्रों में राजधानी रखने की अनुमति दी गई और उन्हें अपने क्षेत्रों का प्रशासनिक नियंत्रण मिला। हालाँकि शोगुन की शक्ति ने दैम्यों की स्वतंत्रता को सीमित कर दिया था, क्योंकि शोगुन उनकी गतिविधियों पर दृष्ट्रि रखते थे।

राजनीतिक व्यवस्था में बदलाव 16वीं शताब्दी के अंत में कुछ बड़े बदलावों ने जापान की राजनीतिक व्यवस्था को नई दिशा दी, जो निम्न है

(i) **हथियारों पर नियंत्रण** किसानों से हथियार छीन लिए गए, जिससे केवल सामुराई वर्ग ही तलवार रखने में सक्षम था, इसने शांति और व्यवस्था बनाए रखने में सहायता की।

(ii) **जमीन का सर्वेक्षण** भूमि का सर्वेक्षण किया गया, जिससे राजस्व प्रणाली को स्थिर किया गया और दैम्यों के क्षेत्रों के उत्पादकता को निर्धारित किया गया।

(iii) **दैम्यों के लिए आदेश** दैम्यों को उनके क्षेत्रों की राजधानियों में बसने का आदेश दिया गया, जिससे उनकी स्वतंत्रता बढ़ी, लेकिन वे शोगुन के अधीन रहते थे।

इन बदलावों के कारण शोगुन का शासन मजबूत हुआ और जापान में आर्थिक तथा सांस्कृतिक विकास हुआ।

सामाजिक और आर्थिक बदलाव 17वीं शताब्दी में जापान में बड़े शहरों का विकास हुआ, जिनमें एदो, ओसाका और क्योतो प्रमुख थे। व्यापारिक अर्थव्यवस्था का विस्तार हुआ और वित्तीय प्रणालियाँ स्थापित की गईं। न केवल वाणिज्य का विकास हुआ, बल्कि शहरों में कला, साहित्य और नाटक को भी बढ़ावा मिला।

इस प्रकार जापान की राजनीतिक व्यवस्था में शोगुनों का प्रभुत्व था और दैम्यों की स्थिति उनके अधीन थी। हालाँकि दैम्यों को कुछ हद तक स्वायत्तता मिली, परंतु शोगुन के नियंत्रण में रहते हुए उन्हें अपनी गतिविधियों को सीमित रखना पड़ता था।

3. जापान की अर्थव्यवस्था में ज़ायबात्सु की भूमिका का वर्णन कीजिए।

उत्तर जापान के औद्योगिक ढाँचे पर कुछ धनी परिवारों का वर्चस्व था। इन परिवारों को जायब कहा जाता था। जिसका अर्थ हैं। ''धनवानों की मंडली''। इस मंडली के चार मुख्य समूह थे

(i) मित्सुई (ii) मित्सुबिशी
(iii) सुमीतोमो (iv) यसूदा

इन चार मुख्य ज़ायबात्सु में से पहले तीन का वित्त, उद्योग एवं व्यापार पर पूर्ण नियंत्रण था, लेकिन चौथा वर्ग मुख्यतः बैंकिग क्षेत्र में प्रभावी था। देश की कुल शेयर पूँजी का 20% हिस्सा मित्सुई तथा मित्सुबिशी के हाथों में था। इन्होंने कमाए हुए धन से सरकार के साथ मिलकर सुरक्षा की दृष्टि से जापान तथा उसकी बस्तियों में बड़े साहसी कार्य किए।

जापान में जब आर्थिक संकटों के समय प्राचीन औद्योगिक घराने क्षतिग्रस्त होते थे, तो उनकी संपत्ति खरीदकर उन्हें आर्थिक सहायता देते थे तथा सरकार को भी वित्तीय सहायता प्रदान करते थे।

वर्ष 1929 तक जापान में जायबात्सु का प्रभाव तथा शक्ति अपने चरम तक पहुँच गई थी। राजनीतिज्ञों व सरकार से गहरे संबंधों के कारण राजनीति के क्षेत्र में बहुत सशक्त बन गए और सरकार की नीतियों को प्रभावित करने लगे।

जापान में अनेक बड़े औद्योगिक घराने भी थे, जो इस के प्रभाव से आजाद थे; जैसे-ओगा, असानों, फारुकावा। परंतु यह जायबात्सु से मुकाबला करने में समर्थ नहीं थे।

वास्तव में जापान में, कोई भी ऐसी गतिविधि नहीं थी, जिसमें जायबात्सु का हस्तक्षेप या नियंत्रण न हो।

4. ''युद्धों के पश्चात् जापान ने एक वैश्विक आर्थिक शक्ति के रूप में अपनी पहचान स्थापित की।'' इस विषय पर अपने विचार दीजिए।

उत्तर जापान द्वारा उपनिवेश स्थापित करने की कोशिश तब समाप्त हो गई, जब वह मित्र राष्ट्रों के हाथों पराजित हो गया। इस युद्ध में अमेरिका ने जापान के दो महत्त्वपूर्ण नगर हिरोशिमा तथा नागासाकी पर अणु बम गिराए, जो सर्वथा निंदनीय माना गया। हिरोशिमा एवं नागासाकी पर हुए इस नाभिकीय हमले में 3 लाख से भी अधिक लोग मारे गए तथा जापान पर मित्र राष्ट्रों के साथ अमेरिका का नियंत्रण स्थापित हुआ। वर्ष 1945-47 तक जापान पर अमेरिका का नेतृत्व रहा। इस दौरान यहाँ पर एक नया संविधान लागू हुआ, जिसके अनुच्छेद-9 के 'तथाकथित युद्ध न करने के वाक्यांश' के अनुसार, युद्ध का राष्ट्रीय नीति के साधन के रूप में प्रयोग वर्जित है।

इस अवधि में कृषि सुधार, व्यापारिक संगठनों के पुनर्गठन एवं जापानी अर्थव्यवस्था में जायबात्सु जैसी बड़ी एकाधिकार कंपनियों के प्रभुत्व को समाप्त करने का प्रयास किया गया। युद्ध के पश्चात् वर्ष 1946 में पहला चुनाव हुआ, जिसमें वहाँ की महिलाओं ने भी पहली बार मतदान किया। इतनी बड़ी हार के बावजूद जापान ने तेजी से अपनी अर्थव्यवस्था का विस्तार किया, जिसे युद्धोत्तर 'चमत्कार' का नाम दिया गया। इस चमत्कार की जड़ें जापान के दीर्घकालीन इतिहास में समाहित थीं। वर्ष 1964 में टोक्यो में हुए ओलंपिक खेल जापानी अर्थव्यवस्था की परिपक्वता के परिचायक हैं। जापान ने संसाधनों की कमी होते हुए भी प्रौद्योगिकी के क्षेत्र में महान उपलब्धि प्राप्त की। वर्ष 1964 में यहाँ

200 मील प्रति घंटे की गति से चलने वाली शिकांसेन अर्थात् बुलेट ट्रेन का जाल बिछाया जाना प्रारंभ किया गया। 1960 के दशक में यहाँ नागरिक समाज आंदोलन का विकास हुआ। बढ़ते औद्योगीकरण के कारण स्वास्थ्य और पर्यावरण पर पड़ रहे दुष्प्रभाव को अनदेखा करने का विरोध किया गया।

5. चीन में समाजवादी क्रांति की सफलता के प्रमुख कारणों की चर्चा कीजिए।

अथवा **माओ त्सेतुंग और चाऊ एनलाई के नेतृत्व की भूमिका समाजवादी क्रांति की सफलता में किस प्रकार महत्त्वपूर्ण थी?**

उत्तर 1 अक्टूबर, 1949 को कम्युनिस्ट चीन का उदय हुआ। अपनी स्थापना के 28 वर्ष बाद कम्युनिस्ट पार्टी को चीन की मुख्य भूमि पर बिना किसी विवाद के सत्ता की प्राप्ति आसानी से हो गई। समाजवादी क्रांति की सफलता के लिए उत्तरदायी कारण निम्न थे

सोवियत संघ ने चीन में साम्यवादी क्रांति से पूर्व और पश्चात् साम्यवादी पार्टी को आर्थिक एवं सैन्य सहायता देकर और सशक्त बनाया। रूस ने साम्यवादीयों को जापानी शस्त्रों की बड़ी तादाद को हथियाने की अनुमति दी, जो मंचूरिया के लोगों में घुसपैठ करने के लिए आवश्यक थी।

साम्यवादियों ने गाँव के लोगों का समर्थन प्राप्त कर लिया, क्योंकि चीनी किसानों, श्रमिकों तथा अधिकांश व्यापारियों की दृष्टि से साम्यवादी अपनी कमियों व दोषों के रहते हुए भी भ्रष्टाचारी कुओमीनतांग से बेहतर थे।

वर्ष 1917 में रूस की जनता ने जार के शासन तानाशाही से आजादी प्राप्त करके देश में समाजवादी व्यवस्था की स्थापना की, जिससे चीनवासियों को क्रांति की प्रेरणा मिली।

साम्यवादी सेना व्यवस्थित तथा अनुशासित थी। वह कभी नागरिकों पर अत्याचार व लूटपाट नहीं करती थी और न ही महिलाओं का अपमान करती थी। लोगों में कम्युनिस्ट सेना के प्रति विश्वास एवं सम्मान की व्यापक भावना जाग्रत हुई थी, जो समाजवादी क्रांति की सफलता का कारण बनी।

माओ त्सेतुंग एवं चाऊ एनलाई के लंबे समय तक कुशल एवं योग्य नेतृत्व चीन में समाजवादी क्रांति का बहुत ही महत्त्वपूर्ण कारण था। वर्ष 1934 में माओ और चाऊ के नेतृत्व में एक लाख चालीस हजार साम्यवादियों की लंबी यात्रा (लॉन्ग मार्च) ने चीन में समाजवादी क्रांति के लिए रास्ता प्रशस्त किया और वर्ष 1976 में अपनी मृत्यु तक माओ चीन की साम्यवादी और चीनी एकता का पथ-प्रदर्शन करता रहा।

6. कोरिया गणराज्य ने युद्ध के पश्चात् किस प्रकार कुशल नेतृत्व के साथ लोकतंत्रीकरण की माँग और कोरियाई लोकतंत्र को स्थापित किया। सविस्तार व्याख्या कीजिए।

उत्तर इस प्रश्न के उत्तर के लिए पृष्ठ संख्या 181 से 183 पर शीर्षक 'लोकतंत्रीकरण व सतत आर्थिक विकास' का आवाहन और 'कोरियाई लोकतंत्र' का अध्ययन करें।

स्रोत आधारित प्रश्न

1. पार्क प्रशासन की दीर्घकालिक शक्ति का आधार कोरिया का आर्थिक विकास था। पार्क के द्वारा किए गए संविधान संशोधन से वह तीसरे कार्यकाल के लिए चुनाव में खड़े हुए और 1971 में उन्हें पुनः चुना गया। अक्टूबर, 1972 में, पार्क ने यूसिन संविधान घोषित करके कार्यान्वित किया, जिसने स्थायी अध्यक्षता को संभव बनाया। यूसिन संविधान के तहत, राष्ट्रपति को कानून के क्षेत्राधिकार और प्रशासन पर पूर्ण अधिकार था और किसी भी कानून को "आपातकालीन नियम" के रूप में निरस्त करने का भी एक संवैधानिक अधिकार था। राष्ट्रपति को पूर्ण अधिकार प्रणाली के साथ, देश के आर्थिक विकास में प्रगति के लिए लोकतंत्र एक तरह से अस्थायी रूप में निलंबित हो गया। हालाँकि 1979 में दूसरे तेल संकट से देश की आर्थिक नीतियों जोकि भारी रासायनिक उद्योग में मुख्य निवेश रखती थीं, में काफी बाधाएँ आईं। इसके साथ-साथ छात्रों, विद्वानों और विपक्ष ने लगातार यूसिन संविधान के खिलाफ प्रदर्शन किया, क्योंकि पार्क प्रशासन ने आपातकालीन उपायों के आह्वान और राजनैतिक अस्थिरता का दमन कर दिया था। इस आर्थिक संकट और राजनीतिक अस्थिरता के बीच के पार्क का प्रशासन अक्टूबर, 1979 में 'पार्क चुंग-ही' की हत्या के साथ खत्म हो गया।

(i) **पार्क प्रशासन की दीर्घकालिक शक्ति का आधार क्या था?**

उत्तर पार्क प्रशासन की दीर्घकालिक शक्ति का आधार कोरिया का आर्थिक विकास था। पार्क चुंग-ही ने औद्योगिकीकरण और आर्थिक विकास को प्राथमिकता दी, जिससे देश में आर्थिक प्रगति हुई और उनकी सत्ता स्थिर बनी रही।

(ii) **यूसिन संविधान के खिलाफ विरोध क्यों हुआ?**

उत्तर यूसिन संविधान के खिलाफ विरोध इसलिए हुआ, क्योंकि इसने राष्ट्रपति को अत्यधिक अधिकार दिए और लोकतांत्रिक प्रक्रियाओं को सीमित कर दिया। छात्रों, विद्वानों और विपक्षी नेताओं ने इसे अलोकतांत्रिक और दमनकारी मानते हुए लगातार प्रदर्शन किए।

(iii) **पार्क चुंग-ही का शासन कब और कैसे समाप्त हुआ?**

उत्तर पार्क चुंग-ही का शासन अक्टूबर, 1979 में समाप्त हुआ, जब उनकी हत्या कर दी गई। यह हत्या देश में बढ़ते राजनीतिक और सामाजिक असंतोष का परिणाम थी, जिसने उनके प्रशासन को समाप्त कर दिया।

2. चीनी साम्यवादी दल द्वारा पराजित होने के बाद चियांग काईशेक 30 करोड़ से अधिक अमेरिकी डॉलर और बेशकीमती कलाकृतियाँ लेकर वर्ष 1949 में ताइवान भाग निकले। वहाँ उन्होंने चीनी गणतंत्र की स्थापना की। 1894-95 ई. में जापान के साथ हुई लड़ाई में यह जगह चीन को जापान के हाथ में सौंपनी पड़ी थी और तब से वह जापानी उपनिवेश बनी हुई थी। कायरो घोषणा-पत्र (वर्ष 1943) और पोट्सडैम उद्घोषणा (वर्ष 1949) के द्वारा चीन को संप्रभुता वापस मिली। फरवरी, 1947 में हुए जबर्दस्त प्रदर्शनों के बाद कुओमीनतांग ने नेताओं की एक पूरी पीढ़ी की निर्ममतापूर्वक हत्या करवा दी।

चियांग काईशेक के नेतृत्व में कुओमीनतांग ने एक दमनकारी सरकार की स्थापना की, बोलने की और राजनीतिक विरोध करने की आजादी छीन ली और सत्ता की जगहों से स्थानीय आबादी को पूरी तरह बाहर कर दिया। फिर भी उन्होंने भूमि सुधार लागू किया, जिसके चलते खेती की उत्पादकता बढ़ी। उन्होंने अर्थव्यवस्था का भी आधुनिकीकरण किया, जिसके चलते वर्ष 1973 में कुल राष्ट्रीय उत्पाद के मामले में ताइवान पूरे एशिया में जापान के बाद दूसरे स्थान पर रहा। अर्थव्यवस्था, जो मुख्यतः व्यापार पर आधारित थी,

(i) **ताइवान जापानी उपनिवेश कब बना और कब चीन को वापस मिला?**

उत्तर ताइवान 1894-95 ई. में जापान के साथ हुई लड़ाई के बाद जापानी उपनिवेश बना। इसे वर्ष 1943 के कायरो घोषणा-पत्र और वर्ष 1949 के पोट्सडैम उद्घोषणा के माध्यम से चीन को वापस किया गया।

(ii) **फरवरी, 1947 में ताइवान में क्या हुआ?**

उत्तर फरवरी, 1947 में ताइवान में उत्कृष्ट प्रदर्शनों के दौरान कुओमीनतांग ने क्रूरता से दमन किया और नेताओं की एक पूरी पीढ़ी की निर्मम हत्या करवाई। इसने जनता पर गहरा प्रभाव डाला और ताइवान में असंतोष की स्थिति निर्मित हुई।

(iii) **चियांग काईशेक की सरकार की आर्थिक नीतियों का क्या प्रभाव हुआ?**

उत्तर चियांग काईशेक की सरकार ने भूमि सुधार लागू किया, जिससे खेती की उत्पादकता बढ़ी। उन्होंने अर्थव्यवस्था का आधुनिकीकरण किया। इसका परिणाम यह हुआ कि वर्ष 1973 में ताइवान कुल राष्ट्रीय उत्पाद के मामले में एशिया में जापान के बाद दूसरे स्थान पर पहुँच गया है। इसके अलावा अमीर और गरीब के बीच का अंतर भी घटने लगा।

3. फुकुजावा यूकिची (1835 – 1901 ई.)

इनका जन्म एक गरीब सामुराई परिवार में हुआ तथा इनकी शिक्षा नागासाकी और ओसाका में हुई। इन्होंने डच और पश्चिमी विज्ञान पढ़ा और बाद में अंग्रेजी भी। 1860 ई. में वे अमेरिका में पहले जापानी दूतावास में अनुवादक के रूप में गए। इससे इन्हें पश्चिम पर किताब लिखने के लिए बहुत कुछ मिला। उन्होंने अपने विचार क्लासिकी नहीं, बल्कि बोलने-चालने के अंदाज में लिखे। यह किताब बहुत ही लोकप्रिय हुई। इन्होंने एक शिक्षा संस्थान स्थापित किया, जो आज केओ विश्वविद्यालय के नाम से जाना जाता है। वे मेरोकुशा संस्था के मुख्य सदस्यों में से एक थे। यह संस्था पश्चिमी शिक्षा का प्रचार करती थी।

अपनी एक किताब, ज्ञान के लिए प्रोत्साहन (गाकुनोन नो सुसुमे, 1872 – 76) में उन्होंने जापानी ज्ञान की कड़ी आलोचना की "जापान के पास प्राकृतिक दृश्यों के अतिरिक्त गर्व करने के लिए कुछ भी नहीं है", उन्होंने आधुनिक कारखानों व संस्थाओं के अतिरिक्त पश्चिम के सांस्कृतिक सारतत्त्व को भी बढ़ावा दिया, जोकि उनके मुताबिक सभ्यता की आत्मा है। उसके जरिए एक नया नागरिक बनाया जा सकेगा। इनका सिद्धांत था, "स्वर्ग ने इंसान को इंसान के ऊपर नहीं बनाया, न ही इंसान को इंसान के नीचे।"

(i) **फुकुजावा यूकिची कौन थे?**

उत्तर फुकुजावा जापान के मेजी काल के प्रमुख बुद्धिजीवियों में से एक थे। इनका जन्म एक गरीब सामुराई परिवार में हुआ था। इनकी शिक्षा-दीक्षा जापान के नागासाकी और ओसाका में हुई थी। 1860 ई. में यूकिची ने अमेरिका में पहले जापानी दूतावास में अनुवादक के पद पर कार्य किया था।

(ii) **यूकिची किस संस्था के मुख्य सदस्यों में से एक रहे? यूकिची द्वारा स्थापित शिक्षा संस्था वर्तमान में किस नाम से जानी जाती है?**

उत्तर फुकुजावा यूकिची मेरोकुशा संस्था के सदस्यों में से एक थे। इनके द्वारा स्थापित संस्था वर्तमान में केओ विश्वविद्यालय के नाम से जानी जाती है।

(iii) **फुकुजावा यूकिची की पुस्तक 'गाकुनोन नो सुसुमे' में जापानी ज्ञान की कड़ी आलोचना क्यों की गई?**

उत्तर उनका कहना था कि जापान को 'अपने में से एशिया को निकाल फेंकना' चाहिए अर्थात् जापान को अपने एशियाई लक्षण छोड़ देने चाहिए और पश्चिम का हिस्सा बन जाना चाहिए। इसका कारण यह था कि जापान की नई पीढ़ी पश्चिमी विचारों को आत्मसात करने के विषय पर सवाल उठा रही थी, जबकि वे चाहते थे कि पश्चिम की संस्कृति को अपनाकर एक नया नागरिक बनाया जा सकता है।

4. परीक्षा प्रणाली

अभिजात सत्ताधारी वर्ग में प्रवेश (1850 तक लगभग 11 लाख) ज्यादातर इम्तिहान के जरिए ही होता था। इसमें 8 भाग वाला निबंध निर्धारित प्रपत्र में (पा–कू वेन) शास्त्रीय चीनी में लिखना होता था। यह परीक्षा विभिन्न स्तरों पर प्रत्येक 3 साल में 2 बार आयोजित की जाती थी। पहले स्तर की परीक्षा में केवल 1-2 प्रतिशत लोग 24 साल की उम्र तक पास हो पाते थे और वे सुंदर प्रतिभा बन जाते थे। इस डिग्री से उन्हें निचले कुलीन वर्ग में प्रवेश मिल जाता था। 1850 ई. से पहले किसी भी समय 256.869 सिविल और 212.330 सैन्य प्रांतीय (शेंग हुआन) डिग्री वाले लोग पूरे देश में मौजूद थे। देश में केवल 27,000 राजकीय पद थे, इसलिए कई निचले दर्जे के डिग्रीधारकों के पास नौकरी नहीं होती थी।

यह इम्तिहान विज्ञान और प्रौद्योगिकी के विकास में बाधक का काम करता था, क्योंकि इसमें सिर्फ साहित्यिक कौशल की माँग होती थी। चूँकि यह क्लासिक चीनी सीखने के हुनर पर ही आधारित था, जिसकी आधुनिक विश्व में कोई प्रासंगिकता नजर नहीं आती थी, इसलिए वर्ष 1905 में इस प्रणाली को खत्म कर दिया गया।

(i) **चीन में अभिजात सत्ताधारी वर्ग में प्रवेश किस आधार पर होता था?**

उत्तर चीन में अभिजात सत्ताधारी वर्ग के लिए एक परीक्षा आयोजित की जाती थी, जिसके पश्चात् सत्ताधारी वर्ग में प्रवेश मिलता था। यह परीक्षा विभिन्न स्तरों पर हर तीन साल में दो बार आयोजित की जाती थी।

(ii) **क्या चीन में सभी डिग्रीधारक के पास नौकरी होती थी?**

उत्तर निःसंदेह ऐसा नहीं था कि सभी डिग्रीधारकों के पास नौकरी हो। इसका मुख्य कारण था देश में केवल 27,000 राजकीय पद ही थे, जिसे 24 साल की उम्र तक के 1 या 2 ही प्रतिशत लोग पहले स्तर को पास कर पाते रहे।

(iii) **अभिजात सत्ताधारी वर्ग में प्रवेश परीक्षा विज्ञान और प्रौद्योगिकी के विकास में किस प्रकार बाधक रही?**

उत्तर यह परीक्षा केवल साहित्यिक कौशल की माँग करती थी। इसके अतिरिक्त 8 भाग वाले निबंध को निर्धारित प्रपत्र में शास्त्रीय चीनी भाषा में लिखना पड़ता था। इतना ही नहीं शास्त्रीय चीनी सीखने के लिए गहन अध्ययन, अभ्यास व हुनर की आवश्यकता पड़ती थी। इस परीक्षा की आधुनिक विश्व में कोई प्रासंगिकता नहीं थी। अतः यह परीक्षा विज्ञान और प्रौद्योगिकी के विकास में बाधक थी।

मानचित्र आधारित प्रश्न

1. दिए गए मानचित्र पर संकेत 1, 2, 3, 4 व 5 के नाम लिखें

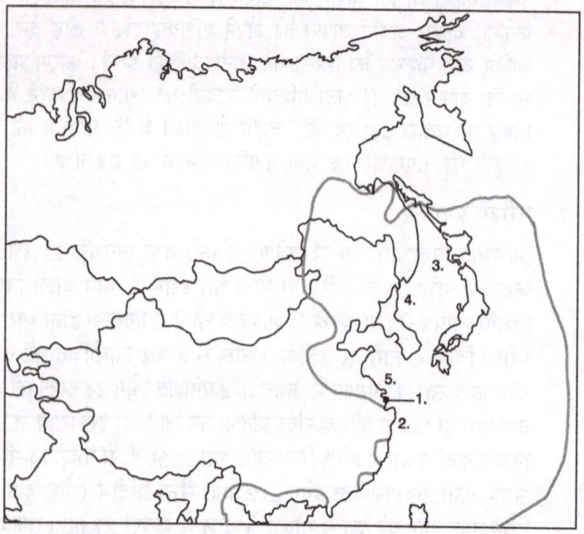

उत्तर 1. शंघाई
2. पूर्वी चीन सागर
3. जापान सागर
4. उत्तरी कोरिया
5. पीत सागर या पीला सागर

2. दिए गए मानचित्र पर निम्नलिखित बिंदुओं को दर्शाइए
(i) मंचूरिया
(ii) मंगोलिया
(iii) कजाकिस्तान
(iv) ताइवान
(v) होकाइदो

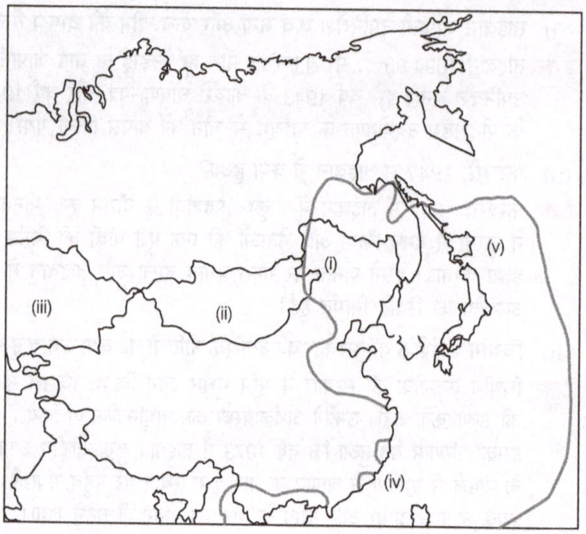

उत्तर

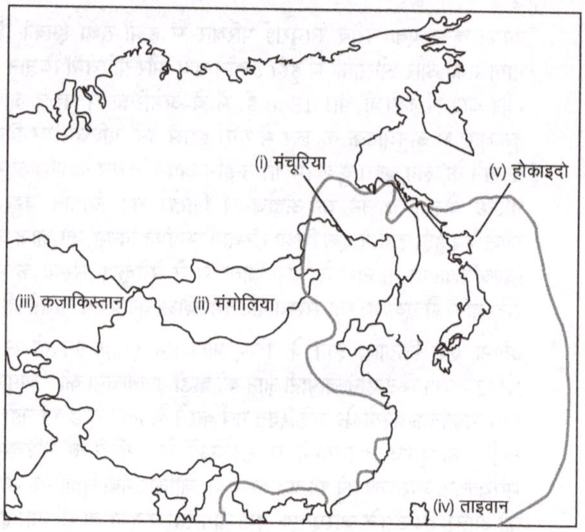

स्वयं को जाँचें

वस्तुनिष्ठ प्रश्न

1. वर्ष 1907 में क्योतो में 'प्राच्य अध्ययन विभाग' की स्थापना में किसने सहायता की?

(a) मार्को पोलो (b) कुमे कुनीताके
(c) नाइतो कोनन (d) लिमांग छिचाओ

2. चीन का प्रमुख जातीय समूह कौन-सा है?

(a) हुआंग (b) चांग
(c) हान (d) इनमें से कोई नहीं

3. 1870-72 ई. में जापान की पहली रेल लाइन कहाँ बिछाई गई?

(a) टोक्यो (b) योकोहामा
(c) 'a' और 'b' दोनों (d) इनमें से कोई नहीं

4. भारत से जापान ने किस लग्जरी सामान का आयात किया?

(a) सोना (b) रेशम
(c) चावल (d) वस्त्र

5. निम्नलिखित कथन किस विचारक ने कहे हैं

- जापान के पास प्राकृतिक दृश्यों के अतिरिक्त गर्व करने के लिए कुछ भी नहीं है।
- स्वर्ग ने इंसान को इंसान के ऊपर नहीं बनाया, न ही इंसान को इंसान के नीचे

(a) फुफुजावा यूकिची (b) नाइट्रो कोनन
(c) चियांग काइशेक (d) तनाका शोजो

6. **कथन** (A) कोरिया में औद्योगिकीकरण के साथ आर्थिक विकास भी 1960 और 1970 के दशक में संपन्न हुआ।
कारण (R) 1990 में कृषि क्षेत्र में आधुनिकीकरण के लिए नया गाँव से आंदोलन की शुरुआत हुई।
कूट
(a) A और R दोनों सही हैं तथा R, A की सही व्याख्या है
(b) A और R दोनों सही हैं, परंतु R, A की सही व्याख्या नहीं है
(c) A सही है, किंतु R गलत है
(d) A गलत है, किंतु R सही है

अतिलघु उत्तरीय प्रश्न

7. प्रथम अफीम युद्ध का तात्कालिक कारण क्या था?

8. नानकिंग की संधि कब हुई? इसकी दो प्रमुख शर्तें क्या थीं?

9. द्वितीय अफीम युद्ध कब हुआ? इस युद्ध के बाद कौन-सी संधि हुई?

10. बॉक्सर विद्रोह क्या था?

11. चीन पर बॉक्सर विद्रोह का क्या प्रभाव पड़ा?

लघु उत्तरीय प्रश्न

12. 16वीं शताब्दी के अंतिम काल में कौन-से तीन परिवर्तन हुए, जिन्होंने जापान में विकास का मार्ग प्रशस्त किया?

13. कॉमोडोर पेरी के जापान आगमन का क्या उद्देश्य था?

14. अमेरिका-जापान की दूसरी संधि कब हुई? इस संधि की शर्तों का उल्लेख करें।

15. 1890 ई. में जापान की साम्राज्यवादी शक्ति के विकास के दो मुख्य कारणों का उल्लेख करें।

दीर्घ उत्तरीय प्रश्न

16. "मेजी पुनर्स्थापना का जापान के आधुनिकीकरण पर प्रभाव पड़ा।" इस कथन को स्पष्ट कीजिए।

17. जापान के आधुनिकीकरण पर एक निबंध लिखिए।

18. जापानी साम्राज्यवाद के विकास की प्रमुख सहायक घटनाओं का उल्लेख करें।

प्रयोगात्मक कार्य

प्रयोगात्मक कार्य

प्रयोगात्मक का अर्थ

'प्रयोगात्मक' शब्द लैटिन भाषा के 'Projectum' शब्द से लिया गया है जिसका अर्थ है "किसी कार्य से पहले की योजना"। स्कूल स्तर पर, एक परियोजना एक प्रकार का शोध कार्य (रिसर्च असाइनमेंट) होता है, जिसे छात्रों को दिया जाता है। इसमें सामान्य कार्यभार की तुलना में अधिक प्रयास और स्वतंत्र कार्य करने की आवश्यकता होती है। इसके अंतर्गत छात्रों को स्वयं जानकारी एकत्र करनी पड़ती है, जिन्हें वे पुस्तकालय (लाइब्रेरी), इंटरनेट या प्राथमिक डेटा संग्रह के माध्यम से प्राप्त कर सकते हैं। एक परियोजना प्रतिवेदन को सही ढंग से तैयार किया जाना चाहिए, ताकि यह स्पष्ट, सूचनात्मक और व्यवस्थित हो।

- हाथ से लिखा हो
- आरेखात्मक प्रस्तुति हो
- उपयुक्त शीर्षकों के साथ विषय शामिल हो
- संक्षिप्त और स्पष्ट हो
- लंबाई 25 से 30 पृष्ठों की हो
- निष्कर्ष के साथ समाप्त हो।

प्रयोगात्मक कार्य की उपयोगिता

निम्नलिखित बिंदु परियोजना कार्य के उपयोग और महत्त्व को दर्शाते हैं

(*i*) संस्थानों, व्यवसायों, उत्पादों, सरकारी गतिविधियों के विकास और वृद्धि के बारे में जानकारी प्रदान करना।

(*ii*) उपभोक्ताओं को उनके हितों के अनुसार वस्तुओं की कीमत, गुणवत्ता और उपयोग आदि की जानकारी प्रदान करना।

(*iii*) उपभोक्ताओं की पसंद का अनुमान लगाने में सहायक होना; जैसे-पैट्रोल कार या डीजल कार, टेलीफोन या मोबाइल फोन आदि।

(*iv*) परियोजना रिपोर्ट शेयरधारकों के लिए उपयोगी होती है, जो किसी उद्यम की आय और लाभांश प्राप्त करने की संभावनाओं के बारे में जानना चाहते हैं।

(*v*) किसी देश के आर्थिक और सामाजिक विकास से संबंधित नीतियों के निर्माण में सहायता करना।

इस प्रकार, हम कह सकते हैं कि परियोजना कार्य विपणक, शेयरधारकों, अर्थशास्त्रियों, उपभोक्ताओं और सरकार को प्रभावी और दक्ष निर्णय लेने में सहायता करता है।

प्रयोगात्मक रिपोर्ट के तत्त्व

एक अच्छी परियोजना रिपोर्ट में निम्नलिखित तत्त्व होने चाहिए

शीर्षक पृष्ठ

इस परियोजना का शीर्षक, उस कंपनी का नाम जिस पर आप अपना शोध कर रहे हैं और विद्यार्थी का नाम शामिल होना चाहिए। आप अपने विद्यालय का नाम, कक्षा और विषय, शिक्षक का नाम भी सूचीबद्ध कर सकते हैं।

अभिस्वीकृति

यह सामान्य रूप से उन व्यक्तियों को आभार व्यक्त करने का तरीका है, जिन्होंने प्रोजेक्ट के दौरान आपको उपयोगी सहायता, तकनीकी या अन्य रूप में प्रदान की है।

विषय सूची

यह आपकी रिपोर्ट के मुख्य अनुभागों और उप-अनुभागों की सूची होनी चाहिए। स्पष्ट शीर्षकों का चयन करें और उनके संबंधित पृष्ठ संख्याओं के साथ डबल स्पेसिंग (दोहरे रिक्त स्थान) का उपयोग करके स्पष्टता बनाए रखे।

परिचय

यह प्रोजेक्ट कार्य का एक महत्त्वपूर्ण हिस्सा होता है। इसे एक स्पष्ट कथन के साथ शुरू करना चाहिए, जिसमें यह बताया जाए कि यह प्रोजेक्ट किस बारे में है ताकि पाठक इसके विषय और सीमित दायरे को आसानी से समझ सके। इसमें उन सभी चीजों का संक्षिप्त विवरण होना चाहिए जिन्हें आप प्राप्त करना चाहते थे। परिचय में प्रोजेक्ट की पृष्ठभूमि, उसकी प्रासंगिकता (महत्त्व) और मुख्य योगदान को आसान भाषा में समझाया जाना चाहिए। यह भाग प्रोजेक्ट की रूपरेखा प्रस्तुत करता है और पाठकों को यह बताता है कि पूरी रिपोर्ट में किन महत्त्वपूर्ण बिंदुओं पर ध्यान देना चाहिए।

पृष्ठभूमि

प्रोजेक्ट कार्य की पृष्ठभूमि उस संदर्भ या आधार को दर्शाती है, जिससे प्रोजेक्ट संबंधित है। इसमें प्रोजेक्ट शुरू करने का कारण, संबंधित समस्या, उसके समाधान के लिए उठाए गए कदम और इसके संभावित प्रभावों की जानकारी दी जाती है। यह भाग प्रोजेक्ट की आवश्यकताओं और महत्त्व को स्पष्ट करता है।

रिपोर्ट का मुख्य भाग

रिपोर्ट का मुख्य भाग सामान्यत: तीन या चार अनुभागों में विभाजित होता है, जिसमें परियोजना के दौरान किए गए तकनीकी कार्यों का विवरण दिया जाता है। इन अनुभागों की संरचना परियोजना पर निर्भर करती है। ये सामान्यत: परियोजना के विकास की क्रमबद्ध प्रक्रिया को दर्शाते हैं। इसमें परियोजना से संबंधित विषय का विस्तृत विवरण शामिल होता है।

मूल्यांकन

इसमें किसी उत्पाद का मात्रात्मक और गुणात्मक मूल्यांकन; जैसे-अभिव्यक्ति, कार्यक्षमता, उपयोग में आसानी आदि शामिल हो सकते हैं। किसी बिंदु पर, आपको अपने द्वारा किए गए कार्य के गुण और दोषों का मूल्यांकन करना चाहिए। इसमें कुछ प्रश्नावली, नमूना परीक्षण शामिल हैं, जो सत्य और तथ्यों के आधार पर परिणाम का मूल्यांकन करने में सहायता करते हैं।

निष्कर्ष

निष्कर्ष में उन बिंदुओं को शामिल किया जाना चाहिए, जो आपके द्वारा किए गए कार्य से सीखी गई हैं। यह आपके द्वारा किए गए प्रोजेक्ट का अंतिम चरण है। अत: इसका प्रभावशाली और स्पष्ट होना आवश्यक है, ताकि पाठक आपके कांसेप्ट को आसानी से समझ सके और आपके प्रस्तुतीकरण के आधार पर मूल्यांकन कर सके।

संदर्भ सूची

इस भाग में उन सभी द्वितीयक स्रोतों का विवरण दिया जाना चाहिए; जैसे-पत्रिकाएँ, समाचार-पत्र, रिपोर्ट, इंटरनेट लिंक आदि जिनका उपयोग परियोजना विकसित करने में किया गया है।

चंगेज खान पर परियोजना कार्य

नाम : ....

कक्षा : ....

रोल न. : ....

विषय : ....

विद्यालय : ....

प्रस्तुतकर्ता : ....

प्रेषित : ....

प्रयोगात्मक कार्य

अभिस्वीकृति

मैं उन सभी के प्रति अपनी गहरी और हार्दिक कृतज्ञता व्यक्त करना चाहता/चाहती हूँ, जिन्होंने इस परियोजना को बनाने में मेरी सहायता की। उनके सक्रिय मार्गदर्शन, सहयोग, सहायता और प्रोत्साहन के बिना मैं समय पर इस परियोजना को प्रस्तुत नहीं कर पाता/पाती।

मैं अपने शिक्षक श्री/श्रीमती .... का हृदय से आभार व्यक्त करता/करती हूँ, जिन्होंने इस परियोजना को पूरा करने में अमूल्य मार्गदर्शन और सहयोग प्रदान किया।

मैं अपने प्रधानाचार्य श्री/श्रीमती .... का भी आभारी हूँ, जिन्होंने इस परियोजना के दौरान नैतिक समर्थन प्रदान किया।

इसके अतिरिक्त, मैं अपने माता-पिता, विद्यालय के अन्य शिक्षकों और मित्रों के प्रति भी अपनी गहरी श्रद्धा और कृतज्ञता व्यक्त करता/करती हूँ, जिन्होंने इस परियोजना को पूरा करने में मुझे बहुमूल्य सुझाव दिए।

दिनांक .... विद्यार्थी का नाम ....

प्रमाण-पत्र

यह प्रमाणित किया जाता है कि

.... परियोजना का नाम

.... (विद्यार्थी का नाम) का प्रमाणिक कार्य है,

जिसे मेरी देख-रेख में पूरा किया गया है।

....

____

शिक्षक / पर्यवेक्षक का नाम और हस्ताक्षर

विषय-सूची

क्रम संख्या	विषय
1.	चंगेज खान का जन्म
2.	चंगेज खान का प्रारंभिक जीवन और परिवार
3.	पत्नियाँ और संतानें
4.	चंगेज खान का धर्म
5.	चंगेज खान का जीवन वृत्तांत
6.	चंगेज खान के सैन्य अभियान
7.	चंगेज खान की मृत्यु
8.	चंगेज खान के उत्तराधिकारी
9.	निष्कर्ष

चंगेज खान : सामान्य अतीत से साम्राज्य निर्माता तक

चंगेज खान का जन्म

चंगेज खान (तेमुजिन) का जन्म वर्तमान मंगोलिया के उत्तरी भाग में ओनोन (Onon) नदी के निकट 1162 ई. के आस-पास हुआ था। वह मंगोल साम्राज्य का संस्थापक तथा पहला महान खान था। 'द सीक्रेट हिस्ट्री ऑफ द मंगोल्स'' के अनुसार तेमुजिन जन्म के समय अपनी मुट्ठी में रक्त का थक्का पकड़े हुए था, जो पारंपरिक रूप से इस बात का संकेत माना जाता था कि वह एक महान नेता बनने के लिए नियत है। वह अपने पिता येसूजेई का दूसरा पुत्र था, जो खामाग मंगोल में कियात कबीले के मुजिया था और केराइट जनजाति के तुगरिल के सहयोगी थे। तेमुजिन अपनी माँ होएलुन के पहले पुत्र थे। 'द सीक्रेट हिस्ट्री ऑफ मंगोल्स' के अनुसार, तेमुजिन का नाम तातार प्रमुख तूमूजिन-ऐ के नाम पर रखा गया था, जिसे उनके पिता ने हाल ही में बंदी बनाया था।

चंगेज खान का प्रारंभिक जीवन और परिवार

इसके पिता **येसूजेई** (Yesugei) कियात कबीले के प्रमुख थे। कियात कबीले का संबंध **बोरजिगिद कुल** (Borjigid Dynasty) से था, जो परिवारों का एक समूह था। येसूजेई की अल्पायु में ही मृत्यु हो गई थी। पिता की असामयिक मृत्यु के कारण चंगेज खान तथा उसके सगे एवं सौतेले भाइयों का लालन-पालन उसकी माता ओलुन-इके (Oelun-Eke) ने किया था। इसके तीन भाई हसर, हैचुन, और तेमुगे, एक बहन तेमुलेन और दो सौतेले भाई बेहटर और बेलगुटेई थे। चंगेज खान ने 1170 ई. में अनेक कठिनाइयों का सामना किया। इसी वर्ष चंगेज खान और उसकी पत्नी बोरटे (Borte) का अपहरण कर लिया गया, जिसे छुड़ाने के लिए चंगेज खान ने युद्ध किया। इस युद्ध में **बोघूरचू** उसका प्रथम मित्र बना और आजीवन उसके साथ विश्वस्त साथी के रूप में बना रहा। उसका सगा भाई जमूका (आंडा) भी उसका एक और विश्वसनीय मित्र था। उसने कैराईट (Kereyete) लोगों के शासक व अपने वृद्ध सगे भाई तुगरिल उर्फ ओंग खान के साथ पुराने रिश्तों की पुनर्स्थापना की।

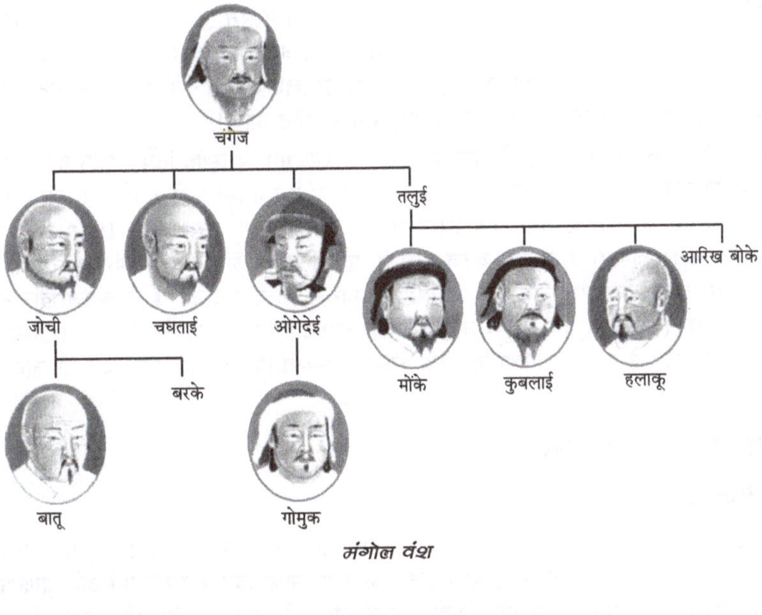

मंगोल वंश

पत्नियाँ और संतानें

अपहरण से मुक्ति के नौ महीने बाद तेमुजिन की पत्नी बोरटे ने एक पुत्र को जन्म दिया, जिसका नाम जोची (1182-1226 ई.) था। बोरटे से तीन और बेटे हुए, जिनका नाम चगताई (1187-1241 ई.), ओगेदई (1189-1241 ई.) तथा तोलई (1190-1232 ई.) था। चंगेज खान की अन्य पत्नियों से भी बच्चे थे, लेकिन उन्हें उत्तराधिकार से बाहर रखा गया। चंगेज खान की संतानों में बेटों के नाम का प्रलेखन तो है, किंतु बेटियों के नाम नहीं मिलते। फिर भी न्यूनतम 6 बेटियों के नाम ज्ञात हैं, जिन्होंने अपने जीवनकाल में साम्राज्य संचालन में पर्दे के पीछे से भूमिका निभाई थी। यद्यपि इस बात से संबंधित कोई दस्तावेज नहीं प्राप्त होता है, जो चंगेज खान की पुत्रियों से संबंधित नामों या संख्या का उल्लेख करता है।

चंगेज खान का धर्म

वह धार्मिक रूप से सहिष्णु था और दूसरे धर्मों से दार्शनिक और नैतिक आदर्श सीखने में रुचि रखता था। ऐसा करने के लिए, उसने बौद्ध भिक्षुओं, मुसलमानों, ईसाई मिशनरियों और ताओवादी भिक्षु 'किउ चुजी' से सलाह ली। मंगोलों का गुप्त इतिहास **बुरहान** हल्दुन पर्वत पर चंगेज की प्रार्थना का वर्णन करता है।

चंगेज खान का जीवन वृत्तांत

1180 और 1190 के दशकों में तेमुजिन ओंग खान का मित्र रहा और उसने इस मित्रता का उपयोग जमूका जैसे शक्तिशाली प्रतिद्वंहियों को परास्त करने के लिए किया। जमूका को पराजित करने के बाद तेमुजिन में अत्यधिक आत्मविश्वास आ गया और अब वह अन्य कबीलों के विरुद्ध युद्ध के लिए निकल पड़ा। इनमें से उसके पिता के हत्यारे, शक्तिशाली तातार कैराइट और स्वयं ओंग खान थे, जिनके विरुद्ध उसने 1203 ई. में युद्ध शुरू किया।

1206 ई. में शक्तिशाली जमूका और नेमन लोगों को निर्णायक रूप से पराजित करने के बाद तेमुजिन स्टेपी-क्षेत्र की राजनीति में सबसे प्रभावशाली व्यक्ति के रूप में उभरा। उसकी इस प्रतिष्ठा को मंगोल कबीले के सरदारों की एक सभा (कुरिलताई) में मान्यता मिली और उसे चंगेज खान 'समुद्री खान' या 'सार्वभौम शासक' की उपाधि के साथ मंगोलों का महानायक घोषित किया गया।

1206 ई. में कुरिलताई से मान्यता मिलने के पूर्व चंगेज खान ने मंगोल लोगों को एक सशक्त अनुशासित सैन्य शक्ति के रूप में पुनर्गठित कर लिया था, जिससे उसके भविष्य में किए गए सैन्य अभियान की सफलता एक प्रकार से तय हो गई। उसकी पहली अभिनलाषा चीन पर विजय प्राप्त करने की थी, जो उस समय तीन राज्यों में विभक्त था। वे थे- उत्तर-पश्चिमी प्रांतों के तिब्बती मूल के सी-सिआ लोग, जस्चेन लोगों के चिन राजवंश जो पेंकिंग से उत्तरी चीन क्षेत्र का शासन चला रहे थे, शुंग राजवंश जिनके आधिपत्य में दक्षिणी चीन था। 1209 ई. में सी-सिआ लोग परास्त हो गए। 1213 ई. में चीन की महान दीवार का अतिक्रमण हो गया। 1215 ई. में पेंकिंग नगर को लूटा गया। चिन राजवंश के विरुद्ध 1234 ई. तक युद्ध जारी रहे, परंतु चंगेज खान अपने अभियानों की प्रगति से अत्यधिक संतुष्ट था और इसलिए उस क्षेत्र के सैनिक मामले अपने अधीनस्थों की देखरेख में छोड़कर 1216 ई. में मंगोलिया स्थित अपनी मातृभूमि में लौट आया।

1218 ई. में कराखिता की पराजय के पश्चात्, जो चीन के उत्तर पश्चिमी भाग में स्थित तियेन-शान की पहाड़ियों को नियंत्रित करती थी, मंगोलों का साम्राज्य समू दरिया, तुरान और ख्वारज्म राज्यों तक विस्तृत हो गया। ख्वारज्म का सुल्तान मोहम्मद चंगेज खान के प्रचंड आतंक का शिकार बना, जब उसने मंगोल हूणों का वध कर दिया। 1219 और 1221 ई. तक के अभियानों में बड़े नगरों-ओट्रार, बुखारा, समरकंद, बल्ज, गुरगंज, मर्व, निशापुर और हेरात ने मंगोल सेनाओं के समक्ष समर्पण कर दिया। निशापुर में घेरा डालने के दौरान जब एक मंगोल राजकुमार की हत्या कर दी गई तो चंगेज खान ने आदेश दिया कि "नगर का इस तरह विध्वंस किया जाए कि संपूर्ण नगर में हल चलाया जा सके; अपने प्रतिशोध (राजकुमार की हत्या के लिए) को उग्र रूप देने के लिए ऐसा संहार किया जाए कि नगर के समस्त बिल्ली और कुत्तों को भी जीवित नहीं रहने दिया जाए।

चंगेज खान के सैन्य अभियान

पश्चिमी जिया राजवंश

चंगेज खान के 1206 ई. के राजनीतिक उदय के दौरान, चंगेज खान और उसके सहयोगियों द्वारा बनाए गए मंगोल साम्राज्य ने अपनी पश्चिमी सीमाओं को तांगुत्स के पश्चिमी ज़िया राजवंश के साथ साझा किया। इसके पूर्व और दक्षिण में जिन राजवंश था, जिसकी स्थापना मंचूरियन जुरचेन ने की थी, जिन्होंने उत्तरी चीन पर शासन किया और साथ ही सदियों तक मंगोल जनजातियों के पारंपरिक अधिपति भी रहे।

चंगेज खान ने अपने लोगों, सेना और अपने राज्य को पहले पश्चिमी ज़िया या शीज़िया के साथ युद्ध की तैयारी के लिए संगठित किया, जो मंगोल भूमि के करीब था। उसका सही मानना था कि अधिक शक्तिशाली जिन राजवंश के युवा शासक शी ज़िया की सहायता के लिए नहीं आएँगे। । जब तांगुतों ने जिन राजवंश से सहायता माँगी, तो उन्हें मना कर दिया गया। अपने अच्छी तरह से संरक्षित शहरों पर कब्जा करने में शुरुआती कठिनाइयों के बावजूद, चंगेज खान ने 1209 ई. तक पश्चिमी ज़िया को आत्मसमर्पण करने के लिए विवश कर दिया।

मंगोल योद्धाओं तथा चीनियों के मध्य युद्ध

जिन राजवंश

1211 ई. में, पश्चिमी ज़िया की विजय के बाद, चंगेज खान ने फिर से जिन राजवंश को जीतने की योजना बनाई। जिन राजवंश की सेना के कमांडर ने पहले अवसर पर मंगोलों पर हमला न करके एक सामरिक गलती की। इसके अतिरिक्त, जिन कमांडर ने मंगोल पक्ष में एक दूत, मिंग-टैन को भेजा, जिसने दलबदल किया और मंगोलों को बताया कि जिन सेना दर्रे के दूसरी ओर प्रतिक्षा कर रही है। बेजर दर्रे पर लड़ी गई इस लड़ाई में मंगोलों ने हज़ारों जिन सैनिकों का कत्लेआम किया।

1215 ई. में चंगेज ने झोंगडू (आधुनिक बीजिंग) की जिन राजधानी को घेर लिया तथा उस पर कब्ज़ा कर लिया और उसे लूट लिया। इसने सम्राट जुआनजोंग को अपनी राजधानी को दक्षिण में कैफेंग में स्थानांतरित करने के लिए मजबूर किया, जिससे उनके राज्य का उत्तरी आधा हिस्सा मंगोलों के लिए छोड़ दिया गया। 1232 और 1233 ई. के बीच, कैफेंग मंगोलों के अधीन आ गया, जो चंगेज़ खान के तीसरे पुत्र, ओगेदेई खान के शासनकाल में हुआ। 1234 ई. में, कैइझोउ की घेराबंदी के बाद जिन वंश का पतन हो गया।

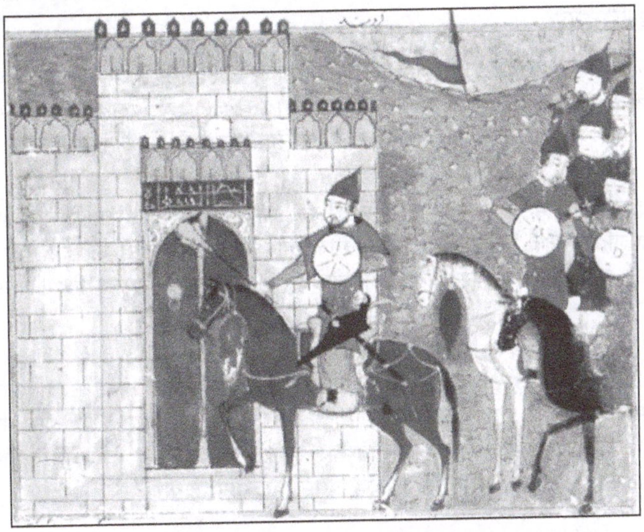

बीजिंग में प्रवेश करते हुए चंगेज खान

करा खिता

कुचलग, नैमन संघ का अपदस्थ खान जिसे तेमुजिन ने पराजित कर अपने मंगोल साम्राज्य में मिला लिया था, पश्चिम की ओर भाग गया और उसने कारा-खितान (जिसे पश्चिमी लियाओ के नाम से भी जाना जाता है, क्योंकि यह मूल रूप से लियाओ राजवंश के अवशेषों के रूप में स्थापित किया गया था) की खानत पर कब्ज़ा कर लिया। चंगेज खान ने कारा-खितान खानते को जीतने और कुचलग को हराने का फैसला किया, संभवत उसे सत्ता से बाहर करने के लिए।

इस समय तक मंगोल सेना पश्चिमी जिया और जिन राजवंश के विरुद्ध चीन में दस साल के निरंतर अभियान से थक चुकी थी। इसलिए चंगेज ने अपने छोटे सेनापति जेबे के नेतृत्व में कुचलग के विरुद्ध केवल दो टुमेन (20,000 सैनिक) भेजे, जिन्हें 'द एरो' के नाम से जाना जाता था। इतनी कम सेना के साथ, हमलावर मंगोलों को अपनी रणनीति बदलने और कुचलग के समर्थकों में आंतरिक विद्रोह भड़काने पर मजबूर होना पड़ा, जिससे खारा-खितान खानत मंगोल विजय के प्रति अधिक असुरक्षित हो गई। परिणामस्वरूप, कुचलग की सेना काश्गर के पश्चिम में हार गई।

कुचलग फिर से भाग गया, लेकिन शीघ्र ही जेबे की सेना ने उसका पीछा किया और उसे मार डाला। 1218 ई. तक, कारा-खितान खानत की हार के परिणामस्वरूप, मंगोल साम्राज्य और उसका नियंत्रण पश्चिम में बाल्खश झील तक फैल गया, जिसकी सीमा ख्वारज्मिया (ख्वरज्मी साम्राज्य) से लगती थी, जो एक मुस्लिम राज्य था, जो पश्चिम में कैस्पियन सागर और दक्षिण में फ़ारस की खाड़ी और अरब सागर तक पहुँचता था।

चंगेज खान की मृत्यु

अगस्त, 1227 में, पश्चिमी ज़िया की राजधानी यिनचुआन के पतन के दौरान, चंगेज खान की मृत्यु हो गई। उनकी मृत्यु का स्पष्ट कारण एक रहस्य बना हुआ है, कुछ इतिहासकारों का कहना है कि वह युद्ध के घावों और शारीरिक थकान के कारण वर्तमान मिस्र की भूमि से घुड़सवारी करते समय अपने घोड़े से गिर गया तथा चोट लगने के कारण मर गया। गैलिशियन - वोल्हिनियन क्रॉनिकल का मानना है कि वह युद्ध में पश्चिमी ज़िया राजकुमारी द्वारा मारा गया था, जबकि मार्को पोलो ने लिखा है कि वह अपने अंतिम अभियान के दौरान प्राप्त एक तीर के घाव के संक्रमण के बाद मर गया। बाद में मंगोल क्रॉनिकल्स ने चंगेज की मौत को युद्ध की लूट के रूप में ली गई पश्चिमी ज़िया राजकुमारी से जोड़ा। 17वीं शताब्दी की शुरुआत का एक क्रॉनिकल यहाँ तक कहता है कि राजकुमारी ने एक छोटा खंजर छिपाया और उसे चाकू मार दिया, हालाँकि कुछ मंगोल लेखकों ने इस स्पष्टीकरण पर भी संदेह किया है।

अपनी मृत्यु से कई वर्ष पहले, चंगेज खान ने अपने अधिकारियों को निर्देश दिया था कि वे उसे उसके कबीले की परंपरा के अनुसार दफनाएँ। हालाँकि, यह ज्ञात है कि एक विशेष अंतिम संस्कार अनुरक्षक ने चंगेज खान के अवशेषों को मंगोलिया वापस पहुँचाया। उनके अवशेषों को संभवत खेटी प्रांत में उनके जन्मस्थान के क्षेत्र के पास, ओनोन नदी और बुरखान खालदुन पर्वत के पास कहीं दफनाया गया है।

चंगेज खान के उत्तराधिकारी

चंगेज खान का उत्तराधिकार उसके शासनकाल के बाद के वर्षों में पहले से ही एक महत्त्वपूर्ण विषय था, क्योंकि वह वृद्धावस्था में पहुँच गया था। चंगेज के सबसे बड़े बेटे जोची के बारे में लंबे समय से चल रही पितृत्व चर्चा विशेष रूप से विवादास्पद थी, क्योंकि भाइयों के बीच जोची की वरिष्ठता थी। पारंपरिक ऐतिहासिक विवरणों के अनुसार, जोची के पितृत्व के मुद्दे को चगताई ने सबसे जोरदार तरीके से उठाया था।

'द सीक्रेट हिस्ट्री ऑफ़ द मंगोल्स' में चंगेज खान द्वारा ख्वारिज्मद साम्राज्य पर आक्रमण से ठीक पहले चगताई अपने पिता और भाइयों के सामने घोषणा करता है कि वह जोची को चंगेज खान के उत्तराधिकारी के रूप में कभी स्वीकार नहीं करेगा। इस तनाव के जवाब में और संभवत: अन्य कारणों से, ओगेदेई को उत्तराधिकारी नियुक्त किया गया।

ओगेदेई खान

ओगेदेई खान (लगभग 1186-1241ई.), चंगेज खान का तीसरा बेटा और अपने पिता के बाद मंगोल साम्राज्य का दूसरा महान खान था। उसने अपने पिता द्वारा शुरू किए गए साम्राज्य के विस्तार को जारी रखा और मंगोल साम्राज्य यूरोप पर आक्रमण के दौरान पश्चिम की ओर अपने सबसे दूर के विस्तार पर पहुँच गया चंगेज के सभी प्राथमिक पुत्रों की तरह, उसने पश्चिमी चीन और मध्य एशिया में विजय अभियानों में बड़े पैमाने पर भाग लिया।

जोची

चंगेज खान अपने बेटों (विशेष रूप से चगताई और जोची के बीच) के बीच मनमुटाव से अवगत था और अपनी मृत्यु की स्थिति में उनके बीच संभावित संघर्ष से चिंतित था, इसलिए उसने अपने साम्राज्य को अपने बेटों के बीच विभाजित करने और अपने बेटों में से एक को अपना उत्तराधिकारी नियुक्त करने का फैसला किया।

चगताई को उसके गुस्से और जल्दबाज़ी के व्यवहार के कारण अस्थिर माना जाता था, क्योंकि उसने कहा था कि यदि जोची अपने पिता का उत्तराधिकारी बनता है, तो वह उसका अनुसरण नहीं करेगा। चंगेज खान के सबसे छोटे बेटे तोलुई को उसका उत्तराधिकारी नहीं बनाया जाना था, क्योंकि वह सबसे छोटा था और मंगोल संस्कृति में, सबसे छोटे बेटे को उसकी उम्र के कारण बड़ी ज़िम्मेदारी नहीं दी जाती थी। यदि जोची उत्तराधिकारी बनता, तो संभावना थी कि चगताई उसके साथ युद्ध में शामिल हो जाता और साम्राज्य का पतन हो जाता। इसलिए चंगेज खान ने ओगेदेई को सिंहासन देने का फैसला किया। ओगेदेई को चंगेज खान ने चरित्र में भरोसेमंद और अपेक्षाकृत स्थिर और व्यावहारिक माना था। वह एक तटस्थ उम्मीदवार होगा और अपने भाइयों के बीच की स्थिति को शांत कर सकता है।

जोची की मृत्यु 1226 ई. में अपने पिता के जीवनकाल में हुई। कुछ विद्वानों, विशेष रूप से रैचनेव्स्की ने इस संभावना पर टिप्पणी की है कि जोची को चंगेज खान के आदेश से गुप्त रूप से जहर दिया गया था। रशीद अल-दीन ने बताया कि महान खान ने 1223 ई. के वसंत में अपने बेटों को बुलाया और जब उनके भाइयों ने आदेश का पालन किया, तो जोची खोरासन में ही रहे। जुजानी का सुझाव है कि उरगेन्च की घेराबंदी में जोची और उनके भाइयों के बीच झगड़े से असहमति उत्पन्न हुई।

जोची ने उरगेन्च को विनाश से बचाने का प्रयास किया था, क्योंकि यह क्षेत्र एक जागीर के रूप में उसे आवंटित किया गया था। उसने अपनी कहानी को जोची के स्पष्ट रूप से अपुष्ट कथन के साथ समाप्त किया 'चंगेज खान इतने लोगों का नरसंहार करने और इतनी सारी भूमि नष्ट करने के लिए पागल है। यदि मैं अपने पिता को शिकार करते समय मार देता, सुल्तान मुहम्मद के साथ गठबंधन करता, इस भूमि को जीवित करता और मुसलमानों को सहायता और समर्थन देता तो मैं एक सेवा करता।'' जुजानी का दावा है कि इन योजनाओं के बारे में सुनने के बाद चंगेज खान ने अपने बेटे को गुप्त रूप से जहर देने का आदेश दिया था; चूँकि सुल्तान मुहम्मद 1223 ई. में ही मर चुका था, इसलिए इस कहानी की सत्यता संदिग्ध है।

चंगेज खान और चार में से उसके तीन पुत्र

निष्कर्ष

आज जब हम चंगेज़ खान को याद करते हैं, तो हमारी कल्पना में ऐसी तस्वीरें आती हैं, जैसे कि एक विजेता, नगरों को ध्वस्त करने वाला और एक ऐसे व्यक्ति की, जो हज़ारों लोगों की मृत्यु का उत्तरदायी है, फिर भी मंगोलों के लिए चंगेज़ खान अब तक का सबसे महान शासक था। उसने मंगोलों को संगठित किया, लंबे समय से चली आ रही कबीलाई लड़ाइयों और चीनियों द्वारा शोषण से मुक्ति दिलवाई, साथ ही उन्हें समृद्ध बनाया। एक शानदार पारमहाद्वीपीय साम्राज्य बनाया और व्यापार के रास्तों एवं बाज़ारों को पुन:स्थापित किया जिनसे वेनिस के मार्कोपोलो की तरह दूर के यात्री आकृष्ट हुए।

आज, दशकों के रूसी नियंत्रण के बाद, मंगोलिया एक स्वतंत्र राष्ट्र के रूप में अपनी पहचान बना रहा है। उसने चंगेज़ खान को एक महान राष्ट्र-नायक के रूप में लिया है, जिसका सार्वजनिक रूप से सम्मान किया जाता है और जिसकी उपलब्धियों का वर्णन गर्व के साथ किया जाता है। मंगोलिया के इतिहास में इस निर्णायक समय पर चंगेज़ खान एक बार फिर मंगोलों के लिए एक आराध्य व्यक्ति के रूप में उभरकर सामने आया है, जो महान अतीत की स्मृतियों को जागृत कर राष्ट्र की पहचान बनाने की दिशा में शक्ति प्रदान करने के साथ-साथ राष्ट्र को भविष्य की ओर ले जाएगा।

मौखिक प्रश्न

1. चंगेज खान का जन्म कब और कहाँ हुआ था?

उत्तर चंगेज खान का जन्म वर्तमान मंगोलिया के उत्तरी भाग में ओनोन नदी के पास 1162 ई. के आस-पास हुआ था।

2. चंगेज खान के पिता किस कबीले के प्रमुख थे?

उत्तर चंगेज खान के पिता येसूजेई कियात कबीले के प्रमुख थे।

3. चंगेज खान ने किसकी सहायता से अपने प्रतिद्वंद्वी जमूका को परास्त किया?

उत्तर चंगेज खान ने ओंग खान की सहायता से जमूका को परास्त किया।

4. चंगेज खान के आक्रमण के समय चीन किन तीन राज्यों में विभक्त था?

उत्तर चंगेज खान के आक्रमण के समय चीन सी-सिआ, चिन राजवंश और शुंग राजवंश में विभक्त था।

5. जरचेन लोग कौन थे?

उत्तर जरचेन लोगों का चिन राजवंश पेंकिंग से उत्तरी चीन क्षेत्र के शासन का संचालन करता था।

6. 1218 ई. में करा खिता की पराजय के पश्चात् मंगोल साम्राज्य कहाँ तक विस्तृत हो गया?

उत्तर 1218 ई. में करा खिता की पराजय के पश्चात् मंगोल साम्राज्य अमू दरिया, तुरान और ख्वारिज्म राज्यों तक विस्तृत हो गया।

7. जिन राजवंश का पतन कब हुआ था?

उत्तर 1234 ई. में, कैइझोउ की घेराबंदी के पश्चात् जिन राजवंश का पतन हुआ था।

8. चंगेज खान की मृत्यु कब हुई थी?

उत्तर चंगेज खान की मृत्यु अगस्त, 1227 में हुई थी।

9. चंगेज खान का उत्तराधिकारी किसे नियुक्त किया गया था?

उत्तर चंगेज खान का उत्तराधिकारी ओगेदेई को नियुक्त किया गया था।

10. ओगेदेई खान कौन था?

उत्तर ओगेदेई खान चंगेज खान का तीसरा बेटा तथा अपने पिता के पश्चात् मंगोल साम्राज्य का दूसरा महान खान था।

11. दो टुमेन क्या था?

उत्तर चंगेज खान की सेना के 20,000 सैनिकों को दो टुमेन कहा जाता था।

सैंपल पेपर्स

सैंपल पेपर 1

इतिहास

व्याख्या सहित (सॉल्वड) कक्षा 11

निर्देश *1. इस प्रश्न-पत्र में पाँच खंड हैं—क, ख, ग, घ और ङ। सभी प्रश्न करने अनिवार्य हैं।*
2. खंड क—प्रश्न सं. 1 से 21 तक वस्तुनिष्ठ प्रकार के प्रश्न हैं। प्रत्येक प्रश्न 1 अंक का है।
3. खंड ख—प्रश्न सं. 22 से 27 लघु उत्तरीय प्रश्न हैं। प्रत्येक प्रश्न 3 अंक का है, जिनका उत्तर 60-80 शब्दों से अधिक नहीं होना चाहिए।
4. खंड ग—प्रश्न सं. 28 से 30 दीर्घ उत्तरीय प्रश्न हैं। प्रत्येक प्रश्न 8 अंक का है, जिनका उत्तर 300-350 शब्दों से अधिक नहीं होना चाहिए।
5. खंड घ—प्रश्न सं. 31 से 33 स्रोत आधारित प्रश्न हैं, जिनके तीन उपप्रश्न हैं। प्रत्येक स्रोत 4 अंक का है।
6. खंड ङ—प्रश्न सं. 34 मानचित्र आधारित प्रश्न है।

समय : 3 घंटे *पूर्णांक : 80*

खंड 'क'

1. मेसोपोटामिया की सभ्यता किस नदी के किनारे विकसित हुई? (1)

(a) दजला (b) फरात
(c) नील (d) दजला-फरात

उत्तर (d) दजला-फरात

2. 'बुक ऑफ जेनेसिस' में उल्लिखित 'शिमार' से तात्पर्य है (1)

(a) सुमेर ईंटों से बने शहरों की भूमि से
(b) एक प्रकार की चमकीली धातु से
(c) सुमेरी भाषा से
(d) सुमेर मुद्रा से

उत्तर (a) सुमेर ईंटों से बने शहरों की भूमि से

3. **कथन** (A) दक्षिण मेसोपोटामिया के मंदिर प्रारंभ में घर जैसे होते थे।

कारण (R) मंदिर को देवता का घर ही माना जाता था। (1)

कूट
(a) A और R दोनों सही हैं तथा R, A की सही व्याख्या है।
(b) A और R दोनों सही हैं, परंतु R, A की सही व्याख्या नहीं है।
(c) A सही है, किंतु R गलत है।
(d) A गलत है, किंतु R सही है।

उत्तर (a) दक्षिणी मेसोपोटामिया के मंदिर प्रारंभ में घर जैसे होते थे, क्योंकि वहाँ के निवासियों का मानना था कि मंदिर भी देवताओं का घर ही होता है, जहाँ देवी-देवता निवास करते हैं; जैसे—उस समय के चंद्र देवता 'उर' तथा प्रेम व युद्ध की देवी 'इन्नाना' को पूजा जाता था।

4. चरवाहे अपने साथ अवन आकार की झोंपड़ियाँ, जिन्हें .... कहते थे, लेकर घूमा करते थे। (1)

(a) कैस्टेला
(b) मैपालिया
(c) नुमीडिया
(d) बाएटिका

उत्तर (b) मैपालिया

5. दिया गया महिला का चित्र किस कबीले को प्रदर्शित कर रहा है? (1)

(a) फर्स्ट नेशंस पीपुल्स
(b) चिरोकी कबीला
(c) विनेबागो कबीला
(d) रेड इंडियन

उत्तर (c) विनेबागो कबीला

6. दिए गए कथन के सहयोग से मध्यकालीन यूरोपीय इतिहासकार की पहचान कीजिए। (1)

- इन्होंने सामंतवाद पर सर्वप्रथम कार्य किया।
- इनके मतानुसार इतिहास की विषय-वस्तु, राजनीतिक इतिहास, अंतर्राष्ट्रीय संबंध और महान व्यक्तियों की जीवनियों से अधिक है।
- इन्होंने व्यक्ति के व्यवहार को समझने के लिए भूगोल के महत्त्व पर बल दिया है।

(a) मार्क ब्लॉक
(b) मॉर्ले के डेनियल
(c) सेसारे क्रेमोनिनी
(d) गेब्रियल बील

उत्तर (a) मार्क ब्लॉक

7. निम्नलिखित में से कौन-सा कथन कॉन्स्टैनटाइन के विषय में सही नहीं है? (1)

(a) कॉन्सटैनटाइन डायोक्लीशियन के बाद सम्राट बने
(b) इसने डायोक्लीशियन द्वारा किए गए परिवर्तनों को सुदृढ़ बनाया
(c) 4.5 ग्राम का चाँदी का सॉलिडस नाम का सिक्का प्रचलित किया
(d) इसने कंस्तुनतुनिया का निर्माण कराया

उत्तर (c) 4.5 ग्राम का चाँदी का सॉलिडस नाम का सिक्का प्रचलित किया।

8. मान लीजिए कि आप यायावर साम्राज्य के एक ऐतिहासिक स्रोत का अध्ययन कर रहे हैं, तो बताइए कि निम्नलिखित में से कौन-सा ऐतिहासिक स्रोत मंगोल भाषाओं के समाज एवं संस्कृति के बारे मे जानकारी उपलब्ध कराएगा? (1)

(a) इगोर दे रखेविल्ट्स की रचनाएँ
(b) गरेहार्ड डोरफर की रचनाएँ
(c) ब्रोरिस याकोवालेविच ब्लादिमीरस्टॉव के शोध
(d) बैसिली ब्लैदिमिरोविच बारटोल्ड की रचनाएँ

उत्तर (c) ब्रोरिस याकोवालेविच ब्लादिमीरस्टॉव के शोध

9. चंगेज खान की मृत्यु के कारण उसके वंशजों में आए आंतरिक विक्षोभ की तुलना का अंतर कीजिए, इसके लिए सही प्रतीत हो रहे विकल्प का चयन कीजिए। (1)

(a) द्वितीय पीढ़ियों में जोची और ओगोदेई के उत्तराधिकारी महान खान के राज्य पर नियंत्रण स्थापित करने के लिए एक जुट हो गए।
(b) परिवार में आंतरिक राजनीति विकसित होने लगी
(c) चंगेज खान के वंश की तोलूयिद शाखा के उत्तराधिकारियों ने जोची और ओगोदेई वंशो को मजबूत कर दिया
(d) मोंके के राज्याभिषेक के बाद इराक में शक्तिशाली अभियान किया गया

उत्तर (b) परिवार में आंतरिक राजनीति विकसित होने लगी

10. कथन (A) सन यात-सेन के कार्यक्रम का बहुत अहम हिस्सा पूँजी का नियमन और भूमि अधिकारों में बराबरी लाना अमल में आया।

कारण (R) पार्टी ने किसानों और बढ़ती सामाजिक असमानता की अनदेखी की। (1)

कूट

(a) A और R दोनों सही हैं तथा R, A की सही व्याख्या है
(b) A और R दोनों सही हैं, परंतु R, A की सही व्याख्या नहीं है
(c) A सही है, किंतु R गलत है
(d) A गलत है, किंतु R सही है

उत्तर (d) सन यात-सेन के कार्यक्रम का बहुत अहम हिस्सा पूँजी का नियमन और भूमि अधिकारों में बराबरी लाना कभी अमल में नहीं आया, क्योंकि पार्टी ने किसानों और बढ़ती सामाजिक असमानता की अनदेखी की। इसने लोगों की समस्याओं पर ध्यान देने की बजाय फौजी व्यवस्था को लागू करने का प्रयास किया।

11. लॉर्ड द्वारा नाइट को दी जाने वाली भूमि के टुकड़े को कहा जाता था (1)

(a) फीफ (b) टिथ
(c) मेनर (d) क्लूनी

उत्तर (a) फीफ

12. निम्न में से कौन-सा/से कथन मेनर की जागीर के संदर्भ में सही है/हैं? (1)

(a) अभिजात वर्ग का स्वयं का भवन मेनर कहलाता था
(b) छोटे मेनर में 12 तथा बड़े मेनर में 50-60 परिवार होते थे
(c) इस जागीर में प्रतिदिन के उपयोग की वस्तुएँ मिलती थी
(d) उपरोक्त सभी

उत्तर (d) उपरोक्त सभी

13. यूरोपीय महाद्वीप में सर्वप्रथम शुरुआती विश्वविद्यालयों की स्थापना किस देश में की गई थी? (1)

(a) फ्रांस (b) जर्मनी
(c) इटली (d) इंग्लैंड

उत्तर (c) इटली

14. निम्न में से कौन-सा युग्म सही सुमेलित है? (1)

(a) जैकब बर्कहार्ट – वास्तुकार
(b) लियोपोल्डवॉन रांके – चित्रकार
(c) फ्रांचेस्को पेट्रार्क – कवि
(d) सिसरो – अध्यापक

उत्तर (c) फ्रांचेस्को पेट्रार्क–कवि

15. निम्न में से कौन-सा/से कथन अमेरिकी मूल के लोगों के बारे में सत्य है/हैं? (1)

1. वे कुशल कारीगर थे और सुंदर वस्त्र बनाते थे।
2. वे भूमि को पढ़ सकते थे और जलवायु को समझ सकते थे।
3. वे अलग परिदृश्य को समझ सकते थे।

कूट

(a) 1 और 3 (b) 2 और 3
(c) 1 और 2 (d) 1, 2 और 3

उत्तर (d) 1, 2 और 3

16. वह मूल अमेरिकी जनजाति कौन-सी थी, जिसे अमेरिकी राष्ट्रपति एंड्रिक जैक्सन द्वारा जबरन निकाल दिया गया था? (1)

(a) चिरोकी (b) होपिस
(c) ओटावा (d) मेंटिस

उत्तर (a) चिरोकी

17. सुमेलित कीजिए (1)

सूची I		सूची II
A. डकोटा	1.	बाल कटाई
B. चिरोकी	2.	हवाई जहाज
C. पोंटिआक	3.	कार
D. मेहॉक	4.	जीप

कूट

	A	B	C	D
(a)	1	2	3	4
(b)	2	4	3	1
(c)	3	2	4	1
(d)	4	3	2	1

उत्तर (b) 2 4 3 1

18. निम्नलिखित में से कौन-सा विकल्प 'नई दुनिया' के देशों में यूरोपवासियों द्वारा दिए गए नाम के सन्दर्भ में सही है? (1)

(a) अमेरिका, कनाडा, जापान
(b) आस्ट्रेलिया, न्यूजीलैंड, इंडोनेशिया
(c) अमेरिका, ऑस्ट्रेलिया, न्यूजीलैंड
(d) कनाडा, न्यूजीलैंड, इटली

उत्तर (c) अमेरिका, ऑस्ट्रेलिया, न्यूजीलैंड

19. नीचे दिए रिक्त स्थान को सही विकल्प से भरें (1)

शोगुन : सर्वविजयी सेना, लॉन्ग मार्च : ....

(a) 5000 मील की एक कठिन यात्रा
(b) 7000 मील की एक कठिन यात्रा
(c) 4000 मील की एक कठिन यात्रा
(d) 6000 मील की एक कठिन यात्रा

उत्तर (d) 6000 मील की एक कठिन यात्रा

20. निम्नलिखित कथनों के आधार पर पहचानिए और बताएँ कि ये किस जापानी सांसद के विषय में कहे गए हैं? (1)

- इन्होंने जापान में औद्योगिक विकास के फलस्वरूप फैलने वाले प्रदूषण का प्रबल विरोध किया।
- ये उस आंदोलन के प्रमुख समर्थनकर्ता थे, जिसका उद्देश्य संवैधानिक सरकार की स्थापना करना था।

(a) कॉमोडोर मैथ्यू पेरी
(b) नाइतो कोनन
(c) तनाका शोजो
(d) चियांग काईशेक

उत्तर (c) तनाका शोजो

21. निम्नलिखित में से कौन-सा विकल्प आधुनिककाल में घटित घटनाओं के क्रमानुसार सही है? (1)

1. पहला विश्वयुद्ध
2. चीन-जापान युद्ध
3. रूस-जापान युद्ध
4. प्रशांत युद्ध

कूट

(a) 1 3 4 2 (b) 2 3 1 4
(c) 4 1 3 2 (d) 4 3 1 2

उत्तर (b) 2 3 1 4

खंड 'ख'

22. 17वीं शताब्दी में यूरोपीय व्यापारियों के साथ उत्तरी अमेरिका के स्थानीय निवासियों ने कैसा व्यवहार किया? (3)

अथवा 19वीं सदी में अमेरिकी प्रवासियों ने संपूर्ण भू-दृश्य को परिवर्तित कर दिया। स्पष्ट कीजिए।

उत्तर यूरोपीय व्यापारियों का उत्तरी अमेरिका में सर्वप्रथम आगमन 17वीं सदी में हुआ। स्पेनवासी जहाँ सोना प्राप्त करने के उद्देश्य से दक्षिणी अमेरिका गए थे, वहीं उत्तरी अमेरिका में यूरोपीय व्यापारी आरंभिक दौर में मछली और रोएँदार खाल के व्यापार के उद्देश्य से आए थे। इस कार्य में उन्हें स्थानीय शिकार करने वाले लोगों का पर्याप्त सहयोग मिला। फ्रांसीसी व्यापारी जब मिसीसिपी नदी के किनारे दक्षिण में थोड़ा और आगे बढ़े, तब उन्हें देशी लोगों की विशिष्ट संस्कृति के विषय में ज्ञात हुआ।

वे नियमित रूप से किसी स्थान पर इकट्ठा (एकत्रित) होकर ऐसे हस्तशिल्पों का आदान-प्रदान करते थे, जो किसी विशेष कबीले में ही निर्मित होते थे अथवा उन खाद्य पदार्थों का आदान-प्रदान करते थे, जो अन्य कबीलों में पैदा नहीं होते थे। यूरोपीय लोग उनसे उनके स्थानीय उत्पाद प्राप्त करने के बदले में उन्हें कंबल, लोहे के बर्तन, बंदूकें और शराब देते थे। इसी क्रम में मूल निवासियों का शराब से परिचय हुआ। शीघ्र ही देशी लोगों को शराब की आदत हो गई। यह यूरोपीय व्यापारियों के लिए लाभदायक सिद्ध हुआ, जिसके परिणामस्वरूप यूरोपीय उनसे अपनी व्यापारिक शर्तें मनवाने में सफल रहे।

अथवा

19वीं सदी में अमेरिका में यूरोपीय प्रवासियों ने संपूर्ण भू-दृश्य को परिवर्तित कर दिया। भूमि के प्रति इनका दृष्टिकोण मूल निवासियों से भिन्न था। पिता की जागीरों से वंचित ब्रिटेन और फ्रांस के कुछ भू-स्वामियों ने यहाँ बड़ी-बड़ी जमीनें खरीदीं। इसके बाद जर्मनी, स्वीडन और इटली जैसे देशों से बड़ी संख्या में ऐसे लोग आए, जिनकी जमीनें बड़े किसानों के अधिकार में चली गई थीं। ऐसे लोगों ने स्वयं की भूमि प्राप्त करने के लिए अमेरिका की ओर रुख किया। पोलैंड से अमेरिका आकर बसने वाले लोगों को प्रेयरी चरागाहों में काम करना पसंद था। इन लोगों ने यहाँ बड़ी-बड़ी जमीनें खरीदीं, क्योंकि अमेरिका में जमीन बहुत सस्ती थी। इन लोगों ने अमेरिका में कृषि का विकास किया तथा धान और कपास जैसी फसलें उगाईं, जो यूरोपीय बाजार में ऊँची कीमतों पर बेची जा सकती थीं। अपने विशाल खेतों को भेड़िए और पहाड़ी शेरों जैसे जंगली जानवरों से बचाने के लिए इन लोगों ने शिकार के द्वारा उन्हें उन्हें मार दिया। 1873 ई. में कँटीले तारों की खोज के बाद ही ये लोग अपने खेतों को इन जानवरों से पूरी तरह सुरक्षित कर पाए।

23. "इंग्लैंड में सामंतवाद का क्रमिक विकास 11वीं शताब्दी से हुआ था।" इस कथन को सिद्ध कीजिए। (3)

उत्तर इंग्लैंड में सामंतवाद का विकास 11वीं शताब्दी से हुआ। यह महत्त्वपूर्ण तथ्य है कि छठी शताब्दी में मध्य यूरोप से आने वाले एंजिल और सैक्सन आधुनिक इंग्लैंड के भू-क्षेत्र पर आकर बस गए। उपरोक्त दोनों के नाम पर इस भू-क्षेत्र को एंजिल लैंड कहा जाने लगा। एक सँकरे जलमार्ग के पार स्थित इंग्लैंड-स्कॉटलैंड द्वीपों को 11वीं सदी में फ्रांस के एक प्रांत नॉरमंडी के राजकुमार

के द्वारा जीत लिया गया। नॉरमंडी के ड्यूक, विलियम ने 11वीं शताब्दी में एक सेना के साथ इंग्लिश चैनल को पार कर इंग्लैंड के राजा सैक्सन को पराजित किया। इस समय फ्रांस और इंग्लैंड में क्षेत्रीय सीमाओं और व्यापार से उत्पन्न विवादों के कारण प्रायः युद्ध होते रहते थे। विलियम प्रथम ने भूमि की पैमाइश अर्थात् भूमि की नाप कराकर, नक्शा तैयार कराया तथा इस समस्त भूमि का विभाजन 180 नॉरमन अभिजातों में किया। ये अभिजात, सामंतों के रूप में राजा के प्रमुख काश्तकार बन गए।

24. **पुनर्जागरण शब्द से आप क्या समझते हैं? विभिन्न यूरोपीय इतिहास के स्रोतों के आधार पर इसका अर्थ स्पष्ट कीजिए।** (3)

उत्तर 14वीं शताब्दी से यूरोपीय इतिहास की जानकारी अनेक स्रोतों; जैसे–दस्तावेजों, लिखित पुस्तकों, चित्रों, मूर्तियों, भवनों तथा वस्त्रों से प्राप्त होती है। ये स्रोत यूरोप एवं अमेरिका के विभिन्न संग्रहालयों, अभिलेखागारों तथा कला-चित्रशालाओं में सुरक्षित रखे गए हैं। 19वीं शताब्दी के इतिहासकारों ने 14वीं-15वीं शताब्दियों में होने वाले सांस्कृतिक बदलावों को पुनर्जागरण का नाम दिया। पुनर्जागरण शब्द की उत्पत्ति फ्रेंच शब्द 'रेनेसाँ' से हुई, जिसका शाब्दिक अर्थ पुनर्जन्म अथवा फिर से जागना है। पुनर्जागरण शब्द 14वीं व 15वीं शताब्दी के सांस्कृतिक परिवर्तन को दर्शाता है। यूरोपीय इतिहास की जानकारी स्विट्जरलैंड के ब्रेसले विश्वविद्यालय के इतिहासकार जैकब बर्कहार्ट (1818-97 ई.) जो जर्मन इतिहासकार लियोपोल्ड वॉन रांके (1795-1886 ई.) के विद्यार्थी थे, उन्होंने सांस्कृतिक परिवर्तनों पर बल दिया।

25. **मेसोपोटामिया संस्कृति में किस प्रकार के परिवार को आदर्श माना जाता था तथा यहाँ की अन्य सांस्कृतिक परंपराओं की व्याख्या कीजिए।** (3)

उत्तर मेसोपोटामिया के समाज में एकल परिवार को ही आदर्श माना जाता था, परंतु एक शादीशुदा बेटा और उसका परिवार सदैव अपने माता-पिता के साथ ही रहता था। पिता परिवार का मुखिया होता था। विवाह करने की इच्छा व्यक्त करने पर कन्या के परिवार की ओर से घोषणा की जाती थी।

मेसोपोटामिया की संस्कृति बहुसंस्कृतिवादी थी। यहाँ के उपजाऊ क्षेत्र में यायावर (घुमंतू) समूह के लोग अनेक रूपों में पश्चिमी मरुस्थल से आते थे और समृद्ध होकर यहीं बस जाते थे। ये घुमंतू समूह अक्कदी, एमोराइट, असीरियाई और आर्मीनियन जाति के थे। मारी के राजा एमोराइट समुदाय से संबंधित थे, जिनकी पोशाक वहाँ के मूल निवासियों से अलग थी।

ये मेसोपोटामिया के देवी-देवताओं को मानने की जगह स्टेपी क्षेत्र के देवता डैगन को पूजने लगे तथा मारी नगर में भी इनके मंदिर का निर्माण कराया। इस प्रकार मेसोपोटामिया का समाज और वहाँ की संस्कृति भिन्न-भिन्न समुदायों के लोगों और संस्कृतियों के लिए खुली थी। यही कारण है कि यहाँ मिश्रित समाज का विकास हुआ।

26. **जापान में किए गए मेजी सुधारों में एक अन्य महत्त्वपूर्ण सुधार अर्थव्यवस्था का आधुनिकीकरण था। इस उद्देश्य को प्राप्त करने के लिए कौन-कौन-से सुधार किए गए थे?** (3)

उत्तर जापान में हुए आर्थिक सुधारों के प्रमुख बिंदु निम्नलिखित हैं
अर्थव्यवस्था के आधुनिकीकरण के लिए कृषि पर कर लगाकर धन एकत्रित करने की व्यवस्था की गई।

- 1870-72 ई. में जापान की पहली रेल लाइन टोक्यो एवं योकोहामा बंदरगाह के मध्य बिछाई गई।
- वस्त्र उद्योग के विकास के लिए मशीनें यूरोप से आयात की गईं।
- मजदूरों के प्रशिक्षण के लिए विदेशी कारीगरों को बुलाया गया, साथ ही इन्हें विद्यालय एवं विश्वविद्यालयों में पढ़ाने के लिए भी भेजा गया।
- जापानी विद्यार्थी को पढ़ने के लिए विदेश भी भेजा गया।
- 1872 ई. में आधुनिक बैंकिंग संस्थाओं की स्थापना की जाने लगी।

27. **उत्तरी अमेरिका के सामाजिक एवं सांस्कृतिक जीवन की विशेषताओं की चर्चा करें।** (3)

अथवा **उत्तरी अमेरिका में संवैधानिक अधिकारों के लिए कौन-कौन प्रयास किए गए?**

उत्तर उत्तरी अमेरिका के सामाजिक एवं सांस्कृतिक जीवन की विशेषताएँ इस प्रकार हैं

- अमेरिका के मूल निवासियों का अपना विशिष्ट सामाजिक एवं सांस्कृतिक जीवन था। वे नदी घाटी के निकट गाँवों में समूह बनाकर रहते थे।
- मछली और मांस उनके भोजन का प्रमुख भाग था। इसके अतिरिक्त वे सब्जियाँ व मकई का उत्पादन खाद्य उपयोग हेतु करते थे।
- वे मुख्यतः घास के मैदानों में विचरण करने वाली जंगली भैंसों, जिन्हें बाइसन कहा जाता था, का मांस प्राप्त करने हेतु शिकार किया करते थे, लेकिन वे उतने ही जानवरों का शिकार करते थे जितने की उन्हें भोजन के लिए आवश्यकता होती थी।
- 17वीं शताब्दी के मूल निवासियों ने घुड़सवारी शुरू की जिससे यह कार्य करना और आसान हो गया। इन्होंने बड़े पैमाने पर खेती करने का प्रयास नहीं किया, जिसका कारण इनका आवश्यकता से अधिक उत्पादन की आवश्यकता को महसूस न करना था, इसलिए वे केन्द्रीय एवं दक्षिणी अमेरिका की तरह राजशाही का विकास नहीं कर पाए।

अथवा

उत्तरी अमेरिका में संवैधानिक अधिकारों के विकास के लिए कई महत्त्वपूर्ण प्रयास किए गए, जो निम्नलिखित हैं

- 1770 के दशक में आबादकारों ने आजादी के संघर्ष के लिए लोकतांत्रिक भावना के नारे के साथ एकजुटता बनाई। संयुक्त राज्य अमेरिका अब एक स्वतंत्र राष्ट्र था, जो शीघ्र ही राजशाही एवं अभिजात्य तंत्र के विरुद्ध नई दुनिया की पहचान बन गया।
- स्वतंत्रता के पश्चात् संयुक्त राज्य अमेरिका ने संविधान का निर्माण किया एवं इसके अंतर्गत व्यक्ति के संपत्ति के अधिकार को शामिल किया गया। इस अधिकार को राज्य को भी निरस्त करने का अधिकार नहीं था।
- संविधान के अंतर्गत ये लोकतांत्रिक अधिकार; जैसे–राष्ट्रपति और कांग्रेस के प्रतिनिधियों के चुनाव में वोट देने का अधिकार एवं संपत्ति का अधिकार केवल गौरों को दिए गए थे।

खंड 'ग'

28. **संयुक्त राज्य अमेरिका और कनाडा ने अपनी भूमि का विस्तार करने के लिए किन-किन साधनों का प्रयोग किया? विस्तार से समझाइए।** (8)

अथवा **ऑस्ट्रेलिया में यूरोपियों का आगमन और आर्थिक विकास पर निबंध लिखिए।**

उत्तर संयुक्त राज्य अमेरिका और कनाडा 18वीं शताब्दी के अंत में अस्तित्व में आए। संयुक्त राज्य अमेरिका ने अपने क्षेत्र के विस्तार हेतु भूमि की खरीद तथा युद्धों का सहारा लिया। इस क्रम में उसने दक्षिण में फ्रांस से लुइसियाना और रूस से अलास्का खरीदा तथा क्षेत्रों का विस्तार किया। भूमि की खरीद के अतिरिक्त जो भूमि उसने युद्ध में जीती वह मैक्सिको था। दक्षिणी संयुक्त राज्य अमेरिका का अधिकांश भाग मैक्सिको से ही जीता हुआ है। 19वीं सदी में यूरोप से आने वाले लोगों ने अमेरिका के संपूर्ण भू-दृश्य को ही परिवर्तित कर दिया। ब्रिटेन और फ्रांस जैसे देशों से आने वाले कुछ प्रवासी ऐसे थे, जिनमें छोटे पुत्र होने के कारण वो अपने पिता की संपत्ति में उत्तराधिकार प्राप्त नहीं कर सकते थे।

अतः वह अमेरिका में जमीन के मालिक बनना चाहते थे। अमेरिका में जर्मनी, स्वीडन एवं इटली जैसे देशों से आने वाले ऐसे लोगों की भी कमी नहीं थी, जिनकी जमीनों पर बड़े किसानों का अधिकार हो गया था।

अमेरिका में आकर बसने वाले पोलैंड के लोग प्रेयरी चरागाहों में काम करना चाहते थे, क्योंकि ये चरागाह उन्हें स्टेपीज अर्थात् घास के मैदानों की याद दिलाते थे।

पोलैंड के अप्रवासियों ने अमेरिका में कम कीमत पर बड़ी संपत्तियाँ खरीदकर उन पर कृषि आरंभ की। कपास व धान, जो यूरोप में नहीं उगाया जा सकता था, यहाँ अच्छी फसलें उगने लगीं। इन फसलों को अधिक मुनाफे पर बेचा जाने लगा। 1861-65 ई. में दास प्रथा को जारी रखने और इसको खत्म करने की वकालत करने वाले राज्यों से युद्ध हुआ।

इस युद्ध के पश्चात् दास प्रथा समाप्त हो गई। हालाँकि, अफ्रीकी मूल के अमेरिकियों को नागरिक स्वतंत्रताओं के लिए 20वीं शताब्दी में सफलता मिली। उत्तरी अमेरिकी प्रांत कनाडा की सरकार को एक गंभीर समस्या से जूझना पड़ा, जिसका कारण इंग्लैंड द्वारा फ्रांस के साथ युद्ध में कनाडा को जीतना रहा। कनाडा में रहने वाले फ्रांसीसी निरंतर राजनैतिक स्वायत्तता की माँग कर रहे थे। इस समस्या के हल के लिए 1867 ई. में कनाडा को स्वायत्त राज्यों के एक महासंघ के रूप में संगठित किया गया।

अथवा

ऑस्ट्रेलिया में यूरोपीयों का आगमन

- ऑस्ट्रेलिया में यूरोपीय अप्रवासियों, मूल निवासियों और भूमि के बीच संबंधों का इतिहास उत्तरी और दक्षिणी अमेरिका से कई मामलों में समान है। इसकी शुरुआत 300 वर्षों बाद हुई।
- आरंभिक काल में मूल निवासियों ने कैप्टन कुक व उनके साथियों के प्रति मित्रतापूर्ण रुख अपनाया, किंतु एक आदिवासी द्वारा हवाई द्वीप में कैप्टन कुक की हत्या कर दिए जाने के बाद ब्रिटिशों का मूल निवासियों के प्रति व्यवहार कटुतापूर्ण हो गया और इस कारण मूल निवासी इतिहास की पुस्तकों से भी बाहर हो गए।
- यूरोपीय लोगों के ऑस्ट्रेलिया आने को मूल निवासियों ने अपने लिए उपस्थित खतरों के रूप में नहीं देखा था। 19वीं और 20वीं सदी के दौरान इन अप्रवासियों के साथ हुई लड़ाइयों में 90% मूल निवासियों को अपनी जान गँवानी पड़ी।
- ऑस्ट्रेलिया के अधिकांश शुरुआती प्रवासी ब्रिटेन से आए हुए वे अपराधी थे, जिन्हें इस शर्त पर ऑस्ट्रेलिया निर्वासित कर दिया गया कि वे सजा पूरी होने पर ब्रिटेन वापस नहीं आएँगे। इस शर्त पर वे ऑस्ट्रेलिया में स्वतंत्र जीवन जी सकते थे। ये अपराधी स्वभाव से ही हिंसक प्रवृत्ति के होते थे।
- ब्राजील में पुर्तगाली कैदियों को उनके हिंसक व्यवहार के कारण ही बसाना बंद कर दिया गया था। इन अपराधियों ने अपने जीवन-यापन के लिए मूल निवासियों को उनकी जमीनों से निकालना आरंभ कर दिया।

ऑस्ट्रेलिया में आर्थिक विकास

- ऑस्ट्रेलिया के आर्थिक विकास का मुख्य आधार भेड़ों के विशाल फार्म, अंगूर के विशाल बाग, गेहूँ की खेती आदि थे। इनका विकास यूरोपीय प्रवासियों ने अत्यधिक परिश्रम के द्वारा किया था।
- वर्ष 1911 में ऑस्ट्रेलिया की राजधानी बनाने के लिए वूलव्हीटगोल्ड का नाम सुझाव के रूप में दिया गया था। इस स्थान का नाम परिवर्तित कर कैनबरा कर दिया गया था और इसे ऑस्ट्रेलिया की राजधानी बना दिया गया। कैनबरा शब्द की उत्पत्ति एक स्थानीय शब्द 'कैमबरा' से हुई है, जिसका अर्थ 'सभा स्थल' होता है।
- अनेक मूल निवासी खेतों में दासों के समान कठिन स्थितियों में कार्य करते थे। बाद में कुछ चीनी अप्रवासियों ने सस्ता श्रम उपलब्ध कराया, किंतु सरकार गैर-गोरों अर्थात् काले लोगों पर अधिक निर्भर नहीं होना चाहती थी। अतः चीनी अप्रवासियों पर प्रतिबंध लगा दिया गया। वर्ष 1974 तक ऑस्ट्रेलिया की सरकार ने गैर-गोरों को अपने देश से बाहर रखने की नीति का अनुसरण किया।

29. मेसोपोटामिया के प्रमुख नगरों उर तथा मारी के नगरीय जीवन का वर्णन कीजिए। (8)

अथवा ''मेसोपोटामिया के दक्षिणी भागों में 5000 ई. पू. के आस-पास बस्तियों का विकास होने लगा। कुछ समय पश्चात् इन बस्तियों ने प्राचीन शहरों का रूप ले लिया।'' इस कथन की पुष्टि कीजिए।

उत्तर नगरों में उच्च या संभ्रांत वर्ग का उदय हो चुका था। उर के राजाओं एवं रानियों की कब्रों से मिले बहुमूल्य रत्न; जैसे–आभूषण, सोने के पात्र, सफेद सीपियाँ, लाजवर्द, जड़े हुए लकड़ी के वाद्य यंत्र, सोने के सजावटी खंजर आदि इस बात के प्रमाण हैं। मेसोपोटामिया के उर एवं मारी नगरों के जीवन का वर्णन निम्न प्रकार है

(i) **उर नगर**

- उर नगर में सर्वप्रथम खुदाई का कार्य प्रारंभ हुआ। मेसोपोटामिया का यह एक ऐसा शहर था, जिसमें साधारण घरों की खुदाई 1930 के दशक में सुव्यवस्थित ढंग से की गई।
- यहाँ टेढ़ी-मेढ़ी व संकरी गलियों के कारण पहिए वाली गाड़ियाँ वहाँ के मकानों तक नहीं पहुँच पाती थीं। अनाजों एवं ईंधन को घर तक ले जाने के लिए गधों का प्रयोग किया जाता था। नगर नियोजन पद्धति का यहाँ अभाव था।
- समकालीन मोहनजोदड़ो के समान सड़कों के किनारे जल निकासी के लिए नालियों का अभाव था तथा छतों का ढलान भीतर की ओर था। वर्षा का पानी नालियों के माध्यम से भीतरी आँगनों में बने हुए हौज में ले जाया जाता था।
- दहलीजों को ऊँचा उठाकर बनाया जाता था, जिससे वर्षा के बाद कीचड़ बहकर अंदर न आ जाए।
- परिवार में गोपनीयता बनाए रखने के लिए रोशनी खिड़की के अतिरिक्त दरवाजे से होकर आँगन में आती थी। इसके अतिरिक्त उर में पाई गई शकुन-अपशकुन संबंधी अनेक बातें पट्टिकाओं पर अंकित मिली हैं। उर में नगरवासियों के लिए कब्रिस्तान के अंतर्गत शासकों व जनसाधारण की समाधियों के साक्ष्य भी मिले हैं, परंतु कुछ लोग साधारण घरों के फर्शों के नीचे भी दफनाए हुए प्राप्त हुए हैं।

(ii) **मारी नगर**

- मारी, फरात नदी की ऊर्ध्वधारा पर स्थित मेसोपोटामिया का एक महत्त्वपूर्ण व्यापारिक नगर था। 2000 ई. पू. के बाद इसका विकास शाही राजधानी के रूप में हुआ।
- इस नगर में किसान तथा पशुचारक दोनों साथ-साथ रहते थे, लेकिन उस प्रदेश के अधिकांश लोग भेड़-बकरी चराने का कार्य करते थे। पशुचारक समाज के लोग पशुओं तथा चमड़ा, मांस आदि के बदले अनाज, धातु के औजार आदि प्राप्त करते थे।
- मारी नगर की संपन्नता का सर्वाधिक महत्त्वपूर्ण कारक व्यापार एवं फरात नदी की अनुकूल दशा का होना था।
- फरात नदी की सहायता से लकड़ी, ताँबा, राँगा, तेल, मदिरा तथा अन्य सामान गाड़ी से होकर तुर्की, सीरिया एवं लेबनान तक पहुँचाया जाता था, जौ लाने के लिए एक विशेष प्रकार की नौका का प्रयोग किया जाता था।
- घिसाई-पिसाई के पत्थर, चक्कियाँ, लकड़ी एवं शराब तथा तेल के डिब्बे ले जाने वाले जहाज मारी में रुकते थे तथा वहाँ से दक्षिणी नगरों की ओर प्रस्थान करते थे।
- विदेश व्यापार के लिए मारी के अधिकारी अन्य देशों में भी जाते थे। वे कार्गो पर लादे गए सामान की जाँच करते और नौका पर लदे माल के मूल्य का लगभग 10% प्रभार वसूल करके ही इसे आगे बढ़ने की अनुमति देते थे। मारी में ताँबा और टिन, साइप्रस के द्वीप अलाशिया से उन्नत था, जो उस समय ताँबे और टिन के लिए प्रसिद्ध था।
- काँसा औजार एवं हथियार बनाने की प्रमुख धातु थी। राजा एवं पदाधिकारियों के मध्य पत्र व्यवहार के संकेत भी प्राप्त हुए हैं। इन पत्रों में पदाधिकारी संदेहास्पद गतिविधियों के विषय में राजा को बताते थे।

अथवा

मेसोपोटामिया के दक्षिणी भागों में 5000 ई. पू. के आस-पास बस्तियों का विकास होने लगा। कुछ समय पश्चात् इन बस्तियों ने प्राचीन शहरों का रूप ले लिया। ये शहर तीन रूपों में विकसित हुए थे

1. मंदिरों के चारों ओर विकसित
2. व्यापारिक केंद्र के रूप में विकसित
3. शाही शहर के रूप में विकसित

मंदिरों का विकास

- अन्य स्थानों से आकर बसने वाले लोगों ने गाँव के कुछ चुने हुए स्थानों पर मंदिर के पुनर्निर्माण का कार्य शुरू किया। यहाँ पहले देवालय कच्ची ईंटों के होते थे, जिनमें विभिन्न देवी-देवताओं के निवास स्थल विद्यमान थे। साथ ही इनमें चंद्र देवता अर्थात् उर, प्रेम एवं युद्ध की देवी इन्नाना आदि की पूजा होती थी।
- इन मंदिरों के आँगन के चारों ओर कमरे बनाए जाते थे, जो साधारण घरों के समान ही प्रतीत होते थे, क्योंकि मंदिर भी किसी देवता का घर ही माना जाता था। साधारण घरों की अपेक्षा मंदिर की दीवारें कुछ खास अंतरालों के बाद भीतर और बाहर की ओर मुड़ी हुई थीं।
- मंदिरों में देवी-देवताओं को अन्न, दही, यहाँ तक कि मछली चढ़ाए जाने के साक्ष्य भी मिले हैं। इन आराध्य देवताओं को सैद्धांतिक स्तर पर खेतों, मत्स्य क्षेत्रों एवं पशुधन का स्वामी माना जाता था तथा यहाँ पर आवश्यकता होने पर तेल निकालना, अनाज पीसना, कातना और ऊनी कपड़ों को बुनने जैसे कार्य भी किए जाते थे। धीरे-धीरे मंदिरों ने नए स्तर के व्यापारियों की मदद से शहरी संस्था का रूप ले लिया था।

(iii) **शहरी अर्थव्यवस्था का विकास**

- प्राचीन नगर उरुक 3000 ई. पू. के आस-पास किए गए पुरातत्त्वीय सर्वेक्षणों से स्पष्ट है कि उरुक नगर का 250 हेक्टेयर भूमि में विस्तार हुआ है।
- उरुक नगर की रक्षा के लिए चारों ओर एक सुदृढ़ दीवार बनी हुई थी। यह नगर लगभग 4200 ई. पू. से 400 ई. के बीच तक अपने पुराने अस्तित्व में बना रहा और इसी बीच 2800 ई. पू. के आस-पास वह बढ़कर 400 हेक्टेयर तक विस्तृत हो गया।
- स्थानीय लोगों और युद्ध बंदियों को कृषि कर नहीं देना पड़ता था, लेकिन उन्हें राजाओं और मंदिरों का कार्य अनिवार्य रूप से करना पड़ता था। काम के बदले उन्हें अनाज दिया जाता था, इसका प्रमाण कुछ राशन सूचियाँ हैं, जो वहाँ से प्राप्त हुई हैं।
- 3000 ई. पू. के आस-पास उरुक नगर में तकनीक का अत्यधिक विकास हुआ। बड़े-बड़े कमरों की छतों के बोझ को सँभालने के लिए वास्तुविदों ने ईंटों के स्तंभों को बनाना सीख लिया था।
- अनेक लोग मिट्टी के शंकु बनाने का कार्य करते थे। इन शंकुओं का प्रयोग मंदिरों की दीवारों में होता था। मूर्तिकला के क्षेत्र में भी प्रगति हुई व इसमें सरलता से उपलब्ध चिकनी मिट्टी की जगह आयातित पत्थरों का प्रयोग किया जाने लगा।
- प्रौद्योगिकी के क्षेत्र में युगांतकारी घटना उस समय घटी जब कुम्हार के चाक का निर्माण हुआ। इससे आगे बड़े पैमाने पर बर्तनों को आसानी से बनाने में सफलता मिली।

30. रोमन साम्राज्य के पूर्वी भाग में जहाँ जनता अधिक खुशहाल थी, वहीं पश्चिम में साम्राज्य राजनीतिक दृष्टि से विखंडित हो गया, इसके क्या कारण थे? चर्चा कीजिए। (8)

अथवा **रोमन साम्राज्य के पतन के लिए कौन-कौन से कारण उत्तरदायी थे? समीक्षा कीजिए।**

उत्तर साम्राज्य के पूर्वी भागों में जनता में अधिक खुशहाली थी। हालाँकि प्लेग की महामारी के कारण 540 के दशक में संपूर्ण भूमध्य सागरीय प्रदेश प्रभावित हो गया था। इसके विपरीत पश्चिम में साम्राज्य राजनीतिक दृष्टि से विखंडित हो गया।

(i) **पूर्वी साम्राज्य की दशाएँ** पूर्वी भाग, जहाँ साम्राज्य संयुक्त बना रहा, में जस्टीनियन का शासनकाल समृद्धि और शाही महत्त्वाकांक्षा के उच्च स्तर का द्योतक था। 533 ई. में जस्टीनियन ने अफ्रीका को वैंडलों के अधिकार से मुक्त कराया। उसने इटली को ऑस्ट्रोगोथों से जीतकर साम्राज्य को एक बार फिर वापस लाने और एकीकृत करने का प्रयास किया, किंतु यह प्रयास अस्थायी सिद्ध हुआ और इसमें अधिक सफलता नहीं मिली। सातवीं शताब्दी के प्रारंभिक दशकों में रोम और ईरान के मध्य लड़ाई शुरू हो गई। ससानी शासक तीसरी सदी से ईरान पर शासन कर रहे थे। उन्होंने मिस्र सहित सभी पूर्वी प्रांतों पर हमला कर दिया, लेकिन बाइजेंटियन (अब रोमन साम्राज्य को इसी नाम से जाना गया) द्वारा 620 के दशक में इन प्रांतों पर दोबारा कब्जा कर लिया गया। प्राचीन विश्व इतिहास की सर्वाधिक महत्त्वपूर्ण घटना अरब प्रदेश में इस्लाम का विस्तार रही है।

(ii) **पश्चिमी साम्राज्य की दशाएँ** उत्तर से आने वाले जर्मनिक समूहों; जैसे—गोथ, वैंडल तथा लोंबार्ड आदि ने सभी बड़े प्रांतों पर कब्जा करके रोमोत्तर राज्य स्थापित कर लिया था। इनमें से प्रमुख राज्य स्पेन में विसिगोथों का राज्य (इसे अरबों ने 711 से 720 ई. के बीच नष्ट कर दिया), गॉल में फ्रैंकों का राज्य (लगभग 511-687 ई.) और इटली में लोंबार्डों का राज्य (568-774 ई.) था। ये राज्य मध्ययुगीन दुनिया के संकेत थे।

अथवा

चौथी-पाँचवीं शताब्दी तक रोमन साम्राज्य एक शक्तिशाली साम्राज्य बन चुका था तथा बाइजेंटाइन के नाम से जाना जाता था, परंतु धीरे-धीरे साम्राज्य के संचालन में अनेक कठिनाई आनी आरंभ हो गई और इस विशाल व समृद्धशाली साम्राज्य का पतन आरंभ हुआ, जिसके निम्नलिखित कारण उत्तरदायी थे

रोमन साम्राज्य का विशाल होना एक प्रमुख समस्या थी। साम्राज्य विस्तृत होने से इस पर पूर्ण नियंत्रण रख पाना असंभव होने लगा था। लगभग दूसरी शताब्दी ई. के पश्चात् साम्राज्य पर अयोग्य एवं दुर्बल सम्राटों का शासन था, जो इस विस्तृत साम्राज्य को सँभाल न सके। रोमन सम्राट साम्राज्यवादी नीति का अनुसरण करते थे और इस नीति को पूर्ण करने के लिए उन्होंने विशाल सैन्य संगठन किया था, किंतु कालांतर में इस सेवा में दुर्बलता आ गई और यह शक्ति क्षीण होने लगी, जो साम्राज्य के पतन का एक प्रमुख कारण बना। आर्थिक दुर्दशा भी इस साम्राज्य के पतन का प्रमुख कारण रही। राज्य के नौकरशाही पर अपार धनराशि खर्च की जाती थी। खर्च बढ़ने के परिणामस्वरूप करारोपण अत्यावश्यक हो गया। इस करारोपण की दर अधिक थी, जिससे विद्रोह होने लगा, जो पतन का एक अन्य कारण बना। रोमन सम्राट कॉन्स्टैनटाइन ने 330 ई. के लगभग राजधानी का परिवर्तन कर दिया। नई राजधानी कुंस्तुनतुनिया नगर को बनाया गया, जिससे सम्राट का सारा ध्यान इस नगर पर केंद्रित रहा। साम्राज्य के अन्य क्षेत्रों पर वह समान रूप से ध्यान न दे सका और साम्राज्य के अन्य क्षेत्रों पर बर्बर जातियों ने अपना आधिपत्य स्थापित कर लिया।

खंड 'घ'

31. नीचे दिए गए स्रोत को ध्यानपूर्वक पढ़कर प्रश्नों के उत्तर दीजिए

1506 में अंग्रेजी भाषा में बाईबिल का अनुवाद करने वाले, लूथरवादी अंग्रेज, विलियम टिंडेल (1494-1536) ने प्रोटेस्टेंटवाद का इस तरह समर्थन किया :

"इस बात से सब लोग सहमत होंगे कि वे आपको धर्मग्रंथ के ज्ञान से दूर रखने के लिए यह चाहते थे कि धर्मग्रंथ के अनुवाद आपकी मातृभाषा में उपलब्ध न हो सकें, जिससे दुनिया अंधकार में ही रहे और वे पुरोहित वर्ग लोगों के अंत:करण में बने रहे, जिससे उनके द्वारा बनाए व्यर्थ के अंधविश्वास और झूठे धर्मसिद्धांत चलते रहे, जिसके रहते उनकी ऊँची आकांक्षाएँ और अतृप्त लोलुपता पूरी हो सके। इस तरह वे राजा, सम्राट और यहाँ तक कि अपने को ईश्वर से भी ऊँचा बना सकें....जिस बात ने मुझे मुख्य रूप से न्यू टेस्टामेंट का अनुवाद करने की प्रेरणा दी। मुझे अपने अनुभवों से ज्ञात हुआ कि सामान्य लोगों को किसी भी सच्चाई की तब तक जानकारी नहीं हो सकती जब तक उनके पास अपने धर्मग्रंथ के

मातृभाषा में अनुवाद उपलब्ध न हों। इन अनुवादों में ही वे धर्मग्रंथ की परिपाटी, क्रम और अर्थ समझ सकेंगे।

(i) लूथरवादी अंग्रेज विलियम टिंडेल ने ईसाई धर्म के किस मत का समर्थन किया था? (1)

उत्तर लूथरवादी अंग्रेज विलियम टिंडेल ने ईसाई धर्म प्रोटेस्टेंटवाद का समर्थन किया था। इन्होंने 1506 ई. में बाईबिल का अनुवाद अंग्रेजी में किया था।

(ii) प्रस्तुत अनुच्छेद में पादरी किस भाषा में धर्मग्रंथ का अनुवाद नहीं करना चाहते थे? (1)

उत्तर प्रस्तुत अनुच्छेद के अनुसार पादरी लोग मातृभाषा में धर्मग्रंथ का अनुवाद नहीं करना चाहते थे। उनके अनुसार मातृभाषा में अनुवाद उपलब्ध न होने से पुरोहितों का वर्चस्व कायम रहेगा तथा उनके द्वारा बनाए गए अंधविश्वास तथा धार्मिक सिद्धांत बने रहेंगे।

(iii) लेखक ने अनुच्छेद में किस प्रकार के अनुभव की बात की है? (2)

उत्तर लेखक ने अपने अनुभवों की चर्चा करते हुए यह कहा है कि सामान्य लोगों को किसी भी सच्चाई की तब तक जानकारी नहीं हो सकती, जब तक उनके पास अपने धर्मग्रंथ का मातृभाषा में अनुवाद उपलब्ध न हो। इन अनुवादों से ही वे धर्मग्रंथ की परिपाटी, क्रम और अर्थ समझ सकेंगे।

32. नीचे दिए गए स्रोत को ध्यानपूर्वक पढ़कर किन्हीं तीन प्रश्नों के उत्तर दीजिए

शहरी जीवन, व्यापार और लेखन कला के बीच के संबंधों को उरुक के एक प्राचीन शासक एनमर्कर के बारे में लिखे गए एक सुमेरियन महाकाव्य में स्पष्ट किया गया है। मेसोपोटामिया की परंपरागत कथाओं के अनुसार, उरुक एक अत्यंत सुंदर शहर था, जिसे अकसर केवल 'शहर' कहकर ही पुकारा जाता था।

सुमेर के व्यापार की पहली घटना को एनमर्कर के साथ जोड़ा जाता है। उस महाकाव्य में कहा गया है, कि उन दिनों व्यापार क्या होता है, यह कोई नहीं जानता था। एनमर्कर अपने शहर के एक सुंदर मंदिर को सजाने के लिए लाजवर्द और अन्य बहुमूल्य रत्न तथा धातुएँ मँगाना चाहता था। इस काम के लिए उसने अपना एक दूत अरट्टा नाम के एक सुदूर देश के शासक के पास भेजा। "दूत ने राजा के आदेश का पालन किया।

रात में वह चाँद-तारों की रोशनी और उनसे सूचित दिशा के अनुसार और दिन में सूरज के बताए मार्ग पर आगे बढ़ता गया। वह रास्ते में आने वाले ऊँचे-ऊँचे पहाड़ों को लाँघने के लिए ऊपर चढ़ता और उतरता रहा। जब वह पहाड़ पर था तो पहाड़ की तलहटी में रहने वाले 'सूसा' नगर के लोगों ने उसे छोटे चूहों की तरह नमस्कार किया। उसने पाँच पर्वतमालाएँ, छ: पर्वतमालाएँ और फिर सात पर्वतमालाएँ पार कीं ....।" दूत अरट्टा के मुखिया से लाजवर्द या चाँदी नहीं ला पाया और उसे बारंबार लंबी यात्राओं के उपरांत खाली हाथ ही लौटना पड़ा। इसके बावजूद भी वह अरट्टा के मुखिया से चाँदी प्राप्त करने के लिए उसको उरुक के राजा की ओर से तरह-तरह की धमकियाँ और आश्वासन देता रहा। अंत में दूत इतना चकरा गया कि अपनी बात को सही तरह से व्यक्त ही नहीं कर पाया और उसने एनमर्कर के संदेशों को घालमेल कर दिया। तब, "राजा एनमर्कर ने अपने हाथ से चिकनी मिट्टी की पट्टिका बनाई और उस पर शब्द लिख दिए। उन दिनों, मिट्टी पर शब्द लिखने का रिवाज नहीं था।"

(i) एनमर्कर ने अपने दूत को दूसरे राजा के यहाँ क्यों भेजा? (1)

उत्तर एनमर्कर ने अपने दूत को दूसरे राजा के यहाँ बहुमूल्य रत्न तथा धातु लाने के लिए भेजा था।

(ii) मेसोपोटामिया की विचारधारा के अनुसार सर्वप्रथम राजा ने क्या किया था? (1)

उत्तर मेसोपोटामिया की विचारधारा के अनुसार सर्वप्रथम राजा ने व्यापार तथा लेखन की व्यवस्था का प्रारंभ किया था।

(iii) उरुक नगर की सुरक्षा व्यवस्था कैसी थी? (2)

उत्तर उरुक नगर का विस्तार 250 हेक्टेयर भूमि में हुआ है। इस नगर की रक्षा के लिए चारों तरफ सुदृढ़ दीवार बनी हुई थी। यह नगर लगभग 4200 ई. पू. से 400 ई. के बीच तक अपने पुराने अस्तित्व में बना रहा। यहाँ स्थानीय लोगों और युद्ध बंदियों को कृषि कर नहीं देना पड़ता था।

33. नीचे दिए गए स्रोत को ध्यानपूर्वक पढ़कर किन्हीं तीन प्रश्नों के उत्तर दीजिए

"कितने बहादुर पुरुषों और महिलाओं ने अपने कुटुंबियों के साथ नाश्ता कर उसी रात्रि को दूसरी दुनिया में अपने पूर्वजों के साथ रात्रि भोजन किया होगा। लोगों की हालत दयनीय थी, जिसे देखा नहीं जा सकता था। वे हजारों की संख्या में प्रतिदिन बीमार होते थे और बिना किसी मदद के मर जाते थे। अनेक खुली गलियों में मरते थे और बाकी अपने घरों में मरते थे। इसका पता उनके सड़े शरीर की बदबू से चलता था। चूँकि पवित्र कब्रिस्तान इतनी अधिक संख्या में शरीरों को दबाने के लिए पर्याप्त नहीं थे। अत: उनको सैकड़ों की संख्या में बड़ी-बड़ी खंदकों में डाल दिया जाता था, जैसे कि पोत में सामान को भरा जाता है और ऊपर थोड़ी-सी मिट्टी डाल दी जाती थी।"

(i) पुरुष और महिलाओं द्वारा अपने कुटुंबियों के साथ नाश्ता कर किसके साथ रात्रि भोजन किया गया था? (1)

उत्तर बहादुर पुरुष और महिलाओं के द्वारा अपने कुटुंबियों के साथ नाश्ता कर उसी रात्रि को अपने पूर्वजों के साथ रात्रि भोजन किया।

(ii) उपरोक्त कथन के अनुसार लोगों की स्थिति दयनीय क्यों थी? (1)

उत्तर उपरोक्त कथनानुसार लोगों की स्थिति दयनीय होने का मुख्य कारण लोगों को किसी प्रकार की मदद न मिल पाना और वातावरण दूषित होने के कारण अत्यधिक संख्या में लोगों का बीमार पड़ना था।

(iii) "जैसे कि पोत में सामान को भरा जाता है और ऊपर थोड़ी-सी मिट्टी डाल दी जाती थी।" यह कथन किसके संदर्भ में कहा गया है? (2)

उत्तर यह कथन महामारी के कारण लोगों की मृत्यु और उनके मृत शरीर को ठिकाने लगाने के संदर्भ में कहा गया है।
चूँकि यूरोप में महामारी फैलने से लोगों की मृत्यु के पश्चात् कब्रिस्तान में इतनी अधिक संख्या में शरीर को दबाने के लिए पर्याप्त स्थान नहीं था। अत: सैकड़ों की संख्या में मृतकों को बड़े-बड़े गड्ढों में डाल दिया जाता था।

खंड 'ङ'

34. (i) दिए गए मानचित्र पर निम्नलिखित बिंदुओं को दर्शाइए (1 + 1 + 1 = 3)

(a) मंचूरिया (b) कजाकिस्तान

(c) होकाइदो *अथवा* पूर्वी चीन सागर

(ii) इसी मानचित्र पर दो चिह्न A व B अंकित किए गए हैं। उनकी पहचान करके सही नाम लिखिए। (1 + 1 = 2)

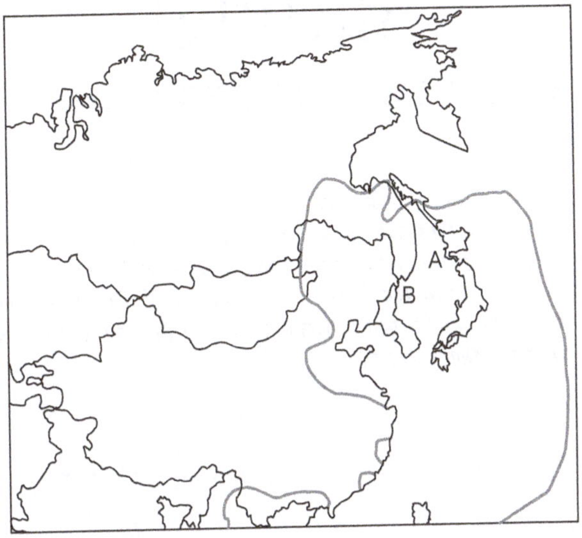

उत्तर

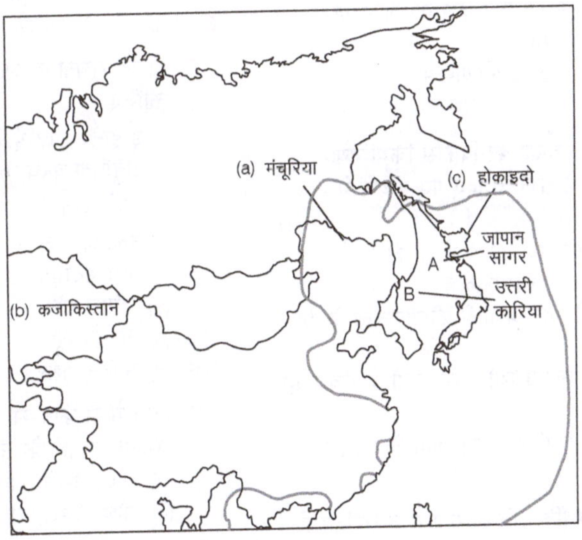

सैंपल पेपर 2

इतिहास

व्याख्या रहित (अनसॉल्वड) कक्षा 11

निर्देश *1. इस प्रश्न-पत्र में पाँच खंड हैं—क, ख, ग, घ और ङ। सभी प्रश्न करने अनिवार्य हैं।*
2. खंड क–प्रश्न सं. 1 से 21 तक वस्तुनिष्ठ प्रकार के प्रश्न हैं। प्रत्येक प्रश्न 1 अंक का है।
3. खंड ख–प्रश्न सं. 22 से 27 लघु उत्तरीय प्रश्न हैं। प्रत्येक प्रश्न 3 अंक का है, जिनका उत्तर 60-80 शब्दों से अधिक नहीं होना चाहिए।
4. खंड ग–प्रश्न सं. 28 से 30 दीर्घ उत्तरीय प्रश्न हैं। प्रत्येक प्रश्न 8 अंक का है, जिनका उत्तर 300-350 शब्दों से अधिक नहीं होना चाहिए।
5. खंड घ–प्रश्न सं. 31 से 33 स्रोत आधारित प्रश्न हैं, जिनके तीन उपप्रश्न हैं। प्रत्येक स्रोत 4 अंक का है।
6. खंड ङ–प्रश्न सं. 34 मानचित्र आधारित प्रश्न है।

समय : 3 घंटे *पूर्णांक : 80*

खंड 'क'

1. प्रेम तथा युद्ध की देवी के रूप में किसकी पूजा की जाती थी? (1)
(a) इन्नाना (b) उर
(c) जिउसूद्र (d) उतनापिष्टिम

उत्तर (a) इन्नाना

2. समाज में संवाद के लिए लेखन कला का विकास किया गया। मेसोपोटामिया में लेखन कला से संबंधित दिए गए कथनों में कौन-सा कथन सही नहीं है? (1)
(a) मेसोपोटामिया में पहली पट्टिका 3200 ई.पू. की है
(b) यहाँ की लिपि चित्राकार और न्यूमेरिक है
(c) लेखन कला का विकास लेन-देन प्रणाली की शुरुआत के साथ अधिक परिष्कृत हुआ।
(d) यहाँ के लेखों में केवल वनस्पतियों और नावों के चित्र ही मिले हैं।

उत्तर (d) यहाँ के लेखों में केवल वनस्पतियों और नावों के चित्र ही मिले हैं।

3. तीसरी शताब्दी के मध्य तक बाईबिल किस भाषा में अनुवादित हो चुकी थी? (1)
(a) केल्टिक भाषा (b) कॉप्टिक भाषा
(c) लातिनी भाषा (d) इतालवी भाषा

उत्तर (b) कॉप्टिक भाषा

4. उत्तरी अमेरिका के मूल निवासियों ने वर्ष 1954 में स्वयं द्वारा तैयार किस घोषणा-पत्र के द्वारा संयुक्त राज्य अमेरिका की नागरिकता तैयार कर ली? (1)
(a) डिक्लेरेशन ऑफ ब्रिटिश राइट्स
(b) डिक्लेरेशन ऑफ इंडियन राइट्स
(c) डिक्लेरेशन ऑफ अमेरिकन राइट्स
(d) डिक्लेरेशन ऑफ रसियन राइट्स

उत्तर (b) डिक्लेरेशन ऑफ इंडियन राइट्स

5. दी गई सूचना के आधार पर यूरोपीय इतिहासकार की पहचान कीजिए (1)
- इन्होने 1517 ई. में कैथोलिक चर्च के अन्यायपूर्ण एवं अनैतिक कृत्य के प्रति एक आंदोलन की शुरुआत की ।
- इनके अनुसार मनुष्य को ईश्वर में विश्वास रखना चाहिए।
- उलरिक ज्विंगली तथा जीन कैल्विन ने इनके के विचारों को आगे बढ़ाया।

(a) टॉमस मोर (b) इरेस्मस
(c) मार्टिन लूथर (d) जैकब बर्कहार्ट

उत्तर (c) मार्टिन लूथर

6. निम्न में से कौन-सा कथन रोमन साम्राज्य में उत्तर से आने वाले जर्मनिक समूहों के संदर्भ में सही है? (1)
(a) गोथ, वैंडल, लोंबार्ड (b) वैंडल, लोंबार्ड, रीच
(c) गोथ, बैडल, रीच (d) गोथ, लोंबार्ड, यीस्ट

उत्तर (a) गोथ, वैंडल, लोंबार्ड

7. मान लीजिए आप मध्यकालीन फ्रांसीसी समाज के ऐतिहासिक स्रोत का अध्ययन कर रहे हैं, तो फ्रांसीसी समाज के सामाजिक संबंधों व श्रेणियों को समझने में कौन-सा ऐतिहासिक स्रोत सहायक हो सकता हैं। (1)
(a) मार्क ब्लोच का इतिहास दर्शन
(b) जूलियस सीजर का विवरण
(c) लौह युग में मिले लिखित अभिलेख
(d) पेरिस से भेजे गए आधिकारिक और व्यक्तिगत पत्र

उत्तर (a) मार्क ब्लोच का इतिहास दर्शन

8. कथन (A) चंगेज खान एक नवीन सैन्य व्यवस्था का हिमायती था जो अनुशासन और रक्षात्मक दृढ़ीकरण से नियोजित है।

कारण (R) चंगेज खान पुराने सरदारों के अधिकार को कमजोर कर एक नये अभिजात्य -वर्ग को खड़ा करना चाहता था, जिसकी मंगोल महानायक के प्रति अधिक से अधिक हो (1)

कूट

(a) A और R दोनों सही हैं तथा R, A की सही व्याख्या है
(b) A और R दोनों सही हैं, परंतु R, A की सही व्याख्या नीं है
(c) A सही है, किंतु R गलत है
(d) A गलत है, किंतु R सही है

उत्तर (a) A और R दोनों सही हैं तथा R, A की सही व्याख्या है

9. कथन (A) ईसा मसीह के जन्मदिवस ने एक पुराने पूर्व-रोमन त्योहार का स्थान ले लिया।

कारण (R) चर्च मध्य काल में एक शक्तिशाली संस्था थी। (1)

कूट

(a) A और R दोनों सही हैं तथा R, A की सही व्याख्या है।
(b) A और R दोनों सही हैं, परंतु R, A की सही व्याख्या नहीं है।
(c) A सही है, किंतु R गलत है।
(d) A गलत है, किंतु R सही है।

उत्तर (b) A और R दोनों सही हैं, परंतु R, A की सही व्याख्या नहीं है।

10. नीचे दिए गए रिक्त स्थान को सही विकल्प से भरें। (1)

फ्रांचेस्को पेट्रार्क : कवि, फिलिप्पो ब्रूनेलेशी : ....

(a) कवि (b) चित्रकार
(c) वास्तुकार (d) अध्यापक

उत्तर (c) वास्तुकार

11. दिए गए चित्र को पहचानिए तथा उपयुक्त विकल्प का चयन कीजिए, जो इस चित्र से संबंधित हों (1)

(a) 'द पिएटा' में माइकल एंजिलों द्वारा मैरी को यीशु का शरीर पकड़े हुए दिखाया गया है।
(b) आसिसी पेंटिंग
(c) इसाबेला दि इस्ते
(d) ड्यूरर का तूलिका चित्र

उत्तर (a) 'द पिएटा' में माइकल एंजिलों द्वारा मैरी को यीशु का शरीर पकड़े हुए दिखाया गया है।

12. निम्न में से कौन-सा कथन 'लियोनार्डो द विंची' के बारे में सही है? (1)

(a) यह इटली के महान कलाकारों में से एक थे
(b) यह मोनालिसा तथा द लास्ट सपर के रचयिता थे
(c) इन्होंने पहले छापेखाने का निर्माण किया था
(d) इनकी रुचि विज्ञान एवं गणित शास्त्र में नहीं थी

उत्तर (c) इन्होंने पहले छापेखाने का निर्माण किया था

13. जापान में 1867-68 में मेजी वंश द्वारा तोकुगावा वंश का शासन समाप्त कर दिया गया तथा मेजी पुनर्स्थापना के अंतर्गत जापान में नये आधार का विकास हुआ। निम्न कथनों में से कौन-सा कथन मेजी पुनर्स्थापना के दृष्टिकोण को नहीं दर्शाता है? (1)

(a) मेजी पुनर्स्थापना अंतर्राष्ट्रीय व्यापार और कूटनीतिक बदलाव के अंतर्गत विकसित हुई
(b) इसमें राष्ट्रीय एकीकरण का दृष्टिकोण निहित था
(c) इसमें सैन्य सुदृढ़ीकरण के अंतर्गत 18 वर्ष से अधिक उम्र के नौजवानों को सैन्य सेवा अनिवार्य की गई
(d) इसने सम्राट की अहमियत को बढ़ाने वाले विकल्प को अपनाया

उत्तर (b) इसमें राष्ट्रीय एकीकरण का दृष्टिकोण निहित था

14. निम्न में से कौन-सा कथन जापान और चीन में रही ऐतिहासिक लेखन की एक लंबी परंपरा के कारणों में से एक है? (1)

(a) यह उनकी एक आम परंपरा थी
(b) इतिहास शासकों के लिए एक महत्त्वपूर्ण मार्गदर्शक था
(c) यह आजीविका का एक साधन था
(d) उपरोक्त सभी

उत्तर (b) इतिहास शासकों के लिए एक महत्त्वपूर्ण मार्गदर्शक था

15. निम्न में से कौन-सा/से कथन जापान में हुए प्रशासनिक सुधारों के बारे में सही नहीं है/हैं? (1)

1. राष्ट्र के एकीकरण के लिए प्राचीन प्रशासनिक संरचनाओं को ही लागू किया गया।
2. 28 वर्षों से अधिक उम्र के युवकों को कुछ समय के लिए सेना में कार्य करना अनिवार्य हो गया।
3. कानून व्यवस्था की स्थापना की गई।

कूट

(a) 1 और 2
(b) 2 और 3
(c) 1 और 3
(d) 1, 2 और 3

उत्तर (a) 1 और 2

16. निम्न में से कौन-सा युग्म सही सुमेलित नहीं है? (1)

(a) शोगुन	–	सर्वविजयी सेना
(b) लॉन्ग मार्च	–	6000 मील की एक कठिन यात्रा
(c) दि टेल ऑफ दि गेंजी	–	हेआन राजदरबार की काल्पनिक डायरी
(d) डिम सम	–	मछली का एक प्रकार

उत्तर (d) डिम सम – मछली का एक प्रकार

17. उत्तरी अमेरिका में यूरोपीय व्यापारियों को प्रवेश को वहाँ के स्थानीय लोगों तथा यूरोपीय व्यापारियों पर पड़ने वाले प्रभावों की तुलना तथा अंतर बताइए तथा इसके लिए सही विकल्प का चयन कीजिए। (1)

(a) दोनों ही नियमित रूप से किसी स्थान पर जमा होकर हस्तशिल्पों का आदान-प्रदान करते थें

(b) यूरोपीय व्यापारियों को यहाँ बानने में स्थानीय शिकार करने वाले लोगों का पर्याप्त सहयोग मिला।

(c) यूरोपीय लोग उनसे कंबल, लोहे के बर्तन प्राप्त करने के बदले में उन्हें बंदूक और शराब देते हैं।

(d) दोनों-ही एक-दूसरे से अपनी शर्ते मनवाने में सफल रहे

उत्तर (a) दोनों ही नियमित रूप से किसी स्थान पर जमा होकर हस्तशिल्पों का आदान-प्रदान करते थें

18. विश्व में घटित हुई विभिन्न देशों के राजनीतिक तथा संवैधानिक घटनाओं को पहले से बाद में क्रम में लगाए? (1)

1. कनाडा ने संवैधानिक एक्ट पास किया।
2. फ्राँसीसियों का क्यूबेक के मूल निवासियों के साथ समझौता
3. ब्रिटेन ने संयुक्त राज्य अमेरिका को एक स्वतंत्र देश के रूप में मान्यता दी।
4. उच्चतर और निम्नतर कनाडा की कैनेडियन यूनियन का गठन किया गया।

कूट

(a) 2, 3, 1, 4 (b) 2, 3, 4, 1
(c) 1, 2, 3, 4 (d) 4, 3, 2, 1

उत्तर (a) 2, 3, 1, 4

19. अमेरिका का वह संवैधानिक अधिनियम, जिसमें मूल निवासियों के मौजूदा आदिवासी और संधि अधिकारों को स्वीकार किया गया था वर्ष .... में पारित किया गया था। (1)

(a) 1986 (b) 1982 (c) 1983 (d) 1984

उत्तर (b) 1982

20. निम्न कथनों के आधार पर संबंधित वास्तुकार की पहचान करें (1)

- इन्होंने पोप के सिस्टीन चैपल की भीतरी छत में लेपचित्र 'द पाइटा' का निर्माण किया।
- सेंट पीटर गिरजे के गुंबद का डिजाइन भी इन्हीं के द्वारा बनाया गया था।

(a) फिलिप्पो ब्रूनेलेशी (b) माइकल एंजेलो बुआनारोत्ती
(c) जोहानेस गुटेनबर्ग (d) लोरेंजो वल्ला

उत्तर (b) माइकल एंजेलो बुआनारोत्ती

21. सुमेलित कीजिए (1)

सूची I (काल)		सूची II (घटना)
A. 481 ई.	1.	चार्ल्स मारटल राजमहल का मेयर बना।
B. 496 ई.	2.	क्लोविस फ्रैंक लोगों का राजा बना।
C. 714 ई.	3.	क्लोविस और फ्रैंक लोग इसाई बने।

कूट

	A	B	C
(a)	1	2	3
(b)	3	2	1
(c)	2	3	1
(d)	1	3	2

उत्तर (c) 2 3 1

खंड 'ख'

22. "16वीं शताब्दी में हुई धार्मिक उथल-पुथल का यूरोपीय समाज पर व्यापक प्रभाव पड़ा।" समझाइए। (3)

अथवा इटली के नगरों में ईसाई धर्म के अंतर्गत वाद-विवाद पर संक्षिप्त टिप्पणी लिखिए।

23. 12वीं शताब्दी में जापान की सत्ता क्योटो सम्राटों से निकलकर शोगुनों के हाथों में केंद्रित हो गई। इससे जापान की राजनीतिक व्यवस्था पर क्या प्रभाव पड़ा? बताइए? (3)

24. मेसोपोटामिया सभ्यता की झलक किन पुरानी कहानियों में मिलती है? (3)

अथवा नई दुनिया के कुछ देशों को यूरोपियों द्वारा दिए गए नामों की चर्चा कीजिए।

25. रोमन साम्राज्य में पहली और दूसरी शताब्दी में जहाँ शक्ति, समृद्धि और आर्थिक विस्तार, हुआ, वहीं तीसरी शताब्दी के आंतरिक तनाव से परिपूर्ण सही कारण बताइए। (3)

26. चिरोकी कबीले का विस्थापन कैसे संभव हुआ? संक्षिप्त में टिप्पणी लिखें? (3)

27. उत्तरी अमेरिका की भौगोलिक संरचना किस प्रकार इसे एक विशिष्ट प्रदेश के रूप में स्थापित करती है? (3)

खंड 'ग'

28. रोमन साम्राज्य के आरंभिक काल को विस्तार से समझाइए। (8)

अथवा रोमन कृषि -विषयक लेखकों ने श्रम प्रबंधन की ओर अधिक ध्यान दिया है। रोमन साम्राज्य में श्रम प्रबंधन तथा श्रम की दशा की चर्चा कीजिए।

29. 13वीं शताब्दी के प्रारंभिक दशक में मध्य एशिया के स्टेपी प्रदेशों में जिस शक्ति का उदय हुआ, वह शक्ति यूरो-एशियाई महाद्वीप के लिए एक समस्या बन गई थी। उस शक्ति की सामाजिक एवं राजनैतिक आर्थिक पृष्ठभूमि की चर्चा करें। (8)

अथवा चंगेज़ खान के पश्चात् मंगोलों का साम्राज्य कैसा रहा? इस पर चर्चा करें।

30. वर्ष 1978 में चीन में सांस्कृतिक क्रांति के बाद राजनीतिक प्रक्रिया प्रारंभ हुई इससे चीन में कौन-से आर्थिक तथा राजनैतिक सुधार हुए बताइए। (8)

अथवा "मेजी पुनर्स्थापना का जापान के आधुनिकीकरण पर प्रभाव पड़ा।" इस कथन को स्पष्ट करें।

खंड 'घ'

31. नीचे दिए गए स्रोत को ध्यानपूर्वक पढ़कर प्रश्नों के उत्तर दीजिए

पुरातत्त्वविदों ने पौधों और पशुओं के अवशेषों को प्राप्त करने के लिए टनों मिट्टी की छानबीन की। इसके चलते इन्होंने पौधों और पशुओं की अनेक प्रजातियों का पता लगाया। उन्हें बड़ी मात्रा में जली हुई मछलियों की हड्डियाँ भी मिलीं, जो बुहारकर बाहर गलियों में डाल दी गई थीं। वहाँ गोबर के उपलों के जले हुए ईंधन

में से निकले हुए पौधों के बीज और रेशे मिले थे। वहाँ की गलियों में सुअरों के छोटे बच्चों के दाँत पाए गए हैं, जिन्हें देखकर पुरातत्त्वविदों ने यह निष्कर्ष निकाला कि अन्य किसी भी मेसोपोटामियाई नगर की तरह यहाँ भी सुअर छुट्टे घूमा करते थे। वस्तुत: एक घर में तो आँगन के नीचे जहाँ किसी मृतक को दफनाया गया था, सुअर की कुछ हड्डियों के अवशेष मिले हैं, जिससे प्रतीत होता है कि व्यक्ति के मरणोपरांत जीवन में खाने के लिए सुअर का कुछ मांस रखा गया था। पुरातत्त्वविदों ने कमरों के फर्श का बारीकी से अध्ययन यह जानने के लिए किया कि घर के कौन-से कमरों पर पोपलर के एक लंबा पतले पेड़ के लट्ठों, खजूर की पत्तियों और घासफूस की छतें थीं और कौन-से कमरे बिना किसी छत के खुले आकाश के नीचे थे।

(i) वर्तमान के उत्खनकों का प्राचीन उत्खनकों की अपेक्षा अधिक कुशल होने का क्या कारण है? (1)

(ii) पुरातत्त्वविदों ने कमरों के फर्श के बारीक अध्ययन से क्या जानने का प्रयास किया? (1)

(iii) जिस तरह का उत्खनन उर नगर में किया गया, वैसा उत्खनन वर्तमान समय में नहीं किया जा रहा है, क्यों? (2)

32. नीचे दिए गए स्रोत को ध्यानपूर्वक पढ़कर प्रश्नों के उत्तर दीजिए

ईसाई मानवतावादी जैसे कि इंग्लैंड के टॉमस मोर (1478-1535) और हॉलैंड के इरेस्मस (1466-1536) का यह मानना था कि चर्च एक लालची और साधारण लोगों से बात-बात पर लूट-खसोट करने वाली संस्था बन गई। पादरियों का लोगों से धन ठगने का सबसे सरल तरीका 'पाप-स्वीकारोक्ति' नामक दस्तावेज था जो व्यक्ति को उसके सारे किए गए पापों से छुटकारा दिला सकता था। ईसाइयों को बाइबिल के स्थानीय भाषाओं में छपे अनुवाद से यह ज्ञात हो गया कि उनका धर्म इस प्रकार की प्रथाओं को प्रचलन की आज्ञा नहीं देता है।

यूरोप के लगभग प्रत्येक भाग में किसानों ने चर्च द्वारा लगाए गए इस प्रकार के अनेक करों का विरोध किया। इसके साथ-साथ राजा भी राज-काज में चर्च की दखलअंदाजी से चिढ़ते थे। जब मानवतावादियों ने उन्हें यह सूचित किया कि न्यायिक और वित्तीय शक्तियों पर पादरियों का दावा 'कॉन्स्टैनटाइन के अनुदान' नामक एक दस्तावेज से उत्पन्न होता है जो कि प्रथम ईसाई रोमन सम्राट कॉन्स्टैनटाइन द्वारा सम्भवत: जारी किया गया था, तो उन राजाओं को खुशी हुई, क्योंकि मानवतावादी विद्वान यह दर्शाने में सफल रहे कि कॉन्स्टैनटाइन का वह दस्तावेज असली नहीं, बल्कि परिवर्ती काल में जालसाजी से तैयार किया गया था।

(i) 1517 ई. में मार्टिन लूथर ने क्या कहकर चर्चों का विरोध किया? (1)

(ii) मानवतावादियों के दृष्टिकोण में मानव कौन था? (1)

(iii) यूरोप के विद्वानों ने अपने इतालवी सहकर्मियों के समान किस प्रकार का अध्यापन किया? (2)

33. नीचे दिए गए स्रोत को ध्यानपूर्वक पढ़कर प्रश्नों के उत्तर दीजिए

बारहवीं सदी में बिंगेन के आबेस हिल्डेगार्ड ने लिखा— "कौन चरवाहा अपने समस्त पशुओं, गायों, गधों, भेड़ों, बकरियों को कोई अंतर किए बिना एक अस्तबल में रखने की सोचेगा?

इसलिए मनुष्यों में भी अंतर स्थापित करना आवश्यक है, जिससे वे एक-दूसरे को तबाह न करें ……… ईश्वर अपने रेवड़ में अंतर रखता है, चाहे स्वर्ग पर अथवा पृथ्वी पर। उसके द्वारा सबको प्यार मिलता है, परंतु उनमें कोई समानता नहीं है।"

(i) उपरोक्त पंक्तियों के लेखक कौन हैं? (1)

(ii) लेखक के अनुसार, मनुष्यों में अंतर स्थापित करना क्यों आवश्यक है? (1)

(iii) उपरोक्त अनुच्छेद द्वारा लेखक अपने कौन-से विचारों को प्रस्तुत करना चाहता है? (2)

खंड 'ङ'

34. (i) दिए गए पश्चिम यूरोप के मानचित्र में निम्न बिंदुओं को दर्शाइए (1 + 1 + 1 = 3)

(a) कोर्सिका

(b) पुर्तगाल

(c) सिसली *अथवा* लंदन

(ii) इसी मानचित्र पर दो चिह्न A व B अंकित हैं। उनकी पहचान करके सही नाम लिखिए। (1 + 1 = 2)

उत्तर

1. (a)	2. (d)	3. (b)	4. (b)	5. (c)	6. (a)	7. (a)	8. (a)	9. (b)	10. (c)
11. (a)	12. (c)	13. (c)	14. (b)	15. (a)	16. (d)	17. (a)	18. (a)	19. (b)	20. (b)
21. (c)									

सैंपल पेपर 3

इतिहास

व्याख्या रहित (अनसॉल्वड) कक्षा 11

निर्देश 1. इस प्रश्न-पत्र में पाँच खंड हैं—क, ख, ग, घ और ङ। सभी प्रश्न करने अनिवार्य हैं।
2. खंड क—प्रश्न सं. 1 से 21 तक वस्तुनिष्ठ प्रकार के प्रश्न हैं। प्रत्येक प्रश्न 1 अंक का है।
3. खंड ख—प्रश्न सं. 22 से 27 लघु उत्तरीय प्रश्न हैं। प्रत्येक प्रश्न 3 अंक का है, जिनका उत्तर 60-80 शब्दों से अधिक नहीं होना चाहिए।
4. खंड ग—प्रश्न सं. 28 से 30 दीर्घ उत्तरीय प्रश्न हैं। प्रत्येक प्रश्न 8 अंक का है, जिनका उत्तर 300-350 शब्दों से अधिक नहीं होना चाहिए।
5. खंड घ—प्रश्न सं. 31 से 33 स्रोत आधारित प्रश्न हैं, जिनके तीन उपप्रश्न हैं। प्रत्येक स्रोत 4 अंक का है।
6. खंड ङ—प्रश्न सं. 34 मानचित्र आधारित प्रश्न है।

समय : 3 घंटे *पूर्णांक : 80*

खंड 'क'

1. दिए गए शहरों में से किसमें गिल्गेमिश का शासन था? (1)
(a) सूसा (b) उर (c) उरुक (d) मारी

उत्तर (c) उरुक

2. निम्न में से कौन-सा कथन मारी स्थित राजमहल के बारे में सही नहीं है? (1)
(a) यह शाही परिवार का निवास स्थान था
(b) यह कीमती धातुओं के आभूषणों के निर्माण का मुख्य केन्द्र था
(c) यह 2.5 हेक्टेयर क्षेत्र में स्थित विशाल भवन था
(d) उपरोक्त में से कोई नहीं

उत्तर (c) यह 2.5 हेक्टेयर क्षेत्र में स्थित विशाल भवन था

3. मान लीजिए कि आप 'नई दुनिया' के देशों के मूल निवासियों के बारे मे अध्ययन कर रहे थे, तो आपके अनुसार, दिए गए कथनों में से कौन-सा कथन कनाड़ा के मूल निवासियों के संगठित समूह को समझने में सहायक होगा? (1)
(a) ऐबॉरिजिनीज (b) फर्स्ट नेशंस पीपुल्स
(c) इंडिजीनस पीपुल (d) रेड इंडियंस

उत्तर (b) फर्स्ट नेशंस पीपुल्स

4. पादरी वर्ग तथा अभिजात वर्ग की तुलना करते हुए उस विकल्प को चुनिए, जो वास्तविक स्थिति को सही ढंग से व्यक्त करता है (1)
(a) द्वितीय वर्ग में होने के बावजूद अभिजात वर्ग की सामाजिक स्थिति पादरी से ज्यादा महत्त्वपूर्ण थी
(b) दोनों ही वर्ग अपने-अपने कर्त्तव्यों का निर्वाह करते हुए वैवाहिक जीवन जी सकते थे
(c) पादरी वर्ग के विपरीत अभिजात वर्ग अपनी सेना नहीं रख सकता था
(d) अभिजात वर्ग द्वारा कृषकों पर टाइथ नामक कर लगाया जाता था, जबकि पादरी वर्ग द्वारा टाइथ' कर नहीं लगाया जाता था

उत्तर (a)

5. दिया गया चित्र किस महान रोमन सम्राट को प्रदर्शित कर रहा है? (1)

(a) नीरो (b) सिकंदर (c) कॉन्स्टैनटाइन (d) ऑगस्टस

उत्तर (c) कॉन्स्टैनटाइन

6. **कथन** (A) 11वीं सदी तक प्रौद्योगिकी बदलाव ने कृषिगत प्रणाली में परिवर्तन किया, जिससे भूमि के व्याप्त पोषक तत्त्वों का उपभोग करना सरल हुआ।
कारण (R) कृषि में प्रयुक्त प्रौद्योगिकी लागत अत्यधिक उच्च होने के कारण कृषकों द्वारा अपनाया नहीं गया। (1)

कूट
(a) A और R दोनों सही हैं तथा R, A की सही व्याख्या है।
(b) A और R दोनों सही हैं, परंतु R, A की सही व्याख्या नहीं है।
(c) A सही है, किंतु R गलत है।
(d) A गलत है, किंतु R सही है

उत्तर (c) A सही है, किंतु R गलत है।

7. इनमें से कौन-सा समूह मेसोपोटामिया के यायावर समूह के संबंध में सही है? (1)

(a) अक्कदी, एमोराइट, असीरियाई
(b) एमोराइट, अक्कदी, जर्मीनियन
(c) अक्कदी, असीरियाई, जर्मीनियन
(d) अक्कदी, जेमोराइट, आर्मीनियन

उत्तर (a) अक्कदी, एमोराइट, असीरियाई

8. यूरोप में मानवतावाद के अध्ययन के लिए विश्वविद्यालयों की स्थापना को बढ़ावा दिया गया। विश्वविद्यालय और मानवतावाद के संदर्भ में निम्नलिखित कथनों में से कौन-सा कथन सही नहीं है? (1)

(a) यूरोप में सबसे पहले विश्वविद्यालय इटली के शहरों में स्थापित हुए
(b) शहरों में विश्व विद्यालय की स्थापना का आधार व्यापारिक तथा वाणिज्यिक गतिविधियाँ थीं
(c) मानवतावादी शब्द को संस्कृति के अर्थ में व्याख्या सिसरो ने की
(d) पादुआ और बोलोनिया मानतिकी विषय के प्रमुख अध्ययन केंद्र थें।

उत्तर (d) पादुआ और बोलोनिया मानतिकी विषय के प्रमुख अध्ययन केंद्र थें।

9. भिक्षु के संदर्भ में दिए गए कथनों पर विचार कीजिए। इनमें से कौन-सा कथन सही प्रतीत होता है? (1)

(a) ये पादरियों की ही तरह नगरों और गाँवों में रहते थे
(b) भिक्षु शांतप्रिय थे तथा अध्ययन और कृषि जैसे शारीरिक श्रम में विश्वास करते थे
(c) केवल पुरुष ही भिक्षु बन सकते थे
(d) अधिकतर भिक्षु मठों में रहकर उपदेश देते थें

उत्तर (b) भिक्षु शांतप्रिय थे तथा अध्ययन और कृषि जैसे शारीरिक श्रम में विश्वास करते थे

10. कथन (A) मंगोलों के समय में रेशम मार्ग पर व्यापारिक तथा भ्रमणकारी गतिविधियों में वृद्धि हुई।

कारण (R) पहले की तरह अब व्यापारिक मार्ग चीन में ही समाप्त नहीं होते थे। (1)

कूट

(a) A और R दोनों सही हैं तथा R, A की सही व्याख्या है।
(b) A और R दोनों सही हैं, परंतु R, A की सही व्याख्या नहीं है।
(c) A सही है, किंतु R गलत है।
(d) A गलत है, किंतु R सही है।

उत्तर (a) और R दोनों सही हैं तथा R, A की सही व्याख्या है।

11. निम्न में से कौन-सा युग्म सही सुमेलित नहीं है? (1)

(a) 1525 ई. – जर्मनी में किसान विद्रोह
(b) 1673 ई. – पेरिस में अकादमी ऑफ साइंसेज की स्थापना
(c) 1522 ई. – लूथर द्वारा बाइबिल का जर्मन में अनुवाद
(d) 1492 ई. – कोलंबस भारत पहुँचा

उत्तर (d) 1492 ई. – कोलंबस भारत पहुँचा

12. 11वीं शताब्दी में रोमन साम्राज्य पर कृषि के विस्तार एवं उत्पादन में वृद्धि के कारण पड़े प्रभावों की तुलना करें तथा इसके लिए उचित प्रतीत हो रहे विकल्प का चयन करें? (1)

(a) किसानों के पर्याप्त खाद्यान्न उपलब्ध होने लगे
(b) हाट मेली तथा बड़े विपणन केंद्रों का विकास हुआ।
(c) इन गाँवों ने तुरंन्त नगरों का रूप ले लिया।
(d) नगरों का पुनः विकास होने लगा

उत्तर (d) नगरों का पुनः विकास होने लगा

13. रेशम के आयात को कम करने के लिए रेशम उद्योग का विकास किस स्थान पर किया गया था? (1)

(a) निशिजिन (b) ओसाका (c) बीप्पु (d) क्यूशू

उत्तर (a) निशिजिन

14. सुमेलित कीजिए (1)

सूची I	सूची II
A. 1894-95 ई.	1. कोरिया का सम्मेलन
B. वर्ष 1904-05	2. कुओमीनतांग की स्थापना
C. वर्ष 1910	3. रूस-जापान युद्ध
D. वर्ष 1912	4. चीन-जापान युद्ध

कूट

	A	B	C	D
(a)	1	2	3	4
(b)	2	3	4	1
(c)	4	3	1	2
(d)	3	2	4	1

उत्तर (c) 4 3 1 2

15. निम्न में से कौन-सा/से कथन अभिजात वर्ग के बारे में सही नहीं है/हैं? (1)

1. भूमि पर उनके नियंत्रण की वैसलेज प्रथा ने फ्रांसीसी समाज में अभिजात वर्ग को अधिक महत्त्वपूर्ण बना दिया।
2. अभिजात वर्ग राजा को अपना स्वामी नहीं मानते थे।
3. अभिजात वर्ग भू-स्वामियों के प्रति उत्तरदायी होते थे।

कूट

(a) 1 और 2 (b) 1, 4 और 3
(c) 2 और 3 (d) 1, 2 और 3

उत्तर (a) 1 और 2

16. टेरा न्यूलिअस शब्द का शाब्दिक अर्थ क्या है? (1)

(a) मूल निवासियों से संबंधित भूमि
(b) राज्य से संबंधित भूमि
(c) अप्रवासियों से संबंधित भूमि
(d) किसी से भी संबंधित भूमि नहीं

उत्तर (d) किसी से भी संबंधित भूमि नहीं

17. चरवाहे अपने साथ अवन आकार की झोंपड़ियाँ, जिन्हें .... कहते थे, लेकर घूमा करते थे। (1)

(a) कैस्टेला (b) मैपालिया (c) नुमीडिया (d) बाएटिका

उत्तर (b) मैपालिया

18. नीचे दिए गए रिक्त स्थान को सही विकल्प से भरें

चिरोकी : जीप, पोटिआक : ....। (1)

(a) कार (b) हवाई जहाज
(c) बाल कटाई (d) रेल

उत्तर (a) कार

19. निम्नलिखित को कालक्रमानुसार बढ़ते हुए क्रम में लिखिए। (1)
1. लॉन्ग मार्च 2. कुओमीनतांग की स्थापना
3. सांस्कृतिक क्रांति 4. चार मई का आंदोलन

कूट
(a) 2 4 1 3 (b) 2 3 1 4
(c) 1 4 2 3 (d) 2 4 3 1

उत्तर (a) 2 4 1 3

20. मेजी सरकार ने रिकॉर्ड बनाने और लिखने के लिए ब्यूरो की स्थापना कब की थी? (1)
(a) 1868 ई. (b) 1869 ई. (c) 1870 ई. (d) 1871 ई.

उत्तर (b) 1869 ई.

21. दिए गए कथनों के आधार पर पहचानिए कि ये किस कबीले के बारे में हैं? (1)
- ये जॉर्जिया (संयुक्त राज्य अमेरिका का एक राज्य) के निवासी थे।
- इन्होंने अंग्रेजी भाषा सीखने तथा अमेरिकी जीवन-शैली अपनाने की सबसे अधिक कोशिश की थी।

(a) रेड इंडियन (b) चिरोकी
(c) नेटिव अमेरिकन (d) फर्स्ट नेशंस पीपुल्स

उत्तर (b) चिरोकी

खंड 'ख'

22. "उत्तरी अमेरिका की भौगोलिक संरचना इसे एक विशिष्ट प्रदेश के रूप में स्थापित करती है।" इस कथन को सिद्ध कीजिए। (3)

अथवा संयुक्त राष्ट्र अमेरिका और कनाडा द्वारा मूल निवासियों के लिए किए गए प्रयासों पर प्रकाश डालिए।

23. मेसोपोटामिया को भौगोलिक विविधता का देश क्यों माना जाता है? बताइए। (3)

24. 11वीं शताब्दी में कृषि के क्षेत्र में प्रयुक्त 'नई कृषि प्रौद्योगिकी' से क्या-क्या बदलाव हुए? स्पष्ट कीजिए। (3)

25. इटली के नगरों में ईसाई धर्म के अंतर्गत वाद-विवाद पर संक्षिप्त टिप्पणी लिखिए। (3)

26. संयुक्त राज्य अमेरिका के दक्षिणी राज्यों में दास प्रथा का प्रचलन था, जबकि उत्तरी राज्यों में इसका विरोध। उन कारणों की चर्चा कीजिए, जिनसे उत्तरी राज्यों में दास प्रथा पर प्रतिबंध लगाया गया। (3)

27. जापान और चीन ने अपने-अपने आधुनिकीकरण के लिए अलग रास्ते अपनाए। औद्योगिक समाजों में आधुनिकता में अपने-अपने मार्गों का अनुसरण क्यों किया? (3)

अथवा माओत्सेंतुग ने सामाजिक समस्याओं को सुलझाने के लिए किस प्रकार के सर्वे क्षण कराए?

खंड 'ग'

28. उन परिस्थितियों की चर्चा करें, जिनके कारण चंगेज़ खान एक विस्तृत साम्राज्य की स्थापना कर सका। (8)

अथवा "चंगेज खान ने चार उलुस के माध्यम से प्रशासनिक व्यवस्था का सृजन किया।" इस कथन को सिद्ध कीजिए।

29. कॉन्स्टैनटाइन ने सोने पर आधारित मौद्रिक प्रणाली शुरू की। क्या यह रोमन साम्राज्य में भ्रष्टाचार का कारण बना स्पष्ट कीजिए? (8)

अथवा चंगेज खान के पश्चात् मंगोलों का साम्राज्य कैसा रहा? इस पर विस्तृत चर्चा कीजिए।

30. संयुक्त राज्य अमेरिका के मूल निवासी अपनी ही जमीनों से यूरोपियों द्वारा वंचित क्यों कर दिए गए? (8)

अथवा कोरिया गणराज्य के युद्ध के पश्चात् किस प्रकार कुशल नेतृत्व के साथ लोकतंत्रीकरण की माँग और कोरियाई लोकतंत्र को स्थापित किया? सविस्तार व्याख्या कीजिए।

खंड 'घ'

31. नीचे दिए गए स्रोत को ध्यानपूर्वक पढ़कर प्रश्नों के उत्तर दीजिए

बारहवीं सदी में बिंगेन के आबेस हिल्डेगार्ड ने लिखा—"कौन चरवाहा अपने समस्त पशुओं, गायों, गधों, भेड़ों, बकरियों को कोई अंतर किए बिना एक अस्तबल में रखने की सोचेगा? इसलिए मनुष्यों में भी अंतर स्थापित करना आवश्यक है, जिससे वे एक-दूसरे को तबाह न करें .... ईश्वर अपने रेवड़ में अंतर रखता है, चाहे स्वर्ग पर अथवा पृथ्वी पर। उसके द्वारा सबको प्यार मिलता है, परंतु उनमें कोई समानता नहीं है।"

(i) उपरोक्त पंक्तियों के लेखक कौन हैं? (1)
(ii) लेखक के अनुसार मनुष्यों में अंतर स्थापित करना क्यों आवश्यक है? (1)
(iii) उपरोक्त अनुच्छेद द्वारा लेखक अपने कौन-से विचारों को प्रस्तुत करना चाह रहा है? (2)

32. नीचे दिए गए स्रोत को ध्यानपूर्वक पढ़कर प्रश्नों के उत्तर दीजिए

लेखक और कूटनीतिज्ञ, बाल्थासार कास्टिल्योनी ने अपनी पुस्तक 'दि कोर्टियर' (1528) में लिखा है—

"मेरे विचार से अपने तौर-तरीके, व्यवहार, बातचीत के तरीके, भाव-भंगिमा और छवि में एक महिला पुरुष के सदृश नहीं होनी चाहिए। जैसे कि यह कहना बिल्कुल उपयुक्त होगा कि पुरुषों को हट्टा-कट्टा और पौरुष संपन्न होना चाहिए।

इसी तरह एक स्त्री के लिए यह अच्छा ही है कि उसमें कोमलता और सहृदयता हो, एक स्त्रियोचित मधुरता का आभास उसके हर हाव-भाव में हो और यह उसके चाल-चलन, रहन-सहन और प्रत्येक ऐसे कार्य में हो जो वह करती है, ताकि ये सारे गुण उसके हर हाल में एक स्त्री के रूप में ही दिखाएँ, न कि किसी पुरुष के सदृश।" यदि उन महानुभावों द्वारा दरबारियों को सिखाए गए नियमों में इन नीति वचनों को जोड़ दिया जाए, तो महिलाएँ इनमें से अनेक को अपनाकर स्वयं को बेहतरीन गुणों से सुसज्जित कर सकेंगी, क्योंकि मेरा यह मानना है कि मस्तिष्क के कुछ ऐसे गुण हैं, जो महिलाओं के लिए उतने ही आवश्यक हैं जितने कि पुरुष के लिए जैसे कि अच्छे कुल का होना, दिखावे का परित्याग करना, सहज रूप से शालीन होना, आचरणवान, चतुर और बुद्धिमान होना, गर्वी, ईर्ष्यालु, कटु और उद्दंड न होना ..... जिससे महिलाएँ उन क्रीड़ाओं को शिष्टता और मनोहरता के साथ संपन्न कर सकें, जो उनके लिए उपयुक्त है।

(i) बाल्थासार कास्टिल्योनी की पुस्तक का क्या नाम है? (1)

(ii) उपर्युक्त अनुच्छेद में स्त्री के लिए कौन-सा गुण आवश्यक माना गया है? (1)

(iii) पुरुषों के समान ही महिलाओं में भी कौन-कौन सी विशिष्टताएँ होनी चाहिए? (2)

33. दक्षिणी कछार के एक शूरवीर नैबोपोलास्सर ने बेबीलोनिया को 625 ई. पू. में असीरियाई आधिपत्य से मुक्त कराया। उसके उत्तराधिकारियों ने अपने राज्यक्षेत्र का विस्तार किया और बेबीलोन में भवन-निर्माण की परियोजनाएँ पूरी कीं।

उस समय से लेकर 539 ई. पू. में ईरान के एकेमेनिड लोगों द्वारा विजित होने के बाद और 331 ई. पू. में सिकंदर से पराजित होने तक बेबीलोन दुनिया का एक प्रमुख नगर बना रहा। इसका क्षेत्रफल 850 हेक्टेयर से अधिक था, इसकी चहारदीवारी तिहरी थी, इसमें बड़े-बड़े राजमहल और मंदिर मौजूद थे, एक जिगुरत यानी सीढ़ीदार मीनार थी और नगर के मुख्य अनुष्ठान केंद्र तक शोभायात्रा के लिए एक विस्तृत मार्ग बना हुआ था। इसके व्यापारिक घराने दूर-दूर तक अपना कारोबार करते थे और इसके गणितज्ञों तथा खगोलविदों ने अनेक नई खोजें की थीं।

नैबोनिडस स्वतंत्र बेबीलोन का अंतिम शासक था। उसने लिखा है कि उर के नगर-देवता ने उसे सपने में दर्शन दिए और उसे सुदूर दक्षिण के उस पुरातन नगर का कार्यभार सँभालने के लिए एक महिला पुरोहित को नियुक्त करने का आदेश दिया। उसने लिखा, "चूँकि बहुत लंबे समय से उच्च महिला पुरोहित का प्रतिष्ठान भुला दिया गया था, उसके विशिष्ट लक्षणों को कहीं नहीं बताया गया है, मैंने दिन-पर-दिन उसके बारे में सोचा.." वह आगे कहता है कि उसे एक पुराने राजा (जिसका शासनकाल हम आज 1150 ई. पू. के आस-पास मानते हैं) का पट्टलेख मिला और उस पर उसने महिला पुरोहित की आकृति अंकित देखी। उसने उसके आभूषणों और वेशभूषा को ध्यानपूर्वक देखा।

(i) नैबोनिडस कौन था? (1)

(ii) बेबीलोन को असीरियाई आधिपत्य से मुक्ति मिली? (1)

(iii) नगर संरचना के अंतर्गत जिगुरात क्या था? (2)

खंड 'ङ'

34. (i) दिए गए ऑस्ट्रेलिया के मानचित्र पर निम्नलिखित बिंदुओं को दर्शाइए (1 +1 +1 =3)

(a) डार्विन (b) मेलबोर्न (c) सिडनी *अथवा* ऑस्ट्रेलिया की राजधानी कैनबरा

(ii) इसी मानचित्र पर दो चिह्न A व B अंकित किए गए हैं। उनकी पहचान करके नाम लिखिए। (1 +1 =2)

उत्तर

1. (c)	**2.** (c)	**3.** (b)	**4.** (a)	**5.** (c)	**6.** (c)	**7.** (a)	**8.** (d)	**9.** (b)	**10.** (a)
11. (d)	**12.** (d)	**13.** (a)	**14.** (c)	**15.** (a)	**16.** (d)	**17.** (b)	**18.** (a)	**19.** (a)	**20.** (b)
21. (b)									